区域国别法律发达史
系列丛书

何勤华 / 主编
吴思远 / 执行主编

美国法律发达史

THE DEVELOPMENT HISTORY OF AMERICAN LAW

（修订版）

法律出版社 LAW PRESS · CHINA
北京

图书在版编目（CIP）数据

美国法律发达史：修订版 / 何勤华主编；吴思远执行主编. -- 北京：法律出版社，2025. --（区域国别法律发达史系列丛书）. -- ISBN 978-7-5197-9393-7

Ⅰ. D971. 29

中国国家版本馆 CIP 数据核字第 2024DK2619 号

美国法律发达史（修订版）
MEIGUO FALÜ FADASHI（XIUDING BAN）

何勤华 主编
吴思远 执行主编

责任编辑 张心萌　王雅楠
装帧设计 鲍龙卉

出版发行 法律出版社
编辑统筹 学术·对外出版分社
责任校对 李慧艳
责任印制 胡晓雅　宋万春
经　　销 新华书店

开本 A5
印张 18. 375　　**字数** 546 千
版本 2025 年 4 月第 1 版
印次 2025 年 4 月第 1 次印刷
印刷 三河市兴达印务有限公司

地址：北京市丰台区莲花池西里 7 号（100073）
网址：www. lawpress. com. cn
投稿邮箱：info@ lawpress. com. cn
举报盗版邮箱：jbwq@ lawpress. com. cn

销售电话：010-83938349
客服电话：010-83938350
咨询电话：010-63939796

书号：ISBN 978-7-5197-9393-7　　**定价**：88. 00 元

凡购买本社图书，如有印装错误，我社负责退换。电话：010-83938349

总　序

人类自诞生第一个法律文明即古代美索不达米亚法律文明以来，至今，已经有近5000年的历史了。在此进程中，人类的法律文明又经历了古代埃及的法老神权法制文明，古代中国法儒相较、礼法相融之秩序法制文明，古代印度以种姓制为基础的宗教等级法律文明，以及古代希腊、罗马以自然法和人类理性为底色、以良法之治为宗旨的商业法治文明，随后进入了近千年历史的中世纪社会。

在中世纪，原来古代美索不达米亚、古代埃及的法律文明已经消亡，代之而起的在西方是日耳曼法、教会法和海事法三大法律文明，在东方是以中华法系为中心的朝鲜、日本和越南等东亚法律文化，以及以印度教为基础的印度封建制法律体系。而在这两者之间，则是势力庞大、涉及国家众多的伊斯兰教法律体系。中世纪世界各国、各地区不同的法律形态，以该时代晚期的地理大发现、海洋大国的先后崛起、民族国家的纷纷成立，以及文艺复兴、罗马法复兴和宗教改革之三大运动的兴起而趋于衰变与转型。

最早进入这一历史转型的是英国，它在中世纪后期发展起来的普通法、衡平法和制定法（国会立法）的基础上，吸收近代资本主义之各项元素，逐步发展起了一整套资产阶级的法律体系，在工业革命、对外殖民扩张、建立起庞大的“日不落帝国”的过程中，形成了英吉利法系。其成员包括了美国、加拿大、澳大利亚、新西兰、马来西亚等所有英国的殖民地，并在美国崛起之后，转型成为英美法系，形成为近代世界法律发展的重要一极。

与此同时，经历了1789年法国大革命的冲击之后，出来捍卫“革命成果”的拿破仑（Napoléon Bonaparte，1769—1821），在用武力横扫欧洲大部分地区“旧秩序”的同时，掀起了轰轰烈烈的“六法全书”的编纂事业。从1791年的宪法，到1810年的刑法，在短短的十余年时间内，法国建立起了一个系统、完备、高效的近代资产阶级法律体系。这一体系,因法国的对外扩张以及若干国家在近代化进程中自愿学习和效仿,形成了一个比英美法系规模更为宏大的大陆法系,其成员遍及欧、亚、非和南美众多国家。

在近代两大资产阶级法系形成的同时,世界上其他国家与地区,也在探寻自己的法律改革之路,他们或传承和改造本国的法律文化,或移植英美法系和大陆法系的成果并使其日益本土化,从而形成了一个自人类诞生以来从未有过的世界各国法律近代化的浪潮,人类的法律发展开始步入一个崭新的文明形态。

那么,如何将上述近5000年人类法律文明发展之波澜壮阔的历史画卷展现出来,如何把现代世界各个国家和地区的法律发展的历史和现况表达出来,以满足广大读者对世界法律文明古今之变的了解,并为中国的法治现代化建设事业提供镜鉴。我们就萌生了编纂一套丛书的想法。从1998年起,以华东政法大学法律史学科为核心的学术团队,开始编写"世界各国法律发达史丛书",至2012年出齐,共12卷。

进入21世纪20年代,世界经济、政治、科技、文化发展更加迅速,国际形势风云变幻,许多国家和地区的法律制度都发生了重大变化,也呈现出了更加多元的特色。对此,需要我们予以关注,进行研究,并将其充分表达出来。于是,在法律出版社的全力支持和帮助下,我们开启了对"世界各国法律发达史丛书"的修订工程。与此同时,随着中国国际地位的提高和对外交往的深入,涉外法治与区域国别法治的研究也日益成为中国法学的热点议题。2022年,华东政法大学正式获批全国首批"国家级涉外法治研究基地",以法律史、国际法作为主要支撑学科成立了涉外法治研究院。同年,国务院学位委员会将区域国别学正式确立为交叉学科门类下的一级学科,华东政法大学也于2024年成功获批全国首批区域国别学学位点,以法律史为牵头学科,集合全校力量,开始培养区域国别法方向的研究生。

在这些大背景下,我们在此次修订过程中也将本套丛书的名称由"世界各国法律发达史丛书"更名为"区域国别法律发达史丛书",以期共同推进新时代区域国别法学的研究。具体内容仍然分为12卷,其书名为:

1. 英国法律发达史;
2. 美国法律发达史;
3. 法国法律发达史;

4. 德国法律发达史；
5. 日本法律发达史；
6. 意大利法律发达史；
7. 俄罗斯法律发达史；
8. 加拿大法律发达史；
9. 澳大利亚法律发达史；
10. 东南亚七国法律发达史；
11. 非洲法律发达史；
12. 拉丁美洲法律发达史。

由于本丛书第一版的编写，开始于近30年前，修订工作需要将这近30年中世界各国各地区法律发展的成果尽量全部收录进来。因此，本次修订工作量巨大。所以我们华东政法大学法律史研究中心、涉外法治研究院、涉外法治学院、法律文明史研究院，投入了几乎全部的力量，参与到这一工作之中。虽然我们的团队中也已齐聚了通晓相关国家和地区语言的专业人才，但仍然感到任务艰巨、压力山大、诚惶诚恐。因此，唯有认真仔细、谨小慎微，以如履薄冰、如临深渊的态度，完成这项工作。

在此过程中，我们要深深感谢法律出版社的领导，没有他们在经费和人力上的全力支持和帮助，我们的编写、修订和出版工作是无法展开的。尤其是学术分社的分社长孙东育、编辑部主任张心萌两位老师，更是投入了全部心血，参与了我们修订工作的全过程，并给予专业的指导和帮助。在本丛书出版之际，我谨代表我们全体编写人员对此表示一片诚挚的谢意。当然，对于修订版仍然存在的不足，均由我们作者承担，并希望广大读者予以批评指正，以在未来再次修订时进行改正。

何勤华
于华东政法大学
法律文明史研究院
2025年3月5日

修订版序

自 1998 年至 2012 年,何勤华教授主持编写并出版了“世界各国法律发达史系列丛书”12 卷,这是国内研究外国法制史最早、最重要的研究成果。这一系列丛书囊括了《英国法律发达史》《美国法律发达史》《法国法律发达史》《德国法律发达史》《日本法律发达史》《俄罗斯法律发达史》《意大利法律发达史》《澳大利亚法律发达史》《加拿大法律发达史》《东南亚七国法律发达史》《非洲法律发达史》《拉丁美洲法律发达史》,基本上覆盖了世界各主要国家和地区的法律发展历史。台湾韦伯文化出版公司已经出版了其中的英国、法国、德国、俄罗斯、东南亚等五卷的繁体字版。

《美国法律发达史》一卷出版于 1998 年,距今已有 26 个年头。在此期间,国际社会已然呈现出不同以往的格局:中国的崛起不仅在规模上超过了西方国家,而且走出了一条截然不同的现代化道路,为人类社会的发展提供了另一种可能性;美国也不再是冷战结束之初的“历史终结者”,特别是 2001 年“9 · 11”事件,引发了后续的地缘变局,深刻揭示了美国所处的政治、经济、社会环境均已发生重大变化,并对法律制度的各个方面产生了“连锁效应”。这在美国的移民法、国际贸易法、刑事司法等方面有着最为显著的体现,进而塑造了法学研究的面向及其流派更替;一系列重要判例以及法律法规的出台,也使得美国法律文化具有了不同于此前的新的特征。

毫无疑问,我们正处在百年未有之大变局的加速演变期,“东升西降”将带动世界进入新的发展格局。对于学术研究者而言,这既是挑战亦是机遇。由于近代以来的先发优势,西方曾是学术研究的先行者,无论是在自然科学还是人文、社会科学领域,其所建构的知识理论与研究话语进入了包括中国在内的广大发展中国家,并在不同程度上影响了学术研究的主体和议题。美国,作为现代西方文明的代表性国家,则在强势理论和优势话语上一度占据世界的最前列。当前,美国不得不直面多极化世界的成形;而由我国的视角观之,不仅需要拥有与自身国际地位相匹配的国际话语权,而且需要摆脱过去的影响,创造、传播属于自己的学术思想与知识谱系。这就离不开独立自主的理论建构与话语体系作为支撑。

目前,构建中国特色哲学社会科学体系已经付诸行动。区域国别学就是契合时代需求的一个具体表现。作为一个交叉学科,其集合了法学、历史学、经济学等在内的多个学科,既能够应对百年未有之大变局所带来的全球治理和区域治理的需要,也能够适应中国特色学术话语体系建设的需要。2022 年 9 月,国务院学位委员会、教育部印发了《研究生教育学科专业目录(2022 年)》,将区域国别学纳入一级学科目录。2023 年 2 月,中共中央办公厅、国务院办公厅印发了《关于加强新时代法学教育和法学理论研究的意见》,明确指出要适应法治建设新要求,加强区际法学等学科建设,加快培养具有国际视野,精通国际法、国别法的涉外法治紧缺人才。由此可见,强化区域国别学的建设,既是在高水平对外开放战略下推进涉外法治建设的重要举措,也将有利于传播中国的理论思想并增强中国的国际话语权。

在此背景之下,丛书已经正式更名为“区域国别法律发达史系列丛书”,在吸收最新研究成果的基础上对 12 卷内容进行了全面修订,即将由法律出版社再版。本卷修订基于丛书修订之整体目标,以期强化区域国别学话语体系之建设,对构建中国自主的法学知识体系、推进涉外法治建设有所助力。

本卷吸收了近 30 年来美国法律制度的主要变化,把握法律变迁的基本脉络与内在逻辑,并从中提炼出宪法与各部门法之发展规律。本卷修订基本保持了第一版的框架结构,同时做了一定的微调;在保留整体内容不变的基础上,进行了增补、勘误、完善等工作,并扩充至 53 万余字。

具体分工如下:

修订版序:吴思远;

第一章、第二章:吴佳昊、吴思远;

第三章、第四章:关博豪;

第五章:周小凡;

第六章：刘岳川、李易凡、吴宇；

第七章、第八章：吴思远；

第九章：周小凡；

第十章：冯硕。

参与本卷修订的均为法学专业的青年教师，或有海外留学经历，或为涉外法治领域的专门研究者。我们有幸站在巨人的肩膀上，得以看见更为广阔的学术天地。在此次修订过程中，我们也得以深入领略第一版作者所作出的学术贡献，在当时的条件与环境下，创作实属艰辛不易，但所形成的坚实基础，使后来者至今受益。我们尽力做好本版修订工作，当然，错误在所难免，敬请各位读者多多批评指正。我的硕士研究生张汀菡也承担了部分统稿工作，在此一并表示衷心感谢。

最后，借再版序言之契机，亦想向读者传递一些编后感悟。人类社会的未来如何发展，取决于我们如何看待这个世界。世界格局的变化是一个长期、渐进的过程，历史的步伐不会停滞，技术的改变层出不穷，每个国家、每一代人都有自己需要面临的挑战与担负的使命。对法学研究者而言，编者始终认为，应当在法律文明的变化中保持开放的视野、包容的心态、独立的思考，不盲目、不盲从，在文明平等与互鉴中寻找共同价值、寻求可持续发展，并尽力用自己的专业知识为国家、社会尽一份责任。

吴思远

于华东政法大学长宁校区

2024 年 6 月 30 日

序

众所周知,美国是目前世界上的头号经济大国,其政治体制在西方国家中也是最为精密完备的,而这种经济的发达与政治体制的完备,则得力于法律的规范与调整:在美国,法律在维护资本主义基本制度的前提下,是经济活动的“调节器”、政治运转的“润滑油”、公民权利的“保护神”。那么,美国的高度发达的法治是如何建立起来的?这种法治的具体内容是什么?它们又是如何与国家机关、法人、团体以及公民个人发生关系的?本书试图对诸如此类的各种问题进行阐述。

本书的前两章对自殖民地以来美国法律发展的历史作出系统描述,从第三章起依次对宪法、行政法、民商法、经济法、社会立法、刑法、诉讼法、移民法以及国际贸易法等各个部门法的内容作出比较系统的介绍,对当前美国遇到的各种法律难题以及其所采取的对策进行分析和评价,并对美国法律在一些主要的领域中的发展趋势作些预测和展望。本书旨在为我国社会主义法制建设提供借鉴和启示。

本书由主编拟出编写提纲,各撰稿人完成书稿后又经主编统稿、定稿。具体分工如下(以撰稿先后为序):

何勤华:序、第一章、第二章;

王敏慧:第三章;

魏　琼:第四章;

俞立珍:第五章;

吴　斌:第六章;

胡陆生:第七章、英文目录、附录;

刘　红:第八章;

黄　卉:第九章;

管敏正:第十章。

本书的出版得到了华东政法学院和上海发展汽车工业教育基金会的资助,也得到了华东政法学院国际法系顾百忠先生在资料方面提供的帮助。在此,我们表示热诚的谢意。

本书是集体创作的成果,加上资料方面的限制,书中不足之处在所难免,敬请读者批评指正。

何勤华
于上海·华东政法学院
1996年12月30日

目　录

第一章 概 述

第一节 新大陆的发现与殖民地的建立

美国的历史,开始于哥伦布的“地理发现”(“发现新大陆”)。1492年,在西班牙女王的资助下,意大利水手哥伦布率领载着88个水手的三艘船队抵达美洲。随后,欧洲殖民者纷纷涌向这一片“新土地”。16世纪前半期,西班牙殖民者捷足先登,在北美洲大西洋沿岸墨西哥海湾现今佛罗里达、佐治亚、亚拉巴马、得克萨斯境内建立了侵略据点。随后,又建立了包括现今美国西南部和墨西哥毗连地带与中美、南美西班牙领地相连接的新西班牙殖民地。与此同时,法国也不甘落后,在北美洲建立了诺法斯科细亚殖民地,17世纪又建立了魁北克,之后,将其扩充为新法兰西殖民地。17世纪上半叶,荷兰也在北美洲建立了阿姆斯特丹姆(现在的纽约),后扩充为新尼德兰。

在建立和侵夺北美殖民地的活动中,英国后来居上。1607年,英国在北美创立了詹姆士城(后扩大为弗吉尼亚殖民地)。1620年,其又在普利茅斯建立了殖民地。与此同时,新罕布什尔也因英王的恩赐而由一批英国贵族创立。17世纪30年代,英国又建立了马萨诸塞、康涅狄格、罗得岛、马里兰等殖民地。在以后的数十年中,英国一方面用“火枪和剑”不断侵夺印第安人的土地,另一方面又逐步吞并了西班牙、荷兰和法国等在北美的殖民地,至18世纪30年代,终于形成了英属13个殖民地,即弗吉尼亚、马萨诸塞、康涅狄格、罗得岛、纽约、新泽西、特拉华、新罕布什尔、宾夕法尼亚、马里兰、北卡罗来纳、南卡罗来纳和佐治亚。① 上述各殖民地的居民,除土著印第安人和非洲的黑人之外,都是来自欧洲的移民。虽然民族成分复杂,即除大量英格兰人之外,还有法国人、荷兰人、德国人、瑞典人、瑞士人、威尔士人、苏格兰人、爱尔兰人等,其风俗习惯不同,语言文化相异,但通过近200年的通婚、经济往来,他们慢慢形成了一种共同的价值追求和文化风格,形成了自己的生活特色,成为一个新的人口近300万的民族群体——美利坚民族。这些,最终导致了美利坚合众国的诞生。

当时的殖民地共分三种类型:

第一类为特许(自治)殖民地,如罗得岛和康涅狄格。特许状直接寄予殖民地,总督由议会选举产生,经英王批准,任期一年。议会采用两院制,皆由自由人选举,任期一年。

第二类为业主殖民地,共有三个,即马里兰、特拉华和宾夕法尼亚。由英王以特许状将殖民地赐予其宠臣或大贵族,归其私有和统治,但承认英王的主权。总督由业主任命,由英王批准。除宾夕法尼亚外,皆采用两院制议会,上院由英王或业主任命,下院由自由人选举。法律一般由英王批准和否决。

第三类为英王直辖殖民地,有弗吉尼亚、马萨诸塞②、新罕布什尔、北卡罗来纳、南卡罗来纳、纽约、新泽西、佐治亚。总督由英王任命,充当代理人,并根据英王的训令行使统治权。除佐治亚外,议会都采用两院制,上院由英王任命,充当总督的参事会,下院由自由人选举。一切法律皆由英王批准,并可由他否决。③

严格地说,殖民地时期的宪法是比较原始的,即当时的国家机关的分工并不是很清楚。虽然议会主要从事立法和财政预算问题,但也从事行政和司法事务;总督虽为殖民地的行政首脑,但也管辖立法和司法事务;而法院往往是行政管理的事务多于审判的业务。这里需要指出的是,尽管殖民

---

① 参见黄绍湘:《美国通史简编》,人民出版社1979年版,第11页。

② 马萨诸塞原为自治殖民地,独立战争开始时被取消。

③ 参见曹绍濂:《美国政治制度史》,甘肃人民出版社1982年版,第1~2页。

地时期的宪政制度比较原始，但民主主义思想却起源很早。1619年弗吉尼亚成立议会、通过民主程序决定殖民地事务，1620年《五月花号公约》的订立、社会契约和主权在民思想的提出等，很快就影响到其他各个殖民地，并成为独立战争时期各殖民地民主主义宪政立法的历史基础。

第二节 合众国的成立与美国法的兴起

1763年，英国赢得了与法国的7年战争（1756—1763年）。为了偿付因战争而欠下的巨额债务，英国开始加紧对北美殖民地的控制和掠夺。

1763年，英国颁布敕令，宣布阿巴拉契亚山脉以西的土地为英王产业，禁止殖民地居民向该地区迁移。1764年，颁布关于食糖的征税法令，堵住了殖民地走私商人的财源。同年，颁布通货条例，禁止各殖民地发行货币，并用贬值的州纸币偿还宗主国债权人的债务。1765年，又颁布印花税条例，对殖民地的各种文书都征收税。所有这些做法，都大大激化了英国与殖民地的矛盾。1770年英军枪杀波士顿市民事件（“波士顿惨案”）、1773年波士顿市民将英国茶叶倒入大海事件（“茶叶事件”）、1774年英国封闭波士顿海湾等五项“高压法令”以及1774年9月第一届大陆会议的召开等一系列事件，终于点燃了独立战争的熊熊烈火。

1775年4月18日在列克星敦发生的英军与殖民地民兵的正面冲突，正式拉开了独立战争的帷幕。在同年5月召开的第二届大陆会议上，通过了“必须对英采用武力”的宣言，并委任华盛顿为大陆军总司令。1776年7月4日，大陆会议又通过了著名的《独立宣言》，为独立战争提供了强大的思想武器。经过7年的艰苦奋斗，美国终于赢得了战争。1783年9月，英美在巴黎签订了和约，英国正式承认美国独立。

独立战争的胜利，具有重大的历史意义。

第一，它推翻了英国对北美13个殖民地的统治，建立了独立自主的资产阶级共和国，大大解放了生产力，为工商业的发展开辟了宽阔的道路。

第二，在北美13个殖民地内部，清除了由欧洲带来的封建残余势力，包括封建制度和封建意识，如贵族称号、封建头衔、长子继承制、份地转让的禁止,以及立法机关代表占有土地的资格等。从而为自由资本主义的发展提供了前提条件。

第三,对于美国法律的发展而言,独立战争更具有多方面的意义。其一,它为美国法的独立发展提供了前提条件,从此以后,美国法在继承英国法的基础上,开始了迅速发展的历程。其二,独立战争中和英国的法律斗争,尤其是《独立宣言》的发表,开创了美国法律中的民主和法治传统。其三,独立战争中所表达出来的权利自由、平等的精神,为美国私法的发展设置了各种基本原则,如私人财产所有权神圣、契约自由、国家对经济的不干涉等。其四,独立战争中,利用英国政治、法律制度中有利于美国的因素来反对英国的传统,为此后 200 多年美国法的发展提供了模式。例如,美国的法律形式(判例法)、法律体系(普通法、衡平法和制定法),以及美国宪法中的民主制、分权制、议会制等,虽带有美国的特色,但实际上都继承自英国。

第三节　合众国的发展与美国法的发达

一、从独立战争到南北战争(1776—1861 年)

该时期,是以英国法为基础,并参照欧洲大陆的法律创建美国法的时代。其中,下面的几件事,推动了该时期美国法的发展。

首先,在独立战争期间,殖民地人民对英国的敌对情绪,影响了法学界人士对英国法的态度,出现了禁止适用英国判例法而引入大陆成文法典的活动。该时期,各州纷纷制定宪法典,可以说是这方面的突出例证。而 1787 年美国宪法的制定颁布,则是这一活动的总结性成果。宪法领域的这一次成文法典活动,奠定了美国此后 200 余年宪政制度的基础。后来颁布的宪法修正案,都只是对这一基础的修改补充而已。

其次,在私法领域,除系统接受英国的普通法和衡平法之外,也出现了改革私法形式和体系的努力。这方面的代表是爱德华·利文斯顿和戴维·达德利·菲尔德。1808 年,利文斯顿制定了与 1804 年《法国民法典》相似的路易斯安那州民法典。这一举措开启了美国私法成文化的运动。1857年,菲尔德在纽约州倡导组成了一个法典起草委员会,先后编成了5部法典。纽约州虽然仅采用了其中的3部,但其影响却波及其他各州。① 虽然由于以当时美国律师协会会长卡特为代表的主流派的反对,利文斯顿和菲尔德的事业最终没有全部成功,美国没有走上成文法的道路,但这一次成文法典活动,为美国近代法的发展,尤其是促使美国比英国更加重视成文法、在许多法律领域走上与英国不同的道路作出了贡献。

二、从南北战争到"新政"时期(1861—1933年)

该时期,一方面,独立战争已经成为过去,人们对英国的敌对情绪逐渐消失;另一方面,由于前述卡特等美国法学界主流派的努力,编纂成文法典的活动也趋于低潮。因此,在美国确立起了继承英国法的模式,建立以普通法为基础的判例理论,法律的发展主要以法院为中心、以判例为基础,结合美国社会创制法律原则的传统。前一时期出版的肯特和斯托里的作品,奠定了该时期美国法的基本框架。

进入20世纪,随着美国成为国际上最发达的国家,其法律的各个方面也获得了全面发展。判例虽然仍是美国法的基础,但其比重已大大下降。国会制定的法律和政府部门颁布的行政法规日益增多,各个州的法律也逐步趋于统一。1923年,成立了美国法学会,参加者有法官、律师和法学家。该协会把商法和部分民法的判例法原则进行综合整理,归纳编纂成为各种判例法汇编,即《法律重述》(*Restatement of Law*)。自1932年起,对关涉契约、仲裁、代理、违法、损害、委托管理财产、抵押等方面的判例法原则进行编纂。这种汇编虽然没有法律效力,但由于它所收集的都是一些公认的判例法原则,因而事实上经常为司法机关所参考、引用。②

与此同时,美国也对联邦颁布的各种单行立法进行整理、汇编。1926年,出版了第一部美国法律汇编,称《美国法典》(*U. S. Code*)。该法律汇编包括到1925年12月7日为止的全部有效的联邦法律(不包括1776年《独立宣言》、1781年《邦联条例》和1787年《美国联邦宪法》)。以后,又规定

---

① 参见陈盛清主编:《外国法制史》(修订本),北京大学出版社1987年版,第213页。

② 参见陈盛清主编:《外国法制史》(修订本),北京大学出版社1987年版,第312页。

每6年修订一次,每年有一个补编工作,收入当年国会通过的法律。废除的法律仍被保留在汇编中的原来位置上,只是在后面注明已于某年某月某日废除。汇编的第一个修订版公布于1934年,第二个修订版公布于1940年。第二次世界大战后继续定期公布。①

此外,该时期美国各部门法领域中的统一立法也获得了长足的进步。例如,在宪法领域,自1865年至1920年,美国先后通过了第13、14、15、16、17、18、19宪法修正案,废除了奴隶制度,扩大了妇女的政治和经济权利;在公平竞争法领域,1890年美国颁布了世界上第一个反托拉斯法——《谢尔曼反托拉斯法》,1914年又制定了《克莱顿反托拉斯法》和《联邦贸易委员会法》;在民商法领域,1887年美国国会通过了《州际商业法》,1908年制定了《统一买卖法》,1918年又制定了《统一附条件买卖法》;在刑事法领域,马萨诸塞州于1870年颁布了《缓刑法》,1917年颁布了《间谍法案》,1918年颁布了《惩治叛乱法》,1929年至1930年颁布了一系列惩治财产罪和累犯的法律。

三、"新政"时期(1933—1935年)

从南北战争到第一次世界大战结束,美国法律虽然获得了巨大的发展,但由于美国一直奉行自由资本主义的对经济不干涉的政策,因此,在1929年爆发的世界性经济危机中,美国的经济秩序和法律秩序遭到了毁灭性的打击。这种局面迫使1933年年初上台的总统富兰克林·罗斯福采取一系列新的法律措施干预国家的经济生活。这一活动的高潮一直延续至1935年,而在罗斯福上台后的前4个月最为激烈。由于罗斯福的这些立法活动是打着"为美国人民举办新政"的旗号,因此,它被称为"新政"(New Deal)。②

在罗斯福实行"新政"的最初三个月中,美国政府就向国会提出了70多个法案,对银行、金融、工业、农业、劳工等都加强了管制。在随后的两年,立法措施进一步延伸至其他各个领域。其中,比较重要的立法有:

第一,颁布紧急银行条例,下令所有银行暂时休业,授权总统整顿停业

① 参见陈盛清主编:《外国法制史》(修订本),北京大学出版社1987年版,第313页。

② 参见李昌道编著:《美国宪法史稿》,法律出版社1986年版,第256页。

的银行和改组破产的银行。

第二，提出金融改革法案，规定美元的纯金含量不得超过原来的60%，黄金价格为每盎司35美元。放弃金本位制，发行纸币，使美元贬值，以利出口贸易。

第三，公布产业复兴法案，对工业的生产规模等进行宏观调控，并对劳资关系作了详细规定，承认了工人享有的一些基本权利。

第四，制定农业经济调整法和农业信贷法，用政府奖励和津贴的办法，对农业进行扶持。

第五，提出公共营造法案，用政府的财政开支，兴办大量公共工程，以吸收失业人员，提高社会购买能力，刺激经济的复兴。

第六，颁布社会救济条例，健全社会保障体系。①

美国的"新政"立法，其意义是多方面的。就其法律意义而言，它是使美国法律现代化的一个重要步骤：正是在"新政"时期，美国的现代经济法取得了巨大的进步，并初步确立了其完整的体系。

第四节　合众国的变革与美国法的繁荣

第二次世界大战结束后，美国法律进一步发展。在宪法领域，又先后通过了第22、23、24、25、26宪法修正案，对总统的任期、总统在遭受意外的情况下副总统的接任、选举权的扩大等问题作出了规定。在民商法领域，1952年的《统一商法典》、1968年的《消费者信贷保护法》、1979年的美国《标准公司法》，以及1970年以后各州颁布的一系列新的婚姻法，对美国的民商法制度都作出了许多新的规定。这些法律，包括此时在判例法领域中发展起来的关于侵权行为的责任的原则等，都促进了民商经济法制的进一步完善。此外，在行政法、刑法、诉讼法、法院制度等方面，第二次世界大战后美国也都进行了许多改革。这些改革逐步废除了美国法律中一些明显不合理的成分（如种族歧视、性别歧视等），使当代美国法的内容和原则更

---

① 参见陈盛清主编：《外国法制史》（修订本），北京大学出版社1987年版，第313~314页。

加符合美国社会发展的要求。

一、战争余波:福利国家与官僚机构的扩张(1945—1955 年)

"新政"中,大部分改革的内容都在第二次世界大战后予以保留,其中最重要的成果之一便是福利国家。例如,杜鲁门推行"公平施政"计划试图扩大社会保障,并于 1949 年说服国会同意提高法定最低工资,扩大社会保障的覆盖范围、增加救济金额,批准《国家住房法》为低收入者提供住房保障。1956 年《联邦公路法案》拨款 250 亿美元进行公路建设,为州际的旅游与人口流动提供了可能。大量的政府消费给社会带来了诸多新的变化:一方面,国家可以在不直接干预企业经营的情况下刺激经济发展,并推动了 20 世纪 50 年代至 60 年代经济的超速增长;另一方面,福利国家也带来了一种对权利概念的全新理解,即公民对国家分配福利的请求权。20 世纪 60 年代至 70 年代,常有受害原告诉诸法院,要求政府福利应如同传统财产权一般获得特别的宪法保护,政府方则认为福利仅仅是行政自由裁量权作出的特别授予。

"新政"的另一项遗产是不断膨胀的官僚体系,政府为了推进自己的决策也不得不依赖日益集中化和扩张的行政网络。华盛顿的监管官僚体系凭借其专业技术能力,逐渐成为管理劳动关系、电信、环境和交通等事务的独立权威机构。上述现象皆源自这样一个想法,即政府应该对某些问题持续不断、一丝不苟地提供内部意见。每个政府机构有其需要履行的职责,而为了实现该目标,不论这些政府机构有多大,都必须找到一个渠道将他们的指令传达给地方分支部门和员工,并促使任务目标得以获得落实。

与官僚体系扩张相伴随的立法活跃成为第二次世界大战后法律秩序重要的新特点之一。在 19 世纪初,一本厚厚的法典可以涵盖一个州的所有法律。到了 20 世纪 80 年代,通常需要整个书架才能容纳下。在这个新的"法规时代",立法者介入了通常由普通法法官调节的领域。更多的立法也意味着法官的任务逐渐转变为解释法典和行政法规,而不仅仅是阐述普通法原则。与此同时,通过普通法提起诉讼的性质也发生了变化。在审判中,刑事案件相较于民事案件的占比明显提升,而在民事方面,涉及市场交易(如合同、财产、债权)的案件比例减少了,而与侵权和家庭问题相关的案件数量增加了。传统的私法分类界线变得模糊,导致了新的法律类型的形成,如行政法和产品责任法,这些法律事实上赋予法官更为广泛的政策制定权力。①

二、民权运动时期:两个不同的美国(1955—1968年)

回望20世纪中后期,似乎是许多边缘化批评家比那些只顾赞颂国家成就的人更了解美国人生活的状态,因为很多人都看不到当时存在的许多严重的社会问题。“据统计,50年代美国仍有30万人(20%的人口)生活贫困。少数群体,如占人口10%的黑人,以及拉美裔、亚裔、印第安人、同性恋者等,仍然遭受着社会、政治和经济方面的歧视;许多美国女性对个人成长和事业发展中遭遇的障碍十分不满。”②潜在的人口结构转变也进一步助长了社会不满,婴儿潮中养育了多子的家庭不仅提出了对教育、就业等方面的强烈需求,而且带来了新的犯罪浪潮。20世纪60年代,最易犯罪的年龄组(15岁至24岁)的人数每年增加超过100万人,而1964年至1968年的大规模城市种族暴动也引发了对改善刑事司法系统的要求。上述这些社会问题的产生与解决,是民权运动兴起的历史背景。

少数族裔、女权主义者对传统的政治解决方案感到不满,他们选择与环保主义者结盟,这些团体选择以诉讼的方式通过司法程序来追求他们在政治上没有实现的目标。联邦最高法院也在该背景下,将关注点从“新政”时代的经济监管转向民权问题,成为了上述对“全面正义”的追求的中心。自20世纪40年代起,美国有色人种协进会发起一项诉讼战略,旨在推翻由普莱西诉弗格森案确立的“分离且平等原则”,③布朗诉教育委员会案就是其结果。1964年的《民权法案》包含了禁止基于性别的就业歧视的规定,美国妇女组织则依靠该法案试图为女性争取更多的权利。尽管最高法院拒绝对基于性别的立法采取与基于种族的立法相同的严格审查标准,但其依旧陆续通过判决为女性提供了额外的保障,主要在隐私和生育、性别

---

① See Hall, Kermit L., Paul Finkelman & James W. Ely, *American Legal History: Cases and Materials*, Oxford University Press, 2005, p.496.

② [美]艾伦·布林克利:《美国史》(第10版·下册),邵旭东译,海南出版社2014年版,第1140页。

③ See Plessy v. Ferguson, 163 U.S. 537(1896).

作为可疑分类以及就业歧视等领域。[①]

面对犯罪问题的增长,美国政府也尝试通过处理部分社会病理(贫困、饥饿、破碎的家庭等)而非直接强化刑事制裁来间接予以解决。林登·约翰逊总统的“伟大社会”计划“向贫困开战”,于1965年建立了医疗保险制度,向所有老年人提供医疗保险,并逐渐将联邦医疗补助范围扩大到所有年龄的福利救济对象和其他穷人。与其相伴的是1961年的《国家住房法》和1965年的《中小学教育法》,凭此联邦试图促进衰败城市复兴与学校改善。1965年亚拉巴马州事件后,约翰逊总统借势提出了《选举权法》规定国家保护黑人行使选举权。在控制犯罪问题上,联邦最高法院也致力于保护被告人权利。自殖民地时期以来,各州一直在管理刑事司法。针对被告的宪法保护(第4、5、6修正案)仅适用于联邦而非各州政府。然而,沃伦法院的宪法革命也延伸到了这一领域,法官们通过第14修正案将相关规定适用于州政府。[②]

三、保守主义的回归与改革的遗产(1968年至21世纪初)

20世纪最后30年,美国的保守主义再度兴起。弥散于整个20世纪的追求多元平等的呼吁,并未改变如下这一事实:长久存在的强烈排外主义倾向以及对美国生活的偏执。尽管大部分人都不会反对更大范围的自由与平等是值得追求的,但由政府作为权威来告知他们何为良善行为又是另一回事。民权运动确实有效改善了少数族裔和其他社会弱势群体的境遇,但也同时大大扩张了联邦政府的权力。联邦政府逐渐发展为一个庞大的利维坦,其权力触手可以渗入每个公民生活的方方面面,而这必然是立宪者们未曾预料也不愿见到的。加之林登·约翰逊执政后期对越战争的失利与经济发展的停滞,使得民众开始怀疑政府在发展经济方面的作用,同时越发不满政府对少数族裔和穷人的关注。保守主义的回潮似乎也是在警示这一点,即由政府主导的社会变革在某些方面过于激进了。

民权运动最易遭诟病之处即在于其可能导致的反向歧视问题。支持

---

① See Roe v. Wade, 410 U. S. 113 (1973); Planned Parenthood of Southeastern Pa. v. Casey, 505 U. S. 833(1992); Johnson v. Transportation Agency, 480 U. S. 616 (1987).

② 部分重要的判例:Mapp v. Ohio, 367 U. S. 643 (1961); Gideon v. Wainwright, 372 U. S. 335 (1963); Escobedo v. Illinois, 378 U. S. 478 (1964)。

者往往主张,平权措施是必要的,以克服社会中长期以来存在的歧视行为,并作为对先前政府和私人歧视受害者提供的补救。然而,反对者认为政府通过对中产阶级征税供养了太多的穷人和失业人员,国内花在建造监狱上的资金甚至比建造学校的资金还要多。沃伦法院坚定维护民权的行为也饱受诟病,保守主义者认为法官助长了犯罪、社会混乱和道德败坏的现象。里根和布什政府,以及在1994年被选举出来的共和党议会致力于滞后福利国家,遏制司法能动主义,打击犯罪,并支持传统宗教和家庭价值观。他们反对政府对商业的监管,希望更少的政府管理,给企业释放出足够的自由空间。

然而,众多改革的遗产依旧在保守主义回归后存活了下来。接替沃伦大法官的伯格大法官尽管在政治立场上趋于保守,但由其领导的联邦最高法院并未选择对前任的诸多做法进行革新。更加重要的是,社会结构与人们的价值观已经发生了根本性的变化,人们或许仅仅是对现状不满,却从未有人真正希望回到过去。在1971年的斯旺诉夏洛特-梅克伦堡教育委员会案①中,最高法院裁定允许通过强制使用校车来实现中小学的种族平衡。1972年的弗曼诉佐治亚州案②中,最高法院推翻了现行的死刑规定,为今后实施这类法律制定了新的原则。在1973年的罗伊诉韦德案中,最高法院取消了对人工流产的禁令。在政府方面,尽管对福利国家态度不友好,但没有政治家敢于废除它们,而是选择了较为温和的改革。1996年国会通过了"福利改革"法案,结束了一项长达60年的联邦项目。联邦政府不再保证为穷人提供现金援助,并规定一个人一生最多享有5年的福利。

四、该时期经典判例介绍与评析

(一)布朗诉教育委员会案(Brown v. Board of Education)

布朗诉教育委员会案是联邦最高法院20世纪最重要的判决之一,其对终结长期存在于美国社会的种族隔离具有重要意义。案件源于1951年,堪萨斯州托皮卡的公立学校系统拒绝让当地黑人奥利弗·布朗的女儿入读离家最近的学校,而是要求其乘坐公交车前往较远的黑人学校。布朗

---

① See Swann v. Charlotte-Mecklenburg Board of Education, 402 U. S. 1 (1971).

② See Furman v. Georgia, 408 U. S. 238 (1972).

一家与 12 个类似处境的黑人家庭对托皮卡教育委员会进行集体诉讼,指控种族隔离政策违宪。联邦最高法院在本案中部分推翻了在普莱西诉弗格森案中确立的“分离且平等原则”,判决宣称根据宪法第 14 修正案的平等保护条款,即使实施种族隔离的学校在其他方面与普通学校质量相同,黑人学童也不得因种族原因而被公立学校拒绝入学。本案判决后,美国开始逐渐废除一切有关种族隔离的措施,这是民权运动的重要实践成果。

(二)格里斯沃尔德诉康涅狄格州案(Griswold v. Connecticut)

在本案中,联邦最高法院创设了隐私权这一并未由宪法明文规定的权利。案件源于康涅狄格州的《考姆斯托克法》,该法案禁止任何人使用“任何药物、医药品或器械来防止受孕”。联邦最高法院最终以 7∶2 的投票结果判决上述法案因“侵犯婚姻隐私”而无效。此外,还值得额外注意的是:第一,大法官们在解释隐私权的法律渊源方面分歧很大,部分成员认为其根植于正当程序条款,部分成员则认为其受到第 9 修正案的“边缘”保护。第二,法院对隐私权的使用相当克制,如在 1986 年的鲍尔斯诉哈德维克案(Bowers v. Hardwick)中拒绝将隐私权扩张适用于保护自愿的同性性行为,并维系了佐治亚州的反淫乱法。

(三)罗伊诉韦德案(Roe v. Wade)

罗伊诉韦德案被认为是美国历史上最具争议性的案件之一,其规定了孕妇选择堕胎的自由,并随后导致联邦和各州多部反堕胎法的废除。1969 年罗伊怀上了第三个孩子,但在其所处的得克萨斯州,唯有在目的是挽救母亲生命的情况下堕胎才被允许。罗伊为此起诉地方检察官韦德,指控该州的反堕胎法违宪。联邦最高法院最终以 7∶2 的投票结果支持罗伊,认为宪法第 14 修正案中的正当程序条款提供了一项基本的“隐私权”以保护孕妇的堕胎自由。法院还认为,堕胎权并非绝对,需要将其与保护妇女健康和产前生命进行平衡,并提出了知名的“三阶段标准”①。本案判决对于维护妇女权利至关重要,也切实提高了女性社会地位。

---

① 法院认为妇女的怀孕期间可以分为三个阶段(trimester)。在怀孕前三个月(第 1~12 周),由于胎儿不具有“母体外存活性”(viability),所以孕妇可在与医生讨论之后自行决定是否堕胎;怀孕三个月后,政府得限制堕胎,但是只限以保护孕妇健康为必要;在胎儿具有母体外存活性(第 24~28 周)之后,政府保护潜在生命的利益,达到了不可抗拒利益的程度,除非母亲的生命或健康遭遇危险,否则政府禁止堕胎。

（四）加州大学董事会诉巴基案（Regents of the University of California v. Bakke）

加州大学董事会诉巴基案与美国历史上的平权行动（affirmative action）相关，争议焦点为大学录取过程中对少数族裔的优待政策，是否可以在减少白人教育机会的同时不违反宪法的平等保护。巴基是一位前美国海军陆战队军官，其于30岁时向加州大学戴维斯分校医学院申请入学，但因年龄原因而遭拒。然而，当时不少成绩远不如他的少数族裔学生却能因平权行动而得以入学。本案中，联邦最高法院认为一般性平权行动并不违反宪法与1964年《民权法案》，并允许高校在招生时将种族作为考量的多个因素之一，以补偿不公正社会歧视的受害者。同时，法院也认为，特定的种族配额是不可接受的，如加州大学戴维斯分校为少数族裔学生预留100个席位中的16个。

（五）米兰达诉亚利桑那州案（Miranda v. Arizona）

米兰达诉亚利桑那州案是联邦最高法院保护公民自由的里程碑案件，也是著名的米兰达警告的出处。1963年，一名叫米兰达的男子因涉嫌强奸而被菲尼克斯警察局逮捕，经过两小时的审讯，他在认罪供词上签字。不过在审讯过程中，警察并未告知其有权保持沉默并与律师商谈，也未告知其证词将被用于指控。联邦最高法院以5∶4推翻了州地方法院的判决，认为根据宪法第5修正案，美国执法部门必须在审讯前告知嫌疑人其宪法权利，否则嫌疑人的陈述不能在审判中被当作证据使用。本案判决在当年饱受争议，原因在于美国20世纪60年代至70年代犯罪增多，民众希望政府对此采取有力的控制措施。然而，黑人与贫困人口却成为打击犯罪的主要受害者，这引发了社会大众对法律公平性的质疑。本案可以被视为联邦最高法院对当年社会境况的回应。相关研究表明与当时的担忧相反，米兰达警告实际上对警方的逮捕和定罪记录产生了好处，因为它迫使警员遵守更高的行为标准。①

（六）合众国诉尼克松案（United States v. Nixon）

合众国诉尼克松案是联邦最高法院限制总统行政特权的重要判例。

---

① See Hall, Kermit L., Paul Finkelman & James W. Ely, *American Legal History: Cases and Materials*, Oxford University Press, 2005, p. 545.

第二次世界大战后美国国家权力逐渐从州向华盛顿特区集中,总统、国会和最高法院都是这一发展趋势的推动者与受益人。在水门事件[①]中,尼克松试图利用总统特权,即保护高级政府官员与那些为他们履行职责提供建议和协助的人之间的通信,以回避司法调查。然而,联邦最高法院法官一致要求尼克松交出与水门事件相关的录音带和其他案卷材料。判决仅半个月后,尼克松宣布辞去总统职位。左翼过于激进的改革欲求,在保护民权与社会平等方面作出卓越贡献的同时,也使得国家权力往不受控制的方向增长。本案标志着对该种趋势的重要打击,也预示了美国保守主义的回潮。在 20 世纪剩余的 20 余年间,民众对领袖和政府的信任一直处于低潮状态。[②]

(七)阿达兰德建筑公司诉佩尼亚案(Adarand Constructors, Inc. v. Peña)

在阿达兰德建筑公司诉佩尼亚案中,对种族分类施加更严格的审查标准,意味着联邦最高法院在面对愈演愈烈的平权行动时克制的态度。本案发生时,诸多由联邦政府机构参与的合同都鼓励总承包商雇用“由社会和经济弱势群体”拥有或控制的分包商。1989 年,负责科罗拉多州公路建设的总承包商将合同分包给冈萨雷斯公司,而非出价更低的阿达兰德公司。阿达兰德公司对美国运输部提起诉讼,并最终诉至联邦最高法院。本案判决认为,由联邦政府施加的种族分类应根据最严格的审查标准,即该种分类需要建立在政府的迫切利益之上。由此,法院对联邦政府利用合同帮助少数族裔的能力施加了重大限制。虽然政府并未被完全禁止使用此类计划,但法院强调宪法中的平等保护条款保护的是个人而非群体。

(八)多伯特诉梅里尔·道制药公司案(Daubert v. Merrell Dow Pharmaceuticals)

多伯特诉梅里尔·道制药公司案是有关科学证据效力问题的重要判例。在本案中,联邦最高法院修改了对原告而言过于严苛的佛赖伊规则,转而采纳更为宽松的举证标准,从而“将 20 世纪 90 年代的怀疑论和多元

---

① 1972 年 6 月 17 日凌晨,5 名嫌犯潜入美国首都华盛顿哥伦比亚特区水门综合大厦的民主党全国委员会总部安装窃听器并偷拍文件,大厦保安发现可疑后立即报警,这 5 人随即被前来的两名便衣特警抓获。

② 参见[美]艾伦·布林克利:《美国史》(第 10 版·下册),邵旭东译,海南出版社 2014 年版,第 920 页。

文化置于法律形式中”[①]。詹森·多伯特出生时即有严重的残疾，其父母于1993年将梅里尔·道制药公司告上法庭，他们主张多伯特身体上的残疾是其母亲在怀孕期间服用的止吐药导致的。原告引用了多位专家的意见，但被一审法院和上诉法院依据佛赖伊规则[②]驳回，并最终诉至联邦最高法院。本案最终以一种“可靠的”、“具有可采性的”、“科学证据”(scientific evidence)规则取代了要求“获得相关领域学者普遍接受”的规则。追求真实性的科学当然是必要的，但它如今更像是希腊的神而不是全能的神，其有范围和界限，并且很人性化，而且不再对司法判决具有绝对的约束力。

(九)贝克诉卡尔案(Baker v. Carr)

贝克诉卡尔案是美国联邦最高法院保护公民选举权平等与调整司法参与政治活动权限的重要判例。在本案中，联邦最高法院推翻了其在科尔格罗夫诉格林案中确立的规则[③]，不再坚持认为议席分配是超越司法管辖的纯粹政治问题，转而选择更积极地保护公民的宪法权利。20世纪中期，随着美国经济的快速发展，城市人口迅速增长，改变了传统乡村人口占多数的局面。然而，议会席位的分配却并未改变，造成了城乡间选举权分配的实质不公。查尔斯·贝克于1959年起诉了田纳西州州务卿乔·卡尔，并最终将案件诉至联邦最高法院。判决书最终由布伦南大法官起草，并认为田纳西州必须根据联邦政府最新公布的人口统计数字公正平等地分配州议会席位，切实保证每一位公民在事实上都能享有与其他人一样的平等投票权，维护美国代议民主制的公正和公平。

---

① [美]劳伦斯·弗里德曼:《二十世纪美国法律史》，周大伟等译，北京大学出版社2016年版，第334页。

② 佛赖伊规则是1923年一项联邦法院判决所确立的证据法先例。该规则的主要内容是:只有作为专家证言基础的技术、方法和理论在相关的科学领域获得多数学者的普遍接受(general acceptance)时，该专家证言才能被识别为具有可采性的科学证据。否则就应该加以排除。See Fry v. United States, 421 U.S. 542 (1975).

③ See Colegrove v. Green, 328 U.S. 549 (1946).

第二章　法律教育与法学研究

第一节　法律教育的展开

随着美国法律的形成和发展，法律教育也开始兴起，而这又推动了美国法律和法学的进一步发展。

在殖民地早期，没有法律学校，所以许多人只能去英国学习法律，更多渴望从事法律职业的人则只能通过拜律师做老师的方式学习。在律师事务所，他们学习权威法学家的著作，复印各种法律文件，在老师的带领下学办各种案件，最后自己开业当律师。据史料记载，来姆埃尔·夏的律师事务所几乎成了一所小型的培养律师的学校。① 在美国，最早的一些法律学校就是从这种律师事务所中诞生的，它们使用了与律师事务所相同的教育方法和技巧。第一所这样的学校是 1784 年由法官塔宾·里弗在康涅狄格州的利兹菲尔德（Litchfield）创立的。在利兹菲尔德法律学校，采用讲课的方法来教授法律，讲义计划模仿英国法学家布莱克斯通的《英国法释义》的体系，每天的授课时长为 1 小时 15 分钟或一个半小时，全部课程为 14 个月，包括 2 个各 4 周的假期。学生必须认

---

① See L. M. Friedman, *A History of American Law*, Simon & Schuste, 1973, p. 279.

真记笔记,余下的时间就是阅读。① 与此同时,各个综合性大学的法律教育也开始兴起。从18世纪下半叶起,威廉·玛丽(William and Mary)学院、弗吉尼亚大学、宾夕法尼亚大学、哥伦比亚大学以及马里兰大学等也都开设了法律讲座。其中,最著名的就是哈佛大学。1816年,哈佛大学设立了第一个法律讲座,首任教授是马萨诸塞州最高法院的法官帕克。1829年,哈佛大学又设立了“戴恩法律教授”讲座,并聘请时任美国联邦最高法院法官的著名法学家斯托里担任该讲座的教授。“戴恩法律教授”讲座的设立,标志着哈佛大学法学院的诞生。

1870年,美国著名法律教育家兰德尔就任哈佛大学法学院院长。他上任后,开始一系列的改革,如扩大教师编制、提高入学学生的学历层次、创办法律杂志以及创立有名的“判例教学法”等。这些改革,经过其后继者埃姆斯的进一步贯彻实施,到19世纪末,使美国的法律教育登上了一个新的台阶。

进入20世纪,美国的法律教育和法学研究有了进一步的发展。一方面,现代美国法学院教育已占据统治地位,通过在法学院学习,然后进入律师界已经是一个基本现实。另一方面,法律院校的规模也有了很大的发展。1900年,全美共有法学院102所,②到50年代,发展到156所,③至1981年,又进一步增加到241所。

在美国,法律院校有综合性大学法学院,也有单科性法律院校。综合性大学有公立也有私立,而主体是私立大学,其中最为出名的有哈佛大学、耶鲁大学、哥伦比亚大学、芝加哥大学和斯坦福大学等,其学生遍布全国乃至全世界。

在美国,大学的领导机构是董事会,学术管理机构是评议会,校长代表董事会管理学校的行政和处理日常事务。法学院院长由董事会根据校长的推荐任命(也有个别是由教师选举产生),对校长负责。

美国法律教育与其他西方国家相比,最大的不同之处在于,高中毕业不能马上进入法学院。这一原则于1870年由前述兰德尔创立后,迅速影

---

① See L. M. Friedman, *A History of American Law*, Simon & Schuste, 1973, p. 279.

② See L. M. Friedman, *A History of American Law*, Simon & Schuste, 1973, p. 526.

③ 参见[日]武藤春光:《美国、英国及西德的法律教育》,日本司法研修所1962年印发,第15页。

响其他法学院。1908 年,全美法学院校联合会规定,报考法学院的考生必须具备一年的其他大学专业学习的经历。1925 年,这种时间要求被提高到两年,1952 年又提高到三年。目前,则一般为四年,即报考法学院校的考生,必须受到大学或高等专科四年的教育。因此,美国的法学院,实际上相当于我国的研究生院层次。通常,经过三年学习,修满规定的学分(一般为 90 个学分),完成可供发表的论文,学生即可拿到 J. D. (Juris Doctor,法律学博士)学位(有此学位即具有报考律师的资格)。

美国法学院的收费十分昂贵,一些名牌大学,如耶鲁大学法学院,学生一年的费用(学费、住宿费、伙食费、书籍费、医疗保险费等)高达 1.8 万美元。即使是一些收费较为便宜的州立大学,这些费用加在一起也要近 1 万美元。但尽管如此,报考法学院的学生人数仍然居高不下。这是因为美国法学院尤其是名牌大学的毕业生,通常可以找到一份好工作。例如,1981 年,一般大学毕业生的平均年薪为 2.4 万美元,而法学院毕业生至少在 5 万美元。因此,报考法学院竞争十分激烈。

由于美国法律教育的目标是培养律师(美国的法官和检察官一般都从律师中挑选),因此,在课程设置上,比较注重实践,轻视理论。目前,各大学法学院开设的课程,一般为 100 门上下,也有比较多的如加利福尼亚大学,1983 年至 1984 年度的课程有 138 门。根据哈佛大学法学院的课程设置,每学年的必修课和选修课为:

第一学年,必修课为代理法、财产法第一部、契约法、侵权行为法、刑法、民事诉讼法。

第二学年,必修课为宪法、行政法、税法、商法、公司法第一部、信托法、会计法(以上 7 门课中选 6 门);选修课为美国法制史、大陆法概论、苏联法与美国法的比较、法理学、法律形成之过程论、立法学、联合国法(以上 7 门课中选 1 门)。

第三学年,必修课为财产法第二部;选修课为海法、反托拉斯法、团体交涉法、冲突法、著作权法和反不正当竞争法、公司法第二部、债权法、家族法、衡平法上的救济、证据法、联邦法院及联邦组织、关于公私企业的规制法、保险法、国际法、对外国投资的国际性保护、劳动法、国际贸易与国际关系法、国外事业活动中的法律问题、世界秩序发展中的诸问题、不动产交易法、恢复原状法、证券交易调整关系法、州以及地方政府法、公判实务的诸问题(以上 24 门课中任选 5 门)。①

从华盛顿大学法学院开设的 130 门课程来看,其内容与哈佛大学法学院的大同小异。② 一般而言,近几年各法学院的课程中,变化比较明显的是都增加了介绍中国法的内容。

在美国,法律教育的方法一般有课堂讲授、课堂讨论、技术实践等,但主要是“判例教学法”。教师在课堂上一般不讲序言、概论、定义之类的抽象理论,而是选取有代表性的判例,编成判例集作为教材发给学生。这些判例通常是一个已确立的法律理论的代表,同时也是那些事实的推理性强、文字良好的法律原则的总结。这些案件的事实常常含有疑难的法律上的争议点,如订立合同的诸条件是否合理,杀人者是否具备杀人罪所必需的行为能力和主观故意,一个妇女在宪法上的权利是否被雇主剥夺等。教师上课时,组织引导学生分析案例,提出问题和学生共同讨论,即使二三百人的大课也不例外。该方法要求学生事前准备,阅读有关案例的大量参考书,在课堂上陈述、分析、评论具体的案由,如同律师和法官那样,运用原始资料,概括提炼自己的基本意见。在课堂上不仅教师提问学生,还允许学生提问,发表与教师不同的看法,并与教师进行争论。最后,再由教师进行总结。

就像一个很古老的笑话所讲的:世界上最大的“空间”(room)是什么?回答是“改善的空间”。判例教学法自诞生后虽历经考验,但也饱受争议。卓越的声望与尖锐的批评总是相伴而生,一直以来,对判例教学法有几大批评:第一,忽视了普通学生的需求。要保证判例教学法的效果,必须要求教师与学生都具有非凡的智力,并在课前投入大量精力的准备,这对一般师生而言有些强人所难了。③ 第二,苏格拉底式的考问式教学方法引发了学生的普遍焦虑,“在教授的蓄意猛攻之下,被提问的学生几乎无一幸免当众受辱”④。第三,法学院过分单一地运用案例教学法不利于学生的培养。

---

① 参见[日]武藤春光:《美国、英国及西德的法律教育》,日本司法研修所 1962 年印发,第 17~21 页。

② See University of Washington Bulletin, School of Law Curriculum 1995—1996, p. 33-53.

③ 参见[美]罗伯特·斯蒂文斯:《法学院:19 世纪 50 年代到 20 世纪 80 年代的美国法学教育》,阎亚林、李新成、付欣译,中国政法大学出版社 2003 年版,第 156~157 页。

④ 聂鑫:《美国法学教育模式利弊检讨》,载《环球法律评论》2011 年第 3 期。

2007年卡内基研究中心关于法律教育的报告指出:“这种方法将问题过度简单化,并去掉了很多现实场景,抑制了学生们思考公平正义的热情。它教育学生像学生一样思考,而非像律师一样思考。”①

为了适应运作越发复杂的现代社会以及应对上述批评,美国法学教育也在维系判例教学法主导地位的前提下,不断改良自身。法律诊所是美国法学教育界为克服判例教学法弊端而创设的制度,允许学生在其中进行法律实践并开展法律援助活动。法律现实主义思潮对该制度的创建有着深厚的影响,该法学理论认为,判例教学法只关注法官判决的依据,而字面规定并不代表真实规则。在规则之外,法官的判决还取决于各种社会因素的影响。法学院有义务让学生们了解真实的法律而非纸面规则。20世纪70年代左右的民权运动也推动了法律诊所的振兴,“为穷人办案”成为当时法学院学生的理想,“诊所教育则作为学生投身社会、改造社会的积极方式之一”②。作为对判例教学法的补充,20世纪60年代以来,法学院普遍开设了选修课,采用大班讲座与小班研讨课形式。前者的优势在于可以系统、完整地向学生传授知识;后者的优势在于实现了教师与学生、学生与学生的互动,能更好地激发学生的学习热情与创造力。新的教学方式的引入在一定程度上补足了判例教学法的缺陷。

在全球化浪潮的冲击下,以哈佛大学法学院为首的美国法学教育界也开始尝试新的改革,更注重培养学生解决问题的能力。其中最为典型的是哈佛开设的“问题和理论”特色课程,其旨在让学生反思已经学过的知识,包括系统地学习法条和案例分析方法,对不同法律理论进行讨论,对一个或多个超越任何单一学科界限的复杂问题进行研究,以及通过模拟和团队活动进行探究,同时要求学生在提出和评估问题解决方案上具备一定的创造力和精准的分析力。③ 该课程通过为学生提供像律师那样直接面对委托人的实习机会,帮助他们了解律师在实践中需要解决委托人的什么问题,

---

① [美] Judith A. McMorrow:《美国法学教育和法律职业养成》,载《法学家》2009年第6期。

② 陈建民:《法律诊所教育与法学教育的改革——兼谈美国法律诊所教育在中国的实践》,载郭道晖主编:《岳麓法学评论》第2卷,湖南大学出版社2001年版,第84页。

③ 参见汪习根:《美国法学教育的最新改革及其启示——以哈佛大学法学院为样本》,载《法学杂志》2010年第1期。

怎么解决这些问题,以及问题的解决需要何种知识结构与实践判断能力等。总的来说,美国法学教育始终以判例教学法为主导模式,尽管其常由于重修辞而轻价值、重程序而轻实体的特征而饱受诟病,但或许正是这种怀疑主义的价值中立与程序法传统,使得其具有强大的适应力,能够通过不断的"旧瓶装新酒"来适应社会与法制的变动,不断地培养出优秀的法学人才。

美国法学院的考试制度很严,考试不搞复习,不划重点,教材、参考资料、课堂讲授都是考试范围。有些学校还规定,一门课中只要出现一次"D"(不及格),就不能拿到该门课的学分,一个学期拿不到规定的学分,就将遭到淘汰。在一些名牌大学中,有些课程的淘汰率高达20%~40%。所以,法学院的学生入学后一般都比较辛苦。加上法学院经费昂贵,而学生学习成绩优异,不仅可以减免学费以及领到奖学金,而且可以租到学校提供的廉价宿舍,因此,学生之间的竞争十分激烈。学生经过学期考、学年考,最后参加毕业考,并提交一篇论文。如果这些都能顺利通过,即可获得学位。

美国法学院的毕业生除约半数进入律师界(必须经过律师考试)外,还有的一般在政府、企业和学校等部门工作。

在美国,法学院的教师一般分为四级:讲师、助教授、副教授和教授。讲师由行政人员兼任,一般终身得不到晋升。专职教师的起点是助教授,他们经过三年以上的教学实践,教学效果突出,并有一定的科研成果,即可被提拔为副教授。副教授再经过若干年的教学实践,并取得重大科研成果,可升为教授。教授的职务是终身的,通常是70岁退休。在美国,法学院的教师比较少,学生比较多,教师与学生的比例一般为1:20以上。因此,教师一般每学期都要开两门以上的课程,还要指导论文,回答学生的各种问题,比较辛苦。但教师的工作条件都比较好,教授办公室有图书资料、打字机、电话、电脑终端,有的还配有秘书或助手。

第二节　法学家的作用

在美国法的发展以及法律教育活动中,美国法学家积极阐述法理,传授法律知识,制作判决,创制法律原则,规划法律发展的目标和方向,培养法律专门人才,发挥了巨大的作用。他们中有政治家、法官、律师,也有大学中的教授。下面,我们介绍一些贡献突出的法学家。

一、托马斯·杰斐逊

托马斯·杰斐逊,出生于弗吉尼亚州一个种植园主家庭。17 岁时,其进入威廉·玛丽学院学习。毕业后,用 5 年时间在一个律师事务所研读法律,并自 1767 年起从事律师职业。1769 年当选为弗吉尼亚州议会的议员。1775 年参加第二届大陆会议,并于次年 7 月起草《独立宣言》。1779 年当选为弗吉尼亚州州长。1785 年任驻法国公使。1789 年受命担任美国历史上第一位国务卿。1801 年就任美国总统(至 1809 年)。1809 年退任后回到家乡,创建弗吉尼亚大学。

杰斐逊不仅是美国的开国元勋,也是美国近代法制的缔造者之一。他撰写的《英属美洲权利概述》(*A Summary View of the Rights of British America*,1774)一书,宣布在英国本土的英国人无权为美洲人立法,英国国会无权指挥美洲的殖民地人民,殖民地人民有权建设由自己制定法律的新社会。在著名的《独立宣言》中,他进一步提出天赋人权、主权在民以及殖民统治是一种罪恶等思想,从而为美国的独立提供了理论根据。

杰斐逊的法律主张,为美国民主宪政制度和法治传统的形成和发展作出了贡献。

二、亚历山大·汉密尔顿

亚历山大·汉密尔顿,出生于西印度群岛。1774 年,其进入哥伦比亚大学学习。1775 年参加独立战争,任华盛顿的副官。参加过大陆会议和费城制宪会议。1789 年出任美国第一任财政部部长。

汉密尔顿对美国法律发展的贡献体现在：首先，集中在他与杰伊和麦迪逊共同以“普布利乌斯”为笔名在纽约《独立日报》和《纽约邮报》等刊物上发表的一系列论文（后结集为《联邦党人文集》）中阐述的宪法思想方面。在总共85篇论文中，由汉密尔顿执笔的有52篇。在这些论文中，他对美国联邦政府的职责，联邦政府和地方政府的权力分配，立法、行政和司法之间的分权与制衡，联邦的经济制度等问题作了详细而深刻的阐述。汉密尔顿的这些思想，成为近代美国政治制度和宪法制度的理论基础之一。这些论文的连载，为美国宪法在各州获得通过作出了巨大的贡献。其次，在财政部部长的任期内，汉密尔顿采取的一系列立法措施，如偿还国债、设立国家银行、联邦政府接受各州债务、开征消费税、保护关税，以及强化联邦权力的各项措施等，为巩固美国的联邦制以及近代以后美国财政与经济立法的发达奠定了基础。

三、詹姆斯·麦迪逊

詹姆斯·麦迪逊，出生于弗吉尼亚州一个大种植园主家庭。1769年，其进入新泽西学院（现在的普林斯顿大学）学习法律。1776年4月，被选派参加起草弗吉尼亚宪法；5月被选为州议员。1779年出任大陆会议代表。1786年与汉密尔顿联名向国会建议召开十三州全体会议（后来的费城制宪会议），讨论修改1781年《邦联条例》。1787年在费城制宪会议上，提出了由他拟定的“弗吉尼亚方案”，经反复推敲和修改补充，该方案最后获得通过。这就是著名的1787年《美国联邦宪法》。联邦宪法制定后，麦迪逊与汉密尔顿、杰伊一起，为使宪法能在各州通过而撰写了一系列文章。1789年，麦迪逊又起草了宪法前十条修正案（《人权法案》），1791年与宪法本文一起被各州批准通过。1801年出任杰斐逊政府的国务卿。1809年继杰斐逊之后出任美国总统。1817年退任后回到家乡。1826年继杰斐逊后出任弗吉尼亚大学校长。

作为“美国宪法之父”，麦迪逊为美国宪法的制定、通过，以及美国宪政法制的建立作出了重大贡献。他的宪法理想，即设置一个全国政府，由行政、司法和立法三个部分组成，以及两院制的国会等，在美国宪法中都得到了实现；他关于共和政府的职能、政府与人民的关系、选举制度、自由及秩序、三权分立体制以及各州的职责等理论，通过《联邦党人文集》这部不朽的作品,深深扎根于美国人的心中;他关于言论、出版、集会、宗教信仰等自由的基本人权观念,也通过宪法前十条修正案的颁布与实施而得以确立,其影响一直延续至今。

四、爱德华·利文斯顿

爱德华·利文斯顿,出生于纽约州,毕业于普林斯顿大学。1785 年取得律师资格。1794 年被选为国会议员。1801 年任纽约市市长。1831 年进入政府内阁。1833 年出任驻法国公使。曾任路易斯安那州的法官。

利文斯顿对美国法律发展的主要贡献是他在美国率先倡导了成文法典运动。他先后起草了民法典、诉讼法典、商法典和刑法典(后两部未能通过)。为此,他被称为“19 世纪美国的法律改革家”。此外,在刑法领域,他提出了刑罚的目的是防止犯罪的思想,主张废除死刑。这些也对后来美国刑事立法的发展产生了重要影响。

五、戴维·达德利·菲尔德

戴维·达德利·菲尔德,出生于康涅狄格州,就读于威廉斯学院。1828 年在纽约取得律师资格。1847 年出任纽约州立法委员会委员。

菲尔德的主要贡献是,他继利文斯顿之后,在美国进一步掀起了编纂成文法典的高潮,成为 19 世纪后期美国法律改革运动的领袖人物。他于 1848 年起草制定的《民事诉讼法典》(又称“菲尔德法典”)为纽约州所采用。由于该法典简化了诉讼程序,合并了普通法法院和衡平法法院的规范,比较合理方便,因而被一半以上的州所采用。1860 年至 1865 年,菲尔德又草拟了刑事诉讼法典、刑法典、政治法典和民法典。由于他的胞弟斯蒂芬·菲尔德早年曾任加利福尼亚州最高法院首席法官,后来又出任美国联邦最高法院法官,因此,在其胞弟的影响力下,加利福尼亚州等 4 个州在 1872 年后采用了他的全部(5 部)法典。他的刑法典在 1881 年为纽约州所采纳,后来又被 16 个州所采用。由于纽约州较早就是英国的殖民地,保留了浓厚的判例法传统,因此,菲尔德在纽约州的成文法典化活动,对美国法律发展的影响事实上超过了利文斯顿。

六、约翰·马歇尔

约翰·马歇尔,出生于弗吉尼亚州。1776 年参加独立战争。1779 年,其进入威廉·玛丽学院进修法律。1780 年担任执业律师。1782 年被选为弗吉尼亚州议会议员。1798 年当选为联邦众议院议员,并被选为赴法国谈判代表。1800 年出任约翰·亚当斯政府的国务卿。1801 年任美国联邦最高法院首席法官,直至 1835 年去世。主要著作为《华盛顿传》(*The Life of G. Washington*,5Vols. ,1804—1807)。

在长达 35 年的大法官生涯中,马歇尔将其联邦主义的宪法理想付诸审判实践。他将宪法当作国家统一和加强联邦权力的工具,创立了重大宪法判例原则 40 项以上。其中,关于联邦最高法院有权对国会的立法和政府的行政行为拥有“违宪审查”的权力,联邦最高法院对州法院的判决拥有撤销权,关于契约保障,以及关于美国联邦银行的合法性等,对美国宪法的发展和完善作出了重大贡献。[①]

七、詹姆斯·肯特

詹姆斯·肯特,出生于纽约州。1781 年毕业于耶鲁大学。1785 年取得律师资格。1790 年当选为纽约州议会议员。1794 年担任哥伦比亚大学的第一位法学教授。1796 年兼任衡平法院院长。1798 年起任纽约州最高法院法官。1804 年升任该法院首席法官。1814 年任纽约州衡平法院首席法官。1824 年重回哥伦比亚大学任教。

肯特对美国法律发展的最大贡献是,从英国判例、罗马法中汲取大量资料,结合美国的具体情况,撰写出版了四卷本《美国法律释义》(*The Commentaries on American Law*,1826—1830),内容涉及国际法、美国宪法、州的法律、人权、动产与不动产等各个方面。由于该书是模仿布莱克斯通的《英国法释义》而成,但内容又以美国法为主,故其被称为“美国的布莱克斯通”。又由于该书的出版奠定了美国衡平法的基础,肯特又被称为“美国的衡平法之父”。

---

① 参见李昌道编著:《美国宪法史稿》,法律出版社 1986 年版,第 157 页。

八、约瑟夫·斯托里

约瑟夫·斯托里,出生于马萨诸塞州,毕业于哈佛大学,后在马萨诸塞州开业当律师。1808 年当选为美国众议院议员。1811 年起任联邦最高法院法官。1829 年兼任哈佛大学法学院教授。

斯托里的贡献主要是创立了美国的国际私法学。他是世界上第一位用英语系统阐述国际私法原理的法学家。其作品《冲突法释义》(*Commentaries on the Conflict of Laws*,1834),奠定了英语系统国际私法理论的基础。此外,在宪法和衡平法方面,斯托里也有创造性的贡献。他的《美国宪法论》(*On the Constitution of the U. S*,1833)和《冲突法理学释义》(*Commentaries on Equity Jurisprudence*,1836)都是这两个领域中的经典之作。

九、亨利·惠顿

亨利·惠顿,出生于罗得岛州。1802 年毕业于罗得岛大学(现布朗大学)。曾赴法国攻读法律,后回罗得岛开业当律师,并任纽约州法官。1816 年成为美国联邦最高法院的判决发言人。1842 年当选为法国研究院院士。1843 年当选为普鲁士科学院院士。

惠顿对美国法律发展的贡献是创立了美国国际公法体系。他于 1836 年出版的《国际法原理》(*Elements of International Law*)先后被译成法、意、西、日、中等多国文字。[①] 该书对国际法涉及的各种理论和实践问题都作了比较详细的论述,被认为是西方国际法学(美国学派)的经典之作。由于此书的出版,惠顿赢得了“美国国际法之父”的称号。

十、克里斯托夫·兰德尔

克里斯托夫·兰德尔,出生于新罕布什尔州。1853 年毕业于哈佛大学法学院。1854 年赴纽约市当开业律师。1870 年受聘担任哈佛大学法学院院长。

如前所述,兰德尔是一位卓越的法律教育改革家,他在任期内,曾对哈

---

① 中文版由美国传教士丁韪良翻译,1864 年由北京同文馆出版,取名《万国公法》。该书是近代中国翻译出版的第一本外国法律著作。

佛大学的法律教育进行了大刀阔斧的改革。例如,废除整堂课都由老师讲授,学生只是被动地听的传统教授方法,而代之以“判例教学法”。又如,将法学院提高到研究生院的水平,学制为三年,规定进入法学院者必须是已经学了四年的本科毕业生,并附之以严格的考试制度,从而大大提高了法学院的知识水平。此外,兰德尔扩大了教师队伍,创办了法学杂志,使哈佛大学法学院的教师数量和图书藏书量都处在全国领先的地位。

兰德尔为了支持自己的法律教育改革,编纂了一些案例教科书。其中,影响最大并最具水平的是他的《契约法案例选集》(*Caseson the Law of Contracts*,1871)。一直到现代,这部案例著作仍被视为美国判例法的权威作品。

十一、约翰·亨利·威格摩尔

约翰·亨利·威格摩尔,毕业于哈佛大学法学院。1887 年,在波士顿开业当律师。1889 年至 1892 年,担任日本庆应大学法学部教授,主讲英美法。1893 年,任美国西北大学法学院教授,1901 年出任法学院院长。

威格摩尔被认为是美国最博学的法学家之一。他的贡献表现在两个方面:其一,他是“美国证据法之父”,其名著《论英美按普通法程序审判的证据制度》(*A Treatise on the Anglo—American System of Evidence in Trials at Common Law*,10Vols. ,1940),奠定了美国现代证据制度的基础,其观点直至今天还在被引用。其二,他是一位世界著名的法制史学家。其著作《世界法系概览》(*A Panorama of the World's Legal System*,3Vols. ,1928),将世界各国的法律分成埃及法系、巴比伦法系、伊斯兰教法系、中华法系、英美法系、大陆法系等 16 个法系,对各法系的历史起源、基本内容及主要特点作了详细论述,至今仍具有重大的史料价值,被各国学术界公认为是世界法制史的一部经典作品。

十二、罗斯科·庞德

罗斯科·庞德,在内布拉斯加大学毕业后,进入哈佛大学法学院学习。1890 年担任开业律师。1901 年任内布拉斯加州最高法院法官。1907 年任西北大学法学院教授。1909 年任芝加哥大学法学院教授。1910 年任哈佛大学法学院教授,1916 年至 1936 年任法学院院长。1941 年至 1947 年任斯坦福大学名誉评议员。

庞德是现代美国法学界最负盛名的学者,被公认为是现代美国法学的泰斗。除发表众多的著作和论文,对美国法理学、法史学作出贡献之外,他还创立了社会学法学的理论。该理论基本观点为,法律是一种社会工程,是用最小的消耗来调和人们的利益冲突以达到控制社会的工具,其影响已扩展至西方各主要国家。

十三、卡尔·尼克森·卢埃林

卡尔·尼克森·卢埃林,毕业于耶鲁大学法学院,留校讲授商法。随后在纽约市开业当律师。1924 年任哥伦比亚大学法学院教授。与此同时,成为美国统一州法律委员会的终身成员,参与起草统一法典。

卢埃林对美国法律发展的贡献主要体现在两个方面。其一,他继承美国实用主义法学创始人霍姆斯和庞德的社会学法学理论,进一步发展出了美国的现实主义法学学说。该学说关心法律与现实之间的矛盾,注意观察法院和其他官员实际上在干什么,对法律的实际运行进行分析。其目标在于:第一,精确说明施行法律的价值;第二,检查该项法律与其接触的社会实际生活的关系;第三,对这种关系中反映出来的美国采取的法律策略进行全面的评价;第四,按照法律规定作出决定,并对其拟定的立法或司法法规加以说明。卢埃林的理论在美国曾激发了一场广泛而深入的关于法的现实主义性质的讨论。其二,卢埃林为美国统一州法律委员会起草了《统一商法典》(Uniform Commercial Code),1952 年颁布后,由委员会向各州推荐适用。至 1996 年,除路易斯安那州未全部采用外,其他各个州都已采用这一法典。由于在美国民商法领域基本上适用判例法,因此,《统一商法典》的颁布适用,不仅为美国的民商法律行为提供了立法基础,而且为美国统一成文立法运动作出了贡献。①

十四、朗·富勒

朗·富勒,出生于得克萨斯州的赫尔福德。先后就读于加州大学、斯

---

① 关于上述 13 位著名法学家的业绩,参见徐步衡、余振龙主编:《法学流派与法学家》,知识出版社 1981 年版;《岩波西洋人名辞典》(增补版),岩波书店 1981 年版;David M. Walker, *The Oxford Companion to Law*, Oxford University Press, 1980。

坦福大学,1926年获法律博士学位,毕业后于俄勒冈大学法学院担任助理教授。1933年发表《美国的法律现实主义》(*American Legal Realism*)一文批判了法律现实主义,此论文获美国哲学协会1935年度的菲利普斯奖。1939年开始任教于哈佛大学法学院直至退休。

富勒通常被认为是新自然法学派的代表人物,其理论也对法律过程方法产生了重要的影响。富勒的贡献在于提出了一种反对实证主义分离命题的程序自然法理论,其将法律理解为"使人类行为服从于规则之治的事业"①。如果某些规则要被称为"法律",那么它们就必须符合特定的标准,以使其能够恰当地实现其被预设的目标。例如,如果我们将刀界定为削东西的工具,那么某些不符合这一标准的工具就不能被称为"刀"。富勒由此为法律提出了八点"内在道德"要求,以使法律可发挥其应有的功能。②

十五、亨利·哈特

亨利·哈特,出生于蒙大拿州比尤特。1926年毕业于哈佛大学,1931年获法学博士学位,曾担任美国联邦最高法院法官路易斯·布兰代斯的书记员,后返回哈佛大学任教直至去世。亨利·哈特是罗斯福新政的坚定支持者,第二次世界大战与冷战使其从一位进步主义者转变为寻求社会稳定、文化共识和制度平衡的理论家。

亨利·哈特的贡献在于其对法律过程学派的影响,其观点主要集中在其与阿尔伯特·萨克斯教授合著的《法律过程》(*Legal Process*,1951)一书中。亨利·哈特重视制度能力(institutional competence)与正当程序,认为通过法律程序可以在悬置实质价值判断的情况下作出公正的司法判决。将价值判断问题转化为"由哪类主体"来解决"哪类问题"更为合适之类的程序性问题。亨利·哈特的另一本著作《联邦法院和联邦体系》(*The Federal Courts and the Federal System*,1953)也对法院体系产生了重要的影响,成为当时联邦最高法院重要的参考性书籍之一。

---

① [美]富勒:《法律的道德性》,郑戈译,商务印书馆2005年版,第113页。

② Winston, Kenneth I., *The Ideal Element in a Definition of Law*, 5 Law & Phil 89(1986).

十六、罗伯特·昂格尔

罗伯特·昂格尔,出生于巴西。1969 年于里约热内卢大学获文学学士学位,曾做过记者并作为巴西的政治活动家参与组织工会和政党,还于巴西政府中担任过要职。1976 年于哈佛大学获法学博士学位,并留校担任法学院教授。

昂格尔的法律思想与其社会理论密切相关,其认为社会是人类建构的产物,产生具有偶然性。① 争夺政治与物质资源控制权的胜利者制定社会互动与交易的条款,再通过法律将其制度化的同时赋予某种必然性,不论是诉诸自然法、历史规律还是经济发展。因此,法理学应当拒绝如下社会必然性的意向并将促进社会流动作为不懈的追求。它们包括:法律是确定的体系,其中存在对任何法律问题的答案;存在自治而中立的法律推理模式;法律结构中的学说与根本社会性质间存在内在联系;法制塑造了社会和社会发展。昂格尔认为,社会变革可以通过微观斗争与观念改变的逐渐积累实现。

十七、凯瑟琳·麦金农

凯瑟琳·麦金农,出生于明尼苏达州明尼阿波利斯。1987 年于耶鲁大学获政治学博士学位。1990 年任职于密歇根大学法学院与哈佛大学法学院,2008 年至 2012 年,她出任国际刑事法院检察官的性别特别顾问。麦金农是第一批提出色情制品侵犯公民权利以及教育和就业中的性骚扰构成性别歧视的人之一。

麦金农作为激进女权主义者的代表,其理论贡献在于揭示自由主义法治国家虚假的中立性。如果社会对于自由的原初分配是平等的,那么一个中立的自由主义国家就是正当的,然而情况却并非如此。“首先在法律之前不平等地建构社会;然后设计宪法,包括平等的法律,这样就使它的保证只适用于被法律剥夺的那些价值;接下来,就是建构正统化规范,以便国家

① See Roberto Mangabeira Unger, *Social Theory: Its Situation and Its Task*, 2 Verso 1 (2004).

借助于对现状的不干预来使自己合法化。”[①]麦金农的其他方面贡献还包括成功定义了性骚扰从而使性骚扰成为公认的伤害类型，借此促进了刑事司法对该领域的干预。

十八、约翰·罗尔斯

约翰·罗尔斯，出生于马里兰州的巴尔的摩。年轻时曾参与过第二次世界大战，1950 年于普林斯顿大学取得博士学位后留校从事教学与研究工作。1956 年于康奈尔大学取得副教授终身职位。1962 年于哈佛大学任教直到 1991 年退休。罗尔斯是 20 世纪最具影响力的思想家之一。

罗尔斯以提出一种新的正义理论而闻名于世，其成名作为 1971 年出版的《正义论》(*The Theory of Justice*)。在书中罗尔斯提出了著名的两个正义原则：(1)基本自由原则，每个人对与所有人所拥有的最广泛平等的基本自由体系相容的类似自由体系都应有一种平等的权利。(2)差别原则，社会的和经济的不平等应这样安排，使它们在与正义的储存原则一致的情况下，适合于最少受惠者最大利益；依系于在机会公平平等的条件下职务和地位向所有人开放。[②] 作为公平的正义理论标志着哲学与伦理学潮流的重要转折，由形式的问题转到对实质价值问题的讨论。

十九、罗伯特·诺奇克

罗伯特·诺奇克，出生于纽约的布鲁克林。1963 年于普林斯顿大学获博士学位后，先后任职于普林斯顿大学、洛克菲勒大学、哈佛大学。1998 年被提名为约瑟夫·佩里格雷诺大学教授(the Joseph Pellegrino University Professor)，这在哈佛是极大的学术荣誉。罗尔斯与诺奇克是西方当代最重要的两位政治哲学家。

诺奇克的代表性观点为资格理论，其认为只有最低限度的国家是合法且正当的，反对任何形式的国家再分配。资格理论的核心是持有正义，如

---

① MacKinnon, Catharine A., *Toward a Feminist Theory of the State*, Harvard University Press, 1989, p. 163-164.

② 参见[美]约翰·罗尔斯：《正义论》(修订版)，何怀宏、何包钢、廖申白译，中国社会科学出版社 2009 年版，第 6 页。

果一个人依照获取和转让的正义原则或依照对不正义的矫正原则(这种不正义是由前两个原则确认的)对其持有是有权利的,那么他的持有就是正义的;如果每个人的持有都是正义的,那么持有的总体(分配)就是正义的。[①] 诺奇克的极端自由主义立场,代表了美国 20 世纪 80 年代后,西方政治法律思潮的保守主义转向,即回归洛克式的古典自由主义。

二十、罗纳德·德沃金

罗纳德·德沃金,出生于马萨诸塞州伍斯特市。先后毕业于哈佛大学和牛津大学,1957 年至 1958 年担任美国联邦最高法院法官汉德的助理,1957 年至 1961 年曾短暂从事律师工作,1968 年接替赫伯特·哈特成为牛津大学法理学讲座教授。德沃金是 20 世纪 70 年代以来美国最重要、最有影响力的法哲学家。

德沃金用 40 多年的时间发展出一种复杂的替代法律实证主义,但又不同于自然法理论的法律的解释性理论。在他看来,法律(作为一种实践)和法律理论最好被理解为“建构性解释”的过程,解释使得解释对象呈现它的最佳状态,即使解释对象成为“它所属的形式或门类中最可能的例子”[②]。因此,对所有法律判决而言都存在一个唯一正确的答案。法官每次面临一个法律问题时,其都应建构一种法律是什么的理论,该种理论必须充分地适合以往相关的政府行为(立法机关制定的法律法规和法院的司法判决),同时使得法律成为它所能成为的最佳的法律。

二十一、理查德·波斯纳

理查德·波斯纳,出生于纽约市。1959 年以最优学生毕业于耶鲁大学英文系,1962 年于哈佛大学获法学学士学位,毕业后曾担任美国联邦最高法院布冉能法官助理。1973 年出版《法律的经济分析》一书给法律界带来重要影响。1981 年被里根总统任命为联邦第七巡回区上诉法院法官,同时兼任芝加哥大学法学院高级讲师。

---

① 参见[美]罗伯特·诺奇克:《无政府、国家和乌托邦》,姚大志译,中国社会科学出版社 2008 年版,第 13~14 页。

② Ronald Dworkin, *Law's Empire*, Harvard University Press, 1986, p. 52.

波斯纳是 20 世纪作品被引次数最多的法学家，其主要贡献是将经济学方法适用于法律研究。“财富最大化”被波斯纳认为既是描述性主张又是规范性主张，法官应遵循最大化社会总体财富的原则裁判案件。该原则被认为是效用与自主之间的最佳妥协，一般情况下，允许个体间自由交涉，能最大限度增进社会财富，故权利总应被赋予最珍视它们的人，①而在允许个体自主会带来过高交易成本，不利于社会交易以增进财富的时候，法官就应通过判决允许财富非自主转移的可能以避免合作的障碍。②

第三节　主要法学流派的更替

一、兰德尔式形式主义法学

美国最早期的本土法学理论由古典形式主义者们提供，流行于 19 世纪末至 20 世纪初。尽管后世的法学家们常对这套教条式理论体系持负面的批判态度，但不可否认的是，在令状制度不再适应美国社会的发展后，形式主义法学提供了一套重新整合普通法的方法。该种法学理论主张私领域优先于公领域，因前者被默认是公平与善的，能促进资源最大限度的分配。因此，该流派的法学家们重视私有财产和契约自由，以最大限度维护自由市场，尽量排除工会、政府等可能影响同意原则的外部力量。“守夜人”式的政府角色符合该理论流派的政治立场，形式主义者们认为法律应对市场保持克制、中立，仅作为捍卫自由的最低限度暴力。在司法活动中，法官应当遵循严格的形式主义推理，避免自由裁量。该种法学理论在洛克

---

① 此处的财富增长并非指实际的客观财物，而是指非货币的满足度，更接近于主观价值理论。如果 A 情愿支付最多 100 美元换取 B 的邮集，该邮集对 A 来说就值 100 美元。如果 B 情愿以任何高于 90 美元的价格出售他的邮集，邮集对 B 来说就值 90 美元。这样，如果 B 把邮集卖给了 A，社会的财富就会增加 10 美元。因为在交易前，A 有 100 美元的现金，B 有 90 美元的邮集（总和为 190 美元）；而交易后，A 有了价值 100 美元的邮集，B 有了 100 美元的现金（总和为 200 美元）。

② See Posner, Richard A., *Utilitarianism, Economics, and Legal Theory*, The Journal of Legal Studies 103 (1979).

纳诉纽约州案中得到了最充分的体现。①

兰德尔及其在哈佛和各地学术盟友们推广的形式主义法律观,似乎是为了适应新的基于大学的教育模式。兰德尔主义者将法律视为一种独立于神学、道德哲学、经济学或政治学的学科,这是一种将科学方法应用于普通法材料的学科。在令状系统崩溃之后,它为美国律师和法官提供了一套新的分类和整理私法教条的方法。形式主义法学的另一大贡献在于其推动了美国的法学教育,它注重培养学生对判例进行类比和区别的能力,为法律实务界提供了大量具有强逻辑分析能力的律师。兰德尔式形式主义法学通常基于如下信念,即法律可以并且应该被构想为一批在形式上互相关联的基本教义原则——这些原则应从高级法院(通常是旧的英国法院)判决中得出。最后,尽管形式主义者们宣称法律是或至少应当是客观中立的,但很明显他们的政治立场是古典自由主义式的,强调对私有财产和契约自由的严格保护。

尽管兰德尔式形式主义法学有时被视为教条式的谬误合集,但实际上它是一种相对连贯的法学理论,其主张的法律体系应当具备的三个特质,恰恰是如今诸多法学家的法治理想。首先,法律应该是形式化的,通过将预先存在的规则应用于事实就可直接获得判决,不存在任何干预性的自由裁量权;其次,法律应该是成系统的,所有规则应该从一小部分相互关联的基本概念和原则中推导出来;最后,通过形式逻辑推导出的体系应该是自主的,其原则应来自独特的法律材料,而不是依赖于在政治或哲学上有争议的主张或方法。

二、法律现实主义

法律现实主义通常被视为对兰德尔式形式主义法学的反叛。法律现实主义学者们否认作为规则体系的法律的存在,认为真正的法律是司法活动过程及其结果,"我所认同的真实观点是,法律就是法官所宣布的东西;制定法、先例、博学专家的意见、习惯和道德都只是法律的渊源"②。也因此该理论流派的学者多被冠以"规则怀疑论者"之名。当然,上述论断作为

① See Lochner v. New York, 198 U. S. 45 (1905).

② [美]本杰明·卡多佐:《司法过程的性质》,苏力译,商务印书馆 2013 年版,第 78 页。

那些不友善的批评者们虚构的产物，其正确性在很大程度上是值得商榷的。更为准确的说法是，法律现实主义者们认识到了法律是政治性的，尽管他们在情感上很难接受这一事实。

法律现实主义者们否认国家制定法的权威性，反对形式主义者们奉为圭臬的概念体系。形式主义法学家们曾致力于通过某些实质性概念与原则将普通法系统化。例如，兰德尔、威利斯顿和詹姆斯·巴尔·埃姆斯等学者已成功将私法分类为侵权与合同，并围绕着义务和过失以及要约、承诺和对价等概念进行重新整合。法律现实主义者们则认为纸面的法律原则和概念既不能指导个人行动，也不能预测裁判结果。真正的法律规则隐藏在抽象的官方修辞之后，而这些规则往往仅适用于真实世界特定类型的活动。真实的司法过程也绝非形式主义者们幻想的形式逻辑推理，即法官从已确定的法律规则和案件的客观事实出发，就必然能得出唯一正确的判决。司法不是先有法律，后有判决，恰恰相反，是先有对事实的认识，然后产生对其性质的判断和解决此纠纷方法的决策，即找到适合该案件的法律。所以，先有判决，后有法律。

在抛弃了法律文本对裁判的指引作用后，法律现实主义者们转而求助于法官在长期司法实践中培养出的"司法直觉"。"法律的生命不在逻辑，而在经验。"霍姆斯在《普通法》一书的开头的这一名言既是对兰德尔式法律形式主义的批判，也阐述了美国现实主义法学对于法官素质的一个基本观点，即在司法活动中经验比逻辑更重要。例如，杰罗姆·弗兰克就认为，判决结论是靠法官的"预感"产生的，而预感则是由各种刺激与法官个性相混合的结果。所谓外界刺激，即审理案件时所接受的各种信息和所遇到的各种事情；所谓法官的个性，指的是法官的素质、性情、偏好和习惯等。法官的个性和所有作为外界刺激的偶然因素决定了法官对事实的认定和判断。"既然初审法官从事的并不完全是一项逻辑的工作，那么努力迫使他们将其'直觉'、无言的理性挤压进逻辑的语言形式必然会使它们扭曲变形。"①

① ［美］杰罗姆·弗兰克：《道之以乐》，载许章润组织编译：《哈佛法律评论：法理学精粹》，法律出版社 2011 年版，第 165 页。

三、法律过程主义

法律过程主义是流行于美国20世纪40年代至60年代的法学流派,其兴起既有理论方面的原因,也依赖于第二次世界大战后冷战时期特殊的历史环境。就前者而言,法律过程主义调和了过于僵化的经典形式主义(兰德尔式形式主义法学)与过于激进的法律现实主义,将法律程序置于法学研究的中心,“视法治为捍卫自由民主体系的重要价值”①。就后者而言,法律现实主义因坚持分离原则而在特定的历史时段有些“声名狼藉”,其在价值上的相对主义主张更被指责与纳粹和苏联的极权体制亲和,是民主世界潜在的破坏者。②

法律过程主义继承了形式主义法学与现实主义法学的遗产,认为法律同时包含普通法原则与立法政策,并提倡目的主义的解释方法。法律并非封闭的体系,司法过程也不是局限于严格的形式逻辑推理,即从少数基本原则中推导出明确的法律规则,并将这些规则应用于事实以产生判决。③该种形式主义的法律观过于狭隘,其将普通法原则置于政策立法之上,在有效限制政府权力的同时也断绝了根据社会目的调整法律的可能。然而,尽管司法判断中包含了决断的要素,该种决断也并非任意的,如同现实主义者所称的那般来自法官的下意识直觉。法官受到司法程序的限制,需要为自己的判决给出符合理性的理由,并将这些理由公开,从而抵制政治偏见的诱惑。因此,法律过程主义者既在解释方法层面注重目的性,要求法官不轻易将改革性立法解释为抵触普通法,而应将立法者注重的公共利益作为解释出发点,④也通过法律程序限制了自由裁量权膨胀的危险。

法律过程主义在政治立场上维护价值多元,通过程序悬置实质性价值争议。如前文所言,法律过程主义的兴起,代表了美国在与苏联进行意识形态斗争时,一种自豪与焦虑混杂的心态。法律过程主义认为法律的道德

---

① Grey, Thomas C., *Modern American Legal Thought*, 106 Yale Law Journal 493(1996).

② See Fuller, Lon L., *The Law in Quest of Itself*, The Law book Exchange, Ltd., 1999.

③ See Hart, Henry Melvin & Albert Martin Sacks, *The Legal Process: Basic Problems in the Making and Application of Law*, West Academic, 1994, p. 145-152.

④ See Hart, Henry Melvin & Albert Martin Sacks, *The Legal Process: Basic Problems in the Making and Application of Law*, West Academic, 1994, p. 1374-1380.

性不在于对实质价值达成一致，而在于政府的开放结构与正当程序，这使得价值观相异的群体依旧能有达成合意的可能。① 制度性解决原则是该种立场的核心观点："一项通过正当程序作出的决定应当对全社会具有约束力，直到其被另一项新的通过程序产生的原则所取代。"②由此，法学家们认为民主世界相较于极权体制的优越性，就在于其稳固的认识论基础——对多元价值的开放性更能适应时代变化。在一个价值多元的社会中，大量争议无法通过事前法律规定解决方案，却可预备一个一般性的解决程序。法律过程主义者悬置了实质性价值判断，转而关注由"哪类主体"来解决"哪类问题"更为合适之类的程序性问题。也因此，该学派的学者热衷于通过法律界定不同部门的管辖权，也为第二次世界大战后不断扩张的行政机构找到了新的法律定位，赋予它们广泛的监管自由裁量权。③

四、批判法学

可以说法律过程主义的成功与失败，皆在于其悬置了对实质性问题的讨论。随着美国民权运动在 20 世纪 60 年代逐渐发展至高峰，法律过程主义也在批判法学的攻击下逐渐失去其学术吸引力。正如前文所言，尽管第二次世界大战后美国迎来了国力的迅速提升，但表面上宣称的多元主义，却无法遮蔽美国社会依旧是一个由白人男性精英主导的封闭体系。法律过程主义默认了两个假设：程序是正当无缺陷的，被分配职责的机构是有能力的。然而，如果在程序有问题或相关机构能力不足的情况下，死守程序不过是通过合法的方式一致作出愚蠢的决定，这反而妨害了法律过程主义追求社会公共利益的目的主义趋向。

批判法学热衷于揭示法律中的意识形态偏见④，其指出法律过程主义

---

① See Friedrich, *Democracy and Dissent*, 10 POL. Q. 571 (1939).

② Hart, Henry Melvin & Albert Martin Sacks, *The Legal Process: Basic Problems in the Making and Application of Law*, West Academic, 1994, p. 172-173, 178-179.

③ 法律过程主义一方面为行政机关的增长提供了正当性依据，另一方面也通过法律程序避免它们的自由裁量权可能带来的潜在危害。换言之，对于程序问题，机构应受法治约束，但在实质问题上，法官应尊重机构的专业意见。关于第二次世界大战后美国政府行政机构的膨胀，参见[美]劳伦斯·弗里德曼：《二十世纪美国法律史》，周大伟等译，北京大学出版社 2016 年版，第 248～250 页。

④ See Kornhauser, Lewis A., *The Great Image of Authority*, 36 Stanford Law Review 349 (1984).

在维系现状上的价值偏好,通过鼓励人们对正式程序的服从,以合法化美国式社会生活的基本条件,并将其鼓吹为理性与中立。[①] 法律过程主义始终假设,个体的价值偏好是先于政治活动存在的,[②]政治能做的不过是促成价值间的抱团与妥协。然而,批判法学认为,法律具有构成性的一面,即其可以影响乃至形塑人们的价值偏好。[③] 因此,法律过程主义不过是创造了一套修辞,使国家获得不需要为特定的损害负责的特权,即使这些损害是在它的默许甚至鼓励下产生的。例如,对婚姻家庭内部的毫不干涉无疑是对家暴行为的纵容。也因此,批判法学对法律过程主义的保守立场感到不满,希望能通过法律促进更积极的社会变革,以改善被社会长期忽视的弱者的生活境况。

批判法学主张对政治概念更宽泛的理解,认为公民可通过非正式的方式完成自我治理与推进社会变革。法律过程主义通过将政治概念局限于立法或行政过程,以及利益集团间正式化的交涉与冲突之中,进而排除了其他非正式政治斗争活动的合法性。[④] 换言之,通过将社会矛盾的解决方法局限于正式的法律程序,法律过程主义暗示了所有民间抗议活动的非法。该种尖锐的批评与民权运动中的实际经验发生共鸣,在运动中人们热衷于更积极的社会行动,选择直接诉诸法庭寻求救济而非向立法机构提交注定会被驳回的请愿书。可以看出,批判法学更强的实质性价值诉求,通过质疑服从现行制度的道德正当性,提倡一种更多元主义的对法律与政治活动的理解。

五、法律经济学

法律经济学是20世纪70年代兴起的新流派,其主张用经济学的方法分析法律问题。一方面,20世纪70年代后期美国经济的滞胀,使人们日益对政府干预市场的行为感到不满,持保守立场的右翼学者认为,监管更多

---

① See William Nichol Eskridge Jr. & Gary Peller, *The New Public Law Movement: Moderation as a Postmodern Cultural Form*, 89 Michigan Law Review 707 (1990).

② See Sunstein, Cass R., *Legal Interference with Private Preferences*, 53 The University of Chicago Law Review 1129 (1986).

③ See William E. Connolly, *The Challenge to Pluralist Theory*, Routledge, 2017, p. 3-34.

④ See Cunningham Frank, *Pluralism and Class Struggle*, 39 Science & Society 385 (1975).

的是为了律师和行政官僚，而非消费者的利益，尽管这些监管往往是以消费者的名义实施的。另一方面，法律经济学学者认为，传统的法学研究通常缺乏对现实世界进行严谨分析的手段，这使得零碎的社会改革往往是无效率的。事实上，只要将市场作为分析的客观基础，就可对特定法律规则的社会影响进行预测。“效率是普通法的命脉，也是普通法审判的指南。”①

法律经济学认为法律应尽可能降低社会的交易成本。无论人们怎样谈论正义，到头来正义还是得转化成现实中的经济问题，与其空谈正义，不如实在地研究我们究竟能提供以及得到多少正义。交易成本是指“当事人双方在通过市场进行交易时，搜集有关信息、进行谈判、订立契约并检查、监督契约实施所需要的费用”②。科斯定律指出在一个零交易成本的世界里，不管法律对权利如何配置，只要个人合作行动，有效率的结果总会发生。③ 而在现实有交易成本的情况下，不同法律的权利界定和分配，就会产生不同效率的资源配置。能使交易成本降低到最小化的法律就是最好的法律。波斯纳在其著作中也认为，法官应该根据最大化社会总体财富的原则裁判案件。④ 如果市场交易成本过高而抑制交易，那么权利就应赋予那些最珍视它们的人。

第四节　美国法律文化的特征

一、殖民地时期法律文化的特征

与西方其他国家相比，美国近代法律文化具有自己的鲜明特点。即使

① ［美］理查德·A. 波斯纳：《法律的经济分析》（上），蒋兆康译，中国大百科全书出版社 1997 年版，第 335 页。

② ［美］理查德·A. 波斯纳：《法律的经济分析》（上），蒋兆康译，中国大百科全书出版社 1997 年版，“中文版译者序言”第 16 页。

③ See Coase, Ronald H. , *The Problem of Social Cost*, The Journal of Law and Economics 837 (2103).

④ “财富最大化中的财富指所有有形的无形的商品和服务的总和，通过两类价格衡量：还价（人们愿意花多少钱买）；讨价（人们要求卖多少钱）。” Posner, *The Problems of Jurisprudence*, Harvard University Press, 1990, p. 356.

是在殖民地时期,它已经产生了与其他殖民地所不同的特点。

一方面,英国(还有法国、荷兰、西班牙等)的法律文化,对其在北美的移民产生了巨大的影响。重视判例,普通法、衡平法和殖民地议会制定法的分类,向英国枢密院上诉的习惯,对法律职业的重视,通过律师学院(inns of court)培养法律家的方式等,可以说都是对宗主国法律文化的照搬。这与当时的印度、澳大利亚等国家的状况并无区别。也正是这一点,使美国建立前的北美地区具有殖民地法律文化的特征。

另一方面,北美殖民地的法律文化,也与其他殖民地国家具有重要差异。

首先,由于美国的移民来自诸多国家和地区,因此,在北美的各殖民地乃至同一个殖民地的不同地区,往往存在多种法律文化。例如,对于同一种犯罪(杀人罪),由于各地移民的国籍、宗教不同,刑罚的严厉程度也大为不同。又如,以法院为例,如上所述,在殖民地存在多种多样的法院。在宾夕法尼亚州,教友派的威廉·潘恩还于1682年在各个管辖区建立了由三个"共同调解人"(Common Peacemakers)组成的机构,他们的仲裁决定被承认具有与法院判决一样的法律效力。① 类似情况,在印度、澳大利亚等地是看不到的。

其次,由于各殖民地建立的途径、方式不同,因此,殖民地的宪政文化也各异。虽然大家都实行总督加议会的宪政模式,但各自的权力大小很不相同,民主、自由的程度也相差悬殊。一般而言,那些自治殖民地,比起英王直辖殖民地,要民主和自由得多。这种情况在其他英属殖民地中也是看不到的。

最后,在北美殖民地,由法律规定所表现出来的思想的活跃、言论的自由、宗教信仰的宽容等,也是在其他殖民地所没有的。

二、美国近代法律文化的特征

随着美国的建立与法律制度的发展,美国近代法律文化体现出如下几个方面的特点:

第一,在美国近代法律文化中,对封建法律制度的摧毁比较彻底。在

① See L. M. Friedman, *A History of American Law*, Simon & Schuste, 1973, p. 39.

西方,无论是英国,还是德国,乃至资产阶级革命比较彻底的法国,都保留了不少封建制度的残余,而美国没有这种现象。它在独立战争后创建起来的近代法律文化中,几乎不包含封建法的因素。① 导致这种现象的原因,主要是美国的历史很短,在其本土没有经历过封建社会,建立北美殖民地时西欧(主要是英国)已经进入资本主义社会,带入殖民地的封建因素不多,而且即使是这些不多的封建因素,如长子继承制、刑罚制度上的等级残余等,也在独立战争的浪潮中被荡涤一空。

第二,在美国确立了判例法的传统。近代美国,无论是民商法还是刑事法的各项基本原则,基本上是由判例确定的。这一传统虽然来自英国,但也是美国近代法的一个突出特点。当然,与英国法相比,美国更加重视成文法,除1787年联邦宪法成为世界宪法的立法楷模外,在其他部门法领域,成文法的比重也越来越突出,如反托拉斯法、破产法、附条件买卖法、统一商法典、模范刑法典等。这些都表明美国并没有墨守成规,而是注重在继承传统的基础上进行创新。

第三,与其他西方国家相比,美国近代法律以繁多、庞杂为特色。一方面,美国法律数量众多,除联邦国会的立法之外,联邦政府、州议会、州政府等也都拥有制定法律和法规的权力;另一方面,美国法律渊源也很复杂,不仅有上述各立法机关和行政机关制定的各种法律和法规,而且有卷帙浩繁的判例法汇编。美国法律的这一特色使美国的各项工作都被纳入了法律的轨道,奠定了美国政治、经济、文化乃至其他各个方面的法治基础,同时也造成了法律的泛滥,不仅一般民众根本无法知晓法律的全貌,即使是专业法律工作者,也只能了解某一领域的法律规定,从而带来了美国律师众多的局面。

第四,与上述第三点相联系,在美国,法律具有至高无上的地位,它被视为治理社会,促进国家政治、经济、文化和教育等各项事业发展繁荣的精巧工具。基于这种认识,在美国,法律的制定、执行和解释等各个环节,都受到了人们的高度重视,被视为一种科学化的过程。认真学习法律、自觉遵守法律,成为一种社会风尚。

---

① 但是,在美国,近代以后仍然保留了奴隶制。这不能不说是美国近代法律中的一种耻辱。

第五,如前所述,在美国法律的发展中,法官尤其是美国联邦最高法院的法官起了巨大作用。他们在一定意义上是法律的制定者——他们经常创制法律原则;他们也是法律的解释者,无论是国会的立法,还是行政机关的法规,没有法院和法官的解释、适用,仍然只能是死的法律;他们还是法律的执行者,他们坐在法庭当中,倾听当事人的陈述,审查证据,判断是非,适用法律,作出判决。美国法官的这种地位,是任何一个西方国家都没有的。

第六,在美国,研究法律的学术空气比较自由。例如,在第二次世界大战后,虽然法学界的主流派是庞德的社会学法学,但其他各种法学学派也都纷纷登场,如现实主义法学、经验主义法学、行为主义法学、经济分析法学、批判法学、新马克思主义法学、新自然法学、综合法学等,不像英国那样,至今仍是哈特的新分析法学一统天下。

三、第二次世界大战后美国法律文化的特征

美国的法律文化具有强烈的实用主义色彩。自霍姆斯大法官出版《普通法》的1881年至20世纪30年代,美国法律思想发生了一场戏剧性的重新定位,哲学实用主义、社会学法学和某些法律现实主义原则融合形成了美国唯一的本土法律理论,其至今在法学界和司法界中具有重要的影响力。[①] 美国著名的法学家们通常也是特定部门法的教授或评论家,他们的理论通常与其面对的具体法律问题相呼应。美国法学的这种实用主义偏好,使得理论与实践之间产生了一个奇妙的辩证关系:一般性的法律理论既是对普遍存在的实在法问题的反映,又反向影响着他们处理这些问题的方式。[②] 例如,我们可以发现兰德尔式形式主义法学与威利斯顿的《合同法总论》等重要实体专著之间的关系;法律现实主义与《联邦民事诉讼规则》和《统一商法典》第2条间的关系;法律经济学与公司法的契约分析间的关系;等等。

---

① See Summers Robert S., *Pragmatic Instrumentalism in Twentieth Century American Legal Thought-A Synthesis and Critique of Our Dominant General Theory About Law and Its Use*, 66 Cornell Law Review 861(1980).

② See Grey Thomas C., *Modern American Legal Thought*, 106 Yale Law Journal 493 (1996).

美国法律文化另一大特点是其与政治的密切关联,这一点在 20 世纪民权运动时期体现得尤为明显。托克维尔曾对美国的政治体制给出精准的评价:"在美国,任何政治问题几乎迟早都会变成司法问题。"[①]联邦最高法院既是一个司法机构,同时也是一个政治机构。美国的普通法传统使得民众在权利无法获得立法或政府保护时,常常诉诸司法寻求救济,于是法院往往可通过创设判例的方式来引领社会变革。例如,沃伦法院在推动民权保护方面就作出过杰出的贡献。所有在美国流行过的法学理论都存在一个普遍的可观察点,即它们究竟是增强还是削弱了法官相较于立法者的威望。至少存在一个合理的假设,即美国法律理论家常有意识地尝试扩张或限制司法权,这往往取决于他们是更赞同同时代法官还是立法者的政治立场。

对自由的追求始终是美国法律文化的核心,但该语词的社会内涵于 20 世纪后半叶经历了较大的一次转变。"新政"是该次变化的重要转折点,甚至可以说其完成了一场对美国宪法的重组。[②] 前新政自由放任时期的自由观是古典式的,在经济与政治领域强调私人自主和反对政府干预,在家庭与道德领域则偏好传统的清教徒式生活。与该种自由相适应,当时的法律维护绝对的财产权,保护几乎不受限制的契约自由,漠视弱势群体和边缘人群的实际不平等境况,抑制个人选择独特的生活方式。[③] 然而,市场经济带来的贫富分化使得穷人根本无法享受法律赋予他们的自由,造成了上述自由观的破产。"新政"后,古典式自由观趋向于积极,政府开始对经济活动进行调控,并通过社会保障维持弱势群体的基本生活条件,通过平权行动为黑人或其他少数族裔提供优待。在法律层面,政府有责任通过财富再分配使得所有人享有"免于匮乏的自由",也因此,个人财产与契约自由不再受到绝对的保护,许多纯粹的私法问题因与人权相关而成为公法问题。一种同时考虑公平的自由观逐渐在美国法律文化中扎下根来。

300 余年美国法律文化的发展,给予我们的启示是深刻的。

首先,法律是人类文明的组成部分,作为人类战胜自然、管理社会的工

① [法]托克维尔:《论美国的民主》,周明圣译,中华书局 2014 年版,第 197 页。

② See Ackerman, Bruce A. ,*Beyond Carolene Products*, Harvard Law Review 713 (1984).

③ 参见[美]弗里德曼:《选择的共和国:法律、权威与文化》,高鸿钧等译,清华大学出版社 2005 年版,第 31~42 页。

具,它具有普遍性和共通性,能在国与国之间交流和移植。而凡是认识到法律的这种性质,对外国的优秀法律文化成果,采取兼收并蓄、择其善者而从之的国家,其法律发展就快,法律发达程度就高。近代美国的法律,就是在以英国法为基础的前提下,广泛吸收法国、德国、西班牙、意大利、荷兰等国家的法律成果而成,并在这种"杂交"的基础上,营造起了美国自己的发达的法律体系。美国的经验说明,法律的开放可以吸收外来的优秀成果,法律的宽容可以克服自身的缺陷。目前,我国已进入新的发展阶段,为了全面建设社会主义现代化国家,我们理应以开放的姿态,吸收人类所创造的一切优秀的法律文化成果,以加快我们的发展步伐。很难设想,在科学技术高度发达、通信联系极为紧密、世界已经变为一体的今天,在一个封闭的环境中,能够建立一种高度发达的法律体系。

其次,法律作为处理具体的人与人之间关系的社会规范,具有时代性、民族性和阶级性。不论是哪一部法典,或是法典中的哪一条条文,还是某一个判例原则,都只能是某个时代、某个民族、某个阶级的产物。就阶级性而言,美国法律制度是其整个资本主义制度的一部分。法律的这种时代性、民族性和阶级性,决定了我们在借鉴、吸收和移植外国法律文化时必须采取谨慎的有选择的态度。在这里,美国著名法学家伯纳德·施瓦兹的一段话是值得我们玩味的:"不管两个国家的背景和传统如何相似,将一种法律制度从一个国家原封不动地转移到另一个国家的做法是不可取的。""英国普通法,只要其本身是合理的,是适合于我们人民的生活条件和日常活动……都已经被我们的法院遵循和正在被遵循着。……可是,只要发现它不具备上述要求中的任何一项,我们的法院就毫不犹豫地修改它,以适应我们的环境。"①

① [美]施瓦兹:《美国法律史》,王军等译,中国政法大学出版社1989年版,第16页。

第三章　宪　法

200 余年来,美国政局一直比较稳定,这与其宪法和法治密切相关。如前所述,美国是世界上最早制定成文宪法的国家。早在 1787 年,美国就制定了世界上第一部成文宪法,提出了若干宪法基本原则,开创了西方国家制定成文宪法的先河。为此,美国宪法被西方国家誉为"成文宪法的典范"。美国的宪制制度独具特色的品格,不仅表现于美国宪法在其法律体系中具有无比神圣的地位,其支配和规范作用全面渗入整个法律制度之中,而且呈现于美国修宪制度,即在保留 1787 年宪法 7 条文本的基础上,通过不断地增加宪法修正案的方式,补充、修正及发展其宪法。美国宪法成为当今世界上施行时间最长的一部成文宪法。

第一节　美国宪法概述

一、美国宪法的法律渊源

美国宪法的主要渊源有如下三方面:

(一)采纳英国法

美国法的基础是英国的普通法。从第一部弗吉尼亚宪章(1606 年)颁布时起,殖民地居民就得到保证,将享有英国人的权利和自由。用弗吉尼亚宪章中的措辞来表达就是:享有“所有的自由权、公民权和豁免权……就全部的目的和意图而言,他们就像出生于并始终居住在这个英格兰的王国里一样”。殖民地居民在这个新大陆享有的所有权利中,最为重要的权利是他们只能根据普通法受到审判。由于对殖民地法院判决的上诉案件要移送伦敦处理,因而其迫使人们接受这种法律。

1639 年的《马里兰人民自由权法案》中,确认普通法是殖民地居民有权获得的英国遗产之一。到 17 世纪中期,在与母国激烈对抗之际,殖民地居民越来越依赖于普通法中所包含的政治权利和个人自由,从中汲取革命力量,作为政治斗争的有力武器,而这一斗争最终导致美国革命爆发。1774 年第一届大陆会议通过的《权利宣言》中再次重申:“各殖民地居民享有英国普通法规定的权利。”同时,殖民地居民大声呼吁:“普通法规定的权利是我们固有的权利,是我们继承的遗产。”

在赢得独立后,英国普通法不言而喻地成为 13 个殖民地各自法律制度的源泉。大多数殖民地的举措都说明了这一事实。有的是在新宪法中声明是以英国普通法为首的普通法,有的则是在特别法规中作类似的宣布,并强调包括在某一截止日期以前英国议会所颁布的法规在内。比如,弗吉尼亚州规定在 1607 年以前的法规,纽约州规定在 1775 年以前的法规等。有些殖民地,特别是新英格兰的几处殖民地,干脆就把英国普通法作为它们法律的基础。

因此,美国宪法制定之初,得益于对英国普通法创造性的继承和发展。美国宪法的基石是英国的宪制传统,宪法中许多宪制术语,如追溯既往的法律、褫夺公权的法律、正当法律程序等,都沿袭了英国的宪制传统。

(二)英属殖民地的基本法规

13 个英属殖民地在初创时期,一般都制定了基本法规作为管理政务的法律准绳。有的实施甚久,一直沿用到制定州宪。这些基本法规是美国宪法的主要法律渊源之一。比较典型的基本法规有:《五月花号公约》(Mayflower Compact)、《康涅狄格根本法规》(Fundamental Order of Connecticut)、《宾夕法尼亚州施政大纲》(Administrative Outline of Pennsylvania)。

《五月花号公约》,系 1620 年“五月花号”船抵达科德角港口,船上清教徒移民为建立普利茅斯殖民地而订立的自治公约。它被西方学者称为美国政治制度的两大奠基石之一(另一为弗吉尼亚议会)。公约简短,仅 200

余字。内容为:“因上帝的名义,阿门。我们签名于下,我们这些忠实臣民乃属于令人敬畏的最高的国王陛下詹姆士。……我们正在从事从海路前往弗吉尼亚北部开拓殖民地。在到达此处女地之际,欲求上述目标能更好地得到遵循、维护和光大,此时特于上帝面前,神圣而共同地自相缔结、召集和联合在一起,组成一个民众政治团体。凡制定、设置和颁布正义和平等的法律、法令、法案、典章,以及随时设置的职守,务使其能最适合且便利于殖民地的公众利益。”①这一批移民登岸后,将公约付诸实践,成立普利茅斯市镇大会,选出总督和助理,负责市镇公共事务。不久,陆续出现其他市镇,这些市镇居民认为去普利茅斯开会,路途遥远很不方便,从 1639 年开始选举代表前去开会,遂产生了代议制议会。

《五月花号公约》不仅规定宗教事宜,还涉及殖民地政治安排。它孕育了具有萌芽形式的人民主权思想,尊重自由和民主的意识。因此,美国人至今还把这批清教徒推崇为“朝圣远祖”,《五月花号公约》成为现代成文宪法的始祖。

《康涅狄格根本法规》,系 1636 年迁居到康涅狄格的殖民地移民,依据“权力的基础首先是建立在人民的自由同意之上”的理论基础,提交居民全体大会表决批准的根本法。该法规共 11 条,规定所有殖民地自由人每年集合一次,组成选举大会,选举若干名官员,其中 1 人为行政长官,任期 1 年,其他官员任期亦不得超过 1 年。官员当选后,依照所规定的誓词,宣誓就职,并依照所通过的法律处理案件维持公平,在法律无明文规定时,则根据《圣经》的规则处理。由行政长官、其他官员和各城镇依法选出的代表组成议会,有权制定或废除法律、批准税收、承认自由人、分配尚未分配的土地,有权传讯法官等官员查问过失。议会权力大于行政,行政长官对议会立法无权否决,仅能在赞成与反对票数相等时,投一决定票。②

《康涅狄格根本法规》承认国家的最高权力属于全体人民。因而,有人称之为北美第一宪法。直到 1818 年,它一直是康涅狄格管理政务的法律基础,被认为是世界上最古老的成文宪法。

《宾夕法尼亚州施政大纲》,系 1682 年教友派在宾夕法尼亚推行“神圣

---

① 李昌道:《美国宪法纵横论》,复旦大学出版社 1994 年版,第 3 页。

② 参见李昌道:《美国宪法纵横论》,复旦大学出版社 1994 年版,第 4 页。

的实验”中拟订的。该大纲中载明:“伟大英明的上帝在创造世界之时,从所有讨他喜欢的造物里面选定人来代表他统治世界。为了使人适于担当这样的重任和信托,他不仅赋予人以技能和权力,并且赋予能公正地使用技能和权力的诚实无欺的性格。这种天赋的良善既是人的光荣,也是人的幸福。”其又规定由纳税人从那些“在智慧、德行和才能方面声誉最佳的”地主里,选举一个人数很少的参事会来制定法律,再选一个人数较多的议会来通过或否决法案。

自此,宾夕法尼亚吸引了大量劳力和资本,不同种族和宗教在同一政府下共同生活。它是未来美国的一个先兆,是近代历史上第一个共同体。该时期,还有《马萨诸塞自由法典》《卡罗来纳根本宪法》等基本法规相继出台。显见,殖民地时期北美人民重视成文宪章,高扬在特许状上的权利具有神圣性的观念,并以此获得身份及财产自由的保障。这类近代宪制理念对美国宪法的制定产生了深刻的影响。

(三)初创合众国经验

美国人开始建设独立的政府制度时,通过成文宪法设置政府的基本权力,规定对这些权力的原则性限制。在制定《邦联条例》和各州州宪过程中,大量地继受特许状和基本法规中有关根本法的概念,参照英国的法制原则,以孟德斯鸠学说为理论指导,积累了丰富的制宪实践经验。

例如,制宪权被授予为起草宪法而特别召集的会议。这是革命时期各州惯用的方法,也为制定联邦宪法所采纳。这一方法确立了此后美国的基本法文件模式。尽管在美国历史上,只有过一次联邦制宪会议。但自创国后,各州的制宪会议召开了200多次,不断制定或修改各自的宪法。

从首部州宪法——1776年6月的《弗吉尼亚州宪法》(Constitution of Virginia)问世以来,所有州的基本法文件实际上都规定了相似的三权分立的政府结构。正是立足于这一基础,联邦宪法制定者从讲求效用的法律现实主义角度出发,汲取既存的各州宪法的长处,独创出切实可行的联邦模式,构建了美国宪制理论的框架。

又如,《邦联条例》宣告建立由13个州的代表组成的合众国国会,并赋予合众国国会一些权力。这种邦联性质的国会,在很长一段时期内形同虚设,未能形成强有力的中央政权。但正是这种操作中的失败,为制定联邦宪法、成立联邦中央,创造了必不可少的过渡性准备条件。

二、美国宪法的社会根源

美国宪法产生的历史轨迹，大致经历了一个由发表《独立宣言》宣告美国独立，到制定《邦联条例》和州宪法，再到制定《美国联邦宪法》(Constitution of the United States)的渐进历程。

推动这一历程变迁演进的动力来自美国社会内部的巨大变化。因而，美国宪法的产生可从经济、政治、思想三方面找到其根源。

(一)经济根源

查尔斯·A. 比尔德说过，“宪法实质上是一个经济文献”。他的《美国宪法的经济解释》(*An Economic Interpretation of the Constitution of the United States*,1913)一书对此作了详尽论述。18世纪初叶，英属北美殖民地的经济有了长足发展，北美殖民地不仅形成了波士顿、费城、纽约等新兴工商业中心城市，而且一个以欧洲移民为主体的、拥有约300万人口的美利坚民族也同步形成。这促使北美13州在解除了外来殖民压力之后，彼此之间的竞争更为激烈。各州为争取对自己有利的贸易地位，高筑关税壁垒，进行商业战争。1781年，纽约州决定对新泽西州和康涅狄格州的农产品征收进口税。新泽西州采取报复措施，对位于本州境内的纽约港口灯塔每年征税1800美元。邦联国会无管理商业的权力，对国内混乱的经济秩序无能为力。邦联国会无权制定统一的关税，英国等外国商品乘隙而入，倾销于美国市场，沉重地打击了美国的民族经济。货币、公债、制造商和进出口贸易四大集团的经济利益受到很大损害，他们渴求建立一个新的中央政府来保障其经济发展的利益。

(二)政治根源

经济形势恶化必然导致社会动荡。1786年，各州相继爆发了群众反抗运动，严重地威胁着刚建立的统治秩序。马萨诸塞州退伍军人丹尼尔·谢斯领导的农民起义，是其中规模最大的一次。汉密尔顿、杰伊、麦迪逊三人撰文警告道，当前的危机不是专制，而是混乱和解体，美国面临的任务是一体化。对此形势，他们十分惊骇，称群众为“猛兽”，迫切需要掀起制宪运动。1786年9月，北美13州在马里兰州的安纳波利斯举行会议，这次会议最初确立的议题是研究各州间的通商关税和如何镇压谢斯农民起义。显而易见，解决这两个问题的基本前提是有一个强有力的中央政权。用华盛顿总司令的话来说,邦联是一根纱搓成的绳索,现在要用一条牢固的锁链来代替它。

(三)思想根源

“美国是名副其实的人工产物,是过去三百五十年间在茫茫荒野上形成的国家。”①最早的殖民者漂洋过海前往美洲,其主要原因不是逃避宗教压迫,就是到新世界发财致富。当时的人们有一个基本信念,即为了创立一个廉洁的新社会,他们已经与腐败老朽的欧洲一刀两断。同时,他们认为依靠人类的理性,能够继承和接受欧洲传统的精华而弃其糟粕。因此,费城制宪会议的成员大都是洛克、孟德斯鸠学说的信徒。这两位的著作对美国影响甚大。《联邦主义论证》中一再引证,将其奉为金科玉律。1787年至1789年的《联邦党人文集》,在试图把传统的智慧与合理地解决前所未有的新问题的办法结合起来方面提供了成功的典范,为分权理论在美国的具体运用和发展奠定了基础。制宪先驱们有意识地创造了不落窠臼的新宪法。

第二节　宪法的制定

一、《独立宣言》

《独立宣言》是美国的第一个宪法性文件。它庄严地宣布了“美国信念”的理想,这一信念高扬“主权在民”、法律上的平等以及权力有限的政府。诚然,《独立宣言》尚无司法上的适用效力,也无任何法律上的权利与义务。但它却对美国宪制制度的发展指明了方向,因而在美国法律发展史上具有极为深远的进步意义。

(一)产生

1774年9月5日,第一届大陆会议在费城召开。会议通过被认为是“向大不列颠宣战”的萨福克决议。1774年10月14日,又通过约翰·亚当

① [英]维尔:《美国政治》,王合、陈国清、杨铁钧译,商务印书馆1981年版,第3页。

斯起草的致大不列颠及各殖民地人民的《权利宣言》,在许多具体问题上预先提出了《独立宣言》所陈述的种种不满。1775 年 4 月,列克星敦和康科德战斗打响了美国独立战争第一枪。1775 年 5 月 10 日,各殖民地代表在费城召开了第二届大陆会议,与会代表日益趋向主张内战和独立。

1776 年 6 月 7 日,弗吉尼亚代表理查德·亨利·李向大会提出:"这些联合的殖民地,依照正义,成为自由和独立的国家,而应与英国完全脱离关系。"这一提案由大陆会议通过,被称为"独立决议案"。1776 年 6 月 10 日,大会表决组成一个五人委员会,根据上述决议,起草正式宣言。1776 年 6 月 28 日,该委员会向大会提交宣言草稿。草稿由杰斐逊起草,经约翰·亚当斯和富兰克林稍加修改定稿。1776 年 7 月 4 日,大会通过《独立宣言》。经正式誊清后,共有 56 名代表在抄本上签名。

(二)内容

《独立宣言》的内容摘要①如下:

在人类历史事件的进程中,一个民族必须解除它与另一个民族之间迄今存在的政治桎梏,而且一个民族必须在世界列国中确认由自然法和上帝法所赋予的独立的平等地位,对人类公意的真诚尊重要求他们宣布促使他们独立的原因。

我们认为以下真理是不言而喻的:人人生而平等;人人都享有上帝赋予的某些不可转让的权利,其中包括生命权、自由权和追求幸福的权利。为了保障这些权利,人们组成自己的政府,政府的正当权力来自被统治者的同意。任何形式的政府,只要危害上述目的,人民就有权利改变或废除它,并建立新的政府。新政府的基本原则和政权组织形式,必须最便于实现人民的安全和幸福。诚然,慎重会使久已建立的政府不以微小的和暂时的原因而变更。而过去的一切经验也表明,只要邪恶尚可被容忍,人类总是倾向于默然忍受,而不愿废除他们所习惯的政治形式以恢复自己的权利。然而,当一个政府恶贯满盈、倒行逆施,并且一贯实行暴政,显然是企图把人民抑制在绝对君主专制的淫威之下的时候,人们就有权利和义务推翻政府,并为他们未来的安全建立新的保障。我们这些殖民地的人民过去

---

① See Sources and Documents of United States Constitutions, Second Series, National Documents, 1492—1800, p. 321-326.

一向是默然忍气吞声,而现在却必须被迫起来改变原来的政治体制。其原因即在于此。现今大不列颠国王的历史,就是一部怙恶不悛、倒行逆施的历史。它的一切措施的直接目的,就是在我们各州建立一种绝对的专制统治。

我们对于我们那些英国兄弟们也不是注意到,我们曾经时时警告他们不要企图用他们的立法程序,把一种不合法的管辖权横加到我们身上。我们曾提醒他们注意到我们移居于此和在此居住的实际情况。我们曾向他们的天生正义感和侠义精神呼吁,要求取消那些倒行逆施的暴行,认为那些暴政势必使我们之间的联系与友谊归于破裂。然而,他们也同样地把这种正义的、血肉之亲的呼吁置若罔闻。因此,我们不得不承认与他们有分离的必要。而我们对待他们也就如同对待其他人类一样,在战时为仇敌,在和平时为朋友。

因此,我们这些集合在大会上的美利坚合众国的代表们,吁请世界人士之最高裁判,判断我们这些意图的正义性。我们以这些殖民地的善良的人民的名义和权力,谨庄严地宣布并昭示:这些殖民地从此成为,而且名正言顺地应当成为自由独立的合众国,它们解除对英王的一切隶属关系,而它们与大不列颠王国之间的政治联系亦从此完全废止。作为自由独立的合众国,它将享有全权去宣战、媾和、缔结同盟、建立商务关系,或采取一切其他行为独立怀着深信神祇护佑之信心,我们仅以我们的生命、财产和神圣的荣誉互相共同保证,永誓无贰。

(三)影响

《独立宣言》对美国宪法的制定具有巨大影响。

第一,《独立宣言》既是一项全国性法令,又是一项联邦法令。说它是全国性法令,因为大陆会议正是在这项法令中,代表北美 13 个殖民地宣布独立的;说它是联邦法令,则因为《独立宣言》本身系各州的代表制定的,而每州均可表达一种意见。[①] 因而,就历史进程而论,《独立宣言》是美国及整个人类历史发展的一个里程碑。它言简意赅、条理清晰、前后呼应、一气呵成、深入人心、激发斗志,令人热血沸腾、肃然起敬。对当时北美殖民地各阶层人民群起反抗英国奴役、争取民族独立发挥了巨大的动员作用,是

① See Daniel J. Elazar, *Confederation and Federal Liberty*, Publishers 12, No. 4, 1982.

美利坚新兴民族的不朽文献。在世界范围内,对当时君主专治的欧洲也是一个巨大冲击。马克思盛赞它是世界上的“第一个人权宣言”①。

第二,《独立宣言》以启蒙思想为指导、以自然法理论和社会契约论为依据,确立了一系列宪法基本原则,树立了一系列宪制基本观念,诸如自然权利论、人民主权论、国家契约论、反抗有理论等。它具体地提出人生而平等,皆被赋予同样的“不可转让”的权利。为了确保这些权利,它强调政府是由人民成立的,政府的权力来源于人民,当政府走向腐败时,人民有权废除旧政府并成立新的政府。这些颇为激进的政治主张彻底地否定了“主权在君”的陈腐观念,抨击了英国殖民政策,为创建美国资产阶级民主制度提供了依据。同时,《独立宣言》庄严宣告,北美殖民地在中断与英国的殖民关系后,成为“自由、独立的合众国”。这充分表达了独立后的美国实行共和政体的决心,指明了美国法律建设的方向,为建立美国宪制制度开辟了道路。

二、《邦联条例》

《独立宣言》所宣布的独立,在权力实际运作中究竟是合众国的独立还是 13 个具有主权的州的独立呢?脱离了英国的北美殖民地,彼此之间应确立一种什么样的关系呢?这些具体问题亟待解决。因此,在《独立宣言》发表的第二年,即 1777 年 11 月 15 日,第二届大陆会议通过《邦联和永久联合条例》(Articles of Confederation,简称《邦联条例》),交付各州审议。直到 1781 年它才获得全部 13 个州的批准。1781 年 3 月 1 日,大陆会议宣布该条例开始生效。

《邦联条例》共 13 条,约 5000 字。它简要地勾勒出合众国初创时期的政府体制,真实地记载了当时北美人民的“州际永久联盟”思想,并为合众国设计了一个邦联无权、各州自治的政体模式。邦联实质是国家的联合,而非联合的国家,具体如图 3-1 所示:

① 《马克思恩格斯全集》(第 16 卷),中共中央马克思恩格斯列宁斯大林著作编译局译,人民出版社 1964 年版,第 20 页。

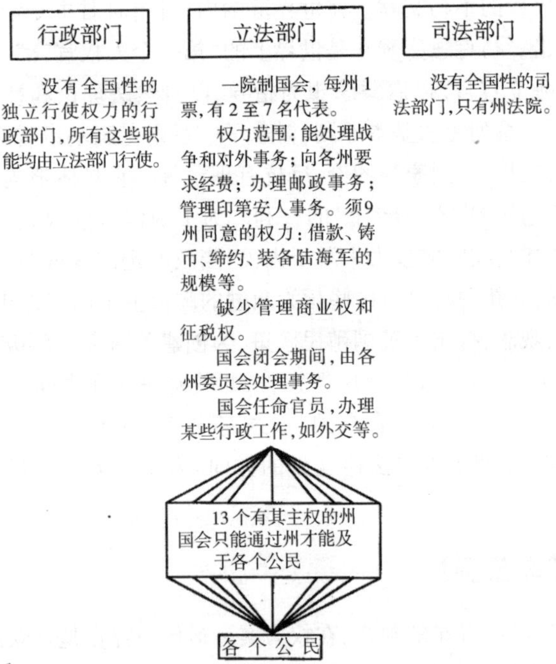

图 3-1 《邦联条例》中的政府结构

资料来源:李昌道编著:《美国宪法史稿》,法律出版社 1986 年版,第 50~51 页。

三、各州州宪

早在 1776 年 5 月 10 日,第二届大陆会议就通过决议,建议各殖民地着手组织新政府、制定州宪法。各州纷纷效仿《独立宣言》阐述的政治理想和宪制信念拟制本州州宪,这些州宪的制定和施行,从理论到实践无不深深影响着未来的美国联邦宪法。

(一)内容

1776 年至 1780 年,美国 11 个州起草了本州州宪。另有两州分别是康涅狄格州和罗得岛州,它们仍保留着殖民地时期颁发的特许状,直至 19 世纪。

各州州宪的立法程序不尽相同,基本上可以归纳为三类:第一类,在未经明确授权的情况下,由州立法机关擅自制定州宪,未提交选民投票表决,便直接予以颁布，如南卡罗来纳州、弗吉尼亚州、新泽西州；第二类，经一定形式的制宪授权后，由成立的制宪机构制定州宪，但未提交选民投票表决，就直接予以颁布，如佐治亚州、特拉华州、纽约州等；第三类，由选举成立的制宪会议制定州宪，经选民投票予以通过，然后才颁行，如新罕布什尔州、马萨诸塞州等。

其中，最后一类制宪程序，先后为其他州宪法制定者和联邦宪法制定者所仿效，遂渐演进为美国制宪的标准程序。由此，一种崭新的现代宪制思想盛行于全美，即制宪权有别于立法权，制宪机关也有异于立法机关。

各州州宪的内容结构也不一致，一般结构大体包含导论式的序言、权利条款、政府机构设置、修宪程序等事项。首先，序言中，各州州宪均宣称本州具有独立的主权，声明本州州宪制定的宗旨，是保障本州独立的主权和人民的权利，即那些“不可剥夺的权利”。其次，权利条款上，各州州宪都有一个“权利宣言”或“权利法案”，具体规定公民的权利。1776 年 6 月 12 日由乔治·梅森起草的弗吉尼亚州州宪“权利法案”部分，共计有权利条款 16 条，成为其他州效法的范本。再次，政府机构设置上，各州州宪根据“三权分立”原则，规定州政府应设置立法、行政、司法三部门。其中，有 9 个州州宪还规定州议会实行两院制。最后，修宪程序各州州宪规定不一。在修宪机关方面，有的规定由州议会修正宪法，有的规定由制宪会议修正宪法，有的规定由特别委员会修正宪法。在修宪时间方面，有的规定经过一定时间必须修宪，如新罕布什尔州为 7 年，纽约州为 20 年。

（二）特征

美国 13 个州第一轮制定的州宪，基本在匆忙之中草就而成，但适用的时间却很长。其中有 5 部沿用达半个世纪之久，而马萨诸塞州州宪至今仍然有效。这些早期州宪与现行州宪相比较，从一个侧面反映了各州州宪的一般特征。

第一，由简到繁。早期的各州州宪一般比较简短，全文字数十分有限，如罗得岛州州宪只有 5000 余字。而现行的各州州宪日趋冗长，覆盖的内容不断扩大，篇幅也相应拉长，如加利福尼亚州州宪竟有 4 万多字。

第二，从私权到公权。早期的各州州宪一般着重于私权领域及个人自由的保障，以此阐明公民基本权利的至上地位。现行的各州州宪则更多地注重公权领域，对州政权中立法、行政、司法的具体事项作了细密的罗列。

第三,从分权到制衡。早期的各州州宪直接或间接地贯彻了“三权分立”原则,但未能真正发挥这一思想的作用,未能形成一套完备的制衡体制。这突出地表现为早期州宪确定州议会的优越地位,对州立法机关的行动限制甚少,尤其是行政首长对立法机关的制衡尚未规定。分权仅是手段,制衡才是目的,现行各州州宪在这方面贯彻得更彻底。

四、联邦宪法的制定、颁布

新生的美国正面临着严峻的考验。13 个州宣布独立是为了生存、自由和追求幸福。为此,各州不仅建立了自己的政权,还根据《邦联条例》创建了“邦联”国家结构。独立战争以后,这一“永恒联盟”正处于解体的边缘。内外交困的美国亟须颁布一部崭新的成文宪法,规范全国的统一利益。

(一)修宪运动

各州批准《邦联条例》之前,修宪运动已在美国掀起。1779 年 4 月,马里兰州巴尔的摩市提交了第一份请愿书,要求对美国可以自制的外国商品一律课税。纽约州、费城、波士顿等商业、航业中心均纷纷提出类似要求。1780 年 9 月,汉密尔顿主张邦联国会应重振其革命权力,并召集一个“各州会议”来拟定一个“总体的邦联”计划。同年,新英格兰各州在波士顿举行会议,倡议全体各州组成“更结实的联邦”。纽约州议会也于 1781 年、1782 年两次提议,“召集全体各州会议来修订邦联条例”。

邦联国会自身也于 1781 年 2 月提出一个宪法修正案,即邦联政府对进口货物征收 5%进口税,旨在给予邦联国会征税和管理州际贸易的权力。但是,由于罗得岛州拒绝同意,该提案中途夭折,邦联国会未能获得独立征税权。两年后,邦联国会再次请求各州同意准予征收进口关税。罗得岛州仍予以拒绝,其他各州也无反应。进口税提案一直未获通过。邦联政府财政陷入困境。《邦联条例》修改工作的挫折,迫使联邦主义者积极谋求邦联国会以外的修宪途径。

1786 年 9 月,安纳波利斯会议召开。尽管只有 5 个州派出代表参加会议,但是,在汉密尔顿、麦迪逊的不懈努力下,会上通过了一份报告,敦促各州代表参加次年 5 月在费城召开的另一个会议。该报告进一步说明,各州不仅要授权代表讨论贸易问题,而且要授权代表审查现行政府体制的缺陷,并且“进一步拟定他们认为便于联盟应对紧急事变的必要条款,即联邦政府宪法”。

这一号召立即得到各州积极的响应,甚至在邦联国会授权召开费城会议以前,各州议会就选派了各自的代表。经过一段时间的考虑,邦联国会终于同意会议召开,但明确规定代表们开会的“唯一的和明确的目的是修改《邦联条例》,并随时将修改条款报告邦联国会和各州立法机关。经国会同意和各州认可后,作为适于政府应对紧急事变和维护联盟的联邦宪法”。除罗得岛州以外,各州均派遣代表参加。修宪运动的实质进展,促成制宪会议如期举行,从而拉开了制宪活动的序幕。

(二)制宪会议

1787 年 5 月 25 日,7 个州的代表到达费城,制宪会议正式召开。此后三个月里陆续有代表前来参加会议。制宪会议的正式代表总计 74 名,实际出席会议的代表只有 55 名。会议期间,参加投票的也只有 11 个州。各州选出的代表,基本囊括了当时美国最重要的政治活动家。大多数代表学识渊博、精通法律、热衷于创建中央政府的实际工作,具有丰富的行政立法经验。由这些精英组成的团体感兴趣的不是纯粹的政治动机,而是组织一个能够防止国家解体的政府。因此,这次会议与当时其他政治集会相比,更具有代表性和创造性。

诚然,受制于当时的社会条件和历史背景,小农业主和城市手工业者没有代表参加。广大农村地区也没有适当代表,更没有妇女、黑人代表。资产阶级民主派也仅有本杰明·富兰克林和路得·马丁出席了会议,其余的或在国外,如托马斯·杰斐逊;或未被选出席,如塞缪尔·亚当斯;或拒绝出席,如帕特里克·亨利。但是,费城制宪会议,在 6 位与会代表的积极推动下,超越修宪权限,草拟宪法,仍取得了非凡的历史成就。

这 6 位代表分别是,来自弗吉尼亚州的乔治·华盛顿、詹姆斯·麦迪逊、爱德蒙·伦道夫,来自宾夕法尼亚州的本杰明·富兰克林、詹姆斯·威尔逊、古维纳·莫里斯。在会议中比较突出的代表还有乔治·梅森、查尔斯·利兹沃思·平克尼、罗杰·谢尔曼、亚历山大·汉密尔顿以及路得·马丁等。

会议首先推举华盛顿为主席,并通过了会议规程。其最重要的当数秘密规则,即会议秘密进行,禁止代表与外界讨论会上的争论,鼓励人人自由发言,不准民众出席旁听,对讨论不作正式记录。记录的仅是收到的提案和投票的统计(会议记录直至1819年才第一次公布)。

1787年5月29日,弗吉尼亚州伦道夫州长代表该州代表团向大会提出一个决议案大纲,史称"弗吉尼亚方案"。该方案共15条,主要倡议建立一个有权制定法律并有权通过其行政部门、司法部门实施法律的中央政府。国会采取两院制的形式。下院议员由选民选举产生。上院议员由下院从州议会提名的候选人中选出。按照财富和人口分配两院的各州代表名额。除邦联国会的职权以外,国会应有权"制定各州不能制定的法律,或者在各州立法权的行使会妨碍合众国的协调的领域制定法律"。国会有权否决与拟议中的宪法相抵触的州立法。该方案还要求建立由国会选定的全国行政机关和拥有相当广泛的司法权的司法机关。全国最高法院与行政机关一起,在一定范围内有权否决国会的决议案。总体上,这个方案充分反映了大州的愿望和利益。

1787年6月15日,新泽西州威廉·佩特森代表该州代表团向大会提交一个"纯粹联邦"方案,史称"新泽西方案"。该方案共9条,重点体现对《邦联条例》的重大改革。该方案倡议授给邦联国会以更大的权力,如商业征税权、对各州采取强制措施的权力。但保留一院制国会,各州无论大小在国会中享有同等的表决权。设立一个由邦联国会选举出的成员组成的行政机构,除否决权之外,享有类似弗吉尼亚方案中所授予的权力。建立一个由行政机构任命的最高法院,对弹劾案拥有独立的裁判权,对各州州法院拥有受理上诉的裁判权。该方案包含着联邦法律至上条款的雏形。总体上该方案与弗吉尼亚方案形成鲜明比照,如实地表达了小州的愿望和利益。

在此后3天内,会议持续举行全体委员会。会上围绕两个方案展开了激烈辩论。1787年6月19日,全体委员会作第二次报告,推荐已修正的弗吉尼亚方案。会议对该方案的各条决议案进行更细致的讨论。小州与大州在次要问题上互作让步,但在重大问题如关于按大小比例派代表的问题上无法达成一致意见。会议濒临破裂。

1787年7月2日,大会被迫选出11人组成委员会,重点设计妥协方案。3天后,该委员会提出报告。报告的要点有二:一是在众议院中,每州在4万居民中应有1名代表,奴隶5个算3个,钞票应由众议院发行而不受参议院的监督;二是在参议院中,每州应有平等的1票。辩论又一次爆发,不过,妥协气氛已较为浓烈。一个5人特别委员会宣告成立,负责决定大小州代表的比例。

1787年7月9日,特别委员会建议:众议院的代表应由56人组成,其中新罕布什尔州2名、马萨诸塞州7名等。立法机关应被授权根据财富及居民人数的原则来确定未来的代表人数。此建议的后半部分迅速获得通过,但前半部分有关各州代表数目的问题仍悬而未决。

1787年7月16日,大会通过了整个妥协方案。由于康涅狄格州代表团发挥了举足轻重的作用,因此,该妥协方案史称"康涅狄格妥协"。一项重大的妥协就是,在立法机关的参议院,每州应有平等的1票。在众议院未来按人口数目比例委派代表,黑奴算3/5,直接税收将与代表人数成比例。随后10天,大会侧重于考察弗吉尼亚方案中的其他决议。辩论的焦点是行政首脑、司法首脑及其选举方式、任期等问题。原先共15条的弗吉尼亚方案,现已增至23条。增加的决议案,除了少数例外,主要是大妥协的条款。这些决议案尚不能构成详细的正式宪法文件。为此,大会又经选举成立了一个5人委员会负责起草一部相应完善的宪法。

1787年7月26日,大会宣布休会。

(三)草案批准

宪法的最初草案是以大会已通过的决议为基础写成的。这一草案有的地方颇为详尽,有的地方仅仅是建议应做的事,其中还有介绍性的和结论性的解释及连续性的评论。草案经过委员会5位成员共同讨论、不断修改,最后才得以定稿。全稿有1篇序言、23条宪法,共分为43项。前两条是介绍性质的,随后的7条占了整个文件的3/5,均用来谈国会的性质、国会的组成和权力。仅有1条是有关行政的,这只占有关国会篇幅的一小部分,另有同样长的1条论及司法。2条短条文对各州规定了某些禁令,又有3条规定了州与州之间的优惠。余下的7条是有关接纳新州的,对各州保证建立共和政府,未来修改宪法的规定,宣誓宪法,批准新宪法,以及在新宪法之下政府的就职等。①

1787年8月6日,会议重新召开,听取细节委员会的报告。代表们逐条逐款讨论并通过了这部宪法草案。自大妥协及小州利益在参议院中受

① 参见[美]法仑德:《美国宪法的制订》,董成美译,中国人民大学出版社1987年版,第78~79页。

到保护通过以来,大会中对立的双方携手共同致力于建构一个稳定的宪法文件。这项工作一直持续到8月底。

1787年9月8日,大会有关宪法草案的辩论修正工作已大体完成。因而重新任命一个文件委员会,去“修改大会业已同意的条文的文件并整理这些条文”。9月10日,大会即休会以等待文件委员会的报告。

1787年9月13日,大会收到文件委员会的报告后,开始仔细地比较文件委员会所报告的宪法修正草案和原先交给该委员会记录的每一条及每一项。

1787年9月15日,制宪会议工作真正闭幕之时,麦迪逊简单致辞道:“对于同意已经修正了的宪法的问题,所有的州都投了同意票。宪法于兹正式写成。”①

1787年9月17日,大会召开最后一次会议。写就的宪法交付宣读表决。与会代表39位在宪法文本上签字。埃尔布里奇·格里、梅森及伦道夫因各种理由拒绝签字。其他一些反对制宪会议总体思想的代表早已中途退席。根据制宪会议辩论决议的宪法批准方式的规定,这一宪法草案须提交全体美国公民批准,需得到至少9个州赞同,方能生效。

至1788年7月26日,共有11个州批准了宪法草案,邦联国会宣布宪法正式生效。值得一提的是,宪法的批准与制定宪法一样,经历了一场更为广泛而激烈的辩论。但一经批准生效,美国国内一切纷争就迅速平息,举国上下一致拥护和爱戴联邦宪法。联邦宪法由原来属于各派斗争的焦点一跃成为全美崇敬的偶像。

第三节 联邦宪法的内容与特征

一、联邦宪法的内容

1787年联邦宪法,即《美国联邦宪法》结构紧凑,简单明了,富有弹性。

① [美]法仑德:《美国宪法的制订》,董成美译,中国人民大学出版社1987年版,第116页。

全文包括一段序言和7条正文,共计7000余字。

(一)序言

序言系宪法的开场白,不足百字。它规定宪法权力的渊源与宪法应实现的目标,在于"建立一个更完美的合众国",在于"树立正义、奠定国内治安、筹设公共国防、增进全民之福利及谋求今后人民永久乐享自由之幸福"。① 这充分展示,从此美国人民将作为一个整体向前发展。序言虽列宪法全文之首,却并无宪法效力。

(二)正文

就宏观考察,第1条至第3条是按照三权分立原则,规定立法权、行政权、司法权的行使问题,涉及行使"三权"的国会、政府、法院的产生和组成方式。第4条按照联邦制原则,规定联邦与州之间、州与州之间的权力关系问题。第5条至第7条规定与宪法本身有关的三项问题,如宪法的修正程序、宪法的法律地位、宪法的批准等。可见,前4条是整个宪法的核心部分,总共占整部宪法篇幅的9/10左右。而后3条相对比较简单,仅占整部宪法篇幅的1/10左右。具体阐释如下:

第1条,立法条款,共10款。②

本条是7条正文中分款最大,内容最多的一条。10款的详细内容为:

第1款:立法权,"均属于由参议院和众议院组成的合众国国会"。这表明美国联邦立法权由国会统一行使,国会实行两院制。这也正是与《邦联条例》最显著的差异。至此,真正联邦国家替代了州际的"友好同盟"。两院制取代了一院制,有助于充分反映当权者中各种不同利益集团的要求。显见,联邦宪法旨在创设一个"法治而不是人治的政府"③。

第2款:众议院。规定众议院每两年举行一次选举,当选众议员的资格是年满25岁、具有7年美国国籍、为选举州的居民。规定各州应选众议员的名额,按各州自由人口数及3/5的黑人奴隶数计算,每3万自由人选

---

① Sources And Documents of United States Constitutions, Second Series, National Documents, 1492—1800, p. 391.

② See Sources And Documents of United States Constitutions, Second Series, National Documents, 1492—1800, p. 391-396.

③ [美]卡尔威因、[美]帕尔德森:《美国宪法释义》,徐卫东、吴新平译,华夏出版社1989年版,第48页。

出1名众议员。还规定第一届国会众议员名额为65名,并具体分配给各州。

第3款:参议院。规定参议员由各州议会选出,每州均选参议员2名,任期6年,每两年改选1/3。规定参议员的当选资格是年满30岁、具有9年以上的美国国籍、为选出州的居民。规定参议院议长由副总统兼任,在副总统缺位时,参议院可选举临时议长。规定参议院拥有"审讯一切弹劾案的全权"。

第4款:国会的选举和会议。规定参议员和众议员的选举时间和地点,由各州立法机关决定。规定国会每年至少应开会一次,除法律另定的开会日期外,国会每年应在12月的第一个星期一开会。关于国会的开会日期,后被1933年生效的宪法第20修正案修正。

第5款:国会程序。规定每院议员的半数出席会议,即构成开会议事的法定人数。每院可制定其议事规则,每院经该院2/3的议员同意,可以开除议员。每院开会的记录,除认为需保密的部分外,应随时对外公开刊登。

第6款:国会议员的权利。规定两院议员应得的报酬,由法律予以规定,从合众国国库中支付。规定议员享有的豁免权。规定对议员的一项限制,即参议员和众议员在其任期内,皆不得在政府部门任职。

第7款:国会立法程序。规定征税法案只能由众议院提出,但参议院可对征税法案提出修正案。规定两院先后通过的法案,须经总统签署后方可生效成为法律,总统对国会递交签署的议案有否决权,但在总统否决了国会通过的法案后,若国会两院各以2/3的多数票再次通过被总统否决的法案,则该项法案由此即自然生效,无须再送总统签署。

第8款:国会职权。列举17项明示的权力和在执行上述职权时采取任何"必须而又适当的一切法律"。明示职权中最突出的有:征税权、铸造货币和发行公债权、军事立法权、宣战权、州际贸易管理权等。

第9款:对国会的禁律。规定不属于国会行使的一些权力,其中比较重要的有:在1808年前不能禁止黑奴入境;不得中止人身保护令状的执行;不得通过剥夺公权或溯及既往的法律;不得对各州输出的货物征税;不得从国库支拨法律规定以外的款项;不得授予贵族爵位。

第10款:对各州的禁律。规定不属于各州行使的权力有:各州不得订立条约、协约或联盟；不得铸造货币、发行纸币；不得通过剥夺人权案；不得授予贵族爵位；不得在平时设立军队或战舰；不得与他州或外国交战；等等。

第2条，行政权，共4款。①

本条就行政权的行使——总统及政府的有关问题，分款作了规定。

第1款：行政权，“属于美利坚合众国总统”。总统任期4年，副总统的任期同于总统的任期，对连任问题未提及。规定总统由各州选出的选举团间接选举产生，各州选举总统的选举人名额，与该州两院议员的总数相同。规定当选总统的资格是年满35岁、为美国公民14年以上。还规定总统缺位时，由副总统代行总统职权。

第2款：总统职权。规定总统有武装力量统率权（总统任合众国大元帅）、赦免犯罪权（弹劾案除外）、行政监督权、缔约权（须经参议院2/3的议员赞同）、任命权（须经参议院批准）。

第3款：总统与国会关系。规定“总统应随时向国会报告合众国的国务情况”，并以本人认为妥当的政策条陈于国会，以备国会审议。规定总统在非常时期有权召集国会两议院或任一院开会。在国会两议院对休会时间出现分歧时，总统有权就国会休会时间作出决定。对接受外国代表、执行法律等也作了规定。

第4款：弹劾文官。规定总统、副总统和合众国的所有文职官员，因叛国、贿赂或其他重罪和轻罪而受弹劾并被定罪时，应予免职。

第3条，司法权，共3款。②

本条就行使司法权的最高法院及下级法院的有关问题，分款作了规定。

第1款：联邦法院和法官。规定合众国的司法权属于最高法院及国会随时设立的低级法院。规定法官的任职条件和薪俸的保障。法官实行终身制。

第2款：联邦法院的司法管辖权。规定涉及联邦宪法、法律和条约的案件，涉及大使、其他外交使节和领事的案件，涉及海上法律和海事管辖权

---

① See Sources And Documents of United States Constitutions, Second Series, National Documents, 1492—1800, p. 396-399.

② See Sources And Documents of United States Constitutions, Second Series, National Documents, 1492—1800, p. 399-400.

的案件,合众国为一方当事人的诉讼,两个或两个以上州公民之间的诉讼,一州与他州公民间的诉讼,同州公民之间对不同州转让的土地诉讼,一州或其公民同外国政府或外国公民、国民之间的诉讼,均归联邦法院审理。还规定除弹劾案外,采用陪审制,以及审理案件的地点。

第 3 款:叛国罪。规定背叛合众国与合众国作战,依附、帮助和庇护合众国敌人者,犯叛国罪。规定国会有宣告惩治叛国罪之权。

第 4 条,州与州关系,分 4 款。①

本条前两款属于纵向联邦制方面的内容,后两款则属于横向联邦制方面的内容。

第 1 款:完全的诚意与信赖。规定各州对他州的法令、记录和司法程序,应予完全的承认和尊重。这仅适用于民事案件。

第 2 款:州际公民权。规定每州公民应享受各州公民的一切特权和豁免权。规定对犯有叛国罪、重罪及其他罪案者,逃往他州被抓获后,逃出州当局有权请求引渡。还规定黑人奴隶逃往他州被抓获时,应交还原来所在州。

第 3 款:接纳新州。规定国会有权接纳新州加入合众国,有权整理和制定有关合众国所属土地和财产的法规和条例。规定未经国会批准,两州或多州及各州之部分不能合并为一州,各州也不能在其州内再建新州。

第 4 款:保障共和政体。规定联邦对各州应承担保证各州实行共和政体,保证各州不受外侮,及应各州议会或行政机关的请求,帮助各州平定州内发生的内乱等义务。

第 5 条,宪法的修正程序,未分款。②

本条规定有权提出宪法修正案的机关有两个:一是联邦国会两议院各有 2/3 的议员提出修正案;二是在各州中有 2/3 的州议会申请修正宪法。规定宪法修正案的批准机关也是两个:或经 3/4 的州议会批准,或经各州 3/4 的制宪会议批准。还规定未经本州同意,国会不得剥夺该州在参议院中的平等参政权。

---

① See Sources And Documents of United States Constitutions, Second Series, National Documents, 1492—1800, p. 400.

② See Sources And Documents of United States Constitutions, Second Series, National Documents, 1492—1800, p. 401.

第 6 条,宪法的法律地位,未分款。[①]

本条主要规定联邦宪法的法律地位,还涉及其他一些事项,详细内容包括:规定本宪法生效施行前,各州在执行《邦联条例》期间订立的债务、条约仍然有效。规定联邦宪法、法律及在执行宪法和法律时缔结的条约,均为全国的最高法律。还规定无论是州还是联邦官员都应拥护美国宪法。

第 7 条,宪法的批准,未分款。[②]

本条规定宪法的批准,“经 9 州议会批准后”,联邦宪法即成立,并随之在批准宪法的州内发生法律效力。

二、联邦宪法的特征

1787 年联邦宪法从形式到内容都具有独特的品质,简述如下:

(一)外源特征

1. 联邦宪法是根本法

美国联邦宪法的最高性,如图 3-2 所示。在整个法律体系中,联邦宪法的地位最高,其他法律如刑法、民法等及州法,均根据宪法而制定,不得与宪法相抵触。任何违宪的法律均不能生效。

联邦宪法
(federal constitution)
|
联邦法律
(federal laws)
|
州法
(state laws)

图 3-2 联邦法律的位阶

资料来源:龚祥瑞:《比较宪法与行政法》,法律出版社 1985 年版,第 15 页。

---

① See Sources And Documents of United States Constitutions, Second Series, National Documents, 1492—1800, p. 401.

② See Sources And Documents of United States Constitutions, Second Series, National Documents, 1492—1800, p. 401.

联邦宪法的根本大法特征从条文到操作都十分突出。在条文上,第 6 条专门规定联邦宪法的法律地位,宣布联邦宪法是全美的最高法律。在操作中,美国设立有效的保障,即法院对违宪的法律,一律拒绝适用。

2. 联邦宪法是刚性宪法

联邦宪法由专门召开的制宪会议以全体成员的特别多数同意后,提交各州全民讨论批准,始得颁行。同时,联邦宪法为自己制定了特殊修正程序,须经过提议和批准两重手续,较一般的立法手续复杂且严格。值得指出的是,联邦宪法刚而不僵。1789 年以来,美国国会已通过近 30 条宪法修正案,使之富有永久的生命力。

3. 联邦宪法是成文宪法

正如米勒所言:“美国意义的宪法是一个成文文件,政府的基本权力根据它而成立,并受它限制而被规定。这些权力又根据它而被分配于各部门,使其权力能更稳定、更有效地为人民团体造福。”成文是联邦宪法的形式,不成文是联邦宪法的活力。联邦宪法以默认方式随着社会经济的高速发展,借助于法院解释、总统言论、国会立法、政治传统的消长、习惯观念的更新以及政党政治的变化等途径,不断扩充宪法内涵。

(二)内在特征

1. 联邦主义

联邦宪法充分体现出联邦主义的特点:首先,宪法赋予联邦政府特定的立法权、司法权和行政权;其次,宪法确立联邦政府至高无上的地位;再次,宪法把没有授予联邦政府的权力留给各州;最后,宪法否认存在既属联邦又属各州的权力,一些权力仅为联邦政府所专有,而另外一些权力只由各州政府享有。[①] 联邦主义特色迄今未变。以 20 世纪 30 年代的经济大萧条为契机,美国政府全面介入社会生活,有权处理几乎每一个问题。宪法对联邦权力的限制,更多地侧重于保护公民个人权利。对国会的权力、总统的权力及联邦法院的权力的宪法限制,有所放宽。

2. 分权与制衡

联邦宪法的另一实质特点,是国家权力采用三权分立模式。立法、行

---

① 参见[美]卡尔威因、[美]帕尔德森:《美国宪法释义》,徐卫东、吴新平译,华夏出版社 1989 年版,第 24~25 页。

政、司法三权分属三个部门,三部门互相制衡。每一部门在与其他部门合作中也同样既保持独立又相互配合。例如,在政党政治中,政府可以起草法案,通过本执政党的议员提出;国会与政府的关系可以借助议会的委员会为媒介得以调和。又如,总统可以通过行使法案否决权与国会抗衡;国会亦可通过行使政府预算案否决权与总统较量等。

3. 司法审查

伍德罗·威尔逊说:"最高法院是一个连续开会的制宪会议。"独立的法官因拥有司法审查权而成为重要的宪法解释者。最高法院为此提出了一些司法解释的规则:一是除非对案件的审理绝对必要,不裁决宪法性问题;二是凡是需要作出抉择的,解释法律,使之合宪;三是如果需要作出宪法性决定,要尽可能严格地限制其范围,并且不裁决没有提交到最高法院的问题。①

第四节 联邦宪法的实施与修改

一、《权利法案》

美国强调自然法(the natural law)是一切法律的基础,每个人以人类一员的资格享有所谓自然权利,即"天赋人权"。② 为此,他们极为重视自然权利,将其列举于宪法文件之内,成为1787年联邦宪法的前10条修正案,史称《权利法案》。

(一)产生

早在联邦宪法草案提交各州审批时,就因缺少具体权利条款而引起广泛的争论,最终人们达成共识,一致要求制定权利法案。

弗吉尼亚州、纽约州、马萨诸塞州等均获得批准宪法的附加保证,即将

① 参见[美]卡尔威因、[美]帕尔德森:《美国宪法释义》,徐卫东、吴新平译,华夏出版社1989年版,第42~43页。

② 参见龚祥瑞:《比较宪法与行政法》,法律出版社1985年版,第15页。

以修宪程序补订权利法案。还有一些州则把拟议的权利法案附于被批准的宪法之后。因此,1789 年,第一届国会第一次会议召开,立法议题是修改宪法,补充列入权利法案。

麦迪逊以各州有关人民的权利法令为基础,起草了权利法案。1789 年 9 月 25 日,国会提出这 12 条宪法修正案,会后交付各州审查批准。新泽西州于 1789 年 11 月 20 日率先批准。至 1791 年 12 月 15 日,弗吉尼亚州批准该修正案时,已批准州数达到法定 10 个州,10 条宪法修正案生效,组成《权利法案》。未获批准的两条修正案分别是:关于每 5 万人选举 1 名众议员的修正案;关于在竞选期间国会议员的薪俸不应改变的修正案。

未批准《权利法案》的州尚有:康涅狄格州、佐治亚州、马萨诸塞州。直至 1939 年,即在此修正案提交各州审查后的 150 年,这些州才批准这些修正案。

(二)内容

《权利法案》条文简短明了,共计 800 余字,各条之下都未分款。其主要内容可归纳为以下三部分①:

1. 个人自由的权利

第 1 至 5 修正案列举了公民应享有的自由权利,主要有:宗教信仰自由、言论自由、出版自由,和平集会和向政府请愿的自由权利(第 1 条);公民有佩带武器权(第 2 条);民房不得驻军队(第 3 条);个人有保护其人身、住所、文件和财物不受侵犯之权(第 4 条);非经正常法律审判手续,不得剥夺任何人的生命、自由或财产,凡私有财产非有恰当的补偿,不得收为公有(第 5 条)。

2. 诉讼程序的权利

第 5 至 8 修正案规定了公民在诉讼过程中享有的权利,主要有:陪审权、一事不再理之权、不得强迫被告自证其罪(第 5 条);公开审判、被告享有律师辩护权(第 6 条);民事案件也要实行陪审制,经陪审团审理的案件,非依普通法之上的规定,联邦法院不再受理(第 7 条);在一切案件中不得科以过多的保释金、过重的罚金,禁止使用残酷刑罚(第 8 条)。

---

① See U. S. Government Printing Office, *The Constitution of the U. S. A.*, U. S. Government Printing Office, 1980, p. 17-19.

3. 个人保留的权利

第9、10修正案规定,联邦宪法未作列举而被认为应由人民所保留之权利,不得予以取消或轻视(第9条);联邦宪法未授予联邦或未禁止各州行使的权力,由各州和公民继续保留(第10条)。

二、第11至29宪法修正案

美国宪法发展史上,第11至28修正案是在近200年的时间内,分18次提出而成为宪法的组成部分。各条修正案如实地记载了各自时代的特征和社会的需求。它们从整体上昭示着美国宪法演进的趋势:第一,政府权力日趋扩大;第二,公民权利范围日趋扩大;第三,社会生活日益广泛。

(一)扩大政府权力的修正案

此类修正案主要包括第11、12、16、17、20、22、25修正案。

第11修正案:对州的诉讼。①

本修正案起因于州与联邦最高法院不同的观念。1789年9月24日,第一届国会通过《联邦司法法令》(Judiciary Act),从多方面扩充了联邦司法权。据此,1793年,联邦最高法院受理了切斯霍姆诉佐治亚州案,此案的判决致使所有联邦法院堆满了控诉各州的案件。各州认为这破坏了各州的主权,随即在国会提出制定宪法修正案,反对各州成为被控对象。修正案规定,"在普通法或衡平法上,凡他州公民或外国公民控诉合众国任何一州之案件,不得由合众国法院受理"。以宪法修正案约束联邦司法权,在美国宪法史上仅此一次。

第12修正案:总统的选举。②

本修正案是为解决1800年总统选举中的戏剧性情况而制定的。在这届大选中,杰斐逊与艾伦·伯尔两人得票相同,双方支持者旗鼓相当,在连续35次重复投票中,选票仍未发生变化。最后经过汉密尔顿等人的幕后活动,杰斐逊多获2票才侥幸当选总统。为防止此类闹剧重演,1804年,国会通过第12修正案,改革选举总统的方法。改善之处有4点:一是规定分

---

① See U. S. Government Printing Office, *The Constitution of the U. S. A.*, U. S. Government Printing Office, 1980, p. 19-20.

② See U. S. Government Printing Office, *The Constitution of the U. S. A.*, U. S. Government Printing Office, 1980, p. 19-20.

别选举总统、副总统,总统与副总统分别使用两种选票选出;二是规定若总统候选人无人获得过半数票时,众议院应从得票最多的 3 人中,选出 1 名总统;三是规定若在次年 3 月 4 日前,仍未选出总统,由副总统依据有关规定,执行总统职务;四是规定若副总统候选人无人获得过半数票,参议院应从得票最多的 2 人中,选举出 1 人为副总统。

第 16 修正案:国会的征税权。①

本修正案旨在解决国会与最高法院之间关于征收所得税问题的对立僵局。规定"国会有课征所得税之权,而不问其所得之来源,其收入不必分配于各州,也不必根据户口调查或统计以定其税额"。后人推崇此修正案为"划时代的重要修正案",是经济领域的"一场不流血的革命"。

第 17 修正案:参议员的直接选举。②

本修正案是对《美国联邦宪法》第 1 条第 3 款内容的修正,即将参议员由各州议会选出,修改为由各州人民直接选出。

第 20 修正案:当选官员。③

本修正案对当选总统、副总统接任日期,国会开会日期,当选总统出缺时的继任和选举等事项,作了进一步修正和完善。这具体表现在三方面:一是修正当选总统接任日期为 1 月 20 日上午 12 时;二是修正国会开会日期为 1 月 3 日;三是就当选总统死亡或不合格时的继任,复选总统、副总统期间突发状况等细节问题,一一作了补充。

第 22 修正案:总统的任期。④

本修正案对总统连任届数问题作了明确规定。19 世纪美国实际政治中形成一个总统连任不超过两届的宪法惯例。但此传统在 20 世纪时被民主党的富兰克林·罗斯福打破,他在 1933 年、1937 年、1941 年、1945 年连任四届总统。1947 年 3 月,共和党在国会提出该修正案,规定"任何人不得

---

① See U. S. Government Printing Office, *The Constitution of the U. S. A.*, U. S. Government Printing Office, 1980, p. 23.

② See U. S. Government Printing Office, *The Constitution of the U. S. A.*, U. S. Government Printing Office, 1980, p. 23.

③ See U. S. Government Printing Office, *The Constitution of the U. S. A.*, U. S. Government Printing Office, 1980, p. 24–26.

④ See U. S. Government Printing Office, *The Constitution of the U. S. A.*, U. S. Government Printing Office, 1980, p. 24–26.

被选任总统两届以上”。

第25修正案:总统丧失工作能力和副总统缺位。①

本修正案仍是关于总统制度的宪法修正,分4款。第1款、第2款就总统、副总统出缺问题作了规定,“如总统被免职、亡故或辞职,副总统应成为总统”,“遇有副总统职位出缺,总统应提名一位副总统,经国会两院多数票批准后就职”。第3款、第4款就总统丧失履行职权和责任能力的有关问题作了规定,确定总统丧失工作能力的情形。对总统恢复工作能力时的有关问题也作了详细规定。

(二)扩大公民权利的修正案

此类修正案主要包括第13、14、15、19、24、26、27修正案,简而述之:

第13修正案:废除奴隶制。②

本修正案是在南北战争即将结束的历史背景下制定的。1863年1月1日,林肯总统签署了《解放黑奴宣言》(Declaration of Negro Liberation),宣布废除奴隶制。修正案对此宣言宪法化,规定“合众国境内或受合众国管辖的任何地区,不准有奴役或劳役存在”。

第14修正案:公民权、合众国公民的特权和特免、正当法律程序及平等法律保护。③

本修正案是对第13修正案的补充和发展,共分5款。第1款规定,“凡在合众国出生或加入合众国国籍而受其管辖的人,均为合众国及其居住州的公民”,承认在美国出生或加入美国国籍的黑人为美国公民。还规定“无论何州,不得制定或施行剥夺合众国公民之特权及特免的法律;非经正当法律程序,不得剥夺任何人的生命、自由和财产;不得在其管辖范围之内否定任何人享有平等的法律保护”,旨在保护公民不受州政府的侵犯,其中也合法地保护黑人抵抗各州的歧视。平等法律保护不仅适用于合众国公民,而且适用于外侨和法人(假拟的人)的保护。第2款规定,各州应占

① See U. S. Government Printing Office, *The Constitution of the U. S. A.*, U. S. Government Printing Office, 1980, p. 28.

② See U. S. Government Printing Office, *The Constitution of the U. S. A.*, U. S. Government Printing Office, 1980, p. 21.

③ See U. S. Government Printing Office, *The Constitution of the U. S. A.*, U. S. Government Printing Office, 1980, p. 21-22.

众议员名额,按其全部人口(不纳税的印第安人除外)计算,废止了 1787 年《美国联邦宪法》的第 1 条规定,即每个黑人奴隶按 3/5 计算的方法。第 3 款、第 4 款、第 5 款就对参加合众国叛乱者不得担任联邦和州两级公职、合众国公债效力不容怀疑等问题作了宪法规定。

第 15 修正案:投票权。①

本修正案是对第 14 修正案的承续。规定"合众国或其任何一州,不得因种族、肤色或曾为奴隶而剥夺或取消合众国公民的投票权",明确给予具有公民资格的黑人以选举权。这是以联邦宪法的形式,将此前一些小州已实行的黑人有选举权的制度,推行于整个美国。

第 19 修正案:妇女选举权。②

本修正案是 19 世纪 40 年代开始的妇女斗争的总结。1890 年,怀俄明州就对妇女赋予了完全的选举权。此后有 16 个州赋予妇女完全的选举权,其中 14 个州赋予妇女参加"总统选举"的权利,2 个州赋予妇女参加预选的权利。该修正案是对赋予妇女以选举权的充分肯定,规定"合众国或其任何一州不得因性别关系而取消或剥夺合众国公民的投票权"。

第 24 修正案:反人头税。③

本修正案是不彻底禁止以未缴人头税来剥夺公民选举权。1890 年,密西西比州率先实行选民须缴纳人头税制度,田纳西州、得克萨斯州、佛罗里达州、阿肯色州等纷纷效仿。许多平民及黑人因此被剥夺了选举权。该修正案明确规定,"合众国公民的投票权,不得以未缴人头税或其他税款为理由,而被合众国或任何州加以否认或剥夺"。值得说明的是,此反人头税的保护仅适用于联邦的选举。

第 26 修正案:年满 18 岁始得参加选举。④

本修正案提出的缘由是:1970 年,在俄勒冈州诉米歇尔案(Oregon v.

---

① See U. S. Government Printing Office, *The Constitution of the U. S. A.*, U. S. Government Printing Office, 1980, p. 22.

② See U. S. Government Printing Office, *The Constitution of the U. S. A.*, U. S. Government Printing Office, 1980, p. 24, 27.

③ See U. S. Government Printing Office, *The Constitution of the U. S. A.*, U. S. Government Printing Office, 1980, p. 24, 27.

④ See U. S. Government Printing Office, *The Constitution of the U. S. A.*, U. S. Government Printing Office, 1980, p. 28.

Mitchell)中,联邦最高法院判决国会无权为各州和地方选举规定年龄限制,而只能为联邦选举规定年龄限制。为此,该修正案规定,"年满18岁和18岁以上的合众国公民的选举权,不得以年龄为理由而被合众国或任何一州加以否定或剥夺"。这显然推翻了联邦最高法院的上述裁决。它是迄今为止所有修正案中批准最快的一个,从提出到批准仅用5周时间。同时,它也是继1920年承认妇女享有选举权以来,选举权最大的一次扩大。

第27修正案:平等权利。①

本修正案旨在防止对妇女的歧视,但同样也禁止歧视男性。它规定,"合众国或任何州不得以性别为理由而否定或剥夺法律上的平等权利"。自1972年3月22日该修正案提交各州批准,到1980年12月1日仅有35个州批准了该修正案,有4个州又撤回原批准决定。因而一直未能达到法定3/4的多数。1982年6月,此修正案最终成为废案。男女平权迄今仍未获得联邦宪法效力。

(三)针对社会问题的修正案

此类修正案主要包括第18、21、23、28及29修正案。

第18修正案:禁酒。②

本修正案规定禁酒问题。1917年4月美国正式对德宣战,遂要求公民节衣缩食,禁止饮酒,减少浪费。14年之后,该修正案又被废止,成为唯一被其后制定的宪法修正案全部废除的修正案。

第21修正案:解除酒禁。③

本修正案是对已生效的第18修正案的废除(第1款),同时规定,"在合众国任何州、领地或属地,以供给或使用为目的的运输或输入酒类饮料,违反其法律时,应予以禁止"(第2款)。该修正案是罗斯福新政后的措施之一。

---

① See Henry Campbell Black, *Black's Law Dictionary*, 5th Edition, West Publishing, 1979, p. 482.

② See U. S. Government Printing Office, *The Constitution of the U. S. A.*, U. S. Government Printing Office, 1980, p. 24.

③ See U. S. Government Printing Office, *The Constitution of the U. S. A.*, U. S. Government Printing Office, 1980, p. 25-26.

第23修正案:哥伦比亚特区的选举人。①

本修正案虽已于1961年3月29日批准生效,但如果1978年8月28日国会提出的另一条宪法修正案获得批准,那么本条修正案将被废止。哥伦比亚特区是与50个州平行而列的,不受任意一州的管辖,由联邦政府直接领导的一个联邦直属区。该修正案赋予哥伦比亚特区居民以选举总统和副总统选举人的权利,但只能拥有3个选举人票。

第28修正案:哥伦比亚特区的选举权。②

本修正案于1978年8月22日在国会提出,未生效。规定"合众国政府所在地哥伦比亚特区,在国会代表权上,在总统和副总统的选举上,以及在宪法第5条的实施上,得被作为一个州来对待",旨在扩大哥伦比亚特区居民的选举权。若该修正案生效,哥伦比亚特区将获得2个参议院议员名额,基于其人口数将获得2个众议院议席以及4张总统选举人票。该修正案的批准期限规定为7年,由全美3/4州议会批准,否则不得生效。至今它仍未生效。

第29修正案:禁止亵渎美国国旗。

1989年10月,国会通过《国旗保护法》,该法规定任何人对美国国旗"故意撕毁、损坏、污损、焚烧,置于地板或地面上,或践踏"的行为都构成犯罪。但这一法律立即受到支持焚旗为宪法权利的人的挑战。③ 1990年6月11日,联邦最高法院在合众国诉艾西曼案(United States v. Eichman)中以5∶4的票数宣布该法违宪④,重申焚旗合宪的立场。1990年6月21日,护旗派在众议院提出一项保护国旗的宪法修正案。几经努力,1995年6月,众议院以312∶120的有效多数票通过该修正案提案。提案规定:"美国国会和美国各州有权禁止对美国国旗的亵渎性毁坏。"⑤这一提案必须获得参议院2/3以上票数通过后,再提交各州审查,必须获得3/4以上州

---

① See U. S. Government Printing Office, *The Constitution of the U. S. A.*, U. S. Government Printing Office, 1980, p. 25-26.

② See Johnny H. Killian, *The Constitution of the United States of America: Analysis and Interpretation: Annotations of Cases Decided by the Supreme Court of the United States to July 2, 1982*, U. S. Government Printing, 1987, p. 1-2.

③ 参见东来:《在美国焚烧国旗是否合法?》,载《读书》1995年第10期。

④ 参见[美]杰巴姆·巴伦、[美]托马斯·迪恩斯:《美国宪法概论》(第2版),刘瑞祥等译,中国社会科学出版社1995年版,第201~203页。

⑤ 沈铮:《从国旗谈到宪法》,载《读书》1995年第12期。

的批准后,才能正式生效。根据美国当今局势的发展,不难发现该修正案命运多舛。

第五节 宪法理论与判例

一、孟德斯鸠的分权理论

权力的分工与制约作为一种思想,肇始于古希腊罗马时代,17、18世纪发展成为资产阶级革命的思想武器。对此,孟德斯鸠作出了杰出的贡献。他的最大成就在于在肯定立法权、行政权的同时,第一次肯定了司法权在国家权力系统中的独立地位。这一分权理论集中反映于《论法的精神》(*De I'Esprit des Lois*)之中:

“不强迫任何人去做法律所不强制他做的事,也不禁止任何人去做法律所许可的事。”

“从事物的性质来说,要防止滥用权力,就必须以权力约束权力。”①

这两段精辟的论断,是孟德斯鸠分权理论的两大基石。他认为:“每一个国家有三种权力:(一)立法权力;(二)关于国际法事项的行政权力;(三)有关民政法规事项的行政权力。”“我们将称后者为司法权力;而第二种权力则简称为国家的行政权力。”②这一主张沿着英国洛克分权思想的轨迹走得更远。与洛克相比,孟德斯鸠的分权理论更为严密。因为他在分权的基础上创造性地提出了制衡理论,即阐释了三种国家权力“彼此牵掣”和“协调前进”观点。他指出,立法机关与行政机关的理想关系应当是:议会两院均受到行政机关的约束,反之亦然。同时,他又指出,“如果司法权不同立法权和行政权分立,自由也就不存在了”③。司法权应当让“臣民去行使”,即由人民选举出的一个法庭来行使。

---

① [法]孟德斯鸠:《论法的精神》(上册),张雁深译,商务印书馆1982年版,第154页。
② [法]孟德斯鸠:《论法的精神》(上册),张雁深译,商务印书馆1982年版,第155页。
③ [法]孟德斯鸠:《论法的精神》(上册),张雁深译,商务印书馆1982年版,第156页。

如图 3-3、图 3-4 所示①,孟德斯鸠的分权理论在体例与结构上,继承了洛克的思想衣钵,充实了分权学说的内涵,提高了"三权分立"的水平,上升为完全意义上的"三权分立"模式。然而,任何学说都有其历史局限性,孟德斯鸠的分权理论在宪法上有着明显的缺陷。例如,议会中设立世袭的贵族院;平民法庭不能审理贵族案件;行政权力应交予君主掌握;等等。

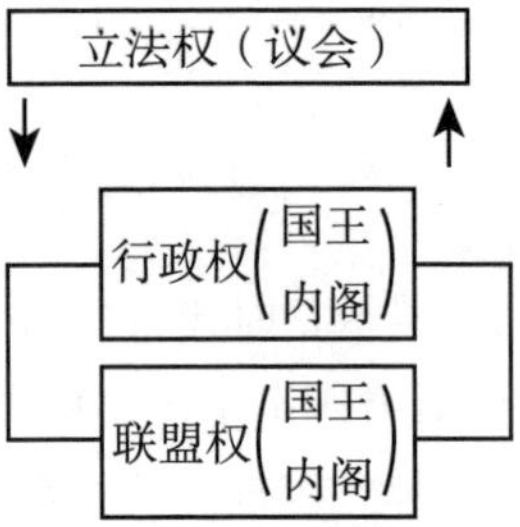

图 3-3 洛克分权论结构分析示意

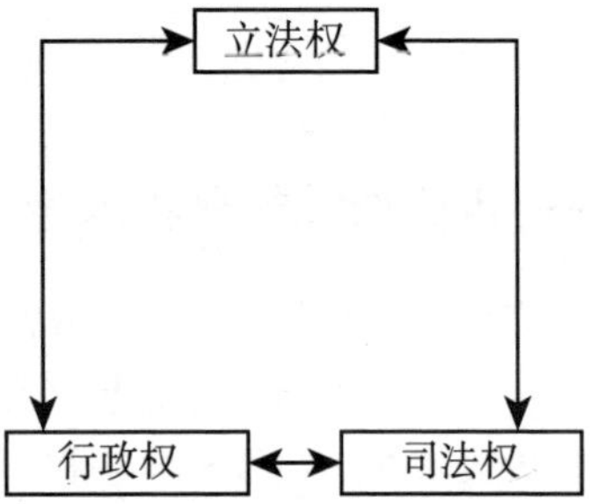

图 3-4 孟德斯鸠分权论结构分析示意

二、汉密尔顿和麦迪逊的宪法理论

汉密尔顿、麦迪逊两人系美国早期的领袖人物,是联邦派的杰出代表。他们坚决拥护以代议制为基点的联邦共和国制度,同时倡导不过多地侵犯各州及个人的权利。两人的思想主张集中体现在两人合著的《联邦党人文集》之中。书中以"普布利乌斯"为笔名(除两人外,另一合著者是约翰·杰伊)发表的信函体政论文章,详细地阐发了"三权分立"、中央与地方分权等一系列政治主张,积极地推动了分权理论在美国的运用和发展。

汉密尔顿、麦迪逊等人一致认为:必须在政体上建设彻底地、充分地贯彻立法、行政、司法三权分立与制衡的原则。因为"一百七十三个专制君主一定会像一个君主一样暴虐不道"②。所以他们提出实行共和制时应有的辅助性预防措施:一是在几个国家权力部门之间实行制衡,即"防止把某些权力逐渐集中于同一部门的最可靠的办法,就是给予各个部门的主管人员

① 参见朱光磊:《以权力制约权力:西方分权论和分权制评述》,四川人民出版社 1987 年版,第 50、63 页。

② [美]汉密尔顿等:《联邦党人文集》,程逢如等译,商务印书馆 1980 年版,第 254 页。

抵制其他部门侵犯的必要法定手段和个人的主动。在这方面，如同其他各个方面一样，防御规定必须与攻击的危险相称”①。二是把立法机关也划分为若干单位，并且用不同的选举方法和不同的行动原则使它们在立法活动中相互制约。显见，他们对分权与制衡问题的认识较孟德斯鸠更为深刻。他们反复强调，分权与制衡的关键应该是“使政府管理自身”，是代议制与民主制的结合，而不应当是代议制与“所谓的君主制”的结合。他们为此尖锐地抨击立宪君主制，积极号召实行共和分权。

汉密尔顿、麦迪逊进一步指出，在美国的复合共和国里，人民交出的权力首先分给两种不同的政府，然后把各政府分得的那部分权力再分给几个分立的部门。因此，人民的权力就有了双重保障。两种政府将互相控制，同时各政府又自己控制自己。在他们看来，上中下、左中右的“分权网络”，是民主的“双重保障”；“立体分权”，是“政治上的真理”。这一完备的分权模式解决了在美国这样的大国，如何全面坚持民主制度，如何坚持实行“三权分立与制衡”的原则，如何妥善地处理大国的中央与地方之间的关系等一系列重大问题。鉴于此，他们极力推崇“宪法至上”，认为起着“设计政府的内部结构”作用的联邦宪法，“对共和主义来说可喜的是，通过对联邦原则的合宜修正和混合，可以把实践范围扩充到极大的范围”。汉密尔顿、麦迪逊的宪法主张，成为美国联邦宪法理论的中心支柱。

三、马歇尔对美国宪法的贡献

1801 年至 1835 年，约翰·马歇尔担任联邦最高法院院长，写下了许多著名的判例。在这些判例中，他按自己的认识阐发了对联邦宪法的解释，不断推动着早期宪法的发展。此间，他始终奉行这一信条：“……我们正在解释的是宪法……意在使它在未来的长远的年代中实行，因而要能适应人类事务的各种危机。”然而，他又迅速补充道：“司法的权力，同法律的权力相比，是不存在的。最高法院是法律的唯一工具，它别无企求。”②

马歇尔在以下四大判决中为美国联邦宪法作出了巨大的贡献：

1803 年马伯里诉麦迪逊案（Marbury v. Madison，5 U. S. 137，2L. Ed. 60）

① [美]汉密尔顿等：《联邦党人文集》，程逢如等译，商务印书馆 1980 年版，第 264 页。

② [美]亚伯拉罕：《法官与总统》，刘泰星译，商务印书馆 1990 年版，第 72~73 页。

中,马歇尔写下了一段著名的论断:

“极为明显而不容置辩的一项立论是:宪法取缔一切与之相抵触的法案。违反宪法的法案不成为法律。判定何者为法律,断然属于司法部门的权限和职责,与宪法相抵触的法律无效……各级法院以及其他政府部门均不受该文件的约束。”①

马歇尔在作此判决时无任何法律的或历史的先例,只是基于一般的理念——宪法为国家的最高法律,违宪者无效。此判决开创了联邦最高法院享有违宪(司法)审查权(judicial review)的先例,且为扩张联邦权力提供了有力的依据。

1819年麦卡洛克诉马里兰州案(McCulloch v. Maryland,17 U. S. 316,4L. Ed. 579)中,马歇尔基于“我们阐述的是一部宪法”的大前提,提出了广义解释宪法的原则,他指出:

“联邦政府虽在其权力方面有所限制,但在其行动范围以内是至高无上的。假定目的是合法的,假定它是在宪法的范围以内,那么,一切手段只要是恰当的,只要是显然合于该目的的,只要并非被禁止且又符合宪法的文字和精神,都是合乎宪法的。”②

马歇尔在此对联邦宪法的明示权力作了广义解释,为新的联邦政府的正常运转奠定了坚定的基础。同时,也再次表明“联邦至上权力不受各州的侵蚀”的司法决心,《美国联邦宪法》第6条“至上条款”获得了实际的完全效力。

1810年弗莱彻诉佩克案(Fletcher v. Peck,10 U. S. 87,3L. Ed. 162)中,马歇尔认定:

“立法机关撤销另一立法授权的活动是无效的,虽然,原先立法行动可能被否定,但是基于这一立法而设定的权利是不能被剥夺的。”③

“原先设定的权利具有契约的性质,基于此而产生的义务,根据联邦宪法第一条第十款的规定,不能被削弱。”④

马歇尔通过上述判决,具体地阐发了联邦宪法中有关的契约保障精

---

① E. C. Smith, *The Constitution of the United States*, Barnes & Noble Books, 1975, p. 65.

② E. C. Smith, *The Constitution of the United States*, Barnes & Noble Books, 1975, p. 67.

③ E. C. Smith, *The Constitution of the United States*, Barnes & Noble Books, 1975, p. 70.

④ E. C. Smith, *The Constitution of the United States*, Barnes & Noble Books, 1975, p. 63.

神,即契约关系一旦成立,若该契约无相反规定,双方都应认定其有永久的效力,不得以某一立法活动剥夺原有的权利。1819 年达特茅斯学院诉伍德沃德案(Dartmouth College v. Woodward,17 U. S. 518,4L. Ed. 629)进一步贯彻了"契约不可违背"的原则,马歇尔又一次强调,联邦宪法的主要目的在于保障契约双方已被赋予的权益。

1816 年马丁诉亨特的承租人案(Martin v. Hunter's Lessee,14 U. S. 304,4L. Ed. 97)中,马歇尔率先宣称:

"联邦最高法院对于有关联邦宪法、法律和条约的一切案件的判决,其效力优于各州法院的判决。"①

在此,他坚持合众国是单一的国家,各州仅是其组成部分,它们在若干目标下是主权者,在其他目标下却是从属者,一州的宪法和法律,凡与合众国宪法和法律抵触者,皆绝对无效。马歇尔通过此判决不仅奠定了联邦最高法院对各州法院判决享有撤销权的宪法基础,而且推翻了原有的州权力理论。在 1824 年吉本斯诉奥格登案(Gibbons v. Ogden,22 U. S. 1,6L. Ed. 23)中,马歇尔通过审议贸易权力究竟是专有还是共有的问题,重新解释了联邦政府与州政府之间权力分配的原则,为新的州权理论提供了有力佐证。他的结论是,各州拥有为其公民的健康、道德和福利制定法律的广泛的警察权力,但是州政府行为是受宪法限制的。有些宪法权力是完全属于国家性质的,不允许联邦政府和州政府共同行使。换言之,联邦制中州权力是有限的权力。

四、美国宪法史上的重大判例

法学家霍姆斯的所谓美国宪法"不是逻辑而是经验"的说法,真实地反映了美国宪法的现实主义本质。在诸多宪法判例中,法官们宣称他们着眼于以"制宪者"的意图"阐述"(interpretation)宪法。然而,实质上法官的主观经验往往涵盖了宪法的既定宗旨,成为宪法的权威诠释。1787 年联邦宪法也由此成为一部活的成文宪法。

(一)早期重大判例

以 1793 年切斯霍姆诉佐治亚州案(Chisholm v. State of Georgia,2 U. S.

---

① E. C. Smith, *The Constitution of the United States*, Barnes & Noble Books, 1975, p. 69.

419,1L. Ed. 440)为例。

案情:原告切斯霍姆是南卡罗来纳州公民,代表英国债权人的管理人,向联邦最高法院控告曾没收其被代理人财产的佐治亚州政府。佐治亚州政府拒绝出庭,并对联邦最高法院的管辖权提出书面抗议。

本案争执焦点在于,州政府是否得为被告而须向联邦法院应诉。

联邦最高法院认为,在美国宪法制度下,为了联邦目的,主权属于美国人民;为了内政目的,各州人民有其权限。为巩固联邦宪法,遇有他州公民对其起诉,应承担受指控应诉的义务。而反对派(主要是共和主义者)认为,州应具有主权,非得其同意不得被控,这并不因美国联邦宪法的制定而损失其效力。最后,联邦最高法院仍判决原告胜诉。此判决直接导致第11宪法修正案的产生。

(二)南北战争时期重大判例

以1857年司考特诉塞得福特案(Dred Scott v. Sandford,60 U. S. 393,15 L. Ed. 69)为例。

案情:原告黑人德雷德·司考特系美国军医爱默生的奴隶。1834年随主人到自由州后获得自由,娶妻生子。1838年回到奴隶州密苏里后重新沦为奴隶。1847年他起诉州法院要求承认他的自由身份。初审获胜,但被州最高法院驳回。1853年他又一次起诉败诉,于是上诉至联邦最高法院。

本案的要点在于,黑人奴隶是否可以成为自由人,成为合众国公民,受联邦宪法保障。

联邦最高法院中多数派法官认为,司考特作为诉讼当事人不合格。因为他不是合众国公民,是一个黑人,是一个奴隶。坦尼院长指出:“我们认为他们不被包括,原来也没有打算把他们包括在宪法中公民一词之内,因此不能要求宪法对合众国公民所规定和保证的权利和特权;相反地,他们是为统治种族所制服的人们。”[①]少数派则主张废奴,承认司考特的自由人身份。多数派的意见成为判决的主文。结果是奴隶制成了当时联邦政府依照宪法必须予以保护的制度。这引起了一场全美围绕奴隶制的宪法争论。林肯说:“我们知道判决的法院常常废止自己的判决,我们应当尽力使它废止此一判决。”此判决为第14宪法修正案的制定批准“公民权”条款提

① 李昌道编著:《美国宪法史稿》,法律出版社1986年版,第178页。

供了判例实证。

(三)内战后重大判例

以 1873 年屠宰场案(Slaughter-House Case,Inre,77 U.S.273,19L.Ed.915)为例。

案情:路易斯安那州议会将新奥尔良城屠宰场的专营权赋予一个专业公司,并封闭该城已经设立的一切屠户,于是各屠户以州法抵触第 14 宪法修正案为由提出控告。

本案争论要点在于,如何适用“正当法律程序”。

联邦最高法院米勒大法官代表多数法官作出裁决并指出,第 14 宪法修正案中的“公民”应该是指合众国公民和州的公民。修正案的意义是只对合众国公民的特权和豁免权给予联邦宪法保护。米勒大法官对何谓特权和豁免权进一步解释道,个人的基本权利来源于州法。联邦的保障只限于那些涉及公民与联邦政府关系的权利,诸如州际旅行权利,向国会请愿等。少数派菲尔德大法官则认为,第 14 宪法修正案特权和豁免权条款是保证那些属于一切自由政府的公民的权利。

“过去他作为一个自由人和一个自由公民所享有的基本权利、特权和豁免权,现在他作为一个合众国公民而享有,并不取决于他是哪个州的公民。”①法院判决采纳多数意见,宣布原告屠户们败诉。

然而,少数法官的意见在此后的适用中逐渐占了上风。因此,屠宰场案的真正效用在于阐明了特权和豁免权条款是一项重要的宪法保证。

(四)20 世纪重大判例

1. 1905 年洛克纳诉纽约州案(Lochner v. New York,198 U.S.45,25S.Ct.539,49L.Ed.937)

本案以 5∶4 的投票废除了禁止雇主雇用面包房工人每天劳作超过 10 小时和每周超过 60 小时的纽约州法。佩卡姆大法官代表联邦最高法院裁定,该州法严重地干预了正当法律程序条款所维护的契约自由。在此,他强制采纳司法经济价值准则来否决法律。这种对立法裁决所作的严格司法审查,引发了霍尔姆斯大法官和哈伦大法官书面申述的针锋相对的不同

---

① [美]杰罗姆·巴伦、[美]托马斯·迪恩斯:《美国宪法概论》(第 2 版),刘瑞祥等译,中国社会科学出版社 1995 年版,第 98 页。

意见。霍尔姆斯说,这一判决“以一个没有被国内大部分人所接受的经济理论”为依据。故主张在经济案件中司法部门对立法部门的判断应持慎重态度。尽管如此,洛克纳诉纽约州案中对经济正当程序的司法处理,为20世纪初期的案件审理提供了基调。洛克纳式的实质性正当程序也成为这一时期的主要宪法理论。

而1937年以后,霍尔姆斯等人的重大不同意见,被联邦最高法院采纳并广泛推行。该案可谓是宪法上具有里程碑意义的案件。

2. 1925年吉特洛诉纽约州案(Gitlow v. New York, 268 U. S. 652, 45 S. Ct. 625, 69 L. Ed. 1138)

本案判决同样也是一个革命性的判决。第1宪法修正案规定“国会不得制定限制言论自由的法律”,显然只是针对国会的。在本案中则把它扩大至州。联邦最高法院宣布,“为着现在的目的,我们可以并且确实认为:言论和出版自由——第1宪法修正案保护它们不受国会剥夺属于第14宪法修正案依正当法律手续条款所保护使不受州的损害的基本个人权利和‘自由’之列”①。这意味着个人权利已被纳入“正当法律程序”之中,推及各州。因此,本案标志着州应用《权利法案》条文的漫长过程的开端。

3. 1941年合众国诉达比案(United States v. Darby, 312 U. S. 100, 312 U. S. 657, 61 S. Ct. 451, 85 L. Ed. 609)

本案的突出贡献在于扩大联邦权力。斯通首席大法官代表最高法院裁定,《正当劳工标准法》中的一个条款是合宪的。该条款禁止在州际贸易中装运按照该标准法衡量工资过低或劳动时间过长的工人生产的产品,从而确立一种保护主义原则,即“国会可以根据自己对关于向州际贸易施加适当限制之公共政策的理解,自由地从贸易中排除某些物品,如果他认为这些物品在目的地州内的应用有害于公共卫生、道德或福利,即使该州未采取措施对这些物品的应用进行管理”。简言之,国会可以把商业管理权用于社会福利目的。

4. 1972年全国城市联盟诉尤塞里案(National League of Cities v. Usery, 426 U. S. 833, 96 S. Ct. 2465, 49 L. Ed. 2d 245)

本案与上案相反,着重于对联邦权力施以限制。联邦最高法院裁定,

---

① E. C. Smith, *The Constitution of the United States*, Barnes & Noble Books, 1975, p. 103.

《正当劳工标准法》规定各州雇员工资与劳动时间的条款是违宪的,从而重新确立了"州主权是对国会商业管理权的积极限制"的原则。判决中,伦奎斯特大法官代表最高法院宣称:"我们认为,就(联邦条款)直接剥夺各州在传统政府职能领域安排其不可或缺的活动之自由而言,这些条款不是在宪法第一条第八款第三项授予国会的权力范围之内。"①持不同意见的大法官布伦南认为,对州主权的保护不能依靠以司法形式实施第10宪法修正案。他说:"宪法的任何地方都找不到建立在州主权基础上的、要求或允许以司法形式实施的限制;过去一个半世纪作出的判决明确地驳斥了存在着这种对贸易管理权实行限制的主张。"显见,本案的判决是宪法史一个特殊情况,正如联邦最高法院再三强调的那样,它不标志着一种新趋势——州主权限制联邦立法权。但判决本身唤起美国当代人重新思考联邦制宪法理论。

(五)21世纪重大判例

以2022年多布斯诉杰克逊女性健康组织案(Dobbs v. Jackson Women's Health Organization,597 U. S. 215)为例。

本案以6∶3的多数意见推翻了美国历史上著名的罗伊诉韦德案,该案的判决认可了密西西比州的《胎龄法案》中限制堕胎规定的合宪性。随后,美国多州出台了非常严苛的堕胎法,在很大程度上限制了女性的自主堕胎权,引起了民众的广泛抗议。

第六节　美国宪法对世界各国的影响

一、总统制

在世界范围内,美国是最早实行总统制的国家。1787年联邦宪法创立了共和政体,国家元首以民选的总统替代了欧洲传统世袭君主。这是18

① ［美］杰罗姆·巴伦、［美］托马斯·迪恩斯:《美国宪法概论》(第2版),刘瑞祥等译,中国社会科学出版社1995年版,第54页。

世纪的一大惊世之举。宪法规定:立法权属于国会,行政权属于总统,司法权属于联邦最高法院。事实证明,总统制是一种比较稳定的国家政权组织形式,较为成功地维护了既有的统治秩序。

(一)总统的权力

早期,美国制宪者试图设立一种总统职位:权力有限;脱离党派;执行国会立法;同外国政府打交道;协助各州消除纷争。1787 年,华盛顿接受的就是一个权力有限的第一任总统职位。此后,总统的地位和作用日趋多样化。总统是有形的国家机器的中坚、政府权力的重心,身兼国家元首、行政首长、立法领导、三军总司令,又是本党领袖,总统由此拥有多种权力。

总统以国家元首身份掌握的权力主要是外交权,其中可分为使节权和条约权两方面。就使节权而言,具体有二:一是美国驻外的大使、公使、领事等,概由总统任命,但须经参议院的同意(《美国联邦宪法》第 2 条第 2 款第 2 项);二是总统有权接见他国派来的大使及其他公使(《美国联邦宪法》第 2 条第 3 款)。就条约权而言,美国对外条约均以总统的名义缔结,只是须经参议院出席议员 2/3 的同意(《美国联邦宪法》第 2 条第 2 款第 2 项)。由此可见,外交职权应由总统与国会共同行使。在之后的一个半世纪里,国会的外交职权日益缩小,总统拥有的外交权逐渐扩大。时至今日,美国总统已成为美国对外政策的最高决策者和执行者。

总统以行政首长身份掌握的权力,主要是命令权。此权是基于《美国联邦宪法》第 2 条第 3 款规定的"总统得监督法律的忠实执行",推断总统自然可有发布命令之权。这种命令有法律的效力。在运作中,总统的命令权使用的形式有 4 种:第一,总统命令,即根据总统的宪法职权发布,或者以国会法律的授权为基础来发布行政命令。它是由行政权制定的法律。第二,规则和条例,包括美国各行政部的办事规则,行政部主管各种事务的详细规则和条例。这些规则和条例,从 1956 年到 1970 年加起来已超过 100 个,它们形式上是为了使法律更加明确和具体化,为了规定法律运用的程序和机构而颁布的。实质上,如美国有识之士所指出的,这是"总统及其下属官员根据需要来注释法律的目的和意图"。第三,布告。总统发布的布告可以是行政性的,也可以是宣言性的。第四,改组计划。此举始于 1939 年。当时,国会第一次通过改组法令,并授权总统发布改组计划。

总统作为行政首长的又一种重要权力是任免权。总统拥有广泛的任命权和免职权。关于官员的任命权,联邦宪法规定,总统可以“根据参议院的咨询意见和同意”任命联邦政府高级官员,其中包括高级外交官、高级将领、高级法官以及部、院、署、局等高级行政官员。从理论上看,参议院对总统的各项任命拥有否决权,但是事实中,总统对联邦政府高级官员的任命,很少引起参议院的反对。例如,美国200多年的历史中,历届总统提出的各行政部首脑人选,只有9次遭到参议院的否决。况且,按照宪法须经参议院同意的,仅仅是政府高级官员,而对其他较低级的官员,总统有任命之全权。关于官员的免职权,美国宪法没有加以具体规定。一般来说,总统免职权的大小,要取决于被免职官员的任命程序以及他们任职所在部门的性质。如果是由总统任命的纯粹的联邦行政官员,那么总统的免职权非常大。根据1926年联邦最高法院在迈尔斯诉美国案(Myers v. United States, 272 U. S. 52)中确立的原则,凡总统任命的所有行政官员,都可以由总统自行免职,无须经国会同意。

总统作为行政首长所拥有的权力中还有带司法性质的赦免权。依据《美国联邦宪法》第2条第2款第1项的规定可知,总统行使此权时只受两种限制:一是得受缓刑与赦免的罪犯违反联邦的法律的限制,对于违反各州法律的犯罪,不能由总统行使此权。二是对于弹劾案不得行使此权。制宪者的真正意图是借此加强总统的权力。因此,总统的赦免权极大。总统行使此权,不受其他政府部门的干涉和限制。他在司法部提出咨询意见的基础上,就具体赦免申请作出自己的决定。总统关于赦免(大赦或特赦)的决定一旦作出,国会和法院都无权干涉。总统既有权免刑、缓刑与减刑,又有权免除罚金,免除没收。此外,总统的赦免权,不仅可以使用于定罪之后,也可以使用于定罪之前。

总统以立法领导身份掌握的权力,有的基于宪法规定,有的基于不成文习惯。严格地说,美国宪法没有赋予总统立法权,但宪法赋予总统的一些其他职权,导致总统在美国历史发展的进程中,逐渐成为大家公认的国家立法领导者。为此,他享有以下三种职权:一是立法创议权。总统可通过两院议长建议立法,把他所希望提出的议案转请他们或有关常设委员会主席提出。总统可主动用咨文建议立法,这将成为立法纲领。总统可利用召开会议建议立法,也可通过同党议员提出议案,并指导其在议会如何活动,使之通过。二是委任立法权。自1939年国会第一次以法律形式授权总统发布改组计划以来,总统便享有了委任立法权。总统行使委任立法权的主要形式是发布命令。三是立法否决权。按照联邦宪法的规定,总统签署法案是立法程序的完成阶段。该阶段的法定时间为10日(从总统收到法案之日算起,但扣除星期天)。总统在此期间内审议法案。总统如果同意该法案,便加以签署,或者虽不签署,但没有在10日之内将法案退回给国会,那么这个法案即成为正式法律。总统如果不同意国会通过的法案,有权加以否决。对于被否决的法案,总统必须在10日之内把原案和自己的异议书退回给国会中最初提出这个法案的议员。在这种情况下,国会两院只有以2/3多数重新通过这个法案,才能推翻总统的否决。由此可知,总统行使否决权,可有两种方式:一是直截了当否决。二是在议会休会前10日以内,将其案搁置,过10日后即无形打消。这即所谓"口袋否决权"。杰克逊总统率先使用,之后的总统多喜欢援用此例。这种方式的否决权更为有效,实际上是一种绝对否决权,因为两院无再通过的机会。美国总统的否决权,是总统控制国会立法的重要权力。

总统以武装部队总司令身份掌握的权力,非常广泛。宪法规定,总统是合众国陆军、海军和应召为合众国服现役的各州民兵(后改称为国民警卫队)的总司令。从宪法规定的含义推论,这种军事权涵盖面很广,如战时和平时对于军事的处置权,在统率陆海空军时对于军法执行的监督权,以及陆海空军军官的任命权等。其中最重要的是战争权。总统可自由从事防御战争,镇压叛乱,无须经议会同意。进攻性战争虽须经国会同意,但总统常忽视国会的宣战权,进行不宣而战的战争。1950年至1970年,总统未经国会同意而进行海外战争的即有5次(朝鲜、黎巴嫩、多米尼加共和国、越南、柬埔寨)。

(二)总统的职责

在任何时候,总统权力的确切大小,主要取决于在职总统的品格和能力,以及时代的需要和国家生存的要求。从总体上看,美国总统的权力的历史是一部稳定而不平衡发展的历史。46位曾任总统的人,约有1/3人扩大了总统的权力。例如,杰克逊、林肯、罗斯福这类总统,既加强了总统的机构,又增强了总统的权力。

对美国总统权力的扩张,美国国会和法院往往是最得力的合作者。在过去两个世纪中,在西方国家,在各级政府中权力均已由立法者转到行政官员手中。英国首相、法国总统等人的权力都较百年前有更大的支配作用。要言之,行政权的日益扩大,已成为现代世界各国宪制制度发展变化的一个重要特征。美国总统制在这方面表现尤为突出,对世界其他国家产生了一定影响。

在当今的美国,海外危机事务明显地助长了美国总统对国家事务的影响。冷战粉碎了大部分残余的留恋孤立主义的情怀。庞大的常备军、核武器和冷战相结合起来,使总统在国家安全事务上居于支配地位。现代大众传媒媒介也对总统影响的扩大发挥了一定作用。总统可以利用黄金时间,直接向美国公众说明情况和理由,这导致总统实际上冲破分权制衡的束缚,进一步提高自己的职位效应。

联邦政府在国内事务和经济上的作用大大增长,也扩大了总统的职责。总统必须处理技术性高或者需要持续管理或经常作出判断的问题。尤其是经济问题的增多和复杂性,致使总统掌握了更多的主动权。现代经济保持运转需要细致的、平衡的工作方式,这意味着总统必须发挥主要作用,与此同时,为了保障稳定,防止萧条,推动进步,美国国内其他事务政策制定的趋势是走向更大程度的集中。总统就这方面提出新创意负有当然而然的责任。

公众的期望也促使总统职责的强化。虽然美国公众最主要的任务是用多数人的意志约束总统,但是,当需要果断行动时,人们按惯例期待总统担当更多在宪法中没有明确规定的角色。为了尽力达到一些不切实际的期望,美国有些总统承担了过多的义务。维护总统的形象又要求总统扩大权力。在公众看来,总统应该是国际和平的缔结者和国民精神的塑造者、首席政治家、全民的统一代表。为此,现代美国总统履行职责时步履维艰。

此外,在对外政策、经济和国内政策方面,总统必须承担政策领导责任。在美国现实政治事务生活中,很难对总统职务作整齐划一的归纳。因为所有的总统职责在无意或有意之中都相互混合起来了。再对之进行综合考察后,大体得出表 3-1 有关美国总统职责的梗概。

表 3-1 总统职责类别与相关例举

职能领导类别	对外政策	经济	国内政策
处理危机	处理伊朗危机 1983 年美国出兵黎巴嫩	20 世纪 30 年代罗斯福与大萧条	执行取消学校种族隔离的法院命令
作为象征和精神建设的领导	1971 年尼克松的中国之行	对美国生产力表示乐观	慰问遭受洪水和灾害的受难者
任用高级官员	遴选参谋长联席会议主席	雇用明智的经济顾问	确定环境保护的优先项目
确定轻重缓急与阐明疑难	确定美国与苏联的关系	提出减税计划纲要	在国内开支上的斗争
建立立法和政治上的联盟	1983 年里根为援助萨尔瓦多所作的斗争	1981 年里根的税收改革斗争	注意使法律得到忠实的执行
执行和管理计划	使中东和平协议发生影响	支持社会保障计划	评价联邦福利计划的效果
监督政府工作并及早察知可能的问题	评价美国与日本和墨西哥的关系	监督国内税务局的工作	任命首席法官

资料来源:[美]詹姆斯·M. 伯恩斯、[美]杰克·W. 佩尔塔森、[美]托马斯·E. 克罗宁:《美国式民主》,谭君久等译,中国社会科学出版社 1993 年版,第 522 页。

总统制是美国宪制体系的中心。总统的职位和权力是庞大的总统机构、总统的个性和品格以及对总统的大量要求和期望的结合体。随着国内外形势的变化,这一职位和权力仍在推陈出新。美国总统制以其权威性、稳定性和实用性的特质,将继续影响西方国家及其追随者国家的民主政治进程。

二、联邦制

按照联邦制的原则,一国的联邦政府和地方政府两级是同时并存的。每一级政府都有一定的权力和职能。每一级政府都被限制在它自己的职权范围之内,只有在这个范围内它是自主的、独立的;对于各自所指定的权力,彼此不得争夺;对人民的行动,各自直接负责;对彼此立法、税收或行政,亦无从属关系。在1789年《美国联邦宪法》正式生效之前,历史上没有一个政府完全符合联邦制的标准。1787年《美国联邦宪法》设计的美国联邦,把北美13个州从邦联组织转化为真正的联邦制。美国因此成为现代世界联邦制政府中最为广泛公认的典型之一。

(一)联邦制的变迁

美国联邦制大体经历了三个阶段的演进:

第一阶段,制宪后至内战前的联邦制。

大多数制宪代表们吸取邦联政府的经验教训,迫切希望加强国家机器,建立强有力的中央政府。但是,当时集权派与分权派就联邦与州的关系问题爆发一场持久的争论,整个社会环境表明,要建立单一制的集权中央政府是不可能的。所以美国选择了联邦制。这一阶段,联邦制特征明显表现于,联邦中央政府与各州政府在宪法规定的权力范围内,彼此处于几乎平等的地位。从宪法的条文考察,这一阶段,联邦对各州是处于最高地位;从宪法当时实施的状况来分析,这一阶段,不但联邦中央这种最高地位未被州权派承认,而且联邦还未取得真正国家应有的地位,其存在屡遭威胁。例如,南方种植园主们为了坚持实行奴隶制,一度自行退出联邦,以此与北方各工商业资本家们抗衡,使国家的生存发生严重危机。在这之前,拥护集权的联邦党人因反对1812年对英战争而失势,同时不满于杰斐逊等民主共和党的政权,也曾于1814年年末在康涅狄格州的哈特福德,策划拟率新英格兰各州退出联邦。总之,从宪法实施到内战时,美国联邦制只是宪法上的联邦制,也像实质上的邦联制,确切地说是这两者的混合制。

第二阶段,内战后至19世纪末的联邦制。

在前阶段被搁置的两个问题,即与真正国家有关的主权所在和自由退出权问题,被顺利解决了。北方联邦军队的胜利宣告联邦制本身的基础真正被确立并巩固。这一阶段,联邦中央代表整个国家,既剥夺了各州的自由退出权,又拥有主权。中央相对各州所处的最高地位获得实现。不仅如此,通过第13(1865年)、14(1868年)和15(1870年)宪法修正案,中央相对各州地位进一步提高,其拥有的权限进一步拓宽。这充分表明,此时的联邦制不再意味着联邦政府与各州政府处于几乎平等的地位。联邦中央对各州拥有法律上的强制权,因此,内战后至19世纪末,美国联邦制是名实相符的联邦制。

第三阶段,19 世纪末以来的联邦制。

随着工业化的发展,强大的利益集团不仅垄断美国经济,而且向联邦政府提出“国家干预”要求,以谋求更高的利润。最初,企业集团要求政府以关税、联邦银行系统给铁路、航空公司和商船津贴的形式予以援助。农民得知联邦政府能比州政府拨出更多的援款,也开始寻求联邦政府的帮助。到 20 世纪初,一般城市集团,特别是有组织的劳工,都坚持向联邦政府提出他们的要求。20 世纪 30 年代的经济大萧条,促进了在诸如救济、失业和农产品过剩等问题上采取更广泛的国家行动。对外事务方面,超利润的追求、势力范围的争夺、扩军备战的竞赛等新问题层出不穷。这一切都迫使联邦政府职能的强化。行政权的扩大,权力的集中,已成为时代的必然趋势。通过司法审查等宪法性变革方式,联邦制中宪法权力的均势迅速地转向联邦中央政府。中央的权力在集权趋势下日益扩大,而各州的权力却日益缩小。值得指出的是,权力分配上的变化不在于权力从各州转移到联邦,而在于一向由联邦政府主管的那些事务的重要性有了增加。联邦政府为了确保其权力运用灵活,行动便捷,把原来分散于各个政治单位的权力集中起来,统一于中央。因而,19 世纪末以来,美国联邦制实质上正演进为单一制。

然而,联邦扩大的趋势引起了对抗。20 世纪 80 年代初,各种各样的政治观点阐述了对它的强烈抨击。随着联邦预算赤字开始上升,美国自由主义者和保守主义者、共和党人和民主党人,都开始声称联邦政府的扩大走得太远。卡特政府率先削减了部分联邦计划项目,里根政府也把限制联邦政府的作用和缩小它的范围作为内政方面的当务之急。里根的倡议,尽管在总的构想上被国会否决,但它预示着联邦制走向单一制的势头有所缓和,美国各州比历史上任何时期更富有政治敏感。

(二)联邦制的特征

美国首创的联邦制,是现有政治组织中传播得最为广泛的原则之一。在世界范围内,名义上实施联邦制的国家至少有 20 个,此外尚有 18 个国家也用联邦制原则把一定程度的地方分权纳入它们的政治组织之中。在美国本土,联邦制虽有损益,但只是渐进中无形的演变。作为划分权力的主要手段,联邦制仍然牢固地植根于美国政治和宪制体制之中。联邦制的精髓——联邦体制与地方分权将长期共存。

自称为联邦制的各种民主政体,彼此有许多差异,但所有真正的联邦制却有某些共同的特征,美国联邦制在这方面表现尤显突出。

一是成文宪法。联邦制的关系是以永久性的联盟盟约来加以确定的。这种盟约是有关人民、联邦政府以及各州之间关系的协定,并以成文宪法的形式记载下来。宪法还规定其修改必须通过特殊的程序,作为联邦成员州对此具有实质性的影响作用。此外,各联邦成员即美国诸州均保留着制定州宪的权利,这意味着各州可以存在不同的法律体制。

二是地方分权化。联邦宪法在赋予联邦政府特定的立法权、司法权和行政权的同时,把未授予联邦政府的权力留给各州。联邦政府和州行使各自的权力,非经共同同意,州享有的权力不得任意撤销。正如美国首席法官萨门·蔡斯在 1869 年得克萨斯州诉怀特案(Texas v. White)中所指明的,“不可摧毁的联邦是由不可摧毁的各州所组成”①。

三是地方性的分权。一方面,运用地域上的分区(州的划分)来确保共和政体中不同集团和不同利益在代表制上的中立地位和平等地位;另一方面,运用这种分区来保证地方自治权,保证各种不同集团在同一阶层中的代表性。这两方面相互结合共同实现各州在国会的代表权。

联邦制的上述三个基本特点增强了联邦制的实际职能,既保持民主政体,又维护政治统一。正是联邦制,才把北美 13 个独立自主、各自为政的政治单位联合成为一个真正国家。当代大多数美国人对联邦与州之间关系的历史变迁不感兴趣。相反,任何政府机构或联合机构,只要能最大限度地适合它们的需要或代表它们的利益,它们都乐于接受和使用。

联邦制对于一些想获取有限目标的联合,而又保持大幅度自主权的政治单位,同样具有强烈的吸引力。例如,有关欧洲联盟的种种建议,就是运用联邦制的特点草拟的。对于欧洲、非洲、亚洲等一些新兴的国家,联邦制的吸引力就更为强烈。因为这些国家、区域情况复杂,有一些地区政权单位的宗教、语言、种族和经济利益各不相同。所以,许多刚组建的国家均以美国联邦制为模式,采取各式各样的联邦制政府形式,分配各自的国家权力,巩固国家独立地位,兼顾地方政治利益。诸如印度、西印度群岛、尼日

---

① E. C. Smith, *The Constitution of the United States*, Barnes & Noble Books, 1975, p. 68.

利亚、马里、马来西亚等国都先后采用过联邦制。但并非所有这些国家都能保持联邦制,像巴基斯坦、印度尼西亚等国,就中途易辙。

毫无疑问,联邦制实施的理想目标是追求一个基本利益极其一致的社会,同时容许地方政府拥有广泛的自由。为此,今日的美国联邦制虽是臃肿的、庞杂的,但仍深受世界各国尤其是美国追随者们的青睐。

三、权力分立与制衡

权力分立是指国家的统治权划分为立法权、行政权和司法权,将这三者尽可能由相互独立的国家机关分别掌管。权力制衡是指立法、行政、司法三种权力部门,在行使其权力时,以权力的相互牵制,达到势力的互相平衡。“分立”是实现“制衡”的前提和基础;“制衡”是分立的目的和结果。美国联邦宪法最完整地建构了一个“权力分立与制衡”的操作模式。正因为如此,美国“庆祝立宪 200 周年委员会”主席沃伦·伯格指出,“三权分立、相互制衡是美国整个政府体制的核心所在”①。在当今西方各国,美国是实行分权制衡最典型的国家。

(一)三权分立、相互制衡

在美国国家权力的分立与制衡中,总统居于中心地位,而国会是一个独立的、重要的权力枢纽,法院则独立办案,国会与总统行政当局均无权干涉。纵观美国历史与现状,三权分立,不存在根本的利害冲突。分权只是政权机构内部的分工。它们之间相互依存,既争吵又合作,互为“忠诚的反对派”。一个多世纪中,随着行政权的扩张,三个权力机关之间的权力之争,更多地倾向于总统占上风。然而,20 世纪以来,权力力量的对比已发生新的变化,尤其是在国会与总统关系中总统不再居于领导地位,总统与国会也非绝对合作关系。二者之间更突出表现为相互制约的关系。

例如,总统有任命权,但总统任命政府高级官员和联邦最高法院法官须经参议院的同意。1987 年 7 月,美国联邦最高法院法官刘易斯·鲍威尔辞职,里根总统提名保守派法官罗伯特·博克填补空缺。民主党占多数的参议院否决了这一提名。里根又提名另一位保守派人士金斯伯格继任,又遭参议院的阻挠。显而易见,总统的行政权受到了来自国会的严厉约束。

---

① 樊体宁:《美国三权分立漫议》,载《世界知识》1989 年第 5 期。

又如，总统有缔约权，但总统与外国缔结条约须得到参议院的批准。1979年6月，卡特和勃列日涅夫在维也纳签署《美苏关于限制进攻性战略武器条约》。该条约签署后，因国会的反对而致使该条约不了了之。

美国总统为了避免与国会发生正面冲突，往往采用巧妙的政治手腕，削弱国会的制约，独自行使某些权力。例如，1965年林登·约翰逊总统决定武装干涉多米尼加，他把他的决定通知了国会。他对国会议员们说，他不是要他们授予权力，只是要他们在报纸上看到打响之前，先知道有这么一个决定。1969年尼克松下令轰炸柬埔寨，非但事先未征询国会意见，而且事后还对国会封锁消息。

总统与国会这种权力较量，纠缠不清，往往导致政治僵局，迫使联邦最高法院不得不介入危机之中，充当调停者。其中水门事件最为典型。1973年至1974年，国会要求总统交出白宫录音带以接受调查，尼克松总统声称事关国家安全，以总统享有"行政特权"为理由拒绝国会的要求，国会与总统之争诉至法院。1974年合众国诉尼克松案①中，联邦法院以8票同意、1票弃权，裁决"在任何情况下，总统都不享有绝对的、不受限制的行政特权"，下令总统交出录音带。在司法权的鼎力支持下，国会弹劾势不可挡，尼克松被迫辞去总统职位。此案再次向世人表明，借助司法审查权，法院对总统和国会的决策构成了有效的制约。据统计，自1803年至1972年，美国联邦法院共判决102项国会法律违宪。

（二）三位一体，通力合作

为了共同的、最高的政治目标，政府各权力中心不仅冲突，更需合作。立法、行政、司法三权不是绝对的分权，而是更高层次的"跨权混合"。三个权力部门职能掌管不同，为了使各自部门权力充分发挥其实际效用，在具体操作中亟须权力之外的权力协作配合。

总之，国会、总统、法院三者是同命运、共风险的伙伴。国会立法、总统执法、法院司法，"三位一体"，异曲同工。

最后，值得一提的是，权力的分立与制衡原则，并不局限于联邦政府一级，还表现在联邦政府与州政府的权力分配和运作中。

---

① United States v. Nixon, 418 U. S. 683, 94 S. Ct. 3090, 41 L. Ed. zd 1039.

四、违宪审查制

美国对宪制理论的独特贡献是违宪审查制。

(一)违宪审查制的起源与特点

1787年费城制宪会议上,汉密尔顿等人积极倡导宪法应规定违宪审查权,他说:“对立法权的这类限制实际上只能通过法院的中介来行使,法院的职责就是审查一切违背宪法原意的法案并宣布其无效。”①但由于制宪会议上对这一问题意见分歧甚大,结果联邦宪法中没有具文规定法院违宪审查权力。不过,联邦宪法的词句为这种权力提供了充分的佐证(详见《美国联邦宪法》第4条、第6条),最终通过司法判例确立起来。1803年马伯里诉麦迪逊案中,明确宣布“违宪的法律不是法律”“阐明法律的意义是法院职权”,②开创了美国“司法审查立法”的先例。美国违宪审查制,作为一项重要的宪法原则,具有以下基本特征:

第一,联邦最高法院和州最高法院均可依据联邦宪法和州宪法,分别对联邦立法和州立法进行审查;

第二,联邦最高法院所审查的是已经颁布实施的法律或行政命令,而非国会提交的议案;

第三,根据“不告不理”的原则,联邦最高法院无权主动审查某项法律或法令,而是仅就宪法权利受侵犯的案件所涉及的法律进行审查,即审查在实施过程中造成侵害后果的法律或法令;

第四,联邦最高法院经审查只能作出“合宪”或“违宪”的判决,而不能撤销某项法律或法令;

第五,宣告某项法律或法令违宪,须经联邦最高法院2/3多数的法官同意;

第六,经宣告违宪的法律或法令并未完全丧失效力,一旦联邦最高法院在以后的判例中改变意见,仍可适用该项法律或法令。

这些基本特点反映出联邦最高法院作为联邦宪法的最后解释者,拥有

---

① 龚祥瑞:《比较宪法与行政法》(第3版),法律出版社2012年版,第116页。

② Sources and Documents of United States Constitution, Third Series, National Documents, p. 3.

保障宪法正确实施的特殊权力——违宪审查权。弗兰克福特法官曾一语道破:“最高法院就是宪法”。美国联邦最高法院行使违宪审查权所作的大量判例,遍及美国政治、经济、社会的各个领域,对美国联邦宪法的发展、国家政策的制定以及统治秩序的维护等产生过重大影响。诚然,在整个美国历史上,联邦最高法院一直因从事“司法立法”而受到非难,人们对违宪审查权的作用历来褒贬不一。但是,在早期,联邦最高法院通过行使违宪审查权加强联邦权力的方针,对自由竞争时期美国的政治经济发展,无疑是有积极意义的。20世纪以后,以30年代经济大萧条为起点,联邦最高法院通过行使违宪审查权干预国家政治经济生活,充当“守夜警察”角色,迎合了垄断时期的美国社会的需要,其影响也是有目共睹的。

(二)违宪审查制的效用

美国联邦最高法院以“严格”的司法解释实现对宪法的“有效”监督,通过审判具体诉讼案件,发挥联邦最高法院在捍卫宪制精神方面的特殊功效。

首先,从法律效用分析,违宪审查制对于美国宪制史的发展具有重要意义。司法解释深化了联邦宪法条款的含义,补充和发展了联邦宪法的内容,强化了宪法的适应性,使这部古老的刚性成文宪法具有持久的影响力。不足之处是,就违宪审查的方式而言,它既无法对法律作普遍的原则审查,也无法受理与制定法律有关的普通公民的诉讼。换言之,违宪审查制只是一种事后救济,不能有效地预防违法的危害。

其次,从社会效用剖析,联邦最高法院行使违宪审查权所作的判例,或表现为民主进步倾向,或表现为保守反动倾向。在一定的历史和社会环境中,它对于美国社会经济的发展具有举足轻重的影响。它不仅如实地记载了美国各领域的深刻变革,而且生动地反映了各个时期阶级力量对比关系的实际变化(见表3-2)。

表3-2 合众国最高法院宣布全部或部分违宪的联邦法规

时期	首席法官	宣布违宪数/个	说明
1789—1801年	杰伊、拉特里奇、埃尔斯沃思	2	软弱而温和的法院
1801—1835年	马歇尔	—	1803年:马伯里诉麦迪逊案

续表

时期	首席法官	宣布违宪数/个	说明
1836—1864 年	坦尼	1	1857 年:司考特诉塞得福案
1864—1873 年	蔡斯	7	1870 年:法定货币案件
1874—1888 年	韦特	9	1883 年:民权案件
1888—1910 年	富勒	15	1895 年:所得税案件
1910—1921 年	怀特	10	1918 年:童工案件
1921—1930 年	塔夫脱	10	1923 年:最低工资案件
1930—1936 年	休斯	14	在这些案件中,13 件发生在 1934—1936 年
1936—1941 年	休斯	10	在 1937 年“保全了九人的及时转变”后,新政法院出现了
1941—1946 年	斯通	1	新自由主义占显著地位
1946—1953 年	文森	1	有节制的法院
1953—1969 年	沃伦	21	自由行动主义的高潮
1969—1986 年	伯格	24	注重第 1 宪法修正案、平等保护和分权
总计		125	

资料来源:Henry J. Abraham,*The Judicial Process*,Oxford University Press,1980,p. 309。

最后,从政治效用考虑,违宪审查制在相当程度上完善了联邦宪法体现的分权制衡模型,强化了司法权对于立法权和行政权的制约力,它有助于协调美国政权组织的内部关系。20 世纪以来,日趋膨胀的司法权已在事实上破坏了“三权”均势。联邦宪法在未经立法部门修改的情况下,最高法院通过行使违宪审查权,实现了政府机构的某些权力转移。以至于有人呼吁,应当对司法部门进行一次必要的“保守革命”,即以行政权或立法权制衡司法特权,恢复立法权、行政权、司法权的“恰当平衡”。

第四章　行政法

第一节　美国行政法概述

一、美国行政法的界定

建国后由于奉行“宪法至上”原则，1787 年联邦宪法成为政府的基本文件和最高法律。在某种意义上，联邦宪法条文不是告诉政府必须做什么，而是它不要做什么。政府的最大角色就是充当“守夜警察”。进入 20 世纪后，情形大变。正如托马斯·戴伊在《谁掌美国》一书中所说的：“如果说，政府的权力曾经一度受到限制的话，那个时刻早已过去。”联邦政府的权力重心移至行政之手。与之相应，学者们对行政法的认识也在一步步地深化。

早在 19 世纪末 20 世纪初，学者伍德诺率先提出行政法是独立的法律部门的观点。他吸收欧洲大陆法系的理论，认为“行政法是公法的一部分，它规定行政机关的组织和职权，并规定公民在受到行政行为侵害时的行政救济”①。

然而，当时的大多数学者还未完全摆脱英国行政法的影响。他们认为，行政法仅是关于独立的控制机构的

---

① Frank J. Goodnow, *Comparative Administrative Law; An Analysis of the Administrative Systems, National and Local, of the United States, England, France, and Germany*, Generic Publishing, 1893, p. 8-9.

法律。例如,庞德曾在一篇文章中指出:“今天流行的行政法的意义是指行政部门的准立法活动和准司法活动的法律。”①

随着“行政国”的形成,行政法的内涵和外延都在不断拓展,对行政法的界定出现了“百家争鸣”的局面。

狭义的行政法概念认为,行政法是关于行政活动的程序的法律。例如,行政法学家戴维斯认为,“行政法是关于行政管理机构的权力和活动程序的法,特别还包括关于对行政行为进行司法审理的法”②。行政法专家伯纳德·施瓦茨对此分析得更透彻:“我们所说的行政法是管理行政机关的法,而不是由行政机关制定的法。”“行政法是管理政府行政活动的部门法。它规定行政机关可以行使的权力,确定行使这些权力的原则,对受到行政行为损害者给予法律补偿。”③

广义的行政法概念则认为,行政法是公共行政的法律。它既包括程序行政法,也包括实体程序法;既包括外部行政法,也包括内部行政法。例如,斯图尔德教授认为,“行政法是规定行政机关的组织和权力的法律规则和原则,它也规定行政机关所适用的程序,确定行政决定的效力,划定法院和其他政府机关在和行政机关的关系中各自的作用。各个行政部门都有相应的实体法和程序法”④。

《布莱克法律辞典》对“行政法”下的定义是:“行政法是行政机关制定的以条例、规章、命令和决定形式出现的法的总称。”⑤

总之,从古德诺到现在一百多年间,美国行政法的定义有很大的变化。这些变化,归纳起来主要有以下三方面:

第一,考察的侧重点有所不同。早期的行政法侧重于三权分立,而当代人则从控制行政权力的不断膨胀、保护个人特别是私有者的利益免受行

---

① Cuthbert W. Pound, *Constitutional Aspects of Administrative Law*, Growth of American Administrative Law(1928).

② Kenneth C. Davis, *Administrative Law Treatise*, Wolters Kluwer Law & Business, Vol. 1, p. 3(1978).

③ [美]施瓦茨:《行政法》,徐炳译,群众出版社1986年版,第1、3页。

④ Stephen G. Breyer & Richard B. Steward, *Administrative Law and Regulatory Policy: Problems, Text, and Cases*, Wolters Kluwer Publishing, 1992, p. 3-4.

⑤ Henry Campbell Black, *Black's Law Dictionary*, 5th Edition, West Publishing, 1979, p. 43.

政行为侵害的角度解释行政法的概念和作用。前者强调政府的行政职能，后者强调对行政行为的司法审查。

第二,行政主体范围有所不同。早期的行政法其行政主体包括一切国家机关,后来又限于行政机关。当代的行政法则倾向于把行政机关囿于行政部门中专门从事公共管理活动的“管理机构”(regulative agencies)。

第三,行政法内容有所不同。当代的行政法重视程序,把行政程序作为首要的调整对象,旨在严格健全行政程序制度,避免行政侵权的发生。

二、美国行政法的法律渊源

(一)联邦宪法

联邦宪法虽未对行政组织作详细规定,但对行政机关的权力和活动有原则性的规定。这是美国行政法的最基本渊源。例如,联邦宪法中的分权原则,勾勒了行政机关与其他政府部门的关系,尤其是其第 2 条的具体规定。前 9 条宪法修正案规定的基本权利,也是行政机关权力和活动不能违背的最高原则。宪法第 14 修正案的“正当法律程序”条款更是行政法的核心依据。

(二)法律

国会的立法是美国行政法的又一重要渊源。国会立法中影响最大的是 1946 年的《联邦行政程序法》、1966 年的《情报自由法》和 1976 年的《阳光下的政府法》等法律,它们均是当代行政法的重要表现形式。

(三)行政法规(或规章)

拉丁法谚“*Delegata Potestas non Potest delegari*”(被授予之权不得再委任)[①]简称“不得授权之原则”,一向被美国推崇为重要的法治理念。然而,传统的授权理论进入 20 世纪后,从原来禁止立法机关授出任何立法权,演变为反对无限制授权的准则。联邦宪法授予国会立法权,国会制定法律授予行政机关拥有制定法规之权。它是一种从属权力,受制于国会授权法。在当代,这类行政法规层出不穷,数量上大大超过国会颁布的法律。因此,它们成为美国行政法的一大渊源。

---

① See K. C. Davis, *Administrative Law and Government*, West Publishing, 1960, p. 57.

(四)行政命令

总统作为行政首长根据联邦宪法规定的权力和国会授予的权力,可以发布命令,规定行政机关的组织、权力和活动程序。行政命令因此也成为美国行政法不可忽视的渊源之一,在具体运作中发挥着巨大作用。例如,1939年罗斯福总统颁布8248号行政命令,建立总统执行机构;1981年里根总统的12291号行政命令,规定行政机关制定法规必须送管理和预算局审查法规是否得到经济效益,是否具有行政效率。

(五)判例法

上述4种均是成文法渊源。由于美国行政法受英国判例法传统的影响,行政法更多地表现为判例法。尽管当代美国立法功能有所扩张,但判例法仍占据着重要地位。行政判例法通常表现为,法官在审判实践中通过解释宪法条文或成文法条文而确立的一些基本制度、基本概念及基本原则。这些判例法构成美国行政法不可或缺的渊源。

三、美国行政法的目的

美国联邦宪法的实质是,既授予联邦政府权力,又抑制它的权力。行政法作为动态的宪法,其最终目标就是约束联邦政府行政机关的权力。为此,行政法在具体运作中必须实现以下三大目标:

(一)公平

普通法中的"自然公正"理念深深地支配着美国行政法,尤其是在程序法中影响更甚,如行政程序法中的听证。"权力有腐化的必然趋势,绝对的权力容易绝对的腐败。"①行政权力的日益扩张,促使对行政权的法律控制被提上日程。行政法作为行政权运行的一种控制和法律监督,公平必然成为它的合理内核。例如,行政听证必须实行公开听证,这正像当代的一位法官用形象的语言所称道的那样:"阳光是最好的消毒剂,电光是最好的警察。"②听证公开是防止用专横方法进行听证的有力保障,能有效禁止行政主体滥用程序自由裁量权。

(二)正确

《联邦行政程序法》的立法宗旨,就是确保行政主体的一切活动合法合

① 董方明:《行政诉讼——民主政治的里程碑》,载《法学》1991年第5期。

② 王名扬:《美国行政法》(上册),中国法制出版社1995年版,第433页。

理，正确地执行职务，正确地实现法律的预期效果。为此，基于程序正义的要求，首先，应设立行政主体必须符合法律规定的程序；其次，行政主体行政职权运行的基本程序必须符合客观情况，具有可行性、科学性及合理性；最后，行政主体与行政相对人均必须遵守法定程序。

（三）效率

"今天的美国民众需要一个效率高而作出实际成果的政府——把事情办好的政府。"①在当代，行政职务不断增加，政府机构日趋臃肿，提高行政效率尤其重要。美国实行总统制的政府制度，当代历届总统除用行政命令规定行政机关负有注意经济效益的义务之外，还规定由管理和预算局监督行政机关的决定是否符合经济效益的要求。显见，效率是现代美国行政法的又一目标。

第二节　建国后的行政立法

一、英国法的影响

在英国普通法中，没有行政法这样一个独立的部门，也没有明确的行政法概念。英国法学家戴雪在 1885 年的《宪法研究导论》一书中声称，行政法是法国的东西，是保护官吏特权的法律。在这种制度下，支配政府和公民的关系的法律和支配公民相互间的关系的法律不一样，是两种不同的法律体系，由两种不同的法院系统管辖。前一体系给予官吏特别保护，和英国的法治原则不相容，不能在英国存在。英国的法治原则保障一切公民在法律面前平等，官吏在执行公务时没有任何特权。全国只有一个法律体系，一个法院系统。② 显而易见，戴雪认为，行政法就是行政诉讼。实际上，行政法在法国已充分发展，成为公民权利的有力保障。戴雪对行政法的片

① ［美］詹姆斯·M. 伯恩斯、［美］杰克·W. 佩尔塔森、［美］托马斯·E. 克罗宁：《美国式民主》，谭君久等译，中国社会科学出版社 1993 年版，第 1150 页。

② 参见王名扬：《英国行政法》，中国政法大学出版社 1987 年版，第 1 页。

面见解,不仅在英国影响很大,而且深深影响着建国初期的美国法学界。

在美国,“行政法往往被认为是崭新的花样,与美国制度格格不入”①。早期人们也不承认有行政法的存在。如果把行政法理解为支配行政活动的法律,那么,英美两国实际上均存在行政法。行政法和行政一样,自美国成立之时起就开始出现。1789 年第一届国会成立时,通过法律,设立行政机关,授予行政机关委任立法权力和裁决权力,这成为行政立法的最初根据。

二、建国初期美国的行政立法

建国后,美国政府奉行“自由放任”政策,尽量不干涉私人活动。因此,行政机关的职权职责均十分有限。1787 年联邦宪法为政府提供了权力运行规则。当需要国家立法干预社会时,国会往往制定详细的法律,直接设定公民的权利和义务。当法律无法得以执行并遭到破坏时,法院施加制裁以保障法律的实现。两部门均绕过行政部门执法的功能。所以,这一时期行政立法,主要是由法院的司法审查来完成的。市场加法院,或者立法加法院,是这一时期行政立法的特色。

1803 年,联邦最高法院通过马伯里诉麦迪逊案,为司法审查奠定了理论基础。司法审查不仅指法院审查国会制定的法律是否符合宪法,还包括法院审查行政机关的行为是否符合宪法及法律。在这方面,美国仍秉承英国法律传统,司法审查由普通法院执行,没有专门的法院系统,法律上也没有特别规定的诉讼程序。具体行政救济也主要采用英国的传统救济方式。

法院监督官员行为的传统救济方式主要有两种:(1)私人认为官员的行为违反普通法的义务时,在可以对私人提起诉讼的情况下,也可以对官员提起诉讼,要求损害赔偿。法院为了确定官员的赔偿责任,必须审查官员的行为是否合法。(2)法院逐渐发展一些补充的救济手段,称为特权令状(prerogative writs)。其中最主要的令状是提审状、禁止状和执行状。根据这些普通法特权状,约束官吏的违法行为。此外,衡平法对官吏违法行为又提供两种救济手段,即制止状和确认判决。

---

① [美]伯曼编:《美国法律讲话》,陈若桓译,生活·读书·新知三联书店 1988 年版,第 90 页。

美国州法院对传统的救济手段全部接受，以此约束官吏的违法行为，监督行政机关。联邦法院也有选择地采纳这些救济手段。在审理行政官员违法侵害公民权利的案件时，根据普通法原则，科处官员个人的赔偿责任，同时使用普通法上的执行状或衡平法上的制止状或确认判决，约束官员的不法行为。

总之，建国以后美国行政立法的重心是由法院按照英国普通法和衡平法的原则对行政活动进行司法审查，由此形成一些管理和监督行政机关的法则(先例)。此时行政法的渊源除宪法之外，主要是判例法。

第三节　南北战争后的行政立法

一、《州际商业法》

19 世纪 60 年代南北战争结束后，随着大企业越来越多，业务活动超越一州范围，而各州法规不一致，因而各州管理的混乱局面不可避免地产生了。尤其是西南部铁路运输业的开发出现了无法收拾的局面。在最初阶段，州政府不遗余力地对铁路公司进行调控，但铁路运输超越州界，州政府无能为力，遂要求联邦政府统一管理。1885 年，一个由伊利诺伊州参议员为首的 5 人委员会开始调查铁路客货运输情况。该委员会调查结果认为，主要问题不是铁路运费过高，而是运费不统一，遂提出一项由联邦政府在全国范围内调整铁路运费的法律草案。

1887 年 2 月 4 日，国会通过了《州际商业法》(Interstate Commerce Act)。它规定统一的铁路运费，禁止短程收费高于远程，并规定铁路公司必须公开运费表。为监督该法的实施情况，联邦政府任命一个 5 人组成的州际商业委员会(The Interstate Commerce Commission)，以协助执行这些禁令。

该委员会的基本职能是专门解决铁路规则，处理有关纠纷，保护公众利益免受铁路公司的侵害。它有权接受诉讼，检查铁路营业，查阅年度决算，并召唤证人，但无权订立运费或强迫铁路公司接受其决定。如果铁路公司拒绝接受该委员会的建议，该委员会应将案件移送联邦法院审理，由联邦法院发出禁令予以执行。显然,州际商业委员会的职权具有半立法、半行政、半司法的性质。不过,“比在1887年授予州际商业委员会直接权力更为重要的是,这个委员会本身的创建”。国会第一次建立了一个独立的管理机构,史称“独立管制机构”(independent regulatory agencies),它成为后来类似机构的榜样,也被看作美国行政法的先河。

州际商业委员会,根据规定实行“委员会”制,采用集体领导的方式,由理事会或执委会领导。该委员会的委员都是根据规定由总统任命,参议院批准。该委员会主席由总统在委员中指定,副主席由委员每年选举产生。总统罢免委员会成员必须有正当的理由,必须经过必要的程序(如预先通知、举行听证等)。

19世纪末20世纪初,不少类似的委员会,依照1887年州际商业委员会的方式得以成立和发展。其中比较重要的独立管制机构有:1913年的“联邦储备委员会”,其职能为监督美国私人银行系统、调整信用贷款量及流通资金量等;1914年的“联邦商业委员会”,其职能为进行调查和听取各种申诉,以防止贸易欺诈及不正当的商业行为。

二、《海普明法》

本法是对《州际商业法》的修正和补充。因为在州际商业委员会成立的最初时期,委员会未能发挥其实际效用。1887年《州际商业法》明文规定,司法机关须接受委员会所确认借以颁布命令的事实,但联邦最高法院予以拒绝,认为法院有权重新调查事实,作为判决的基础,而不受委员会所确认事实的拘束。州际商业委员会偶尔命令铁路公司废除某些运费规定,法院亦不予支持。案件送达法院时,法院常偏袒铁路公司,且一再作出限制该委员会权力的判决。

1901年,西奥多·罗斯福继任总统,州际商业委员会的权力才获得加强。1903年,商务与劳工部成立,部内设公司管理局,由一特派员主持,职务为监督公司业务的组织与管理。国会拨款50万美元,作为强制执行反托拉斯法和州际商业法的经费,由总检察长监督其开支。

1906年6月,通过《海普明法》(Hepburn Act),进一步扩大了州际商业委员会职权。该法由艾奥瓦州众议员海普明提出,提交参议院讨论。一开始受到以西弗吉尼亚州为首的“铁路派”议员的反对。在激烈的辩论中,西部各州的共和党人和赞成该法案的民主党少数派联合,东部各州的共和党人和民主党人则反对该案,几经妥协,最后达成共识,通过了该法案。

该法案旨在扩大州际商业委员会的权力。委员会委员人数由 5 人增至 7 人,有权订立公平合理的运费并监督铁路公司遵守,保留铁路公司可以就运费向法院提出异议的权利;并建议该委员会通令所有铁路实行统一的会计制度;禁止免费运输,规定运费的变更应在实行 30 天前公布之。

州际商业委员会的权力扩张,得到了联邦最高法院的支持。例如,在 1907 年的伊利诺伊州中央铁道公司诉州际商业委员会案,1910 年的州际商业委员会诉芝加哥、罗得岛和太平洋铁路公司案中,均裁定州际商业委员会被授予准立法权的原则有效;该委员会调查的事实应为有效,法院必须再行调查,并承认该委员会有决定铁路运费之权。

至此,州际商业委员会的广泛权力使它在管理铁路方面实际上变成了一个政府、国会和最高法院的集合体。它成为现代美国行政机关的原始模型,成为一大批联邦和州行政机关的典范。结果,有权用制定规章或作裁决的方式确定私人权利和义务的联邦和州行政机关激增。①

三、《塔克法》

随着行政机关职权的不断扩张,司法部门对行政机关的监督与控制也在不断地改进之中。传统的特令状,由于技术性强,不便于操作,不利于当事人提起诉讼,联邦法院开始逐渐抛弃它们,而以成文规定进行司法审查。司法审查形式的简化,不仅提高了司法审查的效率,而且扩大了司法审查的范围。其中表现最突出的是联邦政府侵权赔偿责任方面。这一时期,这方面的行政立法有较大突破,具体表现在如下历程:

1821 年,马歇尔大法官在科亨诉弗吉尼亚案(Cohens v. Virginia, 19 U. S. 264)的判决中,宣告美国联邦不能作为被告,从此继承了普通法上的主权豁免(sovereign immunity)原则。为此,美国公民受到损害取得赔偿的唯一方法是追诉违法官员的赔偿责任,或请求国会通过一个私法律案(a private bill),由政府赔偿。实践表明,这不是一个有效率的救济。

1855 年,国会制定《索赔法院法》(Court of Claim Act),设立一个索赔

---

① 参见[美]施瓦茨:《行政法》,徐炳译,群众出版社 1986 年版,第 17 页。

法院,以改进政府的赔偿方式。然而,最初的索赔法院只有法院的名称,没有法院的实质。因为法院无权受理行政机关侵权行为的赔偿要求。索赔法院的决定只是一个建议,没有最后处理问题的权力。

1887年,国会通过了《塔克法》(Tucker Act),旨在对1855年的《索赔法院法》作部分的修改。根据该法规定,索赔法院取得判决的权力,不服索赔法院的判决可以请求最高法院审查(现在改由联邦全国上诉法院审查)。但该法放弃的主权豁免限于非侵权行为的政府赔偿责任。它对政府的赔偿责任只是部分地改进,尚没有触动政府对侵权行为的不负赔偿责任的核心问题。

与此同时,为了适应客观情况的需要,国会开始制定一些特殊的侵权赔偿法,适用于特定的领域内的侵权赔偿。1916年制定《联邦职员赔偿法》,赔偿职员执行职务时遭受的损害。1920年的《海事诉讼法》,允许地区法院受理政府商船造成的损害赔偿,同时授权有关的部长可以协商解决赔偿问题。1922年制定的《小额赔偿法》,授权行政机关长官对于职员执行职务的过错对私人造成的损害,有权在1000美元以内给予赔偿。1930年的一个法律,授权农业部长对国有森林的管理、保护、改进对私人财产造成的损害,可以在500美元以内给予赔偿,不问职员是否有过错。①

四、沃尔特—劳根法案

20世纪20年代末,美国行政立法的重心开始转向行政程序问题:

早在1929年,阿拉斯加州参议员诺瑞斯首次向参议院提出行政程序立法的草案,史称“诺瑞斯法案”(Norris Bill)。因它有明显模仿法国行政诉讼制度痕迹,且不合美国国情而遭到反对。

1933年,参议员劳根向参议院提出设置联邦行政法院的议案。该法案在参议院委员会审查时被否决。1936年,行政特别委员会提出一项新的法案,由劳根向参议院提出,众议员席勒以同一法案向众议院提出,史称“劳根—席勒法案”(Logan-Celler Bill)。由于它们仍然坚持设置行政法院,被认为违背美国的宪制传统而未获国会通过。

1937年,联邦行政管理委员会提出行政执行和审判应当完全分立,行

---

① 参见王名扬:《美国行政法》(下册),中国法制出版社1995年版,第737页。

政裁决应由独立的司法部门进行审查的建议。受此观点的影响,1938 年,"劳根—席勒法案"修改后又分别向参众两院提出。它放弃设立行政法院的主张,提出将行政程序标准化以及扩大普通法院对行政行为的审查。1939 年 7 月,参议院通过复议。与此同时,众议员沃尔特向众议院提出了与"劳根—席勒法案"大致相同的行政程序改革法案,史称"沃尔特—劳根法案"(Walter-Logan Bill)。

该法案共有 7 条,分别为"界说"、"补充的行政法规"、"对法规的司法审查"、"行政委员会的法定权力及其办事程序"、"行政裁决的司法审查"、"损害赔偿之法院管理"和"例外及保留"等。法案内容包括行政立法程序、行政司法程序等。这意味着美国纯粹的司法程序已移至行政行为。

1940 年,该法案经参众两院通过后,送罗斯福总统签署公布。此前,罗斯福总统于 1937 年 7 月 2 日命令司法部部长任命 6 位大学教授、2 名法官和 3 名律师,组成一个行政程序委员会,自行研究行政法方面的程序改革。所以,罗斯福总统主张,要等该委员会提出报告后再决定是否签署"沃尔特—劳根法案"。法案被退回众议院复议。众议院支持总统的态度,法案最终被否决。

行政程序委员会,在调查研究过程中,对行政程序认识上存有歧义,逐步形成了两派意见,写出了"多数派报告"和"少数派报告"各一份,提交国会讨论。

多数派报告的主要内容是:(1)设立行政程序局,继续研究行政程序的改革,同时进行小范围的改革;(2)由行政程序局任命听证官,建立独立的听证官制度;(3)要求行政机关公开其组织、程序、政策及决定;(4)保证当事人听证权和提出证据的权利;(5)行政机关有权作宣言性决定。

少数派报告的主要内容是:(1)设立行政程序局,继续研究行政程序的改革;(2)行政机关制定法规,须先经过特定的听证程序;(3)行政法规可用于机关组织、政策解释,亦可用于本法任何阶段,如有当事人提出要求宣示判决的请求,即可加以司法审查;(4)在行政裁决的程序中,通知和听证手续必不可少;(5)授予任何利害关系人有请求司法审查的权利。

1941 年太平洋战争爆发,行政立法的工作被迫中断。提交国会的两份报告,未能被及时讨论,但它们的草拟已为以后制定行政程序法奠定了实践基础。

第四节　第二次世界大战后的行政立法

一、《联邦行政程序法》

《联邦行政程序法》(Administrative Procedure Act,APA)是世界上第一部完整的行政程序成文法典,也是美国行政法发展史上的一个重要的里程碑。

如前所述,第二次世界大战前,美国已在行政程序立法方面作了有意识的探索。1945 年 1 月,参议院司法委员会主席麦卡兰参议员又向参议院提出一项行政程序立法草案。同年,众议院司法委员会主席沙姆纳以同一草案向众议院提出,史称“麦卡兰—沙姆纳法案”。该法案获得一致好评,不久便在参众两院获得通过,杜鲁门总统于 1946 年 3 月 12 日正式签署公布,这就是 1946 年《联邦行政程序法》。

该法旨在解决如下问题:(1)如何制定行政法规?(2)如何确保行政裁决的公平?(3)如何限制制裁?(4)如何进行司法审查?(5)如何保障听证官独立?

该法条文共 12 条,内容编排紧凑,大致可归纳为 5 大部分:

第一部分,一般形式规定。

这部分涉及法规名称、法律术语的解释,如“机关”、“人”、“当事人”、“规章”、“制定规章”、“裁决令”、“裁判”、“许可证”、“核发许可证”、“制裁”、“救济”、“机关诉讼”、“机关行为”及“单方面通告”等 14 项。以法律条文形式对这些法律术语进行立法性解释,有效地克服了执法过程中因对法律术语理解不一而导致的困难。

第二部分,行政机关与行政相对人的关系。

这部分包括规章的公布、意见及命令的公告、记录的公布等。例如,为保证行政相对人尤其是公民能积极地参与行政活动,本法要求行政机关必须将规章和有关说明事项公布在《联邦登记》(Federal Register)上,否则,“不得以任何方式强迫任何人服从应该公布在《联邦登记》而未公布的任何文件，也不应使其受此种文件的不利影响，除非他在实际上已及时地得知了此文件的内容”①。同时，公民有权获得法律规定的有关情报资料，行政机关必须无条件地提供。

第三部分，各种行政行为的程序。

这部分规定行政规章制定程序、行政裁决程序以及其他事项的程序等内容。例如规章的制定，本法规定行政机关制定规章时应将规章以通告的形式予以公布，其通告内容具体包括：(1)说明制定公共规章的会议时间、地点和性质；(2)指出拟制定之规章的法律依据；(3)拟定规章的条款或说明拟定规章的主要内容及其所涉及的主题和问题。但解释性的规章和行政机关认为通告违背公共利益等可以除外。本法规定行政机关发布通告以后，应为利害关系人提供书面资料、书面意见、进行口头辩论或提交书面辩词等提供机会，保证利害关系人参与规章的制定。又如行政裁决，本法规定行政机关在进行裁决时应当及时通知有权得到机关审讯通知的人，告知下列事项：(1)审讯的时间、地点和性质；(2)举行审讯的法律根据和管辖权；(3)审讯所要涉及的事实和法律问题。行政机关应当为所有利害关系人提供研究各种事实、论据、解决办法的机会。

第四部分，听证及裁定。

这部分概括听证的主持、证据的提出、记录的做成、初审裁定及最终裁定等细节问题。比如，规定主持听证的官员应是：(1)机关；(2)构成机关的一个或几个成员；(3)根据本编第3105节规定任命的一个或几个听证审查官(1972年改称“行政法法官”)。本法规定，“除法律另有规定外，法规或裁定的提议人应负举证的责任”。“当事人有权以口头的或书面的证据提出他的案件或进行辩护，也有权提出反证，并且为了弄清全部事实的真相，也可以进行质证。”②本法还规定，如果机关没有主持接收证据，主持人应对案件作出初审裁定，在规章规定时间内，当事人未向该机关提出上诉，该机关亦未主动提出复议的，此初审裁定即为机关裁定。机关在受理当事人对初审裁定提出的上诉或在复议初审裁定时，拥有初审裁定所有的一切权力；除非机关在通知中或在法规中，限制可受理的争议问题时例外。

① Administrative Procedure Act in 1946, 5 U.S.C.A. § 552(a).

② Administrative Procedure Act in 1946, 5 U.S.C.A. §556(d).

第五部分,司法审查。

这部分大体上有关于审查的原因、审查的方式、审查的范围、临时救济及行政法官等规定。例如,本法规定,因机关行为其合法权利受到侵害的人,或受到在有关法律规定内的机关行为的不利影响或损害的人,均有权诉诸司法审查。可以受司法审查的行为是指法律规定可以受司法审查的机关行为和在法院不能得到充分补救的机关最终确定的行为,审查法院有权强制机关履行非法拒绝履行的或不当延误的机关行为。例如,审查法院认为机关的行为、裁决、结论具有如下情形的,可以宣布撤销:(1)独断专横、反复无常、滥用自由裁量权或其他不合法的行为;(2)同宪法规定的权利、权力、特权与豁免权相抵触;(3)超越法律规定的管辖范围、权力和限度,缺少法律规定的权利;(4)没有遵守法定程序;等等。此外,本法还规定,行政法官由行政机关根据需要而任命。行政法官应尽可能轮流审案。他们不得从事与行政法官职责不相称的行为,否则,将受到相应的处分。

《联邦行政程序法》的颁布为行政机关规定了一个最低的程序要求,从而统一了联邦政府的行政程序。

然而,《联邦行政程序法》在具体实施中逐渐出现条文与运作脱节的现象。1955 年第二届胡佛委员会一个报告首次披露,由于正式行政裁决程序迟缓、费时、费钱,有些行政机关并未真正执行《联邦行政程序法》的有关规定。例如,该法规定,应用制定法规的程序宣布机关的政策,但有些机关喜欢采用行政裁决方式宣布机关的政策。为此,他们建议成立行政法庭,取消行政机关的司法裁决权力。

1964 年国会制定了《行政会议法》(Administrative Conference Act),据此建立了一个独立的研究机构——美国行政会议(Administrative Conference of the United States),它的主要任务就是负责提供改革行政程序的方案,以期实现真正公平和有效率的行政,重塑行政机关的威信。

1967 年、1974 年、1976 年、1977 年、1988 年,美国分别对《联邦行政程序法》作了重大修订,修订的宗旨是实现行政公开原则,弥补程序限制和司法审查的不足。这一系列修订活动构成美国行政立法一大特色。《联邦行政程序法》因此在美国行政法中发挥着重要作用。

二、《联邦侵权行为赔偿法》

第二次世界大战后，国家行政赔偿责任制度无论在理论上还是在立法实践中都进入了比较成熟的阶段。经过 1921 年、1940 年、1942 年三次立法失败后，1946 年国会颁布了《联邦侵权行为赔偿法》(Federal Tort Claims Act)。它是政府赔偿普遍适用的法律，也是政府损害赔偿的中心环节。故而，它成为美国立法改革的又一重要举措。

本法的立法宗旨是减轻国会负担，改进立法工作，并对由于官员执行职务的过错而受害的人提供公正的补救途径。① 其内容要点如下：

1. 规定行政机关处理赔偿问题的权限。

例如，行政机关首脑或其指定人根据司法部部长制定的条例处理政府侵权赔偿问题。

2. 规定行政赔偿的程序。

这包括提出赔偿请求、赔偿数额确定原则、提供证据、协商解决、行政机关的决定、申请复议及支付赔偿等多项内容。

3. 规定政府侵权赔偿的诉讼。

这涉及法院的管辖权和当事人、诉讼的原因和适用的法律、审判前的和解、赔偿的范围以及判决的执行和效果等。

4. 规定不适用联邦侵权行为赔偿法的情况(又称例外情况)。

列举 14 种例外，大致可分为三类：一是政府行使自由裁量权的例外；二是官员故意侵权行为的例外；三是《联邦侵权行为赔偿法》指出的特定领域中，其他法律已经规定补救手段，不适用《联邦侵权行为赔偿法》的例外。

1948 年，本法被分别编入《美国法典》第 28 篇部分章节条款中。其中最为精彩的条款是 § 1346(b) United States as Defendant，即具体规定原告依照《联邦侵权行为赔偿法》起诉，请求国家赔偿，必须具备的法定条件。②

这些条件分别是：(1)原告的请求只能是金钱赔偿；(2)损害是关于财产的损坏或丧失，或者人身的损伤或死亡；(3)损失由过失的或不法的行为

---

① 参见王名扬：《美国行政法》(下册)，中国法制出版社 1995 年版，第 741 页。

② See Jerry L. Mashaw, Peter M. Shane & Richard A. Merrill, *Administrative Law, the American Public Law System, Case and Materials*, 2nd Edition, West Publishing, 1985, p. 791.

或不作为所引起;(4)过失的或不法的行为或不作为者是联邦政府职员;(5)在该职员职务范围内的行为或不作为;(6)美国作为当事人时,依照行为或不作为发生地法必须负责。

显见,《联邦侵权行为赔偿法》是对第二次世界大战前《塔克法》、特别侵权赔偿法的继承和发展。它主要是以司法程序代替过去的立法程序和行政程序。行政程序只是一个次要的程序,当事人可以直接向法院起诉。

为了减轻法院受理的政府赔偿案负担,缩短赔偿案件的解决时间。1966 年,国会修改了《联邦侵权行为赔偿法》,规定履行行政赔偿程序是法院取得管辖权的前提。从此,处理政府侵权赔偿的重心移至行政机关,行政机关的权力得到扩张。1977 年,再次修改本法,旨在扩大政府的赔偿责任,包括执法官员某些故意行为造成的损害,但不包括其他官员故意的侵权行为。1988 年,又一次修改本法,规定美国代替官员的赔偿责任,成为官员执行职务时侵权赔偿的唯一被告。

三、《情报自由法》

《情报自由法》(Freedom of Information Act,FOIA)是当代美国行政法中有关公民了解权(the right to know)的一项重要法律制度。它第一次在成文法中保障了私人取得政府文件的权利,这在美国历史上是一次革命,在世界行政的发展史上也是一个重要的里程碑。

政府文件的公开和保密,一向是个难以决定的问题。早期的《管家法》(Housekeeping Act)授权行政机关长官控制其所主管机关的文件的散布,这个传统一直延续到当代。首先冲击传统制度企图保障私人了解行政文件的立法,是 1946 年的《联邦行政程序法》。但由于这个法律没有规定救济手段,它很难触动传统的痼疾。

行政机关仍大量拒绝公众对于得到政府文件的要求。1955 年以来,国会经过多次听证后,认识到修改 1946 年《联邦行政程序法》的重要性。1966 年,国会制定《情报自由法》,替代《联邦行政程序法》第 3 节的规定。1967 年 7 月 4 日,该法开始实施。

约翰逊总统在 1966 年 7 月 4 日签署该法时发表的声明中宣称:“该立法的基础是确信当人民在不损害国家安全的范围内获得各种情报时,民主主义才能更好地发挥作用。任何人不得对在不损害公共利益情况下发表意见的周围放下保密之幕。"①该法的主要宗旨是公开行政程序,供新闻界及公众检查,以此实现两大目的:强化民主政治和防止行政腐败。其主要内容为:

(1)要求政府机构将指定的情报公布在《联邦登记》上,使公众可以利用这些情报。

(2)政府机构应当依照已经公布的规则,使下列事项可供公众查阅和复制加以利用:在裁决案件中作出的最终意见,包括赞同的或者异议的意见以及命令;该政府机构已经通过而《联邦登记》尚未予以公布的政策声明和解释;对公众有影响的行政工作人员手册和对工作人员的训令等。

(3)规定各政府机构在有档案文件副本的情况下,如果有任何公民要求查阅应立即提供,并授予地方法院强制实施的权力。

(4)规定不能公开的9大事项。例如,有关国防或者外交政策以及归入机密类的事项等。除此之外,一切政府文件必须对公众公开,允许公众按照行政机关规定的程序得到政府文件。

可见,《情报自由法》是美国行政立法的一大重要发展。但是要真正实现该法预定的目标,促进政府文件彻底公开,保障公民的了解权尽量扩大,仍存在不少障碍。由于这部法律的某些规定不够明确,行政机关利用该法同时包含必须公开的信息和免除公开的信息,拒绝提供全部文件。行政机关在按法律规定必须提供文件的情况下,也往往采取拖延手法,以致申请人获得的文件早已失去利用的价值。为此,1974年、1976年、1986年,国会对《情报自由法》进行了几次补充修改。其中,第一次修改是最大的,主要针对程序方面作了如下的补充:

(1)规定行政机关对公众请求回复的期限;

(2)规定法院对行政机关主张保密的文件可以秘密审查,决定是否可以公开;

(3)规定行政机关对于可以公开的信息和免除公开的信息被同时规定在一个文件中,在删除不公开的部分以后,应公开其余部分;

(4)规定公众对行政机关拒绝提供文件提起诉讼,法院在判决公众胜

---

① Jacob A. Stein, Jules Gratf & Basil J. Mezines, *Administrative Law*, Mathew Bender, Vol. 2, p. 100(1991).

诉时,可以判决政府承担诉讼费用;

(5)规定对违法拒绝提供文件的官员应予以行政处分;

(6)规定机关内部各单位的收费标准必须一致。

1976年的修改,则是增加情报自由第3项免除公开必须具备的条件,限制其他法律中规定不公开的文件,能够适用于《情报自由法》。

1986年的修改,对收费标准作了一些变更,同时增加一款,规定政府对非常敏感的文件,不仅可以不公开,甚至可以回避承认它的存在。但只适用于违反刑法、涉及国际间谍和反间谍的事项,以及恐怖主义的活动,而且只在一定的条件之下。①

20世纪90年代以后,《情报自由法》又分别于1996年、2002年、2007年、2010年和2016年经历了几次补充修改。

1996年,国会通过了《电子信息自由修正法案》(Electronic Freedom of Information Act Amendments),对《情报自由法》进行补充修改。此次修改旨在改善公众获取机构记录和信息的渠道,确保行政机关遵守法定时限公开信息,最大限度地利用联邦政府收集、维护、使用、保留和传播的行政机关记录和信息。此次修改的内容涉及电子格式信息要求的应用、实现以电子格式和记录索引提供信息、确保行政机关及时响应请求的规定、行政机关审议请求的时间段、计算机编辑的相关规定、需向国会报告的事项等。②根据该法案的规定,所有机构都必须按照法规要求,以电子方式提供该机构于1996年11月1日或之后创建的某些类型的记录;法案还规定各机构必须提供电子阅览室,供公民使用,以便查阅记录。鉴于大量记录和资源有限,修正案还延长了各机构对《情报自由法》要求的响应时间。以前,响应时间为10天,修正案将其延长至20个工作日。

2002年,国会通过了《情报授权法案》(The Intelligence Authorization Act),再次对《情报自由法》进行修正。该法案包括10个部分,主要涉及情报活动、中央情报局退休和残疾系统、中央情报局待遇上的特殊规定、美国全国恐怖袭击委员会、情报共享、美国情报界国家研究与发展计划审查委

---

① 参见王名扬:《美国行政法》(下册),中国法制出版社1995年版,第958~959页。

② See Electronic Freedom of Information Amendments of 1996, U. S. Congressional Serial Set,1996, p. 1-5.

员会等。其对《情报自由法》的修正体现在其总则部分第 312 款的规定，即"禁止遵守外国政府提交的信息请求"。根据该项规定，隶属于情报系统的行政机关和行政机关的部门，不得将本段规定的任何记录提供给除美国的州、领土、联邦或特区或其任何分部外的任何政府实体以及条款中所界定的政府实体的代表。① 根据该法案，对于任何本质上似乎是由非美国政府实体或代表非美国政府实体提出的《情报自由法》请求，相关机构可以调查请求人的特殊情况，以便正确实施新的《情报自由法》条款。

2007 年，国会又通过了《开放促进我国国家政府效率法案》（The Openness Promotes Effectiveness in our National Government Act）以对《情报自由法》进行修订。因其前几个首字母缩写为 OPEN，故又称《公开政府法案》（OPEN Government Act）。《公开政府法案》共 12 条，旨在确立"新闻媒体代表"的定义，禁止评估未能遵守《情报自由法》规定的最后期限的机构的相关费用，在国家档案和记录管理局设立政府信息服务办公室（Office of Government Information Services，OGIS），审查机构是否遵守《情报自由法》。该法案的主要内容包括对新闻媒体业务费用的保护、对机构任意和反复无常拒绝请求的纪律处分、对行政机构应请求采取行动的时限的调整、请求和状态信息的个性化跟踪编号、对报道的相关要求、联邦新闻署、与信息自由法有关的人事政策报告、描述删除根据《情报自由法》授权豁免提供的材料的要求等。该法案对《情报自由法》的修改补充主要包括：明确承认电子媒体，并将"新闻媒体"定义为"任何收集公众潜在兴趣信息、利用其编辑技能将原材料转化为独特作品并将该作品分发给观众的个人或实体"；通过允许行政机构的信息自由法办公室和行政机构的组成部门之间可以保留记录最多 10 天的规定，延长了行政机构 20 个工作日响应时间的法定期限的规定，并特别允许信息自由法办公室澄清请求；要求每个行政机构指定一个情报自由法公共联络人，负责协助解决任何争端；要求各机构将跟踪号码分配给耗时超过 10 天的基于《情报自由法》的申请，并提供确定请求状态的系统；要求每个行政机构为《情报自由法》计划编纂和定义年度报告；明确定义了用于生成报告的数据源，并要求应以电子方式提供其报告中使用的原始统计数据；重新定义了行政机构"记录"的内涵，将政府承包

---

① See The Intelligence Authorization Act of 2002, PL 107-306, 116 Stat. 2383.

商为行政机构保存的信息纳入其中;专门设立了政府信息服务办公室,负责提供调解服务,作为诉讼的非排他性替代方案以解决纠纷;要求各行政机构提出与《情报自由法》有关的人事问题的建议,如《情报自由法》的业绩是否应作为一个优先因素;要求各行政机构对披露文件中的每一项删除或修订制定具体的豁免规定。①

2010 年,国会对《情报自由法》提出了新要求,如探索信息公开的新方式从而降低延迟,以及限制联邦的行政机构使用信息公开的豁免。

2016 年 6 月 30 日,时任美国总统奥巴马签署了《情报自由法改进法案》,再度对《情报自由法》进行补充修改。该法案解决了一系列程序问题,包括要求各机构至少设立 90 天的时间,以便请求者提出行政上诉,并要求他们在《情报自由法》实施过程中的不同时间提供争议解决服务。该法案还编纂了司法部的"可预见伤害"标准,建立了一个新的"情报自由法委员会",并在行政机构年度情报自由法报告中添加了两个新要素。《情报自由法改进法案》共 6 条,其中第 2 条是该法案的主要部分,其包括以下几方面的内容:

(1)主动披露:根据《情报自由法改进法案》,各行政机构被要求"以电子形式提供公众检查",并需要提供 3 次或更多次的记录。②

(2)信息披露的要求:只有当行政机构合理预见披露会损害受豁免保护的利益或法律禁止披露时,行政机构才应根据《情报自由法》隐瞒信息;各行政机构应考虑,当行政机构确定不可能完全披露所要求的记录时,是否可能部分披露信息;各行政机构应采取必要的合理措施隔离和发布非豁免信息;法案不要求披露法律禁止披露的信息,或根据豁免 3 豁免披露的信息。③

(3)处理请求信息公开程序的变更:每当行政机构将时限延长超过 10 个额外工作日,必须在向请求人发出书面通知时,通知请求人有权向政府信息服务办公室寻求争议解决服务;当行政机构确定处理请求有法律规定的异常情况,并及时向请求人发出书面通知时,可以免除额外 10 天延迟的

---

① See Openness Promotes Effectiveness in Our National Government Act of 2007, Pub. L. 110-175, 121 Stat 2524.

② See FOIA Improvement Act of 2016, Pub. L. 114-185, 130 Stat. 538.

③ See FOIA Improvement Act of 2016, Pub. L. 114-185, 130 Stat. 538.

规定;如果行政机构未能遵守延长的期限,则不得收取搜索费用(或对于具有费用优惠状态的请求者,不得收取复制费用);当行政机构对请求作出决定时,它们必须提供其信息自由法公共联络服务,并且必须将政府信息服务办公室提供的服务通知请求者,它们还必须允许请求人在 90 天内提出行政上诉。①

(4)规定了《情报自由法》主要官员(chief FOIA officers)的新职责:包括向行政机构工作人员提供有关其《情报自由法》职责的培训;担任政府信息服务办公室和信息政策办公室的主要联络人;至少每年审查一次其所在行政机构对《情报自由法》有关的所有方面的行政工作,以确保其符合《情报自由法》的要求。②

(5)设立首席情报自由法官员委员会,作为一个跨机构和请求者团体合作的论坛,探索改进《情报自由法》实施的创新方法。其主要职责有:提出在《情报自由法》之下提高遵守力度和效率的建议;向行政机构传播与《情报自由法》有关的经验、做法、典型范例和创新方法;确定、制定和协调提高透明度和遵守《情报自由法》的举措;推动制定和使用《情报自由法》中的"机构合规通用绩效措施"。③

(6)对《情报自由法》年度报告的新规定:《情报自由法》年度报告必须包括两个新要素,即《情报自由法》有关条款下"机构拒绝记录请求"的次数和根据《情报自由法》相关规定以电子格式提供给公众查阅的记录数量。④

(7)行政机构的《情报自由法》参考指南应以电子格式提供。⑤

(8)调整了司法部关于《情报自由法》的诉讼与合规报告的规定。⑥

(9)对政府信息服务办公室的职责进行了修订,并设立了新的报告义务:政府信息服务办公室应根据《情报自由法》确定程序和方法以加强《情报自由法》的遵守力度;在提供调解服务时,政府信息服务办公室可自行或

① See FOIA Improvement Act of 2016, Pub. L. 114-185, 130 Stat. 538.

② See FOIA Improvement Act of 2016, Pub. L. 114-185, 130 Stat. 538.

③ See FOIA Improvement Act of 2016, Pub. L. 114-185, 130 Stat. 538.

④ See FOIA Improvement Act of 2016, Pub. L. 114-185, 130 Stat. 538.

⑤ See FOIA Improvement Act of 2016, Pub. L. 114-185, 130 Stat. 538.

⑥ See FOIA Improvement Act of 2016, Pub. L. 114-185, 130 Stat. 538.

应争议任何一方的请求发表咨询意见;政府信息服务办公室每年至少应向国会和总统提交一次对行政机构政策、程序和遵守力度审查结果的报告,政府信息服务办公室调解服务的摘要和改善《情报自由法》的立法和监管建议,并以电子方式向公众提供。①

(10)创建统一的在线请求入口。②

四、《联邦咨询委员会法》

《联邦咨询委员会法》(Federal Advisory Committee Act,FACA)是一个关于联邦政府行政机关的组织和活动的法律。它与《情报自由法》一样继续贯彻行政公开原则,以增进行政机关的利用效率。

自第一届总统华盛顿开始,就形成一个传统:行政机关广泛征求政府以外人士的意见。第二次世界大战前,咨询委员会的数目有限,但第二次世界大战结束后,由于行政机关的数量剧增,行政决定的技术性提高,以及行政民主趋势和公民参与行政活动趋势的发展,咨询委员会的数目和影响大为扩张。然而,对咨询委员会缺乏有效的管理和监督。为此,20 世纪 60 年代,肯尼迪政府发布命令,要求行政机关加强对咨询委员会的监督。1972 年,国会制定《联邦咨询委员会法》,对联邦政府的咨询委员会作出统一的规定。该法的内容要点为:

(1)规定咨询委员会的意义。咨询委员会是指国会法律设立的,或美国总统设立或利用的,或联邦行政机关设立或利用的,向总统或联邦行政机关或联邦官员提供建议或意见的委员会或类似的团体,以及该委员会或团体的分支机关。该法还列举非咨询委员会的几种委员会不受其支配。

(2)规定咨询委员会的设立和监督。咨询委员会由国会制定法律设立,或者由总统或行政机关决定设立。除由国会或总统决定设立的咨询委员会外,行政机关设立咨询委员会时,必须首先和联邦总务行政局(General Service Administration)协商。咨询委员会的存在和活动受行政机关长官、总务行政局、总统和国会的监督。

(3)规定会议和文件必须公开。会议召集之前,必须在适当的时间前

---

① See FOIA Improvement Act of 2016, Pub. L. 114-185,130 Stat. 538.

② See FOIA Improvement Act of 2016, Pub. L. 114-185,130 Stat. 538.

在《联邦登记》上宣告。公民有权出席会议旁听。会议中委员会必须制作详细的会议记录、报告、草案等。公民有权查阅这些文件,并依法获得文件的复制品。

五、《隐私法》

《隐私法》(Privacy Act)是规定行政机关对个人信息的收集、利用和传播必须遵守的规则的法律,属于行政公开法律的范畴。它第一次全面地、系统地保障了个人隐私权。

个人隐私权和公民了解权是休戚相关的。没有公众的了解权,公民无法监督政府;没有个人的隐私权,公众就失去自由。二者是民主政治的基础。因此,国会在制定《情报自由法》后,于1974年又制定了《隐私法》。前者规定政府全部记录的公开和秘密,注重保护公民的了解权。后者则规定个人记录的公开和秘密,侧重于保护个人的隐私权。该法于1975年9月正式实施。该法的主要内容为:

(1)规定个人取得和要求修改自己记录的权利。个人对自己记录的公开有同意权,而且个人对自己的记录有观看和取得复制品的权利。个人认为记录的记载不正确或不完备或不及时的,可以请求制作记录的行政机关修改。

(2)规定公正的处理信息的规则。这包括行政机关在收集、保存和传播个人信息时必须遵守的规则,如行政机关收集信息时,必须在记载信息的表格上或在其他可由个人保留的文件上,对提供信息的人依法说明有关事项。行政机关建立或修改个人记录系统时,必须在《联邦登记》上正式公布。行政机关对其他人传播个人的记录时,必须对接受记录的人合理地保证,被传播的记录就其适用于行政机关的目的而言,是正确的、及时的和完备的。

(3)规定例外的情况和免除适用本法的情况。在一定条件下,掌握个人记录的行政机关,对被记录的个人可以免除公开的义务,可以不提供他所要求的记录,不进行他所要求的修改,或者免除法律规定的某种义务或要求。这种免除包括普遍免除和特定免除两类。两者适用相同的程序,但适用对象不同。普遍免除只能限于中央情报局和以执行刑罚为主要职务的机关,如联邦调查局等。特定免除不限制适用的机关,但只能适用于行政机关记录系统中7种关于个人的记录。①

(4)规定具体法律责任。该法特别强调司法救济中被告只能是行政机关,不能是行政官员。其救济只限于该法规定的救济手段。其一,民事救济适用条件:不服行政机关拒绝修改自己的记录;不服行政机关拒绝提供自己的记录;由于行政机关保持不正确的记录,个人因此受到损害,请求赔偿;由于行政机关其他违反《隐私法》的行为,个人受到损害,请求赔偿。其二,刑罚制裁适用情形:不合法地公开个人记录;未履行在《联邦登记》上公布的义务;利用虚伪的陈述取得个人的记录。

该法实施后经过多次修改。其中比较重要的两次修改是1984年的修改和1988年的修改。

1984年的修改,明确了《隐私法》与《情报自由法》的关系。因为两部法律在适用中出现互相矛盾的现象。矛盾的焦点在于两部法律都有免除公开的规定。这次修改确定,一部法律中免除公开的规定,不能适用于另一部法律,二者在一般情况下必须分别适用。

1988年的修改,主要是制定了《电脑匹配和隐私权保护法》(The Computer Matching and Privacy Protection Act),规定行政机关对个人信息进行电脑匹配所必须遵守的程序,以保护个人的隐私权,同时也兼顾行政机关对个人信息进行电脑匹配的需要。此法并入1974年制定的《隐私法》,成为该法的组成部分。

六、《阳光下的政府法》

1976年的《阳光下的政府法》(Government in the Sunshine Act)是规定合议制行政机关的会议必须公开举行的法律。它与《情报自由法》是姊妹篇,是20世纪70年代美国行政改革的又一重要立法。其内容要点如下:

第1款,界定本法适用对象的几个基本概念。其包括行政机关、会议、机关成员的意义。例如,本法规定:"行政机关是指……任何以两个或两个以上的成员为首的集体领导的行政机关,其中多数成员由总统经参议院的同意而任命担任该项职务,以及被授权代表该机关进行活动的任何分支机关。""会议是指领导成员达到最低限度的人数,能够代表行政机关采取行

① See Privacy Act, 5 U. S. C. § 552a(j)-(k).

动的讨论。在讨论中决定或者产生共同的行动或者处理机关的正式事务。”“委员会的成员是指委员会的集体领导集团中的任何个人,包括其他机关人员以其职务而当然参加委员会的人在内。”①

第2款,规定公开举行会议的要求。合议制行政机关举行会议必须符合《阳光下的政府法》的规定,一切会议除符合该法规定的免除公开举行的条件以外,必须公开举行,允许公众观察。

第3款,规定免除公开举行的会议或部分会议,以及公开的会议或部分会议的信息如果公开发表,可能暴露不公开的会议时,行政机关可以决定不公开发布的信息。免除公开的规定不具强制性质。行政机关认为公开的会议更符合公共利益时,可以不受免除公开的限制。

第4款,规定不公开会议的种类和举行不公开会议的程序。合议制行政机关举行不公开的会议必须具备前款规定的免除会议公开的10项理由中的任一项理由,同时必须符合相当复杂的一般程序。例如,其程序必须由一个委员提出,必须由全体委员多数通过,必须在决定举行不公开的会议后的一天之内将机关的决定予以公布。此外,还规定举行不公开会议的迅速程序(expedited closing procedure)。

第5款,规定宣布举行会议的程序。每次举行会议时,合议制行政机关应在一星期前发出举行会议的通告。特殊情况下,合议制行政机关必须紧急讨论某一问题时,可以规定依照法定程序缩短一星期的宣告期间。

第6款,规定不公开举行会议必须具备法律顾问出具的书面证明,制作会议的实况记录或会议摘要记录的职责,以及对公众提供可以公开的会议情况记录的职责。

第7款和第8款,规定法院对行政机关为执行本法而制定的法规或采取的决定的司法审查。这包括两种有关的诉讼:一是不服合议制行政机关为执行本法而制定的行政法规,请求法院审查该法规的合法性;二是请求法院审查合议制行政机关的某个具体的行政处理是否违反本法的规定。两类诉讼的管辖法院有所不同。前一种诉讼的管辖法院只能是哥伦比亚特区的地区法院和上诉法院。

第9款,规定诉讼费用。

---

① Government in the Sunshine Act,5 U.S.C.A. § 552b(a).

第10款,规定国会的监督。

第11款,规定本法与《情报自由法》的关系。

总之,《阳光下的政府法》设定行政公开的预期目标,如实地反映了当代美国行政立法的理论基础。行政公开,也正是当代美国行政法制建设的特点。公开是民众监督行政的一种手段,是公平、正确、效率的一种保障。因此,行政公开仍是未来美国行政立法的实现目标。

第五节　美国行政法的特点

美国学者认为,根据法治与民主的原则,行政法的实质是"管理者之法"。行政机关及行政人员的活动受法律支配,但究竟受何种法律精神支配,由何种法律手段救济,这构成一国行政法的基本特征。在这方面,美国行政法突出表现为:

一、美国不设立独立的行政法院

美国行政法的最大特点是,行政决定是否有效由普通法院而非专门法院裁定。在美国,司法审查是美国行政法的核心问题。它不仅包括法院审查国会制定的法律是否符合宪法,还包括法院审查行政机关的行为是否符合宪法及法律。这两种审查均由普通法院执行,在法律没有特别规定时适用一般的诉讼程序。

这一特点与欧洲大陆国家的行政法院大相径庭。例如,法国行政法就有一个独立完备的行政法院体系,而美国则继承了英国的法律传统。英国在资产阶级革命中,议会与普通法院法官联盟大获全胜,国王为巩固专制权力而设置的特别法院被取消,全英除衡平法院外只有单一的普通法院系统,受理人民相互间和由行政活动而产生的一切诉讼。行政诉讼基本上由普通法院管辖作为一种传统,被新生的美国借鉴并吸收,成为英美行政法的共同特征。

二、美国行政救济设立专门的程序法

美国的行政救济制度基本上承袭了英国的司法审查制度。但它比英

国先进之处在于，美国有一部完整而成文的程序法，即《联邦行政程序法》，用以统一调整行政诉讼[①]（司法审查）程序，救济受行政行为侵害的公民。此外，美国的《情报自由法》、《隐私法》及《阳光下的政府法》等一系列法律也努力实现行政公开，为美国行政救济制度提供更为完善的操作规则。故而，美国行政法最基本的特征是行政救济设有专门程序法律。

三、美国行政法不构成一个特殊的法律体系

"美国行政法基本上是混乱的、盲目发展的，只是在大萧条之后，行政法才以不可抗拒的势头向前发展。新政措施是通过行政机构的中介作用才得以贯彻执行的。"[②]行政法的发展历程决定了美国行政法的特征。美国行政法规定的详细规则侧重于调整行政机关及其行政人员与公民的法律关系，但这些规则是普通法规则。例如，行政机关（政府）官员在执行职务时如果超越权力范围侵害了公民的权利，他所负的责任与一位公民超越了自己的权利范围侵害其他公民权利一样，适用一般的法律。只有在法律有特殊规定时，才适用特别的法律。因而，美国行政法很难构成一个有别于一般法的法律体系。这方面与大陆法系行政法又迥然相异。例如，法国的行政司法传统是根据行政的需要而适用与一般私人关系不同的法律。支配行政机关和公民之间的关系的法律被称为公法。它有别于支配公民相互间的关系的法律，即私法。行政法是公法。行政机关与公民之间的关系，如果没有法律特别规定必须适用一般法律，就适用行政法。显见，在大陆法系中适用行政法是原则，适用一般法律是例外，行政法由此成为一门独立的法律部门。而在美国行政法中其法律地位虽获得司法确认，但因无公法与私法的严格界定，行政法通常适用一般的法律规则。司法中适用特别的法律是例外，适用一般的法律是原则。美国行政法不是一个特殊的法律体系。

---

① 美国的行政诉讼，非我国行政法意义上的行政诉讼，《联邦行政程序法》第 701 ~ 706 页未规定的"司法审查"才接近我国行政法意义上的行政诉讼。

② ［美］施瓦茨：《美国法律史》，王军等译，中国政法大学出版社 1989 年版，第 188 ~ 189 页。

第六节　美国行政法理论与判例

一、美国行政法理论

美国是一个判例法国家,大量的行政法判例奠定了行政法理论的基础,与此同时,行政法理论又不断地推动行政法的发展。

(一)行政法治(administrative rule of law)

法治的第一要义,是一切都应依法办事(everything must be done according to law)。在美国,法治有时被称为法律最高。它规定必须适用已知的原则或法律来作决定,在它们的适用中没有自由裁量权的干预。1787 年联邦宪法为行政法治奠定了法律基石。行政法则是实施这一理论最积极最主动最直接的领域。约翰·迪金森在解释“法律最高”的意义时指出:“对于法律最高来说,再也没有什么东西比一切公民有权对政府官员在普通法院提起诉讼更重要了。”①他因此认为法律最高的意义是:“简单地说,首先,一切公民有权在一个正常的普通法院受审判,其次,有权在这个法院中追诉行政官员任何行为的合法性。”②这从一个侧面反映了法治精神对政府行使行政权力的合理要求,即必须实行行政法治,具体包含以下两方面内容:

1. 合法行政

联邦宪法是首要的、必须被遵守的法律。它是联邦最高的法律。政府的权力,无论是联邦政府还是州政府的权力,均必须受联邦宪法的制约。联邦宪法,尤其是联邦宪法的修正案中有关公民基本权利的规定,是一切立法必须遵循的标准,也是政府权力行使的限制。例如,修正案第 1 条规定的言论自由、出版自由、宗教信仰自由、和平集会自由、对不法侵害请求

① John Dickinson, *Administrative Justice and the Supremacy of Law in the United States*, Harvard University Press, 1927, p. 33.

② John Dickinson, *Administrative Justice and the Supremacy of Law in the United States*, Harvard University Press, 1927, p. 35.

救济的权利,第 4 条规定的人身自由、居住自由,第 5 条规定的不能被自证其罪的自由,第 6 条和第 8 条规定的关于刑事诉讼的某些权利等规定,都是行政当局行政行为的基本法律根据。行政机关及其行政人员必须依照法律规定行事,否则就可能构成侵权,引起责任问题。

一般法律规范,也是政府及行政相对人必须严格遵守的法律。美国行政法极为重视在程序方面对政府权力的行使加以限制。尤其是《联邦行政程序法》对行政机关制定法规、进行正式裁决、司法审查以及行政公开都规定有必须遵守的程序或标准。

其他各种具体行政法规、行政规章、行政命令等设计的规则、技术也是客观的、实用的。它确保广泛的行政权(自由裁量权)不被滥用。行政行为必须合法的原则贯穿于美国行政立法、行政司法等领域,成为行政法治理论最具体的源泉。

2. 法律面前平等

法律面前平等是指政府的行为,与任何组织或者公民个人的行为一样,必须平等地遵守法律,平等地受法律保护。法律在政府与公民之间无所偏袒。任何行政主体不得享有不受法律调整的特权。例如,司法审查由普通法院受理,适用一般的诉讼程序。政府不享有不必要的特权,或者不必要地避免适用一般的法律。权利的享受和义务的免除都必须有明文的法律规定。政府及其官员在不妨碍其执行政府职务的时候,与普通公民一样负有相同的法律义务和法律责任。联邦法院系统(federal judicial system)是美国行政法治的最主要监督机构。凡涉及宪法、法律的行政案件,以及法律规定由联邦管辖的行政案件,均由联邦法院管辖,此外,便由州法院系统(state court system)管辖。行政救济严格遵循“法律面前平等”准则。

近年来,由于行政行为本身非常庞杂,具有高度技术性质,法院已无力承担全部行政行为的合法性审查,国会因此授予行政机关审查并裁定行政行为合法性的权力。行政机关在行政仲裁中同样严格遵循“法律面前平等”原则。

(二)国会主权(the sovereignty of congress)

国会主权是指一切法律原则均由立法机关(国会)制定,以立法机关为最高权力机关,以立法权为最高统治权,以法律为最高命令。

美国行政法对国会主权理论的运用主要表现为:

1. 全部立法权属于由参议院和众议院所组成的合众国国会。国会制定法律,也可废止或修改任何已制定的法律。

2. 国会所制定的法律是最高的法律,其他部门所制定的规则都是从属性的立法。它们根据国会的授权享有委任立法权。行政机关行使委任立法权必须受到一定的控制。当前美国比较常用的控制举措主要有:第一,国会在授权法律中明确一定的标准,以此限制行政机关的自由裁量权;第二,通过司法解释缩小立法权力的委任;第三,行政机关自行制定适当的标准,限制立法权力的行使;第四,程序上的切实保障。

3. 联邦法律效力最高。《美国联邦宪法》第 6 条规定:"本宪法和依本宪法制定的联邦法律,以及根据联邦权力已签订的和将来签订的全部条约,是美国最高的法律,各州的法官必须遵守,即使任何州的宪法和法律有任何相反的规定也如此。"这一条款又称效力最高条款(supremacy clause)。它广泛地适用于联邦和各州的全体行政人员。根据《美国联邦宪法》第 6 条第 3 款的规定,国会议员、各州州议会议员以及联邦和各州所有行政官员和法官都必须宣誓拥护联邦宪法。

(三)政府守法(government subject to law)

从宪法角度考察,行政法治理论和国会主权理论共同构筑美国行政法的宪法基础,由此生成美国行政法的一个核心理论,即政府守法。其具体反映:

1. 行政裁决

当代美国,行政案件绝大多数是由行政机关通过行政裁决程序解决的,少数案件交司法审查,由法院作出判决。美国行政机关"通常以裁决而不是以制定规则自由地确立规则"①。由行政机关裁决案件的司法化行政,并辅之以法院的司法审查,这是政府守法的最有力体现。在美国业已形成一种行政机关"优先裁决"的惯例。政府服从宪法及法律的命令和禁止,以作出公正的裁决。法院对此予以大力支持,案件当事人如不遵守这一惯例,而径直请求司法审查,法院将予以驳回。

行政法官(administrative law judge)是美国行政裁判制度的组成部分。

---

① [美]哈伊:《美国法律概论》,沈宗灵译,北京大学出版社 1983 年版,第 256 页。

根据现行《联邦行政程序法》的规定,行政法官应尽可能轮流审案,并不得履行与行政法官的义务和职责不相符合的职责。伯纳德·施瓦茨预言:“在下一世纪,要有几千个联邦行政司法机关,而且行政法审判官不断增加,他们同时处理关于行政规章的司法问题和这个发展中的福利国家大量的司法问题。”①绝大多数的行政案件都是由行政法官处理解决。行政法官与司法官只是相似,不是相同。行政法官对案件只有初步决定权或建议权。行政法官在发挥积极作用时,必须大公无私、小心谨慎,不能有任何偏袒,严格遵守法定正当程序。

2. 损害赔偿

侵权应负赔偿之责,这是美国政府守法的重要环节。1946 年《联邦侵权行为赔偿法》标志着美国行政法现代化迈出了坚实的一步。因为在这之前,法律认为国家享有主权,政府不对行政侵权行为负赔偿责任。1946 年的法律在政府赔偿问题上放弃了“主权豁免”原则,承认国家的赔偿责任。当然,国家赔偿责任的原因必须由法律规定。《联邦侵权行为赔偿法》是美国政府赔偿普遍适用的法律,此外尚有 40 多个特别的侵权赔偿法适用于某一特定的领域。公民由于政府职员执行职务中的侵权行为而受到的损害,同样应当得到赔偿。政府职员执行职务时的侵权行为,可以引起国家的赔偿责任和职员本人的赔偿责任。1988 年后,美国实现了国家侵权赔偿责任与政府职员侵权赔偿责任合为一体。这意味着美国政府守法理论更趋完善。

豁免(主权豁免和官员特免)成为美国行政法的适当补充,成为美国政府守法的特例。这些特例本身是由有关法律规定的。只有符合这些法律规定,才能适用豁免原则,且其豁免范围也是由法律规定的。例如,根据联邦最高法院的判例,政府职员对具有自由裁量权力的行为(discretional acts)也享有特别保护。享有特免的官员,不受赔偿责任的追诉,可免除民事责任,但不能免除刑事责任及其他责任。

二、美国行政法的判例

美国行政法判例记载着美国行政法发展的历史。在过去,美国行政法

---

①　[美]伯纳德·施瓦茨:《美国行政法的最近发展》,潘汉典译,载《环球法律评论》1983 年第 2 期。

的一个不寻常特色是,它是判例法;在当代,委任立法的作用虽有扩张,但判例法仍占据主导地位。行政法领域的一般性原则无一不来自判例。立法者把判例中的原则用条文加以明确,上升为成文法律。法院遵守先例原则,对成文法条进行必要的阐释和运作。

(一)行政组织及其权力

1. 独立管制机构

自1887年州际商业委员会由国会创设以来,美国政府的管理职能和管理机构一直在稳步发展。但对独立管制机构的法律地位,一直存有争议。联邦最高法院通过一系列判例,支持独立管制机构的法律地位。其中,较为著名的是1935年的汉弗莱遗嘱执行人诉美国案(Humphrey's executor v. United States,295 U. S. 602,55 S. Ct. 869,79 L. Ed. 1611)。

该案的事实是,联邦贸易委员会的汉弗莱委员生前不执行罗斯福总统的经济政策,总统下令免除他的职务。萨瑟兰法官代表联邦最高法院指出,罗斯福总统对联邦贸易委员会成员的免职是不合法的。法院认为总统除法律规定的原因以外,没有任意免除独立管制机构成员职务的权力,不能像对待行政官员(部长)一样任意免职。否则,侵犯独立管制机构依法享有的独立地位。显然,总统对独立管制机构的控制权力受到很大限制。独立管制机构可以单独决定政策,不对总统负责。①

该判例确认的独立管制机构独立地位的原则,在以后的案件中得到肯定。联邦最高法院严格遵守这一观点,迄今未有改变。

2. 委任立法权

当代行政权力在膨胀之余,又不能破坏既有的权力平衡。因此,国会在什么范围内授权行政机关享有委任立法权而又不至于破坏原有的均衡态势呢?这主要依据联邦法院判例创设的规则和标准。

1813年的布里格奥罗拉货船案(The Cargo of Brig Aurora Burnside v. United States,11 U. S. 382,3 L. Ed. 378)是联邦最高法院最早受理的国会授权其他机关行使立法权力的判例。

该案的事实是,国会通过法律授权总统在英国或法国停止侵犯美国的

---

① See Jerry L. Mashaw, Peter M. Shane & Richard A. Merrill, *Administrative Law, the American Public Law System, Case and Materials*, 2nd Edition, West Publishing, 1985, p. 112-116.

中立时,可以发布文告恢复已经停止适用的法律,与英国或法国恢复正常关系。在总统行使这一权力时,原告认为总统文告恢复已经停止适用的法律是行使立法权。根据分权原则,国会不能把这种权力授予总统。联邦最高法院在判决中拒绝了该诉讼请求,声称没有理由认为国会不能行使自由裁量权,根据自己的判断,明白地或有条件地恢复已经停止适用的法律。总统只是根据法律中的规定,确定恢复已经停止适用的法律的事实是否存在,没有行使立法权力。

这一判决虽未从正面肯定委任立法的合宪性质,但实际上对委任立法予以肯定。

1825 年,马歇尔大法官在韦曼诉苏哈德案(Wayman v. Southard)中对委任立法的合宪性问题作了明确的说明:“国会能够把严格的专属于立法的权力授予法院或其他任何裁判所。无疑地,国会也可以把正当的由立法机关本身行使的权力委任于其他机关……究竟哪些重要事项必须完全由立法机关自己决定,哪些次要事项立法机关只作大体规定,授权执行的人补充细节,这个界限的划分没有完全精确的规定。”马歇尔的这一观点,在以后的判例中被广泛采纳。

1904 年的巴特菲尔德诉斯特内厄姆案(Butter field v. Stranaham, 192 U. S. 470)中,联邦最高法院提出另一委任立法理论,这一理论直到今天仍是美国委任立法权力的核心问题。

该案的事实是,一个法律授权财政部部长可以根据专家委员会的建议,确定美国进口茶叶的品质、纯洁度和适合饮用的统一标准,只有符合标准的茶叶才能进口。原告认为制定标准属于立法权,不能委托于行政官员。联邦最高法院宣布:“授权法的目的是防止劣质茶叶进口……因此,法律已经规定一个基本的标准,委托财政部部长执行法律所规定的政策。”财政部所规定的标准只是法律规定的标准的具体化,法律本身既然已经规定标准,因此不违反宪法中的分权原则。

1928 年的汉普顿公司诉合众国案(J. W. Hampton Jr. Co. v. United States, 276 U. S. 394)中,联邦最高法院对委任立法权作了进一步的界定,“如果国会在授权法中,对被授予权力的人或团体规定了一个必须遵守的明确的原则时,这样的立法行为不是被禁止的立法权力的委任”,为此提出授权委任立法的法律需要规定一个标准,行政机关在这一标准下行使立法权力,不违背宪法分权原则。

1935 年的巴拿马炼油公司诉瑞安公司案(Panama Refining Co. v. Ryan, 293 U. S. 388)和谢克特家禽公司诉合众国案(A. L. A. Schechter Poultry Corp. v. United States,295 U. S. 55)是联邦最高法院首次以授权法中没有规定适当的标准为理由而否认国会委任立法权力的两个判决。

两案的发生背景是,20 世纪 30 年代严重的经济危机时期,国会于 1933 年通过《国家工业复兴法》(National Industrial Recovery Act)规定了广泛的委任立法权力。

巴拿马炼油公司诉瑞安公司案否认了《国家工业复兴法》第 9 条第 3 款的授权内容合宪。法院在判决中认为,这一授权法仅有授权的内容。该款授权总统在州际和国际贸易中,可以禁止运输超过规定限额而生产或提取的石油,并且规定任何违反总统命令的行为将受到罚金和监禁的刑事制裁。此款中国会并未说明总统应否行使、在什么样的情形及什么样的条件下应当行使他的禁止权。因而,法院宣布该款授权无效。相反,卡多佐大法官代表少数意见,认为此授权法已经明确地规定了必要的标准,对用以处理紧迫的经济问题的授权,国会无须作更详细的规定。

谢克特家禽公司诉合众国案发生于巴拿马炼油公司诉瑞安公司案 4 个月后,该案当事人谢克特因违反关于活家禽的规章受到追诉。这一规章同样是根据《国家工业复兴法》的授权而由总统批准的。最高法院全体法官,包括卡多佐法官在内,一致认定这一授权无效。因为总统根据该法的授权,可以行使无限制的权力,管理经济部门的各个方面,不受程序的或其他方面的约束。这是缺乏必要标准的授权,是违宪的委任立法权力。

1935 年以后,联邦法院对一些没有明确标准的授权法予以认可,以适应不断扩张的行政事务的需要。行政机关行使委任立法权,全面获得司法部门的确认。其中最重要的一次确认是针对 1922 年《紧急时期物价管制法》、1933 年《国内财产所有者贷款法》及 1942 年《重新协商法》的大范围授权所作的数个判决,分别肯定这些委任立法权力。

1944 年的亚库斯诉美国案(Yakus v. United States,321 U. S. 414)中,联邦法院宣布《紧急时期物价管制法》授权合宪。

该案的事实是,原告亚库斯由于出售牛肉超过规定价格,受到处罚。对此他不服,认为授权法无效。因为该授权法未规定一个标准,有悖分权原则。联邦最高法院驳斥他的主张,认为该授权法不违背宪法。它已规定适当的明确的标准,“这个最高价格根据他的判断,应当基本上是公平合理,并实现本法规定的宗旨”。法院指出,授权的标准就存在于价格必须“公平合理”之中。因此,该授权法是有效的。

该判例表明法院对委任立法权设定的标准,司法解释已有更大的弹性,这为行政机关行使准立法权提供更辽阔的权限空间。

1971 年的联合肉食加工者诉康纳利案(Amalgamated Meat Cutters and Butcher Workmen v. Connally,337 F. Supp. 737)中,联邦最高法院同样肯定了稳定物价的授权。1970 年的《经济稳定法》授权总统“有权颁布他认为适合于稳定物价、租金、工资的条例和命令,但工资水平不得低于 1970 年 5 月 25 日的一般工资水平”。

该案的事实是,总统根据这个授权,在 1971 年 8 月 17 日颁布冻结物价和工资 90 天的命令。当事人主张 1970 年的法律授予总统立法权力,没有规定一个适当的标准,是无效的委任。法院予以驳回,认为授权法虽无明确的标准,但稳定工资和物价本身已经包含授权法所需要的足够标准。

联邦法院不仅在物价领域肯定有关的授权法,而且在其他经济领域,对一些未明确规定标准或根本没有提到任何标准的授权法,都判定这样的授权是有效的。例如,1947 年的费伊诉马伦尼案(Fahey v. Mallonee,332 U. S. 245)中,宣布授权行政机关制定属于管理性质和福利性质的规章,是合法有效的。1948 年的利希特诉美国案(Lichter v. United States,332 U. S. 245)中,支持无标准的授权法律,确保行政机关行使立法自由裁量权。

美国最高法院于 1989 年审理斯科纳诉米德美国管道线路公司案(Skinner. v. Mid-America Pipeline Co. ,该案件涉及立法委任行政机关制定用户管道使用费标准)、米司徒艾特诉美国案(Mistretta. v. United States,该案件涉及立法委任委员会制定刑事犯罪判刑标准指南),于 1996 年审理拉威英诉美国案(Loving. v. United States,该案件涉及在军事法庭起诉中,立法委任总统可以列出支持死刑的重要因素)。在上述三个案件中,美国最高法院均采取宽容态度,支持国会的立法委任而并没有提及是否涉及准确的标准问题。

3. 委任司法权

国会可以制定法律,委任法院以外的其他机关行使司法权力。那么,国会为什么授予行政机关司法权力,以什么样标准说明司法权力委任行政机关是能够符合宪法的呢?大量判例确立了两大标准来回答这些问题。一个标准是公权力标准,另一个标准是司法审查标准。这两大标准在许多判例中被运用。

1932 年的克罗韦尔诉本森案(Crowell v. Benson,285 U. S. 22)确立了司法审查标准。

该案的事实是,原告主张《装卸工人及港口工人赔偿法》(The Longshore Men's and Harbor Worker's Compensation Act)授予行政机关司法权力,违背宪法分权原则。联邦最高法院否决了这一意见,明确指出:宪法第3 条只规定司法权属于法院,不要求为了保持司法权的基本特性,一切私权利案件必须由法院审理。宪法不妨碍国会规定用行政方法审理私权利案件。只要行政机关的裁决受法院司法审查的监督,这种司法委任就是合宪的。

由此判例确立一种标准:司法权力的委任是否符合宪法的分权原则,以是否接受司法审查作为标准。

1982 年的北方输油管建设公司诉马拉松管道公司案(North Pipeline Construction Co. v. Marathon Pipeline Co. ,458 U. S. 50)则采用传统的司法权力委任标准,即公权力标准。联邦最高法院认为国会只能授权行政机关裁决公法案件(政府以主权者的资格进行活动和诉讼,以公共利益为内容而引发的纠纷),纯粹私人之间的案件只能由普通法院受理,不能授权行政机关裁决。

进入 20 世纪 80 年代后期,联邦最高法院对国会能够授权行政机关行使司法权力的界限在两大标准之间灵活使用,以适应当代行政发展的各种需求。例如,1985 年的托马斯诉联合碳化物农业生产公司案(Tomas v. Union Carbide Agricultural Production Co. ,473 U. S. 568)、1986 年的美国商品期货交易委员会诉肖尔案(CFTC v. Schor,478 U. S. 833)适用司法审查标准,而 1989 年的格兰弗纳瑟诉诺德伯里案(Gran Financiera, S. A. v. Nordbery,492 U. S. 109)则运用公权利标准,作为委任司法权力的界限。

4. 行政解释的司法审查

在美国的法律传统中,法律解释的职责主要由法官承担。但随着社会的发展,国家行政事务日趋增多,越来越多的行政机关不断设立,许多法律和行政法规的制定、实施都由这些行政机关参与其中，在行政机关实施、适用这些法律的过程中，必然涉及该行政机关本身对法律的解释，由于行政机关本身的专业性和权威性，其对法律的解释在涉及相关法律的案件以及行政诉讼案件中应具有什么样的地位、在诉讼中有什么样的法律效力，以及法官如何处理行政机关对相关法律的解释，是美国法官在诉讼中不可避免的问题。自20世纪40年代至21世纪，美国法官及法院对行政机关的法律解释的立场经历了一系列变化。

1944年的斯基德莫诉斯威夫特公司案(Skidmore v. Swift & Co.)是首个涉及法院对待行政解释态度的案件，并由此诞生了"斯基德莫尊重"。该案的事实是，位于得克萨斯州沃思堡的斯威夫特公司包装厂与包装厂里的7名工人达成了一项口头雇佣协议，包装厂要求7名工人白天负责该厂的火警相关工作，根据他们的口头雇佣协议，7名工人承诺每周有三个半到四个晚上待在公司住所的消防大厅内或在呼叫距离内，他们的工作除了回答警报，不涉及其他任务。该7名员工根据1938年《公平劳动标准法》(The Fair Labor Standards Act)提起诉讼，要求收回加班费、违约赔偿金和律师费，共计约7.7万美元(相当于2018年的110万美元)。该7名员工认为他们每周数个晚上在公司及呼叫范围内等待警报的时间属于工作时间，而斯威夫特公司则只认为他们回答警报的时间属于工作时间，这违反了《公平劳动标准法》，故而起诉。地区法院裁定，雇员在等待报警时所花的时间不算作工作时数。美国第五巡回上诉法院确认了下级法院的判决。[①] 7名工人遂向最高法院提出上诉。最高法院认为，无论是在《公平劳动标准法》中还是在法院判决中，任何法律原则都不妨碍等待时间也成为工作时间。但是，此前法院没有试图根据事实制定解决类似案件的法律规则。等待时间是否在法案规定的范围内，这是一个事实问题，有待审判法院解决。而国会设立了相关行政部门(工资与工时局)，规定其义务，并授权其根据《公平劳动标准法》履行职责。在履行职责过程中，行政部门负责人积累了大量在确定工作时间的问题上涉及不活动的时间以及如何解决工作时间争议的知识及经验。而此前工资与工时局的负责人就已经对《公平劳动标准法》关于认定工作时间的问题作出了解释，即"第13号工资和工时划分解

① See Skidmore v. Swift & Co. ,323 U. S. 134 (1944).

释公告”。最高法院认为根据该公告,7 名工人属于特殊情况,不能一概而论,而原审法院尽管也参考了公告,但其评估和调查显然受到其认为等待时间可能不起作用的观念的限制,故最高法院认为地区法院的判决错误而推翻了原审判决。本案不仅解决了等待时间能否算作工作时间的问题,更表明了联邦最高法院对行政解释的态度,即联邦最高法院认为,行政部门人员针对一些法律的裁决、解释和意见,虽然由于其权限不受法院的控制,但确实构成了一个经验和知情判决的主体,法院和诉讼当事人可以适当地寻求指导;这种意见在特定案件中的重要性将取决于其考虑过程中明显的彻底性、推理的有效性、与前后声明的一致性,以及如果缺乏控制力,赋予其说服力的所有因素。① 这一原则后来被称为“斯基德莫尊重”,在后来很长一段时间内成为法院对待行政解释的基本原则。

在 1984 年的雪佛龙诉自然资源保护委员会案中,联邦最高法院对行政解释的态度又有了新的发展,并由此发展出了“雪佛龙尊重”。该案的事实是国会于 1977 年修订了《清洁空气法》(Clean Air Act),以解决那些未能达到环境保护署(Environmental Protection Agency,EPA)制定的空气质量标准的州的问题。经修订的《清洁空气法》要求这些未达到空气质量标准的州建立一个许可证计划,以管制新的或经修改的主要固定污染源。在卡特政府时期,环境保护署将污染源定义为制造厂中产生污染的任何设备。1981 年,里根政府下的环境保护署通过了一个新的定义,允许现有工厂获得不符合标准的新设备的许可证,只要工厂本身的总排放量没有增加。一个名为自然资源保护委员会(Natural Resources Defense Council,NRDC)的民间环境保护组织,在联邦法院对环境保护署的新规定发出了质疑。② 该案由受诉讼影响的一方雪佛龙上诉至联邦最高法院。该案的关键在于,法院应将何种审查标准应用于政府机构自己对其负责管理的法规的解读。联邦最高法院最终在判决中支持了环境保护署对“污染源”的解释。联邦最高法院认为关于一个行政机关对其所负责的法规的解释的司法审查,如果国会对此问题没有确切的态度,法院的任务是判断该机构的解释是否基于该法规的允许解释;立法历史表明,在许可证计划中,国会试图解决允许

① See Skidmore v. Swift & Co. ,323 U. S. 134 (1944).

② See Chevron U. S. A. ,Inc. v. NRDC,467 U. S. 837 (1984).

资本改进持续的经济利益与改善空气质量的环境利益之间的冲突；分析经修订的《清洁空气法》文本中的一般条款，关于“来源”定义的条款，并不能说明国会对“来源”定义问题有确切的态度，在某种程度上，任何国会“意图”都可以从法定语言中辨别出来，似乎重叠的、说明性的条款清单是为了扩大而不是限制环境保护署为实施《清洁空气法》的政策而监管特定来源的权力范围，同样地，立法历史也表明环境保护署在执行1977年《清洁空气法》时应具有广泛的自由裁量权；全厂范围内的定义完全符合允许合理经济增长的政策，环境保护署对其结论提出了合理解释，即法规也服务于环境目标；事实上，环境保护署经常改变对“来源”一词的解释，但这并不能得出这样的结论：环境保护署对该法令的解释不应受到任何尊重；一个机构若要在知情的情况下制定规章，必须考虑不断变化的解释和其政策的智慧；环境保护署对该法令的解释是对明显存在竞争的利益的一种合理的适应，并有权得到尊重。① 最高法院在承认环境保护署的解释值得受到尊重的同时，也确立了审查政府行政机关对自己负责管理的法规的解释的标准：首先看国会是否直接谈到了这个问题，如果国会的意图是明确的，那么问题就到此为止，因为法院和机构必须使明确表达的国会意图生效；如果法院认定国会没有直接解决所讨论的确切问题，法院则不能简单地将自己的解释强加于该法令；相反，如果该法令在具体问题上是沉默的或模棱两可的，法院则需判断该机构的回答是否基于该法令的允许解释。② 这一标准后来被称为“雪佛龙两步法”或“雪佛龙尊重”。

2000年的克里斯滕森诉哈里斯县案是又一起有关行政解释司法审查的案例，联邦最高法院通过这一案件重新明确了“雪佛龙尊重”的适用范围。该案的事实是1938年的《公平劳动标准法》规定了雇员在雇主有义务向雇员支付加班工资之前可能累积的最大补偿工时数，补偿时间为员工提供带全薪的休假时间，并授予员工以代替加班的现金支付。得克萨斯州哈里斯县的治安官部门，由于担心副治安官累积的补偿时间会导致预算危机，采取了一项政策，要求其雇员使用其累积的补偿时间，以避免被要求向雇员支付加班时间的现金，即以给雇员安排休假代替现金补偿。哈里斯县

---

① See Chevron U. S. A. , Inc. v. NRDC, 467 U. S. 837 (1984).

② See Chevron U. S. A. , Inc. v. NRDC, 467 U. S. 837 (1984).

为此还特地写信给美国劳工部的工资和工时部门,希望对方将其政策作为有关《公平劳动标准法》的法律问题来给出意见。而劳工部工资和工时部门的负责人则发送了一封意见信认为该政策违反了《公平劳动标准法》。爱德华·克里斯滕森等128名哈里斯县副治安官就此起诉了哈里斯县,认为《公平劳动标准法》禁止这样的政策实施。此案最终诉至联邦最高法院。[①] 本案的关键在于,对于劳工部工资和工时部门的负责人发送的意见信,是否应当给予"雪佛龙尊重"。最高法院的判决最终否定了这一点。联邦最高法院认为:劳工部声明雇主必须在雇员安排休假之前让雇员同意的意见书,不应得到"雪佛龙尊重",而是应该得到较低标准的"斯基德莫尊重";诸如意见书中的解释,如政策声明、机构手册和执行指南中包含的解释,所有这些都缺乏法律效力,不保证其应当受到"雪佛龙尊重";"雪佛龙尊重"适用于法律法规中所规定的机构解释,但劳工部法规中的任何内容都没有理由要求雇主的强制使用补偿休假的政策必须让雇员同意;因此《公平劳动标准法》不禁止雇主要求雇员利用其应计补偿时间。[②] 此案的意义在于其重新确立了"斯基德莫尊重"和"雪佛龙尊重"的标准,明确了二者之间的关系和适用范围。对于行政机关非经法定程序作出、不具备法律效力的行政解释,不给予其"雪佛龙尊重"而可给予标准和尊重程度较低的"斯基德莫尊重"。

2001年的美国诉米德公司案进一步明确了"雪佛龙尊重"的范围。该案的事实是美国统一关税表授权美国海关总署根据财政部部长颁布的规则和条例对进口货物的税率进行分类和确定,部长通过授权"裁定书"为特定进口设定关税分类的条例,规定货物进口前的关税裁定,46个入境口岸海关和海关总署可以签发此类信函。米德公司的一项业务是进口"日程计划表"。在美国统一关税表中"计划表"属于免税的货物,但美国海关总署则发布了一封裁定书,认为米德公司进口的货物属于"装订日记"类物品,应当对其征收相应的关税。米德公司遂向国际贸易法院起诉,本案最终诉至联邦最高法院。[③] 该案的关键在于法院是否应当对海关总署的分类裁决

---

① See Christensen v. Harris County, 529 U. S. 576 (2000).

② See Christensen v. Harris County, 529 U. S. 576 (2000).

③ See United States v. Mead Corp., 533 U. S. 218 (2001).

给予尊重。联邦最高法院最终裁定关税分类裁决无法获得"雪佛龙尊重"。联邦最高法院认为,只有当国会授权行政机构制定具有法律效力的规则,并且在行政机构行使该权力的过程中颁布了声称尊重的行政解释时,特定法律条款的行政实施才符合"雪佛龙尊重"的条件。没有迹象表明国会打算授权海关以具有法律效力的方式发布分类裁决,且海关总署发布的裁决书对第三方并无约束力;此外每年将近一万个分类裁决被 46 个入境口岸海关驳回也正说明了其并无法律效力。尽管分类裁决不被最高法院给予"雪佛龙尊重",但最高法院表示,这并不意味着裁定书当然地不受任何尊重,"雪佛龙尊重"并没有消除"斯基德莫尊重"的效力,一个行政机构的解释因其专业经验和更广泛的调研以及考虑到统一行政司法理解国家法律的价值是可以得到某种形式的尊重的,分类裁定至少可以寻求与其"说服力"相当的尊重。[①] 在该案中,联邦最高法院最终将案件发回联邦巡回上诉法院重审,要求其审查分类裁决是否符合"斯基德莫尊重"。该案的意义在于最高法院在类似案件中"雪佛龙尊重"普遍受到重视的时代,在再度确认"斯基德莫尊重"效力的同时,重申了"斯基德莫尊重"的重要性和价值。

2005 年的国家有线通信协会诉布兰德 X 互联网服务案中,涉及了依法定程序作出的行政解释受到"雪佛龙尊重"时与联邦上诉法院先例何者效力更高的问题。该案的事实是联邦通信委员会(Federal Communications Commission,FCC)在 2002 年发布裁决,将宽带有线网络服务分类为《电信法》所规定的"信息服务"而非"电信服务",根据这一裁决,提供宽带互联网接入的有线电视公司,如非设施互联网服务提供商,不能向终端用户提供电信服务,而只能使用电信为终端用户提供有线调制解调器服务。此举影响到了诸多有线电视公司的利益,许多受此裁决影响的组织试图通过起诉让法院审查联邦通信委员会的裁决。联邦第九巡回法院最后受理了诉讼。第九巡回法院认为,联邦通信委员会不能通过解释《电信法》以豁免提供电缆调制解调器服务的电缆公司遵守该法第二章强制性规定。第九巡回法院在审查中并没有在"雪佛龙尊重"的框架下对联邦通信委员会的案件的裁决进行分析,而是援引美国电话电报公司诉波特兰案(AT&T Corp.

---

① See United States v. Mead Corp. ,533 U. S. 218 (2001).

v. Portland)直接将有线调制解调器服务定义为一种“电信服务”。[①] 关于这一问题,最终上诉至联邦最高法院。联邦最高法院首先肯定了“雪佛龙尊重”适用于联邦通信委员会对“电信服务”的解释。最高法院认为,“雪佛龙尊重”要求联邦法院遵守行政机构的解释,即使它与法院认为的最佳解释不同,如果特定的法规在行政机构的管辖范围内由该行政机构进行管理,且法规在争议点上是模棱两可的,行政机构的解释即是合理的,而本案中的情况符合这一点。最高法院继而指出,法院的先例优先于有权获得“雪佛龙尊重”的行政机构的解释,但前提是法院的先例判决有法律明确规定的条款可循,因此没有留给行政机构自由裁量权的空间。[②] 该案的意义在于联邦最高法院明确了“雪佛龙尊重”和遵循先例原则之间的关系与适用标准。

从 1944 年的“斯基德莫尊重”到 1984 年的“雪佛龙尊重”,随后再到克里斯滕森诉哈里斯县案和美国诉米德公司案中对“斯基德莫尊重”效力的重申、对“雪佛龙尊重”和“斯基德莫尊重”适用的明确,再到 2005 年“雪佛龙尊重”和联邦法院判例之间适用标准的确立,联邦最高法院通过一系列判例完善了对行政解释司法审查的标准。在 2013 年的阿灵顿市诉联邦通信委员会案(City of Arlington,Texas v. Federal Communications Commission)中,联邦最高法院又明确了联邦法院对行政机构就自身管辖权范围解释的尊重,表明法院对行政解释的司法审查标准还在继续发展完善。然而,2024 年 6 月底,美国最高法院在洛珀·布莱特公司诉雷蒙多案(Loper Bright Enterprises v. Raimondo)和雷勒特雷斯公司诉商务部案(Relentless, Inc. v. Department of Commerce)两案中推翻了“雪佛龙尊重”,该判决将在一定程度上限缩联邦机构的行政解释权,且将对环境规制和民生保护等领域的政策产生深远影响。

(二)行政程序

1. 正当的法律程序和行政听证的权力

当代美国,个人和组织依法可以享有的一切财产和自由权利,都受正

---

① See National Cable & Telecommunications Assn. v. Brand X Internet Services,545 U. S. 967 (2005).

② See National Cable & Telecommunications Assn. v. Brand X Internet Services,545 U. S. 967 (2005).

当法律程序的保护。联邦最高法院在司法判例中对此予以大力支持。

1970年的戈德伯格诉凯利案(Goldberg v. Kelly,397 U. S. 254)是行政程序上重要的里程碑。

该案的事实是,纽约市关于终止福利津贴的法规规定在终止或暂停福利津贴前,必须事先通知津贴领取人,告知其终止或暂停的理由,并允许津贴领取人提出书面意见和证据,说明反对的理由,然后行政机关决定是否终止或暂停津贴。被取消津贴的人不服行政机关的决定时,有权请求正式的听证,进行口头对质的正式程序裁决。联邦最高法院在判决中认为,纽约市的规定没有达到宪法的要求,因为福利津贴是有资格领取人的法定请求权,它不是特权,性质类似其他财产权,受正当法律保护。行政机关剥夺当事人享受福利津贴的利益,必须举行符合正当法律程序上的要求的听证。

该案确立的从特权到法律上可以主张的权利均受正当法律程序保护原则,广泛地适用于各类案例之中。传统的特权理论被彻底抛弃。例如,1972年的大学管理委员会诉罗思案(Board of Regents v. Roth,408 U. S. 564)、佩里诉辛德曼案(Perry v. Sinderman,408 U. S. 593)两案更明确地表明需要有法律上可以主张的权利存在,个人或组织才能受正当法律程序保护。①

2. 制定法规的程序

制定法规的程序被统一规定于1946年《联邦行政程序法》中,包括正式程序和非正式程序及例外程序(自由裁量程序)。此外,行政机关对上述程序作了一些补充和变更,形成了制定法规的第四种程序——混合程序。这一程序的形成得益于法院的判例。法院在司法实践中,发现采用一般程序制定法规,在某些事项上不能提供足够的程序保障。因此,积极主张创制一种适用的混合程序。但是,法院对混合程序的促进作用,在一个案例中遭到联邦最高法院的禁止,这一有争议的案例就是1978年的沃蒙延肯核电公司诉自然资源保护局案(Vermont Yankee Nuclear Power Corp. v. Natural Resources Defence Council,435 U. S. 519)。

此案的事实是,核能管理委员会(The Atomic Energy Commission)采用

① 参见王名扬:《美国行政法》(上册),中国法制出版社1995年版,第401~403页。

通告和评论程序,制定一个管理核反应堆中镭衰变期的法规。哥伦比亚特区上诉法院认为制定这样的法规,应当给公众较多的提供意见的机会,不能满足于非正式程序,故撤销了这个法规。联邦最高法院撤销了上诉法院的判决。法院指出:是否应当在非正式程序以外增加其他公众参与的方式,属于行政机关自由裁量的权限,由行政机关决定。法院只能在极端例外的情况下,才能在行政程序法以外增加其他要求。如果认为行政机关制定某些法规,必须采取比《联邦行政程序法》中规定更多的公众参与,这种增加只能由国会制定。法院不能在法律规定之外,对行政机关提出更多的要求。①

3. 行政裁决的程序

联邦最高法院在著名的摩根诉合众国案(Morgan v. United States,以下简称“摩根案”)的判决中,确立了行政裁决程序应当遵守的原则。“摩根案”前后有4个,分别是1936年的“Morgan v. United States,298 U. S. 486”;1938年的“Morgan v. United States,304 U. S. 1”;1939年的“United States v. Morgan,307 U. S. 183”;1941年的“United States v. Morgan,313 U. S. 409”,都是由农业部部长的一个限制价格的命令引起的。就行政法意义而言,最重要的判决是第一个摩根案件和第四个摩根案件。②

1936年的“摩根案”中,联邦最高法院就农业部部长命令的决定程序,审查其合法性。

该案的事实是,1933年6月,农业部部长发布一个命令,限制堪萨斯市牲畜代理服务收费的最高价格,这个命令是根据牲畜买卖及牲畜场法的授权制定的。法律规定部长制定限制价格的命令必须举行正式听证,农业部在1930年至1932年,举行两次正式听证。由听证审查官主持,口头辩论在副部长主持下进行,口头证词的记录长达13 000页,统计资料及其他证件多达几百件,记录达1000多页,对听证一部分的说明多达500页。申诉人摩根诉称该命令不符合正式的程序,其理由是听证结束后,听证职员未写出一个总结性的中间报告,以供部长参考。部长没有听证,没有阅读任何

---

① See Jerry L. Mashaw, Peter M. Shane & Richard A. Merrill, *Administrative Law, the American Public Law System, Case and Materials*, 2nd Edition, West Publishing, 1985, p. 461.

② See Jerry L. Mashaw, Peter M. Shane & Richard A. Merrill, *Administrative Law, the American Public Law System, Case and Materials*, 2nd Edition, West Publishing, 1985, p. 228-229.

证据材料，没有听取或考虑申请人的口头辩论，没有阅读或考虑申请人提供的诉状摘要，部长作出决定的唯一依据是部内职员所提供的信息，且没有申诉人或其代表参加。地区法院根据听证记录，认为部长的决定合法，驳回了申诉人的请求。申诉人上诉至联邦最高法院。联邦最高法院认为：法律要求部长举行正式听证作出决定，这个决定具有准司法性质，有较高的程序要求，必须以听证所确定的事实，作为决定的根据。部长必须仔细考虑证据，方能确定事实。听证的作用在于保证部长的决定，是根据正确的信息来源，部长不能根据听证以外的材料作出决定。如果部长对事实的认定不仔细考虑证据，这就等于没有举行听证。本案中农业部部长的决定，实质上是部内职员的决定，农业部部长只是一个"橡皮图章"。因此，联邦最高法院宣布，正式程序的裁决要求决定者必须听证，本案发回地区法院就申诉人所主张的事项，查明以后再判决。

该判例虽没有完全否定行政机关决定原则，行政机关的职员在行政裁决的决定中必须发挥正当的作用，但是法院要求行政长官必须注意案件，研究案情，最终的裁定必须是行政长官个人的产物，不是行政机关职员的决定，形式上作决定的人也必须是实际上作决定的人。决定必须听证的真正意义，只是表示决定者必须决定，不能只是一个"橡皮图章"。

1941 年的"摩根案"中，联邦最高法院大大削弱了第一摩根案件所确立的原则。

该案争论的焦点在于，农业部部长对原来争议的事项又发布了一个补充命令。地区法院在审查这一命令时，讯问部长制定决定的全过程。联邦最高法院认为这种讯问不恰当，"农业部部长不应当受到这种讯问，农业部部长裁决的程序类似法院的司法程序，如果对法官进行这种讯问，将会摧毁法官的责任。……正如法官不应受到这种讯问一样，行政程序的完整性质，必须同样受到尊重。……虽然行政程序的进展和采取的方式和法院的程序有些不同，然而他们都是达到司法目的的合作的工具，各自的适当的独立，应当得到他方的尊重"①。显然，法院无权干涉行政长官作裁决的思维过程。审查行政决定是否合法，法院只能根据行政机关的决定是否有足够的证据支持，这些证据是否经过法定的听证程序，根据客观因素加以确

---

① 王名扬：《美国行政法》（上册），北京大学出版社 2016 年版，第 38 页。

证。该判例的判决最终确定了一个正式裁决的决定程序原则,即“法律上负有裁决义务的人,必须实际上作出裁决。……但是他们作裁决的方法,一般不受司法审查”。

(三)行政救济

1. 司法审查

美国法院是法律解释的最后权威者。行政机关作为执行法律机关,不可避免地拥有一定的法律解释权,这种行政机关解释法律的权力应受到司法审查。通过司法审查,法院恰当地确定自己的审查范围,以保障法院与行政机关权力分配均衡。

1984 年的谢弗朗诉自然资源保护委员会案(Chevron v. Natural Resources Defense Council,467 U. S. 837)树立了一个新的行政机关和法院权力分配原则,即把解释法律的权力从法院转至行政机关。

该案争论的焦点是,解释 1977 年《清洁空气法》中空气污染的“固定的污染渊源”(stationary sources of air pollution)一词的意义。这个词的意义法律中没有界定。环境保护署制定的一个执行法规,对固定污染源进行解释,认为应当以工厂作为污染单位。自然资源保护委员会反对这种解释,认为应当以每个污染来源作为污染单位,因而诉称环境保护署制定的法规违反法律的规定,请求法院撤销。上诉法院支持这一诉讼请求。但是,联邦最高法院则撤销了上诉法院的判决,并且说明审查法律解释的标准,具体包括两个标准:一是考察行政机关所解释的问题,法律中是否有规定。如果法律中有规定,即按照法律的规定解释。二是在法律没有规定或法律规定的意义模糊时,法院主要审查行政机关的回答是否基于法律所允许的解释。

该案产生的这一标准不仅适用于司法审查行政法规对法律的解释,而且适用于行政裁决对法律的解释,更适用于行政机关一切的法律解释。它改变了传统的判例和《联邦行政程序法》的规定。因此,谢弗朗判例是美国当代行政法的一个重大发展。

值得关注的是,美国最高法院于 2024 年 6 月底在洛珀 · 布莱特公司诉雷蒙多案和雷勒特雷斯公司诉商务部案的裁决中以 6 : 3 的票数推翻了谢弗朗判例所确立的原则,这意味着联邦机构对法律的行政解释权将会被限缩。

2. 侵权赔偿责任

《联邦侵权行为赔偿法》对主权豁免原则作了普遍性的放弃，但法律仍有一些保留，如行政机关或其职员行使自由裁量权的行为或不行为，国家不负赔偿责任。类似的例外规定，在具体执法中如何确定适用呢？这主要依据判例来确定自由裁量权的范围。

1953 年的戴尔海特诉美国案（Dalehite v. United States，346 U. S. 15）充分阐释了联邦最高法院对于自由裁量权范围的原则。

该案的事实是，1947 年，一艘货船满载硝酸铵化肥，准备开往欧洲，在得克萨斯港口爆炸。死亡 56 人，伤 3000 余人，财产损失达亿万美元。受害人提起 300 多件请求国家赔偿的诉讼，法院合并审理，要求赔偿总额高达两亿美元。联邦地区法院在判决中，认定政府职员在生产化肥的计划、制造、包装、运输、储存、救火中都有过失，判决国家赔偿。上诉至联邦最高法院，联邦最高法院认为这个案件属于《联邦侵权行为赔偿法》规定的自由裁量权的免责范围，国家不负赔偿责任。最高法院认为行政机关职员上述一系列行为都是在行政部门最高层次的制定计划机构的直接授权之下，根据高级阶层所确定的计划进行的。这应属于政府自由裁量权的免责范围，国家不负赔偿责任。

该案判决中，联邦最高法院首次提出计划水平（planning level）层次和执行水平（operational level）层次的区别，以此主张美国不是对行使自由裁量权的全部行为都能免责。国家不负责任的范围，仅限于计划水平的自由裁量行为。政府职员在执行水平的自由裁量行为的过失所产生的损害，国家应负赔偿责任。这一原则迄今一直在使用之中，对美国行政法的发展发挥着重要的作用。

第五章　民商法

严格地说来,美国并没有一个被称为"民法"的独立的法律部门,也不存在作为一个独立部门法的商法。所谓民商法,包括的范围非常广泛,主要有财产法、契约法、侵权行为法、公司法、买卖法、婚姻家庭法和继承法等各个独立的部门法,统称为私法。

第一节　财产法

一、18世纪末至19世纪上半叶美国财产法的起步

美国财产法主要源于英国。但是,由于美国地广人稀,资源丰富,因此,各殖民地对土地的分配大多采取自由灵活的形式。独立后,如何充分利用丰厚的自然资源来促进经济迅速发展成了司法审判的课题。立法机关尽力摒弃英国财产法中封建性的规定,将土地与其他商品一样对待,保证土地能够自由持有与转让。

(一)不动产法

人人平等原则的提倡激发了土地法领域的改革,特别是以纽约州1827年至1828年的不动产法修订为代表的改革运动,剔除了该领域中的封建因素,表达了建立自由、公开、灵活的市场机制的决心。

1. 废除长子继承制和限定继承制(fee tail)

这两项制度均源于英国封建土地法。前者规定土地只能由长子继承,不能遗赠给他人。后者规定领主可以对佃户的土地继承人加以特别限定。随着美国资本主义经济的发展,这两项制度在美国失去了生存的土壤,到1800年,长子继承制在南方诸州被取消。而限定继承制在多数州也被废除,如弗吉尼亚州和纽约州分别在1776年、1782年将其废除。有些州虽然保留了其形式,但它已失去了实质意义。

2. 许多州推行共同占有形式(tenancy in common),联合占有形式(joint tenancy)受到排斥

共同占有是指两人以上占有不动产,他们的占有并不确定哪一部分为谁占有,但是占有份额是明确的。联合占有是普通法的一个古老形式,它的显著特征在于联合占有人的权利只能在联合占有人之间转让,当一个联合占有人死亡,死者在联合占有中的不动产权利,将自动转让给活着的联合占有人,死者无权将其遗赠给他人。由于联合占有的封闭性,绝大多数人都不愿意接受联合占有的土地,而愿意选择共同占有。

共同占有与联合占有的明显区别在于共同占有人有权出售或抵押他在共同占有中的权利,而且,当某一个共同占有人死亡时,死者在共同占有中的不动产权利可作为遗产由其继承人继承。与联合占有相比,共同占有保证了土地权利人对自己所享有的权利的支配权,有利于土地的自由转让。

3. 简化转让财产的形式

在美国,每个人都可能转让土地,因此,人们要求以简便易行的方法有效、快捷地完成转让。不动产买卖援用英国1677年的《反欺诈条例》(Statute of Frauds)的规定,只要以书面形式订立契约即可。

4. 赋予外侨(aliens)获得土地的资格

依据普通法,外侨无权拥有、继承土地。在早期的美国,同样存在对外侨的歧视与恐惧,比如在1798年就制定了《外侨及惩治叛乱法》(Alien and Sedition Acts)。但是由于土地资源丰富,外侨源源不断地涌入,以及土地能够在市场上买卖等诸多原因,外侨无资格拥有土地的状况逐渐被改变。到1804年,俄亥俄州已经正式赋予外侨平等的法律地位,承认他们有权通过

买卖、赠与、分配等方法获得土地、住宅等不动产。①

5. 创设“技工留置权”(the mechanic's Lien)和“家庭财产豁免权”(homestead exemption)

技工留置权指的是当那些从事建筑、修理工作的技工未能如期收到报酬时,有权将所建造、修理的不动产留置的权利。该权利始创于1791年,当时,为鼓励建筑商尽快将首都建成,哥伦比亚特区就设立了这项权利。马里兰州、宾夕法尼亚州也紧跟其后作了类似规定。但是,早期的规定适用范围狭小,只有少数技工有权行使该权利。后来,越来越多的州逐渐扩大了留置权的适用范围。1845年,伊利诺伊州规定每一个为建筑物提供劳力与材料的人,都有权对不动产行使留置权。这样,技工留置权不仅帮助了技工和材料商,而且帮助了不动产所有人,使他们在资金短缺时避免了麻烦。截至内战爆发,绝大多数州都设置了这项权利。②

家庭财产豁免权则是为保障小业主的资产而设。该权利首先在得克萨斯州出现,1839年,该州规定不得强制将那些构成一个家庭的必要财产——工具、房屋、家畜、食品、家具乃至50英亩土地——用来还债。这项规定首先被密西西比州仿效,它在1841年也作了类似规定。到1848年,康涅狄格州、威斯康星州、密歇根州以及南方诸州都相继设置了这个制度。到南北战争时,该规定已为绝大多数州所接受。③

技工留置权与家庭财产豁免权看似互相矛盾,实际上,这二者有异曲同工之妙。“技工留置权”促进了土地的改良、城镇的建设、人口的增多;“家庭财产豁免权”则为新移民提供了保障。

6. 早期土地法的特点

由于权利的高度分化,不同的州又有不同的地理环境、客观要求及法律背景,因此,各州规定差异很大,缺乏权威性规范,有的州(如马萨诸塞州)仍然坚持传统的规定。这样,尽管已有进步,但是在全国范围内,土地交易仍然方式繁多,土地法也不统一。

---

① See Lawrence M. Friedman, *A History of American Law*, Simon & Schuster, 1973, p. 210.

② See Lawrence M. Friedman, *A History of American Law*, Simon & Schuster, 1973, p. 214.

③ See Lawrence M. Friedman, *A History of American Law*, Simon & Schuster, 1973, p. 215.

（二）信托法

1. 民事信托（civil trust）和商业信托（commercial trust）①

19世纪初，信托诉讼并不常见。当时的民事信托主要用于保护家庭内的妇女、无行为能力人的利益，期限较短，受托人的权力比较明确、固定。人们为了避免因破产而使子女陷于贫困，便将其财产的一部分设定为信托财产，指定子女为受益人。例如，父亲可以将给予女儿的财产委托朋友管理，避免财产被转移给女婿，这样，女儿作为受益人就不必担心受女婿破产的影响。

随着商业的发展，信托制度也发生了变革。由于大商人所拥有的不再仅仅是土地，更多的是有价证券、工厂、银行、轮船等新型财产，这些财产的价值不像土地那样固定不变，特别是有价证券的价值还会上下波动。因此，他们需要设立一套新的、有别于以往土地信托的制度，赋予受托人更广泛的、弹性的管理权力。1830年，马萨诸塞州在哈佛大学诉阿莫里案（Harvard College v. Amony）②中，明确了受托人的投资权和投资标准，这使受托人避免了严格的、烦琐的审查手续。从此，马萨诸塞州的受托人有权以审慎的投资者身份管理、投资受托财产。

与此同时，商业信托迅速发展起来。在建国初期，美国人不但将信托运用于商业领域，而且通过组建专业公司来开展信托业务。1792年，第一家信托公司在美国成立，到1841年，这种公司已达31家。③

2. 公益信托（charitable trust）

公益信托在美国有一部传奇的兴衰史。在19世纪早期，公益信托总是与建立教堂、教会特权联系在一起，人们对此抱有反感。但是，对大学的捐赠缓解了人们的反感情绪。1844年的韦德尔诉吉拉德的遗嘱执行人案（Vidal v. Girard's Executors）④使人们开始对公益信托表示欢迎。该案所涉及的吉拉德是一位银行家，他去世时没有子女但留下了大笔财产，他的遗

---

① 民事信托是指具有私益性质，由除商业信托人以外的主体担任受托人的信托。商业信托是指具有私益性质，由具有商业受托人身份的主体担任受托人的信托。这两种形式均属于私益信托。

② See Lawrence M. Friedman, *A History of American Law*, Simon & Schuster, 1973, p. 223.

③ 参见张淳：《信托法原论》，南京大学出版社1994年版，第8~9页。

④ See Lawrence M. Friedman, *A History of American Law*, Simon & Schuster, 1973, p. 224.

愿就是建立吉拉德大学。该案所涉及的问题就是公益信托是否有效,特别是法院在没有专门的法律授权下是否可以认可、管理公益信托。为了支持公益信托,联邦最高法院撤销了先前的判例,宣布该信托成立。这个案例使不少州改变了对社会公益信托事业的看法。

二、19 世纪下半叶至 20 世纪初美国财产法的发展

这一时期,私有财产权成了自由的体现,个人主义决定着财产所有者被赋予了实际上不受控制的对财产的使用和处置的支配权。

(一)不动产法

美国不动产法的方针就是保证土地的自由买卖。当新移民涌入西部时,不动产法也发展到一个新的高度。许多复杂而新型的法律问题也随之出现。

1. 关于不动产固定附属物(fixture)的性质问题

原先,不动产的固定附属物一般被认为是附属于土地的组成部分,随土地一起转让。但是,19 世纪 50 年代,威斯康星州的一个判决认为建筑物(谷仓)是紧密附着于土地上的固定附属物,应该随土地一起转移;而这个州的另外一个判决又将铜管乐队的练习厅作为动产,认定其可与土地分离,因为它是临时性的。[①] 这两个判决表明,判断固定附属物是否属于不动产的组成部分,要看其附属于或附加到不动产的方法和附着的程度。而法院的认定方法经常变化。

2. 采光权(aneasement of light)的否认

在英国法中,有关于相邻人采光权的规定,但美国法院认为这种权利的设定不符合提高土地用途、大力发展经济的现代国家的要求,应当予以否认。1852 年,马萨诸塞州的法律明确否认了相邻人之间采光权的存在。否认采光权,不仅是对英国法的改造,还表明了 19 世纪重视个人主义的思潮在法律上的体现。因为当时的法官普遍认为,一个土地所有人完全有权依据自己的意愿行使权利,纵使设置"刁难人的栅栏"遮住或挡住邻居的视线、采光等也无可非议。

---

① See Lawrence M. Friedman, *Contract Law in America: A Social and Economic Case Study*, University of Wisconsin Press, 1965, p. 134.

3. 逆权侵占/相反占有权(adverse possession)的确定

逆权侵占理论在19世纪的美国深受欢迎。根据这个理论,如果有人以主人身份使用他人土地,而土地所有人在规定的时期内未采取阻止措施,那么,土地所有人就将丧失土地所有权,非法占有人取得该土地所有权。随着西部的开发,相反占有权更加深入人心。为了尽快明确土地所有关系,法律对相反占有权的规定也作出改革,如依据传统,有效占有期限一般是20年,但内华达州在1861年将其缩短为5年。而构成有效占有的条件是必须在土地上建造房屋、围墙、牧场或其他看得见的土地开发利用形式。

(二)信托法

随着拥有巨额资本的资本家大量通过信托来为自己及家人服务,关于信托的法律与实践亦获得了进一步的发展。

1. 商业信托与民事信托

19世纪末,一些州已经正式通过关于信托投资的法律,规定了"合法投资项目表",规定在无危险情况下,受托人可以进行投资的项目。马萨诸塞州和其他一些州在1830年哈佛大学诉阿莫里案后,就开始逐渐给予受托人更多的自主权。但是,与此同时,对于受托人的投资活动仍然存在一定限制。1873年,宾夕法尼亚州的法律禁止将信托资金用于购买任何私人公司的股票、债券,类似的规定相继出现在亚拉巴马州(1875年)、科罗拉多州(1876年)、蒙大拿州(1889年)、怀俄明州(1889年)等地。①

这一时期,信托公司越来越多,而且,出现了信托公司与银行互相兼营对方业务的局面,商业信托呈现繁荣景象。1897年,一个全国性的信托协会——信托部(Trust Division)在底特律成立;1906年,美国颁布了《信托公司储备法》(Trust Company Reserve Law)。

当然,保护寡妇、子女等弱者的信托并未因商业信托的繁荣而受到排挤,事实上,这类信托在东部仍然是很常见的。

2. 公益信托

如前所述,19世纪上半叶,某些州虽然对公益信托改变了看法,但仍然有一些州,由于人们对"死者之手"(个人对财产的支配不只在生前,能延

① See Lawrence M. Friedman, *A History of American Law*, Simon & Schuster, 1973, p. 369.

续到死后依然有效),特别是对教会的“死者之手”的反感而导致了对公益信托的不信任。在中西部及南方仍有不少州禁止设立公益信托,宾夕法尼亚州 1855 年颁布的法律即是一例。

在纽约州,其财产法原本也严格限制公益信托。在 1891 年泰尔登诉格林案(Tilden v. Green)①中,泰尔登死亡时留下数万美元,希望通过信托的方式建立一个公共图书馆。但法院判决泰尔登所设立的公益信托无效,并将遗产交给泰尔登的继承人。这个判决对人们的震动很大,大家开始认识到不允许公益信托的结果是社会公共利益受损。于是,1893 年纽约州的法律改变了规定,承认了公益信托。其他州也相继着手改革。

在那些早已承认公益信托的州,则进一步提高了公益信托的效益。马萨诸塞州采纳了“近似原则”(力求解释符合遗嘱愿望的原则)来处理公益信托财产。1867 年,法院在审理杰克逊诉菲力普案(Jackson v. Phillips)②时就运用了该原则。此案所涉及的杰克逊在 1861 年死亡,当时他立遗嘱将遗产委托受托人创立一个基金用于帮助解放黑人奴隶;后来,受托人用一部分遗产帮助了逃亡的奴隶。但由于不久之后奴隶制被消灭,原有的目的已没有意义,于是,杰克逊的继承人主张所剩下的信托财产应归还给他们所有。法院拒绝了继承人的请求,不允许解除信托,运用“近似原则”,指定将这笔基金用于解放了的奴隶的福利、教育事业。“近似原则”的运用提高了公益信托的效益。

三、20 世纪以后美国财产法的变化

20 世纪以后,由于工业发展、人口增加,财产权的无限制原则受到了冲击。特别是从 20 世纪中期开始,法律开始禁止权利的滥用,美国的财产法发生了许多新的变化。

(一)不动产法

20 世纪美国的不动产法所涉及的法律问题非常广泛,任何涉及不动产的拥有、使用及流通的法律,都属于不动产法的范围。

---

① See Lawrence M. Friedman, *A History of American Law*, Simon & Schuster, 1973, p. 370.

② See Lawrence M. Friedman, *A History of American Law*, Simon & Schuster, 1973, p. 371.

1. 不动产种类及权益

不动产中最重要的是土地。此外,牢固附属于土地之上或埋藏在土地之下的财产,包括建筑物、生产物、矿物等也属于不动产范围。

在美国,生产物虽然被认为是不动产,但它可以单独销售,此时,它被认为是动产。矿物的情况亦与之类似。

每一项不动产都可能产生多项权利,包括无限制继承地产、终身财产、租赁权、地役权、特许。①

2. 不动产的转让

不动产的转让方式主要有买卖、赠送、继承、通过欠税拍卖转让不动产所有权、相反占有等。

3. 不动产所有权的保护

在上述转让形式中,除相反占有以外,均涉及所有权凭证的转让问题。对此,法律通过两个途径,即健全所有权文件系统(如签发土地所有权凭证等)和健全公共档案系统(如对不动产所有权的登记制度等)来对权利人进行保护。

4. 不动产所有权行使受到的社会限制

20世纪以后,不动产所有权的行使已不再是为所欲为的了,它受到了来自政府的限制,包括对有害于公共利益的行为的限制和为了最有效地利用整个社区的资源而进行的统一规划与管理。

1916年始于纽约的分区制是这方面的一个重要步骤,它是政府为了社区利益而实施的土地使用管制。其内容是将某一市、区划分为不同的区域,不同的区域有不同的功能,如居住区、商业区、工业区等。每一个区对本区内的建筑规模、用途都有所规划。它要求土地所有人配合城市发展规划,为城市发展让出土地。到1920年,已经有35个州颁发了有关分区制的法令,1926年,联邦政府颁布了州际标准分区制实施法令。

(二)动产所有权的取得方法

取得动产的方法主要涉及占有或攫取、购买、赠与、继承、遗失物和错

① “特许”不是地产的权益,它可以由口头产生,是为了限制和有特定目的允许别人临时使用土地的权利。

置物[①]。

(三)信托法

20世纪以后,信托业持续发展,专业性信托公司作为其他公司债券的委托人、股票转让的中间人、股票的发行人和发放股息的代理人,在整个经济生活中占据了重要的地位。到1980年,仅信托公司便已达4054家,兼营信托业务的银行约有4000家。[②] 公益信托蓬勃发展,至20世纪70年代,各种类型的基金会多达22 000余个。[③]

至今,相当多的州制定有信托法典(如纽约州、密歇根州、加利福尼亚州等),只有少数州例外(如路易斯安那州、马里兰州、华盛顿州等)。[④]

同时,国会颁布了三个关于信托的单行成文法。它们是:1933年《统一信托收据法》(The Uniform Receipt of Trust Act);1939年《信托契约法》(Trust Indenture Act);1940年《投资公司法》(The Investment Company Law)。除了《统一信托收据法》在1952年被废除,其他两部单行法再加前文提及的1906年《信托公司储备法》,从颁布之日起一直施行至今。

(四)新问题

随着新事物的不断出现,财产与财产权的范围正在不断扩大。从20世纪70年代开始,法律实践中出现了一种把传统上不被认为是财产权的那些权利当作财产权而给予保护的趋势。诸如驾驶执照的拥有权、获得福利救济的权利都被上升到财产权的高度。[⑤]

但是,法律对新事物的接受并不总是采取迎合的姿态。面对各类新生事物,当代的财产法正处在一个犹豫不决、争议不断的阶段。譬如关于冷冻受精卵、手术中取出的人体器官等人体各部分在多大程度上可以成为财产的案例就引发了关于财产定义的争论。

这一切,喻示着社会变化的同时,亦喻示着财产法所面临的复杂环境

---

① 现在,美国《财产法》中,规定在一定条件下,拾得丢失物、错置物的人可以获取该物所有权。条件是拾得者须向有关部门报告,或刊登广告,经过一定期限后无人认领等。

② 参见[日]川崎诚一:《信托》,刘丽京、许泽友译,中国金融出版社1989年版,第11页。

③ 参见杨崇森:《信托与投资》(第3版),台北,正中书局1983年版,第200页。

④ 参见张淳:《信托法原论》,南京大学出版社1994年版,第21页。

⑤ 参见[美]罗纳德·波斯顿:《美国财产法的当前发展趋势》,张礼洪译,载《外国法译评》1994年第3期。

和艰巨任务及其不得不进行的变革。

四、21世纪美国财产法发展的新思潮

美国财产法在21世纪的发展与长期的理论争鸣息息相关,传统的功利主义财产法思想经历了法经济学的洗礼而焕然一新;在20世纪具有重要地位的“权利束理论”则受到了挑战。同时,一场以哈佛大学法学院为中心的标榜“私法新思维”的学术讨论正在展开,而财产法理论的革新正是这一场学术运动的主要阵地。[①]

(一)功利主义财产权思想的时代演进

功利主义哲学是美国财产法之传统思想基础,主张财产权利的分配与界定应依据最有利于促进社会整体福利的方式进行。功利主义哲学之父边沁更是提出了“财产与法律共生共灭”的命题。不过,传统功利主义财产权思想因两个核心问题不能解决而受到批判:其一,人类幸福的衡量标准为何? 其二,功利主义要求财产权不断发展变化,但如何决定变化的适当性?[②] 直至20世纪中后期,美国法学家波斯纳通过运用经济学原理提出功利主义财产权思想,该思想以金钱作为衡量幸福的形式。他提出著名的“波斯纳定理”,即如果市场交易成本过高而抑制交易,那么,财产权应赋予那些最珍视它们的人,因为这些人将能创造出最大的收益。[③]

随着该理论日益流行,学界出现了不少质疑的声音。例如,有学者指出人类的福祉如尊严、平等不能完全以金钱来衡量。[④] 不过,质疑并未阻碍功利主义财产权思想极大地影响美国财产法发展,如“美国财产法理论的历史基础主要是建立在洛克的个人自然财产权理论及布莱克斯通的个人绝对财产权观念之上的”[⑤],但“个人本位”可能使财产价值难以充分运用,

---

① 关于这一场尚在进行的学术大讨论,参见熊丙万:《实用主义能走多远? ——美国财产法学引领的私法新思维》,载《清华法学》2018年第1期。

② 参见[美]约翰·G. 斯普兰克林:《美国财产法精解》(第2版),钟书峰译,北京大学出版社2009年版,第17页。

③ 参见[美]理查德·A. 波斯纳:《法律的经济分析》,蒋兆康译,中国大百科全书出版社1997年版,第8页。

④ See Jeanne L. Schroeder, *Rationality in Law and Economics Scholarship*, 79 Oregon Law Review 147 (2000).

⑤ 王铁雄:《美国财产法理论的历史基础》,载《宁夏社会科学》2010年第2期。

而且不利于社会福祉的增加,那么限制私有财产权便成为立法选择。正如罗纳德·波斯顿教授所指出的,为了承租人利益或某一特定社会目标而限制地产权的现象层出不穷。① 但在分配财产权时,如何达到整体福利的最大化依然难有定论,波斯纳提供的金钱衡量标准也仅能作为标准之一。当下,关于功利主义财产权思想的探讨仍在持续。

(二)“权利束”理论与挑战

美国财产法系继受自英国农业封建社会财产制度,以拟制的“地产权”为模型,构建了财产权体系。区别于欧陆财产法预设权利类型绝对效力的方法,美国财产法自始走的便不是财产权“绝对化”的道路,而是以“相对性”方法来确立权利。② 同时,美国财产法没有拘泥于财产权的“对物性”,而是认为财产权不仅表现为对物的支配力,而且表现为人与人之间围绕财产的权利义务关系。由此,20 世纪美国财产法发展出了“权利束”(bundle of right)理论。

财产权的“权利束”的核心“木条”(stick)包括:排他权(the right to exclude),即排除他人使用或占有特定财产的权利;转让权(the right to transfer),即把所有人的财产权利转让给其他人的权利;占有使用权(the right to process and use),即占有财产并使用、收益的权利。③ 该理论赋予财产权多面维度,使同一宗财产上的财产权有进行多元分割的可能性,进而用于实现各式各样的财产利用目的。美国法学家史密斯较为客观地评价了该理论的优点:作为一种分析工具,“权利束”可能非常有用。它从法律(也许是非法律)的意义上对谁可以对谁做什么提供了高度准确的描述。他也指出了该理论的不足:在经典的模型中,“权利束”没有设置关于其内容的特别限制——它们要符合可塑性,并且应该以相当直接的方式响应政策的关注点。这样的政策导向性会涉及增加或减少“木条”,这一版本的

---

① 参见[美]罗纳德·波斯顿:《美国财产法的当前发展趋势》,张礼洪译,载《外国法译评》1994 年第 3 期。

② 参见冉昊:《财产权的历史变迁》,载《中外法学》2018 年第 2 期。

③ 参见[美]约翰·G. 斯普兰克林:《美国财产法精解》(第 2 版),钟书峰译,北京大学出版社 2009 年版,第 4~7 页。

"权利束"便看似可以解释一切,却实质上什么也解释不了。①

21 世纪初,"权利束"理论遭到挑战,因为该理论下的财产权的范畴过于宽松,乃至与非财产权边界十分模糊。上述质疑表明,"权利束"中必须保有某些不可被抽取的"木条"。史密斯教授提出的方法为基于"物事法"的重构,表现为"模块化",即财产权应被理解为一种由多个可分解系统构成的复杂结构,在这些结构内部有着多个的模块,彼此独立又相互依存、彼此作用,构成了一个共生制约的系统。② "模块化"财产权理论也并非尽善尽美,其虽然通过财产权的标准化降低了交易中的信息成本,但必须保持一定的弹性。同时,在某些情境下,财产权无法标准化为财产权模块,那么个案判断便不可或缺。③

"权利束"理论可以看作美国财产法基于"相对性"认识方式而作出的区别于欧陆"绝对化"财产权的财产权模型,但其内涵过于宽泛,与非财产权有混同之处,乃至影响了倚之为基石的美国私法的内在独特性。为此,美国财产法学者将财产权基本理论转型纳入"私法新思维"的新世纪学术争论之中,这一争论尚未终结,我们无法预料其能产出怎样的理论。不过,有学者指出,这一争论贯彻着美国法学研究的实用主义精神,如强调私法的独立性是因为"这样能够给国家法治建设和公民社会福利带来实实在在的好处,而不是出于对某种教义学说的简单信奉乃至盲从"④。那么,这便为其理论成果预设了实用主义式的检验标准。

五、21 世纪美国财产法的重要制度变化

21 世纪初,美国财产法的重要法律渊源如州法律统一委员会制定的统一化示范法典、美国法学会出台的法律重述都发生了重要变化,彰显了美国财产法在新世纪的变革。下面将从不动产法及信托法两个方面叙述:

---

① See Henry E. Smith, *Property as the Law of Things*, 125 Harvard Law Review 1691 (2012).

② See Henry E. Smith, *Property as the Law of Things*, 125 Harvard Law Review 1691 (2012).

③ See Thomas W. Merrill, *Property as Modularity*, 125 Harvard Law Review 151(2012).

④ 熊丙万:《实用主义能走多远?——美国财产法学引领的私法新思维》,载《清华法学》2018 年第 1 期。

(一)不动产法的制度变化

世纪之交,美国法学会(The American Law Institute, ALI)分期颁布了《财产法第三次重述》[Restatement (Third) of Property][①],这一重述是21世纪初美国不动产法乃至财产法的最重要变革之一。

1. 1997年《财产法第三次重述:抵押》[Restatement (Third) of Property: Servitude]

1997年,美国法学会发布了《财产法第三次重述:抵押》。这项工作是法学会第一次全面审查有关房地产抵押和抵押替代品的法律。它旨在提供一致的原则和支持分析,以满足贷款行业的需要,同时为借款人提供合理的保护。美国法学会对于该重述的简介道:该重述涵盖了以不动产作为某种债务担保的交易。该重述的一个主要目标是通过识别和阐明法律规则,来帮助统一有关房地产安全的法律(the law of real property security),这些法律规则将满足贷款行业的合法需求,同时为借款人提供合理的保护。

2. 2000年《财产法第三次重述:役权》[Restatement (Third) of Property: Servitude]

2000年,美国法学会发布了《财产法第三次重述:役权》。实际上,美国财产法中不动产的役权制度是美国法中古老且繁复的代表。法学会在1944年曾发布过相关重述,此次重述即针对上次重述进行修改,总结了20世纪的经验并指引21世纪的土地利用和开发。该重述除前言外,由8章组成:第1章为定义,第2章为役权的设立,第3章为役权协议的效力,第4章为役权的解释,第5章为役权利益与负担的继受,第6章为共同利益之集合体(集体役权),第7章为役权的变更与终止,第8章为役权的实施。

此次重述通过删繁就简,简化了美国长期法律实践形成的多种役权,如消除平行相对性之要求,对利益使用的限制或禁止的消除,从而消除了存在于不动产契据与衡平役权、消极役权与限制性契据之间的差别,并且还使一个不可撤销的土地利用许可作为一项役权成为可能,形成了21世纪役权的三种类别,即地役权、不动产契据权和获益权。[②]

---

① 起草此重述的是密歇根大学法学院的劳伦斯·W.瓦格南教授和耶鲁大学法学院的约翰·H.兰贝因教授,修订后的草案已获美国法律研究所及其成员在其年度会议上的批准。

② 参见耿卓:《论美国法上的役权——以〈美国财产法第三次重述:役权〉为中心》,载《求是学刊》2013年第2期。

3. 1999 年、2003 年、2011 年《财产法第三次重述:遗嘱和其他捐赠性转让》[Restatement (Third) of Property: Wills & Other Donative Transfers]

美国法学会分 3 卷公布了《财产法第三次重述:遗嘱和其他捐赠性转让》,以财产尤其是不动产的产权变动为核心,联系了财产法、继承法(详情见后文"继承法"部分)等法律部门。[①] 1999 年颁布的第 1 卷提供了遗嘱和无遗嘱死亡等方式下的财产转让的法律综合处理意见,阐明了遗嘱转让的规则,以实现捐赠者的意图,同时提供了防止这些意图被欺诈或因错误而失效的保障。其涉及的主题包括定义和基本原则、"无遗嘱"、遗嘱手续、无害错误规则、撤销遗嘱、恢复被撤销的遗嘱,以及影响遗嘱的执行后事件,包括抗辩和失效。2003 年颁布的第 2 卷着重重述了非遗嘱财产转移,诸如赠与和遗嘱。该重述探讨了保护主义原则,诸如精神无能力、未成年人,以及不正当影响的法律后果,讨论了幸存配偶保护以及婚前协议问题。2011 年颁布的第 3 卷包括现代化的条款和简化未来利益的法律。该重述涉及概括赠与(class gift)规则以应对近期生殖技术科学发展带来的法律问题,制定永续年金简化规则,并且以一个清晰的、有原则的解释说明了限制"死者之手"控制财产的原因。[②]

4.《财产法第三次重述》中的新制度

《财产法第三次重述》经历了长期的修改打磨而不断产生新的理论、规则,以适应 21 世纪美国经济社会发展的需要。关于任命权和未来权益的内容是其中备受关注的新制度。

(1)关于任命权

"任命权是英美律师的聪明才智制定出来的最有效的决策手段。"[③]对当代不动产规划人员如何利用预约机制的力量来实现重要的非税收决策

---

① 这项工作是美国法学会更新遗嘱和继承法律的 20 年计划的高潮部分。它是对美国"遗嘱法""遗嘱替代物法""无遗嘱死亡法""赠与法""委任权""现在和将来的利益""赠与文件"的综合处理,该重述废止了《财产法第二次重述》的相关部分。

② See The American Law Institute, *The American Law Institute Completes the Restatement (Third) of Property: Wills and Other Donative Transfers*, (Dec. 1, 2011), https://www.ali.org/news/articles/american-law-institute-completes-restatement-third-property-wills-and-other-donative-transfers/.

③ W. Barton Leach, *Powers of Appointment*, 24 American Bar Association Journal 807 (1938).

目标的考量是非常重要的,而这些非税收决策目标包括灵活性、控制权和债权人保护。委托人希望终生为其儿女创造一份完整的信托,并在放弃对其孙辈的信托时终止。客户不喜欢固定剩余物(fixed remainders)的刚性(rigidity),如果剩余部分只是留给客户的孙辈,就会导致这种刚性。而美国法律研究所所作的有关任命权的初步草案中所作的决定,将对房地产规划人员产生影响,这种暂定草案规定的财产规则在许多情况下不同于税务规则和关于任命权的概念。①

任命权的创建作用有二:一是有效转移要求。一个人(捐赠人)创造任命权的一个不可或缺的先决条件是,财产转让必须是有效的。例如,在一个特定的州,可能需要一份符合《反欺诈条例》的书面文件来建立对不动产的权力。而在信托中,对个人财产行使权力时,书面授权可能是不必要的。一项权力可以由行使一项权力的受赠人创造,但可能有必要遵守适用的永久性规则。受赠人行使受赠人的权利,即视为被创造的权利的赠与人。二是意图的表现。假定有一项有效的转让,捐助者必须设立一项任命权。显然,以最有效的方式来表明意图创造一个权力是通过明确的书面表达意图。不幸的是,并不是所有的权力都是经过仔细起草的,因此可能会导致一系列问题和诉讼。试探性草案对建设问题进行了广泛的讨论和说明,包括使用事先准备的语言。虽然《财产法第三次重述》第18.1条没有讨论,但暂定草案已明确指出,如果受赠人在转让生效日死亡,则不能设立任命权。②

(2)不动产的未来权益

美国的不动产法和未来权益法极其复杂,这种复杂性是不合理的,因为它没有现代的目的。因此,美国学者对所有权制度改革的呼吁从19世纪初便开始了,第一次财产法重述中关于简化系统的失败,使人们重新思考其间的关系。此后,在有关立法改革的提议时有出现。《财产法第三次重述》是毫不掩饰的改革主义,并代表了第一次重大的制度努力。虽然作为其基本领域的物权法,在某些方面受到了批评,但第三次重述对遗产和

---

① See Bloom, Ira Mark, *Powers of Appointment under the Restatement* (*Third*) *of Property*, 33 Ohio Northern University Law Review 755(2007).

② See Bloom, Ira Mark, *Powers of Appointment under the Restatement* (*Third*) *of Property*, 33 Ohio Northern University Law Review 755(2007).

未来利益制度作了精准的、令人信服的简化。

美国普通法司法管辖区所承认的所有权形式通常分为当前占有权益(涉及不动产时通常称为土地上的不动产)和未来权益。当前占有权益的所有人享有占有和享用财产的权利。未来权益的所有人没有占有和享受财产的权利,但在未来的某个时候可以获得这些权利。未来权益一旦被创造就存在,它是未来可能存在的占有权,而不是利益本身的存在。不动产的产权清单应该是这样的:绝对所有权、指定继承的不动产所有权、可决定的所有权(fee simple determinable)、条件满足后转让人取得权(fee simple subject to condition subsequent)、条件满足后第三方取得终止权(fee simple subject to executory limitation life estate)。

5.《财产法第三次重述》之于美国不动产法发展的意义

美国法学会的财产法,尤其是关于不动产制度的法律重述,从以下三个方面深刻地影响了美国不动产法的发展:

首先,影响了制定法的统一。例如,其统一了遗嘱和非遗嘱认证转让不动产的法律;统一了财产的概括赠与制度;[①]统一了长期困扰美国不动产法实务的役权问题。此外,《财产法第三次重述》虽然注重"私法"层面的法律统一,但其与财产税相关的内容受到了美国税务机关的关注,2014 年,美国国家税务局(Internal Revenue Service)宣布接受了源自该重述的以实现捐赠人税务目的的财产变动行为具有合法性。

其次,影响了判例法的发展。瓦格纳教授指出:"此次财产法重述显著地影响了诉讼当事人寻求变更现有法律、制作新的法律,并最终使法院'拥抱'(embracing)重述提出的建议。"[②]

最后,影响了学说的发展。自《财产法第三次重述》公布后,几乎每一篇涉及信托和不动产法的问题的期刊文章都涉及一个或多个重述中的命题。涉及不动产法的判例也有很多对重述的全节摘录和其他引用。

---

① 重述中有关概括赠与的相关规定被直接纳入 2008 年版的《统一继承法》。See Sheldon F. Kurtz & Lawrence W. Waggoner, *The Uniform Probate Code Addresses the Class-Gift and Intestacy Rights of Children of Assisted Reproduction Technologies*, 35 ACTEC Journal 30(2009).

② Lawrence W. Waggoner, *How the ALI's Restatement Third of Property Is Influencing the Law of Trusts and Estates*, 80 Brooklyn Law Review 1019 (2015). 文中瓦格纳教授还例举了《财产法第三次重述》公布后,法院明确在判决中引用的重述观点的判例。

6. 美国不动产法发展的新需求与建议

除《财产法第三次重述》中对未来利益的规定外,美国学界关于不动产的未来利益的示范立法的呼声也在日益高涨。有学者在分析了美国现行不动产产权体系后,指出当前美国不动产法的矛盾性。他指出,当下美国法中含有9种当下的占有权与8种未来利益,体系上的复杂缺少必要性。这种不必要的复杂则是源于继受的英国法中存在与现代法相龃龉之处。①美国法学家斯普兰克林更是将美国不动产产权体系称为"新旧板块组成的拼图玩具",诸如性别不平等之类的英国财产法的封建残余将在未来不断被排除出美国法。②

重新整合美国不动产法的方式有多种,如财产法重述与出台统一法典。法律重述的效果已经由上文提及,但其缺少重构标准化不动产产权体系的能力,而关于不动产产权问题的统一法律也在20世纪遭到冷遇。③ 长期的整合实践揭示了美国不动产法的"一致与多元"的悖论,一方面,土地是地域性的,不动产法的某些领域(尤其是产权)往往反映了当地的情况和习俗。如果对解决某一特定问题的最佳方法缺乏共识,让不同的州采用不同的制度或许可行,并可以提供不同制度的影响的相关数据。另一方面,在某些领域,如抵押权等州际交易频繁的领域,让各州奉行相同的法律规范确颇有必要。④

学界认为示范法或许是可行途径。统一法与示范法二者有别,统一法以实现法案条款在不同司法管辖区之间的一致性为主要和强制性的目标,而示范法则以立法的指引为要旨,不要求每个州的完全适用。柔性特质使示范法受到了不动产制度整合、重构提议者的青睐。例如,有学者指出,如果美国的不动产法是统一的,对律师和法学教授来说可能会很方便。如果

---

① See D. Benjamin Barros, *Toward a Model Law of Estates and Future Interests*, 66 Washington and Lee Law Review 3 (2009).

② 参见[美]约翰·G. 斯普兰克林:《美国财产法精解》(第2版),钟书峰译,北京大学出版社2009年版,第96~97页。

③ See Jon W. Bruce, *The Role Uniform Real Property Acts Have Played in the Development of American Land Law: Some General Observations*, 27 Symposium on the Uniform Real Property Acts 331(1992).

④ See Ann M. Burkhart, *Real Estate Practice in the Twenty-First Century*, 72 Missouri Law Review 1031(2007).

一些州只颁布拟议的示范法的某些部分，示范法也将实现其目标，虽然程度较轻。当然，示范法中体现的改革最好是以全面的方式进行，对不动产和未来利益制度作零敲碎打的改变是有风险的。[①] 可见，示范法形式的不动产法改革应以弥补法律重述的零碎性为导向，而且应吸取 20 世纪统一法立法的教训。

（二）信托法的制度变化

21 世纪美国信托法的发展伴随观念的转变与法律统一化进程。以下将从三方面说明：

1. 美国信托法观念的转变

美国信托法的定位问题引发争议。美国法学家斯特考夫将之归纳为：信托是接近于财产权还是接近于契约？[②] 契约论学者把信托看作主要是委托人和受托人之间的一种契约，受益人则处于类似于契约第三人的地位。相反，财产权论学者则把信托及受托人角色看作本质上是以财产为基础的；信托是源自转让或赠与的一种财产权安排，它不是契约。事实上，无论是持有财产论还是契约论，大部分学者的观点都不是“全有全无”式思考的产物，大部分参与讨论的学者承认了信托结合有契约、财产权两者的特征。

两派观点代表了不同的关于信托法中任意性规范和强制性规范的看法：持契约论的学者在通常情况下偏爱任意性规范，给予委托人最大限度的灵活性使其在制定信托条款时与受托人讨价还价，即强调委托人的意愿和目的。持财产论的学者更偏爱强制性规范，常忽略委托人意愿以保护受益人的财产权利，即强调受益人的财产权利益。[③] 利益权衡的转向体现在具体制度变革中，学者加兰尼斯从信托管理中的挥霍条款、管理偏离，以及信托终止中的受益人自愿行为、反永久规则等制度变革的角度指出：“这些例证综合起来反映了法律的一种动向：对委托人的偏爱进行适度回移，从而朝着越发认可受益人权利、责任和意愿的方向发展。”[④]

---

① See D. Benjamin Barros, *Toward a Model Law of Estates and Future Interests*, 66 Washington and Lee Law Review 3 (2009).

② See Robert H. Sitkoff, *An Agency Costs Theory of Trust Law*, 89 Cornell Law Review 621 (2004).

③ 参见［美］托马斯·加兰尼斯：《美国信托法的新方向》，徐卫译，载《交大法学》2013 年第 3 期。

④ ［美］托马斯·加兰尼斯：《美国信托法的新方向》，徐卫译，载《交大法学》2013 年第 3 期。

2. 美国信托法中信托功能的转型

传统视域下,信托一般用于家族财富的内部传承,很少与商业组织和商业行为相联系。经过 20 世纪美国信托法的长期实践,信托作为一种财产规划工具被广泛运用于商事领域。实践中出现了大量的信托产品,乃至有受到承认的商业信托组织。世纪之交,关于商业信托的研究逐渐兴起,如约翰·朗本提出"作为商业工具的信托"这一概念,认为传统信托是对财产的无偿转让,而商业信托则是以财产的增值为目的,那么在商业信托的情境下,受托人将承担更多的义务。同时,其提及的养老金信托、投资信托、公司信托、法定管制信托等奠定了 21 世纪商业信托的研究的框架。①

目前,21 世纪美国信托法的商业化趋势不断加深,有关商事信托的相关规定已经进入美国信托立法与法律重述之中。我国学者赵云评论道:"信托法的商业化和组织化发展一方面是信托灵活性和效率价值体现,另一方面顺应了经济全球化的发展趋势,为社会财富国际流动提供了可供合作的制度基础。"②

3. 美国信托法的法律统一化进程

这一进程的主要部分包括《统一信托法典》(The Uniform Trust Code)与《信托法第三次重述》。2000 年美国统一州法律委员会颁布了《统一信托法典》,该法典由哈特莱特法官领衔,耗时 7 年起草而成。在正文通过审议后,注解和附录分别在 2001 年 4 月和 2001 年 8 月完成,2001 年起,该委员会对文本进行修改,以期能使其与时俱进。《统一信托法典》正文包含 11 章,分别叙述如下:

第 1 章"一般条款和概念",规定的是信托法的基本概念和信托法的基本原则;第 2 章"司法程序",规定了与信托相关的程序问题,诸如信托关联多州时,如何确定司法管辖权等;第 3 章"代表",规定了受益人和其他利害关系人的代表人;第 4 章"信托设立、生效、修改和终止",规定了信托法律关系的成立、变更、消灭问题,明确确立了"非慈善的"、"慈善的"和"名义的"三种基本信托类型;第 5 章"债权人请求、禁止挥霍和全权信托",主要

① See John H. Langbein, *The Secret Life of the Trust: The Trust as an Instrument of Commerce*, 107 The Yale Law Journal 165 (1997).

② 赵云:《美国信托法的价值基础变迁及启示》,载《北京航空航天大学学报(社会科学版)》2015 年第 1 期。

涉及禁止挥霍规则对信托的保护以及债权人向信托关系人主张债权的相关规定;第6章"可撤销信托",规定信托在无法定或约定情形下,原则上推定为可撤销,并设定了撤回、修改可撤销信托的程序;第7章"受托人职责",该规定采任意性规定之立法模式,支持当时在信托合同中变更受托人的职责;第8章"受托人的义务和权利",借鉴普通法中形成的受托人权利义务模式,并与之前颁布的成文法典相对接;第9章"统一谨慎投资人法案",主要将1994年出台的《统一谨慎投资人法案》(The Uniform Prudent Investor Act)纳入信托法典;第10章"受托人责任和信托关系人的权利",规定了违反信托的救济,规范了受托人、受益人之外第三人与信托当事人之间的关系;第11章"附则"。

《统一信托法典》是兼具继承与开创的成文立法。其不仅继承了之前统一州法律委员会的统一立法、各州信托立法与普通法,如引用《统一谨慎投资人法案》;也开创了21世纪美国信托法统一立法的新纪元。总体而言,首先,其围绕信托当事人权益平衡进行动态协调,契合了前述的利益权衡的偏转趋势——加强受益人保护。从条文设立角度,法典编纂者兼顾了信托的契约性与财产权特征,适当地设立任意、强行性条款。其次,法典编纂者创立了新制度,诸如第四章中信托变更和终止的弹性规则以及第六章中对可撤销信托的专门规定。最后,《统一信托法典》的颁行及其相继在各州被接纳,奠定了美国信托法以该法典为基准,其他信托统一立法为补充的立法体系,使各州信托制度达到了空前的统一。

2019年,《统一信托法典》颁行近20年,美国法学家库博客观地称赞了该法典的成就:"它在35个不同司法管辖区被施行并在其他地方被当作重要参照。事实证明,它既受欢迎又有影响力,引发了具有变革性且范围广泛的激烈争论。它影响了信托和遗产法实践的许多方面,包括遗产规划、信托管理和信托诉讼。"①

相对于《统一信托法典》,美国法学会起草并在世纪之交颁行的《信托法第三次重述》起到的是制度漏洞填补与学理阐释的作用,并见证着美国信托法的跨世纪的发展。20世纪80年代,美国法学会发现1957年通过的

---

① Jeffrey A. Cooper, *Twenty Years of the Uniform Trust Code*, 45 ACTEC Law Journal 1 (2019).

《信托法第二次重述》已经不能满足实践需求,便开始了新一轮信托法法律重述,终稿由加利福尼亚大学伯克利分校法学院哈尔巴赫教授担任报告人。

这项工作旨在提供一个当代的关于信托法的处理方案,以期为立法者、法官和那些为受托人、受益人提供咨询者或起草信托文书以求真实准确反映委托人合法意图者提供一个权威的指引。该重述的出版分为 4 卷,分别在 2003 年出版第 1 卷和第 2 卷,第 1 卷以信托的性质、特征以及创立为核心,第 2 卷则规定了信托的要素、受益人权利和利益的本质以及信托的修改与终止;在 2006 年出版了第 3 卷,规定了受托人的权力和职责,并包括一个关于谨慎投资人的章节,以取代 1992 年即公布的版本;在 2012 年出版了第 4 卷,该卷包括信托管理的相关规定,尤其违反信托,归责问题以及适当的法律救济措施。

美国财产法乃民商法体系之基础,这一地位在 21 世纪初也并未被撼动。财产法理论的变革引领着“私法新思维”学术讨论,财产法中的法律统一化进程,诸如法律重述与统一法典的颁布,契合着美国民商法制度由各州独立逐步走向统一化的发展方向。不过,美国财产法相对于欧陆法律体系中的对应部分而言,仍缺少边界清晰感。譬如,不动产法的相关内容同继承法息息相关,而信托法的内容又与契约法难脱干系。21 世纪初的财产法发展的确有部门法意识的觉醒,如前述“私法新思维”学术争论中就有学者希望明确财产权与非财产权的边界。不过,从当下统一性法典与法律重述的内容来看,美国财产法仍将保持同民商法其他部分的密切联系,或许制度和理论的交融正是美国财产权保护体系的发展特征。

第二节 契约法

一、18 世纪末至 19 世纪上半叶美国契约法的起步

美国契约法源自英国普通法,在 19 世纪之前发展很缓慢,19 世纪后,随着资本主义经济的成长,契约法也开始迅速发展,至 19 世纪上半叶,契约法已进入人们生活的各个方面。

(一)契约自由原则的确立

1810 年发生的弗来彻尔诉佩克案(Fletcher v. Peck)①确立了契约自由原则。该案的事实是:1795 年佐治亚州议会多数议员接受贿赂,通过法律将从印第安人手中获取的数百万英亩土地廉价卖给地产公司。后者把土地予以分割并高价出售。后来的议会通过一项法律,宣布撤销前届议会出售土地的立法。但此时许多土地已经被转移到不知情的第三人手中,由此引起诉讼。最高法院判决该州后届议会的法律无效,因为它违反了宪法中关于禁止各州通过破坏契约义务的法律的规定;佐治亚州与地产公司的契约是已经履行的契约,对当事人具有拘束力,至于前届议员收受贿赂则属于另一个问题,不能因此而宣布契约无效,从而使包括善意第三人在内的当事人权利受到损害。该案判决的结果在美国确立了契约自由和契约神圣的原则。

(二)契约法的基本政策

1. 口头证据规则(parol evidence rule)

该规则的含义是,在契约当事人之间订立了书面契约,把他们之间的最终协议用书面形式表达出来之后,有关他们事先理解和协商契约内容的证据,无论是口头的还是其他形式的,都不能出于更改或对抗这一书面协议的目的而被援用。这个规则排除了那些与最后达成的书面契约相违背的证据的效力。在 1806 年纽约的曼佛诉法生案(Mumford v. M'Pherson)②中,轮船的买主诉称在购买轮船时,卖方曾口头保证轮船是镀铜的,但事实并非如此;卖方对这个保证予以否认。法院判决认为,当双方达成书面契约时,以前的或同时的协议都失去效力。

2. 强调"对价"(consideration,也译"约因")

对价理论源自英国中世纪的审判实践,它要求契约必须以"对价"为基础,订立契约的当事人必须互为给付,一项诺言只有在受诺人也对诺言人提供某种回报(这个回报就是对价)的情况下,该诺言才算是可以强制执行的。对价理论要求"对价"或者是诺言人获得的利益或者是受诺人蒙受的损害,强调当事人之间存在"我给你是为了你给我"的关系。这意味着当事

---

① 参见由嵘主编:《外国法制史》,北京大学出版社 1992 年版,第 531 页;王军编著:《美国合同法》,中国政法大学出版社 1996 年版,第 220 页。

② See Lawrence M. Friedman, *A History of American Law*, Simon & Schuster, 1973, p. 245.

人之间必须存在交易,一项单纯由诺言人对受诺人承担义务的恩惠性或赠与性的诺言不能由受诺人向法院申请强制执行。但是在市场中,并非每一个人都是精明的商人,契约当事人中不乏淳朴老实的人,当寡妇、孤儿等弱者要求契约权利时,对价理论也可能被放弃。

3. 强调契约的形式要件

1677 年英国《防止欺诈法》第 4 条规定,对该条例列举的 5 种契约("有关遗嘱执行和遗产管理的契约、担保契约、就婚姻的对价订立的契约、不动产契约和不在一年内履行的契约"),"当事人不能提起诉讼……除非该协议……或该协议的某些备忘录或有关的记录,以书面写成并经在诉讼中被追究责任的当事人签字,或者由他依法任命的某个其他人签字"。另外,该法第 17 条还规定货物买卖契约应采取的形式。这些规定被美国几乎所有的州以制定法的形式采纳(只有路易斯安那州没有采纳这些规定,马里兰州和新墨西哥州用判例法的形式接受该规定),许多州还扩展了以书面形式订立的契约的种类。①

二、19 世纪下半叶至 20 世纪初美国契约法的发达

这一时期,契约法的发展进入黄金时期,个人意思自治受到了从未有过的重视,自由签订契约的权利被认为是一种基本的宪法权利。

(一)契约自由成为一种基本的宪法权利

1897 年最高法院在奥尔盖耶诉路易斯安那州案中,第一次将一个州的法律宣布为无效。该案所涉的州法案禁止个人为了对该州内的财产进行保险而与一家外州海上保险公司签订契约的权利。最高法院特别说明,宪法第 14 修正案所提到的自由包括了"公民……缔结所有能够成为适当的、必需的和必不可少的契约的……权利"②,判决认为一项剥夺公民为了对其财产进行保险而与外州缔约的权利的州法,是未经正当程序剥夺了公民的"自由",是违宪无效的。这样,契约自由成为一项基本的宪法权利。

(二)契约法的新理论

1. "涉及受益第三人的契约"(third-party beneficiary contract)的创立

根据普通法传统,受益第三人如没有向诺言人提供对价,就无权请求

① 参见王军编著:《美国合同法》,中国政法大学出版社 1996 年版,第 88 页。

② [美]施瓦茨:《美国法律史》,王军等译,中国政法大学出版社 1989 年版,第 125 页。

法院强制执行诺言人的诺言。但是,1859 年纽约州上诉法院在劳伦斯诉福克斯案(Lawrence v. Fox)①的判决中提供了美国法律中“涉及受益第三人的契约”可予强制执行的基础。根据这个判决,如果契约为第三人设立了利益,那么该契约当事人以外的第三人就有权要求当事人实施契约以使其得到该利益。例如,当 A 将一匹马卖给 B,并告诉 B“将钱交给我的债权人 C”时,若 B 拒绝或否认付款给 C,债权人 C 可以起诉要求 B 交付钱款。“涉及受益第三人的契约”的建立,意味着法律允许人们转让抽象的权利,试图使所有的利益、价值都能自由转让,并且旨在向受益人提供一个直接的起诉根据。该类契约很快被许多州所接受。

2. 关于违约赔偿责任的确立

这一时期,违约赔偿责任的概念也从无到有建立了起来,1854 年英国哈德利诉巴克森德尔案(Hadley v. Baxendale)②所确立的违约方只负责赔偿违约所造成的“自然结果”(natural consequences)的规则被美国许多州迅速接受。该规则只要求违约方对于订立合同时可预见的违约所造成的自然结果负责,对于可得利润的损失则不予赔偿。当然,何为违约的“自然结果”并无明确的界定。但该理论缩小了生产者、运输者的成本,起到了促进生产发展的作用。

三、20 世纪以后美国契约法的发展

19 世纪末至 20 世纪 20 年代,契约自由原则发展到了顶点。最高法院在 1908 年宣布纽约州关于限制面包工人工作时间的立法无效,1923 年宣布哥伦比亚特区关于规定妇女和儿童工资标准的法律无效,以及 20 世纪前 25 年许多规定最低工资、最高工时和禁止童工的立法都被认为干涉契约自由因而被宣布为无效等,是这方面的突出例证。但是,随着资本主义由自由竞争进入垄断以及社会文明的进步,契约自由原则受到了挑战。同时,契约法领域的统一立法也获得了发展。

(一)契约自由原则受到限制

从 20 世纪 30 年代开始,契约自由原则受到了限制,政府通过立法或

---

① See Lawrence M. Friedman, *A History of American Law*, Simon & Schuster, 1973, p. 466.

② 参见李亮:《违约损害可预见性规则的历史嬗变——英国法和德国法比较考察》,载《中德法学论坛》2020 年第 1 期。

司法判决对雇用工人的条件作出了规定,对最低工资、最高工时和雇用童工等作出了限制,铁路、水电和航空等垄断性行业的契约成立的条件也受到了限定。“诚信义务”“公平交易”“公益之保护”等成为契约法的指导思想。

(二)契约领域统一立法的发展

在美国,19 世纪的契约法主要是州法,且以判例法为主。但进入 20 世纪以后,这种局面开始发生变化。一方面,契约领域的制定法日益增多,各州通过了有关土地转让契约、雇佣契约、建筑契约、借贷契约、保险契约等各种具体契约的规则。另一方面,出现了统一全国立法的运动。美国《统一商法典》(Uniform Commercial Code)是这一运动的最辉煌成果,它已被除路易斯安那州(该州只采用了其部分内容)之外的所有各州和地区全部采用,成为目前美国契约法的基本法典。①

第一,1952 年颁布的《统一商法典》(1957 年、1958 年、1962 年和 1972 年多次修订)对于契约概念持宽泛态度。例如,关于契约的定义,《统一商法典》第 1-201(11)条是这样规定的:“契约指当事方通过协议而承担的受本法或其他适用法约束的全部法律义务。”②又如,关于契约的构成,《统一商法典》不再把“对价”作为契约的构成要件。在第 1-201 条的总定义及第 2-204 条的“订立契约的一般要求”中都没有出现“对价”;在第 2-205 条中,《统一商法典》规定:“如果商人在签名的书面函件中提出出售或买进货物的要约,且函件保证该要约将保持有效,则即使无对价,在要约规定的有效期内,或如果未规定时间,在合理时间内,要约不可撤销”;在第 2-209 条中规定,变更契约的协议不需要对价即可生效。

第二,《统一商法典》大量引入了商业习惯和惯例,并赋予其相当权威。《统一商法典》通篇都出现了诸如“合理的”“适当的”等用以作出判断根据的用语,在总定义第 1-201(3)条中关于“协议”的规定为:“协议是指当事方事实上达成的合意。此种合意可以根据当事方使用的语言得到证实,也可以根据其他客观情况,包括本法所规定的交易过程、商业惯例或履约过

---

① 参见陈盛清主编:《外国法制史》(修订本),北京大学出版社 1987 年版,第 322 页。

② 本节所引《统一商法典》的条文,均请参阅《美国统一商法典》,潘琪译,中国对外经济贸易出版社 1990 年版。

程,得到推定证实。”这样,《统一商法典》直接把商业习惯和惯例引入了法律定义中。

第三,《统一商法典》还确立了“诚信义务”,这是该法典最突出的成就之一。总定义第 1-201(19)条规定,“善意指有关行为或交易中事实上的诚实”;第 1-203 条规定,“对本法范围内的任何契约或义务,当事方均须以善意作出履行或寻求强制执行”;第 2-103(1)(b)条又规定,“涉及商人时,善意指事实上的诚实和遵守同行中有关公平交易的合理商业准则”。《统一商法典》引进了“诚信义务”这一极富伦理性质的概念,既可以促进社会善良风俗的净化,又能填补法律的漏洞,为司法提供了一个广阔的自由裁量的空间。

(三)现代美国契约法的改革

1.“对价”制度

现代司法实践对于传统的“对价”理论作了不少改革。

首先,“对价”的传统定义被推翻,美国《合同法第一次重述》[Restatement(First)of Contracts]第 71 条将其定义为:“对价”是某种与诺言构成交易对象的东西。

其次,关于“对价”的构成条件问题亦发生了变动,譬如:

第一,扩大对诺言人负有的道德上的义务的确认。依据先例,如果诺言人不曾对受诺人负有法律上的义务,法院就不能认定诺言人在履行自己的诺言方面负有道德上的义务。1825 年马萨诸塞州的米尔斯诉怀曼案(Mills v. Wyman)①的判决所适用的就是这个观点。相反,1935 年亚拉巴马州上诉法院审理的韦布诉麦克戈文案(Webb v. McGrowin)②的判决认定,当诺言人收到一项实质性的利益时,一种道德上的义务就成为使一个事后作出的给付金钱的许诺产生约束力的充分的对价。显然,美国法院在现代司法判决中表现出的倾向就是对道德上的义务理论作扩大的适用。

第二,关于“对价的互惠”(mutuality of consideration)原则的限制。根据先例,当一方的诺言只具有诺言的形式,而没有诺言的实际内容时(“空洞的诺言”),法院可以契约缺乏“对价的互惠”为由,宣布契约无效。然

① 参见王军编著:《美国合同法》,中国政法大学出版社 1996 年版,第 22 页。
② 参见王军编著:《美国合同法》,中国政法大学出版社 1996 年版,第 20 页。

而,现代判决对“对价的互惠”原则采取了限制态度:只有当这种互惠的缺乏将导致一方实际上没有对另一方承担任何义务的结果时,契约才会归于无效。①

2. 契约的订立

第一,要约,要约是要约人向受要约人发出的订立契约的请求。当事人可以任何形式表示要约,并将要约通知给承诺人。一般来说,要约的内容必须明确、肯定,应当包含订立契约的意图,拟签订契约的主要条款。但是,《统一商法典》对此持更为开放的态度,并不要求在要约中详细载明契约的全部条款。这样规定是为了适应经济发展的需要,尽可能使某些契约不致由于缺乏某项条款而不能成立。当然,一旦因条款不明发生纠纷,就必须提出能够证明不明条款的合法性依据。

根据传统理论,要约人可以在受要约人承诺之前的任何时间撤销要约,要约一经撤销即失去效力,纵使受要约人已经对要约发生了信赖,撤销要约会引起受要约人的损害也在所不论。现代司法实践改变了这种规定,譬如:有对价支持的要约,不得撤销;受“不得自食其言”原则制约的要约不得撤销,即允诺人在作出诺言时,包括了一项毫不含糊的许诺,并且预料到或可能预料到受要约人会因信赖其诺言而作出某种实质性的行为或放弃去做某种行为,并已在事实上引起这种结果,只有强制执行该项允诺才能避免不公平的结果时,要约不可撤销;《统一商法典》规定在货物买卖契约中,在一定条件下,可以承认无对价的“确定的条款”,要约人在要约确定的期限内,或未确定期限而在不超过三个月的适当时间里,不能撤销要约。根据《统一商法典》第 2-205 条的规定,这样做的条件是:要约人是商人;要约以书面形式做成,并由要约人签字;要约人保证要约将持续有效。

第二,承诺,承诺是受要约人对要约的接受。承诺一经成立,合同便成立。按照先例,承诺必须由受要约人发出,承诺的内容应当与要约内容完全一致。这就是所谓“镜反射规则”(mirror reflect rule)。但《统一商法典》对此作了更加灵活的规定。该法典第 2-207 条规定,在商人之间,如果受要约人在承诺中附加了一些条款,承诺仍可有效。除非因为:要约中明确规定承诺时不得附加条款;这些附加条款对要约作出了实质性修改;要约

① 参见王军编著:《美国合同法》,中国政法大学出版社 1996 年版,第 27~28 页。

人在收到补充条款后的合理时间内,将拒绝接受补充条款的通知送给了受要约人。

在美国,目前仍沿用1892年英国在亨索恩诉弗雷泽案(Henthorn v. Fraster)①中创立的"承诺于投邮时生效"的原则(但要约人可以在要约中规定,承诺只有送达要约人时才能生效,从而否定了该原则)。而根据《统一商法典》的规定,关于使用送达承诺方法的规则已被放宽,即除非要约人明确约定使用指定的送达机构,根据具体情况,受要约人可以任何方式或以任何适当的媒介物送达承诺。承诺一经发出,即生效。

3. 契约的形式

目前,前述英国的《防止欺诈法》仍然被援用,但在立法和实践中,其原则有所松动。在一定情况下,即使契约不具备书面形式,也可强制执行。

同时,"口头证据规则"在继续被采用的同时,其效力已受到了限制。在下列情况下,"口头证据规则"已失去了效力:当口头证据成为契约有效成立的先决条件时;当与书面契约一致的、为书面契约提供补充条款的口头协议是契约的组成部分时;在当事人双方签订书面契约,如果一方知道或理应知道,另一方假如知道了该契约中规定的某一项条件就不会签订这个契约,而另一方处于当时的情况,实际上没有机会阅读和理解这项条件时,就可以用双方过去达成的口头协议修正或更改该书面协议中的这项条件。②

4. 违约责任

违约方所应承担的责任有多种形式,包括废止契约、归还所得、强制履行、损害赔偿等。无论是哪一种,都体现了一个原则,即任何一种责任形式均应当避免对违约方施加惩罚的结果。

新近的判例表明了一个新的趋势,即当违约是有意并且可以构成独立的侵权行为时,即使在一项契约诉讼中,法院也可以令违约方支付惩罚性违约金。美国的一些州已通过关于允许在消费者交易中和保险领域判处惩罚性违约金的制定法。③

---

① 参见王军编著:《美国合同法》,中国政法大学出版社1996年版,第65页。

② 参见王军编著:《美国合同法判例选评》,中国政法大学出版社1995年版,第71~81页。

③ 参见王军编著:《美国合同法判例选评》,中国政法大学出版社1995年版,第247~248页。

总之,现代美国契约法在沿袭传统的同时,顺应时势,对契约的成立、效力、履行、废除、终止、变更、转让及违约责任等各个具体问题都作了不少变革。[①]

四、21 世纪以后美国契约法的新发展

契约法理论的产生和演变具有时代性。在殖民时期的美国,契约法几乎不存在。由于大多数交易是自由交易的,合同被视为改变产权的工具,而不是实现未来期望的工具。[②] 独立战争之后到 19 世纪,各级政府,包括法院系统都被用来促进商业发展。从直接补贴,到为交通网络提供资金,再到发布法院裁决,国家权力密切参与了商业活动。对这一阶段的考察揭示了一个现实,即这个国家在 19 世纪采取了一种自由放任的做法。交易的空前活跃催生了美国契约法与配套的契约法理论。在此过程中,兰代尔、霍姆斯和威灵斯顿等法学家承继并发展了英国古典契约法理论,薪火相传,推动美国契约法理论的本土化。进入 21 世纪以后,美国契约法又迎来了新的发展。

(一)21 世纪美国契约法理论的转型

21 世纪美国契约法的理论经历了从古典契约法理论到新古典契约法的转变,新的契约法理论经历了不断深入的研究,逐渐分化出三大流派。理论的转型带来了法源的变化,21 世纪以后,作为美国契约法法源的普通法、制定法、合同法重述以及学术著作等均有不同程度的变化。这反映了在契约自由背景下理论的转变对制度变迁的导向性作用。

1. 新古典契约法理论

在美国古典契约法理论的历史中,1932 年的《合同法第一次重述》具有里程碑式的意义,这标志着美国古典契约法理论的最终成型。该重述在理论层面缓解了美国契约法理论存在的痼疾——缺乏理论层面的统一意见与缺乏统一的法律术语,并增强了美国契约法的确定性和简洁性。古典

---

① 本书限于篇幅不作详述。详细内容可参见王军编著:《美国合同法》,中国政法大学出版社 1996 年版;王军编著:《美国合同法判例选评》,中国政法大学出版社 1995 年版;沈达明编著:《英美合同法引论》,对外贸易教育出版社 1993 年版。

② See Kevin M. Teeven, *A History of the Anglo—American Common Law of Contract*, Greenwood Press, 1990, p. 382.

契约法理论的核心为契约自由原则,虽然在《合同法第一次重述》出台之时,契约自由原则便受到了限制,但普通法对契约自由的限制的控制是较为严格的。如前文所述,契约自由原则在20世纪前期便受到了挑战,相应地,以此为核心的契约法理论产生伊始便不得不面对理论界、实务界的诟病。其中饱受争议的是契约自由难以实现以及追求逻辑演绎的法律形式主义过于僵化等问题。为解决这些问题,新古典契约法理论应运而生。

新古典契约理论建构在美国现实主义法学浪潮中①,支持该理论的学者希图改造古典契约法理论的形式化的契约自由观念,使契约法可以适应社会变迁带来的交易需求,即回应社会性命题提出的挑战。有学者概括,新古典契约法理论主要包括以下4个方面的内容:第一,注重对契约信赖利益的保护;第二,对法律形式主义的批判;第三,显失公平和诚实信用等弹性原则的出现;第四,承认商业贸易习惯和交易惯例对于契约的重要作用。② 作为20世纪主流的契约法理论,新古典契约法理论影响、催生了多部成文法的产生。这主要表现为《合同法第二次重述》[Restatement (Second) of Contracts]的诞生与《统一商法典》的制定与普遍批准。然而在世纪之交,学者们开始反思古典、新古典契约法理论与时下交易需求的契合度问题,以当事人为核心的前述契约法理论不再适应契约的社会化浪潮。

尽管新古典契约法理论以承认例外的方式对古典契约法作了诸多修补,并注重回应社会现实,也初步认识到了契约的关系性特征,但它在法律理念、体系结构和核心内容方面都没有超脱出古典契约法的理论范式。它仍然是基于个别性契约交易,不过是对关系作了许多让步,它常常能够适当地处理契约关系中更为个别性的问题,于是新的契约法理论开始涌现。③ 新理论主要集中在该领域的三大流派中。

---

① See Brian Leiter, *American Legal Realism*, in Martin P. Golding and William A. Edmundson eds., The Blackwell Guide to the Philosophy of Law and Legal Theory, Blackwell Publishing, 2004, p. 1.

② 参见刘承韪:《契约法理论的历史嬗迭与现代发展　以英美契约法为核心的考察》,载《中外法学》2011年第4期。

③ See Charles L. Knapp, *Rescuing Reliance: The Perils of Promissory Estoppel*, 49 Hastings Law Journal 1191(1998).

2. 契约法理论三大流派

依据美国学者杰弗里·费里尔和迈克尔·纳文的归纳,20世纪末到21世纪初的美国契约法理论大概可以分为三大流派:法与经济学派(Law and Economics)、关系契约理论学派(Relational Contract Theory)与批判法律研究学派(Critical Legal Studies)。①

法与经济学派研究的起始点便与契约法理论相关,如讨论效率违约的问题。该讨论的核心争议在于契约法所维护的交易秩序是否能达到经济学所追求的效率。若违约能使资源分配更加有效率,那么是否应该放任乃至鼓励违约行为的发生。该学派的学理讨论影响了美国契约法的司法实践,效率违约受到了美国法院的认可并形成判例。② 此外,契约法中的其他制度如要约、承诺、对价等都曾作为经济分析的样本。

关系契约理论由美国法学家麦克尼尔提出,麦氏认为:"契约不过是有关规划将来交换过程的当事人之间的各种关系。"在这一全新的概念中,契约已不仅仅是传统契约法所谓的当事人交易的协议或合意,它还包括命令、身份、社会功能、血缘关系、官僚体系、宗教义务、习惯等多种社会因素和社会关系。而"交换"也不仅仅指个别性市场交易,还包括社会学意义上的"交换"。③ 因此,契约不仅仅是一个独立的交易,而是指向未来的长期合作,其在空间轴中也不再是"合意"这一个点,而是发散深入交换得以发生的各种社会关系。也有学者认为,美国契约法发展经历了古典、新古典及关系契约法理论三个阶段,而关系契约法理论逐渐成为当代主流的美国契约法理论。④

批判法律研究学派认为,传统的契约法理论压制了市场经济的发展,一切的具体制度设计都可以被社会所解构,努力摧毁现有制度框架与理论体系。然而该学派并未提出具体理论建构,也缺少具体判例的支持。

---

① 参见[美]杰弗里·费里尔、[美]迈克尔·纳文:《美国合同法精解》(第4版),陈彦明译,北京大学出版社2009年版,第50页。

② See McKie v. Huntley, 620 N. W. 2d 599(2000).

③ 参见[美]麦克尼尔:《新社会契约论》,雷喜宁、潘勤译,中国政法大学出版社1994年版,第1页。

④ 参见刘承韪:《论美国契约法理论"演化三部曲"》,载《比较法研究》2010年第1期。关于麦克尔尼的研究,参见刘承韪:《英美契约法的变迁与发展》,北京大学出版社2014年版。

总体而言,传统契约法理论的核心——契约自由原则受到了不断强化的限制,而这种限制本身又将受到挑战。社会的发展使交易不再单一,诸多理论开始更多地关注契约的外部情况,如政策、经济环境、交易习惯等。针对新理论,学界也表示了深切的忧虑,提出了诸如法律对于契约自由的限制的正当性何在,面对新理论指导下的不断灵活的契约法,法官与法院如何确立契约中当事人的权利、义务关系及证明这种法律关系的确立的合理性等问题。上述问题将不断激发 21 世纪的学者的思考,并产生了希图增加契约法确定性、规范性的理论学说,如新形式主义法学学者便认为,契约法中的信赖利益的确定需要较为明确的标准,而不应仅依赖法官的裁量。一些看似回归传统契约法理论的提议被学界重新关注并被用以回应实践中出现的问题。

3. 美国契约法源的嬗变

美国的契约法源包括如下 4 个部分:普通法、制定法、合同法重述以及学术著作等学理材料。① 在 21 世纪,此 4 个部分在很大程度上发生了重要的变化:普通法建立在"遵循先例原则"的基础上,法官与法院追求法律的连续性以实现同等的公正。然而这并不意味着普通法判例便是一成不变的,契约法与所有的法律一样,应随时适应社会变化。因此,"遵循先例原则"及其所鼓励的政策经常与适应性的价值产生冲突。②

在殖民地时期,美国尚未成体系的契约法规则与当时的经济理论保持了价值层面的一致性,即在普通法判例中鼓励自由贸易,希望通过市场的自由竞争来实现资源的合理分配,这种契约普通法的价值取向持续到了 20 世纪初期。

20 世纪的美国普通法吸收了欧陆契约法的特征并结合当时的时代背景形成了法律社会化浪潮,使以契约自由原则为核心的契约法被逐渐纳入管控之下,这一时期的普通法判决逐渐倾向维护社会正义,努力平衡契约双方的地位,乃至提供了对契约弱势一方的具有倾斜性的保护,即美国法律(主要是普通法判例)应扮演创建合同义务或解释的角色,以推进"社

---

① 参见[美]杰弗里·费里尔、[美]迈克尔·纳文:《美国合同法精解》(第 4 版),陈彦明译,北京大学出版社 2009 年版,第 35 页。

② 参见[美]杰弗里·费里尔、[美]迈克尔·纳文:《美国合同法精解》(第 4 版),陈彦明译,北京大学出版社 2009 年版,第 36 页。

区"目标的实现。①

自20世纪末至21世纪初,社会正义这一价值在契约普通法中的地位并不稳固,法经济学、现实主义法学的拥趸逐渐对社会正义与契约法相连接的正当性产生了质疑。有学者指出了美国普通法中有关契约的判例的现实状况:"社会正义只是属于道德哲学家、发展经济学者、立宪主义者的命题,并为财产、侵权纠纷提供了规范的结构,但其对契约法的影响却在近年逐渐下降,同时有关效率的讨论取代了有关社会正义的讨论。"②在将追求社会正义作为普通法中契约法的重要价值的近一个世纪后,在判例中的认可效率违约等契约法概念推动普通法价值取向发生转型,交易及其表征的资源分配的效率再次成为普通法判例及学理讨论的关注点。

普通法的连续性与其演化并不冲突,在交易模式更加复杂、交易背景与价值取向更加多元的当下,普通法中有关契约的相关判例的价值取向变化会使美国契约法不断发展,彰显美国普通法的开放性与多元性。③

(二)《统一商法典》及相关制定法的修订

美国有50个不同的州,各个州都拥有自己的立法和州最高法院。若跨州交易的当事人适用不同的、有时不明确的规则,很容易产生无效率。为了避免法律冲突、调和各地交易习惯,由州和国家制定的《统一商法典》应运而生。《统一商法典》的理论基础是新古典契约法理论,世纪之交,随着基础理论的动摇、判例趋势的改变以及交易的需求,制定法的修改势在必行。2003年,《统一商法典》经历了新时代的大规模修订。

1.2003年《统一商法典》的章节修订

事实上,《统一商法典》制定伊始便关注了其开放性的问题,第1-103条中所阐释的开放性或包容性原则是《统一商法典》重要的特征之一。④该条规定:"为本法具体规定所取代的除外,法律原则和衡平原则(包括商

① See Michael Grossberg, *The Cambridge History of Law in America—The Twentieth Century and After*, Cambridge University Press, 2008, p. 48.

② Daniela Caruso, *The Baby and the Bath Water: The American Critique of European Contract Law*, The American Journal of Comparative Law, 2013, p. 479.

③ 关于美国契约法的开放性的研究,参见高鸿钧、程汉大主编:《英美法原论》(上),北京大学出版社2013年版,第685页。

④ 参见孙新强:《论美国〈统一商法典〉的立法特点》,载《比较法研究》2007年第1期。

人法和关于缔约能力、委托与代理、禁止反言、欺诈、不当陈述、胁迫、强迫、错误、破产或者导致行为有效或无效的原因的法律)应作为其规定之补充。"①

2003年《统一商法典》有如下修改:第1章"总则"规定了概念释义与解释法典的基本规则。2001年,统一州法律委员会和美国法学会通过了对第1章所作的修改。第2章"货物买卖"主要涉及所有的国内货物买卖合同。1996年,第2章的大规模修改开始。2003年5月,美国统一州法律委员会和美国法学会通过了相关修改,交由各州表决,大多数州相继接受了该章的修改。该章继续作为调整国内货物买卖的统一制定法被广泛应用,同时由于该章在美国合同法体系居于基础地位,故而关于该章的修订建议仍有许多。② 第3章、第4章分别规定票据、银行存款与托收、电子资金转账等事项。由于网络技术与电子支付的发展,2002年美国统一州法律委员会和美国法学会通过了第3章、第4章的修改。不过,正是因为技术的发展,相关条款正面临新一轮的调整与变化。并且,由于主要规范"趸售"的第6章长期以来受到批评,实践效果欠佳,故而统一州法律委员会建议废除该章。2002年9月,39个州废除了该章,还有个州和哥伦比亚特区对该章进行了修改并通过了效力较低的版本,而佐治亚州、马里兰州、密苏里州和北卡罗来纳州依然应用该章原有条款。③ 其他章也在20世纪末进行了小幅修改。④

从前述修改中可以看出《统一商法典》所具有的开放性,不仅关心时代潮流的变迁对契约的影响,而且兼顾各个州的实际,各个州有权对其文本自主进行地方化解读,在基本保证契约法规则统一的同时,寻求其与本地利益的契合点。

2. 2003年《统一商法典》适用的变更

2003年修订的《统一商法典》具有开放性的特征,具体表现在其与商

---

① U. C. C. § 1-103 (b) (2001).

② See Linda J. Rusch, *Is the Saga of the Uniform Commercial Code Article 2 Revisions Over? A Brief Look at What NCCUSL Fimally Approved*, 6 Delaware Law Review 41 (2003).

③ 参见[美]杰弗里·费里尔、[美]迈克尔·纳文:《美国合同法精解》(第4版),陈彦明译,北京大学出版社2009年版,第42页。

④ 例如《统一商法典》第8章"投资证券"分别在1978年、1994年经历两次修改。

业习惯,尤其是国际商业习惯的沟通之中。《统一商法典》将“容许商业惯常做法通过习惯、惯例和当事方之间的协议得以继续扩展”①规定为法典的三项基本宗旨之一,并且特别尊重国际惯例、注重与国际惯例的协调。例如,原法典曾对关于“船上交货价”(FOB)、“到岸价”(CIF)等价格术语的六七个法条作出规范。② 因为有关价格术语的国际惯例——国际商会主持制定的《国际贸易术语解释通则 2000》(International Commercial Terms 2000)在世界上的影响越来越大。

与此同时,2003 年《统一商法典》在修订时顺应国际趋势,将涉及国际贸易术语的 6 条规定统统删除,并根据《国际贸易术语解释通则 2000》作出相关调整。例如,《统一商法典》第 5 章在 2003 年修订时并未发生重要变化,但其具体适用却因国际商业习惯变化而改变。其第 5-116(c)条还明确规定,如果《跟单信用证统一惯例》(The Uniform Customs and Practice for Documentary Credit,UCP)被写入信用证,当依据《跟单信用证统一惯例》的规则与《统一商法典》第 5 章规定冲突时,则优先适用《跟单信用证统一惯例》,但第 5 章有强制性规则除外。《跟单信用证统一惯例》(1993 年修订本)第 500 号出版物使用 10 余年后,从 2007 年 7 月起,被《跟单信用证统一惯例》(2007 年修订本)第 600 号出版物(UCP600)所代替。因此,2007 年《跟单信用证统一惯例》的修订便使《统一商法典》的适用发生了改变。③

3. 其他相关制定法的变更

除《统一商法典》外,美国契约法的制定法渊源还包括公约与单行法,如《联合国国际货物销售合同公约》(The United Nations Convention on Contracts for the International Sale of Goods,CISG)、《国际私法统一协会国际商事合同通则》(Principles of International Commercial Contracts,PICC)以及有关电子订约的《统一电子交易法》(Uniform Electronic Transactions Act,UETA)、《国际、国内商务电子签名法》(Electronic Signatures in Global and National Commerce Act,E-Sign)、《统一计算机信息交易法》(Uniform

① U. C. C. § 1-102 (2001).

② See Henry Gabriel, *Uniform Commercial Code Article Two Revisions: The View of the Trenches*, 23 Barry Law Review 129(2018).

③ See Jeff Wood, *Drafting Letters of Credit: Basic Issues under Article 5 of the Uniform Commercial Code, UCP 600, and ISP 98*, 125 Banking Law Journal 103(2008).

Computer Information Transactions Act, UCITA)。各法适用情况有别，如《统一计算机信息交易法》因其效力有限备受争议，而《统一电子交易法》则普遍被各州遵循。21世纪围绕制定契约法的讨论也使美国契约法不断进步，紧跟时代潮流。

（三）美国契约法变迁与21世纪的全球化浪潮

全球化浪潮推动美国契约法的发展，“统一”与“沟通”成为契约法在21世纪发展的主旋律。美国契约法的研究者们不仅关注契约法在国内各州之间的统一，而且将关注点移动到美国与其他国家、国际组织的契约法协调，关注全球性契约法的交流。

1. 美国统一契约法的发展进程

长期以来，美国契约法发展一直致力于制定统一的契约法。有学者指出：“美国是世界上最重要的单一市场。我们有一个联邦政府，使用广泛的权力来规范州际贸易，却没有一部统一的一般契约法。”①虽然有《统一商法典》的存在，但美国的契约法仍然属于州立法的范畴，即州际法律冲突难以弥合。《统一商法典》希望“适用统一的法律在不同的司法管辖区”②，事实上，没有任何单一的法院有权处理不同州之间的法律解释问题。同时，《统一商法典》是较为宏观地调整商事法律关系，而一般契约法至今未能出现，使各地具体合同的规则不同，如有关服务交易合同在不同州之间有重大的差异。此外，有学者也对契约法的统一进程提出了怀疑：“任何一套适用于不同州的‘统一的’规则都不太可能有效地填补商业合同与消费者交易的空白。”③不过，在可预见的将来，美国契约法的国内发展依然将致力于关注法律规范的“统一”。

2. 北美自由贸易区的契约法发展

美国区域化法律统一化进程与北美贸易协定（North American Free Trade Agreement, NAFTA）密切相关，美国契约法学界讨论的焦点在于：其一，在美国、加拿大、墨西哥之间是否需要一套协调统一的契约法？其二，如果需要，那么其形式又将是怎样的，即通过立法的形式还是以如国际商

---

① E. Allan Farnsworthm, *Modernization and Harmonization of Contract Law: An American Perspective*, 8 Uniform Law Review 97(2003).

② U. C. C. § 1-102 (2)(c)(2001).

③ Robert Scott, *The Rise and Fall of Article 2*, 62 Louisiana Law Review 1009(2002).

事合同通则一样的“软法”的形式确立？上述问题尚无答案。不过,可以推测的是,统一的契约法会给北美自由贸易区的交易带来法律适用上的便利,而如果要努力在北美自由贸易协定的三个成员国内统一法律,美国法律研究所的资源将是必不可少的,即美国契约法理论与现行规范将居于主导地位。①

3. 全球性统一商法典的需求

美国学者很早关注了“全球统一商法典”(Global Uniform Commercial Code)这一概念,但商事规范与具体契约法规范又有不同,后者的大部分内容并不一定需要统一法典来解决。例如,一般契约法领域的许多“协调”和“统一”可以由交易双方自己完成,他们可以使用标准的形式和定制的条款来为他们的交易提供自己的规则,而需要统一法典提供的往往是法律冲突的解决方案等。在这些方面,美国已经开始与欧洲进行磋商,如自 2011 年起关于《欧洲共同买卖法》讨论中便出现了美国声音②,不同契约法传统的国家开始探讨统一交易规则的路径③。当代,在国际舞台上起草统一的法律所面临的障碍是契约法统一化所必须面对的。具体而言,大量统一法典规定的一般性规则将提供给没有决定拒绝或修改它们的商业交易各方,这样一项事业无疑将产生各种想法,激发学术研究,促进法学家之间的国际合作,产生发展中国家可以利用的案文,占用致力于统一的国际组织本来可以闲置的资源,并产生其他有益的影响。④ 美国法学界对全球统一商法典及统一契约法始终具有正反两种声音,不过无论未来走向如何,合作、沟通必然是全球化下契约法发展的方向。

如前所述,契约法的纯学理讨论也越发多元化。事实上,法经济学讨论、关系契约理论、契约死亡理论等学说都未能全盘接管日常交易与司法实践,而多元共存、不断创新而非学理统一才是美国契约法发展的未来。

---

① See E. Allan Farnsworthm, *Modernization and Harmonization of Contract Law: An American Perspective*, 8 Uniform Law Review 97(2003).

② See Daniela Caruso, *The Baby and the Bath Water: The American Critique of European Contract Law*, 61 The American Journal of Comparative Law 479(2013).

③ See Lisa Bernstein, *An (Un)Common Frame of Reference: An American Perspective on the Jurisprudence of the CESL*, 50 Common Market Law Review169(2013).

④ See E. Allan Farnsworthm, *Modernization and Harmonization of Contract Law: An American Perspective*, 8 Uniform Law Review 97 (2003).

第三节 侵权行为法

一、18世纪末至19世纪上半叶美国侵权行为法的起步

独立战争前后,法律中没有明确的"过失"概念,侵权行为法领域实行的是普通法的观点:"一个人要对自己的行为负责",即实行绝对责任原则。该原则不对同类行为的不同过错程度加以区分,而是将所有的行为等同对待,只要行为造成损害,行为人就必须承担责任。

二、19世纪下半叶至20世纪初美国侵权行为法的发展

(一)过失责任的确立

1850年,马萨诸塞州法院率先放弃了绝对责任原则,在其受理的布朗诉肯德尔案(Brown v. Kendall)中,被告举起棍子试图分开两条咬在一起的狗时,将站在其后的原告的眼睛打伤。依先前的法律,原告将胜诉。但首席法官肖说,原告必须证明被告的动机是违法的,或者被告是有过错的。因为如果损害是不可避免的,而被告的行为又不应受到指责,那么他将不承担责任。① 法院判决认定被告的行为不是出于故意,因而不承担责任。这一判决确立了过失责任原则。该案得到了最高法院的承认,并被其他州相继接受,"无过失即无责任"成为侵权行为法的基本格言。原先不需要证明有过失的侵害诉讼被以过失为基础的诉讼所取代。

(二)诸多新理论的设立

工业化时代的到来引发了侵权行为法领域的变革。各类机器的发明、使用,导致雇工伤亡等人身损害的大量发生。在19世纪40年代,火车的运行在给人类带来经济腾飞的同时,亦引发了大量的伤亡。面对频繁的事故,美国法律界不得不着手设计新的对策来解决这些事故所带来的冲击。

---

① 参见[美]施瓦茨:《美国法律史》,王军等译,中国政法大学出版社1989年版,第60页。

法律设计者们的意图就是要建立一套鼓励人们为实现发展生产的目标去冒险的责任制度。因此,强调个人主义和自力更生,要求每个成年人自己照料自己,而不指望用法律上家长式的庇护来保全他自己。基于这样的宗旨,这一时期,确立了许多新的理论。

1. 共同雇员规则(the fellow-servant rule)

根据该规则,当一个雇员的受损是其他雇员的过失引起的,受损雇员不得起诉要求雇主负责。例如,在1842年的法威尔诉波士顿任威特铁路公司案(Farwell v. Boston Worcester Raiload Corporation)[①]中,原告是一位铁路工程师,某天由于一位扳道工的粗心而造成火车出轨,原告在事故中受伤,原告起诉要求铁路公司赔偿。马萨诸塞州的首席大法官肖作出了一个著名的判决,判决认定一个从事危险作业的工人理应承担该工作本身的风险。因为他所获得的工资包括了对该风险的假定。可以说,一个人参加这项工作就意味着他自愿承担该职业的全部风险,包括同伴工人的过失可能使他受到的损害。共同雇员规则随后被各州接受。该规则导致了雇员不能起诉雇主,因为实际上,无论在铁路还是工厂或矿场,雇主通常都不在工作线上,由雇主直接引发的事故是很少见的。

2. "自甘冒险"(assumption of risk)理论

与共同雇员规则同时发展起来的就是"自甘冒险"理论。该理论强调工人接受某项工作时,就被认为是已经知道而且接受了这份工作所具备的任何危险。

3. 共同过失(contributory negligence)理论

该理论可追溯到1809年的一个英国判例,它给受害方的赔偿要求设立了新的障碍。根据该理论,如果损害是行为人与受害人双方造成的,那么,纵使受害方只存在很小的过失,也不得赔偿。随着铁路运输的迅速发展,与之相关的人身伤害也相应增加,而且,许多事故发生在交叉路口。由于刹车系统不够先进,19世纪70年代以前,火车往往不能迅速停下来,当火车疾驰过村庄时,不可避免地造成人身、财产的损害。因此,为了保护铁路公司的利益,维护铁路运输事业的发展,共同过失理论与交叉路口的事故同步发展起来,法律要求人们充分注意火车的危险,如果某人在视野开

---

① See Lawrence M. Friedman, *A History of American Law*, Simon & Schuster, 1973, p. 263.

阔到足以看见火车的地方却由于自己的疏忽而受伤，那么，就只能自负结果了。

4. 近因理论

同过失一样，没有因果关系同样不产生法律责任。1846 年，格林利夫陈述了以下规则：损害只能是违法行为的自然的和直接的结果，即所谓“近因理论”。这个理论取代了原先英国法所提倡的“任何实施了违法行为的人都被认为是做了一切随之发生的事情的人”①。近因理论强调：X 先生的行为是否就是 Y 先生受损的原因，以及其间是否还有其他人、其他事的干扰。

（三）旧理论的复活

为了最大限度地保护企业的利益，法律界还竭尽所能地到英国判例中搜寻有用的理论。一些不道德的过时的英国判例在美国得以复活。

一个观点是，根据普通法，当一个人死亡时，就意味着他对侵权人的起诉权将被带进坟墓。根据普通法，杀人是重罪，重罪必须处以没收财产的刑罚，受害人的家属有权要求分割部分没收财产，因此，受害方的家庭并不需要通过侵权行为诉讼来获得赔偿。但是到了 19 世纪早期，刑法已经改革，没收财产的处罚已被废除，不需要侵权行为诉讼的基础已经丧失。但是，1848 年，马萨诸塞州在卡里诉贝克尔案（Carey v. Berkshire Rr）②中仍运用了这个规则，拒绝给予死者的家属赔偿。10 年后，纽约州的一起诉讼也采用了这个理论。当然，这个理论毕竟是不合时宜的，因此，它在美国只维持了十几年的寿命。

另一个观点就是在侵权行为诉讼中免除慈善（The immunity of charities from actions sounding in tort）。这个观点同样源于 1846 年英国的一个判例，后被马萨诸塞州采纳。1876 年的詹姆斯·麦当尔德诉马萨诸塞州医院案（James McDonold v. Massachusetts General Hospital）③援用了这个观点。在此案中，原告因医院里的一位实习医生未能接好他大腿骨折而起诉，医院认为病人有责任为自己选择一个合适的医生，因而医院对此不负责任。

---

① ［美］施瓦茨：《美国法律史》，王军等译，中国政法大学出版社 1989 年版，第 61 页。

② See Lawrence M. Friedman, *A History of American Law*, Simon & Schuster, 1973, p. 415.

③ See Lawrence M. Friedman, *A History of American Law*, Simon & Schuster, 1973, p. 416.

1884年,马里兰州也采纳了这个观点。

(四)相对温和的理论及其实施

上述在新的形势下出现的各种理论,其宗旨在于鼓励人们尤其是企业主为了发展生产、扩大经营规模、提高生产率去冒险。而这一点是资本主义早期阶段尤其是工业革命时期所需要的。否则,如果企业主经常受到受害人的控诉,铁路经营者一天到晚为车祸事故所困扰,那么,要求经济的高速发展是不可能的。

然而,法院并不鼓励粗心。法官与陪审员一样也不乏同情心,而且,劳动阶级也开始进行反抗。这样,上述侵权行为法的理论和实践遇到各种挑战,统治阶级感到也必须采取一些公平、人道的措施来缓和矛盾。这样就出现了下述各种所谓“温和”理论及其实践。

1. “比较过失”(comprative negligence)理论的产生

1858年,在伊利诺伊州的一起铁路事故诉讼中,法院表达了这样的观点:如果被告存在明显的过失,原告虽然有过失但相对较小,那么原告仍然可以获得赔偿。这就是所谓的“比较过失”理论的雏形。这个理论对于“共同过失”理论无疑是一个打击,因此,它只被堪萨斯州的法院接受。该理论19世纪80年代以后则被闲置起来,直到20世纪后才重新出现。[①]

2. “最后明显机会”(last clear chance)原则和“不言自明”(res ipsa loquitur)原则

这两个原则均源于英国的判例。“最后明显机会”原则是指在交通事故中,损害虽然是原告的过失造成的,但被告已经发现原告处于危险境地,而且能够采取避险措施但未采取措施,那么,被告对此应当承担赔偿责任。这个理论可以适用于铁路伤害诉讼,虽然在1900年以前并未被普遍采纳,但是它对于“共同过失”理论也是一个不小的打击。

“不言自明”原则一般被用于因疏忽而引起的损害赔偿诉讼,是指事件发生的本身就足以证明疏忽的存在。这个理论来源于1863年英国的白恩诉波德尔案(Byrne v. Boadle)[②]。在该案中,原告从被告仓库边走过时,一只桶掉在他的头上并砸伤了他,原告无法证明被告有任何过错,他所知道

---

① See Lawrence M. Friedman, *A History of American Law*, Simon & Schuster, 1973, p. 418.

② See Lawrence M. Friedman, *A History of American Law*, Simon & Schuster, 1973, p. 418.

的就是自己被坠落的桶砸伤这一事实。法官认为桶不可能无缘无故地滚出仓库,事实本身已证明疏忽的存在。对于被告来说,所要做的就是证明自己的确无过错。这个理论同样适用于铁路伤害诉讼。伊利诺伊州在 1868 年的一项判决中接受了这个原则。

与此同时,立法机关也略作改革,做出一些关于提高行为人的注意标准的规定。例如,在 1868 年,堪萨斯州的法律规定,不论行为人有无过失,凡是引发大草原火灾的人均负责赔偿所有的损失。这样,铁路公司就必须为火车引起的火灾(燃煤的蒸汽机车驶过时常因火星溅出而引发沿途火灾)负责。又如,早在 19 世纪 50 年代,就出现了关于预防铁路伤害事故的规定,要求火车在距离交叉口一定距离时开始鸣笛,不遵守规定者应该负责赔偿损失。偶尔,还要求铁路公司为被火车压死的家畜赔偿,1872 年,科罗拉多州的法律还列出一张赔偿目录,规定了铁路公司对各类家畜的伤害赔偿额。

当然,这些温和的措施在当时尚难以得到普遍接受,对受害人的帮助也是有限的。

(五)19 世纪末的立法改革

1. 某些早期观点的放弃

19 世纪末,铁路工人的困境引发了工人的罢工,政治压力加快了保障安全的立法步伐。州际商业委员会在 1889 年召开了有关州际管理的会议,保障安全问题成为会议的议题之一。1893 年,国会通过了对保障州际铁路的安全的改革方法,废除了"自甘冒险"理论,针对火车、汽车、轮船等各种运输工具制定了若干安全管理方法。同时,许多州还颁发了关于矿场、工厂的安全设施标准及对于危险机器的操作、管理要求的法规,并且规定只要被告没有履行法定的安全义务,就被认为存在"法定过失",应该承担责任。

同时,"同伴过失规则"亦受到了挑战,社会公众、法官对于该规则的不公正性,特别是急速增长的事故率感到不满,要求削弱这个规则的作用,要求雇主对雇员的生命负责的呼声不断增强。此外,律师实行的收取"成功酬金"(contingent fees)制增强了穷人、工人的诉讼兴趣与能力。一些州因此采取了一些折中办法,如实行"代理主犯"(vice-principal)理论,要求雇主对工头的过错负责,因为这些人并非仅仅是同伴,他们更重要的身份在于代表雇主对雇员实行监督、管理。1893 年,得克萨斯州的一项判决就采用了该规则。

19 世纪 50 年代,佐治亚州规定只要铁路工人自己无过错,如果因同伴过错受损,有权向雇主要求赔偿。相似的规定在艾奥瓦州(1862 年)、怀俄明州(1869 年)和堪萨斯州(1874 年)被通过。到 1900 年,一半以上的州至少在铁路事故中废除了“同伴过失规则”。

2. 严格责任原则的萌芽

严格责任原则源于 1868 年英国的赖兰兹诉弗莱彻案(Rylands v. Fletcher),该案的判决宣称:一个人为了自己的目的实施危险行为时,若损害了他人的权利,即使没有过失也要承担赔偿责任。这个原则虽然在美国并未立即受到普遍欢迎,但少数州还是接受了它。1899 年,俄亥俄州在一项判决中采纳了这个归责原则。该案事实是:储放在被告土地上的硝化甘油不明原因地爆炸,损毁了原告工厂里的玻璃,因此,法院判决被告必须承担赔偿责任。

与此同时,立法机关也开始试图接受严格责任原则。1909 年的《劳工赔偿法》规定,雇主对发生于雇佣过程中所有的损害事故负责,不论其有无过失。但这项法律被州最高法院宣布无效。之后,一半以上的州制定的《劳工赔偿法》也同样被宣布无效,被认为是旨在未经正当程序而剥夺雇主的财产,与宪法规定相抵触,因而无效。然而,至 1917 年,联邦最高法院终于宣布各州的《劳工赔偿法》合宪而有效,从而正式确立了严格责任原则。

3. 人身权特别是隐私权的保护被提上议事日程

可以说,整个 19 世纪,侵权行为法是围绕工业发展而设立的,工业事故的赔偿诉讼成了主角。显然,此时的侵权行为法旨在保护有形的财产权。至于人身权等无形权利的保护则是 20 世纪的事了。1890 年由萨莫尔·华伦和路易斯·布兰蒂斯执笔发表了《隐私权》一文,给法律增加了新的一章,但是,隐私权在那时并未得到法律的承认。在纽约州的罗伯逊诉罗彻斯特折叠盒生产公司案件中,被告未经原告同意就在“家庭之粉”的文字下用原告的照片为他的面粉标记做广告。纽约州法院在 1902 年判决:隐私权作为一种由法律保护的权利并不存在。①

---

① 参见[美]施瓦茨:《美国法律史》,王军等译,中国政法大学出版社 1989 年版,第 133 页。

三、现代侵权行为法的系统发展

(一)无过失责任(liability without fault)的确立

1916 年,美国学者巴兰庭在《哈佛法律评论》上发表的一篇关于交通事故责任的文章中提出了“无过失责任”的概念,这个概念与严格责任有着明显的不同。依据严格责任,当被告造成对原告的某种明显损害时,被告应当负责,而不必考虑被告的故意和过失程度。但是,这并非指加害人就其行为所生之损害,在任何情况下都应负责,其允许加害人通过证明损害是受害人的过失、第三人的过失和自然原因造成的损害而主张减轻或免除责任。然而,根据“无过失责任”,不仅不考虑加害人的过错程度,而且不考虑受害人的过失。它的宗旨就在于“对不幸损害之合理分配”,当然,它的实施往往以保险的存在为前提。到 20 世纪中期,无过失责任原则的地位基本确立。

(二)严格责任原则适用范围的扩大

法律承认在产品责任领域也实行严格责任,“纯净食品法”规定制造商或销售商对于有瑕疵的食品要向消费者负责,即使他已经给予了合理的注意。大多数州采纳并扩大了前述赖兰兹诉弗莱彻案的原则,将所谓“危险”扩大到对社会来说具有不适当危险的所有领域。

(三)侵权行为法所保护的权利广为扩张

随着社会文明的发展,侵权行为法所保护的权利广为扩展。人身权益日渐受到重视,特别是隐私权得到了承认。在拒绝承认隐私权的前述罗伯逊诉罗彻斯特折叠盒生产公司案(1902 年)后不久,佐治亚州最高法院否定了该案判决,确认了隐私权的存在。到 20 世纪中叶,全美国都承认了侵犯隐私权属于一种可起诉的侵权行为。1965 年,美国最高法院在大量的隐私权案例的基础上,确定隐私权是受宪法保护的基本权利之一。20 世纪 70 年代,立法部门进一步制定了不少与隐私权有关的成文法,如 1974 年的《隐私法》《家庭教育及隐私权法》《财务隐私权法》和 1978 年的《质询自由法》等。

(四)以社会责任取代个人过失及损害赔偿的社会化

20 世纪侵权行为法的发展趋势在于以社会责任的概念取代个人过失的思想,强调社会利益,倾向于损害赔偿的社会化,通过社会保险来分担当事人因侵权行为所发生的损失。以工人损害赔偿法为开端,继之以1935年社会保险法等各项社会立法,社会利益得到进一步强调,管辖工业事故法的基本原则变成了赔偿原则,侵权行为法中的过失要件和其他限制条件变得无关紧要了。

(五)侵权行为法领域新概念、新措施的不断出现

第二次世界大战后,随着美国社会经济的发展、文化的进步、法律的日益完备,在侵权行为法领域也出现许多新的概念、措施和原则。其中最为重要的是:(1)重新强调"比较过失"理论;(2)1946年颁布了《联邦侵权行为赔偿法》,宣布放弃政府侵权赔偿责任的豁免特权,允许有关当事人对联邦政府雇员在其职务范围内有过错的作为或不作为所引起的财产损失、人身伤亡,以美国政府为被告提起赔偿诉讼;①(3)自20世纪70年代后严格了有害物体的侵权责任,并颁布了不少与之相关的法律;(4)强调对无形经济利益的法律保护。所有这些新的措施和原则,都进一步完善了现代美国的侵权行为法,使其在美国社会发展中真正充当了"保护神"的角色。

四、21世纪美国侵权行为法的新发展

(一)美国侵权行为法的学理发展

在经历了20世纪的司法实践与学理争论后,21世纪美国侵权行为法的学说呈现多元化的倾向,传统的侵权行为法理论仍占有一席之地,同时,因受到实证主义、社科法学、法经济学等法理学流派的影响,形成了新时代的侵权法学说,并直接或间接地影响了司法实践的多元走向。正如学者所提到的:"美国侵权法仍是一部法,在某种程度上,美国侵权法就好像一幅印象派画家的画作:越是近处观察细节,越难把握其整体结构内容。"②

1.美国侵权行为法学说的多元化

传统的侵权行为法理论建立在普通道德的基础上,用以解决A对B所犯错误的争议。③ 这套理论颇为松散,甚至被认为从未被理论化、体系

---

① 参见王瑞雪:《美国法上的宪法性侵权之诉》,载《行政法论丛》2012年第00期。

② [德]Ulrich Magnus:《为什么美国侵权法如此不同》,毕潇潇译,载金福海主编:《侵权法的比较与发展》,北京大学出版社2013年版,第108页。

③ See John C. P. Goldberg, *Tort Law at the Founding*, 39 Florida State University Law Review 85(2011).

化,①其已经不再明显地与现代的社会现实或法律职业者的情感相协调。事实上,如果侵权行为法要得到解释或发展,就必须有新的理论依据。这便是 20 世纪美国侵权行为理论的主导课题。如今,侵权行为法的学说形成了如下几个分支:

(1)赔偿与威慑学说(compensation-deterrence theory)

赔偿与威慑学说源于霍姆斯大法官的倡导,它的一些最著名的追随者包括肯尼斯·亚伯拉罕、迈克尔·格林、詹姆斯·亨德森、威廉·鲍尔斯、罗伯特·拉宾、加里·施瓦茨、亚伦·特沃斯基等。20 世纪进行的两次"侵权行为法重述"均以该学说作为主导。该学说将法院的地位从裁决私人侵犯行为的机构提升到了为公共利益立法的地位,确立了案件审理的目标在于阻止反社会行为并补偿受到伤害者。②

该学说的推广也引来了多方面的质疑。例如,该学说中威慑理论的实效性存疑:赔偿的性质如何?是"原告收到承认其受到伤害的补偿"还是"被告承认原告所受损害而向原告支付的赔偿金"?这影响到惩罚性赔偿的制度合理性。在处理案件时,法官往往关注社会的利益分配实际,故常被诟病为非专业性的侵权法学说。

(2)企业责任学说

企业责任学说对侵权制度作为一种提供以需求为基础的救济手段的潜在优点和严重缺点的观察,构成了侵权企业责任学说的基本动力,该学说对其研究对象保持着一种主要是批评的但又有些矛盾的倾向。企业责任学家们主要是想证明现行的侵权行为法在为事故受害者提供救济方面设计得极其糟糕,他们鼓励法官改革侵权行为法,以扩大可执行性,使司法机构能够更令人满意地发挥救济机构的作用,尤其关注增强企业的责任意识,以提升侵权责任的适用范围。美国 20 世纪中期的司法实践中,企业责任学说产生了重要影响,严格的产品责任以及机动车无过错保险体系因之

---

① See John C. P. Goldberg, *Twentieth-Century Tort Theory*, 91 The Georgetown Law Journal 513 (2003).

② See John C. P. Goldberg, *Twentieth-Century Tort Theory*, 91 The Georgetown Law Journal 513 (2003).

而逐渐建立。①

该学说的弊端在于缺乏历史上规则的支持,而且在实效上也广受诟病。例如,广泛的侵权责任实际上不会公平地分摊成本,相反,它将不成比例地加重相对较穷的消费者的负担(会使企业转嫁成本到消费者),他们将被迫为产品、汽车保险等支付更高的成本。

(3)经济威慑学说

经济威慑学说主要是针对企业责任和赔偿威慑学说的缺陷而产生的。由于对资本和市场的怀疑较少,大多数经济理论家反对企业责任学说支持的反资本主义的再分配政策。② 同样,在他们看来,赔偿威慑学说具有业余决策的特点,缺乏严谨性。为了弥补这两方面的不足,经济威慑理论学家利用微观经济分析来解释和分析侵权行为法。经济威慑学说分为两个分支:第一个分支主要由理查德·波斯纳和威廉·兰德斯提出,主张解释性工具的使用,即效率分析的分析工具可以让我们理解侵权法的基本特征。第二个分支负责提供规范分析,以确定如果要实现预防措施和事故的有效结合,应如何设计有关事故的侵权行为法规则。

该学说之弊病在于忽视了侵权行为法除效率之外应该追求的愿景,这与法经济学者普遍的道德怀疑主义有关。

(4)社会正义学说

社会正义学说认为法律的目的在于社会公益的最大化,法律的社会性逐渐受到美国法学界的关注,相应地,侵权行为法学说也随之在20世纪末臻于成熟。③ 社会正义学说的支持者认为,侵权行为只是纠正政治权力失衡的一种手段。具体地说,他们假定侵权责任的确立可以纠正利益集团政治的病态。富有的利益集团,特别是公司,阻碍或歪曲立法,并俘获旨在监督和控制它们的监管机构。因此,这些利益集团能够通过制造危险产品和隐瞒有关其危险性的关键信息,以牺牲公众利益为代价,追求继承人高管

---

① See G. Edward White, *The Unexpected Persistence of Negligence*, 1980 - 2000, 54 Vanderbilt Law Review 1337(2001).

② See Neil Duxbury, *Law and Economics*, *Science and Politics*, 15 Law and History Review 323(1997).

③ See Louis Kaplow & Steven Shavell, *Fairness Versus Welfare*, 32 Rechtsfilosofie en Rechtstheorie 185 (2001).

和股东的自身利益。举例来说,枪支行业的说客阻止了有意义的枪支安全立法,而制药公司则抓住了监管过程,从而最大限度地减少了食品药品监督管理局(Food and Drug Administration,FDA)对新药和潜在危险药物的审查。支持受害者提起诉讼,追究利益集团的责任是该学说辖下的司法举措。同时,侵权行为法对社会正义的维护被扩充到了其他领域,如关注资源的公平分配等。①

除以上学说外,自由意志主义学说、互惠学说等都是美国20世纪末新兴或成熟的侵权行为理论。诚然,理论不能指导我们的行动——它在那方面是不实用的。然而,它开阔了我们的视野,帮助我们看到侵权行为法现象的迭代建构。从而使我们对21世纪的可能性有了更丰富的认识。②

2. 美国侵权行为法价值的对立与统一

21世纪以来,学者并未停止讨论侵权行为法发展的价值取向问题,在前述的学说之上,学者们提出了针锋相对的价值论——追求效率、引导还是矫正正义。追求矫正正义的理论者(如社会正义学说)与经济分析理论者(追求效率与引导)对于侵权行为法产生了长期的争论,关注侵权行为法的前瞻性(forward-looking)与保守性似乎是不可调和的目标矛盾。③ 传统的法经济学观点认为,侵权行为法是一种具有前瞻性的制度,其唯一的目标是提供正确的激励措施,使人们在未来的社会中实现最有效的行为。因此,法经济学家通常不把侵权法看作一种义务或损害责任,而是把它看作未来成本的最小化。

矫正正义不是简单的价值取向,而是一系列类似的观点的组合。④ 观点都认同纠正正义理论的核心原则:“纠正正义是解释侵权行为法的最佳方式”,因为“侵权法核心寻求的是弥补错误损失”。从这个观点来看,侵权行为法是向后看的,侵权行为法的目的在于使当事人之间复归未被侵权行

---

① See Emmanuel Voyiakis, *Rights, Social Justice and Responsibility in the Law of Tort*, 35 University of New South Wales Law Journal 449 (2012).

② See John C. P. Goldberg, *Twentieth-Century Tort Theory*, 91 The Georgetown Law Journal 513 (2003).

③ See Michael Pressman, *The Compatibility of Forward-Looking and Backward-Looking Accounts of Tort Law*, 15 University of Newhampshire Law Review 45 (2016).

④ See Gregory Keating, *The Priority of Respect Over Repair*, 18 Legal Theory 293 (2012).

为侵扰的平衡状况。二者似乎是概念上不同的侵权法价值取向,它们可能会在一些侵权诉讼中导致不同的责任分配,二者长期被认为是不兼容的。不兼容理论受到了波斯纳、罗尔斯等著名学者的挑战。在21世纪,二者的兼容性受到了广泛的认可。

侵权行为法实质蕴含着统一价值问题——社会如何认定不法行为及如何处置才能实现社会目标的最大化。依据效率为基础的价值理论与依据矫正正义为基础的价值理论是相容的,前瞻性与保守性均为侵权法发展之不可或缺的取向。[①] 责任之认定的目的都在于实现社会福祉,制度构建核心在于寻求统一的、合理的侵权认定的标准。这样的标准能够使侵权法偏离纯粹的效率导向价值,而寻求将向后看和向前看的价值的总和最大化,两种价值的结合会使得社会整体福利的潜力增大。

(二)美国侵权法的新时代重述

在美国的判例法传统下,侵权行为法具体法律规范存在于普通法的连续性之中。不过,长期的司法实践催生了法律规范的总结需求。20世纪以来,由以统一法律、改进法律适用为宗旨的美国法律学会对美国侵权行为法进行了两次重述。

1939年,《侵权法重述》(Restatement of Torts)第一版出版,这是美国法学会早期项目之一。1955年起,美国法学会回归侵权行为法这一主题,对该第一版的重述进行反思,费时24年形成了《侵权法重述第二版》[Restatement (Second) of Torts]取代了原重述,加利福尼亚大学的威廉·L.普若瑟教授和约翰·W.威德教授担任报告人。[②] 20世纪末,通行的侵权法重述受到了广泛的挑战。美国法学会在1991年开始侵权法的第三次重述工作。在此次重述中,法学会决定:集中处理侵权行为法中最急需修改或扩充的具体领域,在一个完成的侵权法制度的宽泛的框架下,以整合的具体项目为单位进行重述。值得注意的是,《侵权法重述第三版》[Restatement (Third) of Torts]并未完全取代第二版重述,后者依然有相当部分条文被21世纪的美国法院援引应用。

---

① See Michael Pressman, *The Compatibility of Forward-Looking and Backward-Looking Accounts of Tort Law*, 15 University of Newhampshire Law Review 45 (2016).

② 参见[美]肯尼斯·S.亚伯拉罕、[美]阿尔伯特·C.泰特选编:《侵权法重述:纲要》,许传玺、石宏等译,法律出版社2006年版,前言。

1. 1998 年《侵权法重述第三版：产品责任》[Restatement (Third) of Torts: Products Liability]

《侵权法重述第三版：产品责任》于 1997 年被批准，1998 年正式出版。该重述的报告人为康奈尔大学的詹姆斯·A. 汉德森教授与布鲁克林法学院(Brooklyn Law School)的艾伦·D. 图尔斯基教授。其中内容较之 30 年前更为广泛、细致和复杂。比如，其中最重要的内容“产品责任”，就是源于《侵权法重述第二版》中第 402A 条“产品销售者对其用户或消费者的身体伤害的特殊责任”。具体规定：“在下列情形下，销售任何对用户或消费者或其财产含有不合理危险的缺陷状况的产品的人对因此给最终用户或消费者，或其财产造成的身体伤害/实践损害应承担责任……”①该条规定引导了判例法的发展，判例制度反过来要求侵权法理论的再总结。

此次重述中主要分为如下 4 章：第 1 章简述规范商业产品销售者基于产品于销售时存在缺陷的责任的规则，分为两个主题，主题一为关于产品责任的一般责任规则，主题二涉及特殊产品或产品市场(配件、药物、食物以及旧货)的责任规则。值得注意的是，在本章第 2 条规定了产品缺陷的分类，包括制造缺陷、设计缺陷以及因为缺乏使用说明或警示而存在缺陷。同时在该条的评注中，界定了产品责任与传统归责原则之间的关系，指出基于产品缺陷的诉求必须满足本重述第 1 章所列条件。只要这些条件得以满足，诸如过失责任、严格责任这样的侵权归责种类可以在提起诉求时使用。② 第 2 章题为“商业产品销售者非基于产品销售时的缺陷之责任”，规制如错误陈述、未能提供警示、售后未能追回产品等导致伤害等的责任承担问题。并且，设定了归责于销售者的产品责任。第 3 章规定了“后手及明显的制造商的责任”，扩大了责任主体。第 4 章则主要规定一般适用条款，包括因果关系、积极抗辩及定义等内容。整部重述整体上总结了 30 余年的司法实践经验，确立了美国侵权行为法中严格的产品责任制度的制度框架。

---

① [美]肯尼斯·S. 亚伯拉罕、[美]阿尔伯特·C. 泰特选编：《侵权法法重述：纲要》，许传玺、石宏等译，法律出版社 2006 年版，第 110 页。

② 参见《侵权法重述第三版：产品责任》，肖永平、龚乐凡、江雪飞译，法律出版社 2006 年版，第 42 页。

2. 2000 年《侵权法重述第三版:责任分担》[Restatement (Third) of Torts:Apportionment of Liability]

《侵权法重述第三版:责任分担》于 1999 年被批准,2000 年正式出版。该重述的报告人是德克萨斯大学的威廉·C. 帕沃斯二世和华盛顿大学的迈克尔·D. 格林教授。其中所关注的问题是对在有多位侵权人可能在不同程度上对同一伤害负责的案件中侵权责任的分担进行分析。这个问题在比较过失制度下已经变得尤其尖锐和难以解决,因为这一制度可能要求原告本身的过程程度被纳入计算方程。

本次重述中该部分包括 5 个主题的内容:主题一是比较责任的基本规则,将原告的过失纳入责任分配的计量中,实现了比较责任制度的理论化。例如,规定了可归责于原告的过失,分配责任份额应考虑的因素以及裁决的相互抵消等问题。主题二是多名侵权人对不可分伤害的责任。该部分依据判例法发展对连带、单独责任的效力作了规定并进行了学理讨论。对于具体责任的分配,其划分了 5 个不同归责轨道:轨道 A 为连带与单独责任;轨道 B 为单独责任;轨道 C 为结合再分配的连带与单独责任;轨道 D 为基于比较责任界限份额的混合责任;轨道 E 为基于赔偿种类的混合责任。主题三主要涉及的是责任分摊与免责的问题。主题四关注的是和解问题。讨论了和解的定义与效力及通过履行裁决清偿主张问题。主题五规定的是损害可依因果关系分解时的责任分担。①

3.《侵权法重述第三版》的其他项目

《侵权法重述第三版:实体与精神损害责任》[Restatement (Third) of Torts: Liability for Physical & Emotional Harm]的制定始于 20 世纪 90 年代中期。2009 年 5 月,美国法学会正式批准了《侵权法重述第三版:实体与精神损害责任》的前 9 章,并于 2010 年出版了包含第 1 章至第 6 章的第 1 卷。在此基础上,美国法学会在 2011 年 5 月正式批准了新起草的第 10 章,并于 2012 年出版了包括第 7 章至第 10 章的第 2 卷。②

该重述规定了实体损害责任的核心原则,涵盖了故意侵权、过失侵权

---

① 参见[美]肯尼斯·S. 亚伯拉罕、[美]阿尔伯特·C. 泰特选编:《侵权法重述:纲要》,许传玺、石宏等译,法律出版社 2006 年版,第 424~426 页。

② 参见[美]小詹姆斯·A. 亨德森等:《美国侵权法:实体与程序》(第 7 版),王竹等译,北京大学出版社 2014 年版,第 11 页。

以及严格责任等方面的规则。随后,规定的范围得到扩大,涵盖了精神损害责任,并且现已独立精神损害赔偿的相关主张。这次重述的核心概念是"制造风险"(creation of risk),制造风险的行为人有推定的注意义务。对作为受害人伤害来源的风险产生并无参与的行为人,则通常没有义务,因此也就无须为受害人承担责任。其第7(a)条规定了原则:行为人必须针对其制造的风险实施合理关注。当行为人未能实施合理关注,如其行为存在过失,则该行为人应承担侵权责任。① 该重述的第3章详述了过失的诸多方面,包括安全法规和习惯行为的作用、过失的间接性证据,以及无能力(如未成年、失明或者智力缺陷)在修订此类情形下合理关注概念的作用。此外,该重述关注了精神损害救济的问题,对单独的精神损害施加了精心限制的责任。②

长期以来,美国各州司法中的侵权法规则具有某种统一性,其源于第一版《侵权法重述》的影响。据统计,截至2016年,美国各级法院共引用美国各法律重述20多万次,其中82 000多次是引用各版《侵权法重述》。这些重述的规定既全面、严谨,又注释细致。随着第三次侵权法重述的体系在21世纪初构建的完善,美国侵权行为法具体规则也在世纪之交经历了重要的演变。

(三)美国侵权行为法的改革与全球化

1. 21世纪侵权行为法的地位争论与改革

侵权行为法的地位争论由来已久,有学者对侵权法的重要性产生质疑。例如,美国法律史学者弗里德曼指出,侵权法的意义在于作为一种赔偿制度,是政府对工业革命带来的社会问题的一种反应,其意在于侵权制度缺乏历史与理论的支撑。相对地,有学者指出,侵权行为是一种过错,侵权行为法是一种规范民事追索权(civil recourse)的法律。③ 这意味着侵权行为法在民事法律体系中具有不可替代之地位。同时,侵权行为法的根本

---

① 参见[美]爱伦·M.芭波里克选编:《侵权法重述纲要》(第3版),许传玺等译,法律出版社2016年版,第7~8页。

② 参见[美]爱伦·M.芭波里克选编:《侵权法重述纲要》(第3版),许传玺等译,法律出版社2016年版,第10页。

③ See John C. P. Goldberg & Benjamin C. Zipursky, *Torts as Wrongs*, 88 Texas Law Review 917 (2010); Michael L. Rustad, *Torts as Public Wrongs*, 38 Pepperdine Law Review 433 (2011).

性质及目的也受到挑战。

长期以来,侵权行为一直被视为民事诉讼的一个领域。然而,随着社会的发展,侵权行为法的范围逐渐扩展,既包括传统的私法诉讼——原告因某一侵害事故向被告提起诉讼,也涉及工业社会中多个企业之间关于风险分配与责任界定的复杂案件。因此,法律领域不断反思和调整其主要目的,究竟应侧重于惩罚性还是补偿性功能。归责原则的划分、产品责任的界定,以及大规模侵权诉讼中的赔偿规则等问题,均反映在了《侵权法》第三版重述的制定讨论中。[①] 功能的争议引发了世纪之交关于侵权法的性质的争议:侵权法应被看作一个私法学科(主要与调节因公民个人遭受损害而发生的特定纠纷有关),还是里昂·格林所称的"伪装的公法"(一种配置现代美国社会中损害之成本的机制)?[②]

理论层面的争议与司法事务层面的争议同时存在。诉讼爆炸、陪审团失去控制、无聊诉讼、律师贪婪等或属实情或有被夸张宣传嫌疑的司法状况受到了主张改革者的关注。20 世纪 70 年代伊始,一场轰轰烈烈的侵权法改革运动拉开帷幕。它以限制原告获得赔偿的可能和赔偿数额为主要目标,有学者称之为"侵权法限制运动"。[③] 该运动得到了企业家(商业利益集团及其代表)、议员及部分法学家的支持,他们通过干预立法、社会宣传等方式较为成功地使普通民众对该运动并不反感。同时,该运动受到了受害人、律师、学者和部分法官以及消费者权利运动捍卫者等群体的反对。[④]

不过,侵权法限制运动确实使美国侵权法产生了诸多制度化,并在如今依旧影响着美国侵权行为法的发展。在产品侵权责任方面,该运动限制了非经济损害赔偿与惩罚性损害赔偿的限额;参议院在 2003 年 3 月通过的产品责任改革法案取消了多方连带责任,顺应了多州的长期司法实践;确立了产品责任抗辩权,使生产商在特定条件下得以免责;制定了安全期制度,使制造商不对安全期之后的损害负责。

---

① See John C. P. Goldberg, *Symposium: The John W. Wade Conference on the Third Restatement of Torts-Introduction*, 54 Vanderbilt Law Review 639 (2001).

② 参见[美]G. 爱德华·怀特:《美国侵权行为法:一部知识史(原书增订版)》,王晓明、李宇译,北京大学出版社 2014 年版,第 309 页。

③ 参见董春华:《论美国侵权法限制运动及其发展趋势》,载《比较法研究》2014 年第 2 期。

④ See F. Patrick Hubbard, *The Nature and Impact of the Tort Reform Movement*, 35 Hofstra Law Review 437 (2007).

在医疗过失侵权方面,该运动限制了非经济损害赔偿与惩罚性损害赔偿数额;规定了诉讼时效,多为发现损害后的一年内或自损害发生日起三年内起诉;规定了善良人条款(good samaritan provision),减轻了免费为患者提供医疗服务的医务人员的责任负担,使其在除重大过失、故意致损外的情况下免责;确立了专家书面意见制度,要求原告在提起医疗过失侵权之诉时,向法院提交一名专家的书面报告以证明被告的行为偏离了可接受的医疗标准,提高了法院的立案标准。并且,平行来源规则(collateral source rule)在争议中迎来了改革,使被告在原告已从他处获得利益时,可以减轻原告的责任。诉讼制度中的诉讼费承担有了相应调整,目的在于侵权诉讼的提起,并合理化诉讼费的分担。

总体而言,美国侵权法限制运动的主导思想是经济效益与资源分配。这使20世纪中期确立起来的以社会福利、企业责任为重要内容的侵权法理论与制度受到了冲击。可以说,侵权法的“公法”属性一定程度上得以增强。与此同时,美国的侵权法变革也受到了党派争斗的影响,共和党支持侵权法限制运动,而民主党则相反。例如,2000年2月,布什当选美国总统后便宣布对医疗过失行为责任、产品责任和集团诉讼进行改革。共和党之所以支持侵权法改革,是因为共和党的大选经费主要由产品制造商、保险公司和医疗行业捐赠,而侵权法改革正是由美国的大公司大企业为减轻自己的侵权责任而发动的。为选举经费的提供者谋取利益便成为了侵权法限制运动的重要政治动因。

2. 美国侵权行为法的全球化发展

进入21世纪,美国侵权行为法的发展具有了全球化的趋势。

第一,美国国内侵权法的域外管辖。长期以来,美国国内法院是否以及何时可受理因发生在美国之外的行为而受到伤害的外国原告提起的诉讼的问题颇有争议。在美国正当程序条款需要被告与法庭之间有宪法意义的“最低限度联系”的情况下,司法实践形成的规则是:满足属人管辖权要件本身不能保证原告选择的法院必然受理他的起诉。除了正当程序的限制,法院还发展了一系列相关学说,如“不方便法院”,以允许法院发现另一法院受理该案更合适的情况下拒绝受理。①

① 参见[美]小詹姆斯·A.亨德森等:《美国侵权法:实体与程序》(第7版),王竹等译,北京大学出版社2014年版,第841页。

由于美国侵权法的域外管辖问题主要涉及的是跨国公司的域外致损案件,涉事企业往往利用相关规则来拒绝诉讼以逃避责任。因此,先前以“不方便法院”为代表的排斥域外管辖的学说受到质疑。例如,1990 年发生的陶氏化学公司诉卡斯特罗·阿尔法罗案(Dow Chemical Company v. Castro Alfaro)①,该案中虽然得克萨斯州的联邦法院援引了“不方便法院”学说驳回了原告的起诉,但法院的协同意见书和反对意见书对侵权法在全球化背景的域外管辖问题展开了讨论。有法官指出,“非法行为不能因为它的直接结果一开始感觉很遥远而非在家门口就逐渐消失”,“他们倡导的‘法律学说’与公平和方便无关,为的是免除跨国公司在国外导致伤害的侵权责任”。当然,域外管辖问题还涉及本地利益、诉讼积压以及司法礼让等问题。美国联邦最高法院也表明了态度,在某些情况下支持该学说的适用以“帮助法院避免卷入复杂的比较法实践中”,并鼓励审查“可选择法院的明显缺陷”,如“替代性法院不受理该种诉讼事项,驳回起诉就不合适”。

21 世纪的域外侵权案件不断增多,各州对待侵权法域外管辖问题的差异或许会随着经济全球化浪潮得到弥合,又或许会变得更加多元,联邦最高法院的态度也在逐渐受到州法院的挑战,同时,跨域管辖的执行等问题也值得关注。②

第二,《外国人侵权索赔法案》(Alien Tort Claims Act,ATCA)的 21 世纪解读。该法案规定:“只要侵权违反国际公法或者美国公约,联邦地区法院对外国人提起的民事侵权诉讼就有初审管辖权。”苏特法官曾评论,联邦最高法院对《外国人侵权索赔法案》适用范畴最重要也是唯一的宣告是:“没有人知道它是怎么来的,它制定后 170 年以来,它只为一个案件提供了管辖权依据。”③该法案作为侵权诉讼的管辖确定规则,在世纪之交激起了跨国诉讼的热情。更多的起诉人利用《外国人侵权索赔法案》在美国联邦法院提起诉讼以执行国际人权和环境法则。

由于原告提起的这类诉讼或者针对政府或者针对跨国公司这样的个

---

① See Dow Chemical Company v. Castro Alfaro, 786 S. W. 2d 674 (1990).

② See Christopher A. Whytock, *Forum Non Conveniens and the Enforcement of Foreign Judgments*, 111 Columbia Law Review 1444 (2011).

③ Sosa v. Alvarez-Machain, 542 U. S. 692 (2004).

人被告①,美国法院开始大量审理国际人权保障、环境纠纷等案件,如指控埃塞俄比亚对犯人实施刑讯案、指控美国公司在秘鲁采矿导致环境污染及人身损害案等。联邦最高法院也在索萨案中指出了判决的依据与目的,“普通法有为当下违反国际法的人身伤害提供诉因的潜力”②。依据不断丰富的司法实践所积累的判例,美国侵权行为法体系不断为受到国际公法所不容的侵害的他国原告提供救济的途径。

第三,政府间侵权责任的问题。随着政府间交往的频繁,在美国侵权行为法的司法实践中出现了政府机构为侵权诉讼辩护或提起侵权诉讼。这些侵权诉讼往往以环境纠纷最为常见,美国政府与加拿大特雷尔冶炼厂的纠纷曾持续一个世纪,该案经历国际仲裁,仲裁庭判决,加拿大应该为特雷尔冶炼厂的行为负有国际法上的责任,但这种责任究竟适用何种法律来确定引起了争议,仲裁协议仅确定了伤害救济的条款,却并未说明补救的方式。其间,美国环境保护署曾依据联邦废弃物立法对泰克明科冶炼公司(Teck Cominco Metals,特雷尔冶炼厂的现在所有者和经营者)签发单边行政命令,却遭到了对方的抗议。2006 年 6 月 2 日,美国环境保护署宣布与泰克明科冶炼公司调解,不直接适用联邦立法。产生了诸多有关美国与他国的环境纠纷是否适用美国国内法的问题的争议。③

第四节 公司法

一、18 世纪末至 19 世纪上半叶美国公司法的起步

在美国,公司法与其他部门法相比,本土性特征比较明显。由于早期英国公司法主要涉及非营利性社团,在解决美国商业企业所面临的问题时

① 参见[美]小詹姆斯 · A. 亨德森等:《美国侵权法:实体与程序》(第 7 版),王竹等译,北京大学出版社 2014 年版,第 853 页。

② Sosa v. Alvarez-Machain, 542 U. S. 692 (2004).

③ See Cerald F. George, *Environmental Enforcement Across National Borders*, 21 Natural Resources & Environment 3(2006).

显得无能为力,因此,商业公司的发展和与之有关的法律问题的解决,几乎是由美国本土的法律单独完成的。

(一)公司的成立

早期公司的成立必须通过州议会特别立法批准,因此,公司数目少,特别是制造业公司所占比例低。

随着经济的发展,要求把商业公司作为实现经济发展目标的工具在法律上加以确认的呼声增强。如果公司成立依然要求通过立法机关颁发特许状,立法机关就难以应对了。于是,18 世纪末 19 世纪初在一些州开始了简化公司成立的批准程序的改革。1795 年,北卡罗来纳州首先颁布了普通公司法,1799 年马萨诸塞州也颁布了类似法律。① 1811 年,纽约州颁布了普通公司法,允许为加工、制造纺织品、玻璃、金属制品而成立公司。该法规定了公司经营期限为 20 年,资本最高额为 10 万美元。公司的成立通过签订协议章程和申请执照即可实现。之后,其他州也纷纷仿效纽约州的规定,颁布了类似法律,如康涅狄格州和马萨诸塞州在 1817 年和 1830 年分别颁布了公司法,对公司营业范围、经营期限、资本最高额等问题作了限制。到 1860 年,成立公司的通常途径已是依据普通公司法而不再是依据特许状。

(二)公司的特点

早期的公司与现在的公司有着很多不同。例如,当时公司的经营期受到很大限制,法律规定的期限一般为 5 年、20 年、30 年不等。在内战前,对于公司而言,永久性生命是不可能存在的。又如,公司的股份也受到限制,早期的法律并不要求一股一权(投票权),1812 年新罕布什尔州的一个公司章程中规定,每 50 股代表一份投票权,但是不论拥有多少股份,一个股东拥有的投票权不能超过 10 份。1836 年,马里兰州的一个公司章程则规定一个股东拥有的投票权最多不能超过 30 份。② 此外,很多公司还禁止将公司股份转让给“外国人”。再如,有限责任虽已出现,但并不普遍。在康涅狄格州,虽然制造业公司大多实行有限责任形式,但仍然有许多公司要求,当公司破产时,股东必须在其自有的资本能力范围内负责。

---

① See Lawrence M. Friedman, *A History of American Law*, Simon & Schuster, 1973, p. 446.

② See Lawrence M. Friedman, *A History of American Law*, Simon & Schuster, 1973, p. 168.

此外,政府积极参与公司的投资。政府参股的公司大量存在。

最后,公司的表现形式呈多样化,出现了有限责任公司、股份公司、商业信托、合股公司等形式。当然,其中最常见的公司形式是股份有限公司。

(三)法律界对公司发展的支持

该时期,公司的发展并非一帆风顺。早期,人们害怕、不信任公司,认为它是财产和权力的聚合体,股东是自封的“证券王朝的小贵族”,是发展民主制度的隐患。对此,法律界在审判实践中加强力度,维护公司的生存与发展。

达特茅斯案(1819年)①为公司的发展奠定了基础。在该案中,大法官马歇尔认为,公司特许状是“关于报酬的契约”“关于财产支配权的契约”,因此,公司的特许状属于受宪法契约条款保护的契约。这样,公司被授予了不可侵犯的契约权利,公司的财产权得到了宪法契约条款的保护。马歇尔的判决增强了公司的信心,从此制造业公司数量激增。

奥古斯塔银行诉厄尔案(1839年)②确定了公司在特许范围之外的其他州拥有订立契约的权力。该案事实为:3家外州公司在亚拉巴马州购买汇票,但出票人以这些公司无权在亚拉巴马州经商,即无权在他们自己的州之外经商为由拒绝付款,因此,这几家公司起诉。巡回法院法官支持出票人的观点,认定一家在某一州创立的公司无权在其他州由自己直接或通过代理人缔结契约。这一判决实际上是将公司经营商业的活动限制在颁发给它们营业执照的州内,使州际商业的发展变得全无可能。最高法院否决了这个判决,承认一个公司有权像自然人那样在非常驻州活动,各州之间的礼让为在任何一州领取营业执照的公司在联邦内从事经营活动提供了法律保障。从此公司办理州际事务有了所需要的法定权力。

二、19世纪下半叶至20世纪初公司法的发展

19世纪下半叶,公司数量激增,到1870年,其在经济发展中已发挥支配性的作用。由此,相关的法律规定亦同时发展起来。

① 参见[美]施瓦茨:《美国法律史》,王军等译,中国政法大学出版社1989年版,第68页。

② 参见[美]施瓦茨:《美国法律史》,王军等译,中国政法大学出版社1989年版,第69页。

(一)公司的成立

19世纪下半叶,通过取得特许状成立公司的做法被完全消灭了。起初,在相当长的一段时期内,依据普通公司法成立公司与取得特许状成立公司这两种办法并存。在有的州,后者的数量还要多一点,如1848年至1871年,在威斯康星州依据特许状成立的公司数目是依据普通公司法成立公司的数目的10倍。① 当然,更多的州严格禁止特许状的使用。1845年,路易斯安那州取消特许状的使用。其他州随后也通过了相似禁令,如1867年,亚拉巴马州规定成立公司只能根据普通公司法。于是,公司的成立程序被极大简化,成立公司只要填几张表格、签个字就行了。

(二)公司的法律地位的提高

1868年通过的宪法第14修正案,限制了全国各地政府机构权力的行使,为"人的生命、自由和财产"提供了充分的保障。由于当时的社会背景,宪法第14修正案的影响几乎集中在经济方面,被用于为商业服务。公司被认为属于修正案保护的"人"的范畴。在1886年的圣克拉拉县诉南太平洋铁路公司案中,首席法官直截了当地宣布:"宪法第14修正案禁止一个州在它的管辖范围内拒绝给予任何人同等的法律保护。本法院不希望听到关于该修正案中的规定是否适用于这些公司的争论。我们全都认为它适用于公司。"②这个判决确定了一家公司就是一个"人"的原则。从此数不清的案件依据这个假设进行了审理,对公司给予保护成了一种全国性的倾向。

(三)公司创办人和股东责任的加强

由于政府已被禁止参与公司的投资(到1874年,有16个州禁止州政府拥有公司的股份),因而公司的资本来源只能依赖于公开的资金市场。由此不可避免地造成骗取公众资金的现象。于是,在19世纪70年代,法律加强了对公司创办人、股东的监督。例如,纽约州在1848年规定,"只能用现金作为股本的支付手段"。到1853年,政策有所松动,允许用"矿产、制造品等商业必需品"来换取股份。③ 随后,其他州也纷纷作了类似限制。

① See George J. kuehnl, *The Wisconsin Business Corporation*, University of Wisconsin Press, 1959, p. 143.

② [美]施瓦茨:《美国法律史》,王军等译,中国政法大学出版社1989年版,第108页。

③ See Lawrence M. Friedman, *A History of American Law*, Simon & Schuster, 1973, p. 449.

这种规定的目的就是力图保证公司资本的真实性,加强公司创办人、管理者对公司股东、债权人的责任。

与此同时,法律界还采纳这样一种观点:公司的债权人优先于股东对公司资产享有受偿权。该观点在内战前就已经产生,战后得到更广泛的传播。1875 年的阿普登诉特里比库案(Upton v. Tribilcock)①的判决采纳的就是这个观点。在该案中,被告认购了公司价值 1 万美元的股份,但是实际上他只交付了 2000 美元,对此被告解释说是因为公司管理人告诉他只要这些就行了。当公司破产时,公司的债权人要求被告支付尚未缴清的股金。联邦最高法院法官认为股本是为了股东利益而受托管理的信托基金,如果公司破产,则必须先用于保证债权人的利益。公司的管理者无权免除认购人缴足资金的义务、无权浪费或放弃这个基金,因为该基金属于公司和它的债权人。这样做,公司债权人的利益得到了保护,但对于受到欺骗的小股东来说,无疑是个打击。

(四)托拉斯与控股公司的出现及相关法律规定

19 世纪后半叶,公司的数目与日俱增,公司的规模也日益扩大。大公司首先在铁路业发展起来,以适应大规模经营活动的需要。内战以前,10 条铁路中的每一条都拥有 1000 万美元或者更多的资金;到 1883 年,这样的铁路已有 40 条以上,其中有 8 条铁路各拥有 1.35 亿美元以上的资产。非铁路公司也不甘落后,很快在规模上赶上并超过铁路公司。例如,在新泽西州,1890 年以前,只有 3 家股本超过 2000 万美元的非铁路公司,到 1899 年,在一年之中就成立了 47 家股本超过 2000 万美元的公司。1901 年,美国钢铁公司成立时拥有资本达 14 亿美元。②

这些大公司的出现,与法律放松对公司经营范围的限制有关,"越权行为"(ultra vire)理论逐渐被抛弃。主张"越权行为"理论意味着公司只享有有限的经营权,超过公司执照上注明的经营范围的行为就是无效的行为。这样,与某个公司签订合同就存在一定的风险,人们总要考虑这个公司是否有权签订该合同。社会公众及法院都感受到了坚持这个理论的压力,于

① See Lawrence M. Friedman, *A History of American Law*, Simon & Schuster, 1973, p. 450.

② 参见[美]施瓦茨:《美国法律史》,王军等译,中国政法大学出版社 1989 年版,第 139~140 页。

是,政策开始松动。1896 年,在佛罗里达州的一个判决中,最高法院认为铁路公司在风景地(终点处)经营旅馆业能够增加铁路公司的客源,是为旅客、雇员提供价廉物美的服务,并非越权行为,是可以成立的。[①] 这个判决表示出法院对“越权行为”理论的修正,反映了当时的社会倾向:“越权行为”理论是公司发展的障碍。同年,新泽西州的一个法案甚至允许公司有权从事任何合法的商业活动。在这样的情形下,一个公司既可以从事铁路运输业,同时又可以从事轮船运输、木材买卖、建筑业、制造业、纺织业等各类行业,由此公司的规模迅速扩大了。

大公司的出现导致了公司形式的突变,垄断集团组织即托拉斯于 19 世纪 70 年代以后在各个行业纷纷出现。这些托拉斯的运作方法是这样的:一些小企业的所有者将其股票集中到一个托管人手中,然后得到一份托拉斯凭证。作为回报,这些原企业所有者将按其份额从托拉斯所得到利润中分得一部分。这意味着托拉斯所拥有的巨大实力、垄断势力使与之打交道的人受到威胁,农民及中小企业主首当其冲地成为受害者,工人及广大消费者亦感到了它的压力。于是,在美国掀起了反托拉斯运动,反托拉斯立法应运而生。[②]

由于反托拉斯立法的出现,托拉斯的发展受到了一定的限制,于是出现了一种更为有效的控制手段——控股公司。早在 19 世纪 50 年代,立法机关就赋予一些公司特权,同意它们拥有其他公司的股份。例如,1851 年至 1852 年,亚拉巴马州就同意一个公司拥有其他公司的股份;1866 年,佛罗里达州也允许两家公司拥有其他公司的股份。随着公司的欲望日渐膨胀,法律改革也加快了。1888 年,新泽西州通过法律允许所有公司购买和持有其他公司的股份,于是大量资本雄厚的控股公司在新泽西州成立了。

可以说,反托拉斯法对于控制垄断、保护竞争起到了一定的作用,但这种作用是很有限的。毕竟,支持公司发展是法律的立足点,因此,在这一时期,企业联合和合并的发展并未受到严厉的制止。

(五)各州竞相制定优惠政策

各州对公司的法律规定不一。有的州比较严格,如马萨诸塞州,限制

---

① See Lawrence M. Friedman, *A History of American Law*, Simon & Schuster, 1973, p. 454.

② 关于反托拉斯立法,请参阅本书第六章第七节。

成立任何拥有巨大资本的机械、采矿、制造公司，1871年公司资本最高额被限制为50万美元，1899年则为100万美元；而且规定公司经营政策的变化必须经过股东的一致同意，未经股东同意公司不得增加股份。当然，像马萨诸塞州这样严格限制公司发展的州毕竟是少数，许多州对于公司的成立、发展持宽松、放任的态度。于是，公司不断迁往那些持有优惠政策的州。

受欢迎的州有宾夕法尼亚州、俄亥俄州、新泽西州、西弗吉尼亚州等，它们竞相采取优惠政策招徕生意，甚至以广告形式宣传低税收、低价格邀请人们到那里成立公司。1899年特拉华州通过极为优惠的政策吸引了大量公司的转入，以致形成了“特拉华公司”这个术语。

三、20世纪以后公司法的发展

进入20世纪，由于特拉华州、新泽西州等州竞争性颁发公司执照的刺激，新型的法律规定被普遍采纳，法律对成立公司的限制越来越少。法律认可企业家创造性地设计、安排他们的权力，赋予公司发起人、管理者自由签订公司章程、契约的权力。这样，一方面，公司在经济生活中发挥巨大的作用；另一方面，法律的放任性导致许多社会问题的出现。这些问题包括：对公司规模的不加限制导致巨型公司的出现；公司发起人、管理人的广泛权利意味着增加投资者、工人、社会的风险；有限责任的推广导致那些仅仅拥有名义资本的企业逃避经济责任的现象的出现。

20世纪30年代的经济大萧条使人们原本认为的“公司滥用权力的现象能够通过市场竞争和投资者对自身利益的关切而得到制止”的信心受到挫败。公司的发展特别是巨型公司的不可抑制的出现已迫使法律界不得不开始关注公司的责任问题。1938年，当时的总统罗斯福就说过：如果“私人权力史无前例地集中”对美国经济构成巨大威胁的话，出路便是“制止企业走向集团主义，而让企业恢复到民主竞争的状况”。

（一）立法状况

从20世纪30年代开始，公司的活动逐渐受到联邦法律的规制。联邦政府加紧了相关的立法活动。

继续强调政府在控制垄断、保护自由竞争方面的作用。1936年，国会通过了《鲁宾逊—帕尔曼法》，对1914年的《克莱顿反托拉斯法》的规定作了修改;1938 年又制定了《惠勒—利法》,对 1914 年的《联邦贸易委员会法》加以修正。[①]

保护股东和社会公众的权利。1933 年制定了《证券法》(Securities Law),1934 年制定了《证券交易法》(Securities Exchange Act)。这两部法律是在 1929 年股票市场大崩溃之后,公众强烈要求制定管理证券市场的法律的要求下产生的。法律对于公司发起人的权利做了限制,力求促使股东对公司实行有效的控制,促使股东了解公司信息,保护股东查阅公司的账簿和记录的权利,保护股东的投票权。

1928 年,美国律师协会公司法委员会制定了《标准公司法》(Model Business Corporation Act,该法后经多次修订)。这部法律是由法学界自发制定并颁布的一种非国家立法,对联邦、各州不具有约束力。但是,半数以上的州采用了此法或者以其为蓝本制定本州的公司法。

(二)以《标准公司法》为基础的现代美国公司法的基本内容

1. 公司的特征

公司可以永久生存,不受公司股东或成员存续的影响。

公司有权做一切对经营公司业务和处理公司事务有必要的或有利的事情;有权以自己的名义享受权利和承担义务;有权拥有和转让财产;可以起诉和被诉。

公司以其所有资产对公司债务承担责任。股东以其出资额为限对公司承担责任。

公司的权力集中于公司的董事会。

2. 公司的成立

由公司发起人向州务长官递交公司组织章程供其审查。除非公司组织章程中说明了延迟生效日期,否则在公司组织章程被州务长官归档之时,公司便成立。

公司组织章程中关于公司设立的必不可少的内容是:公司的组织名称;公司发行的股票种类及数量;公司的所在地及其通讯地址以及每位发起人的姓名、地址。

---

① 参见林榕年主编:《外国法制史新编》,群众出版社 1993 年版,第 325 页。

3. 公司的权利

根据《标准公司法》的宗旨,公司可以从事任何法律所不禁止的经营活动。公司具有以下一般权利:公司可以提起诉讼或作为被告应诉;公司有权拥有并使用公司图章,并有权改变图章;公司有权制定不与公司组织章程相冲突的公司工作细则;以合法方式取得、占有、处理任何有形、无形财产;公司有权通过销售、抵押、租赁等方法处置全部或部分财产;公司有权买卖、持有其他实体的股票、权益或各类债务;公司有权订立协议和保证书,承担各种债务;公司有权出借金钱或进行投资;公司有权担任合伙、联营、信托等组织及其他实体的发起人、合伙人、成员、联营人或实体的经理;公司有权在州内外开展业务;公司有权选举公司董事并任命高级职员、雇员、公司代理人并确立报酬,还能给予他们金钱和信用贷款;支付年金和设立各项财务计划;公司有权进行公益性捐赠;有权经营有助于实现政府政策的业务;在不与法律相冲突的前提下,为营业需要做出馈赠和支付。

除以上各项一般权利之外,公司法还规定了在紧急状态下,公司董事会所拥有的权利。

4. 公司的资本

公司的资本筹集主要通过认购股份的方法实现。公司有权发行不同种类的股票,如普通股与优先股、记名股和不记名股(多数州不允许发行不记名股)、票面值股与无票面值股。公司也有权回购自己公司的股份。

5. 股东的权利

股东所享有的权利可以分为股东资格权和财产权两类。

股东资格权包括股东大会上享有的提议权、发言权、投票表决权、对公司档案的查询权①、对公司重大事项变化的异议权及公司损害股东利益时的诉讼权等。

股东财产权包括股东所拥有的公司股份及其转让权、分红权、特定条件下购买公司新发行股票的优先权等。

6. 公司的董事会

公司的董事会是公司的最高管理机构。它在股东大会的授权和指导

---

① 股东对公司档案查询权的行使是受到限制的。要求具有正当目的或在公司资本中至少占有5%的股份才可查询,否则将受到拒绝。关于何为“正当目的”的问题,争议颇大。

下行使公司的全部权利。同时,它也要对公司资产的安全运作、公司章程与工作细则的执行承担责任。

董事会可以设立各类专门委员会,负责处理日常工作。董事会还应召开董事例会并可以召开特别董事会议。

关于董事的资格问题,各州要求不一。一般来说,董事有从股东中选举产生的内部董事,也有非股东的外部董事和官方董事。董事必须在公司法和公司章程、工作细则赋予的权力范围内行为。

7. 公司的解散

公司可以自愿解散,或者依行政命令解散、通过司法途径解散。①

四、21世纪美国公司法的发展新趋势

自公司法观念创生以来,美国没有统一的公司法规范体系,公司法采用的是多元化的制度供给。在同一个法域内,存在多部公司法文本或多个公司法立法机构。经过长期的发展,世纪之交的美国公司法的结构常被称为双重二元格局:一是联邦与州之间的二元规制;二是公司规范本身的二元分离。

(一)美国公司法的州际竞争

由于美国宪法规定的立法模式,联邦与州之间对关涉公司的事项都有相应立法权限,彼此本应分离却在实践中有所交叉,故而产生了联邦与州之间关于公司立法的冲突。在冲突之中,州立法争取到了主导地位。② 公司法规范可宏观划分为规范公司外部行为之规范与规范公司内部行为之规范,公司的外部行为常属于联邦监管的范畴,故而联邦立法对其具有约束力,而公司的内部行为则受主要州立法的约束。③ 联邦与州关于公司的立法权争端长期持续,至今形成了两个重要的特征,即州立法主导的领域的州际竞争、联邦与州立法在诸多领域的竞争。

---

① 关于“美国标准公司法”的内容,参见《美国标准公司法》,沈四宝译,北京大学出版社1981年版;卞耀武主编:《当代外国公司法》,法律出版社1995年版。

② 参见[美]罗伯特·W.汉密尔顿:《美国公司法》(第5版),齐东祥组织翻译,法律出版社2008年版,第55页。

③ 参见林少伟:《美国公司法联邦主义的历史演变及其启示》,载《政法论丛》2019年第1期。

美国州际公司法竞争的历史大致可以划分为两个阶段①:第一个阶段发端于 19 世纪 80 年代,肇始者是新泽西州;第二个阶段兴起于 20 世纪 60 年代持续至今,引发者是特拉华州。两轮竞争既一脉相承,又各具特色。

19 世纪末,公司法对公司的限制逐渐阻碍了公司的发展,各州公司法都有许多限制性规定,如限制公司成立的目的、设置额定股本最高限额、规定公司存续年限等;同时,各州的反托拉斯法也阻碍了公司形式的垄断组织的发展。新泽西州通过公司法自由化改革吸引了大量公司为规避他州公司限制、托拉斯法来此注册。糖业托拉斯就是一个典型的例子,被纽约州解散后,它到新泽西州注册为新公司,然后又在纽约州的原办公场所开业,继续以托拉斯的形式经营往常的业务,纽约州对此却无可奈何。② 此举不仅吸引了大量公司注册,而且促使其他各州开始审视本州公司法的竞争力。

第一轮竞争涌现诸如特拉华州、纽约州等有竞争力的公司注册地。随着第二次世界大战结束,1967 年特拉华州公司法改革掀起了第二轮竞争浪潮。在持续至今的浪潮中,各州纷纷从迎合管理层和改进反收购法等方面展开竞争。在迎合管理层方面,各州扩大管理层权力、规范职业保障,降低管理层的责任并形成了竞争之势。例如,内华达州的修订,2001 年该州进一步加大对管理层的保护力度,使他们几乎能免于承担任何责任。该修订的支持者指出,如果各州法律提供同等优惠条件,公司还是会选择特拉华州,所以,内华达州只有打破平衡才能够吸引公司来注册。③ 反收购法的制定也与管理层密切相关,其目的就是维护在任管理层的利益,而对管理层的友好程度往往决定州际竞争之成败。

第二轮竞争尚在进行,不过现行者特拉华州的既得利益似乎难以撼动,正如州务卿杰弗里 · W. 布洛克在 2018 年企业部门年度报告(Division of Corporations 2018 Annual Report)公布时所说:“特拉华州的公司特许经营继续保持强劲增长的格局,以接近创纪录的速度向我们的注册机构增加新

---

① 参见杨成良:《州际竞争与美国公司法的发展》,载《比较法研究》2017 年第 1 期。

② See Frederick Tung, *Before Competition: Origins of the Internal Affairs Doctrine*, 32 Journal of Corporation Law 33(2006).

③ See Michal Barzuza, *Market Segmentation: The Rise of Nevada as a Liability - Free Jurisdiction*, 98 Virginia Law Review 935(2012).

的公司和替代实体。税收和费用产生的收入在前一年也有所增长,尽管首次股票发行市场(IPO)相对疲弱,但仍在继续扩大。特拉华州仍然是绝大多数美国顶级公司的所在地,其中包括超过2/3的财富500强公司和80%的上市公司。"①

同时,对于州际竞争的失败者来说,抵制公司法的州际竞争是他们的重要主张。这种抵制主要包括三个层面:争取联邦公司法、统一各州公司法和反对"内部事务原则"。② 前两者希望公司法立法层面实现统一,来促使州与州的平等,但下文将提及《标准商事公司法》(Model Business Corpotation Act)的问题。其与以特拉华州为首的竞争优势州的立法有密切联系,甚至可以认为是特拉华州公司立法的通行版,统一州际公司法律的努力尚任重而道远并受到了部分州的抵制。内部事务作为州立法的重要内容,往往被设立地的州公司法所操控,甚至21世纪初的公司大规模内部问题爆发之际,联邦立法也并未对此发起挑战。不过,内部事务的州立法可能侵害公司运营所在地的权益,如运营所在地的法院对公司内部事务案件没有管辖权,③这自然引起了公司营业地的不满。然而,相关挑战并未产生太多实效,美国公司法的州际竞争依然激烈,并且逐渐面向公司治理的新领域、新问题,④这在一定程度上也促进了美国公司法研究整体水平的发展。

(二)美国公司法的联邦化与反联邦化⑤

美国联邦政府对公司事务的干预起源于反公司主义思潮,保障社会利益、反垄断、消弭州际竞争是该思潮的直接目的。⑥ 1900年,曾有国会议员提出联邦注册议案与修宪议案,试图对公司法施行联邦化,但并未成功。罗斯福和塔夫托两届政府便试图通过行政权推动公司法的联邦化,开始通

① Division of Corporations 2018 Annual Report, https://corp. delaware. gov/stats/.

② 参见杨成良:《州际竞争与美国公司法的发展》,载《比较法研究》2017年第1期。

③ See Vantage Point Venture Partners 1996 v. Examen, 871 A. 2d 1108 (2005).

④ See Mark J. Roe, *Delaware's Competition*, 117 Harvard Law Review 588(2004).

⑤ 联邦化与联邦主义正相反,美国以州为中心的公司立法体系是联邦主义的核心,而联邦化则是希望联邦立法更多地涉及公司治理,推动联邦公司立法。参见解正山:《联邦主义抑或联邦化:美国公司立法的政治维度》,载《证券法苑》2016年第2期。

⑥ See Richard A. Booth, *The Fall and Rise of Federal Corporation Law*, 2 Journal of Business & Technology Law 161 (2007).

过联邦立法的形式干涉部分公司内部事务,即涉及州法或公司自治所辖事务,但遭到了反联邦化或称“联邦主义”支持者的抵制。

这期间最为重要的成果有三:1909 年《公司所得税法》(Corporation Income Tax Law)、1933 年《证券法》以及 1934 年《证券交易法》。

其中 1909 年《公司所得税法》是当时统一公司法出台前的一个妥协,在征税的同时强调了公司的信息披露,推动了公司法的联邦化。但此之后,统一公司法却走向了规则的碎片化。1933 年《证券法》基本上是有关公司从普通社会公众集资的程序规定。1934 年《证券交易法》是一部更宽泛的、涉及很多问题的法律,包括对证券交易所、证券经纪人和经销商、公司披露制度、收购要约、证券欺诈和证券集团诉讼的规范。这两部法律为联邦政府对公众公司内部事务的广泛监管提供了一个跳板①,同时也使制定联邦统一公司法的呼声渐息。

21 世纪初,联邦对公司的规制因为一系列案件的发生而再次被提上立法议程。例如,作为美国最大能源公司之一的安然公司突然申请破产保护。与此同时,世通公司所爆发的会计丑闻,严重打击了投资者的信心。据此,参议员萨班斯和众议员奥克斯利联合提出法案,试图对做假账的公司高管进行严厉管制和制裁。该法案于 2002 年被通过,被称为《萨班斯—奥克斯利法案》(Sarbanes-Oxley Act),法案的颁布重启了联邦对公司内部事务的规制,为公众公司的外部审计师创建了一个新的监督体制,并把对财务报告的内部控制作为关注的具体内容。根据该法案,不仅管理层报告公司被要求对财务报告的内部控制,而且外部审计师也被要求证实管理层报告的准确性。这种严格性的管控产生了一定的经济效果。②

但是,该法案并没有回归联邦制定统一公司法之路,反而沿袭了碎片化的立法模式,只是涉及公司管理中的财务问题,反而将州立法关于公司内部管理的制度作为其效力之基础。有学者指出:“恰恰是这种支离破碎般的分散规制,使得公司法联邦化的希望越来越渺茫,因为越是碎片化的

---

① 参见[美]罗伯特·W. 汉密尔顿:《美国公司法》(第 5 版),齐东祥组织翻译,法律出版社 2008 年版,第 57 页。

② See Zhang Xiying, *Economic Consequences of the Sarbanes—Oxley Act of* 2002, 44 Journal of Accounting & Economics74(2007).

规制,越是以承认州际规制竞争为前提,也愈发降低统一公司法的必要性。"①该法案及其后的《多德—弗兰克法案》(Dodd-Frank Act,DFA)看似加强监管,实则践行了联邦主义公司法的诸多诉求,使公司法的联邦化尤其是对于联邦统一公司法的追求逐渐趋于沉寂。

在未来的一段时间,美国公司法没有偏离自20世纪30年代确立的以碎片式规则联邦化的趋势,虽然联邦会出于公共福利、社会责任、金融调控、反垄断等目的,加强对一部分公司事务的管控,但以州立法为核心的公司法体系不会发生变化。②

五、21世纪美国主要公司法法源的变迁

美国的公司法是民商法体系中较有特色的一个分支,许多重要的公司法法规都是以成文的形式体现,其中较为重要的是《标准公司法》以及各州立法及联邦立法。由于我国有成文法传统,关注美国《标准公司法》的立法发展,但事实上,《标准公司法》仅为美国现代公司法的学理版本,其由美国律师协会公司法委员会制定决定了其在公司治理与司法实践中的指导效力。

事实上,州立法与联邦立法才是美国公司治理、司法实践之重要标准,部分州的公司法具有示范性,如特拉华州公司法,成为《标准公司法》的制定参考,反作用于其他州的立法实践中。

(一)《标准公司法》的修订与发展

《标准公司法》由美国律师协会公司法委员会负责起草和修订,是一部可供各州立法机构自由选择使用的公司法范本。1950年,公司法委员会首次公布《标准商事公司法》。之后,该委员会一直致力于对《标准公司法》的评论和修订工作,并于1969年对《标准公司法》进行了大规模的修订,最终于1984年完成了对《标准公司法》的全面修订。在20世纪末,有关数据显示,《标准公司法》的142个重要条款平均被35.76个州(71.5%)采用,其中的78个条款被40个以上的州(80%以上)采用,另有56个条款被15

① 林少伟:《美国公司法联邦主义的历史演变及其启示》,载《政法论丛》2019年第1期。

② See Morton Keller, *Law and Corporation*, Cornell University Press, 2002, p. 39.

至25个州(30%~50%)采用。[①]

21世纪以来,《标准公司法》在2002年再次被修订,有24个州的公司法基本适用了《标准公司法》的文本,如佛罗里达州的《商业公司法》(Business Companies Act)、乔佐治亚州的《商业公司法》以及威斯康星州的《商业公司法》等。2002年的修订开启了《标准公司法》的21世纪革新,该版《标准公司法》包括17章,分别为总则、公司成立、目的与权力、名称、办公地与代理人、股票与分配、股东、董事与高级职员、本州化与企业形式转化、公司章程与内部细则的修改、合并与股票交还、评估权、解散、外州公司、记录与报告、过渡条款等内容。这对20世纪的公司法发展作出了总结,并对公司法的新时代发展作出了展望。

尽管如此,《标准公司法》的修订从未停止,以1984年版为基础框架并在其上不断更新制度是修订的主要模式。具体来说,美国律师协会公司法委员会负责该法的发展和审查。该委员会在美国律师协会中是独一无二的,因为它的决定不受商法分会或者美国律师协会的审查。同时,该委员会由公司法领域的律师和学者组成,他们时刻关注《标准公司法》在各州的适用情况,并常常作出具有创建性的制度设计引发各界的争议和探讨。对《标准公司法》所提出的修改意见按照惯例将刊登在美国律师协会商法分会的一个很有影响的刊物——《商业律师》(*Business Lawyer*)上以征求意见,然后再将这些修正纳入法律当中,最后的修订颁布也由该杂志公布。[②]

这样的修订方式已经形成了较为固定的惯例与格式。例如,2015年年底,美国律师协会公司法委员会在《商业律师》杂志刊登了《有关标准公司法第八章第七节的修正》一文,公布了有关该段落的修正。首先,该文依据惯例在首句指明:"美国法学会商法部门中的公司委员会不时对标准该公司法进行修正。"其次,在首段指明修订的原委,包括对公众意见的征集与委员会决议。为修订本段落曾进行过三次公众意见的征集与整理。在2015年4月17日的会议上,委员会批准对法案第8.70条的文本进行澄清修订,并对其作出正式评论。最后,修订议案被完整提出。对现有条款的

---

① See William J. Carney, *Explaining the Shape of Corporate Law: The Role of Competition*, 18 Managerial and Decision Economics 611(1997).

② 参见[美]罗伯特·W.汉密尔顿:《美国公司法》(第5版),齐东祥组织翻译,法律出版社2008年版,第57页。

修改被标记出来,以显示先前批准的文本的修改。[①] 几乎每年都有新的条文、段落修订,征求意见的报道则更为频繁。在此背景下,《标准公司法》在基本保持前次大修的结构的稳定的情况下,在新时代不断地进步。

与此同时,由于州立法居于主导性地位,《标准公司法》在某种意义上起到了对州际竞争弱势州的指导作用。除前述 24 个州在 21 世纪初几乎全盘接纳了《标准公司法》的规定、其他州参酌了相关规定外,不断有新的州立法接受并适用《标准公司法》的理论与文本。当然,《标准公司法》的非强制性决定了其在被州立法接受之时常会受到州立法机关的地方化修改。例如,2015 年 1 月 1 日,路易斯安那州宣布《标准公司法》的定制版在本州适用。此次适用有如下特征:其一,将《标准公司法》的相关规范纳入路易斯安那州的法律体系;其二,保留现有法律的值得保留的特征;其三,路易斯安那州立法委员会对《标准公司法》的相关条文将依据会议决议进行修正或改进。[②] 此次适用也为路易斯安那州的公司法发展带来了好处,有学者认为,这将推进该州的州立法重新回到美国公司立法的主流。[③] 可见,《标准公司法》的适用具有推动各州立法统一的功效。

(二)州立法的典范——特拉华州公司法

特拉华州在第二轮州际竞争中脱颖而出,其公司法成为其取得众多公司青睐的核心因素。长期以来,特拉华州公司法制度与理论居于美国各州立法的前列,原因大致有三:其一,内容全面。大部分公司法问题都能在其制定法和判例中找到答案,而其他州的法律在很多领域大都存在不确定性。其二,修订及时。州立法机构能够与时俱进,面对新形势、针对新问题,都会迅速作出反应,修改、补充相应内容,因而在立法修订方面,领先其他大部分州数年之多。其三,政策稳定。非经资深专家深思熟虑、认真研究,公司法不会有重大的政策性变动。除此之外,该州法官律师的专业性、州立法的普及程度与立法的完善相辅相成,共同促成了特拉华州公司法的

---

① See The Corporate Laws Committee, *Changes in the Model Business Corporation Act to Section* 8. 70, 71 The Business Lawyer 87(2016).

② See Glenn G. Morris, *Model Business Corporation Act as Adopted in Louisiana*, 75 Louisiana Law Review 983(2015).

③ See Richard P. Wolfe, *The Fiduciary Duty of Directors and Officers Under the Louisiana Business Corporation Act of* 2014, 60 Loyola Law Review 523(2014).

成功。①

随着21世纪的到来,特拉华州继续领跑美国公司法的发展,并依据需要不断进行修改。其中,2008年的特拉华州议会批准的修正案涉及的内容最为广泛,属于较为全面的修订,包括企业修正案、有限合伙修正案、有限责任公司修正案、公司特许权税修正案、替代实体年度税务修正案。但是立法发展并未止步,2009年特拉华州的公司法便又修订了14处。② 特拉华州公司法的修订丰富、发展了美国公司法的制度结构与理论体系,但由于其立足于州的公司吸引力,难免存在地方化的特征,而且其影响力可以与《标准公司法》相提并论,这导致其他州的模仿与竞争,使公司法的州际竞争难以消弭,并在21世纪有愈演愈烈之势。③

值得关注的是,与其他地区的公司法不同,特拉华州公司法有强烈的普适性,这源于其同《标准公司法》的关系。起草之时,《标准公司法》被确立了与特拉华州公司法截然不同的方向,它被看作为抵制各州愈演愈烈的公司法竞争而采取的一种手段。然而,《标准商事公司法》从一开始就无法避开特拉华州公司法的影响。④ 这一点在1984年的《标准公司法》修订中被确立下来,并逐渐发展。对比当今《标准公司法》文本与特拉华州公司法文本,两者的结构、术语的共同点有很多,这使其他州适用《标准公司法》时不得不对相关表述作本土化处理。更为重要的是,特拉华州公司法是公司法领域前沿的标志,其制度与理论常具有创造性,而《标准公司法》则是学界、律师界对公司法时代发展的小结,因此后者常需紧跟前者的步伐,而前者也需后者的普及与规范功能。

有学者依此将两者的关系总结为共生关系,并指出这种建设性的共生关系的三个面向:首先,每一套法律都是通过另一套法律的起草和判例法经验而形成的;其次,近年来,特拉华州的立法和司法机构已经开始了公司法的重要新内容,随后被《标准公司法》采纳;最后,《标准公司法》更为深

① 参见[美]罗伯特·W.汉密尔顿:《美国公司法》(第5版),齐东祥组织翻译,法律出版社2008年版,第50~52页。

② 目前我国学者徐彬组织翻译了《特拉华州公司法》,其以2010年版法典为准。参见《特拉华州普通公司法》,徐彬、戴瑞亮、郑九海译,中国法制出版社2010年版。

③ See Mark J. Roe, *Delaware's Competition*, 117 Harvard Law Review 588(2010).

④ 参见杨成良:《州际竞争与美国公司法的发展》,载《比较法研究》2017年第1期。

思熟虑的风格使特拉华州的法律得到了有益的改进。[1] 由此,州立法与《标准公司法》的互动关系促进了美国公司法的积极发展,特拉华州、纽约州等具有竞争优势的州的州立法将继续引导 21 世纪的变革趋势。

(三)联邦立法——21 世纪危机下的应对

1993 年《证券法》的制定使美国有关公司的大规模联邦立法走出沉寂。1996 年,全国性证券市场改进法案的出台使国会占领了很大一部分传统的,由州蓝天法规范的有关公司证券公开发行的领域,排除了州立法的适用。而关于证券欺诈等严重问题,联邦接连出台了 1995 年《私人证券诉讼改革法》和 1998 年《证券诉讼统一标准法》,主要规范了证券欺诈集团诉讼的诉讼形式,并排除了州法院对此类案件的管辖权。[2]

1. 2002 年《萨班斯—奥克斯利法案》

21 世纪之初,一系列公司丑闻爆发,这使得联邦立法被迫推进。2001 年 12 月 2 日,美国最大的天然气采购及出口商安然公司申请破产保护。这源于美国证券交易委员会(Securities and Exchange Commission, SEC)调查安然公司虚报盈余及掩盖债务,并证实该公司涉嫌欺诈。[3] 2002 年 6 月,美国证券交易会的调查迫使美国第二大长途电话和数据公司世通公司承认,在过去一年内隐瞒 38 亿美元的支出,该公司于次月申请破产保护。是年 6 月,美国施乐公司(办公设备巨头)承认在 5 年内夸大营业收入 64 亿美元。此外,会计行业的安永、毕马威会计师事务所,金融行业的美林等世界级投行,通信科技领域的环球通讯公司、朗讯公司等都被爆出公司欺诈事件。

美国国会对此立即作出立法回应。2002 年 7 月 15 日,《萨班斯—奥克斯利法案》通过,全称为《2002 年公众公司会计改革和投资者保护法案》,由参议院银行委员会主席萨班斯和众议院金融服务委员会(Committee on

---

① See Jeffrey M. Gorris, Lawrence A. Hamermesh & Leo E. Jr. Strine, *Delaware Corporate Law and the Model Business Corporation Act: A Study in Symbiosis*, 74 Law and Contemporary Problems 107(2011).

② 参见[美]罗伯特·W. 汉密尔顿:《美国公司法》(第 5 版),齐东祥组织翻译,法律出版社 2008 年版,第 58 页。

③ See John R. Kroger, *Enron, Fraud, and Securities Reform: An Enron Prosecutor's Perspective*, 76 University of Colorado Law Review 57 (2005).

Financial Services）主席奥克斯利联合提出，该法案在2002年7月30日被布什总统签署生效。其主要涉及三个领域：公司治理、会计职业监管、证券市场监管。

该法案具体规定了如下事项：其一，加强上市公司董事及高层管理人员的责任；其二，完善上市公司审计制度；其三，强化上市公司信息披露义务；其四，加大对违法行为的处罚力度。《萨班斯—奥克斯利法案》前所未有地将公司高管和会计从业人员的法律责任用成文法的方式明确加以限定，并规定了高昂的个人处罚数额与可能判处的监禁期限。例如，对于在公司破产或联邦调查期间故意毁灭、涂改公司财务文件的行为，该法案第802条、第1102条规定最高可判处20年监禁。该法案同时适用于在美国上市的外资企业，使得其具有了相当的国际影响力。①

2.2010年《多德—弗兰克法案》

《萨班斯—奥克斯利法案》颁布后不久，金融海啸爆发，公司监管问题再次受到了关注。2009年6月17日，奥巴马政府正式公布全面金融监管改革方案，主要关注金融机构监管、金融市场监管、消费者权益保护、危机处理及国际合作等领域。历经一年的讨论与表决，2010年7月15日，该法案的最终版本被两院认可，并在21日由奥巴马总统签署，被称为《多德—弗兰克法案》，它是美国历史上仅次于《格拉斯—斯蒂格尔法案》（Glass-Steagall Act）的金融改革法案。这标志着严格金融监管时代的开始，并为2010年的金融体制改革作出了法律保障。

《多德—弗兰克法案》要求成立金融稳定监督委员会（Financial Stability Oversight Council）以建立有序清算机制（包括破产清算预案机制），并通过了沃克尔规则（Volcker rule）以限制银行从事自营业务及持有私募和对冲基金权益、建立消费者金融保护局（Consumer Financial Protection Bureau），并提高衍生品交易透明度。② 该法案直接与公司治理相关的内容在于限制了公司高管的薪酬、约束了信用评级机构，将联邦的金融管控之手触及了股东薪酬话语权、董事会主席和首席执行官职位分离以及代理投票规则等

---

① 参见李小燕、杨济华、郭颖：《美国萨班斯法案与中国企业内部控制制度自强化机制的构想》，载《会计研究》2015年第2期。

② 参见王欢星：《美国〈多德—弗兰克法〉及其修订对金融稳定有效性研究》，载《金融理论与实践》2018年第10期。

领域。以重振金融行业与消费者保护为目的严厉监管持续引发争议。

美国学者指出:“在《多德—弗兰克法案》实施后,将存在一个强有力的框架,为监管机构提供工具,防范金融体系未来面临的威胁。然而,关于《多德—弗兰克法案》将如何影响金融市场未来的运作,以及该法案的通过将如何导致‘大到不能倒’的公司发生持续变革,仍存在许多问题。与此同时,《多德—弗兰克法案》的实施将继续引发严重的争议。在规则制定过程完成之前,这些问题不会得到答案。”①

特朗普上台发表了当时美国国内金融领域监管过于严格,从而影响了企业获得贷款等论调,《多德—弗兰克法案》的修订被提上日程,放松金融管制成为了特朗普及共和党团体的重要执政方针。2017 年 6 月,众议院表决通过《金融选择法案》(Financial Choice Act)。其内容包括:(1)撤销沃尔克规则,允许所有银行开展自营交易、投资对冲基金或私募基金;(2)废除对系统重要性银行“生前遗嘱”要求;(3)废除联邦存款保险公司(Federal Deposit Insurance Corporation)对银行破产清算监管职责;(4)提高应急准备金计提;(5)取消对华尔街从业人员奖金限制;等等。但是,由于该法案过于激进,未能在参议院获得通过。

3. 2018 年《经济增长、放松管制和保护消费者权益法案》(Economic Growth, Regulatory Relief, and Consumer Protection Act)

2018 年美国参众两院分别通过了对《多德—弗兰克法案》的修订法案《经济增长、放松管制和保护消费者权益法案》以纠正过于严厉的监管越位,并弥补监管不足。例如,新法案将《多德—弗兰克法案》中消费者权益保护内容作为立法的核心之一,充分吸取了 2008 年金融危机的教训。② 该法案的主要着眼点在于:(1)减少政府负担的金融监管成本和救助义务,让金融机构自担风险。(2)缩小法案适用范围,将中小银行从限制中解放出来,释放借贷市场活力。例如,资产达到 2500 亿美元以上才需面临美联储更严格的监管,达不到 2500 亿美元资产的公司将不需要执行美联储的年度压力测试。(3)降低对大银行的过度监管(高于国际监管要求的),增强

① Edolphus Towns, *On the Dodd-Frank Act*, 1 Harvard Business Law Review vii(2011).

② See Martha Coakley & Alicia Daniel, *Improving Consumer Protection: Lessons from the* 2008 *Recession*, 103 Minnesota Law Review 2477(2019).

大银行国际竞争力。其调整监管体系的方向也将与此一致。此次修订使得大量的公司在金融业务及内部财务上免受或减受前述金融监管法案的影响。

由此观之,自 21 世纪初公司丑闻爆发时期开始,美国联邦立法加强对公司人员、财务及债券等方面的规制,而面对金融风暴、次贷危机的奥巴马政府将对公司治理的严格的立法管控落实到了金融体制改革的"一揽子"计划中,并将相关立法分散在了联邦立法的不同章节,从不同角度调节公司内部管理、公司的社会责任等传统意义上由州立法、公司自治所主导的事项。特朗普政府对严格的金融监管不以为然,并以废除或修改以《多德—弗兰克法案》为代表的金融、公司监管法案为执政目标,美国联邦立法由"放任"到关注"监管",党派团体利益与国内外经济形势一定程度上影响着联邦立法的发展。

第五节　买卖法

一、19 世纪上半叶买卖法的起步

在这期间,法律偏向于保护卖方的利益,买方在交易中承受较大的风险。例如,关于所有权的转移问题,法律完全保护卖方的利益,认为所有权的转移由主观确定,不论实际交付与否。英国著名的 1827 年泰里诉贝克塔案(Tarling v. Baxter),就是按照这个观点判决的,使得买方要为尚未拿到手的干草的失火负责;相反,如果遇到买方因破产而无力支付货款时,卖方则有权收回该物品,因为此时物品的所有权尚未转移给买方。

为了进一步保护自由贸易,美国法律界奉行普通法的严厉规则,如"购者自慎"原则(caveat emptor)等。该原则的含义是:买卖双方有自由交易的权利,一旦交易达成,就应该严格执行,出门不换。1839 年,宾夕法尼亚州的麦法朗诉纽曼案(Mc Farland v. Newman)①的判决所依据的就是该原则。本案原告从被告处购买一匹马,交付时,原告发现马脸有异样,被告对此作

① See Lawrence M. Friedman, *A History of American Law*, Simon & Schuster, 1973, p. 234.

了解释并使原告相信这不过是颜料的痕迹;事实上,当原告将马带回家后,经检查发现原来是马得了鼻疽,因此起诉要求卖方负责。法院依据"购者自慎"原则,拒绝了原告的请求。

当然,"购者自慎"原则并非通行无阻,在加利福尼亚州、南卡罗来纳州等少数州亦有人对其提出指责,认为其丧失了法律的尊严。1818 年,南卡罗来纳州审理的白纳德诉叶特案(Barnard v. Yates)①拒绝使用该原则,而援用了大陆法系的规则,即要求卖方承担物品的默示担保义务,从而保护买方利益。但这种情况毕竟是例外,"购者自慎"原则仍然得到普遍接受。当时的法律界认为:大陆法系要求卖方承担默示担保责任的规定实际上是将买方当作一个无能力的人看待,是对自由交易的干涉;只有执行"购者自慎"原则,才能促使每个人对自己的行为负责,保证交易的确定性,避免无休止的诉讼,从而促进自由贸易的发展。

二、19 世纪下半叶至 20 世纪初买卖法的发展

19 世纪 50 年代,卖方的利益仍然得到偏爱。绝大多数州继续采纳"购者自慎"原则。但是,随着商品交易的发展,"购者自慎"原则逐渐为默示担保(implied warranty)义务理论所取代。

(一)默示担保义务

默示担保义务是法律强制卖方承担的义务,它意味着卖方对商品的适销性、适用性的保证。如果是看样订货,商品的质量就应与样品一致,如果买方向卖方表明所需商品将用于特定目的,或要求卖方为其挑选商品用于特定目的,卖方就必须担保所选择商品的适用性。这个义务的明确,旨在促进贸易水平的提高,抑制苛刻的交易,最终使双方获益。

(二)产品责任中过失责任的确立

19 世纪下半叶,约束制造者的责任原则主要是"无合同即无责任",即如果受害人与产品制造者之间无合同关系,产品制造者又没有对产品危险性做虚假说明,受害人无权要求制造者承担赔偿责任。

1916 年纽约州上诉法院审理的麦克普森诉布衣卡汽车公司案,打破了以往"商品出门概不负责"的原则及"无合同即无责任"的规则,其根据过

---

① See Lawrence M. Friedman, *A History of American Law*, Simon & Schuster, 1973, p. 234.

失理论判决制造者承担赔偿责任。在该案中,布衣卡汽车公司出售的汽车车轮脱落,对该车的转购人造成损害。法院认为汽车公司检查车轮时存在疏忽,因此应该承担责任。①

这个判决也改变了过去以合同关系来决定产品责任承担的方法,允许转购方向制造商提起诉讼,这意味着买方可以直接向制造商、卖方要求承担责任,承担责任的主体范围扩大了。

由于买方对卖方、制造者的过失的举证有一定困难,在实践中法院适用“案情不等解释”(resipsa loquitur)原则帮助受害方,即只要原告说明受害原因,证明自己正确使用产品,提出由被告承担责任的要求即可。但是,如果被告能够证明自己不存在过失,那就可以免除被告的过失责任。

(三)立法的发展

商业的需要决定了交易的方法,同时又决定了法律与判决的内涵。随着社会买卖行为的不断丰富,相关的规则也不断增加,1906 年颁布了美国《统一买卖法》。该法律包括了合同的成立、所有权和权利的转移、合同的履行、未得价金的出卖人对于物品的权利、关于违反合同的诉讼、解释等 6 章,共 77 条。该法颁布后即被大多数州采用。

第一次世界大战后,随着垄断组织的发展,统一立法的趋势进一步加强。1918 年,统一各州法律委员会制定了美国《统一附条件买卖法》,规定了附条件买卖的办法、规则,强调了条件的重要性;不履行条件将导致合同的解除。该项法律也得到大多数州的采纳。

三、20 世纪以后买卖法的变化

20 世纪以后,有许多联邦及地方法律适用于买卖活动。最主要的则是 1952 年颁布的《统一商法典》。该法典第 2 章专门规定了“买卖”的规则,对美国原有的买卖法律制度做了重大修改,并制定了适应商人活动并保证商人和消费者在更加公平基础上进行交易的新规则。

(一)适用范围

1. 买卖

买卖是指卖方在取得价款的条件下将货物所有权转移给买方的行为。

---

① 参见郭星亚、蔡富生主编:《美国商法释义》,江苏人民出版社 1992 年版,第 248 页。

这包括了现货与期货的买卖。

2. 标的物(商品)

标的物(商品)必须具备两个条件,即有形性、可移动性。这意味着《统一商法典》中的买卖仅指有形的动产的买卖。但法典同时规定此处所指商品包括了尚未出生的动物幼仔、生长中的农作物、矿物质等其他附着于不动产但可以被分割的任何物体。如果遇到商品与劳务、服务交织在一起的情形,一般由法院依据交易的目的、主要内容来解释是否属于《统一商法典》的调整范围。

3. 商人

所谓商人,主要包括三种人:经常性经营某一特定合同中所涉及的商品的人;由于职业关系等原因对某类商品具有特殊知识与技能的人(纵使他并不经常经营该商品);雇佣上述两类人之一为其委托代理人的人。

(二)基本原则

为了适应现代商业活动的发展,《统一商法典》突出了诚信原则、商人标准原则、降低所有权的地位的原则。诚信原则要求人们在交易中诚实善意行事,保证公平交易;商人标准原则意味着要求商人承担更加严格的义务,从而保护消费者利益;降低所有权的地位的原则意味着改变了原先以所有权为马首是瞻的局面,法典用专门部分规定了货物的损失风险、可投保利益等权利义务问题,使得具体权利、义务与所有权不发生直接联系。

(三)损失风险的承担

在《统一商法典》颁布之前,买卖法领域主要的法律渊源是《统一销售法》,该法要求法院在决定由谁承担货物灭失风险之前,必须先决定谁拥有所有权,然后再由所有权人承担责任。然而,《统一商法典》把风险承担与所有权归属分别列为两个独立的问题。力求把损失风险承担主要看作是一个"合同"问题,而不依赖于哪一方对货物拥有所有权或"财产权"。

根据《统一商法典》,风险责任的承担可通过以下方法确立:通过当事人的明示协议;通过采用规定商业上通行的贸易条件的办法;根据《统一商法典》第2章第327条的规定;根据《统一商法典》第2章第509条、第510条的规定。[①]

---

① 参见张文博等:《英美商法指南》,复旦大学出版社1995年版,第61页。

(四)担保义务

担保义务,是卖方对产品作出的承担质量责任的保证,是卖方对所出售商品的性质适用性负责的保证。随着消费者地位日益被重视,产品责任的法定化,要求卖方对所售商品提供更为可靠的保证,并对可能发生的商品质量问题承担更多的责任。

(五)担保种类

1. 明示担保

关于明示担保的确认条件,《统一商法典》较以前作了比较宽松的规定,根据法典第2章第313条的规定,以下情况构成明示担保:

(1)对事实的确认,或对事实的许诺,如果是达成交易的基础原因之一,那就是明示担保。在此,许诺并不一定要求由卖方使用“担保”“保证”或其他打算作出任何担保的语言,也不一定要求买方将其理解为担保。然而在早先,法院采用的观点是除非具有设立担保的意图,即由卖方有意作出声明,卖方对事实的确认不构成明示担保。

(2)卖方对货物所作的说明。用语言、文字、照片、图画或以专门技术做示范等方法叙述货物的性质、质量,如果这是达成交易的基础原因之一,那么就成为明示担保。在《统一销售法》中,该类情形被划归为默示担保类。

(3)卖方提供样品、标本,只要该样品、标本属于达成交易的基础之一,即为明示担保。在《统一销售法》中,该类情形被划归为默示担保类。

《统一商法典》在大量变更原有规定的情形下,仍然保留了一些传统的原理。譬如,它规定如果“卖方仅仅是肯定了货物的价值,或者仅仅是对货物提出了自己的见解或评价,不构成担保”。这个规定反映了传统的看法,即这些见解、评价仅仅是“卖家之言”而已,而且卖方对自己货物的赞扬、吹嘘乃人之常情,故不能因此认为构成担保。但是,在实践中,如何判别是“吹嘘”还是“担保”是一个难题。一般来说,判断的标准在于买方是否可以合理地信赖卖方的某种说法。

2. 默示担保

默示担保是由法律强制卖方作出的,在合同之外独立存在的担保形式。一般而言,卖方往往不在买卖中作出明示担保,为了保护买方的利益,现代法律倾向于使卖方承担默示担保义务。

《统一商法典》第2章第314条、第315条规定了两种默示担保:适用于买卖的默示担保(亦称适销性默示担保)和适用于特殊目的的默示担保(亦称适用性默示担保)。

适销性默示担保要求商品至少符合同类商品的正常用途,具备通用性、安全性。法典将默示担保的适用范围扩大到饭店销售食品和饮料方面,这在以前是没有的。在司法实践中,适销性默示担保的适用范围还在不断扩大,服务业、不动产买卖与租赁也被认为应该存在默示担保义务。

适用性默示担保是指如果卖方了解买方要求商品适合特定用途,或者卖方了解买方依赖其挑选适合于特定用途的商品,那么,卖方就承担了默示担保义务。

在决定究竟是承担适销性默示担保义务还是适用性默示担保义务的时候,一般按照如下标准判断:一方面,承担适销性默示担保义务的卖方必须是商人,而承担适用性默示担保义务的无此要求;另一方面,承担适销性默示担保义务的卖方,无须了解买方的特定用途或是否依赖其挑选商品用于特定用途。

3. 所有权担保

《统一商法典》第2章第312条对此作了规定。它要求卖方保证所转让的商品所有权的完整性、转让行为的正当性,并保证不存在订立合同时买方不了解的担保权益等。关于所有权担保,《统一销售法》将其划归为默示担保责任,然而《统一商法典》将其列为一个独立的形式,因此,如诉讼时效、担保的排除等相关问题的解决亦发生变化。

4. 排除侵权担保

在卖方是从事某一类商品交易的商人的情况下,卖方应保证买方对商品的使用不会受到第三人以侵权或类似原因提出的指控。

(六)产品责任

从1960年起,一些州法院开始将严格责任适用到产品责任案件的审判中。严格责任是指只要买方或使用者并未改变产品的性质,该产品因质量问题损害了买方或买方的家人、客人、雇员、旁观者等消费者,受损人均可向卖方提出赔偿要求。

当然,在实践中,如何确定产品的严格责任,仍然是一个存有争议的问题。为了更好地保护消费者的利益,联邦和州都制定法律修改了传统规定,加强卖方的责任。除制定《统一商法典》外,还颁布了 1968 年的《消费者信贷保护法》(Consumer Credit Protection Act,CCPA)、《统一消费者信贷法典》(Uniform Consumer Credit Code,UCCC),1975 年的《麦克纳森—莫森联邦贸易委员会担保法案》(Magnuson-Moss Warraty Federal Trade Commission Act)等。

四、21 世纪美国买卖法的新发展

进入 21 世纪,美国买卖法发展的一个重要的里程碑事件就是 2003 年美国《统一商法典》的修订,其中第 2 篇为买卖篇,该篇专门规定了有关买卖法的内容。作为美国法律发展史上一部重要的制定法,该法至今仍在适用,且不断处于完善与修订的状态。

(一)《统一商法典》买卖篇的修订过程

美国《统一商法典》第 2 篇关于买卖法的规定,在该法典中处于比较古老的地位,因为其中一些规则制定于 20 世纪 40 年代,前身就是 1962 年颁布的美国《统一买卖法》。而颁布该法最初的目的,就是使美国的买卖法联邦化,即使之适用全国。但是,1962 年颁布的《统一买卖法》并不能长久适用。正如美国学者罗伯特·诺德斯特伦在 1970 年出版的著作中所指出的那样:“然而,我认为这个过程是错误的。研究和修订现已结束,(在这里)保持独立的章节不会产生起草者或立法机构想要的法律结果。它必须被修改。”①

买卖篇修订的过程漫长而曲折。关于该篇的修订始于 1987 年,当时《统一商法典》常设编辑委员会(Permanent Editorial Board)与提案人一起任命了一个研究组,并责成其确定在对《统一商法典》买卖篇的解释和适用中的重大问题。在此基础上,1991 年原始起草委员会(Original Drafting Committee)成立并开始起草,到 1999 年该起草委员会解散,并任命了第二起草委员会。该第二起草委员会从 1999 年到 2003 年都在进行修订工作,并于 2003 年完成了修订。修订后的《统一商法典》直到 2011 年才生效。由于对修订没有抱任何希望,美国统一州法律委员会和美国法律协会于当

---

① Fred H. Miller, *Uniform Commercial Code Article 2 on Sales of Goods and the Uniform Law Process: A True Story of Good*, 11 Duquesne Business Law Journal 143(2009).

年正式撤回了修订。而对该法第 2 篇即买卖篇的修订,从拟定开始到撤回修订,历时 24 年。①

2003 年 5 月,美国法学会和统一州法律委员会通过了《统一商法典》的修正案。其中买卖篇的修正部分涉及买卖法适用的范围,合同的订立,担保、违约和补救,第三方权利,电子合同等内容。

(二)《统一商法典》买卖篇修订的具体内容

1. 合同的订立与修改

《统一商法典》买卖篇关于合同的订立及内容的修改的条文有:在第 2-201 条中,将管辖权金额从 500 美元增加到 5000 美元;根据禁止反言隐含地承认非法定例外;排除普通法"一年"规则的适用。在第 2-202 条中作了澄清,可以从事实隐含来源中获得证据来解释该术语,而无须司法上的歧义认定。删除第 2-319 条至第 2-324 条的部分,该部分以过时的方式处理标准装运条款,并根据适用的性能过程,处理过程适当地对它们进行解释,或交易方式。

与此同时,对第 2-207 条予以全面的修改,原条文中的不足之处在过去的大量的诉讼中都得到了体现。新的修正案将"确定和及时的接受表示"(definite and seasonable expression of acceptance)的概念移至第 2-206 条,从而将合同的订立和合同条款的问题分开,该条款通常涉及要约和接受。经修订的第 2-207 条即建立了一个框架,用于确定以任何方式形成的合同条款。②

2. 补救、履行和违约

修正案对卖方的补救权(right to cure)第 2-508 条进行了一系列的变更。其中,纠正权不仅限于拒收货物,还包括在适当情况下撤销接受的情况。这在第 2-608(3)条中应该是显而易见的。修正案还明确规定,分期合同中第 2-612 条规定的纠正权应受第 2-508 条管辖。由于案文中没有明确指出,这在事实的案件处理中引起了一些混乱。修正案还明确规定,卖方必须诚实行事,并且允许被纠正的必须是合格商品,纠正后由卖方承

① See Henry Gabriel, *Uniform Commercial Code Article Two Revisions: The View of the Trenches*, 23 Barry Law Review 129(2018).

② See Fred H. Miller, *Uniform Commercial Code Article 2 on Sales of Goods and the Uniform Law Process: A True Story of Good*, 11 Duquesne Business Law Journal 143(2009).

担费用。[①]

2003年《统一商法典》买卖篇中定义了“拒绝履行合同”,并且在第703条以及第2-71条中提供了卖方和买方补救措施的综合索引。经修正的第2-612条对分期付款合同的规定是,检验该分期付款对买方的价值是否受到实质性损害。经修订后的第2-602条应明确规定,买方在正当或不当拒绝接受交付的货物时,有责任合理照管这些货物。修订后的第2-604条则进一步规定了买方在拒绝接受交付的情况下,如何妥善储存、转运或转售货物的相关内容。此外,第2-615条被修改为,卖方可能不仅因交付问题,而是因履行的问题而提出免责理由。修正案还明确指出,买方在货物被拒绝或被撤销后对货物的合理使用并不是对货物的接受[②],但买方可能“对卖方负有将货物的使用价值交付给买方的义务”[③]。

3. 电子合同(electronic contract)

修改经历了一系列的努力,至2003年,新的修正案得到了颁布,旨在对原买卖法的内容予以更温和的修订。新的修订统一了美国《国际、国内商务电子签名法》和《统一电子交易法》中的相关术语。

关于口头证据规则(parol evidence rule),《统一商法典》买卖篇中的第2-202条规定了口头证据规则,即如果当事双方希望将记录作为综合协议,则与该记录无关的某些事项不得与该记录中规定的协议相抵触,以代表当事方关于该协议中相关条款的最终表达。是否完全可以接收旁证取决于合同的完整性。在试图确定协议是否完整以及完整到何种程度时,法院仅关注当事方人的意图。[④]

关于电子代理人与产品包销合同/按货供需合同,新修订的《统一商法典》第2-306条没有规定在确定产品包销或按货供需时,是立足于当事人

① See Henry Gabriel, *Uniform Commercial Code Article Two Revisions: The View of the Trenches*, 23 Barry Law Review 129(2018).

② See Henry Gabriel, *Uniform Commercial Code Article Two Revisions: The View of the Trenches*, 23 Barry Law Review 129(2018).

③ “Obligated to the seller for the value of the use to the buyer.” Amended U. C. C. § 2-608(4)(b).

④ See Juanda Lowder Daniel, *Electronic Contracting under the 2003 Revisions to Article 2 of the Uniform Commercial Code: Clarification or Chaos*, 20 Santa Clara High Technology Law Journal 319(2004).

的行为,还是相关的行业标准。但是,该条通常被解释为仅指双方之间的先前的交易行为。因此,《统一商法典》买卖篇中部分反映了这样一种情况,即通过谈判产生对包销或供需的估计,或者通过双方之间的事先交易,建立起双方的对交易内容的合理期望。并且,这种包销或供需关系被视为一种排他性承诺。

关于电子代理人与豁免/修改,修订后的《统一商法典》买卖篇中仍然保留了第2-209条的内容,即表明当事人仍然可以通过其行为表明其放弃了合同条款,这种行为被视为放弃了由此类条款所产生的权利的执行。例如,即使第2-209(2)条规定协议须经由书面修改才能生效,但第2-209(4)条允许法院裁定通过当事人的放弃执行的行为来出具弃权证书,而该证书是有效的。如今,除电子合同条款外,《统一商法典》买卖篇也对电子代理人进行的交易适用同样的修改和豁免条款,而无须对个人进行审查。因此,由于电子代理人的履行行为,当事人的真实意图可能受到威胁或偏离本意。①

第六节 婚姻家庭法和继承法

一、婚姻家庭法

(一)19世纪上半叶以前婚姻家庭法的起步

由于移居北美的英国人多数是新教徒,故婚姻被视为民事契约,而非圣礼。婚姻家庭法本质上是世俗的而非宗教的。

此时,美国适用的是普通法婚姻(the common-law marriage),这种婚姻本质上是一个口头协议,即男女同居并互为夫妻的协议。它不要求特别的形式作为婚姻成立的有效条件,唯一要求的就是双方当事人的合意,所以

---

① See Juanda Lowder Daniel, *Electronic Contracting under the* 2003 *Revisions to Article* 2 *of the Uniform Commercial Code*: *Clarification or Chaos*, 20 Santa Clara High Technology Law Journal 319(2004).

它也被称为略式婚姻。它起源于英国,但至 18 世纪已不被承认,因为此时英国已经规定结婚必须举行一定的宗教仪式。在美国,由于移民多数是新教徒,加上人口稀疏、城镇扩散,教堂、牧师并不是到处都有,许多夫妻未举行仪式就生活在一起了。忙于开拓的社会公众对此也理所当然地接受了,法律也承认了这种婚姻的效力。但是,社会上也不乏一些反对者。1831 年,田纳西州的格利斯姆诉斯特案(Grisham v. State)①的判决就拒绝承认普通法婚姻。在该案中,一位鳏夫与一位寡妇在证人面前发誓结为夫妻,随后,他们被指控并被判为"通奸"。当然,反对者毕竟是少数,大多数州仍然承认普通法婚姻的合法性。

在殖民地时期,南方各州普遍沿袭英国传统,不存在绝对(无条件)离婚,分居也很少见。但是在新英格兰,法院或立法机关偶尔也批准几起离婚请求。在宾夕法尼亚州,1682 年的法律规定如果夫妻一方犯有通奸罪,另一方有权申请离婚;后来,法律又将对那些因发生通奸、重婚等而要求离婚的诉讼的审理权交给总督或副总督,但是事实上总督们没有行使过这个权力;最后,议会又将离婚判决权收归自己掌管。但是,由于英国枢密院不赞成离婚,因此 18 世纪 70 年代,在宾夕法尼亚州、新泽西州和新罕布什尔州等州又都废除了"立法离婚"。②

美国独立后,离婚仍然少见。但是,各地的法律规定不一。在南方,离婚往往被禁止。亨利·德肖尔曾于 1817 年指出:在南卡罗来纳州从未发生过离婚。在另外一些州,偶尔有立法离婚的现象。1798 年,佐治亚州法律授予立法机关离婚判决权,具体程序是:先经过高级法院的审查并作出离婚判决,然后交给立法机关审议,如果获得 2/3 以上票数赞成就可以判决离婚了。1798 年至 1835 年,在佐治亚州总共有 291 例立法离婚。③

在梅森—狄克逊线(Mason-Dixon Line)以北,离婚判决权主要由法院行使,而且,有些州已经颁布了有关离婚的法律。1785 年,宾夕法尼亚州通过了一般离婚法;一年后,马萨诸塞州也通过类似法律;在 1800 年以前,纽约州、新泽西州、田纳西州等州都有了自己的离婚法。这些州的法律对离

① See Lawrence M. Friedman, *A History of American Law*, Simon & Schuster, 1973, p. 180.

② "立法离婚"即由立法机关投票表决离婚的方式。

③ See Lawrence M. Friedman, *A History of American Law*, Simon & Schuster, 1973, p. 182.

婚都采取了限制性规定,只是限定的条件各异。1787 年,纽约州法律仅仅同意因通奸而离婚;1798 年佛蒙特州的法律允许因为通奸、性无能、三年遗弃以及被宣告死亡等原因而离婚;在新罕布什尔州,只有夫妻一方加入了肖克教派(The Shaker)①才可被允许离婚。总之,虽然规定不一,但推行的都是限制性离婚政策,能否离婚的关键在于一方是否存在法定的过错行为。因此,为了达到离婚的目的,在当时,出现了串通现象,即双方捏造事实以期符合离婚的条件。

在殖民地时期,夫妻财产关系仍然适用英国普通法原则,即主张夫妻一体主义,妻子丧失独立的法律人格,妻子的财产权利与责任由丈夫代为行使,妻子无权拥有财产,也不能签订合同;丈夫拥有妻子的财产,并代为承担妻子的债务;当妻子先丈夫死亡时,丈夫可享有亡妻的财产收益享有权("鳏夫产")。但是,美国毕竟不是英国,这一原则并不像英国那样得到严格执行,而且各殖民地情况不一。

独立后,情况发生了变化,已婚妇女的地位有所改善。1787 年,马萨诸塞州规定,当丈夫离家出走,使妻子陷于贫困时,妻子有权要求法院同意卖掉土地。1839 年,密西西比州的法律给予已婚妇女拥有和处分奴隶的权利。到 1850 年,大约 17 个州的法律赋予已婚妇女某些处理自己财产的权利。② 但是,已婚妇女的财产权仍然受到限制。

(二)19 世纪下半叶至 20 世纪初婚姻家庭法的发展

该时期,普通法婚姻逐渐减少,形式婚姻开始出现。随着商业、经济及文明的发展,社会向人们提出了明确夫妻关系的要求,建立与解除夫妻关系皆要求一定的形式。19 世纪末,许多州规定结婚者必须领取结婚证,并应举行宗教的或一般的仪式。此时普通法婚姻仍然有效,人们有权选择以何种形式结婚,特别是在保留奴隶制的南方诸州,仍将普通法婚姻适用于奴隶。1868 年,亚拉巴马州的法律也规定,"自由的男女像丈夫、妻子一样生活在一起时,在法律上他们就可以被视为夫妻"。但到 1900 年,大多数州都已采用了形式婚姻,普通法婚姻只在少数情况下才为人们所采用。

这一时期,重婚日益成为一个社会问题。过去,重婚被认定为犯罪,但

---

① 它是一个提倡禁欲的组织。

② See Lawrence M. Friedman, *A History of American Law*, Simon & Schuster, 1973, p. 186.

从未成为一个严重的问题。然而，创立于1830年的摩门教派(Mormons)主张多妻制，甚至将此定为教徒的义务，这给社会造成很大的冲击。1862年颁布的《莫里尔法案》(Morrill Act)，着手禁止一夫多妻现象，最高法院也反对重婚，但这些对于摩门教派并不起作用。直到19世纪80年代，社会上才出现了反对重婚的浪潮。1881年，阿瑟总统将一夫多妻现象称为“可恨的犯罪”；1882年，政府开始力图扫除摩门教领导者的权力。根据“埃德蒙兹法”(Edmunds Law)，数以百计的摩门教徒被罚款、逮捕、监禁。1890年，摩门教教长威尔福德·伍德拉夫正式声明放弃对一夫多妻制的支持。[①] 终于，一夫多妻制被否定了。

1850年以后，各州都着手废除立法离婚，到1867年，在当时的37个州中，已有33个州废除了立法离婚，[②]到1880年时，立法离婚已完全消失。离婚一般依据离婚法进行。

1850年至1870年，许多州实行的是相对自由的离婚法。在康涅狄格州，任何不当行为都可能成为离婚的理由，只要它“永久地伤害了原告的幸福及婚姻关系”；在马里兰州，只要法官认为离婚是“有理的、适当的，有益于安定、与社会道德一致”，就可以判决离婚。当然，各州的规定并不一致，虽然都允许离婚，但条件不像康涅狄格州和马里兰州那样宽松，离婚理由往往被限制为通奸、遗弃、性无能等原因。例如，1858年，田纳西州法律规定允许离婚的理由是性无能、重婚、通奸、遗弃、被判重罪、企图毒死配偶等。

1870年以后，形势发生了变化。由于伦理学家不断攻击这种相对宽松的离婚法，康涅狄格州的离婚法只得改变了原先宽松的规定。马里兰州的法律在1883年也改变了态度，对离婚做了严格限定。例如，判决前必须经过6个月的等待期；离婚后，未经法院同意，原告在两年内不得再婚；未经法院同意，被告永远不能再婚。

虽然离婚法依然严格，但离婚率却不断上升：1867年的离婚数是9937

① 参见[美]丹尼尔·布尔斯廷：《美国人建国历程》，中国对外翻译出版公司译，生活·读书·新知三联书店1993年版，第74~75页。

② 参见[美]丹尼尔·布尔斯廷：《美国人民主历程》，中国对外翻译出版公司译，生活·读书·新知三联书店1993年版，第78页。

起;1886 年有 25 535 起;到 1900 年,离婚数每年超过 55 000 起。[①] 人们为了离婚,往往相互勾结,如在纽约州,由于通奸是离婚的唯一理由,因此,捏造的“通奸”现象常常发生。

同时,由于各个州的离婚法不同,因此出现了“迁居”离婚的现象。例如内战前,东部的怨偶曾跑到西部的俄亥俄州、印第安纳州和伊利诺伊州等州去寻找自由。内战后,印第安纳州、南达科他州、北达科他州、内华达州等州也都先后成为结婚、离婚的天堂。

随着工业的迅速发展,妇女开始参与社会工作和投资活动,同时,女性自身已经觉醒并开始获得选举权。于是,已婚妇女的财产权日益受到重视。

1860 年和 1862 年,纽约州的法律明确规定已婚妇女具有支配自己财产的权利,确认已婚妇女可以通过贸易、营业、劳务和其他方式获得财产。[②] 已婚妇女的地位的确有所提高,但是在现实生活中,仍然存在很大障碍,妇女的独立地位并不能得到彻底保证。

依据普通法,未成年子女的父亲被认为是孩子唯一的监护人,父亲有权向孩子的母亲或其他任何人要求交还他的子女。虽然从 19 世纪上半叶开始,法院对监护权问题拥有斟酌决定的自由权,父亲要求交还子女的绝对权利不再存在,但是,法院仍然倾向于认为父亲对子女享有优先的监护权。迟至 1929 年,马里兰州的一个判决仍然作出这样的规定:父亲与母亲相比,父亲对子女享有优先的监护权,因为他有责任为子女提供保护、供养和教育。[③]

(三)20 世纪后婚姻家庭法的变化

1892 年成立的美国统一州法律委员会提出统一结婚离婚法的主张,但是一直未能予以实施。在 20 世纪上半叶,各州之间关于结婚、离婚的立法仍然存在很大差异。内华达州继续着它的离婚首选地的地位;纽约州关于通奸是离婚的唯一理由的规定直到 1966 年才被改变;南卡罗来纳州在 1942 年以前还没有一般离婚法。

---

① See Lawrence M. Friedman, *A History of American Law*, Simon & Schuster, 1973, p. 438.

② 参见由嵘主编:《外国法制史》,北京大学出版社 1992 年版,第 547 页。

③ 参见[美]欧·唐奈、[美]琼斯:《美国婚姻与婚姻法》,顾培东、杨遂全译,重庆出版社 1986 年版,第 172 页。

(四)21 世纪美国婚姻家庭法的发展

美国社会的婚姻家庭秩序在 21 世纪伊始便发生了翻天覆地的变化。例如,未婚同居者的比例不断上升;婚姻持续时间逐渐缩短;已婚夫妇首次成为美国家庭模式的少数派;非婚生子女数目增多等。长期运行的以普通法为核心的婚姻家庭制度在应对上述剧变时显得力不从心,甚至可以说是上述剧变的“助推器”。美国最高法院的大法官因此作出特罗克赛尔诉格兰威尔案(Troxel v. Granville)的终审判决时感叹道:“人口的变化……使我们很难确定一般的美国家庭模式。”①

1. 21 世纪美国婚姻家庭法的发展趋势

近年来,未婚同居、离婚、非婚生育和非婚生子女抚养的增长给传统的法律原则带来巨大的压力。② 由此,美国婚姻家庭制度在 21 世纪初发生了下述三个重大的趋势转型:

(1)价值取向转型

个人自由与社会秩序之冲突在婚姻家庭法领域表现得尤为明显。美国州法律全国统一委员会秉持兼容诸州且以个人意志自由为价值导向,确定了《统一结婚离婚法》(Uniform Marriage and Divorce Act)并得到了大多数州的采用。然而,婚姻家庭秩序变动却出乎了法律统一者的意料,一股“社会本位”思潮重新席卷了家庭法的理论界与司法实务界。该价值取向的出现与婚姻家庭秩序的功能变化息息相关。

传统视角下,人们通过婚姻关系、亲子关系构成家庭,由此获得物质与精神的支持。进入 21 世纪的美国社会则面临婚姻家庭功能衰退与人们获得生活支持方式多元化的现状,那么对于婚姻家庭的“失望”将促使人们转向社会机构寻求支持。当人们开始接受合法的和不带道德谴责性的选择性生活方式,他们变得更不可能相信法律应该强制或者鼓励某种特定的生活方式。③

---

① Troxel v. Granville, 530 U. S. 57, 64 (2000).

② 参见[美]哈里 · D. 格劳斯、[美]大卫 · D. 梅耶:《美国家庭法精要》(第 5 版),陈苇译,中国政法大学出版社 2010 年版,第 11 页。

③ See Jamie Alan Aycock, *Contracting out of the Culture Wars: How the Law should Enforce and Communities of Faith should Encourage more Enduring Marital Commitments*, 30 Harvard Journal of Law & Public Policy 231 (2006).

事实上,传统的婚姻家庭观念仍受到大众期许,为社会福利而维护婚姻家庭秩序仍是美国21世纪历届政府的工作重心之一,“个人本位”与“社会本位”观念冲突与融合反映在婚姻家庭制度变革的诸次争论中,如监护关系中的儿童权益保护问题、婚姻的公共性质问题乃至统一家庭法院(The Unified Family Court,UFC)的设立原则问题等。此外,离婚自由与控制是价值取向转型的焦点问题,21世纪的美国婚姻家庭法逐渐破除尊崇“离婚自由”的观念,以社会福利为关切,通过设置条件“限制离婚请求权的行使”,确立离婚指导及调解程序来约束无过错离婚。即使婚姻家庭破裂,在法律指导下的离婚协议也为减损其不利影响提供了最后的保障。

(2)法律渊源转型

美国婚姻家庭制度的法律渊源传统可被表述为“多法源背景下的州法主导”。联邦最高法院在判决中曾强调:“夫妻及父母子女间的家庭关系都属于州法的调整范围,而非美国联邦法律的调整范围。”①反联邦法干涉的后果是各州婚姻家庭制度中充斥冲突规则,随着各州人口流动的增加,20世纪末的统一立法活动在21世纪初得到了承继。多元化的法律渊源对州法支配地位发起挑战,并致力于消除该支配地位的负面影响。联邦宪法不断参与到对于州婚姻家庭法的审查,如在判决中坚持维护家庭隐私的原则等。②

除联邦宪法与前文提及的《统一结婚离婚法》外,联邦立法尤其是涉及“福利”问题的法案,涉及对婚姻家庭秩序的调整。例如,美国于2005年颁布《赤字削减法》(Deficit Reduction Act),规定由政府每年提供15亿美元的补助来推进“健康婚姻”和父亲身份的确认。此外,由于制定婚姻家庭法属于州自治的范畴,美国联邦政府一般不参与涉及婚姻家庭关系的国际公约,如美国政府曾签署《儿童权利公约》(The Convention on the Rights of the Child),但受制于国内因素,该公约未能生效。③

综上所述,美国婚姻家庭制度的法源结构已然以州普通法、制定法和宪法为主,此类法律居于优势地位,不过随着联邦“干涉”不断深化,联邦与

---

① Rose v. Rose, 481 U.S. 619, 625 (1987).

② See Lawrence v. Texas, 539 U.S. 558 (2003).

③ 参见[美]哈里·D.格劳斯、[美]大卫·D.梅耶:《美国家庭法精要》(第5版),陈苇译,中国政法大学出版社2010年版,第10~11页。

州的社会福利以及税收立法参与到调整婚姻家庭关系中。

(3)契约化转型

所谓“契约化”,即民众通过契约的形式约定婚姻家庭关系(主要是婚姻关系)中的权利义务,而排除强制性法律规范的适用。[①] 由于契约化转型致力于排除公权力对于婚姻关系的干涉,将婚姻建立在双方当事人协议选择的基础上,故而支持该转向的婚姻法被称为“契约婚姻法”。最为典型的就是 1997 年美国路易斯安那州颁布的《契约婚姻法案》(Contract Marriage Act),设定了契约婚姻与传统婚姻并行的制度。21 世纪以来,该州致力于将契约化转型与传统婚姻制度密切结合,允许契约婚姻与传统婚姻相互转化。

此外,阿肯色州也于 2003 年出台了《契约婚姻法案》。之所以婚姻制度可以契约化是因为其属于两个人的结合,相对于其他家庭法领域而言,社会福利保障的价值较低。埃里克 · A. 波斯纳曾基于信号传递理论模型,对“家庭法的私人化”进行了分析,审慎地指出契约化的婚姻制度可能存在的问题,同时也对过于严苛的婚姻家庭立法予以批判。[②] 他指出:“一种成功的法律干涉——鼓励婚姻,防止同居和私生,劝阻离婚,最大化婚姻盈余——将必定是戏剧性和高度强制性的。这将不仅是人所不欲的,而且,只要时代潮流依旧,就是不可能的。”[③]过分强调婚姻家庭关系中的契约自由与严格的婚姻家庭立法均非可欲,上述州的立法将二者相结合,兼顾了“自治”与“干预”,或将成为美国其他州立法所效法的范例。

2. 21 世纪美国婚姻家庭法的制度变迁

美国婚姻家庭法的“边界”是模糊的,由于缺少制定法传统,婚姻家庭法难免与传统意义上其他法律部门产生交集。家庭法不但融进了宪法精神,还延伸到了刑法、冲突法、福利法,以及合同法、侵权法、财产法、继承

---

① 在未成年人监护制度下,若父母的监护人资格被剥夺,为了维持未成年人与父母的联系,负责案件的社会工作者与原监护人订立家庭契约(family engagement),确定监护计划的实施。此虽非家庭成员间的契约,但体现了家庭法契约化的特征。

② 参见[美]埃里克 · A. 波斯纳:《法律与社会规范》,沈明译,中国政法大学出版社 2004 年版,第 121~125 页。

③ [美]埃里克 · A. 波斯纳:《法律与社会规范》,沈明译,中国政法大学出版社 2004 年版,第 132 页。

法,甚至收入、遗赠、遗产税法等法律部门之中。不过,在传统婚姻家庭法的框架下,核心的婚姻家庭制度还是在21世纪初发生了重要的变化。

(1)以"审慎"为核心的婚姻缔结与解除制度

21世纪,布什政府强调促进婚姻,呼吁"健康婚姻"与"有责任感的父亲身份",并建立贫困家庭临时援助基金(Temporary Aid to Needy Family),以促进形成健康的婚姻家庭秩序。① 不过,该政策鼓励民众进入婚姻关系的同时,也伴随着"低质量"婚姻大量存在的风险。为此,21世纪初,诸多州通过立法将婚前指导与教育制度化。例如,美国统一州法律委员会总结各州实践经验,于2003年起草了《示范婚前教育法》(Model Premarital Education Act),该示范法案旨在引导各州制定单行法或将该制度整合入现行婚姻法中。犹他州于2005年规定准夫妇在婚前须接受8小时以上的婚前教育,该教育由特定人选主持。

与审慎的婚姻缔结相对应,离婚在某种意义上社会影响更大,更需审慎而行。长期以来,美国信奉"离婚自由"使无过错离婚制度成为了社会层面家庭秩序崩解的导火索,限制无过错离婚制度成为了21世纪离婚制度的改革方向。"相互同意"(离婚决定必须得到当事人双方的一致同意)作为一项限制,成为无过错离婚的重要障碍。俄克拉何马州、新墨西哥州等州相继出台有关"相互同意"的法案,美国统一州法律委员会亦作出反应,制定《示范离婚改革法》(Model Divorce Reform Act),强调协议、"相互同意"的重要性。双方一致的意志以及保障子女抚养义务的实现,凌驾于"离婚自由"之上,受到当代美国婚姻法的优先保护。

(2)以"限制性契约自由"为核心的婚姻财产协议制度

1983年,《统一婚前财产协议法案》(The Uniform Premarital Agreement Act,UPAA)公布,确定了婚前财产协议的基本规范。该法案以保障契约自由为主旨,其中第3章包括了可约定事项,该事项几乎涵盖了除儿童抚养外不违反公共政策及州刑事法律的涉及个人权利义务的任何事项。为了维护契约自由,《统一婚前财产协议法案》在法律前提上推定婚前财产契约优先,并严格限制对契约的实质性审查。

---

① See Linda C. McClain, *Love, Marriage, and the Baby Carriage: Revisiting the Channeling Function of Family Law*, 28 Cardozo Law Review 2133 (2007).

但是，由于《统一婚前财产协议法案》过于维护契约自由乃至损害婚姻弱势方利益，该法案后来饱受诟病。2012 年，《统一婚前及婚内财产协议法案》(The Uniform Premarital and Marital Agreement Act，UPMAA)获得通过，该法案增强了对于婚姻财产协议的审查要求，扩大了程序性审查的适用范围，强调律师参加以保证契约之公平。与此同时，法案明确限缩了可约定事项范围，如排除限制家庭暴力救济、限制离婚自由的“惩罚性忠诚协议”的适用。相对于契约自由，公共利益及弱势群体保护成为美国 21 世纪婚姻财产协议制度的价值选择。①

(3)以“儿童权益”为核心的未成年人监护制度

美国的未成年人监护制度与婚姻家庭制度的其他部分相比社会性更强，与具有公共福利法属性的儿童家庭保护制度紧密衔接。美国联邦政府于 2000 年颁布《儿童虐待预防与处理法案》(Child Abuse Prevention and Treatment Act)，于 2001 年颁布《家庭安全和稳定促进法案》(Promoting Safe and Stable Families Act)，于 2003 年颁布《儿童和家庭安全维护法案》(The Keeping Children and Families Safe Act)。一系列法案体现了美国政府致力于扭转“不干涉家庭生活”的态度，并主导儿童权益保障。该保障体系从“事后解救”受侵害儿童转向“预防侵害并计划保护”。② 政府对于儿童权益保障的态度转变影响了未成年人监护制度的发展，“未成年人最大利益原则”贯彻于立法中，以对抗逃避监护责任或可能运用监护人地位侵害儿童权益之父母。

事实上，新技术及新观念的发展冲击了亲子关系认定以及监护责任的确定。2002 年，根据美国律师工会委员会提案，美国统一州法律委员会修订了《统一父母身份法》(Uniform Parentage Act)和《统一人工生育子女法律地位法》(Uniform Status of Children of Assisted Concept Act)。与之前相比，统一了自然生殖子女和人工生殖子女之间的亲属关系，对基于协议的代孕行为产生的婴儿，法律认定父母身份由代孕协议决定。上述法案的因

---

① See J. Thomas Oldham, *With All My Worldly Goods I Thee Endow, or Maybe Not: A Revaluation of the Uniform Premarital Agreement Act After Three Decades*, 19 Duke Journal of Gender Law & Policy 83 (2011).

② 参见刘程：《儿童的家庭保护：美国的经验与启示》，载《当代青年研究》2009 年第 12 期。

时修改使监护责任明晰,保护了被监护人的权益。[①] 不过,上述立法对于各州仅有指导性,各州依据各自情况,秉承共同的"未成年人最大利益原则"进行立法活动。

作为州立法保留范围,美国形成统一性的婚姻家庭法在短期内尚无可能,乃至当下的统一立法之呼声反不如20世纪《统一结婚离婚法》颁布之时。格劳斯和梅耶曾评论美国婚姻家庭制度的发展:"展望未来,我们必须调整婚姻和家庭的法律概念,使其不仅仅与'福利国家'的衰亡相吻合,而且也要适应已存在并被广为接受的生活方式的改变。但现在,传统的、以一种模式来应对所有情况的婚姻法律理论尚未展开脚步跟上时代的发展。"[②]因此,多元化的道路以及对时代变迁的及时反馈才是美国婚姻家庭制度的未来发展趋势。

已婚妇女财产权的保护也是到了20世纪60年代才真正实现。许多州实现了分别财产制,妇女真正有权拥有、使用、处分自己的财产。同时,有的州,如加利福尼亚州、得克萨斯州、路易斯安那州等实施共同财产制,婚后财产为夫妻共有。

离婚后子女的监护问题则从以往的"父亲优先"政策转向"母亲优先"政策,给予母亲以优先的监护权利,其态度之坚决与原先强调"父亲优先"一样。20世纪60年代以后,关注未成年人的利益的潮流又使许多法院改变了观念,将孩子的利益作为决定监护权归属的基本依据,到70年代中期,大多数州已彻底抛弃"母亲优先"原则,代之以"子女最优利益模式"。

20世纪50年代以后,统一结婚离婚法的要求显得更加强烈,终于在1971年,由统一州法律委员会公布了《统一结婚离婚法》,该法规定,结婚必须符合一定的实质要件(年龄、两性等)和形式要件(批准、登记等),禁止一定范围的亲属或违背真实意愿的婚姻。到80年代,已有一半以上的州采用了这部法典。

---

① 参见[美]哈里·D.格劳斯、[美]大卫·D.梅耶:《美国家庭法精要》(第5版),陈苇译,中国政法大学出版社2010年版,第102~110页。

② [美]哈里·D.格劳斯、[美]大卫·D.梅耶:《美国家庭法精要》(第5版),陈苇译,中国政法大学出版社2010年版,第21页。

二、继承法

（一）18 世纪末至 19 世纪上半叶美国的继承法

美国的遗嘱继承有不少规定都源于英国法。英国 1677 年的《反欺诈条例》要求不动产遗嘱继承必须订立书面的、有证人的遗嘱；1837 年的《遗嘱法》进一步明确规定不论是动产还是不动产遗嘱继承，遗嘱都必须采取书面形式，并且有两个以上的证人及立遗嘱人和证人的签名。美国各州都参照了这两部法律，对遗嘱继承做了相类似的规定。例如，1787 年的法律规定，不动产继承的遗嘱必须经过及时的检验方能执行。遗嘱的检验就是检验遗嘱的订立过程是合法的、记录是明确的、权利是真实的。

遗嘱同时又是可变更、可取消的。那一时期，临死时订立遗嘱的现象比现代更加普遍。因此，未经检验的遗嘱占有很大的比例。

这一时期，立遗嘱人大多数是富人，他们的愿望就是把财产控制在家庭内，而且为了保护妻子、女儿等已婚妇女的权利，他们往往通过遗嘱信托的方法来处理财产。

同时，无遗嘱继承仍很普遍，主要依据普通法原则实施。动产与不动产继承适用不同的规则，而且男子的权利往往优先于女子。

根据普通法，寡妇享有“亡夫遗产权”，即当丈夫死亡，为了保证寡妇有生之年的生活及抚养子女，她对其应得的丈夫的遗产部分享有权利。亡夫遗产一般仅仅是土地，而且它是终生财产的形式，即寡妇在其有生之年可以对这笔财产进行使用、收益，但不能处分，财产仍然由丈夫的血亲所控制。“亡夫遗产权”使寡妇可以对抗丈夫的债权人，优先得到财产。

当然，根据普通法，鳏夫也拥有亡妻财产收益享有权。

（二）19 世纪末至 20 世纪初美国继承法的发展

19 世纪末至 20 世纪初，遗嘱继承仍然强调书面形式及检验。但是，法院往往采取灵活的政策放松对遗嘱的解释，通常考虑立遗嘱人的真实意图来解释遗嘱。

这一时期，越来越多的人开始采用立遗嘱的方式处理自己的财产。已婚妇女参与社会工作并有了一定的财产权，使她们也开始立遗嘱处分自己的财产。中产阶级的出现，也使立遗嘱人的队伍不断扩大。

同时，此时所立遗嘱比前一时期显得更加周全。立遗嘱人往往把可能发生的变故考虑进去,比如如果受益人先于立遗嘱人死亡时怎么办等。

这一时期,无遗嘱继承仍然占据重要地位。“亡夫遗产权”和“鳏夫产”逐渐消亡,取而代之的是“特留份”的规定,及对遗嘱不可处分的“宅地”等财产的权利。活着的配偶往往有权选择是按照遗嘱还是无遗嘱继承,选择的标准当然在于两者所确立的份额之比了。

(三)20世纪以后美国继承法的变化

由于各州法律规定不一,继承问题显得格外复杂,不论在哪一时期,同一起继承可能适用好几个不同的法律,不动产继承受财产所在地法支配,不动产则由死者死亡时的住所地法支配;同时,立遗嘱人在立遗嘱时必须遵守几个州的要求,并在有财产的几个州指定几个遗产管理人。

为了统一全国的立法,美国在1969年颁布了《统一遗嘱检验法》,在1968年颁布了《统一继承法》,目前已有一些州采用了这两部法律。

按照这两部法律确立起来的现代美国的继承制度仍然分为两种:遗嘱继承和无遗嘱继承。前者涉及遗嘱能力、遗嘱的见证人、遗嘱形式、遗嘱的撤销、特别要求(如遗嘱在涉及两个州时必须符合的要求)、对遗嘱自由的限制(如规定了系统的“特留份”制度)等。关于后者,各州的规定不一致,但一般都以反映死者的生前愿望、与死者的亲疏程度来决定遗产分配方案。配偶、直系亲属以及旁系血亲等都享有继承权。此外,养子女与非婚生子女以及遗腹子女的继承权也得到了保护。①

(四)21世纪美国继承法的发展

2008年,颁布并由各州参酌选用近40年的《统一继承法》迎来了大规模的修订,这成为美国继承法律制度革新的标志。② 此次修订的核心是应对新时代科技进步、观念转变带来的家庭关系变化。其具体内容包括以下三个方面:

1. 遗嘱制度的转变

遗嘱继承为美国继承法规定的基本继承方式,但模糊遗嘱及其解释(the interpretation of ambiguous wills)长期困扰着司法实务界,其也成了本

---

① 关于现代美国继承法的详细内容,参见刘春茂主编:《中国民法学·财产继承》,中国人民公安大学出版社1990年版。

② 在本次大规模修订之前,美国统一州法律委员会在1975年、1982年、1987年、1990年、1991年、1997年、1998年、2002年、2003年、2006年分别对该法典进行了修订。

次法典修订所应解决的核心问题。美国司法界有一共识,即遗嘱不同于合同等其他法律工具,因为它仅仅是遗嘱人一个人的陈述。而且,当遗嘱被解释时,这个人总是已经死亡,无法作证,这增加了欺诈的可能性,也增加了那些希望改变遗嘱结果的人不可靠的、自我服务的证词。因此,法官偏向运用"普遍意义规则(或平意原则)"(the plain meaning rules)予以解释。

与此相近的是司法实践总结而得的"不改变规则"(no reformation rule),二者秉承同一要旨——法院不能运用关于遗嘱人意图的相反证据来重写(rewritte)遗嘱,即限制司法裁量以及严守遗嘱文本。但由于此种解释方法颇为教条乃至侵害了立遗嘱人意思自治,受到了学界广泛的批判。其中郎格宾、沃格娜提出,法院以错误为理由对遗嘱进行公开变更,这一错误的证明需依清晰且有说服力的证明标准。① 本次修法,该学说受到统一州法律委员会的青睐。《统一继承法》第2-805条确立该规则,允许法院通过审核有关遗嘱人主观意愿的证据来变更遗嘱,以保护立遗嘱人的权利。该法典修纂对美国遗嘱制度有重要影响,有学者指出:"虽然各州在不同程度上在实践中背离了严格适用'普遍意义规则',但颁布第2-805条将是继承制度总方向的明显改变。"②一定程度打破了普通法实践中形成的严守本文的教条主义,扩张了法院对于遗嘱继承的话语权,维护立遗嘱人的真实意图。

2. 平等权利的保护

正如在婚姻家庭法部分中所提及的,美国社会的家庭秩序在世纪交界发生了重大变化,婚姻家庭关系的变更同样影响了继承法领域。人的平权需求成为了继承法进步的重要方向。

(1)非婚生子女的继承权保障

非婚生子女继承权保护从美国加利福尼亚州颁布的《统一父母身份法》开始。该法典序言明确指出,该法旨在解决非婚生子女的权利不平等问题。2000年的《统一父母身份法》通过其第202条,实质性确立了自1973年该法典首次颁布时即呼吁的非婚生子女平权。非婚生子女的继承

---

① See John H. Langbein, *Reformation of Wills on the Ground of Mistake: Change of Direction in American Law*, 130 University of Pennsylvania Law Review 521(1982).

② Wayne M. Gazur, *Coming to Terms with the Uniform probate Code's Reformation of Wills*, 64 South Carolina Law Review 403(2012).

权亦因此受到保护,这也成为《统一继承法》修订的要旨。新修订的法典以家庭生活关系为确定继承权的核心标准,第2-705(e)条规定遗传学父母并不被推定为法律意义上的父母,只有18岁前为儿童尽扶养义务者,才能被认为具有父母地位。婚生与否同继承权之间的差异性由此消弭,子女仅同与之处于同一家庭范围的父母可能发生继承关系。①

(2)同性婚姻中的继承权保障

同性婚姻在美国数州得到认可,那么此类家庭中的继承权问题应当受到重视。但是,在本次《统一继承法》修订中,委员会成员回避了对同性婚姻中继承权问题的直接规定。事实上,该修订虽然扩张了"家庭"概念涵盖的范围,却未能将同性伴侣纳入"无遗嘱死亡条款"(intestacy provisions)规制的范围。② 对此,有学者指出,曾经有过长期同性关系的死者可能会倾向于他的同性伴侣作为他的大部分遗产的接受者,就像在法律认可的婚姻中一样。③ 乃至有学者认为,《统一继承法》没有为在世的同性伴侣提供无遗嘱的份额,与该法"促进遗产自由的主要价值"明显不一致。

不过,在具体州司法实践中,同性伴侣的继承权得到发展,如佛蒙特州在2002年为同性恋者制定了《民事结合法》(Civil Unions Bill),该法赋予同性伴侣以夫妻权利义务,包括了平等于传统婚姻的"继承和无遗嘱继承"权利。因此,可以说具有统一立法指引性质的《统一继承法》作出的立法留白,为州立法、司法中关于同性伴侣继承权问题的"百花齐放"留下了空间。

3. 技术进步的回应

辅助生殖技术的发展使诸多因各种因素而无法生育的美国夫妇得以延续血脉,但带来了法律疑难问题。例如,体外受精获得冷冻胚胎后,夫妇一方去世,另一方若想继续完成生育,那么由此产生的后代将获得怎样的继承权?通过辅助生殖技术获得的无遗传学关系的子女的继承权将如何

① See Paula A. Monopoli, *Toward Equality: Nonmarital Children and Uniform Probate Code*, 45 University of Michigan journal of Law Reform 995 (2012).

② See Joseph J. Carroll, *Avoiding Backlash: The Exclusion of Domestic Partnership Language in the 2008 Amendments to the Uniform Probate Code and the Future for Same-Sex Intestacy Rights*, 85 Temple Law Review 623 (2013).

③ See Ronald J. Scalise, *New Developments in United States Succession Law*, 54 American Journal of Comparative Law 103(2006).

保证？诸如上述争议的解决成为美国21世纪继承法发展不可回避的问题。2008年的《统一继承法》规定，死后孕育出生的孩子在有死者生前同意的时候可以享有继承权，并结合婚姻家庭制度中确认法律意义上的父母身份的相关法律文本，构建了回应辅助生殖技术发展背景下的新继承制度。

值得注意的是，"死者生前同意"成为夫妇一方或双方死亡情况下子女继承权确立的依据，但有学者质疑推定同意制度，认为推定已死亡男子同意获得辅助生殖子女的证明标准（并使此子女获得继承权），远低于推定已死亡女子同意获得辅助生殖子女的证明标准，出现了法典编纂层面的性别不平等，或值得于未来修正。①

21世纪的美国继承法的发展方向是统一化的。正如卡罗尔指出的："也许统一法律程序最重要的目的是在我们的法律制度中'消除不确定性'。虽然这一目标可以通过州统一法程序或联邦立法来实现，但统一法仍然是我们法律制度中独特和重要的工具。"②那么，《统一继承法》在一段时间内将继续扮演美国继承制度的"领航员"角色。可以说，统一的继承法典编纂活动是州立法、司法实践的小结，与此同时，统一法也需在内化进入州立法、司法的过程中接受检验。

第七节　近现代美国民商法的特点

近现代美国民商法的特点主要表现为：

第一，对英国普通法的改革。首先，许多美国移民之所以离开自己的欧洲家园，正是因为受到那里的统治者的政治、宗教或经济方面的压迫，因此，一种极端平等和激进民主的社会政治思想在19世纪初支配着美国各

---

① See Kristine S. Knaplund, *The New Uniform Probate Code's Surprising Gender Inquiries*, 18 Duke Journal of Gender Law & Policy 335 (2011).

② Joseph J. Carroll, *Avoiding Backlash: The Exclusion of Domestic Partnership Language in the* 2008 *Amendments to the Uniform Probate Code and the Future for Same-Sex Intestacy Rights*, 85 Temple Law Review 623 (2013).

州的议会,导致许多州通过法律剔除了土地法、家庭与继承法中的封建因素,保护中小手工业者对抗债权人。其次,美国地域辽阔、自然资源丰富的特点决定了对英国各项法律制度的变革。例如,为了鼓励、促进人们开垦这个辽阔的大陆,法律就必须保证土地的自由持有和自由交易,长子继承制、限定继承制、租佃权因其带有封建残迹而被剔除。又如,根据英国法的规则,土地占有人对其牲畜在邻人的土地上造成的损害,不管有无过错,都必须负责。这个规定主要是基于人口稠密地区保证相邻人互不干扰的考虑。但是在美国,情况就不一样了。这里地广人稀,特别是在那些从事畜牧业的州,社会要求的是土地占有者为保护其财产应建立围栏防止牲畜的进入,否则,如果他人牲畜闯入他的土地造成了损害,牲畜的主人不承担责任。与此相仿,水资源使用法、采矿法等许多规则也对英国法作了变更。由此可见,人文地理等诸多因素对美国民商法的形成和发展起了重要作用。

第二,民商法的首要目标是大力促进经济发展。如何有效地推进经济的迅速发展是法律界确立民商法制度的根本立足点。这一目的,在公司法、侵权行为法领域表现得尤为突出。

公司作为参与经济活动的主体,一开始就成为美国法律的宠儿,公司法成为最具本土特性的法律。公司的财产权受宪法条款保障,公司所承担的是有限责任,公司所从事的活动越来越不受"经营范围"的限制;甚至法律总是千方百计地为公司发展寻找途径,当托拉斯的发展受到限制,控股公司即应运而生。总之,公司法本身将公司培养成为难以控制的经济"巨人"。

侵权行为法本身就是围绕工业事故而产生、发展起来的。它的"过错责任原则""同伴过失规则""共同过失规则""自甘冒险"等理论,就是为了减轻企业负担,使企业将钱用于急需发展的事业,从而促进整个社会经济迅速发展。而20世纪以后无过失责任、严格责任的强调,又表明了现代法律对消费者利益和劳动者利益的保护,体现了社会的发展与进步。

第三,民商法的主要内容就是对财产权的保护。虽然人们认为法律是用于保护人身权和财产权的,但是"衡量法律价值的尺度是基于斯托里法官1829年在哈佛法学院发表的就职演讲中所谓的'神圣不可侵犯的财产权……我说它们是神圣不可侵犯的是因为,如果它们得不到保护,所有其他的权利都将变得毫无价值,都将成为泡影'"①。自由行使及其不可侵犯性就成为财产法、契约法、公司法、侵权行为法、婚姻家庭法、继承法等民商法律制度的主要内容。

第四,民商法所强调的是个人主义和自力更生。《独立宣言》中关于"人人都由造物主赋予了某些不可让渡的权利"的宣言,体现了这个国家民主主义者对个人的基本尊严和价值的承认,平等与自由成为人们的理想。个人被赋予了不可侵犯的财产权和契约订立权。

同时,由于"自由"的核心被认为是"自决",个人被认为是理应对自己行为负责的人,买卖法中的"购者自慎"原则、侵权行为法中的"过错责任原则""共同过失规则""自甘冒险"等,都以尊重人的独立性、人的自决性为标榜,使之成为劳动者、消费者承担社会经济发展风险的理由。

因此,如英国哲学家赫伯特·斯宾塞在 1850 年出版的《社会静力学》(*Social Statics*)一书中所说的那样,保证文明、进步和大多数人最大幸福的唯一途径就是让企业家和企业享有尽可能多的活动自由,最大限度地实现个人主义。为了进步和经济的发展,个人必须忍受牺牲。

进入 20 世纪,在强调公共利益的社会化思潮之下,法律在整体上开始兼顾个人和社会两方面的利益,对个人权利的行使、个人自由的范围都作了限制,但个人主义和自力更生仍是美国法的基础。

第五,判例法是民商法的主要渊源。1808 年,路易斯安那州颁布了与法国民法典相似的《路易斯安那州民法典》;纽约州也在法律改革家菲尔德的领导下于 1857 年制定了 5 部法典,其中的《纽约州民法典》于 19 世纪末被北达科他州、南达科他州、爱达荷州、蒙大拿州和加利福尼亚州等予以变通采用;同时,20 世纪以后美国关于民商领域的成文立法也日渐增多。但纵使这样,成文的民商法律作为法律渊源的实践意义并不可与大陆法系中的法典的重要意义相提并论。在美国,目前民商法的基础仍然是判例法。

第六,各州立法不一,民商法律制度相对杂乱。民商法方面的立法权,除了宪法规定由联邦行使(联邦负责包括公民资格、贸易保护和版权、破产、海商法,以及管理对外和州际贸易等方面的立法)外,主要是由各州独立行使。在财产、契约、婚姻家庭、继承、侵权行为、合伙以及票据流通等方

① [美]施瓦茨:《美国法律史》,王军等译,中国政法大学出版社 1989 年版,第 91 页。

面,各州立法机构不仅有权通过自己的制定法,而且各州的法官还可以通过判决向不同的方向发展自己的法律。因此,各州人文地理背景的差异以及各州对利益的追逐导致了各州立法上的巨大差异,从而造成民商法内容的庞杂、混乱。其中最具代表性的就是各州婚姻法、公司法的不同。各州竞相制定优惠政策,形成了"内华达州婚姻"与"特拉华州公司"的术语。

20世纪以后,统一各州立法的运动取得了不少成果,如《统一商法典》问世等,各州在法律适用上也日趋一致,但各州间法律的差异和庞杂现象还将长期持续下去。

第七,具体部门法基本理论的革新。美国民商法的各法律部门中的基本理论大多源自法律继受,与英国普通法有着密切的关联,两国的国情差异注定了英美法系中两大成员国的法律理论发展方向将发生分离。各法律部门的基本理论在20世纪经历了动荡时代的检验,同美国的社会生活背景与长期的司法实践结合,在21世纪初,开启了理论转型的序幕。

在涉及财产法律关系的诸部门法中,财产权观念的转变无疑具有决定性地位。例如,"私法新思维"学术争论中,诸学者提出让财产权同非财产权相区别,以重塑私法体系,表征了美国民商法"私法化"的新趋势。同时,各法律部门的基本理论出现了多元化倾向,绝对优势地位学说逐渐减少,而围绕传统学说的批判声音此起彼伏,并试图建立有解释力的学说流派。例如,传统契约法理论的核心原则"契约自由"受到更强的限制,法与经济学派、关系契约理论学派、批判法律研究学派三者以契约基本原理为争议焦点,开启了契约法的理论重塑。

21世纪以来,侵权行为法领域的赔偿与威慑学说、企业责任学说、社会正义学说等学说争相提出有解释力的理论框架,乃至冲击了侵权行为法的基本价值取向,追求效率还是矫正正义将决定美国将塑造一个"向前看"还是"向后看"的侵权法律规范体系。在涉及人身法律关系的部门法中,以传统婚姻家庭观念为基础的基本理论框架得以保留,但婚姻法的基本理论受到了同性婚姻等新世纪观念变化的冲击;而家庭法的基本理论变化则与技术革新息息相关,人工辅助生殖技术改造了家庭结构,乃至冲击了传统伦理秩序。这些变化倒逼着相关法律基本原理的变革。

第八,法律统一化趋势的发展。21世纪初,美国民商法领域的法律统一化进程超越了之前的任何时代,这表现为统一法典的制定与法律理论的统一化。统一法典的制定首先在州际交往频繁的商事法律关系中得以实现,如新世纪初《统一商法典》的修订与《统一信托法典》的颁布,将州与州之间的法律冲突予以调和,方便了民众进行州际民商事活动。在此过程中,由于联邦缺少相关事务的管辖权,美国统一州法律委员会承担了民商事法律统一化法典编纂的重任,以“统一法”或“示范法”的形式,渐次推动各州接受统一化法律。

事实上,这一过程须克服地方利益、地方司法习惯等诸多阻力,往往持续良久。在某些法律领域,受地方化传统及其他因素的影响,很难推行统一化法律,那么法律理论的统一就成为法律统一进程的选择。美国法学会在21世纪初进行了关于民商法诸领域的法律重述,这些重述活动或者总结了20世纪司法实践的经验,或者对统一化法典作出注脚,或者对比各州法律规范异同。其根本目的在于为21世纪的民商事领域的司法实践作出权威性指导。

由于统一化法典编纂及推行需要较长的周期,版本更新较快的法律重述成为美国司法实践不可或缺的统一化理论资源。应当看到的是,出于本州利益的考虑,各州立法固守着本州具有“优势”的法律传统。例如,在公司法领域,虽然《标准公司法》在21世纪进行修订并受到了多州的认可,但在第二轮州际公司法竞争中脱颖而出的特拉华州公司法律体系仍通过不断推出新的优惠政策以保持其优势地位。不过,法律多元化与州际法律竞争也未尝不是一件好事,其推进了美国整体民商法律体系进步的效果是有目共睹的。

第九,民商法国际化趋势的演进。随着21世纪国际民商事活动不断增多,美国民商事法律体系中契约法、侵权法等部门面临国际化需求。例如,在契约法领域,2003年《统一商法典》增入国际商事活动的相关规范;北美自由贸易区的建设使美国面对同他国统一民商事活动规则的境遇;“全球统一商法典”则是一个关于远期的民商事法律发展的命题;在侵权法领域,21世纪不断增多的域外侵权案件催生了美国司法界对《外国人侵权索赔法案》重新阐释;政府间侵权将涉及国际法责任等问题。

上述法律制度变迁或变迁方向构成了美国21世纪的民商法国际化趋势的缩影。值得注意的是,由于联邦与州的分权问题,美国联邦政府很少通过关于民商事活动的国际条约,那么美国民商法的国际化将更加依赖于美国国内的法律统一化进程。可以说,全球化视野下的新世纪注定了美国民商法要走向更加国际化的道路,而相关制度与理论的国内统一正是国际化之基础。

第六章　经济与社会立法

第一节　概　　述

一、美国经济和社会立法的起步

关于美国的经济和社会立法，大法官霍姆斯曾这样论述道："法包含着一个民族经历多少世纪的发展的故事，因而不能将它仅仅当作好像一本数学教科书里的定理、公式来研究。为了知道法是什么，我们必须了解它的过去及未来趋势。"①为了对当今美国经济和社会立法有更透彻的认识，让我们首先来回顾一下美国经济和社会立法的早期发展。

一般来说，19 世纪末以前是美国传统市场经济时期，经济主要由"看不见的手"进行调节。19 世纪末 20 世纪初，美国完成了自由资本主义向垄断资本主义的过渡，国家利用法律手段加强了宏观调控和社会保障职能，并以"新政"为契机，逐步形成了美国现代市场经济体制。

美国的市场经济不同于德国的社会市场经济、日本的政府主导型市场经济、瑞典的福利型市场经济，它有其显著的个性特点：美国的市场经济强调市场自由度，政府干预较少，主要关注市场监管和维护竞争秩序，即供求关

---

① Holmes, *The Common Law*, Brown and Company, 1881, p. 137.

系由市场自主决定,政府干预较少。这使企业能够更加自由地决定价格、生产和投资。而在德国的社会市场经济中,政府在经济活动中扮演更为积极的角色,通过社会保障体系和法律规定,保障公民的社会权利和福利。日本的政府主导型市场经济中,政府在产业政策和经济计划方面发挥更大作用,通过指导性规划和产业政策来引导经济发展方向。瑞典的福利型市场经济则更加注重公共福利和社会平等,政府提供广泛的福利服务,包括医疗保健、教育和社会保障。

(一)自由放任时期的经济与社会立法(18世纪末至19世纪中后期)

从18世纪末至19世纪中后期,是美国自由放任经济体制形成和发展时期。在这不到100年的时间里,美国的社会生产力有了巨大的发展,使其在短期内赶上并超过了其他资本主义国家。1860年,美国工业生产居世界第四位,到1894年已跃居第一位。至此,美国的工业革命基本完成,从农业国成为世界第一工业强国。

在这个时期,美国政府在指导思想上深受英国古典经济学家亚当·斯密的影响,把"管得最少的政府是最好的政府"奉为处理国家与企业经济关系的最高信条,政府成为游离于市场经济运转之外的"守夜人"。

亚当·斯密在1776年出版的《国民财富的性质和原因的研究》一书中,对于自由放任的市场经济的原则和信条作了详尽的论述,指出"每一个人,在他不违反正义的法律的情况下,都应听其完全自由,让他采用自己的方法去追求自己的利益,以其劳动及资本同任何其他人或其他阶层的人竞争。这样,君主们就被完全解除了监督私人产业,指导私人产业,使之最适合于社会利益的义务"①。这里所说的"君主们"的义务,指的就是国家或政府的职能。

亚当·斯密根据以上观点,进一步把国家、政府的职能界定于以下三个方面:"第一,保护社会,使之不受其他独立社会的侵犯;第二,尽可能保护社会上各个人,使不受社会上任何其他人的侵害和压迫……第三,建立并维持某些公共事业及某些公共设施。"②

---

① [英]亚当·斯密:《国富论》(上卷),郭大力、王亚南译,商务印书馆1972年版,第318页。

② [英]亚当·斯密:《国富论》(上卷),郭大力、王亚南译,商务印书馆1972年版,第331页。

亚当·斯密有关自由放任的经济学说的核心在于，在高度自由放任和政府"听其自由"之下，资本主义可以达到最完美、最充分的运行。19世纪末以前，美国正是在这只"看不见的手"的支配下进行运作的，政府通过立法对经济和社会进行管理的作用是有限的。恰如美国著名学者罗杰·希尔斯曼在《美国是如何治理的》中所说，"除了授予建筑、铁路用地，通过移民地法，建立邮政系统和一些其他措施外，政府在经济领域几乎是无所作为的"①。

（二）由自由放任向现代市场经济过渡时期（19世纪末至20世纪20年代）

19世纪90年代，美国终于成为世界一流的经济大国，但对于市场经济放任不管的弊病也暴露无遗。不干预的结果不是导致自由竞争的扩大，而是托拉斯的形成及其对市场的操纵，垄断成了美国"全部经济生活的一种基础"②。同时，还出现了市场经济的混乱、贫富分化的加剧等严重问题。这一切表明，自由放任不是一个完美的政策，联邦政府对市场经济干预、管理的问题被提上了议事日程。

1887年，国会通过了《州际商务法》（Interstates Business Act），禁止进行联合经营与订立运输协定，宣布回扣与歧视性运价为非法。为了实施该法，联邦政府建立了州际商务委员会。此后，联邦政府又通过一系列立法来抑制垄断，维护公平竞争。但总的来看，由于州际商务委员会的权力是非强制性的，而最高法院的裁决则是最后有效决定，因此，国家对经济的干预还是初步的。事实上，在1887年至1905年最高法院裁决的16项上诉案件中，15项倾向于铁路公司。托马斯·科克伦和威廉·米勒曾不无讽刺意味地写道："州际商务法受到了西部农业地区和所有小业主的欢迎，但这种欢迎还为时太早。执行此法的委员会不过是一个进行事实收集，但无强制力的委员会。"③

在20世纪初，美国人对放任主义经济政策的憎恨几乎达到了顶点。面对这种情况，美国第26任总统罗斯福顺应民心，开展了一场"进步主义运动"，其主要任务是使市场经济由自由放任向国家干预转变，利用1890

---

① George C. Lodge, *Perestroika for American*, Chicago, 1989, p. 129.

② 《列宁全集》（第2卷），人民出版社1987年版，第145页。

③ Thomas C. Cochran & William Miner, *the Age of Enterprise*, *A Social History of Industrial America*, New York, 1961, p. 169.

年制定的《谢尔曼反托拉斯法》实现政府对经济的管制。1902年,罗斯福让司法部对控制大北部、北太平洋以及芝加哥、伯林顿和昆西等铁路的北部证券公司提出公诉。1904年,联邦最高法院判决北部证券公司解散。在这一判决胜利的鼓舞下,罗斯福命令继续对肉类包装公司、洛克菲勒的美孚石油托拉斯和美国烟草公司提出类似的控告。① 加强政府管制作用的运动标志着美国放任主义的日趋衰微。

第一次世界大战的爆发,成为美国彻底摒弃自由放任经济的推动器和催化剂。为有效地把整个国民经济置于国家的统一管理与监督之下,以动员全国的人力、物力、财力来保证战争的胜利,美国成立了"战时产业局",由它和它在各地区的地方分局来分配军事订货,分配原料、燃料和劳动力,监督合同的履行,以及决定开设战争所需的新企业等。

与此同时,为了解决粮食和燃料的生产储备问题,国会于1917年8月通过了"粮食生产法令"(Food Production Act)和"燃料管理法令"(Fuel Administration Act)。为解决劳动力的匮乏,政府扩大了"劳工部"和"职业介绍所"的活动,1918年年初,美国政府在劳工总署(Department of Labor)之下成立了"战时劳工局"(War Labor Board)和"战时劳工政策局"(War Labor Policies Board),这是为了在第一次世界大战期间管理劳工事务、解决劳资纠纷,并调节劳资关系。总之,在战时经济的推动下,美国政府运用法律手段,对国民经济加强控制,国家干预达到了一定程度,加速了自由放任经济的衰落。

二、新政立法

1933年罗斯福总统的"新政"是美国政府开始通过立法形式大规模、经常性干预经济、社会生活的标志。在大萧条期间,美国经济陷入了严重的衰退,失业率飙升,金融系统瘫痪,许多人陷入贫困。罗斯福政府采取了广泛的国家干预措施,通过"新政"来拯救经济,改善民生。"新政"之所谓新,在于一反过去的"放任主义"而借助于广泛的国家干预措施来拯救濒临崩溃境地的美国经济。它具有划时代的重要意义,这些措施打破了以往的

---

① See Chambers, John W., *The Tyramny of Change, American in the Progressive Years*, New York, 1980. p. 54.

"放任主义",展现了政府对经济和社会事务更积极的干预姿态。"新政"通过广泛的立法干预经济,为摆脱危机、恢复经济活力开辟了新的道路,并对美国社会产生了深远的影响。

"新政"立法的目的有三个,即救济、复兴和改革。这三个目的有时交织在一部单项法律中,有时分别体现在不同的法令中。"救济"是要把这个国家从灾难性的萧条中拯救出来;"复兴"在于补救那些私人市场体制的缺点,使其复苏;"改革"是打破旧的"平衡",实现经济制度更好的"平衡"。罗斯福说:"我们所寻求的是我国经济体制中的平衡,也就是农业与工业间的平衡,领工资者、雇员和消费者之间的平衡,并寻求国内市场保持富裕和扩大,同时保持我们对外贸易账上借贷双方都有增加。"①

"新政"中主要的项目有金融计划,如成立了联邦存款保险公司(Federal Deposit Insurance Corporation,FDIC)以保护储户存款,稳定银行系统;颁布了《农业调整法案》(Agricultural Adjustment Act,AAA)、《全国工业复兴法》(National Industrial Recovery Act, NIRA)、《铁路紧急法令》(Emergency Railway Act);还包括紧急救济,社会保险,举办公共工程,复兴工会等。

1. 金融计划

罗斯福新政的金融计划是针对大萧条期间金融系统崩溃和银行倒闭等问题而采取的一系列重要措施,旨在恢复金融秩序、稳定银行业、保护储户利益,从而带动经济的复苏。以下是其中几项重要的金融计划内容:第一,颁布《银行法案》(Banking Act)。罗斯福新政的核心之一是于1933年3月通过的《银行法案》,该法案也被称为《银行复兴法案》。该法案规定了一系列重要措施,包括成立了联邦存款保险公司,为储户提供存款保险,保护他们的存款免受银行倒闭的风险。实施了银行假日(bank holiday),关闭了所有美国的银行,并允许只有经过审核的银行重新开业,以稳定金融系统。第二,实施金融监管改革。除创立FDIC之外,还通过了一系列金融监管改革措施,包括通过《证券法》和《证券交易法》,建立了证券交易委员会,加强了对证券市场的监管,以防止股票市场的不当行为;通过《国家信

① [美]拉尔夫·德·贝茨:《美国史》,南京大学历史系译,人民出版社1984年版,第68页。

贷法案》(National Industrial Recovery Act),设立了国家信贷公司(National Credit Corporation,NCC),为面临破产危机的银行提供财政援助,稳定银行业。第三,进行货币政策调控。“新政”还对货币政策进行了调控,采取了一些措施来稳定货币供应和金融环境。例如,通过美国《金融法案》(Gold Reserve Act)规定了美国政府的金本位政策,以稳定货币供应和金价;通过《银行法案》,授权美国总统管理货币政策,并且放宽了联邦储备银行的权力,以应对金融危机。

2.《农业调整法案》

AAA 的主要目的是恢复农民的购买力和他们在战前“黄金时代”所享有的一般经济地位,即使农民收回的价格足以“抵得过”他们为了保持像样的生活水平所付出的商品价格。为此,就需要一方面使农产品价格上涨,以增加农民收入,另一方面调整农业生产以适应市场的需要。因此,在罗斯福新政时期,农业调整是“新政”的重要组成部分之一。农业调整立法主要是通过 AAA 来实现的。AAA 的主要措施包括:第一,价格支持计划。该法案通过政府购买农产品并将价格维持在一个相对较高的水平,以确保农民可以获得足够的收入。这通常通过向农民提供补贴来实现。第二,土地减产。AAA 还通过支付农民减少种植面积的补贴来控制农产品供应。这项政策旨在通过减少供应来提高价格,并帮助农民摆脱过剩生产的困境。第三,农业调整。为了确保农产品市场的稳定,AAA 提供了一系列的农业调整计划,以确保农产品供应和需求之间的平衡。AAA 的实施引发了一些争议,其中一些人认为它有助于提高农民的生活水平,但也有人批评它对农产品价格的人为操控可能会损害消费者利益。1936 年,美国最高法院在巴特尔诉美国案(Butler v. United States)中裁定 AAA 的某些部分违宪,但随后通过了第二次《农业调整法案》(Agricultural Adjustment Act)来解决这些问题。总的来说,AAA 代表了罗斯福新政时期对农业领域的重大干预和调整。

3.《全国工业复兴法》

NIRA 的目的在于复兴工业和减少失业,保持工业的合理利润和工人维持生活的工资水平。为此,需要通过工商业的自行调整,减少生产过剩,增加工资,缩短劳动时间和提高物价。NIRA 的主要内容包括:第一,制定行业规范。NIRA 允许政府与行业领导者和工会协商制定行业规范,包括最低工资、工时、生产标准等。这些规范旨在提高劳动条件，保障工人权益，同时也为企业提供了一定的保护和稳定。第二，建立国家工业复苏局（National Recovery Administration，NRA）。NRA 是 NIRA 的执行机构，负责协调和监督行业规范的实施。它通过制定行业协议、制定工业守则等方式来促进工业的复苏和稳定。第三，推动公共工程项目。NIRA 也包括了一系列的公共工程项目，旨在通过政府投资来刺激经济增长，减少失业率。这些项目包括修建道路、桥梁、公共建筑等，为经济提供了急需的就业机会。第四，促进工商界合作。NIRA 鼓励工商界的合作，以共同应对经济危机。它鼓励企业建立工会、采取集体谈判，以及实行一系列的经济调控措施，以促进经济的复苏和增长。

NIRA 在一定程度上缓解了大萧条时期的经济困境，但也引发了一些争议，包括对于政府干预程度的担忧以及一些行业规范的有效性。1935 年，美国最高法院在 A. L. A. Schechter Poultry Corp. v. United States 中裁定 NIRA 违宪，认为其部分规定超出了联邦政府的权力范围。因此，NIRA 的一些重要部分被废除，但它仍然为罗斯福新政时期的经济政策奠定了基础，促进了对经济的恢复和改革。

4. 对运输事业的扶持

受萧条影响最大的部门是运输业，特别是铁路和航空运输业。和农业一样，政府通过复兴金融公司对其提供大量支援，设立“联邦铁路协调员”、联邦航空管理局（Federal Aviation Administration）等，加强对各种交通运输方式的监管，以确保其安全、有效运行。“新政”还推动了对运输业劳工权益的保障，包括制定最低工资标准、限制工作时间、保障工作条件等措施，以改善运输业劳工的生活状况。

5. 救济与举办公共工程

对此，“新政”采取如下三个方面的政策：

（1）减轻失业，直接提供救济。为此，国会通过一项法令授权总统雇用青年参加“地方资源养护队”，去从事与造林、防洪等有关的公共工程。第一年就有 30 万人参加，这项措施一直施行到 1941 年。同时，国会于 1933 年通过了《联邦紧急救济法案》（Federal Emergency Relief Act），成立联邦紧急救济总署，并指定“金融公司”提出 5 亿美元作为各州的紧急救济金，直到 1936 年共支出 30 亿美元。此外，又成立公共工程总署（Public Works

Administration),以 33 亿美元为原始基金,发展与公共利益有关的建设。在 8 年中共花了 40 多亿美元。最后,于 1933 年 11 月成立民用工程总署(Civilian Conservation Corps),作为一个冬季就业计划,到 1934 年 1 月为止,共吸收 400 多万人工作,为此支付的金额达 10 亿美元。

(2)通过《社会保险法》(Social Security Act)、《失业保险法》(Unemployment Compensation Act)、《公共保障法》(Public Assistance Act)、《最低工资法》(Fair Labor Standards Act)和其他地方法,来加强工资收入者、老年人的经济安全。

(3)改善工会工人在美国经济制度中的不利地位。在《全国工业复兴法》第 7 节规定了雇员有权通过自己选择的代表进行集体谈判,并且免受雇主或其代理人的干预、限制或强迫。其内容包括:第一,禁止雇员或寻求就业者被要求作为就业条件加入任何公司工会,或者不得参加、组织或协助自己选择的劳工组织。第二,雇主应遵守总统批准或规定的最高劳动时间、最低工资标准和其他就业条件。第三,授权总统促进雇主和雇员就劳动时间、工资标准和其他就业条件达成互惠协议,并将这些协议视为公平竞争准则。如果没有这样的协议,总统有权调查和规定相应的劳动条件。另外,在该法案中,还对涉及的定义进行了界定,包括“人员”“州际和外国贸易”等。

“新政”实施的内容挑战了传统的经济自由主义观念,即政府应该尽可能少地干预市场,让市场自由运作。这引发了对政府角色和市场机制的重新思考,推动了经济理论和政策的发展。其主要成就是建立了社会福利制度、重视劳工权益和公共基础设施建设,为暂时缓和社会矛盾、推动经济增长提供了新的思路。

三、第二次世界大战后的经济、社会立法

第二次世界大战后,美国政府的社会经济立法主要从三个方面着手:一是强化反托拉斯法的执行,对国内出现的托拉斯和垄断进行干预,防止任何妨碍自由竞争的做法,维护市场秩序。二是用国会立法和政府命令,对劳工组织、企业、运输业、金融货币机构等进行管理。三是通过征收赋税调节分配收入,保持社会稳定。当市场上出现供不应求,经济发生通货膨胀时,政府就增加税收,吸收过剩的货币,使供求趋于平衡;而在经济衰退

时，政府通过立法，降低税率，提高需求，刺激经济的发展。这些立法措施和对策，把美国的市场经济推向了新的阶段，对于健全市场机制，实现经济增长与社会安定起到了巨大作用。

第一，它促进了“经济可持续增长”，避免了恶性经济危机。1989 年美国股票市场发生了大滑坡，使民众立刻联想起 1929 年股票市场崩溃引起的大萧条，人们担心悲剧再一次上演。但事态恰如政府官员向公众保证的那样，1989 年不是 1929 年，政府已经有严格的经济立法管制银行，担保人民的存款。政府还迫使联邦储备系统降低利率，增加基础货币供给以刺激市场启动，经济运行。结果 1989 年的股市滑坡没有引起大萧条。[①]

第二，它成功地抑制了垄断组织的发展和对市场的操纵。自由放任时代，摩根、洛克菲勒这些工业与金融寡头们对市场经济起着举足轻重的作用。摩根的美国钢铁公司曾占到全国同业市场经营额的 3/5。1907 年，美国发生金融恐慌时，联邦政府不得不求助于摩根以度过危机，其实力之大可见一斑。然而，由于政府在战后强化了反托拉斯的执法，这种情况已一去不复返了。大批中小企业脱颖而出，使美国的市场经济充满生机与活力。因此，就总体而言，第二次世界大战后，从美国的实际情况来看，生产并不是越来越集中，而是集中与分散两种趋势同时并存。

第三，平衡了社会的分配，保持了社会的稳定。政府利用征收赋税的权力，从高收入阶层征得一部分收入，转移给社会上的失业者、退伍军人、退休人员等，从而缩小社会收入差距，缓和了社会的矛盾。

第二节　金融、证券法

一、美国金融、证券法的历史发展

（一）国民银行制度时期（18 世纪 80 年代至 19 世纪末）

美国银行的历史不如欧洲久远。早在 15 世纪，欧洲大陆上的商业银

---

① See John Morer, *Seek Happiness: American Government and Politics*, Boston, 1989, p. 153.

行就已诞生。1694 年,英国成立了自己的中央银行英格兰银行,后 1800 年法国成立了法兰西银行。而与此同时,作为殖民地的美国尚无自己的银行,只有一些类似银行的商号(merchant house)和公共贷款机构,从事发行货币、办理存款和发放贷款的业务。

1781 年年底,美国大陆国会批准了财政监察官莫利斯提出的在美国开设办理存款、贴现和发行货币的银行的计划。1782 年在费城设立了美国第一家依照现代经营方式开设的银行——北美银行(The Bank of North America)。不久,1784 年又成立了纽约银行(Bank of New York)和马萨诸塞州银行(Bank of Massachusetts)。这三家银行都是在州政府注册,并且以股份公司的形式组织的商业银行。①

由于当时美国工业经济和对外贸易的兴旺发展,加之连年战争所需大量军费开支,迫切要求银行作为中介机构为其筹措大笔资金,在这种情况下,银行业迅速发展起来,1781 年至 1861 年成立的银行超过了 2500 家。②这段时期,大约 1600 家商业银行被允许发行纸币,因此出现了各式各样的州银行券(state bank notes)。③ 但由于当时实行自由银行制度,美国政府对银行的业务经营缺乏必要的监督管理和金融法规制约,使各银行滥发银行券,造成支付能力不足,经营管理不善,约有 40%的银行在开业后 10 年内不得不关门大吉。银行频繁倒闭,像多米诺骨牌一样引发了整个社会经济的剧烈动荡,严重阻碍了经济的发展。加之南北战争的财政需要,统一货币流通和金融管理的要求日益强烈。

1861 年,当时任财政部部长的蔡斯向国会提出建立国民银行制度的建议。经过反复讨论,国会先后通过了 1863 年《国民货币法》(National Currency Act)和 1864 年《国民银行法》(National Bank Act)。这两个法案后来被统称为《国民银行法》。所谓国民银行,就是在联邦金融管理机构注册,由联邦政府发放营业执照的银行。它改变了过去所有银行都在州注册,由州政府发照经营的状况。《国民银行法》在美国银行业和金融业立法

---

① See Louis Hartz, *Economic Policy and Democratic Thought: Pennsylvania*, 1776—1860, Harvard University Press, 1948, p. 39.

② 参见范从来编著:《现代金融制度》,南京大学出版社 1994 年版,第 15 页。

③ See *History of United States Currency*, My Credit Union Gov (Feb. 8, 2023), https://mycreditunion.gov/financial-resources/history-united-states-currency.

中具有里程碑的意义，其目的是从法律上确立联邦政府对国民银行监督和干预的权威，建立一个受到统一监督管理的国民银行体系，统一全国货币体系，并鼓励州银行重新注册为国民银行。[①] 两部法案也采取一系列严格的管制措施，保证金融秩序的稳定。例如，要求国民银行具有一定的存款保证金；国民银行必须执行单一银行制，不能设立分支机构；发行银行券必须以政府发行的债券作担保；等等。

《国民银行法》颁布后，国会又分别通过 1865 年《国民银行法案》（The National Banking Act）和 1900 年《货币法》（Currency Act），对国民银行法中的银行券征税率和银行最低注册资本金进行了修正，使国民银行的机构迅速扩大，体系日渐完备。截至 1912 年，国民银行数量增加到 7366 个，存款达 81 亿美元，使州银行券退出了流通领域，并形成了联邦注册国民银行与州注册国民银行并存的双重体系。

（二）联邦储备体系建立和现代金融立法体系的建立（20 世纪初至 60 年代）

《国民银行法》及其修正案的颁布实施成功，为美国实行统一的金融货币监管建立了基本的框架，组建了货币监理局，创造了一批资金充足、运行有序、可贯彻政府金融政策的大商业银行。但由于国民银行体系是商业银行体系，缺少一个对整个货币流通、银行信贷、货币供给、票据清算进行指导和监督管理的中央机构，因而美国金融业于 1873 年、1884 年、1890 年、1893 年和 1907 年连续发生信用危机。

在这种情况下，美国国会于 1908 年建立了国民货币委员会（National Monetary Commission），对全国银行业存在的问题进行了一次大规模调查。国会采取立法形式采纳了委员会的调查研究，于 1913 年通过了《联邦储备法》（Federal Reserve Act）。根据这个法案，决定成立美国中央银行联邦储备体系。1913 年至 1920 年国会又对《联邦储备法》进行了一系列的修订与增订，如 1917 年联邦银行增加办理非会员银行的票据清算；1920 年为拯救大量濒临破产的农业银行，放宽了州农业银行加入联邦储备系统的限制，并增加了对农业票据的贴现额。

---

① See *National Banking Acts of* 1863 *and* 1864, Federal Reserve History (July 31, 2022), https://www.federal reserve history.org/essays/national-banking-acts.

《联邦储备法》与在此基础上初步建立的联邦储备体系也存在诸多不健全、不完善之处,如没有实现对金融业的全面管理,未将数量众多的州银行、非银行金融机构纳入监管之列,缺乏严格有效的证券法律,等等。这些都成为金融危机爆发的隐患。

1929 年 10 月 24 日是美国经济史上最漫长的一日。“黑色星期四”的股市如同失控的怪兽转瞬之间吞没了大量投资者费尽心血积攒的财富,证券危机又引发了金融危机,给美国经济造成了巨大损失。1930 年至 1932 年有数千家银行倒闭,到 1933 年,银行业彻底崩溃,迫使当时的总统罗斯福下令所有的银行关门停业整顿。①

在经济危机和金融危机痛苦的煎熬中,美国国会反思了过去颇为松散并且严格性、灵活性不足的金融、证券监管立法,通过了影响深远的五大法案,即《格拉斯—斯蒂格尔法案》、《联邦住房贷款银行法》(Federal Home Loan Bank Act)、1934 年《国民住房法》(National Housing Act)、1933 年《证券法》、1934 年《证券交易法》。

其中,1933 年 6 月颁布的著名的《格拉斯—斯蒂格尔法案》及相应的监管规则 Q 条款,是针对导致大萧条发生的一个重要原因而颁布的。引发大萧条的原因之一是银行业过度参与了证券交易,或贷款给过度参加证券交易投机的客户。该法案确定了将商业银行和投资银行业务分离的原则,禁止商业银行经营证券、投资银行接受存款。同时,该法案还规定了设立联邦存款保险公司以保证储户的存款支付。《联邦住房贷款银行法》和《国民住房法》则堵住了对储蓄贷款协会(Savings and Loan Associations)等金融机构缺乏统一管理的漏洞。

经济危机中证券市场投机问题被充分揭露出来,促进了有关证券立法的建立和健全。1933 年《证券法》,又称《证券真实法》(Truth-in-Securities Act),确定了两条重要原则:(1)真实性原则,要求证券发行人必须向购买人充分披露财务状况及其他重要信息;(2)可靠性原则,禁止用非真实性的陈述及其他欺骗手段销售证券。1934 年《证券交易法》是对 1933 年《证券法》的进一步完善和补充,其立法目的是:确保证券交易市场的安全性;恢

---

① See *Banking Panics of* 1930—1931, Federal Reserve History (Nov. 22, 2013), https://www.federalreserveh istory.org/essays/banking-panics-1930-31.

复和树立民众对流通市场的信心;防止证券交易中的欺诈、操纵市场的行为;监管证券市场,控制流入证券市场的借贷数额。

以上五大法案的颁布和实施标志着美国金融证券法律制度从早期发展阶段逐步进入成熟时期,美国现代的金融监管体系成型。

(三)20 世纪 60 年代至 70 年代的美国金融动荡

自大萧条时期的金融、证券立法改革后,美国金融市场进入了一段稳定时期。然后 1966 年由于信贷紧缩(credit crunch),美国再次发生金融动荡。紧接着,1969 年至 1970 年美国在第二次世界大战后首次发生经济衰退。这暴露出了美国在金融、证券制度方面的弱点。为此,尼克松总统于 1971 年宣布了新的经济政策,即"一个在没有战争的情况下创造新的繁荣"的计划,该计划内容包括美元与黄金的脱钩。该计划在民间被称为"尼克松冲击",标志着战后建立的布雷顿森林体系固定汇率制度的终结。①

20 世纪 70 年代,美国经济经历了严重的通货膨胀。为了应对通胀,美联储被迫大幅提高利率,这导致银行和储蓄贷款协会的运营环境开始变得困难。在利率上升的背景下,传统银行和储蓄贷款协会面临着来自货币市场基金和其他非银行金融机构的激烈竞争。这些非银行金融机构能够提供更高的利率来吸引储户,而受制于联邦规定的银行和储蓄贷款协会则不能,因为上述 Q 条款设置了存款利率上限,从而导致在高利率时期银行存款的外流。为了提高竞争力,存款机构需要新的自由度来调整其利率和服务。迫于金融界要求改革的呼声,国会最终实施了重大立法措施,于 1980 年通过了《存款机构放松管制及货币控制法案》(The Depository Institutions Release Deregulation and Monetary Control Act)。这个法案中最重要的内容是分阶段在 6 年内逐步取消储蓄和定期存款的最高利率限额,此外,该条款允许联邦政府设定的利率上限优先于州政府的利率规定,从而解除了部分州对存款利率的限制。

1982 年,美国国会通过《甘恩—圣哲曼储蓄机构法》(The Garn - St Germain Depository Institutions Act),进一步放松对储蓄贷款协会的利率监管。其目的是提高此类机构的灵活性与稳定性。此法通过进一步放松对

---

① See *Nixon and the End of the Bretton Woods System*, 1971—1973, Office of the Historian, https://history.state.gov/milestones/1969-1976/nixon-shock.

存款利率的限制,允许储蓄贷款协会在原先的居民住宅贷款业务以外,从事向工商业、消费者提供贷款的业务,以及允许储蓄贷款协会购买市政公债、办理临时居民的不动产贷款。此法通过后,Q 条款正式成为历史。根据金融创新的发展,此法还授权银行和储蓄贷款协会设置交易和储蓄相混合的货币市场存款账户,1983 年又授权设立了超级可转让支付命令账户(Super Now)。

(四)20 世纪 80 年代至 90 年代初期的储蓄贷款协会危机

20 世纪 80 年代至 90 年代初,美国的储蓄贷款协会经历了严重的财务困境。这些机构主要从事住房抵押贷款业务,但由于放贷标准放宽、利率波动和管理不善,许多储蓄贷款协会积累了大量不良资产。这一时期,许多储蓄贷款协会资不抵债,最终破产。此外,负责为储蓄贷款协会提供存款保险的联邦储蓄和贷款保险公司也因此次危机而破产。为了解决这一危机并恢复公众对金融体系的信心,1989 年,美国国会通过了《金融机构改革、复苏和执行法案》(Financial Institutions Reform, Recovery, and Enforcement Act, FIRREA)。该法案建立了储蓄机构管理局(Office of Thrift Supervision, OTS)以取代联邦家庭贷款银行委员会(Federal Home Loan Bank Board),并设立了储蓄协会保险基金(Savings Association Insurance Fund, SAIF),取代联邦储蓄和贷款保险公司,负责为储蓄贷款协会提供存款保险。该法案赋予了监管机构更大的权力,允许其对储蓄贷款协会进行更严格的监管和审查,提高了对金融欺诈行为的处罚力度,以确保其财务稳定性和合规性。该法案要求储蓄贷款协会维持一定的资本充足率,并成立解决信托公司(Resolution Trust Corporation, RTC),以处理破产的储蓄贷款协会的不良资产。

美国历次银行立法及修正,对设立跨州分行都作了禁止的规定。1994 年,美国国会通过《里格尔—尼尔州际银行和分行效率法》(The Riegle-Neal Interstate Banking and Branching Efficiency Act),允许联邦储备委员会授权资本充足、管理得当的银行控股公司在全美国范围内收购银行,不用考虑任何州的法律是否禁止此类交易。当该银行控股公司在某一州收购银行后,其可将被收购的银行与该公司原先控制的银行合并,从而为原银行设立了跨州分支机构。此外,该法案也移除了设立新的跨州分行的联邦法律限制,只要新分行所在的州法没有限制,一家外州银行即可在该州设立分支机构。

(五)《格拉斯—斯蒂格尔法案》分业经营之“墙”的倒塌(20 世纪末)

自 20 世纪 70 年代以来,美国商业银行面临困境,面对欧洲“万能银行”的竞争,其业务范围狭小,国际地位不断下降,致使国内要求废除《格拉斯—斯蒂格尔法案》的呼声高涨。美国国内的银行业也逐渐向“万能银行”转变。20 世纪 90 年代,美国大量的银行进行合并,商业银行从 1984 年的 14 000 家缩减至 1999 年的 9000 家。① 《格拉斯—斯蒂格尔法案》虽然设立了商业银行和投资银行业务分离的原则,但该法第 20 条设立了一个例外,即该法律仅禁止银行与主要从事证券承销和交易的公司关联。这使银行控股公司可以创建子公司或收购从事某些证券承销或交易的公司,只要这些业务不构成这些公司的主要业务。因此,即便存在《格拉斯—斯蒂格尔法案》分业经营的要求,20 世纪 80 年代末,已有商业银行从事承销证券和保险业务。

1999 年,美国国会通过了《金融服务现代化法》(The Gramm-Leach-Bliley Act),以提高本国银行业在国际上的竞争力。该法案废除了有 60 余年历史的《格拉斯—斯蒂格尔法案》的分业经营条款,允许银行与从事全范围金融活动的公司通过合格的银行控股公司相关联,这些合格银行控股公司被称为“金融控股公司”。② 银行自身仍无法从事证券、保险业务,但其可与其他证券、保险公司共同为一家金融控股公司所有。然而,该法案仍对经营不同业务的子公司之间的往来施加限制,如禁止互相营销其产品或业务,并对子公司之间的金融往来进行限制,且金融控股公司的成立要求是非常严格的,一家银行控股公司想要成为金融控股公司,其旗下受联邦存款保险公司担保的存款机构必须资本充足,并有良好的内部管理。③

(六)美国安然公司财务造假丑闻(21 世纪初期)

由于 2001 年安然事件等美国公司治理丑闻的暴露,美国国会通过了

---

① See *Financial Services Modernization Act of* 1999 (*Gramm-Leach-Bliley*), Federal Reserve History (Nov. 22, 2013), https://www.federalreservehistory.org/essays/gramm-leach-bliley-act.

② See Richard Scott Carnell et al., *The Law of Financial Institutions*, Aspen Publishing, 2017, p. 29.

③ See Richard Scott Carnell et al., *The Law of Financial Institutions*, Aspen Publishing, 2017, p. 29.

《2002年公众公司会计改革和投资者保护法案》,又名《萨班斯—奥克斯利法案》,加强了对证券领域的监管。美国公司安然是一家总部设立在得克萨斯州的能源公司,该公司通过财务信息造假虚报其公司价值,其造假行为最终败露并破产。同一时期,美国多家其他公司,如世通公司、环球电信、阿德尔菲亚通讯等公司均爆出财务造假丑闻。《萨班斯—奥克斯利法案》设立了上市公司会计监督委员会(Public Company Accounting Oversight Board,PCAOB)这一半政府机构,该机构的主要职责是对会计师进行监管。该法案禁止审计师为上市公司提供非审计咨询服务,并要求公司设立完全由独立董事组成的审计委员会,以监督公司与外部会计师的关系。此外,该法案加强了对上市公司内部治理的要求,并增加了白领犯罪相关条款。

(七)美国2008年金融危机和后危机时代(2007年至今)

在安然丑闻后仅6年,美国爆发了自大萧条以来最为严重的金融危机。美国2008年金融危机又称次贷危机,在这场危机中,美国历史悠久的投资银行雷曼兄弟倒闭,美国多家其他金融机构,如贝尔斯登、美国国际集团(American International Group,AIG)、美林证券等公司均爆出巨额损失和流动性危机。美国政府和美联储采取了一系列的手段,包括资本注入、不良资产购买和贷款担保等方式来救市,其中包括向美国国际集团提供了850亿美元的紧急救助资金并通过《经济稳定紧急法》(Emergency Economic Stabilization Act)设立了7000亿美元的"不良资产救助计划"。

为了应对2008年美国金融危机中暴露出的金融市场监管问题,2010年,美国国会通过了《多德—弗兰克华尔街改革和消费者保护法案》(The Dodd-Frank Wall Street Reform and Consumer Protection Act,又名《多德—弗兰克法案》),加强了对金融领域的全方面监管。其中,《多德—弗兰克法案》设立了金融稳定监督委员会这一政府机构,负责识别和应对系统性风险。该法案禁止银行进行自营交易(沃克尔规则),即银行不得利用自身资金进行证券交易,并限制银行投资对冲基金和私募股权基金,以减少银行参与高风险投资活动的机会,从而降低系统性风险。该法案要求大型金融机构(资产超过500亿美元的金融机构)进行压力测试以确保其有足够的资本应对潜在的经济冲击,并要求大型金融机构制定"生前遗嘱"(living wills),即其必须制订详细的破产清算计划,以便在发生危机时有序清算,从而避免出现"大而不能倒"(too big to fail)的现象。该法案也加强了金融衍生品市场的监管并加强了国际金融监管合作。此外,该法案加强了对消费者金融保护的要求,成立了消费者金融保护局,并增加了对金融机构的透明度和问责条款。《多德—弗兰克法案》是美国自大萧条以来最为全面的立法改革,自2010年通过以来,持续至今,也是美国目前最为重要的金融立法之一。

然而,《多德—弗兰克法案》因其对大型金融机构施加诸多限制,引发许多美国共和党和华尔街人士的不满。2018年,美国国会通过了《经济增长、放松管制和保护消费者权益法案》,缩小了《多德—弗兰克法案》的适用范围。其中,该法案将需要进行压力测试的大型金融机构的定义从资产超过500亿美元的金融机构提高到资产超过2500亿美元的金融机构。

二、美国金融、证券法的监管机构

(一)美国金融业全业务领域监管机构

金融稳定监督委员会和消费者金融保护局是美国两个主要负责对银行、证券、保险等多个金融业务部门进行监管的机构。两家机构于2010年由《多德—弗兰克法案》设立。

金融稳定监督委员会的主要任务是识别并应对可能对美国金融系统稳定性构成威胁的风险。该委员会由美国财政部担任主席,成员包括美国主要金融监管机构,如美联储、证券交易委员会等。该委员会的职责包括识别系统性风险,促进金融监管机构之间的信息共享和政策协调,向金融监管机构提出监管建议,指定大型非银行金融机构为系统重要性金融机构,并对此类机构施加更为严格的监管。

消费者金融保护局是一个美联储下属的独立机构。其旨在保护金融市场消费者的权益。消费者金融保护局负责制定和执行针对银行、信用社、证券公司、支付服务提供商等金融机构的消费者保护法规,此外,消费者金融保护局还致力于促使信用卡、抵押贷款和其他贷款的披露信息更加清晰,以便消费者更容易地理解其权利和义务。

(二)美国银行业的主要监管机构

美国联邦储备系统担任美国的中央银行的角色,负责制定和实施货币政策、监督和调控银行系统的稳定。联邦储备系统设置由7位理事组成的理事会(Board of Directors)。理事会负有重要的监管职责,监督联邦储备银行并监管作为联邦储备系统成员的州银行、被金融稳定监督委员会指定为具有金融系统重要性的非银行公司以及银行控股公司和某些银行控股公司的子公司。

货币监理署(Office of the Comptroller of the Currency)是美国财政部下属的一个独立机构,负责监管国家银行及联邦储蓄机构。货币监理署的主要职责是确保这些金融机构的安全和稳健运营,保护存款人的利益,并维护公众对银行体系的信心。

联邦存款保险公司是由国会设立的一个独立机构,旨在维护国家金融系统的稳定和公众信心。联邦存款保险公司向银行存款提供保险,监督金融机构的安全性、稳健性和消费者保护,并作为破产的银行的接管人。

联邦住房金融局(Federal Housing Finance Agency,FHFA)负责对联邦国民抵押协会(房利美)、联邦住房贷款抵押公司(房地美)和联邦住房贷款银行系统进行监督和管理。

除了联邦的各个监管机构,各州还分别设有监管机构负责该州的商业银行、储蓄贷款协会和信用社的监督。比如,纽约州的监管机构为纽约州金融服务局(New York State Department of Financial Services,NYDFS),负责监督和管理纽约州的银行、保险公司和其他金融服务提供商。

(三)美国证券业的主要监管机构

美国证券交易委员会是美国联邦政府的独立机构,于1934年根据《证券交易法》成立,负责监管证券市场,确保市场的公平性和透明度。SEC的主要职责包括制定和执行证券法规,监督证券交易所、证券经纪商和投资顾问的活动,防止欺诈和市场操纵,保护投资者的权益。SEC还有权要求上市公司定期披露财务和其他重要信息,以便投资者能够做出明智的投资决策。

美国商品期货交易委员会(Commodity Futures Trading Commission,CFTC)是美国联邦政府的一个独立机构,成立于1974年,负责监管商品期货和期权市场,以确保其公平、透明和高效运作。CFTC的主要职责包括制定和执行商品期货和期权市场的法规,监督市场参与者的活动,防止欺诈、操纵和滥用市场行为,保护市场参与者特别是中小投资者的利益。

除联邦证券法律以外,美国每个州都有自己的证券法律,这些法律被称为蓝天法,旨在防止证券欺诈,保护投资者免受虚假和欺骗性证券发行的侵害。这些州也会设立监管机构负责州法的执行,比如纽约州由州检察总长(Attorney General)办公室负责。

(四)美国保险业的主要监管机构

美国财政部联邦保险办公室(The Federal Insurance Office,FIO)亦是根据《多德—弗兰克法案》设立的。该部门有权监管保险行业的各个方面,并代表美国处理国际保险事务中的审慎监管问题,包括在国际保险监督官协会中的事务。此外,联邦保险办公室还是金融稳定监督委员会的顾问成员,协助美国财政部部长管理恐怖主义风险保险计划(The Terrorism Risk Insurance Program),并就重要的国家和国际保险事务向美国财政部部长提供建议。

与银行和证券业不同,美国的保险业的主要监管机构实际上是各州的监管机构,而联邦的监管机构,即上述联邦保险办公室直到 2010 年才成立。各州监管者负责确保保险公司在消费者发生保险损失时能够支付赔偿,并确保保险消费者受到公平对待。州保险监管机构负责确保州内的保险市场具有竞争力,并能够为消费者提供广泛的保险产品选择。①

第三节 税　　法

一、美国的税务机构

美国的联邦税务机构由财政部下属的国税局(Internal Revenue Service)和美国海关和边境保护局(U. S Customs and Border Protection)组成。前者负责除关税以外所有的联邦税收事务,后者则专门负责对进出口商品征收关税。

(一)美国国税局

美国国税局总局设在首都华盛顿,是由数万名会计师、律师、经济学家

---

① See *What Do State Insurance Regulators Do*?, NAIC. Org, https://content. naic. org/sites/default/files/about-state-insurance-regulators. pdf.

和行政管理专家组成的庞大机构。国税局总局设有正、副局长各1人,正、副首席法律顾问各1人。国税局局长、首席法律顾问必须由总统提名,经国会批准后任命。

总局设置了多个职能机构。局长下设幕僚长一职,并直接领导法律办公室、纳税人辩护服务处、上诉办公室、纳税人体验办公室、通信和联络办公室、平等多元办公室、改革战略办公室等机构。副局长则分管线上服务办公室、纳税人服务处、首席税务合规官及其下设机构、首席运营官及其下设机构、首席信息官等部门。

国税局系统还在全美各地下设派出机构,是征集税款、完成具体税务工作、向全国各地纳税人提供纳税服务的实际执行者。

(二)美国海关和边境保护局

美国海关和边境保护局设在首都华盛顿,于2003年成立,取代原有的美国海关署(U. S. Custom Services),是美国国土安全局下设机构,负责收取进出口关税并对美国进出口活动进行监管。该机构设有局长1名,由总统提名,经国会批准后任命。局长办公室下设副局长1名,并设立首席运营官、首席财务官、政府间公共联络处、隐私与多元化办公室和贸易关系办公室等部门。

美国海关和边境保护局还下设执行助理局长办公室,并下辖边境巡逻办公室、现场行动办公室、边境巡逻队、贸易办公室、职业道德办公室、企业办公室和运营支持办公室等部门。

(三)美国的州与地方税务系统

由于美国是联邦制国家,因而除联邦税务系统外,各州还有各自的税务管理系统。州及州以下的市、郡、镇的地方政府都有自己的税务部门,以负责征收房地产税。此外,为了处理大量跨州的税务问题,各州税务部门之间也有各种形式的合作与联系。

二、美国税法的渊源及组成内容

美国税法经过近百年的历史发展,演变为今天这种极为繁杂的庞大体系,而其核心是1986年的《国税法典》(The Internal Revenue Code)。这部法典是在1954年法典的基础上按照1986年税收改革法案修订而成,后续经过多次微小的修改,沿用今日。目前该法典被收录于《美国法典》第26

篇。这是一部技术性和综合性很强的法律文献,是政府和非政府的税收专家、税法顾问多年来研究和分析成果的结晶。以这部法典为利器,联邦政府在 2023 年征集到超过 4 万亿美元的税务收入。① 除国税法典以外,美国税法的渊源还包括:

1. 财政部颁布的旨在对法典进行解释的税法规章。它可分为解释性规章(interpretative regulations)和立法性规章(legislative regulations)两大类。前者是对国税法典中不清楚、易引起误解与混淆的地方作出权威解释、澄清或具体化;而后者则是国会授权财政部制定的税法细则。严格地说,解释性规章不是法律本身,而立法性规章则是法律本身。在少数情况下,纳税人可以在法庭上对财政部税法规章中的解释性规章提出异议,并通过诉讼使之无效。

2. 国税局在处理日常税务问题时对具体情况所作的税务裁决(revenue rulings)。国税局的税务裁决可以是对税收法典及税法规章的解释,也可以是对在某些具体情况下如何正确运用法律法规所作的决定。税务裁决的权威性弱于税法规章,但是会被国税局在日后执法时作为先例使用。

3. 法庭审理税务纠纷而作出的判决。例如,纳税人有争议,可在联邦税务法院、联邦地区法院或者联邦索赔法院(United States Court of Federal Claims)提起诉讼。这些法庭的裁决可以上诉至相对应的联邦巡回法院,并后续可上诉至联邦最高法院。这些法院的判例,可根据其级别和管辖区域,对下级法院或本法院产生约束力。同时,其对国税法典的解释也一般会被认为是法律的一部分。

在涉外税收方面,美国政府同外国政府、国际组织间签订的双边或多边税收协定,也构成了税法的渊源之一。

三、美国税法的历史演进

独立战争的胜利,使北美殖民地人民从英王统治的桎梏中解放出来,新生的美国政府需要巨额的财政收入以满足正常行政开支的需求。为了广辟财源,同时也为了保护与英、法相比还相当幼稚的美国经济,1789 年美

---

① See *Revenues in Fiscal Year 2023:An Infographic*, Congressional Budget Office (March 5, 2024), https://www.cbo.gov/publication/59730.

国通过《关税法案》。因而,美国的关税从一开始就是以保护主义面目出现的,而且这种保护主义的倾向不断强化,直至 1816 年,贸易保护主义被正式采纳为关税法的基本精神。1861 年美国所实行的《莫尼尔关税法》(Morrill Tariff Act)是早期美国高关税政策的重要立法之一,其规定,如果对原料进口征税,那么使用该种原料的制成品进口,除依法定关税对该项制成品课税外,还应就该种原料课征“补充关税”。1890 年国会通过的《麦金利关税法》(McKinley Tariff Act)标志着美国的保护主义关税政策成为国家的经济政策之一,该法案大幅提高了工业产品的关税,尤其是羊毛、毛纺织品和棉纺织品,加大了对相应工业的保护力度。[①]

就在《莫尼尔关税法》实施的后一年,为了筹措南北战争的经费,经国会批准,设立了现在美国国税局的前身——税务总长(Commissioner of Internal Revenue),并首次较成功地实行了联邦个人所得税的征收,对 800 美元以上的年收入者征收 3%的个人所得税。[②] 次年,美国对个人所得税法进行修改,规定对 600 美元以上 1 万美元以下的个人收入部分征收 3%的个人所得税,超过 1 万美元的部分,税率提高至 5%,从而使个人所得税稍具累进性。以后,税率逐年提高,应税额则逐年降低,使个人所得税的累进性更加明显,这种累进征收的方法一直持续到 1867 年。

尽管以现在的眼光来看,当时的税率较低,累进程度亦有限,但个人所得税的开征为南北战争中北方的最终胜利提供了经费保障,如 1866 年的年税收收入就达 7300 万美元。

随着战争的结束,是否继续保留个人所得税制度成为人们争论的热点,反对者以联邦宪法规定“直接税必须按各州人口平均分摊”为由起诉政府,认为征收个人所得税违宪。虽然最高法院裁定认为个人所得税“不是直接税”,不必按人口分摊,但由于反对派势力强大,实施了 11 年的税法于 1872 年被废止。在以后的 20 年(1872—1892 年)里,政治家们视个人所得

---

① 参见倪峰、侯海丽:《美国高关税及贸易保护主义的历史基因》,载《世界社会主义研究》2019 年第 1 期。

② See Randolph E. Paul, *Taxation in the United States*, Little, Brown and Company Boston, 1954, p. 9-12.

税为禁区,对此问题小心翼翼,不敢越雷池一步。[①] 1893 年,为了挽救因降低关税而导致财政收入大幅减少的局面,国会讨论并通过了新的个人所得税法,但不久又被最高法院宣告违宪而无效。这一情况提醒美国政府,要想开征个人累进所得税,非得修改宪法不可。1913 年,经过激烈的辩论,第 16 宪法修正案终于获得通过,该修正案允许国会对个人所得征税,且不受按各州人口比例分配的限制。[②] 1913 年年底,在威尔逊总统的支持下,国会通过了修宪后的第一个个人所得税法,其税率是 1%~7%,以年收入 3000 美元为起征点(已婚人士为 4000 美元)。年收入在 3000~20 000 美元,征收 1%的税率;超过 20 000 美元,才逐渐加征 1%~6%的附加所得税(surtax);最高税率 7%仅适用于年收入超过 50 万美元的部分。

美国 1913 年税法在美国财政史上具有划时代的意义。到 1945 年,个人所得税的收入已占联邦财政收入的首位,达 33%以上。至此,美国的税收法律制度已由过去的以关税等间接税为主体转变到以直接税为主体的复合税制度。

宪法第 16 修正案同时也扫清了对公司净收入征收所得税的障碍,美国公司所得税开征于 1909 年,起征点为 5000 美元,税率为 1%。为了规避宪法的限制,当时是以对"公司形式经营的特权"所课征的"国内物产税"的形式实行的。1913 年后,公司所得税有了迅速的发展,成为联邦财政收入中仅次于个人所得税的第二大财源。1968 年开始,公司所得税在财政收入中的重要性又被社会保险税所超过。1982 年公司所得税占联邦收入的 7%,但公司所得税总额仍达到 492 亿美元。[③]

社会保险税是根据 1935 年国会通过的《社会保障法》(Social Security Act)的规定征收的。该法案建立了为劳动者提供退休福利、工伤受害者福利、失业保险以及其他需要帮助的弱势群体援助的社会保障体系。社会保障的资金,主要源于对工资薪金所征收的一种特殊税收——薪工税

---

① See Lillian Doris, *The American Way in Taxation: Internal Revenue* 1862—1963, Prentice-Hall, 1963, p. 67.

② 美国宪法第 16 修正案规定:"国会有权对于从任何来源获得的收入课征税收,并且无须在各州之间进行分配,也无须考虑按人口进行计算。"

③ 参见孙仁江编著:《当代美国税收理论与实践》,中国财政经济出版社 1987 年版,第 171 页。

(PayRoll Tax),也称为社会保险税。随着半个世纪以来社会经济的发展和社会保障制度本身的演变,薪工税在美国税制结构中扮演着越来越重要的角色。薪工税在形式上由雇主和雇工各缴纳一半,其中用于“失业救济”的薪工税则全部由雇主缴纳。到2021年,在社会保险制度所覆盖的范围内,已有94%以上的工薪收入者(包括个人开业者)缴纳社会保险税,总投保人数达1.76亿人。① 到2022年,超过7000万人从社会保障体系中领取了福利。②

从1913年至20世纪80年代初近70年美国税收制度的发展历程中,我们可以看到,美国所实行的税法是成功的。它不仅保证了政府有充分的财政收入,促进了资本主义经济的充分增长,还在一定程度上改善了社会财富分配状况,有助于社会公平正义的实现。但是,随着美国新一轮经济衰退周期的到来,美国经济进入了“停滞膨胀”阶段。1980年,美国的失业率是60年代的2倍。同时,通货膨胀率也由60年代的5.5%猛涨到12.4%。由于通货膨胀高达两位数,在纳税人的名义收入增长但实际收入下降的情况下,纳税人实际上被推上了较高的税率区间。通货膨胀不仅直接影响到纳税者的收入,还对储蓄、国民生产总值、预算等宏观经济指标造成了严重的负面影响。面对严峻的经济形势,时任美国总统里根推动了税制改革,于1986年签署了《税收改革法》,该法案包含了300项条款,其主要目的是简化税制,促进税收的公平性和提振经济。该法案降低了一般个人所得税税率,并提高了长期资本投资收入所得的税率。

里根税法的主要改革重点是:

1. 简化税制,降低个人所得税税率,这是新税法的主要特点。个人所得税是美国最主要的一项财政收入,多年来一直采取累进税率的方法。新税法将原来个人最高税率由50%降低到28%,档次由十五级简化为四级,此外还提高了免税标准。公司所得税最高税率从46%降低到34%,同时规定公司必须缴纳15%的最低税率。

2. 取消或减少许多减免优惠,尽可能堵塞税收漏洞,对原税制中的一

① See Paul S. Davies, *Social Security: Who Is Covered Under the Program?*, Congressional Research Service (Jan. 18, 2022), https://crsreports.congress.gov/product/pdf/IF/IF11824.

② See *Fast Facts & Figures About Social Security*, 2023, Social Security Administration (Aug., 2023), https://www.ssa.gov/policy/docs/chartbooks/fast_facts/2023/fast_facts23.html.

些准许不列入应税所得或可以从中扣除的项目予以取消和缩减。例如，在税改前，公司上层人物把用于球赛、戏剧、乡村俱乐部会员费、狩猎、钓鱼、游艇的费用列为"业务开支费"，进行税收扣除。因此，美国著名刊物《新闻周刊》(*News Weekly*)在评论中戏称，随着新法案的实行，公司上层人物"三杯马提尼的午餐"(Three Martini Lunch)将不再唾手可得。

3. 既不增加，也不减少政府的税收收入，体现了里根反对变相增税的主张。

四、后里根时期的美国税法改革

后里根时期，美国税法改革的总体趋势是共和党总统当政时期实行减税政策，民主党总统当政时期对减税政策中涉及高收入群体的部分进行一定程度的回撤。里根和老布什两位共和党总统后，美国税法在克林顿时期适度地提高了税率。此外，克林顿时期对国税局进行了改革。1998 年，美国国会举行了针对美国国税局为美国纳税人服务情况的听证会。在听证会上，出席做证的纳税人称国税局在执行国税法典时采取了冒犯性、不公平和武断的行为。此外，国税局的代表人在听证会上承认，国税局存在通过恐吓弱势和贫困的纳税人来树立典型的政策。① 这些证词成为推动国税局改革的动力，1998 年，美国国会通过了《美国国税局重组与改革法案》。该法案的目的在于对美国国税局进行改革，增强收税过程的公平性，恢复公众对国税局执法方式的信心。该法案要求由国税局在法院诉讼中承担税务责任的举证责任，并成立一个由 9 名成员组成的国税局监督委员会，该委员会独立于国税局并同样设置在美国财政部下。国税局也根据该法案进行了重组，取消了原先基于地理位置的部门设置方式，转而以纳税人需求为考量设置其职能部门。

进入 21 世纪后，小布什总统时期则扭转了克林顿的税收政策，进行减税，其在任期内通过《2001 年经济增长和税收减免和解法案》(EGTRRA)以及《2003 年就业和增长税收减免和解法案》(JGTRRA)，这些法案降低了税率，并逐步废除财产税。由于税收减少，同时美国对伊拉克和阿富汗发

① See Wm. Brian Henning, *Reforming the IRS: The Effectiveness of the Internal Revenue Service Restructuring and Reform Act of* 1998, 82 Marquette Law Review 405 (1999).

动的战争扩大了军事开销,小布什总统时期出现了严重的财政赤字。奥巴马时期通过的《2012 年美国纳税人救济法案》中保留了小布什减税计划中涉及中低收入人群的部分,但废除了对高收入人群的税收减免,包括将最高税率从 35%恢复至 39.6%。小布什总统时期的税改还计划逐步废除遗产税,并计划于 2010 年完全废除,但在奥巴马时期美国重新对遗产税进行征收,不过提高了遗产税征收的门槛。

特朗普时期,美国的税制改革思想重回里根时期。美国国会于 2017 年通过了《减税和就业法案》(Tax Cuts and Jobs Act),该法案降低了一般个人所得税税率并将公司所得税税率从 35%降至 21%。其中,对于一般个人所得税税率的降低设定了 2025 年到期的期限,而公司税率的降低没有期限,即除非美国国会通过法案修改公司税率,这个税率将是永久性的。特朗普和共和党的支持者认为,该法案对公司所得税税率的降低有利于提振经济,创造更多的就业机会。[①] 然而,反对者则认为该法案实际惠及了高收入人群和大财团。美国税收政策中心预估,一旦特朗普税改中涉及个人减税的条款在 2025 年后到期,大多数纳税人(53.4%)将面临税收负担的加重,收入在前 40%~60%的纳税人中有 69.7%将缴纳更多税款,而收入最高的纳税人中只有 8%的人缴纳更多税款。[②] 2025 年之后是否继续延期减税计划,将成为 2024 年美国总统大选的一项重要议题,共和党候选人特朗普表示支持减税政策的延期,而民主党候选人拜登则认为应该同时提高对公司的税率和对高收入人群的税收,从而避免财政赤字的扩大。[③]

---

① See Remarks by President Trump at Signing of H. R. 1, Tax Cuts and Jobs Act, and H. R. 1370 (2017).

② See *Distributional Analysis of the Conference Agreement for the Tax Cuts and Jobs Act*, Tax Policy Center (Dec. 18, 2017), https://www.taxpolicycenter.org/sites/default/files/publication/150816/2001641_distributional_analysis_of_the_conference_agreement_for_the_tax_cuts_and_jobs_act_0.pdf.

③ See Richard Rubin, *Republicans' $4 Trillion Question: Should They Pay for Extending Trump Tax Cuts?*, WSJ (May 28, 2024), https://www.wsj.com/politics/policy/republicans-4-trillion-question-should-they-pay-for-extending-trump-tax-cuts-ebbe67f3.

第四节　知识产权法

一、专利法

(一)美国专利法的历史发展

早在美国独立之前,英国的数个北美殖民地在英国议会于 1623 年通过《垄断法规》后也相继颁布了各自不同版本的专利法。马萨诸塞殖民地于 1641 年颁布了自己的专利法规,康涅狄格殖民地也于 1672 年颁布了其专利法规。美国殖民地的第一个专利是 1641 年由马萨诸塞普通法院授予撒缪尔·温斯罗发明的新式制盐法专利。①

当然,这一时期,美国并没有统一成文的专利法,而是通过对每一件具体发明,由发明人以个案形式向殖民地主管机关申请给予保护,主管机关审查发明后对于符合条件者依据特别法案颁给专利。由于专利权只受各殖民地的保护,因此专利权不确定,相互冲突的现象也在所难免。直到 18 世纪末,各州开始通过更具普适性的专利法规,逐渐替代个案申请的法规。

1787 年 5 月 25 日至 9 月 17 日,各州代表聚集在费城草拟宪法。在基本解决了宪法结构等争议之后,詹姆斯·麦迪逊于同年 8 月 18 日提出了在宪法中加入版权条款的提议,从而开启了有关知识产权条款的讨论。同一天,南卡罗来纳州代表查尔斯·平克尼也提议在宪法中加入专利条款。随后,麦迪逊所在的"未完成部分委员会"(Committee on Unfinished Parts)起草了知识产权条款。这一条款在未经辩论的情况下就获得了通过,这反映出各州代表对于该条款内容及其重要性有着广泛的共识。同年 9 月 17 日,各州代表签署的宪法正式授权国会,为了促进知识及工艺的进步,确保著作人及发明人对其各自的作品和发明享有一定期限的专有权。②

---

① See Howard Bromberg, *History of U. S. Patent Law*, in Alvin K. Benson ed., Great Lives from History: Inventors & Inventions, Salem Press, 2009, p. 1219.

② See U. S. Constitution art. 1, § 8, cl. 8.

根据宪法的规定,国会于1790年4月10日通过了美国历史上第一部专利法案,同日经华盛顿总统签署生效。这部法律为建立现代美国知识产权制度奠定了坚实的基础。该法案规定,由国务卿、国防部长、司法部长组成专利委员会,审查并授予发明人专利。首任专利委员会主任是托马斯·杰斐逊,他不仅是后来美国的第三任总统,还对古生物学、语言学以及创造发明有着浓厚的兴趣。虽然杰斐逊对垄断持怀疑态度,起初也不赞成专利制度,但他逐渐认识到专利的重要性,最终在美国专利法的早期发展中发挥了重要作用。① 此外,美国专利法浓厚的联邦制度色彩以及对工业技术推广的重视,同样离不开亚历山大·汉密尔顿和其他联邦党创始人的深远影响。②

1793年2月21日,国会通过了新的专利法案,以注册制度(registration system)取代了原来的审查(examination)程序,对专利申请仅要求符合形式要件,而将专利性的评估完全留给了法院。1793年《专利法》仅保留了一个简明的专利标准:发明人可以为"任何新颖的和有用的工艺、机器、制造品或物质组合,或任何对于工艺、机器、制造品或物质组合的新颖的和有用的改进,且在申请前不为人所知或所用"的上述内容申请专利。1802年,国务卿麦迪逊在国务院内设立了专利局(Patent Office)。

在美国沿用注册制度的43年中,审查制度的缺失削弱了人们对专利制度的信心。在此期间,无节制和随意授予专利特权的现象激增。在这段时间内所有授予的专利中,有相当一部分是没有价值的、无效的,严重背离了知识产权法之立法精神。美国专利制度在走过了一段弯路后,又逐渐恢复正常。1836年《专利法》又重新采用了审查制度,并建立了一支专业的专利审查员队伍。该专利法案可谓是美国最重要的法案之一,确立了许多至今还在采用的专利法原则。此外,该法案正式在国务院之下设立了美国专利局(United States Patent Office),并设置了专利局局长(Commissioner of Patents)主管相关事务。该法案还设立了一个上诉委员会,负责审理专利申请被拒绝的申请人提出的申诉。该法案的颁布,将美国的专利制度又向

① See John M. Golden et al., *Principles of Patent Law: Cases and Materials*, 7th edition, Foundation Press, 2018, p. 9.

② See Peter S. Menell et al., *Intellectual Property in the New Technological Age*, Clause 8 Publishing, 2023, p. 172.

前推进了一大步。

嗣后,美国国会又通过一系列法案对专利制度进行完善,如增加了外观设计专利和植物专利,要求申请人对发明进行更详细的描述,已经在印刷出版物中描述的发明不得申请专利保护等。1952 年《专利法》澄清并简化了美国专利法,删除了冗余内容,纳入了判例法规则,并将专利法编入《美国法典》第 35 篇。1975 年,根据国会法案,美国专利局更名为美国专利商标局(United States Patent and Trademark Office)。

2011 年 9 月 16 日,《美国发明法案》(America Invents Act)由奥巴马总统签署成为法律。该法案是自 1952 年《专利法》实施以来美国专利制度经历的最重大的立法变革,其中一项重要改变便是"首先提交专利申请的发明人"标准,从而使美国的专利系统与世界上其他知识产权局保持一致。美国完善的专利制度为科学技术的发展提供了可靠的保障。据统计,在 2021 年,美国专利商标局颁发了第 1100 万个实用专利。

(二)专利法的宗旨

专利法被美国法学家诙谐地称为"合法的垄断"(legal monopoly),其立法的宗旨可以归纳为以下三点:

1. 鼓励人们进行发明创造

正如杰斐逊所说的:"国会授权为新发明颁发专利的法案为发明创造带来了超乎我想象的巨大动力。"①只要发明创造者从政府获得专利,其专利便能受到联邦法律的全面保护。

2. 保护专利权人的"独家市场利益"

由于发明创造者的新产品有专利保护,故他一旦占领某市场后,很难有其他同样产品竞争者介入与其分庭抗礼,便形成"合法垄断独家市场利益",并能够制定高于存在市场竞争的价格。对此,林肯总统有句名言:"专利制度……使发明者在有限的时间内独享其发明,从而在发现和生产有用的新事物方面,为天才之火增添了利益这种燃料。"②

---

① Julian P. Boyd, ed., *The Papers of Thomas Jefferson*, Volume 16, November 30, 1789—July 4, 1790, Princeton University Press, 1961, p. 578-580.

② Lincoln's *Second Lecture on Discoveries and Inventions*, in Roy P. Basler et al. eds., Collected Works of Abraham Lincoln, Volume 3, August 21, 1858—March 4, 1860, Rutgers University Press, 1953, p. 363.

3. 促进科学技术的迅猛发展

美国专利法规定,要得到专利,申请者必须把发明创造的细节,具体制造过程公布于众,以便使其他科技工作者,特别是同领域的科技人员在此基础上向更高水平进军。这在客观上促进美国科学昌明、经济繁荣、工业发达,为社会大众谋福利。

(三)专利的类别及其保护对象

美国规定的专利种类有实用专利、外观设计专利和植物专利。

1. 实用专利(utility patent)

实用专利又称发明专利,其中发明是指其狭义的实用技术创新,而不包括外观设计和植物。根据《专利法》第101条的规定,下列4种发明可获得实用专利:(1)步骤(process),即对某些材料施以一种特定模式的处理以产生特定结果;它是一种行为或一系列行为,施加于要被转化为不同状态或物体的标的物之上。(2)机器(machine),是由部件或某些装置及装置组合组成的具体事物。(3)制造品(manufacture),是指通过人造或人工手段被赋予新形态、质量、属性或组合的有形物品。(4)物质组成(composition of matter),是指两种或两种以上物质的组合,包括所有复合物;无论它们是化学结合还是机械混合的结果,也无论它们是气体、液体、粉末还是固体。除"步骤"以外,其他3种实用专利都必须以某种物理或有形的形式存在。

2. 外观设计专利(design patent)

这主要指纯装饰性的制造品的外观设计而不涉及产品功能。获得外观设计专利需要满足4个要求:新颖性、独创性、装饰性和非显而易见性。

3. 植物专利(plant patent)

《专利法》第161条规定,任何人发明或发现并利用无性繁殖培育出任何独特而新颖的植物品种,包括培植出的变形芽、变种、杂交种及新发现的幼苗,可以按照《美国法典》第35篇——专利法所规定的条件和要求取得对该植物的专利。但不包括块茎繁殖的植物或在未栽培状态下发现的植物。

(四)授予专利权的条件

美国专利法规定获得专利保护的前提是发明必须为可获得专利保护的客体,具备新颖性、实用性、非显而易见性并进行披露。

1. 可获得专利保护的客体

寻求专利保护的发明须为法定类别之一,即步骤、机器、制造品、物质组成或对其的改进，并且该发明不能是被判例法所排除在外的自然法则、自然现象和抽象概念。尽管如此，对于一些无法获得专利保护的抽象概念，其创造性的应用依旧有可能获得专利保护。

2. 新颖性

发明的新颖性指的是在公开的“现有技术”中，该发明没有以相同的形式出现过。2013 年，美国专利法对其新颖性要求进行了重大改革。对于 2013 年 3 月 16 日之前提交的申请，只要申请及时提交，美国专利法便倾向保护最先发明者。而对于 2013 年 3 月 16 日及之后提交的申请，美国专利法一般倾向于保护最先提出申请者。

3. 实用性

实用性要求主要有两层含义：(1)必须能达到预期目的；(2)必须有一个特定的实际目的。如今，即使发明仅在实验环境中有效，在现场或工厂中没有得到证实的用途，专利申请也不会因此被拒绝。但发明必须有一定的目的，仅仅是以后可能会用到这一点是不够的。

4. 非显而易见性

这要求发明是对已知内容的非简单扩展。这是专利保护中最重要的一项要求，被称为“专利性的终极条件”。相比于新颖性和实用性，非显而易见性是对于创造发明的一项更为抽象的衡量指标——当前这项发明创造与现有技术相比是否体现了足够大的技术进步。这意味着即使一项发明具有新颖性和实用性，但如果它仅在该技术领域迈出了显而易见的、微不足道的一步，那么它仍然不值得获得专利。

5. 披露

专利的内容必须向一个拥有该行业技术的普通人提供：(1)对发明的详细描述，表明其在提交专利申请时所拥有的发明；(2)能够使其制造和使用该发明的描述。披露要求也确保了专利权人在获得专利保护同时履行其社会义务——该行业的技术人员能够阅读并理解发明人的贡献，并且在专利到期后能够自行制造和使用该发明。

(五)专利保护的期限

美国专利法规定实用专利和植物专利的有效期最长为 20 年，期限从首次提交非临时专利申请之日起计算。外观设计专利的有效期为 15 年，自批准之日起计算。在某些特殊情况下，专利期限可以延长或调整。

二、商标法

(一)美国商标保护体系的历史沿革

如果说美国的第一部专利法很大程度上是沿用了英国1623年的《垄断法规》的话,那么,美国的商标法则主要是在判例法基础上发展起来的。美国最早没有全国统一的联邦商标法,判断商标侵权、假冒等问题主要依据各州各自的普通法判例。实际上,在宪法颁布初期的1791年,时任美国国务卿杰斐逊在回应一家来自马萨诸塞州的帆布制造商提出的请愿书时,也曾呼吁建立一个与版权登记系统相类似的联邦商标注册制度,从而在全国范围内保护商标权。然而直到近70年后,美国才开始推行联邦商标保护机制。在这段时间里,商标法在各州的发展不尽相同。商标所有人一般只能依赖于普通法原则和部分州迥异的商标法规取得商标保护。①

1860年3月,第一部有明确记载的联邦商标法提案被正式提出。然而,由于对联邦政府是否有权就该问题立法存在争议,这一提案最终未能获得通过。随后,南北战争爆发,另一个类似的提案也未能获得太多的关注。而战争结束后,国际贸易重新成为关注焦点,国际性的商标侵权问题变得日益突出;与此同时,美国也与俄罗斯、比利时和法国等国签订了相互保护商标的条约。在这样的背景下,美国国内的商标法立法便也顺理成章地再次被提上议程。

1870年,联邦商标法被附加在版权法和专利法修订案中一并通过。这部法案中的商标法条款有时也被称为《1870年商标法》(Trade Mark Act of 1870)。该法案在当时的专利局建立了商标注册制度,随后专利局也很快颁布了商标注册的具体规则。其后10年间,该法案经历了多次修订,其中最具争议的是对某些商标侵权行为引入了刑事处罚。

然而,1879年,美国最高法院在著名的商标案(Trade-Mark Cases)中作出判决,宣布1870年《商标法》及其后续修正案全部违宪②,因此必须予以废止。在该案中,最高法院将三起质疑当时商标法合宪性的商标案件合并

---

① Zvi S. Rosen, *In Search of the Trade-Mark Cases: The Nascent Treaty Power and The Turbulent Origins of Federal Trademark Law*, 83 st. John's Law Review 827, 831 (2009).

② See Trade-Mark Cases, 100 U.S. 82 (1879).

审理。

1881 年,美国国会又一次通过了新的联邦商标法。该法案基本承袭了 1870 年《商标法》的内容,但将管辖范围限缩到与外国和印第安部落的商业活动中使用的商标,同时也删去了 1876 年修正案中的刑事处罚条款(对于商标侵权的联邦刑事处罚直到 1984 年才重新被纳入)。在一定程度上,美国重新拥有了一部保护范围相对有限的联邦商标法。即便如此,当时的商标所有人仍能依赖州法获得保护;然而,州法对于地区性和全国性商标保护的局限性已经逐渐显现出来。1905 年,美国通过了新的商标法,为州际商业中使用的商标提供保护。

之后,1946 年,美国国会再一次历史性地重新制定了商标法,即《兰哈姆法》(Lanham Act)。该法案以提案者,即得克萨斯州众议员弗里茨·G. 兰哈姆的名字命名。《兰哈姆法》的目的是归拢散落在不同法案中的商标相关法规,并对过时的法律进行必要的修改和更新,从而建立一套完整的联邦商标法体系,对商业活动中使用的商标进行注册和保护,并执行美国所签署和加入的国际公约。此外,该法案还授权赋予美国专利商标局管理商标注册的行政权力。《兰哈姆法》颁布并沿用至今,为美国现代商标法体系的建立奠定了基础。在《兰哈姆法》颁布后,国会也多次通过修正案对其进行补充和修订,近年来影响较为深远的包括 1995 年的《商标淡化法》(Trademark Dilution Act)、2006 年的《商标淡化修正法》(Trademark Dilution Revision Act)、1999 年的《反互联网抢注消费者保护法》(Anticybersquatting Consumer Protection Act)以及 2020 年的《商标现代化法》(Trademark Modernization Act)。

此后,各州的商标法也在不断发展和变化,在为联邦商标体系提供重要补充的同时,也在一定程度上增加了美国商标保护体系的复杂性。

(二)现行商标法的主要特点和内容

1. 联邦注册与州注册并存

美国制定有联邦商标法,其商务部下属专利商标局负责联邦商标注册,通过该部门注册的商标将在全美及其属地产生效力。各州也有商标立法权,并设有州级注册机关;同时,在美国某一个州注册的商标仅在该州产生权利。

2. 主簿和副簿分别注册

联邦专利商标局的注册簿分为主簿与副簿。凡具有以下情形之一,绝对不准注册:错误暗示其与任何在世或已故人士、机构、信仰或国家象征的联系的标记;在世贸组织协定在美国生效一年或之后,在葡萄酒或烈酒上使用非产品原产地的地理标志;含有与美国及其州、市以及其他国家国旗、国徽或其他标志相同或近似的标记;未经同意将在世个人的姓名、肖像或签名包含到商标中;未经美国已故总统仍在世的配偶的同意,将已故总统姓名、肖像或签名包含到商标中;可能在市场上引起混淆的标记;对商品主要作地理上错误描述的标记;整体上具有功能性的标记;等等。此外,尚不具有显著性(未获得第二含义)的描述性商标、主要描述商品或服务的地理特征的商标、对产品或服务有欺骗性错误描述的商标以及以姓氏为主的商标等,在经专利商标局审查后,可被批准在副簿注册。

在副簿注册的商标,经过一定时期后若能证明其已在消费者心目中获得了显著性(第二含义)并完全具备主簿注册条件时,则可以上升到主簿注册。凡主簿注册商标,在权利纠纷中较之副簿注册商标地位优越,该商标所有人通常可判定为商标专用权人。此外,在主簿上注册超过 5 年的商标,且无争议或争议不成立,可以申请成为无争议商标。

3. 联邦商标注册的有效期

商标一旦注册便永久有效,但前提是商标所有人必须持续在其商业活动中使用该商标,并且在规定的周期内(注册后的第五年至第六年,第九年至第十年,以及之后每十年一次)缴纳维护费并递交文件证明该商标的持续使用,否则商标注册将会过期或者被注销。

4. 允许商标转让或许可他人使用

允许商标转让或许可他人使用,但商标转让必须连同企业本身或企业信誉一并转让,不得单独为之,并要求在转让协议生效后在专利商标局备案。

5. 商标权的终止

商标权终止的情形主要包括:(1)由于商标所有人没有对他人的商标滥用和侵权行为加以防范,其商标含义淡化、失去显著性;(2)当作为商标的文字被经常而广泛地使用,以至成为日常生活语言中的一部分,被用来指代所有同类产品,此时商标所有人便有可能失去商标保护;(3)商标没有在商业活动中使用,譬如,根据美国商标法规定,连续三年不使用某一特定商标应被视为放弃该商标的表面证据。任何人都能对商标申请或已注册商标提起异议或撤销申请,取决于具体情况,可以向专利商标局的商标审判与上诉委员会(Trademark Trial and Appeal Board)或法院提出。

(三)联邦注册商标权人的法定权益

根据美国商标法规定,获得美国联邦政府专利商标局批准成为联邦商标持有人享有以下利益:(1)其商标会被列入专利商标局的已注册商标及待注册商标数据库,便于他人进行检索从而避免注册或使用类似的商标;(2)可以在联邦法院提起商标诉讼;(3)法律推定其拥有商标并有权使用该商标;(4)联邦商标注册可以作为在其他国家申请商标保护的基础;(5)可以在商标中使用联邦商标注册符号©[但即使尚未提交商标注册申请,商标所有人也可以在商品上使用"TM"(Trade Mark),在服务上使用"SM"(Service Mark),以告知消费者和竞争者其对商标的所有权];(6)向美国海关和边境保护局备案,要求其阻止带有侵权商标的商品进入美国。

三、版权法

(一)美国版权法的历史演进

《联邦美国宪法》第 1 条第 8 款第 8 项授权"国会通过确保著作人和发明人在一定的期限内对自己的作品和发明享有专有权,以促进知识和工艺的进步"。以此为依据,美国第一届国会通过了美国第一部联邦版权法——1790 年《版权法》(Copyright Act)。随后,美国第一任总统华盛顿于 1790 年 5 月 31 日签署了该法案,使其正式成为法律。这部版权法也将英国 1710 年通过的《安妮法规》作为蓝本。当时制定宪法的人们一致认为制定一部内容详尽、确实可行的版权法是美国开拓未来前途过程中的一项重要工作。

该法案分别于 1831 年、1870 年、1909 年、1976 年、1990 年、1998 年和 2018 年进行了重大修订和补充。通过这些修订和补充,受保护作品的种类由最初的地图、图书和图表扩展到文学作品、音乐作品、戏剧作品、哑剧和舞蹈作品、图像、平面和雕塑作品、电影和其他音像作品、录音作品和建筑作品等。受保护的权利也由复制权扩大到改编权(包括翻译和戏剧化)、发行权、公开表演权和公开展览权等。此外,权利的保护期限也从最初的 14

年加14年延续期延长到目前的作者终身加70年。

美国《版权法》于1976年进行了一次全面的修订。除某些例外情况外,该法案于1978年1月1日正式生效。自其颁布以来,1976年《版权法》也历经多次更新和修订,以适应新兴技术的发展,同时确保与美国所承担的国际条约义务保持一致。其中1998年颁布的《数字千年版权法》(Digital Millennium Copyright Act,DMCA)包含了许多重要的更新。该法案的内容包括履行美国在世界知识产权组织(World Intellectual Property Organization,WIPO)的《世界知识产权组织版权条约》(WIPO Copyright Treaty,WCT)与《世界知识产权组织表演和录音制品条约》(WIPO Performances and Phonograms Treaty,WPPT)下的义务,对网络服务提供商的侵权责任进行了限制,进一步明确了美国版权局的职责等。此外,2018年颁布的《音乐现代化法案》(Music Modernization Act,MMA)对音乐市场的版权保护作出了详细的规定,为1972年之前的录音制品提供了具体的保护和限制,并更新了有关音乐制作人版税的法律,可以称得上是数十年来最重要的版权立法之一。而这些修改和更新也使美国的版权制度更加完善。

随着科学技术的日益发展,作为版权客体的种类不断扩大,特别是涉及高科技的版权客体。1980年,美国在国际上率先把计算机软件列入版权保护客体。在国际版权贸易中利用其在高科技方面的优势,保护本国利益。在国际上,美国通过加入国际公约以及双边和多边协定等形式不断扩大美国作品在全球范围内的保护力度。譬如,美国于1989年3月1日加入《保护文学和艺术作品伯尔尼公约》;上述提及的《世界知识产权组织版权条约》与《世界知识产权组织表演和录音制品条约》分别于2002年3月6日和5月20日正式生效,并且在缔约国美国也于同一天生效。此外,《关于为盲人、视力障碍者或其他印刷品阅读障碍者获得已出版作品提供便利的马拉喀什条约》也于2019年5月8日在美国生效。通过这些国际公约以及双边和多边协定,美国作品在190多个国家和地区受到保护。

(二)受版权法保护的作品应具备的条件

受版权法保护的作品应具备两个条件:第一,具有原创性,即作品为作者本人的独立创作,而非抄袭、剽窃;第二,必须以物质形式将作品固定下来,即必须将作品固定在一种有形媒介中,如书籍、录像制品等。除此之外没有其他的条件要求。任何作品只要具备这两个条件,不论形式如何、质量优劣、出版发行与否，均受版权保护。版权法只保护对于思想的表达，而不保护思想本身。因此，思想、程序、方法、系统、流程、概念、理论或发现等均不受版权保护，而对于这些思想的文学、图像和艺术表达，在满足原创性要求的前提下，可以获得版权保护。

（三）受版权法保护的一系列权利

美国《版权法》第106条规定，版权所有者享有以下权利。

1. 复制权，指将有版权作品制成复制件或录音的权利。

2. 改编权，指根据有版权作品制作衍生作品的权利。

3. 发行权，指通过出售或其他转让所有权的形式，或以出租或出借的形式，向公众发行有版权作品的复制件或录音的权利。

4. 公开表演权，指公开表演有版权作品的权利，包括文学、音乐、戏剧，以及舞蹈、哑剧、电影和其他音像作品。而对于录音制品，版权法保护的是其通过数字音频传输的公开表演。其中"表演"指直接或通过装置或程序朗诵、渲染、演奏、舞蹈或表演该作品，或者对于电影或其他音像作品而言，是指以任何顺序放映其中的影像或声音。

5. 公开展览权，指公开展览一件有版权作品的权利，包括文学、音乐、戏剧、舞蹈、哑剧，以及图像、平面或雕塑作品，其中也包括电影或其他音像作品中的单个画面。其中"展览"是指直接或通过胶片、幻灯片、电视图像或任何其他设备或程序展示该作品，或者对于电影和其他音像作品而言，是指不按顺序地展现单个画面。作者可以自己行使权利或授权他人行使权利，也可以部分或全部转让权利。

在精神权利方面，美国于1990年12月1日通过《视觉艺术家权利法案》（Visual Artists Rights Act）赋予视觉艺术家一定的署名权和作品完整权。

（四）版权保护的期限

对于作品的保护期限，美国版权法将其划分为两类，即一类为1978年以后的作品的保护期限，另一类为1978年以前的作品的保护期限。

按照1978年生效的现行美国版权法，以及随后颁布的几项修正案，1978年1月1日或之后创作的作品，其版权从作者完成创作并将其固定在有形媒介上时开始产生，其期限为作者终身另加去世后70年。这是一般的规定，对于一些特殊作品还有特殊规定，如对于雇用作品和匿名作品，版权保护期限为首次出版后 95 年,或从创作之日起 120 年,以首先到期的期限为准。而对于在 1978 年 1 月 1 日之前创作但既未发行出版也未注册的作品,该法律自动给予其版权保护;除了一些特定的最低保护期限,这些作品版权期限的计算方法通常与 1978 年 1 月 1 日或之后创作的作品相同。

对于 1978 年 1 月 1 日以前已经取得版权的作品,现行美国版权法基本保留了 1909 年《版权法》下的版权保护期限计算方法,但也在其基础上做了一些调整。在 1909 年《版权法》下,版权保护期自作品出版之日起,而未出版作品自登记之日起开始计算,版权的第一个保护期为 28 年;在第一个保护期结束前的最后一年,版权可以再续期 28 年。而 1976 年《版权法》以及之后的 1998 年《桑尼 · 波诺版权期限延长法案》(Sonny Bono Copyright Term Extension Act)将续期期限增加到 67 年,此外还对一些时间段内的作品进行自动续期。

(五)对侵权行为的处罚

根据美国版权法的规定,对侵犯版权行为的处罚分为民事处罚和刑事处罚两种。

民事处罚包括:由法院下禁令,命令侵权人停止其侵权行为;由法院下令扣押和以销毁等方式处置侵权物品;赔偿被侵害权利人的实际损失加上侵权人获得的额外利润,或按法定赔偿额进行赔偿,其中法定赔偿额为每件被侵权作品 750 美元到 3 万美元不等(在特殊情况下,法院可以酌情对数额进一步减少或增加,如对故意实施的侵权行为,法院可酌情将法定赔偿额提高至不超过 15 万美元);法院也可以允许一方追回全部诉讼开支,包括合理数额的律师费。

对侵权行为的刑事处罚适用于:以营利为目的,故意侵犯他人版权;出于欺诈意图,在物品上添加虚假版权标记或文字,或在明知版权标记或文字虚假的情况下公开发行或以公开发行为目的进口带有虚假版权声明或文字的物品;出于欺诈意图,移除或篡改他人版权作品上的版权标记,在版权登记中对重要事实进行虚假陈述;以营利为目的,规避版权保护系统或破坏版权管理信息的完整性。刑罚的种类包括:没收、销毁和归还,以及 2500 美元至 100 万美元罚金,10 年以下监禁或两者并处。

第五节　消费者保护法

美国对消费者的法律保护在世界各国中是较为全面和严格的，采取了以市场监督管理法和民事法律手段相结合为特征的市场经济立法模式。这种模式是随着美国社会和商品经济的发展而逐步形成的。

一、美国消费者保护法的历史演进

消费者法律保护的萌芽，最早可以追溯到西欧封建社会后期的自治市镇中，除商人们用罗马法原则处理商业纠纷外，为了保护消费者，政府对有关度量衡和面包、啤酒等日常用品的价格、质量、卫生等进行管理，但这种管理并未形成固定的制度。① 真正意义上的消费者保护法是在发达资本主义国家开始的，是在普通民商法之外，通过立法对消费者进行特别保护时产生的。

反托拉斯法作为美国的“经济宪法”，在宏观政策和商业秩序的层面上具有保护消费者的作用。从这个意义上说，美国 1890 年颁布的《谢尔曼反托拉斯法》是现代最早的消费者保护法。《谢尔曼反托拉斯法》第 1 条是禁止性规定，任何用以限制州际贸易或对外贸易的托拉斯或共谋达成的契约、联合，第 2 条规定，任何人垄断或企图垄断州际或对外贸易的行为均构成犯罪，对行为人要处以罚款和/或监禁。限制商业行为根据判例法规定，一般包括操纵价格、串通投标、划分市场（如横向客户分配、地区分配协议）、某些联合抵制性行为等。对于不公平竞争行为的规范，直接或间接保护了消费者权益。

消费者保护法的产生是国家干预经济的结果，其深层次的经济、社会诱因是美国进入垄断阶段以后，损害消费者利益的现象更趋严重，仅强调合同自由和“买者自负”（caveat emptor）的传统民商法已不能适应保护消费者的要求，因而以保护消费者利益为宗旨的一系列单行法律、法规应运

① 参见谢次昌主编：《消费者保护法通论》，中国法制出版社 1994 年版，第 3 页。

而生。

以食品行业为例,20世纪初美国中西部芝加哥地区的肉类加工厂的垄断资本家为了获取高额利润,强迫工人在极端恶劣、肮脏的生产环境中工作,并且肉类食品也因此遭受污染,严重危害到消费者的健康。厄普顿·辛克莱在其1906年出版的《屠场》(*The Jungle*)一书中揭露了这一黑暗的事实,从而引起了整个社会的震惊和愤慨,把要求洁净食品的消费者运动推向了高潮。

面对辛克莱和其他调查作家引起的剧烈的社会反响,美国国会迅速采取行动,于当年通过了《纯净食品和药品法》(Pure Food and Drug Act)和《联邦肉类检测法》(Federal Meat Inspection Act),授权联邦政府对于州际流通的肉类以及其他食品和药品的质量进行监督检查,跨州运输及销售掺杂掺假、不卫生的肉类和掺杂掺假的食品及药物均为非法。

1938年,国会对《纯净食品和药品法》进行了全面的修改、补充,改为《联邦食品、药品和化妆品法》(Federal Food,Drug,and Cosmetic Act)。该法将管制范围扩大到化妆品和治疗设备,要求新药上市前必须证明其安全性,为不可避免的有毒物质设定了安全容许量,授权制定食品内容说明、质量和包装标准,授权进行工厂检查等。如果违背则要承担民事甚至刑事责任。此后,国会也通过一系列的修正案(包括1941年《胰岛素修正案》、1945年《青霉素修正案》、1951年《达勒姆—汉弗莱修正案》(Durham-Humphrey Amendment)、1953年《工厂检查修正案》、1954年《米勒杀虫剂修正案》、1958年《食品添加剂修正案》、1960年《色素添加剂修正案》、1962年《凯弗维尔—哈里斯药品修正案》(Kefauver-Harris Drug Amendments)、1965年《药物滥用管制修正案》、1968年《动物药品修正案》、1976年《医疗器械修正案》和《维生素和矿物质修正案》等),对该法案不断进行完善。

在美国消费者保护法的历史发展过程中,值得注意的是消费者运动对于消费者权益保护立法起到了推波助澜的巨大作用。20世纪五六十年代,发达资本主义国家的经济进一步发展,进入了居民普遍使用复杂耐用消费品的"消费社会",由于垄断的加剧和市场信息分布的不均衡性,消费者相对于厂商企业处于"经济上的弱者"的劣势,使之在与生产经营者进行交易时丧失了平等地位,因而要求消费者组织起来以维护自身权益,争取社会公正,同损害消费者利益行为进行斗争。

在此背景下，1962 年 3 月 15 日，约翰·肯尼迪总统在美国国会上发表了具有里程碑意义的演讲，提出了消费者的 4 项基本权利，之后被称为“消费者的权利法案”。这 4 项权利分别是安全权、知情权、选择权和倾诉权，具体包括：消费者有权获得商品的安全保障；有权正确了解商品；有权在充分竞争的市场中自由选择商品（在竞争不可行而代之以政府管制的行业中，保证消费者可以公平的价格获得令人满意的质量和服务）；保证消费者利益在政府制定政策时得到充分考量，并在行政法庭获得迅速公平的处理。后来，鉴于这场演讲的重要历史意义，国际消费者协会（Consumers International）在 20 世纪 80 年代将 3 月 15 日确定为“国际消费者权益日”（World Consumer Rights Day）。四大权利的提出标志着美国消费者保护法制建设进入了“黄金阶段”，这一时期美国在各个领域颁布了一系列有关消费者保护的法律、法规。

1972 年颁布的《消费品安全法》（Consumer Product Safety Act）设立了美国消费品安全委员会（U. S. Consumer Product Safety Commission，CPSC）这家联邦政府机构，授权其制定安全标准和禁售标准，并授权其在特定情况下对产品实施召回和禁售。该法案也在 2008 年和 2011 年经过了较大的修订。此外，联邦政府制定了一系列法律，从各个方面保障消费品安全，包括《儿童汽油灼伤预防法》（Childrens Gasoline Burn Prevention Act）、《联邦有害物质法》（Federal Hazardous Substances Act）、《儿童安全保护法》（Child Safety Protection Act）、《易燃织物法》（Flammable Fabrics Act）、《有害艺术材料标签法》（Labeling of Hazardous Art Materials Act）、《防毒包装法》（Poison Prevention Packaging Act）、《冰箱安全法》（Refrigerator Safety Act）、《弗吉尼亚·格雷姆·贝克泳池和水疗池安全法》（Virginia Graeme Baker Pool and Spa Safety Act）、《儿童尼古丁中毒预防法》（Child Nicotine Poisoning Prevention Act）、《石膏板安全法》（Drywall Safety Act）、《婴儿安全睡眠法》（Safe Sleep for Babies Act）、规定了纽扣电池安全要求的《里斯法》（Reese's Law）、《便携式燃料容器法》（Portable Fuel Container Act），以及《制止不稳定、有风险的梳妆台翻倒伤害青少年法案》（Stop Tip-overs of Unstable，Risky Dressers on Youth Act，根据首字母简称《Sturdy 法案》，sturdy 又有“坚固”的意思），为独立式衣物存放装置设定安全规则，以保护儿童免受衣柜翻倒导致的死亡或伤害。

除此之外,产品卫生和安全还包括食品、药品、化妆品和医疗器械安全。1962年,美国通过了《凯弗维尔—哈里斯药品修正案》,首次要求药品制造商在销售产品前向美国食品药品监督管理局证明其产品的有效性。1966年制定的《公平包装和标签法》(Fair Packaging and Labeling Act)规定州际贸易中的所有消费品都必须如实标注信息,且保证信息翔实。而关于医疗器械的监管,包括1976年的《医疗器械修正案》,要求制造商在美国食品药品监督管理局进行注册,并遵守质量管控程序;1990年的《安全医疗设备法》(Safe Medical Devices Act),要求疗养院、医院等各类使用医疗设备的机构向美国食品药品监督管理局报告医疗设备可能导致或促成患者死亡、重病或重伤的事件,同时要求制造商的上市后监测责任;1992年的《乳腺放射影像质量标准法》(Mammography Quality Standards Act);2002年的《医疗器械使用费和现代化法案》(Medical Device User Fee and Modernization Act);等等。

此外,1980年的《婴儿配方奶粉法》(Infant Formula Act)规定了美国食品药品监督管理局的特别控制措施,以确保婴儿配方奶粉产品的必要营养成分和安全性。1988年《食品和药品管理法》正式将美国食品药品监督管理局设定为卫生与公众服务部(Department of Health and Human Services)的一个下属机构。1997年的《食品和药品监督管理局现代化法案》(Food and Drug Administration Modernization Act)对美国食品药品监督管理局进行了自1938年以来最为广泛的改革,其中包括加快器械审查、规范已批准药物和器械未经批准用途的广告宣传以及规范食品健康声明等措施。2004年的《食品过敏原标签和消费者保护法》(Food Allergen Labeling and Consumer Protection Act)要求在食品标签中对常见过敏原进行提示。2011年的美国《食品药品监督管理局食品安全现代化法案》(FDA Food Safety Modernization Act)扩大了美国食品药品监督管理局有关食品安全标准的执法权。2022年的《化妆品监管现代化法案》(Modernization of Cosmetics Regulation Act)是自1938年以来,美国食品药品监督管理局对化妆品监管权力的一次最重大的扩展。

联邦政府还通过《马格努森—莫斯质保法》(Magnuson-Moss Warranty Act)为消费者提供质保保护,它要求对书面质保条款进行标准化,旨在尽量减少对质保条款的混淆,同时提高质保范围的清晰度。

在消费者信用借贷方面，美国政府也通过一系列法律保护消费者信用借贷，包括消费贷款、信用卡协议、分期付款、借贷等。美国于1968年制定了《消费者信贷保护法》，为与银行、信用卡公司及其他放贷人打交道的消费者提供保护；该法旨在确保有意义地披露信贷条款，以便消费者能够进行比较并在知情的情况下使用信贷。该法自制定以来不断扩展，目前包含多部旨在规范借贷行为并保护消费者的法律，如《诚信放贷法》(Truth in Lending Act)、《信用修复组织法》(Credit Repair Organizations Act)、《公正信用报告法》(Fair Credit Reporting Act)、《平等信贷机会法》(Equal Credit Opportunity Act)、《公平债务追收惯例法》(Fair Debt Collection Practices Act)、《电子资金转账法》(Electronic Fund Transfer Act)。

此外，2010年通过的《多德—弗兰克华尔街改革和消费者保护法案》在美国联邦储备委员会内设立了一个新的消费者金融保护局，对特定金融公司进行监管，并针对面向消费者的金融产品或服务中的不公平、欺诈等行为制定规则和执法。

消费者个人信息和隐私保护方面。美国目前还没有一部全面的，涵盖所有种类私人数据的联邦消费者数据保护法，但其也在联邦层面，通过不同的法律对某些特定数据集提供了保护，如1974年颁布的《隐私法》、1978年的《金融隐私权法案》(Right to Financial Privacy Act)、1986年的《电子通信隐私法》(Electronic Communications Privacy Act)、1996年的《健康保险可携与责任法》(Health Insurance Portability and Accountability Act，HIPAA)、1998年的《儿童网络隐私保护法》(Children's Online Privacy Protection Act，COPPA)以及1999年的《格拉姆—里奇—比利雷法案》(Gramm－Leach－Bliley Act)。

其中，1974年颁布的《隐私法》规定了联邦机构收集、维护、使用和传播个人信息的行为准则。《金融隐私权法案》规定了联邦政府当局从金融机构获取其客户的财务信息时必须遵循的具体程序。《电子通信隐私法》将电子通信纳入当时的通信隐私保护体系，旨在限制第三方(包括政府机关)在未经事先授权的情况下截取和/或披露电子通信，并对访问存储的电子通信加以限制。《健康保险可携与责任法》规定了特定医疗保险相关机构保护其所持有的受保护健康信息的标准。《儿童网络隐私保护法》的主要目标是让家长得以控制网站从他们的孩子那里收集哪些信息；该法主要针对面向 13 岁以下儿童开设的网站和互联网运营商,以及实际知晓自己从 13 岁以下儿童处收集个人信息的其他网站及互联网运营商。《格拉姆—里奇—比利雷法案》要求金融机构(向消费者提供贷款、金融或投资建议或保险等金融产品或服务的公司)向客户解释其信息共享的流程,并对敏感数据进行保护。除此之外,各州的法律也为消费者数据和隐私信息提供了不同程度的保护。

二、保护消费者权益的联邦机构

成立于 1914 年的美国联邦贸易委员会(FTC)是美国联邦层面最主要的消费者权益保护行政机构,其主要任务是制止不正当竞争行为和保护消费者利益。该委员会设有消费者保护局,下设 8 个处和 8 个地区办事处,其雇员多为律师。

FTC 的消费者保护权力主要来自《联邦贸易委员会法》,除此之外,另有数十项法律法规赋予其在特定消费者保护领域的执法和行政权。FTC 可以对涉嫌欺诈、不公平交易或其他任何涉嫌违反其管辖范围内法律的行为发起民事调查,并根据调查结果发起在行政法官面前的听证会,由行政法官根据具体案情决定是否签发停止令(cease and desist order)。FTC 有权制定贸易监管规则,具体界定不公平或欺骗性贸易行为;还可以就明知故犯的违反规则行为处以民事罚款。同时,FTC 也有权要求对受害消费者恢复原状,或要求不法行为者交出不义之财。此外,FTC 也可以向联邦地区法院寻求临时或永久禁令,以防止违法行为的发生。但需要注意的是,消费者保护领域的联邦刑事案件都将由美国司法部向联邦法院提起诉讼。

从 FTC 披露的数据来看,2019 年以来消费者投诉报告最多的 5 个领域为身份盗用,冒名顶替诈骗,信用调查机构、信息提供者和报告用户,网上购物和负面评论以及银行和信贷机构。

除 FTC 以外,还有一部分联邦机构也在保护消费者方面发挥着重要作用。其中,美国消费品安全委员会的任务是减少消费品造成的人员伤亡。然而,CPSC 的管辖范围并不覆盖所有消费品,食品、药品、化妆品和医疗器械安全主要由美国食品药品监督管理局负责监管。而国家公路交通安全管理局(National Highway Traffic Safety Administration,NHTSA)负责汽车、卡车和摩托车的安全。消费者金融保护局致力于确保消费者受到银行、贷款机构和其他金融机构的公平对待。

此外,联邦通信委员会对广播通信和普通通信运营商拥有广泛的管辖权。FCC下设消费者和政府事务局(Consumer and Governmental Affairs Bureau),确保FCC的决策将消费者利益纳入考量范围,同时该局还负责监督和解决消费者对通信服务的投诉。需要指出的是,几乎每一个联邦行政部门和独立联邦机构都设有一些类似的办公室或事务局,旨在促进其特定领域的消费者利益。

三、美国解决消费纠纷的途径

消费者权益保护,最终要落实到对消费者与生产经营者之间的纠纷处理上,美国解决消费纠纷的途径主要包括:

其一,消费者与企业协商解决。营销导向的理念,使越来越多的企业认识到重视消费者的意见和投诉,积极处理与消费者之间的争端是符合企业长远利益的。美国的许多大型企业,如总部设在亚特兰大的可口可乐公司,就在企业内部设有消费者服务部,通过电话、电子邮件甚至信件专司处理消费纠纷。

其二,向消费者组织投诉。美国主要的消费者权益保护组织包括美国消费者联合会(Consumer Federation of America)、消费者报告[Consumer Reports,其前身为消费者联盟(Consumers Union)]、全国消费者联盟(National Consumers League)、公共公民(Public Citizen)、美国公共利益研究小组(U. S. Public Interest Research Group)、数字民主中心(Center for Digital Democracy)等。它们都是民间机构,在解决消费纠纷时,往往采取向新闻媒体曝光,代表消费者向法院起诉等手段。此外,它们还监督法院审判程序,向法官提交法庭之友书状(amicus brief)说明相关问题的重要性等。

其三,通过行业自我监督组织解决。以商业改进局(Better Business Bureau,BBB)为例,BBB是一个民间组织,主要负责向公众提供企业的信息、制定市场标准、对各类企业进行评级、揭露并处理不符合行业标准的市场行为,同时BBB也处理消费者对企业的投诉。BBB虽然不是政府机构,但其将企业能否妥善处理消费者向BBB提起的投诉作为评级的一项参考指标,也从一定程度上起到了保护消费者和约束企业的作用。此外,BBB还为消费者与企业间的纠纷提供争议解决服务,包括调停(conciliation)、调解(mediation)、非正式争议解决(informal dispute resolution,形成不具约束力的决定)、有条件的约束性仲裁(conditionally-binding arbitration)以及有约束力的仲裁(binding arbitration)等。

其四,通过政府机构解决。美国联邦和州政府中有许多机构的职能涉及消费者权益保护,可以接受消费者投诉,并对相关违法违规行为进行监管。

其五,诉讼。消费者可就纠纷向普通法院或小额诉讼法庭(small claims court)起诉。小额诉讼法庭对低于法定门槛(取决于具体法律,一般在2500美元至25 000美元)的申诉进行裁决;与普通法院相比,小额诉讼法庭具有程序简单、审理相对迅速的特点,适合未聘请律师的当事人,可以使消费者的小额纠纷案件得到及时、有效的解决。此外,集体诉讼(class actions)也是消费者诉讼的一种重要形式,其主要起源于美国,通过一名或多名成员代表就群体共同遭受的损害向企业提起诉讼,帮助势单力薄的消费者向提供商品或服务的企业维权。

其六,替代争议解决方式。如上所述,消费者与企业也可以就争议解决方式达成合意,使用诉讼以外的替代争议解决方式处理其纠纷,包括但不限于调停、调解、仲裁等。需要注意的是,调停、调解等替代争议解决方式是通过第三方帮助双方达成和解,但该第三方并不会自发出具有约束力的"决定",因此在双方未能达成和解的情况下,双方可以继续选择诉讼或仲裁。

第六节 产品责任法

美国的产品责任法(Law of Product Liability)是一系列州或联邦法律和法规以及判例法的总称,它肇始于英国的契约责任关系,旨在保护消费者免受因产品缺陷而导致的损害,并确保生产商和销售商对其产品负有适当的责任。该法律体系的建立旨在平衡生产商的商业利益和消费者的安全需求,为消费者提供了法律救济和赔偿机制。相关法律法规包括:第一,通用产品责任法(General Product Liability Law)。这是各个州制定的关于产品责任的一般性法律，用于规范产品制造商和销售商的责任和义务。第二，特定产品责任法（Specific Product Liability law）。一些州可能还制定了特定的产品责任法，针对某些特定类型的产品或行业，如医疗器械、药品、食品等，制定了特殊的产品责任法规。第三，消费者保护法（Consumer Protection Acts）。一些州的消费者保护法中可能包含了关于产品责任的规定，旨在保护消费者免受不公平和欺诈行为的侵害。第四，联邦法律和监管机构的规定。在一些特定行业，如食品和药品、汽车和交通工具等，联邦政府可能会制定特定的产品责任法律或由相关监管机构制定相应的监管规定。第五，普通法（Common Law）。除立法和法规外，产品责任法还可以根据普通法的原则进行解释和适用。在一些案件中，法院可能会参考普通法的相关原则来判定产品责任。

一、契约责任关系时期

美国建国后，法院在早期审理产品责任纠纷的判决中，沿用了英国普通法中的契约关系的产品责任的判例。其中，引用最多的是 1842 年温特博特诉怀特案（Winter botton v. Wright）[①]。

该案原告温特博特是驿站长雇用的车夫，而驿站长与被告怀特间有一个由被告将车主（驿站长）的车辆维修至良好状态的合同。怀特将修好的马车交付给驿站长，但当车夫温特博特驾驶该车时，马车的一只轮子突然坏了，致使原告受伤，于是原告诉至法院，要求赔偿。法官艾宾格尔爵士驳回原告的诉讼请求，指出允许那些和被告没有契约关系的人根据合同责任起诉求偿将会产生极为荒谬的后果。因此，尽管缺陷产品导致了他人损害事件的发生，但该产品的生产或经销者对与自己没有契约关系的人不负赔偿责任。本案中，原告（车夫）本人与被告（怀特）之间并没有契约关系，因而原告无权获得赔偿。

由于 19 世纪美国在法理上是“契约自由的原则支配了全部的法律”[②]，在经济上需要限制产品致害的索赔范围，以保护生产者的利益，因

---

① 参见［澳］P. C. A · 斯奈曼：《美国严格产品责任学说的演变》，刘慈忠译，载《环球法律评论》1985 年第 4 期。

② Lawrence M. Friedman, *The History of American Law*, Simon & Schuster, 1973, p. 178.

此,美国法律毫无保留地沿用了英国的判例,并由该判例逐渐形成了"契约关系"理论。这个理论成为制造和销售有缺陷产品的厂商用来对付受到损害的消费者诉讼攻击的精致盾牌。

二、过失责任与担保责任时期

进入20世纪,随着大机器生产的迅猛发展,产品责任事故不断增加,迫切需要产品责任法在归责理论上有所突破。标志着1842年温特博特诉怀特案以来具有里程碑意义的第一个案件是1916年加利福尼亚州最高法院受理的麦克佛森诉布伊克汽车制造案(Macpherson v. Brick Mortor Co.)。①

本案原告在驾驶汽车时,因一个有瑕疵的车轮塌毁而致伤,他以此向该汽车公司提起诉讼。主审法官在代表法庭对本案作出的裁决中表示拒绝接受英国判例的约束,并阐发了具有历史意义的观点:"上述判例是从公共马车旅行的时代援引的,它不适合今日的交通条件。危险难以避免的原则固然没有变化,但适用这项原则的事物已经变化了。这是因为发达文明社会需要非这样做不可。"他进一步论述道:"如果某一件产品被粗枝大叶地制造出来并会对人身造成威胁时,那它就是一件危险的产品,此物品由直接购买者以外的人不经检查就使用,那么无须考虑契约关系之存在与否,制造者负有谨慎制造之义务。"②

这个判例标志着法院逐渐放弃了"契约所生之权利义务"的产品责任,开始倾向于认定产品制造人与销售人对产品的可适用性负一定的谨慎责任。

在这个时期,美国法院通过1928年沃德烤饼公司诉特里齐诺案(Water Cake Co. v. Lichebu)对于传统的产品责任诉讼中的担保原则也有所突破,即改变了过去以违反担保为由提起诉讼,买卖双方之间必须有直接的合同关系的原则,认为提供有缺陷的产品是一种过失行为,并且其责任范围不仅限于购买产品的人,还包括与购买人存在一定关系的其他人,如夫妻、父子、雇员等。后来法院进一步将范围扩展到与购买人毫无关系的

---

① See Gregory Charles et al., *Cases and Materials on Torts*, Wolters Kluwer, 1977, p. 363.

② James Headerson, Richard Pearson & John A. Siliciano, *The Tort Process*, Aspen Law & Business, 1975, p. 550.

任何第三人都可就产品伤害进行诉讼。所以该案突破了契约关系的约束，将责任基点改在制造者对产品的可预见性(foreseeable)之上。只要制造者预见到危险而未加防范，从而导致消费者人身伤害的，他就要承担全部责任。

担保责任和过失责任原则与契约责任关系相比，无疑是一个极大的历史进步。自此，法院审判中不再强调合同关系的存在，并扩大了对于受害方保护的范围。

但是，担保责任与过失责任原则仍有严重的不足，主要表现为将侵权理论用于有缺陷的产品时，法律要求原告负有沉重的举证责任，即原告必须证明：(1)被告负有谨慎从事的义务；(2)被告未履行该义务；(3)原告受到人身伤害；(4)原告受到的人身伤害与被告未履行义务有直接的因果关系。①

三、严格产品责任时期

美国的产品责任法是现代工业和现代科技发展的产物，20 世纪 50 年代中期，随着以原子能、电子计算机和空间技术为标志的第三次科技革命在美国蓬勃发展，“产品消费主义”亦日益风行，要求制造商、销售商对其产品给任何人或其财产所造成的任何伤害，随时给予补偿。这就使处在各种复杂尖端的产品重围中的美国人，树立起新的个人自由价值观：保持个人权益免遭伤害是超越一切的社会公益。因而，“要求法律给予最大限度的可能的保障，防止产品存在危险的缺陷”②。

与此相适应，在司法实践中也发生了“侵权行为法整个历史中既定法理的最迅速、最引人瞩目的变革”③，这就是产品责任法的诉讼原则从“一般产品责任”原则发展到“严格产品责任”原则。

严格责任原则见于 1944 年的埃斯科拉诉可口可乐装瓶公司案(Ethic v. Coca. cola Co.)。原告是一家酒店的女招待员，当她把一批 36 小时前运

---

① See Morris Clerence, *Morrison Tort*, 1977, p. 549.

② W. Prosser, *The Assault Upon the Citadel*, 69 Vanderbilt Law Review 67 (1960).

③ W. Prosser, *The Fall of the Citadel*, 50 Mimnisota Law Review 793 (1966).

到的可口可乐放入冰箱时,其中一瓶炸开,致使原告受到严重伤害。法院裁决中援引了“事实本身说明问题”的原理,仅从存在缺陷这一事实作出过失的推定。该案中值得人们注目的是特纳法官出于对“公共政策”的考虑而创立的严格责任理论。

严格责任原则的正式确立是在1963年格林曼诉尤巴电力公司案(Green man v. U bra Electric Power Co.)的判决中,原告格林曼之妻购买了被告公司生产的电动工具。当格林曼按照操作程序用其镟一块木头时,木头从机器中飞溅出来砸伤了格林曼的头部造成重伤。这部机器后来经证明是有缺陷的产品。对此,纽约州的特雷诺大法官在代表法庭所作的裁决中指出:“一旦制造者将其产品投入市场,而明知使用者对产品不经检查就会使用,只要该产品的瑕疵已被证明对人造成伤害,则他对损害就应负有严格责任。”①这就是美国产品责任法上著名的“格林曼规则”(Greenman ruler)。

1965年,美国法学研究所正式公布了《侵权法重述第二版》,对于“格林曼规则”以及整个产品责任法的理论作了高度的概括和阐述,从而将产品责任的诉讼基础由过失责任、担保责任向严格责任推进了一大步。该法第402A条明确规定:“任何出售有不合理危险的缺陷产品者应对最终使用人或消费者因此遭受的人身或财产的损害承担赔偿责任。”至此,严格产品责任制正式确立并以惊人的速度在美国绝大多数州发展起来。② 目前,美国仅有6个州没有采取严格责任制度,它们分别是特拉华州、马萨诸塞州、密歇根州、北卡罗来纳州、弗吉尼亚州和俄克拉何马州。在这些州中,有4个州的保修法被广泛解释为有利于原告,以至于北卡罗来纳州和俄克拉何马州在法律上真正缺乏类似产品缺陷严格责任的内容。另外,在一项具有里程碑意义的1986年裁决中,美国最高法院还通过将其纳入联邦海事法作为一部分,全面接受了对于缺陷产品的严格责任。③

---

① Gregory Charles et al., *Cases and Materials on Torts*, Wolters Kluwer, 1977, p. 573.

② See W. Prosser, J. Wods & V. Schwartz, *Cases and Materials on Torts*, Foundation Press, 6th, 1976, p. 759.

③ See East River S. S. Corp. v. Transamerica Delaval, Inc., 476U. S. 858(1986).

四、美国产品质量纠纷爆炸式增长

早期严格责任的倡导者相信其经济影响将不大，因为他们主要关注制造缺陷。他们未能预见将该规则应用于其他类型的产品缺陷的逻辑结果。直到20世纪60年代末，美国人才开始清晰地区分制造和设计缺陷，20世纪80年代初以来，设计缺陷索赔“已经形成了美国产品责任诉讼的绝大部分”。正是“将第402A条意外应用于设计环境”，导致了20世纪80年代美国各地产品责任大规模诉讼案件的爆发。在联邦司法系统中，每年提交的产品责任民事诉讼数量从1975年的2393件增加到1989年的13 408件，而产品责任占所有联邦民事案件的百分比在同一时期从2.0%增加到5.7%。[①] 这些数字仅反映了20世纪80年代产品责任案件爆发的一小部分，绝大多数美国诉讼案件在州法院而不是联邦法院审理。

在随后的几十年里，美国联邦法官开始大量依赖多区诉讼（Multi District Lawsuit，MDL）法案（28U. S. C. § 1407）来处理日益增加的复杂民事案件。到2018年年底，美国联邦民事案件中超过一半已被集中到MDL中，共有156 511件案件分布在248个MDL中，占总共301 766件民事案件的比例为51.9%。产品责任是两方面都占主导地位，既占总活跃MDL案件的百分比（32.9%），又占总集中到MDL中的民事案件的百分比（91%）。[②] 导致美国出现大量产品责任案件的因素包括相对较低的诉讼费用、集体诉讼的可行性、世界上最强大的陪审团审判权、世界上最高的货币赔偿额（经常是数百万美元的非经济损害赔偿，偶尔甚至达到数十亿美元的惩罚性赔偿额）等。[③]

---

① See Moore, Michael J., Viscusi, W. Kip, *Product Liability Entering the Twenty - First Century: The U. S. Perspective*, Washington, D. C.: AEI - Brookings Joint Center for Regulatory Studies, 2001, p. 10.

② See Wittenberg, Daniel S., *Multidistrict Litigation: Dominating the Federal Docket*, Litigation News, American Bar Association, Archived from the original on October 21, 2020.

③ See Reimann & Mathias, *Liability for Defective Productsat the Beginning of the Twenty-First Century: Emergence of a Worldwide Standard*, 51 The American Journal of Comparative Law 751 (2003).

五、美国产品责任法中的免责条款

1. 异常使用/误用(abnormal use/misuse)

主张严格产品责任理论的原告必须证明:(1)产品有缺陷;(2)缺陷是原告受伤的直接原因;(3)缺陷存在于产品离开制造商控制的时候。根据《侵权法重述第二版》第402A条的规定,只有产品用于“合理可预见”的使用方式,才适用严格产品责任。如果损害是由用户对产品的错误使用而不是由产品缺陷引起的,则制造商无须承担严格的产品责任。一些法院认为,原告有责任证明在受伤发生时产品是以预期的方式使用的。然而,大多数法院认为,只有当被告证明消费者的使用是“不可预见或过分”的时候,才能援引这一抗辩。

2. 风险承担(assumption of the risk)

风险抗辩的假设断言,通过冒已知风险造成的伤害,原告同意承担伤害风险。该抗辩通常涉及对某项活动固有风险的主观认识以及接受该风险的意愿。援引该抗辩,被告需证明原告知道或应该知道特定风险,且主观上自愿(而非疏忽)继续进行风险行为。例如,在典型的使用车床的情况下,操作员知道在没有防护装置的情况下使用机器的风险,无意中将他或她的手放在操作点上,原告不应被裁判自愿承担受伤风险。此外,一些法院认定,雇主强迫承担风险并不构成自愿承担风险。因此,员工明知存在风险但被用人单位要求使用危险产品的,不能视为“自愿”接受该风险。

3. 重大改装

重大改装抗辩是一种因果关系辩护。该抗辩主张,损害是由对产品进行的修改引起的,而不是由产品本身的缺陷引起的。产品制造商和/或产品分销链中的其他经营者不对由于未能合理预见到产品制造商所造成的产品的改装或改变而造成的损害负责。

《侵权法重述第三版》第402A条指出,如果一个经营者的产品“预计在没有重大改装的情况下达到最终用户或消费者”,那么产品卖家将对由该产品造成的损害负责。按照第402A条的规定,只有合理预期外的改装才能免除经营者对由产品改变引起的损害的责任。在这种情况下,测试的关键在于产品制造商是否能够合理预见或预见到修改。

4. 预期使用者(intended user defense)

生产缺陷产品的制造商/销售商应对消费者负责,但一些法院还要求原告是产品的"预期使用者"。基本上,这种辩护主张,一个非预期使用者不能因产品的缺陷导致的受伤而获得赔偿,即使在受伤发生时产品是以合理可预见的方式使用的。

5. 基于法律的技术辩护(technical defenses based on the law)

在某些有限情况下,被告可以主张产品责任索赔被联邦法规制定的涉及产品制造和分销的联邦法案所禁止。美国最高法院裁定,当国会明确取消州法律时,州法实际上与联邦法相冲突时,以及国会暗示有意占据某个领域以排除州法时,联邦法将覆盖州法。以下列出的类别标识了联邦取消辩护可能适用于产品制造商的领域:

A. 汽车。1996 年国家交通和机动车辆安全法是一项广泛的法律,涉及机动车安全的统一规定。

B. 药品标签。关于处方药标签的药品制造商、包装商和分销商的职责由《联邦食品、药品和化妆品法》第 352 条和相关法规规定。

C. 医疗器械。1976 年《医疗器械修正案》规定,州不得要求医疗器械的安全性或有效性标准"不同于或附加于《医疗器械修正案》的任何适用要求"。

D. 某些化学品。联邦杀虫剂、杀真菌剂和杀鼠剂法规定了某些化学品和相关设备的法规。这项联邦法规可以在 7U. S. C. 找到。

6. 时效

一般来说,不同的州立法规定了两种与产品责任相关的诉讼时效:一种是受损害人的诉讼时效;另一种是机器设备制造商对其产品承担责任的时效。前者时效一般为 2~6 年,大多数州以 2 年为标准,从原告人知道或应该知道损害之日算起;后者时效为 10~15 年,从制造商将造成损害的机器设备投入流通之日等原因发生时算起。

六、产品责任理论的创新发展

在美国产品责任法近几年的发展过程中,审判实践和学理探讨的双向互动促使严格责任理论不断完善,并在此基础上又产生了以下 4 种代表性理论:

1. 市场比例责任说(theory of market share liability)

其要点是:法院在决定每一被告所应承担的责任时,所依据的是他们各自在某一产品的市场销售总额中所占的比率,而无须指明具体的被告。①

2. 泛行业责任说(theory of zndustrial-uide liability)

依此理论,原告可以将某种产品的整个生产部门作为诉讼被告,只要这些被告构成这一生产部门的整体,他们是按这一生产部门的行业标准协会制定的安全标准来制造产品,并在制造过程中进行了合作,则被告负有连带责任或个别责任。

3. 深袋说(theory of deep pocket)

该理论即产品的供货人(生产者、销售者)比单个的受害消费者更有能力承担损失。他们或可将损失纳入成本,或可通过责任保险将损失分散在一定范围的社会中。因此,在供货人和受害人均无过失可言的情况下,一方受害,总应当有人承担损失。与其使无事的被害人独受其苦,不如让供货人承担此累更为公平。能力、道德、公平三者一致要求供货人承担责任。

4. 选择责任说(theory of alternative liability)

按此理论,当被告为两个或两个以上,原告无法举证具体是哪个被告造成他的人身或财产损害时,举证责任倒置,由被告举证其不应对此类伤害负责的理由,反之,则必须承担赔偿责任。

第七节　反托拉斯法

一、美国反托拉斯法的历史演变

(一)美国反托拉斯法的产生(19世纪90年代至20世纪初)

1890年在约翰·谢尔曼议员的提议下,美国国会通过了《保护贸易和

---

① 市场份额(market share)是指一定时期内个别生产者占据市场的某种产品的数量与同种产品的市场总量的比例,即市场份额 $= \frac{\text{个别生产者占据市场的某种产品量}}{\text{同种产品的市场总量}} \times 100\%$。

商业不受非法限制与垄断之害法》,又称《谢尔曼反托拉斯法》。同年,该法案由本杰明·哈里森总统签署正式成为法律。这部仅有 8 条的法律为美国的竞争法体系奠定了基础,也标志着世界现代竞争法的诞生。《谢尔曼反托拉斯法》的产生,并非无本之木、无源之水,而是有其深刻的历史原因。

19 世纪下半叶,美国正处在自由竞争向垄断转变的阵痛中,南北战争中北方的胜利消除了奴隶制,为美国的资本主义经济发展扫清了最后一道障碍,开辟了全国统一的大市场,加速了产业革命的完成。随着科学技术和生产规模迅猛发展,资本的积累与集中加剧,加之高关税、专利法和政府政策等因素,垄断成为经济生活中的突出现象,托拉斯是美国垄断组织最普遍的组织形式之一,起源于约翰·洛克菲勒于 1870 年创建的标准石油(Standard Oil)[其在中国市场一开始便使用"美孚"作为品牌名,但为与拆分后的"Mobil"(其沿用了"美孚石油"这一译名)有所区分,此处使用"标准石油"的译名]。出于减少竞争的目的,洛克菲勒开始收购相互竞争的炼油厂。其后在 1882 年,标准石油开始联合其他石油公司的股东,将所有权集中到一起。直到 19 世纪 80 年代末,标准石油控制了美国 90% 的炼油厂。在随后很短的时间内,制糖、烟草、煤矿、铝业、钢铁、羊毛、屠宰等各工业部门先后成立了一批托拉斯组织。银行资本与工业资本也密切结合,形成金融资本,成为"万能的垄断者"。

各种托拉斯组织为攫取超额垄断利润,凭借其雄厚的经济实力,控制原料来源,划分销售市场,限定产品价格,不断挤垮或兼并中小企业,限制竞争,严重损害中小企业及广大消费者的利益,引起了严重的社会矛盾,并且与美国自由贸易、公平竞争等观念形成冲突,甚至威胁到美国市场经济的基本结构。

面对汹涌而来的大托拉斯垄断与合谋,美国原有的法律制度显得软弱无力。一方面,美国各州独立的立法不能有效地制止州际的或对外贸易上的垄断行为和限制贸易的不公平行为;另一方面,根据早期的普通法,对于具有限制贸易性质的合同或协议,法院也只能根据其不合情理或违反"公共政策"宣布不能执行或无效,缺乏强有力的制裁措施。在这种情况下,美国国会于 1890 年几乎一致通过了第一部反托拉斯法,即《谢尔曼反托拉斯法》,该法至今仍是美国反托拉斯政策的核心。

(二)反托拉斯法体系的形成(20世纪初至20世纪30年代)

《谢尔曼反托拉斯法》制定后,美国政府有关部门和法院曾采取解散大托拉斯的措施,但并没有有效地遏制托拉斯组织的迅速发展。据统计,1904年美国318个工业托拉斯中有236个是1898年后成立的。除《谢尔曼反托拉斯法》本身规定不够具体,解释伸缩性大,影响其适用效果之外,当时的执政总统威廉·麦金莱所执行的放松反托拉斯控制的政策,以及控股公司的合法化等,也都有较大的影响。而更深刻的经济原因还在于资本集中是资本主义发展的必然趋势,一定程度的资本集中具有其经济合理性。现代竞争法的一个重要目标就是要在合理的集中和过分集中之间确立界限,制止过分集中以及由此带来的经济力量的滥用。

在此之后,进步时代的兴起促使政府加大反垄断法的执法力度。西奥多·罗斯福总统和威廉·霍华德·塔夫脱总统都提倡并践行了强有力的反托拉斯执法。其后,在总结《谢尔曼反托拉斯法》实施经验的基础上,美国于1914年通过了《克莱顿反托拉斯法》及《联邦贸易委员会法》。《克莱顿反托拉斯法》在《谢尔曼反托拉斯法》的基础上,进一步禁止可能产生反竞争效果的早期反竞争行为,试图在萌芽阶段便将其遏制。这项立法扩大了反托拉斯准则的范围,禁止包括反竞争性兼并(anticompetitive mergers)、掠夺性和歧视性定价(predatory and discriminatory pricing)以及独占交易安排(exclusive trading arrangements)等行为。而《联邦贸易委员会法》设立了联邦贸易委员会,作为执法机关之一。

20世纪20年代前后,进步时代逐渐画上句号。以福特汽车公司为例,其在制造了数以百万计的廉价汽车的同时降低了价格,提高了工资,促进了生产效率。福利资本主义使大公司成为有吸引力的工作场所,美国社会对大型企业的敌意开始逐渐减少。之后在赫伯特·胡佛(Herbert Hoover)总统的领导下,政府在20世纪20年代末30年代初开始强调促进商业合作,推动建立了行业自我监督的协会和组织。

上述法案共同构成了美国反托拉斯法的基础。由于联邦反托拉斯法仅适用于州际的贸易活动,因此,美国各个州也相继制定了一批法律来规范在本州内进行的贸易活动中的托拉斯行为。至此,包括联邦、州两个层次立法和三大基本法律(《谢尔曼反托拉斯法》、《克莱顿反托拉斯法》和《联邦贸易委员会法》)以及大量判例在内的美国反托拉斯法体系初步形成。

（三）美国反托拉斯法的成熟、发展（20世纪30年代中后期至今）

《谢尔曼反托拉斯法》、《克莱顿反托拉斯法》和《联邦贸易委员会法》三大基本法律在施行中不断得到补充、修改和完善。例如，1936年通过的《罗宾逊—帕特曼法》（Robinson-Patman Act）修改了《克莱顿反托拉斯法》第2条，禁止直接和间接的歧视性定价，以确保在合理可行的范围内，处于同一竞争水平的商人在价格方面享有平等的竞争地位；1950年的《塞勒—凯弗维尔法》（Celler-Kefauver Act）对《克莱顿反托拉斯法》进行了强化和完善，填补了法律对于资产收购有关规定的漏洞，并向现代对于企业兼并的执法迈出了第一步。此前的《克莱顿反托拉斯法》虽然已经禁止导致竞争减少的股票购买兼并，但精明的商人可以通过收购竞争对手的资产绕过《克莱顿反托拉斯法》的规定。而《塞勒—凯弗维尔法》明确禁止了会导致竞争减少的资产收购。1976年的《哈特—斯科特—罗迪诺反托拉斯改进法》（Hart-Scott-Rodino Antitrust Improvements Act）在《塞勒—凯弗维尔法》的基础上进一步对企业兼并加以限制，增加了法定的兼并前通知要求和正式兼并前的等待期。

除此之外，1962年的《反托拉斯民事程序法》（Antitrust Civil Process Act）、1974年的《反托拉斯程序和惩罚法》[Antitrust Procedures and Penalties Act，又被称为《滕尼法》（Tunney Act）]、1980年的《联邦贸易委员会改进法》（Federal Trade Commission Improvements Act）、1990年的《反托拉斯修正法》（Antitrust Amendments Act）等，都使由三大基本法律确立的美国反托拉斯法律制度得到不断的修改和完善。

这一时期不同阶段反托拉斯法的修订以及法院在具体案件中对于反托拉斯法解读的演变，也反映出美国反托拉斯法主流学术观点的拉锯和变迁。20世纪30年代中期，罗斯福新政初期流行的集中式经济计划模式逐渐式微，取而代之的是相信自由的市场竞争才是从大萧条中复苏的关键。受这一思想转变的影响，美国法院在反托拉斯判例中开始逐步转向遵循严格的结构主义规则，重点关注市场结构及其集中程度。国会于1950年通过的《塞勒—凯弗维尔法》也体现了结构主义规则的特点。

到了20世纪70年代左右，对反托拉斯法的解读又逐渐出现转变，强调市场效率以及减少政府干预的芝加哥学派影响逐渐扩大，其指出在反托拉斯执法中,包括市场支配地位等因素不应是反托拉斯审查关注的重点,而应该以消费者利益是否受损作为首要甚至是唯一的评判标准。芝加哥学派认为,大型企业可以利用规模效益节省成本,从而以较低的价格和较好的服务将节省下来的成本转嫁给消费者,因此仅仅是规模大不能证明其违反了反托拉斯法。而彼时美国经济发展停滞不前,许多人将此归咎于政府的过度干预,这也与芝加哥学派的理论不谋而合,其主张也逐渐成为反托拉斯执法和司法的准则。

但近年来,美国各个行业大型企业的集中度不断加剧,随之而来的是其巨大的经济甚至政治影响力。面对这一现状,要求将更广泛的标准纳入反托拉斯审查的呼声渐高,预示着美国反托拉斯法的新一轮变革也许即将到来。

二、美国反托拉斯法的基本原则

《谢尔曼反托拉斯法》第 1 条虽然规定了限制贸易或商业的行为(包括合同、托拉斯或其他形式的结合或共谋等)均属违法,但对于非法限制性行为没有下一个精确的定义。这种泛泛的立法语言使美国法院在运用《谢尔曼反托拉斯法》时需要对其进行进一步的解读,形成具体的判例法。其中三个重要的标准分别是本质非法原则(per se illegality)、合理原则(rule of reason)和快速判断原则(quick look)。它们是判断反托拉斯法下违法行为最基本的原则。

所谓本质非法原则,是指某些行为在任何情况下都是非法的,无须进一步调查该行为对市场的实际影响或该行为背后的意图和理由。适用本质非法的情况主要有操纵价格(price fixing)、串通投标(bid-rigging)、划分市场(如横向客户分配、地区分配协议)、某些联合抵制性行为(group boycotts)等。而其他涉嫌违法行为则会根据合理原则进行分析。根据合理原则,如果某一商业行为不合理地限制了贸易,则该商业行为即为非法。在运用过程中,法院通常会就做出该行为的动机和意图,以及在实际上有无抑制市场竞争做进一步调查后,来确定其是否非法。

快速判断原则,也被称为短版的合理原则(truncated rule of reason),在本质非法原则和合理原则之间创造了一个中间地带。这一原则主要被用于分析表面反竞争或本质可疑的限制性行为。类似本质非法原则的分析方式,原告只需证明限制的存在。其后,被告则需要证明该限制性行为背后存在合法的有利于竞争的理由;如被告能提供这样的证明,则继续进入完整的合理原则分析,否则限制性行为将被认定为非法。

三、美国反托拉斯法的执法机关

美国联邦反托拉斯法的执法机关主要是司法部反托拉斯局(Department of Justice Antitrust Division)和联邦贸易委员会。1890 年《谢尔曼反托拉斯法》颁布之初,便是由司法总长(attorney general)及其手下的检察官负责执行。1903 年左右,国会批准在司法部设立新的职位专门负责反托拉斯执法。之后在 1919 年,司法部正式创设了反托拉斯局。联邦贸易委员会是根据 1914 年《联邦贸易委员会法》创立的。两个部门的基本职能都是进行联邦层面的反托拉斯执法,以保护消费者、促进竞争。由于这两个机构在保护消费者和制止各种不正当竞争行为中发挥了突出的作用,因而被称为美国的"经济警察"。

美国州一级的反托拉斯执法机关主要是在各州的司法总长。

除此之外,私人当事方也可以通过提起诉讼的方式来执行反托拉斯法。根据联邦贸易委员会的统计,大多数反托拉斯诉讼都是由企业和个人提起的。

四、美国反托拉斯法所规范的托拉斯行为

由于美国是普通法系国家,而且在反托拉斯立法上采用"法群式"立法模式,在实施反托拉斯法的一百多年中,制定法和判例主要规范了以下的反竞争行为:

(一)《谢尔曼反托拉斯法》第 1 条下的违法行为

所有具有操纵价格效果的或是竞争者之间一同抵制另一竞争者的横向协议均属于本质非法,纵向协议则需要根据合理原则进行分析。其中横向协议是指竞争对手之间的协议,而纵向协议指产业链上下游(如制造商与分销商)之间的协议。

竞争对手在没有明确协议的情况下进行平行行为(parallel conduct)不一定违法。如果被告的行为完全背离了之前的常规,而且在没有达成一致行动协议的情况下,这样的完全背离蕴含着非常高的风险,该行为便属于

反托拉斯法下的违法行为。但是,如果被告的平行行为在没有一致行动协议的情况下也具有商业意义,则该行为将是合法的。

(二)《谢尔曼反托拉斯法》第2条下的违法行为

《谢尔曼反托拉斯法》第2条规定垄断或企图垄断均属于违法行为。如果要证明被告违反了《谢尔曼反托拉斯法》第2条,原告需要证明被告在相关市场中具有市场支配力,并且被告从事了一些竞争行为,包括拒绝交易(refusing to deal)、掠夺性定价(predatory pricing)、搭售安排(tying arrangement)和独占交易(exclusive dealing)。

1. 拒绝交易

除非法律要求,否则普通的商业实体一般没有义务与其竞争对手进行交易。然而也存在一些特殊情况,如在阿斯彭滑雪公司诉阿斯彭高地滑雪公司案[①]中,法院裁定被告必须与原告交易,因为被告之前曾与原告交易,而且被告没有正当的商业理由拒绝交易。

2. 掠夺性定价

掠夺性定价,指的是旨在淘汰特定竞争对手并减少整体竞争的低于成本的定价。

3. 搭售安排

搭售安排是指卖方只在买方同意从卖方处购买额外的其他产品(搭售产品)或同意不从其他卖方处购买该搭售产品的前提条件下达成的销售产品的协议。对搭售安排通常使用合理原则进行分析。

4. 独占交易

独占交易协议通常要求零售商或分销商只向特定制造商购买产品。这些安排使新卖家难以进入市场并找到潜在买家,从而抑制了市场竞争。但事实上,按需供应合同(requirements contract)在市场上被广泛使用,其本质上也是一种独占交易协议,但这类安排往往也能促进竞争,因此对于独占交易也使用合理原则进行分析。

(三)《克莱顿反托拉斯法》下的违法行为

《克莱顿反托拉斯法》禁止"可能大幅削弱市场竞争或倾向于形成垄断"的兼并。司法部反托拉斯局和联邦贸易委员会将会审查各类兼并,包

---

① See Aspen Skiing Co. v. Aspen Highlands Skiing Corp. ,472 U. S. 585 (1985).

括横向兼并(两个竞争对手之间的兼并)、纵向兼并(供应链上下游公司之间的兼并)和潜在竞争兼并(供应链上的一方有可能进入新的市场并成为供应链上另一方的潜在竞争对手,这两者之间的兼并)。

第八节　破产法

破产法被美国著名法学家尼尔森称为"工业化社会中的明智安排"①。从 1800 年起,美国曾多次制定和修改破产法,但其中真正得到稳定贯彻实施的是 1898 年《破产法》和 1978 年《破产法》。现行有效的是 1978 年《破产法》,后经 1984 年、1988 年、1994 年、2005 年和 2019 年历次修订。

一、美国早期破产法的历史发展

尽管美国宪法明确授权给国会"有制定全国统一的破产法的权力",但直到南北战争以前,仅有两部联邦破产法得到国会的通过,即 1800 年《破产法》和 1841 年《破产法》。这是两部"短命"的法律,实行不久便被废除。美国南北战争结束后,1867 年美国再次通过破产法案,但是又于 1878 年被废除,直至 1898 年美国再度通过破产法案,并建立联邦破产法体系至今。1898 年之前的大部分时间里,与破产相关事务是由州法进行管理的。

"经济萧条和对破产法规的渴望始终交织在我们这个社会中"②,恐慌和商业竞争失败是 1800 年第一部破产法出台的时代大背景。1800 年《破产法》很大程度沿袭了当时英国的破产法,完全采取了债权人标准,把破产视为对债务人的一种惩罚,规定只有债权人才可以提起破产程序,并且在主体上仅有商人(merchants)才有资格适用破产法。但在实施过程中,许多商人利用法律通过诱使友好的债权人提起破产申请来达到摆脱债务的目的。因此,这部法在国会中受到了严厉的批评。有学者观察到,当时的主

① Wiliam E. Nelson, *The Americanization of the Common Law*, University of Georgia Press, 1975, p. 218.

② Charles Warren, *Bankruptcy in United States History*, Harvard University Press, 1935, p. 21-22.

流商业观点都“坚定地反对破产法,认为这些法律为挥霍无度和不负责任的商人和企业家提供了不正当的意外之财”①。当时,主要的反对意见来自国会中代表农业资本家利益和债权人阶层利益的议员们,他们认为“许多富有的债务人滥用此项法律,他们取消了旧债后,又签新债,制造了大量的丑闻”。因而在1803年废除了1800年《破产法》。

第二部即1841年《破产法》,同1800年《破产法》不一样,1800年《破产法》规定了只有债权人才可以申请作为其债务人的商人进入破产程序,而1841年《破产法》的适用范围则包括“所有那些作为商人或贸易行为中的交易人、全部零售商、全部银行家、工厂主、经纪人、包销商、保险商及欠有不少于两千美元债务的人”。同1800年《破产法》相比,该法为任何人(a person whatsoever)都适用破产法打开了一扇门,并明确地写入了“自愿破产”条款。1841年《破产法》是在1837年经济危机余波震动下通过的。值得注意的是,早期破产法主要是为了保护那些无力偿债人的债主的利益,使他们能从债务人的不足额的财产中得到公正、平等的清偿。而1841年《破产法》的立法旨趣却在于将债务人的欠账一笔勾销(To wipe a debtor's debts)。1841年《破产法》与其说是破产法,不如说是“无力偿债法”(insolvency law)更为贴切。这种手段的出现是用来解脱债务人的,因此,采用这种手段必须出于债务人的自愿,债务人只要将自己的全部财产转交给债权人和法庭,就可以从债务人监狱(debtors' prison)中解脱出来。早期债务人监狱的做法不仅仅是残忍的、不人道的,而且对整个国民经济的发展也是不利的。1841年以前的债务人往往因为极小数目的债务就被投入监狱。如1830年罗得岛州的一个寡妇因为欠了68美分的债就被监禁了将近一年。

由于美国内战对经济造成的负面影响,美国再度需要一个全国性的破产法来应对跨州的破产情形。美国国会通过了1867年《破产法》。该法案允许自愿和非自愿的破产申请,申请破产的资格范围不仅限于商人,还包括个人和企业。法案纳入了州的豁免法律,允许债务人保留一定的基本财产,这些财产的定义由各州决定。该法案于1874年进行过一次修订,修正

① Morton Horwitz, *The Transformation of American Law*, 1780—1860, Harvard University Press, 1977, p. 228.

案引入了组合协议(composition agreement)的概念,允许债务人提出部分债务清偿计划,经债权人投票通过后,债务人可以保留其财产并根据协议安排偿还债务。① 所有被列入名单的债权人均被要求遵守组合协议,即便他们曾投票反对该协议安排,此类机制为日后破产法中的重组(reorganization)机制奠定了基础。该法案的存在时间远长于此前两部联邦破产法案,但是仍因招致大量债权人的批评而于1878年被废除。

二、从1898年《破产法》到1978年《破产改革法案》

1898年《破产法》的颁布,在美国破产法发展史上具有里程碑的意义,此法案基本上奠定了现代美国破产法的框架,使美国破产法由“不自愿破产”到“自愿破产”,最后演进至“策略性破产”阶段。

1890年、1893年、1896年美国连续遭受金融危机的打击。由于美国经济的迅速发展和资本集中的加剧,金融成为当时美国社会“万能的垄断者”,各个企业之间在金融上相互依赖,唇亡齿寒,情况十分严重。危机使许多大公司(主要是铁路公司、银行)的不良债务增多,它们迫切需求“诚实的”债务人从当前的金融困境中解脱出来。正如美国破产法学家沃伦所述:“现在,全国的首要利益取决于一个人能否继续他的事业,取决于能否为了债权人和他自身的利益而保留他的财产,而不是变卖他的资产并把它们分给他们那些债权人……在萧条时期强制性地出卖财产和停业,对整个国家以及每个债务人和债权人都造成了损失。”②因此,1898年《破产法》对债务人债务解除的规定相比于前几次立法更为宽容。早期的联邦破产法虽然允许债务人解除债务,但是施加了诸多限制。此外,1898年《破产法》更加注重破产财产的公平和高效管理,它详细规定了财产管理的各个方面。1898年法案直接涉及许多程序性问题,并赋予美国最高法院制定规则、表格和程序命令的权力。1910年,美国国会对破产法案进行修改,允许公司申请自愿破产。

20世纪30年代,美国发生了历史上著名的大萧条,国会通过了1938

---

① See Charles Jordan Tabb, *The Historical Evolution of the Bankruptcy Discharge*, 65 American Bankruptcy Law Journal 325 (1991).

② Charles Warren, *Bankruptcy in United States History*, Harvard University Press, 1935, p. 14.

年《钱德勒法案》(Chandler Act),对1898年《破产法》作了重大修改,扩大了债务解脱的范围,从而应对大萧条带来的冲击。在1938年《钱德勒法案》之前,美国国会已于1933年至1934年陆续通过了允许铁路和公司进行重组的修正案,1938年《钱德勒法案》将此类修正案编撰成章,作为破产法案的第10章公司重组(corporate reorganization)、第11章重整(arrangement)、第12章房地产重整和第13章关于工薪阶层的破产重整计划。

1898年法典实行了80年后,到1978年已不适应现代美国经济生活的需要,因此,美国国会于1978年通过了《破产改革法案》(Bankruptcy Reform Act)对其进行改革,形成现行美国破产法体系。1978年《破产改革法案》取代了1898年的法案,收录至《美国法典》第11篇,又被称为《破产法典》(The Bankruptcy Code)。该法案在每个地区设立了破产法院和破产法官,破产法官由总统任命并经参议院确认,任期为14年。虽然破产法院现在可以审理破产案件中产生或与之相关的所有事项,但破产法官不是基于《美国联邦宪法》第3条任命的正式的联邦法官,也不隶属于联邦地区法院。此外,新的第11章(取代了第Ⅹ章、第Ⅺ章和第Ⅻ章)和第13章提供了所谓的“超级”债务解除,使企业和个人更容易提交破产和重组。次年,美国建立了试点联邦受托人(trustee)计划。

随后该法经过数次较大的修订。第一次是1984年的《破产法修正案及联邦审判权法》(Bankruptcy Amendments and Federal Judgeship Act),修改的主要内容是界定破产法官与联邦地方法官的管辖权,联邦破产法官成为联邦地区法院的一个组成部分(虽然他们不是正式的、基于《美国联邦宪法》第3条的联邦法官),从而联邦地区法院拥有破产案件的初审管辖权。第二次是1986年的《破产法官、美国受托人和家庭农民破产法》(Bankruptcy Judges, United States Trustees, and Family Farmer Bankruptcy Act),该法律正式确立了联邦信托人制度,并通过了家庭农场破产的相关内容。此外,1988年和1990年还分别由国会通过了关于专利及知识产权破产事项的修正案和个人债务人的债务解除修正案。第三次是1994年通过的《破产改革法案》,允许破产法院庭审中使用陪审团并鼓励巡回法院设立破产上诉法庭。第四次是2005年通过的《预防滥用破产与消费者保护法》(Bankruptcy Abuse Prevention and Consumer Protection Act),

该法案旨在提高债务人申请债务解除的难度，防止债务人对破产程序的滥用。该法案引入了“中位数”测试，收入低于所在州中位数的个人不会被认定为滥用破产程序。此外，该法案还新增跨境破产的第 15 章，该章节是基于《联合国国际贸易法委员会跨境破产示范法》的内容制定的。第五次是 2019 年的《小企业重整法》(Small Business Reorganization Act)，作为《破产法典》第 11 章的第五分章，该法案为小企业破产提供简易程序，允许个体经营者继续经营其小企业，但其重整计划必须确保担保债权人能够获得其担保物的价值，非担保的普通债权人可以获得企业至少未来 3 年的收入。①

三、现代美国破产法的立法宗旨

肇始于 20 世纪 20 年代末 30 年代初的现实主义法哲学对于当代整个美国的法律制度产生了深远的影响。② 其代表是大法官霍姆斯，他认为，法律的主要任务是实行社会监督，以确立和维护社会的普遍合作。正是在这种法学思潮的影响下，在美国产生了“破产损失分担主义”。该学说认为，破产是不可避免的社会现象，对于破产事件的处理不仅要考虑债权人的利益，而且要关注到社会的整体利益。“从个人本位转向社会本位”，这是现代美国破产法立法旨趣的理论基础。

这种理念在 1978 年美国《破产法》中的具体表现为：其一，对那些所谓“因不走运或判断错误”而陷入破产的债务人，法律规定他们可以延期偿还或减免一部分债务，保留最低限度的资产；其二，除了规定债务人或债权人申请的直接的破产程序，还规定了协商改组对受雇者、个体经营者的债务的处理程序，由债权人与无力偿还债务者进行协商，对债务人的企业实行整顿和改组或分期偿还债务。这些程序的目的都是在维护债权人的利益的同时，也在可能的条件下给债务人一个新生的机会。

---

① 参见[美]道格拉斯·G. 贝尔德：《美国破产法精要》(第 6 版)，徐阳光、武诗敏译，法律出版社 2020 年版，序言。

② See Gary Minda, *The Law and Economic and Critical Legal Studies Movements in American Law*, in Nicholas Mercuro, eds., Law and Economics, Kluwer Academic Publishers, 1989, p. 87.

四、美国《破产法典》的实体内容

现行的美国《破产法典》共有9章,即第1章、第3章、第5章、第7章、第9章、第11章、第12章、第13章和第15章。由于历史传统习惯的影响,除第12章外,其余各章均以奇数编号。

同许多其他国家的破产法一样,美国的破产法也是程序法和实体法相结合的法案。具体而言,第1章规定了有关破产定义、解释规则、破产法案的具体效力,以及关于适用各特定程序的债务人资格的规定;第3章是关于案件管理的规定,包括破产信托人(或称破产财产管理人)的指定和报偿;第5章是关于请求、分配程序及破产信托人在何种场合下权力无效的规定;第7章是对一切个人及商业组织适用的清算破产的规定;第9章是对市政府及其他自治政府实体债务的调整;第11章是对商业组织重整的规定;第12章是对农户的债务调整;第13章是对个人债务的调整;第15章是跨境破产的相关规定。

美国《破产法典》是一部内容繁杂的法律,程序烦琐,技术性强。除数万字的法典正文外,还包括大量的程序规则和判例。这一方面反映了美国经济生活的复杂和法律制度的发达,另一方面给当事人带来了极大的不便。针对这种情况,美国联邦法院设立了专门的破产法院和破产法官。此外,每一联邦司法区还设立专门的破产托管人,由美国司法部下属的美国托管人办公室(U. S. Trustee Program)在破产案件中任命并受该办公室监管。

限于篇幅,我们仅就美国破产法的主要内容与基本概念作一些介绍和分析。

1. 清算程序

清算程序包括自愿申请和强制申请两种。前者是指债务人自主申请的破产,后者是由债权人申请的破产。自愿申请破产手续简单,申请人只需交纳申请费,法院凭这种申请即可宣告债务人破产,进入清算程序。强制申请的程序较为复杂,提起申请的债权人的人数和所代表的债权数额必须达到一定的标准。如果有12名以上的债权人,申请书至少要有3名符合《破产法典》第303条规定条件的债权人签署;如果债权人为12人以下,申请书可由1名债权人签署。强制申请的债权人持有的债权需要是实然的、在数额上没有争议的,而且该等债权数额累计至少比为债权人持有的此类债权担保的债务人的财产留置权价值高出 18 600 美元(每年都会有所调整,此为 2022 年调整后数值)。如果是 1 名债权人提起的情况,则亦需要债权数额累计至少为 18 600 美元。

2. 破产原因

1898 年《破产法》对破产原因采取列举主义,规定债权人必须合理地、明确地说明债务人在作出此种申请前 4 个月内作出了 6 种破产行为中的一种,如债务人在失去偿付能力的情况下欺诈性地转让财产,或向某个债权人作出了优惠偿付等。

对于债权人来说,证明债务人的破产行为是极为困难的,因为这些行为绝大多数是秘密进行的。实践证明,列举主义的立法虽然具体却易挂一漏万,徒增烦琐,常造成不必要的拖延,使债权人的利益因债务人的财务状况进一步恶化而受到损失。1978 年修改破产法时采纳了概括主义,规定如果债务人没有按时支付到期债务,且债务人和债权人对于债务不存在善意的争议,则法院可以依据债权人的申请作出破产救济令。

3. 破产实体(bankruptcy estate)

一般来说,破产实体包括破产申请时债务人所拥有的全部财产,包括有形财产和无形财产。并且,破产实体不仅包括破产申请时债务人的全部合法的或公正的财产利益,还包括债务人在申请之后 180 日内继承或作为人身保险受益人所取得的财产。但《破产法典》第 541 条(b)款也规定了一些不属于破产实体的财产的情况。

4. 财产豁免

破产实体中的财产原则上应全部用于偿付债务,但从人道主义出发,考虑到个人债务人破产后的基本生活需要问题,破产法允许他们从破产实体中保留一部分财产,用于维持起码的生活,并使其得到“重新开始”的谋生机会。豁免是一种法定的免除,使破产人有继续谋生的机会和能力,“重新开始”是豁免与免除债务的根本区别。由于各州也有各自的破产法,新的联邦破产法规定,允许债务人在破产诉讼中选择州或联邦法律的豁免财产项目条款。联邦《破产法典》中列举了诸多豁免条款,如债务人在一辆机动车上享有的不超过 4450 美元的(此为 2022 年调整后数值)权益等。

5. 偿还顺序

破产中,债权的优先级决定了其在其他债权之前得到偿付的顺序。所有具有较高优先级的债权必须在较低优先级的债权得到偿付之前全部偿清。《破产法典》规定了在财产不足以全额支付所有无担保债权的情况下支付无担保债权的顺序。具有相同优先级的所有债权则按比例支付。无担保债权按以下顺序支付:(1)遗产的管理费用,或称管理债权;(2)所有其他优先债权;(3)一般无担保债权。

有担保债权则不包括在此排名中,因为它们首先从担保这些债权的抵押品的收益中得到偿付。

6. 重整程序

为了给那些丧失偿债能力但仍有复兴希望的诚实债务人提供避免清算的机会,美国破产法规定了重整程序,在 1898 年《破产法》中关于企业重整的规定比较混乱和复杂,整顿程序分为许多种,每种都互不兼容并各有明显的缺陷。1978 年《破产法》的修订,将各种整顿程序合为一种,统称为重整程序。

新的重整程序比较全面地考虑了债权人和债务人的利益需要,具有简明合理的特点,其关键在于由债务人继续占有、经营其财产,延期偿债以及减免债务。重整计划由债务人或破产管理人提出,主要内容包括:(1)偿债计划,并保证所有债权人必须得到不低于他们依清算程序所获得的金额;(2)重整措施,要切实保证债务人的财产状况好转,得以复兴。重整计划必须得到持有债权数额累计超过 2/3 的债权人以及人数上超过半数的债权人的同意,最后还要经过法院的审查批准,重整计划方能发生法律效力,破产案件也即告终结。

第九节　劳动法

一、自由资本主义时期的劳动立法

现代美国劳动法的渊源最早可以追溯到英国产业革命以前的主仆法

(Master-servant Law)。其中心内容是规定仆人必须对主人忠于职守,主人必须公平地对待仆人。

随着工业革命的胜利,新的雇佣关系替代了主仆关系。1802年英国率先颁布了世界上第一部劳动法《学徒健康与道德法》(Trainee Health and Ethics Act)。嗣后,法国、德国等资本主义国家也相继制定了工厂法或类似的劳动法,但美国劳动立法未能及时跟上这种变化,一些州甚至通过了所谓的"反工会法",限制工会活动的发展。至19世纪70年代,美国的劳动关系还主要靠合同法来调整。究其原因,是当时受这样一种理论的影响,即"劳动者出卖劳力,资本家以一定价格购买而形成了雇佣关系"①,以及重商主义倾向背景下劳动立法往往更倾向于支持商业和企业,而不是保护工人的权利。政府通常更愿意支持雇主,认为他们的成功和利润对整个经济的发展至关重要。然而,由于劳资双方在经济社会地位、不平等的讨价能力(bargaining power)方面悬殊甚大,资本家凭借其雄厚的资本实力,制定出相当苛刻的劳动合同,工人们处在"或者按条件订立合同,或者离开"(take it or leave it)的境地。因此,有的学者认为在世界所有工业化国家中,美国的雇佣关系是一部"最血腥和最充满暴力的劳工史"(the bloodiest and most violent labour history)②。

事实上,早在19世纪初,美国的工人们就曾在工会领导下进行过限制工作时间的斗争③,但由于受到三权分立和州与联邦分权的限制,全国性的劳动立法迟迟未能出现,只是在少数州里制定了限制童工工作时间的法律。例如,马萨诸塞州于1842年通过了第一个童工法,规定制造业12岁以下童工每日只准工作10小时。其他如康涅狄格州、宾夕法尼亚州、俄亥俄州等也先后制定了类似的法律,但这些州立法都被法院裁定为违反州宪法而归于无效。直到1868年才出现了第一部联邦劳动法,即《联邦劳动法》(The Federal Labor Law)。这部法案对于联邦雇员(政府印刷厂工人、邮政工作人员、海军造船厂工人等)作了限制工时的规定,但对私营部门的工人

---

① Thomas W. Dunfee, Janice R. Bellace & David Barrett, Cohen, *Business and Its Legal Environment*, D. C. Health, 1992, p. 642.

② Philip Taft & Philip Ross, *In American Labor Violence: It's Cause, Character and Outcome*, Bantam Books, 1969, p. 218.

③ See Lawrence M. Friedman, *A History of American Law*, Simon and Schuster, 1973, p. 484.

并没有直接影响。此外,尽管这是美国劳动法的一次重要进步,但在执行方面并不完全成功,也未能提供足够的保护。

19 世纪 70 年代以后,随着美国资本主义经济的发展,工人队伍的壮大和工会组织的出现,美国的劳动立法终于突破了少数资产阶级的限制,在内容和体系上逐渐得到发展。这主要表现在:

1. 在劳动安全卫生方面

首创了伤亡事故报告制度。由于机器在大生产中的广泛应用,工厂又缺乏起码的劳动防护保健设施,因此劳动条件十分危险,工人伤亡事故不断发生。这种情况受到社会各界的关注,美国政府被迫采取法律措施来改善工人的劳动条件,规定了工厂应用安全和卫生设备,防止发生伤亡事故和职业病的原则。1888 年,美国马萨诸塞州首先规定了伤亡事故报告制度,随后俄亥俄州和密苏里州也颁布了类似的法律。

2. 在工人工资、待遇方面

对工资发放的形式和地点、时间等作了规定,如工资一律以通货结算,不能发放实物等。1875 年,马萨诸塞州规定了周薪制的工资发放原则;加利福尼亚州和内华达州也规定,凡在酒馆里发放工资就算违法,要受到刑事处分。

3. 在工会立法方面

此时,美国工会虽有发展,但总的来看,是限制工会活动的。1890 年,美国国会通过了《谢尔曼反托拉斯法》,其中规定,凡遇到各州之间和国际之间贸易而采取的托拉斯或其他形式的联合体构成共谋者均为非法。在立法本意上,主要是针对工商联合和共谋行为的,但法院通过判例把劳工联盟也视为一种"非法联合体",来处理工会与资方之间的案件。①

4. 在劳动争议方面

美国在 19 世纪末制定了两部处理劳动争议的联邦法律。1888 年的法律规定了自愿仲裁、强制调查和公布裁决三个程序,它实施了 10 年并未奏效。1898 年国会通过的《厄尔德曼法案》(Eldeman Act)规定,劳动争议发生时,由联邦政府管理州际商务委员会主席会同劳工委员会出面调解,若

---

① 参见[美]摩尔根编著:《劳动经济学》,杨炳章等译,工人出版社 1984 年版,第 591 ~ 593 页。

调解不成,则成立仲裁委员会,将案件交付仲裁,仲裁委员会有强制调查权力。在仲裁期间或仲裁判决后 3 个月内,如未在 30 天前通知对方,又无正当理由而举行罢工或关厂者,则为违法,须负损失赔偿责任。仲裁委员会的裁决,如在法律上没有错误,经法院备案后即为最后的决定。

美国自由资本主义时期的劳动立法从无到有,在实施的范围和调整内容上逐步扩大和充实,使工人的劳动时间有了一定程度的缩短,劳动条件得到了某些改善,工资支付有了一定保障。但是,从总体上说,美国劳动立法的速度比较缓慢,发展也不平衡。工业比较发达的州,劳动立法完善一些;而南方州、农业州则相对落后。同时,美国劳动立法的适用范围也比较狭窄,尚未包括一切产业部门和劳动者。

二、垄断资本主义时期的劳动立法

19 世纪末,以发电机、内燃机为标志的科学技术进步为美国工业进一步发展奠定了雄厚的物质基础,同时,自由竞争的发展引起了生产集中。到了 20 世纪初,垄断组织遍布各个工业部门,成为全部经济生活的基础,垄断资本主义终于形成。这一时期,美国劳动立法比自由资本主义时期有了新的进展,更加普及和完善。

(一)工厂立法的内容不断完善,适应范围日益扩大

20 世纪初,联邦在劳动立法中的作用得到增强。1901 年国会为铁路工人制定了一项法律,规定州际铁路服务人员的工作日工作时长为 8 小时;1916 年第一次制定限制童工的联邦立法,内容涉及童工的年龄限制和工作时间;1919 年国会改用征税的权力来限制童工,规定向非法雇用童工的公司一年征收纯利润的 10%的税金。以上两项关于童工保护的法律虽然被最高法院裁定为违宪,但用法律废止童工的趋势却不可逆转。1938 年《公平劳动标准法》把禁止使用“受压迫的童工”条款列了进去,并规定了工人的最低工资和最高工时的标准。

1886 年,美国芝加哥工人曾为实现 8 小时工作制进行过英勇的斗争。1919 年起,有少数州开始实行每日 8 小时,每周 48 小时的工作制(但当时仅限于 16 岁的童工,成年工人的工作时间并未缩短)。1912 年,联邦政府颁布法律,规定政府机关、公用事业的雇员工作时间为每日 8 小时,但私营企业则未作规定。迫于 20 世纪 30 年代经济危机和工人罢工斗争的双重

压力,美国国会于 1938 年通过了《公平劳动标准法》,正式规定雇主不得使雇员在一个工作周内工作时间超出 40 小时。与此同时,美国联邦政府对所属工厂工人和公用事业雇员也实行每年 2 周带薪休假的办法,而私营企业则通过工会与资方签订集体合同来具体约定。

(二)社会保险法律的制度的确立

20 世纪初,美国已成为发达的工业国家,生产社会化程度位居世界前列,但与英国、法国、德国相比,在社会保障方面却没有建立起由国家出面的社会保障制度。这与美国一向奉行的"小政府、大国民"的施政哲学有关,这种哲学把经济、劳工福利这些社会事务看作国家不应插手的领域。当时的美国全国制造业协会主席艾杰敦的一句名言正表达了美国政府的这种传统观念,他说:"我按效率发工资,至于社会福利那是慈善机关的事。"①

20 世纪 30 年代的经济危机,造成了 1500 万人至 1700 万人的失业,约 3400 万城市工作者中断了收入来源,1100 万农民收入大幅下降。群众性示威游行此起彼伏。面对危机的恶果和强大的社会压力,美国政府改变了传统观念。1935 年,在罗斯福总统的领导和支持下,美国通过了历史上第一部社会保障法典——《社会保障法》,它由老年社会保险、失业社会保险、盲人补助、老年补助和未成年补助五大项目构成,形成了保障劳动者生活的"社会安全网络"。以后,"网络"又进行了不断的修改和完善。1939 年增加了"遗属抚恤"(survivor's benefits)计划,1957 年增加了"残疾人福利"(disability benefits)计划,1966 年又增加了 65 岁以上老人的医疗保险(hospital and medical benefits),覆盖面涉及 98%以上的工资收入者。

(三)工会立法

如前所述,美国政府对工会及罢工一直持反对态度,不承认工会的合法地位。② 直到 1933 年,国会才通过《国家工业复兴法》确认了工会的组织权,但不久在 1935 年 5 月便被最高法院认定违宪而归于无效。同年 6 月,美国国会又通过了《国家劳动关系法》(The National Labor Relations Act),

① Foster R. Dulles, *Labour in American*, New York, 1960, p. 98.

② 参见[美]摩尔根编著:《劳动经济学》,杨炳章等译,工人出版社 1984 年版,第 592~605 页。

其内容与《国家工业复兴法》相同,并增加了有关“国家劳动关系局”的规定。

三、现代美国劳动法的主要内容

现代时期美国劳动法主要由两大部分构成:一是有关作为个体的工人福利问题的法律;二是关于组织起来的劳工的劳资关系法律。[①]

(一)工人福利立法

美国工人福利立法主要规定了工人的最低工资,最长工时,劳动安全和保护(特别是防止有害的童工劳动),保护女工,禁止在雇佣中因种族、国籍、性别、宗教信仰的不同而给予歧视性待遇。

1. 工资和工时

1938 年的《公平劳动法》(Fair Labor Act)是有关工人福利的重要联邦法律,这一法律规定了最低工时和最高工时,超过这一限度应付给加班加点的报酬。这部法律经过不断修改,每小时的最低工资由原来的 40 美分逐步增加到 3.35 美元,同时不断扩大了该法的适用范围,由原来只适用于从事州际商品生产的工人,逐步扩大到适用于零售与服务业、农场、学校(非教员)的绝大部分雇员。近年来,联邦劳工法规定了加班支付的标准,即超过每周 40 小时的工作时间需要支付 1.5 倍的加班工资。一些州还制定了更严格的加班支付规定,以确保工人得到公平的报酬。例如,加利福尼亚州通过了《加州加班法》(California Overtime Law)等一系列法律,规定了加班支付的标准和规则,要求雇主支付超过一定工作时间的员工加班工资。同时,也有州通过带薪休假法、家庭和医疗假期法、雇主带薪休假法等法律,保障劳动者的各项工作时间休息权利。

2. 劳动安全与卫生

1970 年,国会通过了全国性的《职业安全和卫生法》(Occupational Safety and Health Act,OSHA),该法的宗旨是“尽量保证全国每个男女工人都能在安全和卫生的条件下从事工作,并保护国家的人力资源”。该法律详细地规定了安全卫生标准,建立了重大事故报告制度、监督检查制度和

---

① See E. Allan Farns Worth, *An Introduction to the Legal System to the United States*, Parker School of Foreign and Comparative Law, 1978, p. 210.

违反法规的处罚制度,要求资方为每个员工提供没有意外危险的工作岗位,避免伤亡事故的发生。同时,《劳动安全与健康法案》覆盖了所有 50 个州、哥伦比亚特区和其他美国司法管辖区内的大多数私营部门雇主,可以通过联邦 OSHA 直接覆盖,或者通过经过 OSHA 批准的州计划覆盖。州计划是由各个州而不是联邦 OSHA 运行的经过 OSHA 批准的工作安全与健康计划。联邦 OSHA 批准并监督所有州计划,并为每个计划提供高达 50% 的资金支持。州管理的安全与健康计划必须至少与联邦 OSHA 计划一样有效。由于 OSHA 受到《劳动安全与健康法案》第 4(b)1 节的限制,如果某项工作条件已经受到另一个联邦机构的监管,那么 OSHA 就不能执行其法规。例如,在公共高速公路上行驶时,美国运输部在联邦汽车运输安全管理局法规所涉及的危险方面有权超越了 OSHA 进行监管。在机场操作时,如果航空公司与联邦航空管理局颁布一项涵盖工作条件的法案,那么联邦航空管理局则有权对相关问题进行监管。对于采矿等特殊行业,则由《矿山安全与健康法案》(Mine Safety and Health Act)授权矿山安全与健康管理局负责监管,以保护美国矿山从业人员的安全与健康。

3. 职业教育方面

一国综合实力的竞争归根结底是人才的竞争,美国国会清醒地认识到这一点,并把人才培养,促进就业纳入法制化的轨道。1962 年通过了《人力开发培训法》(Manpower Development and Training Act,MDTA),规定由联邦拨款举办就业培训和在职培训,以便帮助因自动化和技术变革而失业的数千名工人重回就业岗位。MDTA 被国家誉为自 1946 年《就业法》颁布以来第一部重要的人力立法,体现了美国自第二次世界大战结束以来,对人力利用的关注。大萧条的后遗症提高了美国对失业和经济增长问题的敏感性。原子时代的黎明见证了一项新技术的实施,该技术可能会用机器取代人类。此外,冷战的迫切需要以及对科学优势的强调,暴露了美国在培养足够数量的熟练技术人员方面的弱点。以上原因的相互作用成为推动联邦政府成为 MDTA 所设想的人力资源开发先锋的"催化剂"。美国在 1975 年又将几部法律修改合并,通过了《综合就业与培训法》(Synthesize Begina Joband Training Act)。20 世纪 80 年代,美国职业教育的公平问题引起了社会关注。因此,1984 年颁布的《卡尔·帕金斯职业教育法案》聚焦扩大妇女、少数民族和特殊需求人群接受职业教育的机会,重点支持职业教育项目改进与课程质量提升。此后,帮助处境不利人群满足就业需求成为职业教育立法促进公平的一个规定动作。20 世纪 90 年代,美国职业教育开始从注重人才培养和供给转向聚焦劳动力市场需求,精准对接供需、提升服务能力成为这一时期职业教育改革发展的主旋律。1994 年颁布的《从学校到工作机会法案》,由美国教育部和劳工部联合实施。2014 年,《劳动力创新与机会法案》颁布,替代了《劳动力投资法案》,是美国首个针对联邦劳工部公共劳动力系统的立法。该法案由劳工部负责实施,旨在进一步促进劳动力市场向买方市场转变,增强劳动力发展供给与市场需求的匹配度,为企业精准提供各级各类技能匹配人才,提高美国企业在全球的竞争力。2018 年,《加强 21 世纪职业发展与技术教育法案》颁布,提出要形成更为有效和灵活的职业技术人才培养机制,满足劳动力市场新需求。

(二)劳资关系立法

美国劳资关系法是指处理由劳动组织、工会的各种活动所引起的纠纷的法律。早期劳资关系法主要是判例法,总是偏袒雇主,对工会活动作了严格的限制。然而,美国革命后,法院摆脱了英国普通法的压制性元素。第一个报道的案件是 1806 年的联邦诉普利斯案,确实认定费城的鞋匠犯有“联合提高工资”罪。尽管如此,工会仍在继续,第一个工会联合会于 1834 年成立,即全国工会,其主要目标是争取每天工作 10 小时。1842 年,马萨诸塞州最高法院在联邦诉亨特一案中裁定,波士顿熟练工鞋匠协会为提高工资而举行的罢工是合法的。首席大法官肖认为,人们“可以自由地为他们喜欢的人工作,或者不工作,如果他们愿意的话”,并且“共同同意行使他们自己公认的权利”。美国国会通过了 1914 年《克莱顿反托拉斯法》,将劳工排除在反垄断法之外。随后,大萧条后通过了 1935 年《国家劳动关系法》,积极保护组织和采取集体行动的权利。此后,法律越来越多地转向规范工会的内部事务。1947 年的《塔夫脱—哈特利法案》规定了成员如何加入工会,1959 年的《劳工管理报告和披露法案》为工会成员制定了“权利法案”。1959 年,国会通过了《劳工管理报告和披露法案》(Labor-Management Reporting and Disclosure Act),规定每个成员都有权投票、出席会议、自由发言和组织,未经投票不得收取费用,不得被剥夺起诉权,或被不公正地停职。该法案还规定了工会应向劳工部部长提交其章程,并供会员查阅等工会治理原则。

第十节 环境法

一、美国环境法的历史发展

当“五月花”号把第一批白人移民送上北美大陆时,这批刀耕火种、毁林开荒的人并没有想到他们在用双手建立起梦中家园的同时,也造成了北美的生态危机和污染问题。

美国环境法同其他部门法一样,也经历了产生、发展和完善的过程。

(一)环境法的萌芽阶段(18世纪产业革命时期至20世纪初)

产业革命所释放出的巨大能量,促使美国的经济迅速腾飞,在当时的历史条件下,“烟囱林立”“浓烟滚滚”竟成了美国工业发达、城市繁荣的标志和象征。然而,正当人们依仗生产力和科学技术对自然界采取一种几乎是目空一切和不可一世的无视自然的态度时,自然界也开始报复人类,人们的周围环境每况愈下。于是,环境保护问题被提上议事日程。

美国早期的环境立法主要是针对大气污染和水污染作了一些限制性规定,如要求采用某些必要的治理措施等,较少涉及国家对环境的监督和管理。例如,1876年,加利福尼亚州最先颁布了烟尘防治条例,规定工厂的烟囱至少要比附近建筑物高出20米①;1881年,芝加哥市颁布条例,宣布排放黑烟构成侵害,对于侵害者处以5~50美元的罚款。其后,许多城市也都相继制定了烟尘防治条例。至1912年,在全美国28个拥有20万以上人口的城市中,有23个城市制定了这样的条例。1898年,美国颁布了《河流与港湾法》(River and Harbour Act),这是联邦政府的第一部关于水污染的控制法,主要是禁止向通航水域投弃会影响航行的废弃物。

该时期,限于认识与历史条件等原因,美国政府在环境保护方面并没有给予足够的重视和采取有力的公法控制,美国政府本身尚未颁布水污染

---

① See Gerald D. Nash, *State Government and Economic Development, A History of Administrative Policies in California* 1849—1933, University of California Press, 1964, p. 153.

等方面的制定法。对于由大气、水污染而引起的损害，被害人主要是依据普通法上的侵害(nuisance)的法理，寻求私法上的救济，法院在解决这类污染纠纷时一般适用的也只是一些普通法的法理。有些州根据河岸权—自然流动原则，对受害人加以保护，即下游沿岸的人有权要求河水的水质不降低，水量不减少；也有一些州则根据河岸权—合理使用原则，要求沿岸的人必须合理使用河水，不得损害其他沿岸人的权益。

仅依靠普通法上作为事后救济的"侵害法理"来作为控制污染的手段是不充分的。其原因在于：(1)法院的判决往往是"只赔不禁"。例如，在1903年的布默诉大西洋水泥公司案(Boomer v. Atlantic Cement Co.)中，虽然被害人获得了一定数目的金钱赔偿，但法院通过"全面平衡"的办法，以"如果颁布禁令，被告所面临的困难要比不颁布禁令而给予赔偿后的原告所面临的困难大得多"①为理由，拒绝发布禁止侵害的命令。(2)被害人诉讼的非经济性。利用普通法中"侵害"法理对公害提起诉讼，原告在胜诉后得到的赔偿与其所负担的律师费、调查费相抵，往往所剩无几，甚至会成为巨额负债款。这就使原告诉讼负担过重，往往不愿意通过法律来寻求救济。(3)原告举证难。造成大气和水污染是众多污染源综合作用的结果，运用"侵害"法理，很难确定导致污染的具体责任者。

因此，传统的普通法已经无法有效地控制污染，保护受害者，通过新的国家立法干预来弥补普通法的不足已势在必行。

(二)环境法体系的发展建立阶段(20世纪四五十年代至70年代)

20世纪四五十年代是美国历史上的"黄金时期"，它不仅没有经受第二次世界大战所带来的巨大创伤，反而因为"战争景气"一跃成为资本主义世界的霸主。正是在这一片莺歌燕舞、太平盛世的情况下，西方世界发生了臭名昭著的八大公害事件，它们成为促使美国政府加快环境立法的推进器。

八大公害事件有两件发生在美国。一件发生在1943年的美国洛杉矶市，当时该市拥有200多万辆汽车，每天要消耗500多万加仑的汽油，汽车排放的烟有1000吨，再加上当地的气候条件，造成严重的光化学烟雾事

① 从选功、胡保林主编：《干部环保法律知识教程》，中国政法大学出版社1994年版，第387页。

件,大多数居民出现眼肿、流泪、胸痛、喉痛等症状,约有 4000 人死亡。另一件是 1948 年的美国多诺拉镇的烟雾事件。它是冶炼厂的二氧化碳和粉尘引起的,发病人数约为 6000 人,竟占当地居民总数的 43%。

公害事件的大量发生,引起了大规模的群众性反公害运动。同时,这也引发了美国各界围绕公民的环境权问题而展开的激烈争论,其核心问题就是公民要求保护环境,在良好的环境中生活的权利的法律依据是什么。这场争论突破了美国传统宪法及普通法理论中固有的权利概念,即公民无权对与自己无关的财产(如空气、水体)提出权利要求,从而形成了这样的共识:空气、水体等人类生活必不可少的环境要素属于全体国民所共有,它们是被委托给政府管理的财产,未经全体国民许可,政府不得处理这些财产。从而于法理上确立了"环境权"的概念。

在群众性环保运动的压力下,美国政府开始重新审视环境问题,并以此为契机加速了环境立法的步伐,制定了大量的环境保护专门法规。例如,1955 年的《清洁空气法》、1948 年的《水污染控制法》(Water Pollution Control Act),扩大了联邦机构的控制权限,规定联邦机构可以对有污染行为的人提起诉讼。1956 年对《水污染控制法》进行了第一次修改,增加了向修建污水处理厂的城市提供补助金,以及联邦机构对污染行为人提起诉讼的具体程序等内容。此外,美国还制定了有关噪声、振动、恶臭、地面沉降、固体废弃物、放射性污染、电磁波污染、有毒化学污染等法律、法规和与之相配套的州一级立法,从而初步形成了美国环境保护法的体系。

(三)美国环境法体系的完善阶段(20 世纪 70 年代)

20 世纪 70 年代,美国社会民众的环保意识进一步提高,环保运动相继展开。1970 年 4 月 22 日,美国的一些环境保护工作者和社会名流共同发起了一场声势空前浩大的"地球日"环保运动。① 全美有 1 万所中小学、2000 所高等院校和许多团体,共 2000 万人参加了这次活动。人们举行了游行、集会、演讲和其他形式的宣传活动,要求政府采取措施保护环境,这是人类历史上第一次规模宏大的群众性环保运动。

在这种大背景下,美国政府决策者、学者专家都认为不建立完善的环境保护法体系不足以应对当前的环境问题。例如,《国家环境政策法》

---

① See Ralph F. de Bedts, *Recent American History*, Dorsey Press, 1973, p. 525.

(National Environmental Policy Act)的起草人劳顿·高尔纳教授就明确指出,美国在20世纪70年代以前的环境保护政策现在正发生一种"静默的危机"(quiet crisis),认为现行法律在结构上造成了州与地方的环境体制规模太小;同时,环境问题在全国政策领域未受到应有的重视,不足以应对庞杂的环境事务,在功能方面也无法履行有效的管理之职,不能反映广泛的环境需要与利益。①

这样,1970年以后,美国环保法的发展出现了两个显著特点:(1)更多地运用详细的成文的联邦法律保护环境,如前述《国家环境政策法》、1970年修订的《清洁空气法》,进一步加强了联邦机构的权力和责任,并根据当时总统尼克松的命令,成立了联邦环境保护局,把环境保护工作由分管变成了统管。1974年、1977年再度修订《清洁空气法》。1972年、1977年两度修改《水污染控制法》,并将其改名为《清洁水法》,之后又于1980年、1981年、1985年进行了三次修改。(2)加强各州在环保立法、执法方面的作用。按照联邦环保法的规定,联邦政府有权制定相关的环境污染管制或环境品质标准,各州政府则依据环保法的规定制订"州执行计划书"(state implementation plan)。以水污染标准为例,联邦政府仅设定一个最低标准,并鼓励各州在此基础上采取更严格的标准,赋予各州更大的空间上的自主裁量权。因而各州在不违反环保法与联邦政府规定的前提下,常会作出许多不同程度的政策革新。其中,加利福尼亚州环保法律革新色彩最浓,在某些方面甚至领导了全国环境政策的发展,如有关汽车排放废气标准的规定,国会便将它列入重要的参考资料,以作为修订净化空气法之基础。

(四)美国环境法体系的发展阶段(20世纪80年代)

20世纪80年代,美国的现代环境法出现了转变。在国会通过《综合环境反应、赔偿和责任法》[Comprehensive Environmental Response, Compensation and Liability Act, CERCLA,或简称超级基金(Superfund)]后,罗纳德·里根总统立即上任。他赞成大幅削减环境监管,并采取协调一致的行动来实现这一目标。他主张限制环保方面的"大政府";反对联邦政府削弱州政府自行决定如何治理的权力;反对限制工业并以政府对适当工业行为的决定取

① See Breiden Bach & Andrew W. , *Report of the Task Fore to Define an Office of Research and Development Planning Process*; *Executive Summary*, Enviormental Protection Agency, 1994, p. 3.

代自由市场提供的基本经济力量的政府规则和条例。然而,到 20 世纪 80 年代末,尽管总统做出了一系列努力,行政分支所期待的环保方面的监管倒退并没有发生。相反,国会通过了比 20 世纪初更为严格的联邦环境法规。更重要的是,环境保护法本身只是美国环境法最正式的体现。环保主义及其潜在的价值观、优先事项和信息引发了法律规则的彻底变革。

从 1981 年到 1990 年,国会对几乎所有主要环境保护法进行了实质性修改。国会于 1982 年修订了《濒危物种法》,1984 年修订《资源保护和恢复法》,1986 年修订 CERCLA,1987 年修订《清洁水法》以及 1990 年修订了《清洁空气法》。这些详细的、规定性的修正案将原本长达数十页的开放式法规转变为长达数百页的法规。事实上,国会剥夺了行政部门历史上享有的大部分环境决策权。尽管《清洁空气法》首次包括了一项依赖于市场激励措施的重大计划(可交易的排放权来控制酸沉积),但这些法规通常遵循严格的技术和健康标准的"命令和控制"制度。

然而,20 世纪 80 年代环境法的重要性不仅体现在国家对里根政府放松管制努力的拒绝,还体现在国会对环境法规的详细修订。几乎所有美国法律在 20 世纪 80 年代都被"绿色化"。环境保护法只是法律转型最明显、最浅显的体现。① 环保主义的教义和价值观融入了一系列法律规则,以满足公众对环境保护的需求。行政法、破产法、民权、公司法、言论自由、保险法、国际法、救济法、证券法和税法等不同的法律领域都经历了重大变革过程,以响应公众的愿望拥有更好体现公众环境保护目标的法律体系。②

(五)持续争议及国际环境法在美国国内产生影响(20 世纪 90 年代至今)

20 世纪 90 年代的联邦司法机构以保守派法官为主,这与 20 世纪 70 年代欢迎甚至积极鼓励制定严格的环境保护要求的联邦司法机构完全不同,20 世纪 90 年代以来,越来越多的司法裁决公开质疑严格环境要求的广泛适用。在 20 世纪 80 年代大规模立法活动之后,留下诸多与美国环境法相关的持续存在的争议。其中一些争议与美国政府决策结构、联邦和州政

---

① See Richard J. Lazarus, *The Tragedy of Distrust in the Implementation of Fed. Envtl. Law*, 54 Law & Contemp. Probs 211 (1991).

② See Richard J. Lazarus, *The Greening of America and the Graying of United States Environmental Law: Reflections on Environmental Law's First Three Decades in the United States*, 20 Virginia Environmental Law Journal 75 (2001).

府关于环境法和政策制定权等问题有关。争论的另一个来源是学术界以及私营和公共部门，它们认为现在需要新一代的环境法来将环境保护带入下一个千年。“下一代”、“反身性”和“复杂适应性系统”等各种标题被用来描述所需的改革。每个标题的共同特征是它们旨在寻求发展更加灵活、高效和有效的法律体系来实现之前环境法的宏伟目标。①

同时，国际法对国内环境法的影响日益增强。随着美国越来越多（并且必然）参与国际环境法规范、原则和更具正式约束力的条约义务的制定，美国国内环境法发现自己开始受到这些更广泛的国际力量的塑造。国际贸易的增长也给各国带来压力，迫使它们开始采用共同的环境保护标准，或至少缩小现有的差距。自愿性的国际环境标准，如 ISO 14000，规定对产品进行认证，使其符合指定的统一环境管理标准，对美国的行业实践也产生了巨大影响。

二、美国环保法体系的主要内容

（一）环境基本法：《联邦环境政策法》（NEPA）

NEPA 是联邦环境立法中的基本法，于 1969 年颁布。它主要规定了国家总的环境目标，并为联邦政府所有机构规定了环境保护的责任。该法第 102 节规定，多种联邦机构应该确保决策过程中审查其行为对环境的潜在影响，并且就其行为提出环保后果评估报告。这里的“行为”是指：（1）联邦所采取的行动；（2）性质是重大的行为；（3）对环境产生重大影响的行动。所有的环境影响报告书都要阐述采取该项行动对环境的影响，尽可能从两个方面即不实施该行为的后果和有关减少环境影响的措施加以阐述。环境影响报告书有的长达几千页。

（二）环境控制法（ECA）

这方面的法律主要有《清洁空气法》和《清洁水法》，它们是美国最重要的两项污染控制法。

在 1972 年制定的《清洁水法》中提出的治理目标是，截至 1983 年使所有的水域均可以养鱼或游泳；截至 1985 年完全清除排泄到水域中的污染物。目标虽然至今尚未实现，但其法律结构还是合理的。

---

① See Daniel C. Esty, *Revitalizing Envtl. Federalism*, 95 Michgan Law Review 570 (1996).

1970 年,联邦政府从各州政府手中接替了空气污染控制的责任,并制定了综合性的管理方案,即《清洁空气法》。它们在制定这些法案时,是以保护人体健康为基础而不考虑成本,同时还确定了以当时的技术条件难以达到的标准。这个法律的实施,使大气质量与 20 世纪 70 年代初期相比有所好转。但是全国大多数地区,包括一些大城市,20 年以后仍然没有达到当时确定的健康标准。1990 年的修正案对此做了大幅度修改,如增加了许多更严格的要求,为此每年工厂和消费者除目前用于大气治理的资金以外,还要增加 250 亿美元的花费,增加和提高公众在通过法院实施该法律过程中的权利。

(三)《资源保护和回收法》(RCRA)

1976 年通过的这部法律是世界上所有国家中在管理有害废弃物方面最好的法律。"从摇篮到坟墓"式的管理,主要是为了减少废弃物的排放,鼓励采用先进技术处理和处置有害废弃物。它主要适用于每年共产生 1.7 亿吨废弃物的 50 万个污染源。制定该法律主要是激励人们寻求新的方法处理、回收和再利用废弃物,或寻找新的替代产品,改进生产工艺,以达到在生产过程中不产生有害废弃物的目的。这部法案赋予 EPA 权力,从源头控制危险废物。这包括危险废物的产生、运输、处理、储存和处置。RCRA 还制定了非危险固体废物管理框架。1986 年对 RCRA 的修订使 EPA 能够解决地下储罐储存石油和其他危险物质可能造成的环境问题。该法律的其他一些规定包括增加 EPA 的执法权、更严格的危险废物管理标准以及全面的地下储罐计划。

(四)1976 年《有毒物质控制法》(TSCA)

这部法案赋予 EPA 权力,要求报告、记录和测试要求以及与化学物质和/或混合物相关的限制。某些物质通常不属于 TSCA 的范围,其中包括食品、药品、化妆品和农药。

(五)《综合环境响应、赔偿和责任法》(CERCLA 或超级基金)

这部法案批准提供了联邦"超级基金",用于清理不受控制或废弃的危险废物场地以及事故、泄漏和其他向环境中排放污染物和污染物的紧急事件。通过 CERCLA,EPA 有权寻找对任何排放负责的各方并确保他们在清理工作中的合作。当无法确定或找到潜在责任方,或责任方未能采取行动时,EPA 会通过各种执法工具进行清理。一旦清理完成,EPA 还会从有经济能力的个人和公司收回成本。1986年的《超级基金修正案和重新授权法案》(SARA)重新授权CERCLA继续在全国范围内开展清理活动。该法案增加了几项针对特定地点的修正案、定义说明和技术要求,包括额外的执法权力。此外,SARA的第3章授权了《紧急计划和社区知情权法案》(EPCRA)。

(六)《联邦杀虫剂、杀菌剂和灭鼠剂法案》(FIFRA)

该法案规定了联邦对农药分销、销售和使用的监管。在美国分销或销售的所有农药都必须有EPA注册或许可。在EPA根据FIFRA注册农药之前,申请人必须证明,除其他事项外,按照规范使用农药"通常不会对环境造成不合理的不利影响"。FIFRA将"对环境的不合理不利影响"定义为:"(1)考虑到使用任何农药的经济、社会和环境成本和效益,对人类或环境造成的任何不合理风险,或(2)因在任何食品中使用不符合《联邦食品、药品和化妆品法》第408条规定的标准的农药而产生的残留物对人类的饮食风险。"

(七)《濒危物种法案》(ESA)

该法案提供了一项保护受威胁和濒危动植物及其栖息地的计划。实施ESA的主要联邦机构是美国鱼类和野生动物管理局(FWS)。FWS维护着一份全球濒危物种名单。物种包括鸟类、昆虫、鱼类、爬行动物、哺乳动物、甲壳类动物、花卉、草类和树木。同时,该法律要求联邦机构与FWS和/或NOAA渔业局协商,确保它们授权、资助或执行的行动不会危及任何列入名单的物种的继续生存,或导致此类物种指定的关键栖息地遭到破坏或不利改变。该法律还禁止任何导致"夺走"任何列入名单的濒危鱼类或野生动物物种的行为。同样,列入名单的物种的进口、出口、州际和对外贸易一般都是被禁止的。

(八)《美国联邦法规》(CFR)第40章"环境保护"

第40章"环境保护"是CFR的一部分,其中涉及EPA保护人类健康和环境的全部政府监管法律法规。

第七章 刑　法

第一节　美国刑法的历史发展

美国的刑法是指美国52个司法管辖区，即50个州、首都华盛顿（哥伦比亚特区）以及联邦所规定的关于犯罪和刑罚规范的总和。而从大的方面来看，美国刑法又可分为州刑法和联邦刑法两大体系。

一、独立战争至南北战争时期的刑事立法

（一）刑事立法

联邦宪法是美国刑事法律制度的重要基础。它规定，美国的刑事立法权由联邦和各州分别行使。属于联邦刑事立法权的有：制定关于伪造合众国证券及流通货币的惩罚规则；规定在公海中所犯的海盗罪与重罪及违反国际公法之罪；规定叛国罪；通过剥夺公权的法案，追溯既往的法律或损害契约义务的法律等。除上述立法权外，其他刑事立法权均由各州行使。

联邦宪法还直接规定了“叛国罪”的构成要件及对特殊犯罪主体的“弹劾程序”。关于叛国罪，《美国联邦宪法》第3条第3款规定：“背叛合众国的叛国罪，只限于发动反对合众国的战争，或者依附合众国的敌人，给敌人援助。无论任何人，非经该案证人二人证明或经其本人在公开法庭供认，不得受叛国罪的裁判。”关于弹劾，《美国联邦宪法》第2条第4款规定：“总统、副总统及合众国

文官,受叛国罪、贿赂罪或其他重罪与轻罪、弹劾和定罪时,应受免职处分。”

(1)联邦刑事立法。联邦在联邦宪法授权的范围内,制定了联邦的刑事法律。最早的联邦刑事立法始于1790年的《治罪法》(Crime Control Act),该法包括叛国罪、海盗罪、伪造罪、贿赂罪、公海上的谋杀罪和其他犯罪,以及违反国际公法的犯罪。直到1877年前,联邦所制定的刑事法规均被编入《联邦法律汇编》(The Compilation of Federal Laws)。

(2)州刑事立法。美国的刑事立法权主要在各州。例如,路易斯安那州制定1820年刑法典,1857年纽约州成立了一个委员会,负责起草民法典、政治法典和刑法典。各州的刑事立法有两种情况:一是全部犯罪都规定在制定法中,刑事控告完全根据制定法;二是部分犯罪规定在制定法中,对其他犯罪的控告仍然依据普通法。

(3)英国普通法在刑事立法中的地位。美国刑事立法中对英国普通法的适用主要有以下几种形式:第一,在特定的制定法中认可英国普通法的某些部分;第二,制定总则性法规或者通过宪法性条款来接受英国普通法;第三,通过法院判例引进英国普通法的某些部分;第四,根据国家主权原则,通过联邦和州的制定法或法院判例接纳英国普通法。

(二)刑法改革

美国革命时期,殖民地人民反英情绪高涨,英国法遭到反对。刑法方面最集中地体现在:新独立的美国人民认为英国法律具有封建保守性、残酷性,要求修改刑罚,体现共和主义精神。在签署《独立宣言》几周后,弗吉尼亚州议会通过了一项修改刑法的法案,并成立了包括托马斯·杰斐逊在内的刑法修改委员会。杰斐逊起草了一份新的刑事惩罚体制的法案,法案的制定遵循了以下三个原则:刑法的目的是威慑犯罪和改造犯人;残酷的法律是自掘坟墓;人们愿意遵守罪刑相适应的刑法。[①] 虽然这个法案没有被议会通过,但它成了美国革命后刑法改革、刑事立法走向发展的嚆矢。

将刑法改革理论变成现实的第一个州是宾夕法尼亚州,1776年该州在宪法中规定了关于刑法改革的条款。10年后州立法机关采取的刑法改革的第一个步骤是废除对抢劫罪、夜盗罪和兽奸罪的死刑。1794年,宾夕法尼亚州的刑法把谋杀分为四级,除叛逆罪外,只对一级谋杀罪适用死刑。

---

① 参见储槐植:《欧美刑法改革》,载《国外法学》1987年第1期。

弗吉尼亚州和纽约州随后也相继作出这种规定。

19 世纪 20 年代,废除死刑运动重新兴起,1820 年至 1850 年在全美国掀起了反对酷刑的浪潮。其中著名的代表人物爱德华·利文斯顿于 1826 年向路易斯安那州议会提交了法典草案。利文斯顿法典包括四部分相互独立的内容:犯罪和刑罚法典;刑事诉讼法典;证据法典;监狱纪律法典。其法典流露出对法官的不信任以及对司法人员造法的反感。其中引人注目的是废除死刑。到 19 世纪 50 年代,全美国有 11 个州成立了反对死刑的社会组织,1845 年成立了全国反对死刑的团体,副总统乔治·达拉斯是这个团体的第一任主席。反对死刑最为成功的是 1846 年密歇根州议会通过法律废除叛国罪以外的所有犯罪的死刑。罗得岛州在 1852 年、威斯康星州在 1853 年随之也废除了死刑。美国反对死刑运动到内战前夕趋于停顿。艾奥瓦州于 1872 年、缅因州于 1876 年废除死刑,其他州适用死刑的范围也大大缩小。

此外,从 1776 年到 1847 年,被规定为犯罪的行为逐渐增多。除传统的犯罪如盗窃、谋杀、强奸、放火外,涌现了大量的经济犯罪。经济犯罪的相对增长,法律文本上经济犯罪的规定增多是刑法重心变化的外在体现——保护私有财产和促进公共经济事务的发展。在任何时期,刑法不仅是维护现时的道德准则,还是实现经济和社会计划的工具、公共权力划分的指南。刑法,在一个很少进行经济控制,且有一个强而有力的政府领导的社会中,是经济政策的自然表达方式。①

二、南北战争后至 19 世纪末期的刑事立法

由于南北战争到 19 世纪后半期为工业化和商业扩展时期,美国的立法者、法学家和律师们的主要精力放在经济方面。但纽约州 1857 年成立的委员会在 1865 年却制定了纽约州刑法典,由于著名律师大卫·菲尔德所起的作用巨大,法典被以他的名字命名为《菲尔德刑法典》(Field Criminal Code)。《菲尔德刑法典》在 1881 年经纽约州议会通过。这部法典几乎被加利福尼亚州、南达科他州和北达科他州全盘引用,对西部其他一些州的

① See Arthur P. Scott, *Criminal Law in Colonial Virginia*, University of Chicago Press, 1930, p. 225-227.

刑法典也产生了巨大影响,如亚利桑那、爱达荷、蒙大拿、犹他、俄勒冈和怀俄明等州。1877 年,联邦在联邦宪法授权的范围内制定了《联邦修正法律》(Federal Revised Code),删除了一些过时的和相互矛盾的法律规范。

这个时期,刑法发展的成果主要体现在刑事司法制度方面:1876 年纽约州制定的《纽约州爱尔密拉教养院法》(N. Y. Elmira Reformatory Act);1878 年马萨诸塞州议会制定了世界上第一个少年法庭法。这两部法律在 19 世纪末和 20 世纪对美国各州和整个世界都产生了显著的影响。

美国《黑人法典》(Black Codes),亦称"杰姆 · 克劳法"(Jim Crowd Law),是美国南部各州自 19 世纪 70 年代开始制定的、对黑人实行种族隔离或种族歧视的法律总称。密西西比州在 1866 年首先公布,继而,南方其他各州纷纷效仿。该法典使主人占有黑人劳动和对黑人使用"有节制的体罚"等特权合法化。1868 年后,《黑人法典》中许多内容在广大人民的强烈反对下被陆续废除或修改。另外,南部各州以田纳西州为首,成立了专门迫害黑人的秘密恐怖团体"三 K 党",该组织擅用美国刑法中的习惯法——私刑来残害黑人。这些都给美国近代刑法乃至 20 世纪的刑法打上了种族歧视的烙印。

三、20 世纪刑事立法的发展

(一)联邦立法

在 1877 年《联邦修正法律》基础上,1909 年美国国会通过了《编纂、修正、改订联邦刑事法规的法律》,综合性明显增强。1948 年,联邦刑事法律进一步被整理和编纂成《美国法典》第 18 篇。二者都是采用法律汇编方式,将现有刑法进一步整理,按字母顺序汇集成典的。虽然其内容修改了几百条款,但是许多刑事违法行为仍没有被包括进去,如《原子能法》《谢尔曼反托拉斯法》《证券法》《证券交易法》中的刑事条款都未能列入。

美国 20 世纪 60 年代根据国会决议成立了改革联邦刑事全国法律委员会,研究并制定刑法典草案。1973 年 1 月 4 日提出、1974 年 10 月 15 日修改的关于联邦刑事法律法典化的参议院 1 号提案,即新联邦刑法典建议稿,曾试图推出一部真正意义上的联邦刑法典,但未获立法机关批准,1978 年又遭众议院司法委员会刑事审判小组委员会的否决。

(二)州刑事立法

19世纪末20世纪初,美国的许多州制定了刑法典或有关刑法的法规,除将大部分普通法罪名包括在内以外,还增添了一些新的犯罪种类。20世纪50年代以来,威斯康星等20多个州制定了全面系统的刑法典,另外一些州修改了先前的刑法典。

为了统一各州的刑事立法,使其刑法概念、术语规范化,1923年成立的美国法学会于1931年提议创制《模范刑法典》(Model Penal Code)。真正的起草工作是从1950年开始的,这部"法典"写了10年(1952—1962年),共易13稿。1962年公布的正式建议稿功利主义色彩非常浓厚。由于它是由一些著名法学家、教授和法官编写,并得到美国主要慈善基金会的资助,因此,《模范刑法典》具有很高的学术价值和示范意义。这部法典分4个部分,共176条。第一部分是总则;第二部分是具体犯罪;第三部分为处罚和矫正;第四部分为矫正机构。在每一条文后,都附有评注,每一条评注都可以被视为一篇研究论文。到1980年就有半数州以它为蓝本,对该州的刑法进行了修订或重新制定,如科罗拉多州、康涅狄格州、特拉华州、夏威夷州、伊利诺伊州、堪萨斯州、肯塔基州、明尼苏达州、蒙大拿州、新罕布什尔州、纽约州等。

此外,美国国会通过法律授权司法机关中的一个独立机构制定并修改《量刑指南》(Sentencing Guidelines)。美国国会通过1984年《量刑改革法》(The Sentencing Reform Act)建立了量刑委员会。该委员会是由总统任命的法官依法组成的,它所制定的《量刑指南》送交美国立法机关国会,在其收到《量刑指南》草案后180天没有对之提出异议,即生效,在联邦范围内统一执行,不得违反。这是一个有效的法律程序,保证了立法活动的及时性和权威性。美国《量刑指南》具有制定法的实际效力,它成了英美法系和大陆法系正在走向趋同的重要标志。

第二节　当代美国的犯罪及其对策

美国刑法中很重视犯罪的分类问题,根据不同的目的,采取不同的标准,可以对犯罪作出以下几种分类。

根据法律的渊源来划分,有普通法的犯罪和制定法的犯罪。普通法的犯罪即由普通法上规定的犯罪;制定法的犯罪即由立法机关所制定的法律上所规定的犯罪。

根据犯罪的性质来划分,有自然犯罪(mala in se,又称为本质罪恶的犯罪)和法定犯罪(mala prohibita,又称为法律上禁止的犯罪)。自然犯罪即违反人类同情心和正义感的犯罪,其行为本身具有明显的反社会和反道德性,无须根据法律规范就可以作出否定的评价,如杀人、强奸等犯罪;法定犯罪从其行为本身来看,没有明显违反传统道德伦理观念,只是由于法律的禁止而成为犯罪,如美国刑法中的酒后开车、经营赌具等犯罪。

根据犯罪的危害程度来划分,有重罪(felonies)和轻罪(misdemeanors)。美国多数州都采取这种分类,美国《模范刑法典》将重罪、轻罪分为四等,即重罪、轻罪、微轻罪(petty misdemeanors)和违警罪(violation)。

根据乔尔·萨马哈编写的第二版《刑事司法》(*Criminal Justice*),犯罪有以下几类:指标犯罪(index crime)、违背公共秩序和道德的犯罪(public orders and moral offense)、亲属犯罪(relational crime)、与职业有关的犯罪(occupation-related crime)。指标犯罪是指包括在美国联邦调查局每月或每年的统一犯罪报告(uniform crime reports)①中的暴力和财产犯罪,又称街头犯罪(street crime),如谋杀、强奸、抢劫等犯罪;违背公共秩序和道德的犯罪包括非法性行为、赌博和毒品或违禁药物的使用;亲属犯罪是指在家庭中发生的犯罪;与职业有关的犯罪是指在职业活动中发生的法人犯罪和利用职业或雇佣活动进行的自然人犯罪。

一、少年犯罪

少年犯罪人从事的犯罪主要是指标犯罪,当然,这种犯罪有着明显的主体特点,以致在刑事责任上、司法对策上都有着不同于成年人犯罪的特点。少年犯罪是一个非常广义的概念,它既指一定年龄的少年犯的罪,又可指只有少年人才能犯的罪,或者两者兼而有之。

① “统一犯罪报告”是联邦调查局每年出版的按月按年从大多数警察部门收集的一种犯罪报告,联邦调查局从中选择一定的资料加以整理并向社会公布。

综观各州法律对“少年犯罪”内容的有关规定,类似之处大致有以下几个方面:(1)少年犯必须是一定年龄界限以下的人,一般是18岁以下。(2)在上限年龄之下的人所犯重罪一般也属于“少年犯罪”行为,但在处理方法上按法律规定程序办理,主要是按少年法的规定办理。(3)某种身份犯罪及某些少年儿童的行为。例如,经常逃学、离家出走、性紊乱、乞讨、吸毒、酗酒、不道德的行为、不服从父母或监护人的正常监管和教育、任性、习惯性的流浪等,都属于“少年犯罪”的行为。

在1980年至1990年这10年,美国少年犯罪人从事的犯罪更为严重、更具暴力性。1987年,有15.8%的少年犯被指控犯有暴力型指标犯罪,30.7%的少年犯被指控犯有财产型指标犯罪。其中,暴力型指标犯罪如谋杀、暴力强奸、抢劫和加重的企图伤害等;财产型指标犯罪如夜盗罪、偷盗罪、盗窃汽车罪、放火罪等。和以前相比,少年实施的指标犯罪明显增多,越来越多的15岁和15岁以下的少年投身其中,而且,收集的资料表明,少年犯正在成为指标犯罪尤其是暴力型犯罪的主体。① 兰德公司对加利福尼亚州监狱未成年人的调查也指出,暴力犯罪者一般在23岁以下。②

为了惩治少年犯罪,同时又拯救失足的儿童、少年,美国采取了相应的立法和司法对策。

1. 刑事责任年龄与合法辩护

普通法关于责任年龄的划分是:(1)7岁以下为“没有刑事责任能力”;(2)7岁至14岁为“推定缺乏刑事责任能力”,即如果在缺乏证据证明有责任能力的情况下就被推定为没有责任能力;(3)有刑事责任能力的年龄为14岁以上(包括14岁)。美国大多数州都明文规定了未成年人的责任年龄,其余州仍沿用普通法的规则。刑事责任年龄的上限最高为18岁,还有16岁、15岁、14岁等。此外,不同性质的罪对少年犯的刑事责任年龄要求又有所不同。如二级谋杀未遂等罪,从14岁开始负刑事责任;一级谋杀罪因可判死刑而规定只有18岁以上的人才能构成该罪;不满法定年龄的,可作为“未成年人”免罪辩护的理由,已满上述年龄,又没有达到成年的,可以

---

① See John Klofas & Stan Stgkovic, *Crime and Justice in the Year* 2010, Wads worthpublishing Company, 1995, p. 270.

② See Jan M. Chaiken & Marcia R. Chaiken, *Varieties of Criminal Behavior: Summary and Lmplications*, Rand Coporation, 1982, p. 18-19.

作为“减刑辩护”的理由。

2. 少年司法制度

美国独立以后，继承了英国的部分法律，但是，它不是以国家法律作为整体加以承袭，而是各州各自继承了英国“国王亲权”的思想，并体现在有关的立法中。这种“国王亲权”的思想认为国家和各级政府是少年儿童的最高父母，必须对那些需要保护的少年儿童进行保护。

在减轻少年儿童的刑事责任问题上，虽然普通法原则上排除对许多青少年罪犯进行刑事判决，但在司法实践中，违反这一原则的判例却屡见不鲜。例如，1818 年，一个 11 岁的孩子因杀人罪而受到审判。1828 年，新泽西州一个 13 岁的孩子，因在 12 岁时所犯的罪而被处以绞刑。这些事例在社会上引起了强烈的反响，要求对刑事政策进行改革的呼声日益高涨。

1841 年缓刑作为在矫治机构以外而又在刑事法庭的监管下处理罪犯的一种方法被首次提出后，1869 年马萨诸塞州正式规定可以对儿童适用缓刑制度，从而对少年犯提供适当的监管，1876 年纽约州建立爱尔密拉教养院（Elmira Reformatory），使对青少年犯的司法处遇制度进一步完善起来。1899 年，伊利诺伊州议会制定的世界第一部少年法——《少年法庭法》（Juvenile Court Act）总结了半个多世纪的司法实践经验，规定了对“无人抚养的和被遗弃的孩子”以及“违法的少年儿童”的照管、审理和处遇的原则、方法，从而使少年司法制度法律化和定型化。到 20 世纪 40 年代，美国各州都有了自己的少年法。少年司法制度和少年法对传统刑法关于刑事责任年龄的规定作了重要的修正和补充，真正把刑事责任年龄科学地划分为绝对不负刑事责任的年龄、减轻刑事责任的年龄和完全负刑事责任的年龄三段。

随着 20 世纪五六十年代少年犯罪的急剧增加，司法界加强法制的呼声得到了回应：第一个控制和预防少年犯罪的全联邦法令即 1961 年《青少年犯罪法》（Juvenile Crime Act）诞生，联邦最高法院和一些州最高法院开始注意检查评价各少年法庭的判决，通过著名案件如肯特案（In re Kent）和哥尔特案（In re Gault）的判决，指明了少年法庭向维护少年权利发展的方向，揭开了现代美国少年司法制度改革的序幕。由于少年犯罪种类的变化，尤其是团伙犯罪和毒品犯罪近几年来的增长，少年法庭越来越向成人法庭靠近。但是，由于少年司法制度的历史传统，保护少年权益的目标、充足的人员和物质资源的支撑,独立的少年司法制度将长期存在下去。

从20世纪六七十年代到21世纪,美国对少年犯罪的刑事政策也经历了一系列变化。20世纪60年代和70年代初,美国对于少年犯罪总体的态度还是以预防和社区矫正为主。1974年,美国出台了《少年司法与犯罪预防法》(Juvenile Justice and Delinquency Prevention Act)。其主要内容有:(1)身份罪不应被认为是"违法犯罪";(2)身份犯的非监禁化,即离家出走的青少年、逃课学生或宵禁违法者的青年不能被拘留在少年拘留所或成人监狱中;(3)"视觉和声音"隔离保护,即不允许青少年和成人罪犯之间的接触,如果青少年在法律允许的有限情况下被关进成人监狱或被关起来,他们必须与成人囚犯分开;(4)替代少年法庭的方法应得到考虑和运用;(5)保障宪法赋予少年的各项权利;(6)设立少年司法与犯罪预防办公室,负责调研评估、完善法律、推动该法案的实施。[①]《少年司法与犯罪预防法》分别在1980年、1992年进行了重要的补充修正,1980年的修改规定除了在非常有限的情况下,监狱搬迁禁止将青年安置在成人监狱和拘留所,1992年的修改设立了不成比例的少数民族限制条款,要求各州解决司法系统中有色青年过多的问题。《少年司法与犯罪预防法》的制定意味着这一时期美国对少年违法者的政策是以保障权利、预防为主,且对少年违法者的刑法规制相对宽松。

从20世纪70年代末开始,到20世纪八九十年代,美国少年犯罪的数量大幅上升,美国转而对少年犯罪采取了相对严厉的刑事司法政策。1977年,华盛顿州新修改的少年法强调了公众保护、少年犯罪行为的有责性和少年犯罪应与成人同样处理,对少年犯采取与成人相同的刑事程序,体现了处罚少年而放弃矫正模式的刑事政策思想。[②] 20世纪90年代,许多州也采取了相同的做法,对少年犯罪进行从严化处理,如1993年怀俄明州将应由少年法院管辖的少年违法者年龄从18岁降至17岁,1995年新罕布什尔州和威斯康星州将少年法院管辖的少年违法者年龄从17岁降至16岁,

---

① 参见李亚学:《美国的〈少年司法与犯罪预防法〉及身份罪少年的非监禁化》,载《青少年犯罪问题》2005年第3期。

② 参见张知博:《美国少年法院的刑事政策变迁及启示》,载《中国青年社会科学》2017年第2期。

使大量17岁、18岁的少年进入成人刑事司法程序。① 同时,这段时期联邦最高法院的态度也助长了各州对少年犯罪进行严罚的刑事政策。在1989年斯坦福诉肯塔基州案(Stanford v. Kentucky)的判决中,联邦最高法院认为对16岁或17岁犯罪的个人实施死刑不构成宪法第8修正案所说的残忍和不寻常的处罚。这一论断就对少年犯罪进行严罚的刑事政策而言毫无疑问起到了鼓励和推动的作用。②

进入21世纪,虽然严罚少年犯罪的思想在美国社会中依然存在,但无论是联邦最高法院的判决还是政府、国会出台的立法都更注重保护少年犯罪者的权利。在2005年联邦最高法院判决的罗珀诉西蒙斯案(Roper v. Simmons)中,联邦最高法院推翻了1989年斯坦福诉肯塔基州案的判决,裁定对未满18岁的犯罪者实行死刑是违反宪法的。2012年,在对米勒诉亚拉巴马州案(Miller v. Alabama)和杰克逊诉霍布斯案(Jackson v. Hobbs)的判决书中,联邦最高法院的多数意见认为,对于犯罪时未满18岁的人,强制终身监禁不假释违反了宪法第8修正案关于禁止残忍和不寻常处罚的规定,对未成年人实行无假释的监禁生活,而不考虑其不成熟、冲动和不了解风险和后果的年龄特征,这样的做法没有考虑到未成年人周围的家庭环境以及他通常无法摆脱的生活环境。③ 2009年,国会通过了《通过机会、指导、干预、支持和教育减少青少年监狱法案》(The Youth Prison Reduction through Opportunities, Mentoring, Intervention, Support, and Education Act),这一法案是对《少年司法与犯罪预防法》的再度修正,旨在通过评估和制定标准和循证的做法,预防和干预少年犯罪和青少年不良团体的活动。

二、有组织犯罪

现今美国所指的有组织犯罪发端于欧洲。在19世纪后期的意大利西西里产生了被称为黑手党(Mafia)的组织。通过向逃亡的农奴主租借土地,然后再出租土地给无地的农民以获取利益,黑手党取代官方组织为社会提供秩序、力量以保障经济活动。黑手党以严密的组织——帮伙或家族

---

① 参见姚建龙:《美国少年司法严罚刑事政策的形成、实践与未来》,载《法律科学(西北政法大学学报)》2008年第3期。

② See Stanford v. Kentucky, 492 U. S. 361 (1989).

③ See Miller v. Alabama, 567 U. S. 460(2012).

控制一定的地理区域为特点。这些组织之间的联系松散,但是它们在19世纪末期开始控制美国的一些犯罪多发地区。从20世纪20年代开始,禁酒令的颁行更利于有组织犯罪的组织化和扩大化,它给有组织犯罪提供了更广阔的市场。更为重要的是,两次世界大战期间,高度集中的大工业生产和连锁店销售进一步推动了有组织犯罪的发展。

在更广的意义上,有组织犯罪是企图通过非法的活动获取经济利益的行为。直属美国总统的司法与司法管理委员会把有组织犯罪看作是"企图在美国人民和他们政府的控制之外从事活动的群体"①。

按照克利纳德和昆尼1973年提出的观点,有组织犯罪存在的根据在于:(1)需要有非法商品、服务、活动的组织;(2)能够生产、销售这些非法商品、服务、活动的组织;(3)腐败的政府官员、司法人员为了个人利益为其提供保护。只要以上情况存在,有组织犯罪便不会消失。

有组织犯罪涉及的犯罪活动主要有:(1)指标犯罪中抢劫、夜盗、盗窃、放火、谋杀、敲诈勒索等;(2)贿赂、赌博、卖淫、色情、毒品、高利贷等;(3)对合法组织的非法控制,如通过非法投资,在合法组织中通过敲诈、勒索来获利,通过非法手段管理、参与企业的事务等。

有组织犯罪是一种共同犯罪,而且其组织的严密性非一般犯罪所能比,这种组织联合了许多犯罪分子,内部有严格的纪律,有复杂的、严密的组织机构,拥有现代化犯罪手段,有雄厚的犯罪资本等。有组织犯罪已成为美国的社会、政治和经济生活的组成部分,是美国社会的一大疾病。

为了有效地遏制、打击有组织犯罪,美国1934年制定了《反勒索与诈欺行为法》(The Anti-Racketeering Act)。1946年制定的《哈勃斯法》(The Hobbs Act)是对《反勒索与诈欺行为法》的修正。该法规定,凡对人或财产实施抢劫或敲诈勒索,或者企图或合谋实施抢劫或敲诈勒索,或者实施或威胁使用物理性暴力,意图实现某一计划或达到某一目的,从而违反本法的,无论在什么方面、多大程度上妨碍、迟延或影响了商业贸易,或影响了商业贸易过程中任何物品或商品的流转的,应处1万美元以下的罚金,或20年以下监禁,或两者并处。

《哈勃斯法》还规定了抢劫和敲诈勒索的含义。"抢劫"是指行为人在

① 储槐植编:《美国刑法》,北京大学出版社1987年版,第117页。

抢走或夺走财产的时候,实施现实的或威胁性的压力或暴力,或者可能是立即或将来实施的重创身体的恐吓,以对付某人或某财产,或者由他监护或占有的财产,或者他的家庭或其所在公司中的亲戚或成员之人身或财产,违反其意志抢走或夺取财产的行为。"敲诈勒索"是指行为人非法使用现实的威胁或威胁性的压力、暴力或恐吓,或利用职权影响,致使他人同意,非法取得他人财产的行为。并且其规定了敲诈勒索行为的主要构成要件:(1)被害人因恐惧而顺从敲诈勒索人的要求;(2)敲诈勒索或企图敲诈勒索的对象是财产。

《旅游法》(The Travel Act)最初是用来对付跨州界的有组织犯罪的,这些犯罪因跨州界牵涉到两个以上的地区,因此不在地方刑事司法管辖范围之内。它制定于1952年美国第87届国会,是检察长罗伯特·肯尼迪反有组织犯罪措施的一部分。① 美国国会制定《旅游法》,其意图是以联邦司法力量来弥补州执法机关力量的不足,从而加强反有组织犯罪的力量。

《旅游法》规定,在跨州界或跨国界作推销或货物运输过程中,有帮助从事勒索与欺诈计划,实施或试图实施、分配任何非法活动所得,实施任何暴力犯罪以利于非法活动的实行,在其他方面促进、组织、发起、继续非法活动的实施或使这些活动更为便利等行为之一时,可判处不超过1万美元的罚金,或不超过5年的监禁,或者两者并处。根据《旅游法》的规定,任何人在州际或对外贸易的旅行中,或者利用了州际或对外贸易的任何方式,意图实施下列州或联邦法律禁止的行为的,即未缴联邦执照税的赌博业、酒类业,麻醉药及管制药品,卖淫,敲诈勒索,贿赂,放火等,都构成违反《旅游法》的犯罪。

1970年,美国国会制定了《有组织犯罪控制法》(The Organized Crime Control Act),其打击的锋芒直接指向有组织犯罪,其立法目的在于从合法经济组织中清除有组织犯罪的影响。它的作用不仅在于惩罚犯罪分子,而且在于将被告的那些已遭腐化的经济组织与犯罪组织区分开来。该法所针对的特别罪恶是组织犯罪对合法组织的渗透和腐蚀。如果该法的指控成立,被告被宣判有罪,就可能被处以长达20年的监禁,如果构成犯罪的

---

① 参见周密主编:《美国经济犯罪和经济刑法研究》,北京大学出版社1993年版,第111页。

法定刑包含终身监禁,则还可处以被告终身监禁。此外,它允许没收罪犯所获得或维持的任何利益、证券、债权、财产,甚至剥夺他得以影响组织的契约权。

对美国司法实践中关于完全非法的组织是否接受该法的管辖的争论,美国最高法院 1981 年作出了表态,认为完全非法的组织能够成为该法的惩治对象。其规定的犯罪行为种类、罚金数额、没收财产的范围都体现了给有组织犯罪以重创的目标。

有组织犯罪是一种危害性很大的特殊的共同犯罪。出于对有组织犯罪严厉打击的考虑,美国规定了严厉的刑事责任原则,如同谋犯对主犯在实行共同犯罪计划过程中所发生的一切"自然的和可能的后果"负责等。

在司法对策上,美国采取了以下几种做法:

(1)设立联合工作处。1937 年托马斯·杜威作为纽约县地区检察官成功控制了全国有组织犯罪的主要头目,为了协调合作侦查职能和控制职能,他组织了侦查和控诉联合工作处。后来,在联邦、州和地方也建立了类似的机构以集中力量对付有组织犯罪。

(2)扩大有组织犯罪活动工作科。1961 年上任的罗伯特·肯尼迪联邦总检察长,促成通过了许多对付州际赌博和敲诈勒索的有组织犯罪的立法措施,扩大了司法部的打击犯罪组织和敲诈勒索有组织犯罪活动工作科。

(3)1967 年"直属总统的司法和司法管理委员会"提出了旨在加强收集证据的综合性立法方案的建议,并就准予免刑、控告的伪证、电子监控以及对不可救药的犯罪人加长刑期等问题提出了具体设想,设计对付组织犯罪的方案以及活动模式。

三、毒品犯罪

按照乔尔·萨马哈编写的《刑事司法》一书对犯罪的分类,毒品犯罪指非法制造、买卖、持有毒品如可卡因、大麻、鸦片、薄荷维他命、吗啡、海洛因、冰片等管制物质的行为。只要实施非法制造、进口、出口、销售或者持有毒品,达到一定数量就构成犯罪,非法贩卖或者运输毒品器具、租赁或管理毒品机构等便利于毒品生产、买卖、持有的行为亦属于毒品犯罪。

美国是世界上最大的毒品市场。据统计,美国每年大麻销售量为 1500

吨,可卡因销售量为71吨,海洛因近10吨,毒品交易额占全世界的1/5,比通用汽车公司的总销售额还多。美国消费各种毒品占世界毒品总产量的65%,每年毒品消费额达1000亿美元。毒品泛滥与犯罪活动也是紧密联系在一起的,使社会安定受到威胁、人们的安全感愈益减少。

早在20世纪初,美国就开始为控制毒品展开相关立法。1906年,国会就通过了《纯食品与药品法》(The Pure Food and Drug Act),其中包括管制含有可卡因和海洛因等特定药物成分的产品。1914年,国会通过了《哈里森麻醉品法》(Harrison Narcotics Tax Act),对鸦片和古柯产品的生产、进口和分销进行管制和征税。1937年,国会通过了《大麻税法》(Marihuana Tax Act),旨在管控有关大麻的交易。

为制止毒品泛滥,美国除采取诸如大规模扫毒活动,开展禁毒宣传、加强国际合作等社会政策外,还制定了相应的法律对策。1970年的《毒品滥用防止及管制综合法》(Comprehensive Drug Abuse Prevention and Control Act)以及1986年颁布的《反毒品滥用法》(Anti Drug Abuse Act)为惩治毒品犯罪提供了依据。随后,1988年1月15日、1989年11月1日、1990年11月1日和1991年11月1日依次生效的《反毒品滥用法》修正案,又使惩治毒品犯罪的规定日臻完善。《反毒品滥用法》主要被归入《美国法典》的第18篇中。

《毒品滥用防止及管制综合法》也经过多次补充修订。1978年通过的《精神药物法》(The Psychotropic Substances Act)在对其修订中增加了实施《精神药物公约》(The Convention on Psychotropic Substances)的规定。1984年通过的《管制物质处罚修正案》(The Controlled Substances Penalties Amendments Act)再次对法案第2章《管制物质法》(The Controlled Substances Act)进行了补充修正。1988年国会又通过《化学品转移和贩运法》(Chemical Diversion and Trafficking Act),该法案的第12条增加了实施1990年11月11日生效的《联合国禁止非法贩运麻醉药品和精神药物公约》(United Nations Convention Against Illicit Traffic in Narcotic Drugs and Psychotropic Substances)的规定。1990年,《合成类固醇法》(The Anabolic Steroids Act)作为1990年《犯罪控制法》(The Crime Control Act)的一部分通过,将合成类固醇列入《管制物质法》的附表三。1993年,国会又通过了《国内化学品转移和管制法》(The Domestic Chemical Diversion and Control

Act)以应对甲基苯丙胺的贩运。2000 年,国会又通过立法将 4-羟基丁酸纳入《管制物质法》的附表一。2009 年,国会又通过了《赖安海特在线药房消费者保护法》(Ryan Haight Online Pharmacy Consumer Protection Act),在《管制物质法》中增加了关于通过互联网交付受管制物质的规定。

根据《美国法典》的规定,毒品犯罪主要有:(1)非法制造、进口、出口或销售毒品罪;(2)在特殊保护地区发生的或者涉及未成年人、怀孕妇女的毒品犯罪;(3)未遂与共谋罪;(4)法人毒品犯罪;(5)利用通信设施实施毒品犯罪;(6)非法贩卖或运输毒品器具罪;(7)租赁或管理毒品机构罪;(8)在联邦领土上设置和保持危险设施以保护管制物质的非法生产罪;(9)非法制造管制物质危及他人生命罪;(10)非法销售进口、出口或持有管制性化学物品罪;(11)非法持有、制造、销售或进口违禁烧瓶或仪器罪;(12)出示虚假或伪造的鉴定书认期获取管制性的化学物品罪;(13)非法持有毒品罪;(14)利用伪造、欺诈、欺骗或诡计获取管制物品罪;(15)在酒精或毒品作用下操作或指导操作运输工具罪;(16)非法使用注册号生产、销售、取得或分配管制物质罪;(17)超出注册限额或无注册生产管制物质罪;(18)非法使用注册号将管制物质销售或分配给其他注册人或授权人罪;(19)非法转移或转载管制物品罪;(20)违反有关注册化学物质和特定机器的记录或报告要求罪。

为了帮助司法机关进行反毒品犯罪,美国政府制定了有关控制洗钱的法律。洗钱,简单地说,是指犯罪分子通过银行把非法得来的钱财加以转移、兑换、购买股票或者直接进行投资,从而掩盖其非法来源和非法性质,使该资产合法化的一种行为。根据国际金融行动小组的报告,欧洲和美国贩卖毒品的收入每年高达 1220 亿美元,其中 70%即 854 亿美元可能用于投资或被洗净。

美国制定的有关控制洗钱的法律先后有:1970 年《毒品滥用防止及管制综合法》;1970 年《银行保密法》(Bank Secrecy Act);[①]1986 年《洗钱控制法》(Money Laundering Control Act);[②]1989 年《金融机构改革、复苏和执行法

---

① 该法规定,金融机构对 1 万美元以上的现金交易,必须记录并向有关单位申报。对未依规定申报或申报不实或者遗漏或未保留交易记录者,科以罚款或刑事处罚。

② 该法将各金融机构遵守银行秘密法所采取的具体措施列为重要检查项目。

案》和《毒品滥用防止及管制综合法》。此外，美国国会在 1991 年 6 月还通过了一项旨在制止银行把毒贩“洗过”的黑钱非法转移到国外的法案，法案授权有关当局可撤销违法银行的执照，或取消它们的联邦存款保险。这项法案还规定永远禁止那些实施非法转移存款行为的银行职员受雇于任何金融机构。

根据 1986 年《洗钱控制法》的规定，明知而实施或试图实施涉及特定非法行为所得的金融交易行为包括：实施涉及特定非法行为所得的金融交易；货币票据或资金的非法运送、传送或转让；涉及特定非法行为的财产；用犯罪所得从事货币交易。对这些犯罪行为的处罚是 20 年以下监禁或不超过犯罪所得两倍的罚金，或两者并处。

四、职业犯罪

在美国，对职业犯罪的研究最初是从白领犯罪开始的。萨瑟兰在《白领犯罪》（*White collar Crime*）一书中，提出了白领犯罪的定义：“白领犯罪也许可大致规定为有社会地位和社会地位高的人在其从事职业过程中所犯的罪行。”“这里所用的‘白领’一词，主要是指商业经理和董事。”①

之后，“白领犯罪”一词被广泛使用，几乎囊括了除传统的街头犯罪以外其他所有形式的非法行为。昆尼认为：“把‘白领犯罪’概念扩大到包括一切职业活动中的违法行为而不考虑违法者的社会地位——将使这个概念更具有实用性。”昆尼提出，应将“白领犯罪”一词改为“职业犯罪”②。由此，白领犯罪逐步成为一个需要再细分为若干类型的大概念。克利纳德和昆尼对不同形式的白领犯罪的区分作出了有益的尝试。他们把白领犯罪分为两类：职业犯罪和法人犯罪。

在美国，职业犯罪是指具有特定职业的人员，如政府官员、公司经理、董事、雇员、医生、药剂师等利用自己所处的位置非法谋取个人利益或玩忽职守造成危害的行为。职业犯罪有传统的侵占、贿赂、渎职等和经济领域中自然人在职业活动中的诈骗和行贿行为。

---

① ［美］罗纳德·C. 克雷默：《法人犯罪：一个概念的演变》，黄太云译，载《外国法学译丛》1989 年第 1 期。

② 参见周密主编：《美国经济犯罪和经济刑法研究》，北京大学出版社 1993 年版，第 21 页。

职业犯罪人作案有着职业或一定职务作掩护,作案手段多种多样,智能化特别强,其危害不容易被发现,以至于被人们熟视无睹,无动于衷。但是,这种犯罪的存在无疑会对个人、法人、政府机关、社会等造成很大的危害。

大致说来,美国惩治职业犯罪的立法规定体现为一些具体的犯罪或某种单行法律所禁止的行为。

(1)盗用罪。盗用罪是指受物主要委托的人对该财产实行欺骗性转变的行为。其主体为受托人,受托人包括仆人、雇员、代理人、政府职员等。客观方面为侵犯原物主财产权利的行为,如挪用、典当、出售、严重损害、侵吞等。主观上具有欺骗的意图。美国《模范刑法典》第223条作出了规定,其他州刑法典也有类似规定。

(2)勒索罪。普通法中的勒索罪,就是政府工作人员以政府机关名义非法收取他无权得到的费用的行为。这一规定现已普遍为现代制定法所接受。主体为事实上或法律上的政府工作人员。

(3)贿赂罪。按照美国《模范刑法典》及其他州刑法典的规定,有4种贿赂。公务贿赂的受贿者有政府任何官员、代理人或者雇员、竞选中的投票人、陪审团成员、证人。准公务贿赂的受贿者为公立事业机构中的官员或雇员、立法小组、政治性例会或者有公职候选人提名权的政治性集会的办事人员、劳工组织的代表。商业贿赂的受贿者是受雇主或委托人委托的雇员、代理人或者受托人。特定行业贿赂的受贿者有体育运动、竞技比赛等活动中的职业或业余的运动员和裁判人员。

(4)渎职罪。其主要有三种形式:违法乱纪;玩忽职守;滥用职权。其行为的完成都是由政府官员以职务的名义来进行的。

(5)在州际商业贸易活动中利用职权的影响,敲诈勒索的行为(根据《哈勃斯法》的规定予以处罚),违反《反组织犯罪侵害合法组织法》的行为(根据《美国法典》第18篇予以处罚),进口商的海关诈骗行为及走私行为(根据《美国法典》第27篇处理),减免税手段的滥用行为及诈欺性滥用行为(根据《美国法典》第26篇处罚),违反《破产法》的破产诈欺行为(根据《美国法典》第18篇处罚),违反《银行保密法》的行为,内部情报交易行为(根据1988年颁布的《内部情报交易与证券诈欺管制法》惩处),工会领导人违反《报告与通告法》的行为(根据《美国法典》第29篇处罚),医生、药剂师、按摩师、牙医、心理治疗师等实施的诈欺行为（按照《美国法典》第18篇决定其刑事制裁），等等。

总之，职业犯罪发生的领域是很广泛的，美国用于惩治职业犯罪的刑事法规种类也比较齐全。同时，针对不同行为设置了不等的罚金和监禁刑，或单科其中之一或二者并处。

五、法人犯罪

（一）法人犯罪的定义

法人犯罪是指法人组织内居于董事或经理职位的人，为法人本身谋取利益而故意或过失决定而导致的犯罪行为。①

美国学者一般认为，犯罪定义包含两个基本因素：一是对某种危害社会的行为作法律上的描述；二是规定处罚的条款。埃德温·萨瑟兰以此为理论根据，考察了各类法人违反民事和行政法规的行为，认为违反这些法规当然是法律所规定的有害行为，而且每个法规都规定有罚则，依据这些法规作出的裁决就应该是有罪裁决。他指出，就是换一个好听点的名称，不把法人犯罪叫作真正的犯罪，也改变不了其行为的犯罪性质。称之为犯罪是因为它确实违反了刑法。刑事法院不应作为有权作出违反刑法判决的唯一机构，犯罪的基本特征就是具有为国家法律所禁止的、危害国家并受到国家处罚的行为。

（二）法人犯罪的社会危害性

法人犯罪的危害性比起传统的街头犯罪要严重得多，美国学者一般从经济损失、人身伤害和社会道德损害三个方面进行论述。

1. 经济损失

美国司法部根据已经告发的和没有告发的案件估计，由于法人违反联邦法规每年给纳税人造成的损失总额达100亿至200亿美元之多。美国参议院司法委员会反托拉斯和垄断小组委员会估计，法人犯罪每年造成的损失在1740亿至2310亿美元。街头犯罪每年造成的损失只有30亿至40亿美元。这是20世纪80年代末美国法人犯罪的大致情况，如今，法人犯罪

① 参见［美］罗纳德·C. 克雷默：《法人犯罪：一个概念的演变》，黄太云译，载《外国法学译丛》1989年第1期。

造成的经济损失比这更大。

2. 人身伤害

每年由于职业病死去的人超过 10 万,其中大多数是由法人企业对职业健康和安全法规明知故犯所引起的。另外,还有 1.5 万人左右在工业事故中丧生,200 多万人致残。对于普通民众来说,一项研究估计,每年有 14 万人的死亡可能是空气污染引起的。每年大约有 2000 万起严重的伤害与不安全或有缺陷的消费品有关,其中有 11 万人终身残疾,3 万人死亡。

3. 社会道德损害

法人犯罪违反商业信用原则,破坏社会公共准则,使公众失去对工商、金融的信任,破坏了正常的社会关系与经济秩序,导致社会道德水平的下降。而且,由于法人犯罪具有独特性,许多罪犯受不到法律制裁,尤其是高阶层经理、董事总能想办法逍遥法外,使公众对"法治"产生不信任感。

(三)法人的刑事责任

如今,根据美国刑法,法人可以承担完全的刑事责任,不受罪种和罪过形式的任何限制。但美国的法人刑事责任的确立经过了一段比较曲折的道路。总的来说,主要经历了法人不作为犯罪刑事责任、法人作为犯罪刑事责任和法人故意犯罪刑事责任三个阶段,到 19 世纪末 20 世纪初,美国法人刑事责任理论和实践,无论在深度和广度上都超过了英国。

(1)法人不作为犯罪刑事责任的确立。美国早期的法人,主要是为了改进公共交通而设立的,私人性的商业法人比较少。1800 年以前颁发的 225 个私人法人特许状中,只有不到 1/3 是给予从事一般商业活动的企业的。[①] 在美国刑事司法实践中,就是依据"令人讨厌规则"(the law of nuisance)追究这些早期法人刑事责任的。

(2)法人作为犯罪刑事责任的确立。19 世纪中叶,通过新泽西州诉莫里斯和爱克斯铁路公司案和马萨诸塞州诉新贝德福德大桥业主案的审理,确立了法人不仅要为不作为的行为负刑事责任,而且要为作为的行为负刑事责任的原则。

(3)法人故意犯罪刑事责任的确立和发展。19 世纪末至 20 世纪初,通过几个重要案件的审理,法人的刑事责任在主观方面的限制开始松动。

---

① 参见周密主编:《美国经济犯罪和经济刑法研究》,北京大学出版社 1993 年版,第 38 页。

美国法官开始在判决中区分特定故意的犯罪和一般故意的犯罪,并且认为公司可以为一般故意犯罪承担刑事责任。在加利福尼亚州和阿拉斯加州的几个案件中,法官认为,公司经理、职员和雇员的行为就是公司的行为,当他们代表公司活动时,他们的动机、故意和行为都可以被认为是公司的活动。地方法官的主张不久就被最高法院接受了。1909 年,纽约中央铁路公司因违反《埃尔金斯法》(The Elkins Act),非法给予制糖厂回扣而被认定为有罪。美国最高法院审理上诉的法官一致认为,根据法律或政策,国会完全有权使运输公司为其职员、代理人和雇员的行为承担法律责任。

关于法人刑事责任的构成要件,美国联邦法院和大多数州法院普遍采用“仆人过错主人负责”的原则,并以此去追究法人的刑事责任。法院认为,只要符合以下条件,就可以追究法人的刑事责任:

第一,法人代理的行为构成犯罪。法人的代理人,从民事代理责任理论来说,包括法人中的经理、职员、雇员以及一切受法人委托或经法人授权进行活动的自然人,法人可以通过自己的代理人的行为,从事与人的身体性活动相同的许多活动。法人的行为,其实就是通过其代理人的行为实现的,法人犯罪也就是其代理人的行为构成犯罪。在美国,最常见的法人是依法成立的公司,但没有取得完全的法律资格的“事实上的公司”和正式的法人一样具有刑事责任能力。

第二,犯罪行为是在法人代理人的职权范围内实施的。在美国司法实践中,“在职权范围之内”是一个技术上的概念,仅用来表示犯罪行为必须与法人的工作或业务相联系。而不局限于“负责人明示或暗示的授权进行的行为或者与授权行为相似的行为,或者是授权行为附带产生的行为”。这种扩大解释对于防止法人轻易地逃避刑事责任具有十分重要的意义,不同代理人的“职权活动”对法人的刑事责任影响不同。

第三,决策代理人的行为代表了法人的政策和意图,他们的违法犯罪行为自然应当成为法人承担刑事责任的基础。公司总经理、总裁、董事长以及这些职务上的副职,都是法人的决策人物,另外法人中的一些高级职员或部门主管,经常有权直接代表法人进行一些有关问题的交易,他们在这些交易中握有直接的控制权,这些人的行为通常也被法官认定为是法人的行为,从而使法人为之承担刑事责任。

除法人的决策人员外的其他代理人的行为能否使法人承担刑事责任,

则存在争议。《模范刑法典》认为,其他代理人的行为使法人承担刑事责任只在于那些法人没有履行法律、法规规定的特定义务所构成的犯罪,采取“仆人过错主人负责”原则,追究法人的刑事责任。美国联邦法院和大多数州法院基本认为,法人可以因其决策层代理人的犯罪而承担刑事责任。唯一的限制条件是,代理人必须是在其“职权范围内”进行活动。

第四,法人代理人的意图是为法人谋取利益。同法人的行为就是法人代理人的行为一样,法人的罪过就是法人代理人的罪过。当法人代理人主观上具有构成犯罪所必需的罪过时,并不一定导致法人承担刑事责任,也就是说,代理人的罪过成为法人罪过的重要条件只能是法人代理人具有为法人谋取利益的意图。如果代理人不是为法人谋利益,而是损害法人的利益,那就不存在法人犯罪问题了。法人代理人的违法犯罪行为只要具有促进公司业务的目的,就足以说明法人代理人的意图是为法人谋取利益而不必为法人从犯罪活动中获得实际的利益。

关于法人内部成员的刑事责任,美国刑法理论界和司法实践普遍认可的观点是,在法律没有作相反规定的情况下,法人的代理人不能仅仅因为自己是公司雇员,是在自己职权范围内,为了公司利益进行活动的,就免除其个人所应承担的刑事责任。法人内部成员的刑事责任可以分为直接行为人的刑事责任和间接行为人的刑事责任。

追究直接行为人的刑事责任的理由是:(1)任何法人代理人都不能只享受法人这种形式带来的好处,而割断自己与有问题的交易的关系。(2)法律仅仅禁止积极实施犯罪的法人代理人使用法人来掩盖自己应负的责任。如果缺乏“明显的强制”情况,法庭是不会免除法人的代理人责任的。(3)如果不使犯罪的实施者承担责任,而只对法人适用罚金,那么,这种罚金就只能成为实施犯罪的许可费用。

追究间接行为人的刑事责任的理论根据,在现代美国刑法中是共犯理论中的帮助犯和教唆犯理论。只要能证明被告具有指示、授权、鼓励或者使人忽视自己责任等参与犯罪的行为,虽然该行为并不符合具体犯罪的基本要素,也应当承担刑事责任。但在以默认方式鼓励犯罪的案件中,当雇员实施违法犯罪行为时,如果雇主故意或疏忽了自己的管理责任,没有防止或制止该违法犯罪活动,他就要对可以预见的结果承担与直接责任人一样的责任。具有重要意义的是,1943 年美国诉道特怀思案(United States v.

Dotterweich)确定了在严格责任犯罪中,间接行为人通常是与产生违法行为的公司业务和管理有密切关系的人,刑事责任的标准是责任关系。美国诉帕克案(United States v. Parker)中提出的"最高的预见性和警惕性"是对"责任关系"标准的重要补充,它不要求承担刑事责任的间接行为人曾经亲自涉及犯罪活动,如此,必然会影响到现代商业法人所依赖的代理制度。

(四)关于法人犯罪的立法和司法对策

随着美国刑法关于法人犯罪理论的发展,关于法人犯罪的立法和司法也进一步完善,从19世纪末期开始至今,美国颁布了一系列法律惩治法人犯罪。

19世纪末期,美国立法者开始正式使用制定法来禁止妨碍竞争的托拉斯行为。1890年制定了《谢尔曼反托拉斯法》,1914年制定了《克莱顿反托拉斯法》,1936年制定了《鲁宾逊—帕尔曼法》(The Robinson-Parman Act)。

为了打击劳工行业中的诈欺与勒索行为,国会于1934年制定了《反勒索与欺诈行为法》,后来演变为《哈勃斯法》。

为了使利用邮件或者任何州际的电讯网络来实现诈骗阴谋的行为为非法,检察官可以在有犯罪行为的任何情况下援引《邮件诈骗法》(The Mail Fraud Statute)和《电讯诈骗法》(The Wire Fraud Statute)等法规。

为了打击公司税收方面的犯罪,美国《国税法典》在第7201~7207条对税收诈欺行为规定了刑事责任。

为了指控银行、银行的主要股东、董事及其他雇员的犯罪行为,《银行保密法》规定了刑事制裁措施,1933年《证券法》和1934年《证券交易法》等规定了反诈骗条款。为了惩治内部情报交易行为,1984年国会通过的《内部人串通买卖制裁法》(ITSA)规定了这些行为的准刑事责任,1988年《内部情报交易与证券诈欺管制法》规定了其刑事、民事责任;还规定了公司行政管理制度,来预防和阻止公司内部情报被滥用的行为。此外,ITSFEA还加重了刑罚,将最高监禁刑从5年增加到10年,对个人的罚金数额从100 000美元增加到1 000 000美元,对法人商业实体的最高罚金额从500 000美元增加到2 500 000美元。

为了打击商业贿赂犯罪,美国已有半数以上的州规定了商业贿赂行为,联邦间接引用予以惩处的法律主要有《旅游法》、《反组织犯罪侵害合法组织法》、《邮件诈骗法》、《反涉外腐败活动法》(Foreign Corrupt Practive

Act)。其中,《反涉外腐败活动法》的反贿赂条款规定,任何在证券交易委员会注册的公司或国内商行提供、给予外国官员、政党或其候选人报偿和礼品,以达到影响某一行为或决定的目的,以便获得或保持商业交易的行为为非法。

对诈骗消费者犯罪的处理,美国主要依据《邮件诈骗法》和《电讯诈骗法》;此外,还制定了《消费品安全法》(The Consumer Product Safety Act)、《易燃纺织品法》(The Flammable Fabrics Act)、《危险物品法》(The Hazardous Substances Act)、《租借真实法》(The Truth in Lending Act)、《电子基金转让法》(The Electronic Funds Transfers Act)、《公正信贷报告法》(The Fair Credit Reporting Act)、《州际土地出售详情公布法》(The Interstate land sales Full Disclosure Act)和《汽车信息和成本保险法》(Motor vehicle Information and lost Saving Act)等法律和法规。

违反职业安全标准,导致雇员死亡的犯罪在1970年的《职业安全与健康法》(The Occupational Safety and Health Act)中得到系统规定。

违反环境卫生的犯罪主要被规定在《资源保护和回收法》、《综合环境反应、赔偿和责任法》、《清洁水法》(1970年第5次修订)、《清洁空气法》、《有毒物质管制法》等之中。

处理违反联邦食品、药品管理的犯罪的法规分别是:《联邦食品、药品和化妆品法》、《家禽制品检查法》(The Poultry Products Inspection Act)、《联邦肉类检测法》和《管制物品法》(The Controlled Substances Act)。这些法令严禁任何假冒伪劣的食品、药品、家禽制品和肉类在州际贸易中流通,严禁非法分发或扩散管制物品,并且规定个人或公司以及公司的董事和雇员,都可因违法而受到刑事处罚。

为了打击在银行储蓄和贷款行业中的诈骗及其他犯罪行为,1990年10月第101届国会通过了1990年《犯罪控制法》。其第27篇《综合旧货机构和银行诈骗指控与纳税人追偿法》(The Comprehensive Thrift and Bank Fraud Prosecution and Taxpayer Recovery Act)和1989年《金融机构改革、复苏和执行法案》一样,增加了民事处罚和刑事惩罚的内容,并扩大了刑事责任。

关于法人犯罪的司法措施,即对法人犯罪的惩罚,主要表现为,在法人犯罪中,内部成员刑事责任的承担方式为监禁和罚金。确立其犯罪等级的依据是行为、获利额、经营额、损失额,然后参照罚金等级表、监禁等级表来适用罚金或监禁,或二者并处。监禁刑期从1个月到终身监禁长短不等,罚金数额从100~5000美元到25 000~250 000美元。

对法人组织的惩罚有赔偿、罚金、缓刑,其他惩罚手段如交纳被害人基金、没收财产和支付起诉费用。罚金数额从5000美元到7250万美元不等。对组织适用缓刑的刑期是:重罪至少1年,最多不超过5年,其他罪更不得超过5年。

最值得一提的是,被判处缓刑的法人组织,在缓刑期内要遵守一般性条件或特殊性条件。一般性条件是该组织不得犯罪以及必须完成法庭判处的赔偿、罚金和社区服务等有关的条件。特殊性条件主要是:令该组织自己出钱,以法庭允许的方式,向社会公布其罪行的性质和犯罪事实,公布对其惩罚的性质,以及该组织的改正措施,令该组织定期向法庭汇报该组织的财政状况和经营状况,接受对该组织的定期检查并支付一切费用,令该组织建立预防和发现违法犯罪行为的制度,及时向法官或缓刑官报告本组织的任何重要活动,等等。当缓刑条件被违反时,只能换来缓刑期的延长或限制条件的增多或重新判决等。

六、恐怖主义犯罪

恐怖主义犯罪一般是指实施者对非武装人员有组织地使用暴力或以暴力相威胁,通过将一定的对象置于恐怖之中,来达到某种政治目的的策略和思想。一般的表现形式为有意制造恐慌的暴力行为,意在达成宗教、政治或意识形态上的目的而故意攻击非战斗人员(平民)或将他们的安危置之不理。20世纪中期以来,美国在世界政治舞台上的活跃,使其成为宗教、政治、意识形态上的对立者为进行报复而实施恐怖活动的对象。据统计,在1968年至1997年,全球针对美国在世界各地的人员和设施共进行了5655起恐怖主义活动。[①] 也正是在这一时期,美国开始构建反恐怖主义的立法体系,先后制定了包括1984年《反破坏航空器法》(The Aircraft Sabotage Act)、1984年《禁止支持恐怖主义活动法》(Prohibition Against the Training or Support of Terrorist Organization Act)、1986年《外交安全和反恐怖

① 参见胡联合:《当代世界恐怖主义与对策》,东方出版社2001年版,第124页。

主义法》(The Omnibus Diplomatic Security and Anti-terrorism Act)、1995年《综合反恐法案》(Omnibus Counter-terrorism Act)在内的多部法律,设置专门的反恐怖主义司法对策来规制恐怖主义犯罪。2001年的“9·11”事件使得美国社会再度陷入对恐怖主义犯罪的恐慌之中,在此情况下美国在短时间内迅速制定了《美国爱国者法案》,这一法案也成为20世纪美国打击恐怖主义犯罪、规制恐怖主义行为的主要法律。

(一)恐怖主义犯罪的定义

《美国法典》将恐怖主义犯罪规定为:有预谋、政治动机,通过地方小组或秘密机构以平民为行动目标的暴力犯罪。[①] 根据《美国法典》的定义,要构成恐怖主义犯罪,在行为方面,有违反美国或美国各州的刑事法律,实施暴力行为、危害人类生命的行为。有意恐吓、胁迫平民,通过恐吓或胁迫影响政府的政策,通过大规模破坏、暗杀或绑架影响政府的行为也均属于恐怖主义犯罪的范畴。此外,《美国法典》还将恐怖主义犯罪分为国际恐怖主义犯罪和国内恐怖主义犯罪。其中,国际恐怖主义犯罪是指主要发生在美国领土和司法管辖范围之外的地域,或超越国界实施犯罪,或犯罪者有意恐吓、胁迫的人或寻求庇护的地点在美国领土或司法管辖范围之外的犯罪行为;而国内恐怖主义犯罪则是发生在美国领土及司法管辖范围之内的犯罪行为。[②] 就具体行为而言,《美国法典》定义的“恐怖主义活动”包括:劫机或妨害运输、要求或暗示捆绑或拘禁或威胁杀害、伤害或继续拘禁他人、以释放抓捕或拘禁的人质为由迫使第三人包括政府组织去做或避免某些行为、暴力袭击国际保护的人或在自由上限制此人、暗杀、直接或间接威胁人的安全或引起财产损害,以及用生物、化学或核武器或核设施或爆炸、军火或其他武器或危险设施等行为。[③]

(二)恐怖主义犯罪的罪名

美国在联邦立法层面和州立法层面都规定了有关恐怖主义犯罪的罪名。就联邦层面来说,对恐怖主义犯罪的罪名认定分为一般罪名和特别罪

---

① 参见张家铭:《美国恐怖主义犯罪立法发展及借鉴研究》,吉林大学2016年博士学位论文,第20页。

② See 18 U. S. C. § 2331.

③ 参见张家铭:《美国恐怖主义犯罪立法发展及借鉴研究》,吉林大学2016年博士学位论文,第21页。

名。一般罪名即行为人实施恐怖主义犯罪过程中涉及的一般犯罪行为,如谋杀、绑架等,以这些具体犯罪行为的罪名处罚。除此之外,美国联邦刑事法律中又设置了5个规制恐怖主义犯罪的特别罪名,包括资助外国恐怖主义组织罪、资助恐怖主义分子罪、使用大规模杀伤武器罪、窝藏或隐匿恐怖主义分子罪和跨境恐怖主义活动罪。

资助外国恐怖主义组织罪规定:故意向外国恐怖组织提供物质支持或资源,或企图、串谋提供物质支持或资源的,应根据本罪名处以罚款或监禁不超过15年,如两者兼而有之,若造成任何人死亡的结果,则应处以无期徒刑或终身监禁。①

资助恐怖主义分子罪规定:任何人(向恐怖主义分子)提供物质支持或资源,隐瞒、掩饰物质支持及资源的性质、位置、来源或所有权,明知或有意将其用于准备或执行违反相关法律规定(多是恐怖主义犯罪)的行为、企图或着手隐瞒逃避恐怖主义犯罪的追查,以及企图、密谋进行此类行为,应根据本罪名处以不超过15年的监禁处罚,若两者兼而有之,如果导致任何人死亡的结果,则应处以无期徒刑或终身监禁。②

在上述两个罪名中,所谓"物质支持或资源",是指任何有形或无形财产或服务,包括货币或货币工具或金融证券、金融服务、住宿、培训、专业建议或协助、安全屋、虚假文件或身份证明、通信设备、设施、武器、致命物质、爆炸物、人员(1名或多名人员,可以是自己,也可以包括自己)和交通工具,但医药或宗教材料除外。其中,"培训"是指指导或传授特定技能而非一般知识的教学;"专业建议或协助"是指从科学、技术或其他专门知识中获得的建议或帮助。③

使用大规模杀伤武器罪是指以下几种情形:(1)对美国境外的美国公民或者永久美国居民使用;(2)对美国境内的任何人、任何财产使用;(3)对美国联邦政府所有、租用、使用的财产使用,不论这种财产是处于美国境内还是境外;(4)对美国境内的被外国政府所有、租用、使用的财产使用。这里的"武器"包括炸药、炸弹、毒气、手榴弹、燃烧剂、地雷、装药量超

① See 18 U. S. C. § 2339.

② See 18 U. S. C. § 2339.

③ See 18 U. S. C. § 2339.

过4盎司的火箭弹,以及其他能够造成人员死亡、重伤、患病的化学武器、放射武器等。①

窝藏或隐匿恐怖主义分子罪是指有合理理由相信或知道他人已经实行或将要进行严重恐怖主义犯罪活动而对其提供窝藏或隐匿帮助的行为。这里的恐怖主义犯罪仅指涉及破坏飞机与航空设施、生物武器、化学武器、核材料,破坏能源设施,以政府财产为目标的爆炸和放火,破坏舰船等严重的恐怖主义活动。②

跨境恐怖主义活动罪是指犯罪发生地跨越美国国境,一部分发生在美国境内、一部分发生在美国境外的恐怖主义犯罪活动。这种规定扩展了美国的刑事管辖权,尤其是对恐怖主义犯罪,只要行为人参与了法定的恐怖主义犯罪活动,无论是策划、资助、指挥、袭击或危害结果是否有部分是发生在国外,也无论行为人是否身在美国境内,只要有一项是在美国境内发生或实施即可构成犯罪,美国就可以对此享有刑事管辖权。这里的恐怖主义犯罪活动主要是指三种情形:一是对美国境内的人实施杀害、绑架、重伤、袭击致人重伤、持有危险武器袭击等;二是毁坏美国境内的建筑、车辆或其他不动产、动产,且严重危及他人人身安全;三是企图实行、威胁实行或共谋实行前两种行为之一。③

(三)关于恐怖主义犯罪的立法和司法对策

从20世纪80年代起,美国就开始针对恐怖主义犯罪进行立法,从最初的《反破坏航空器法》到"9·11"事件以后的《美国爱国者法案》,美国联邦层面打击恐怖主义犯罪的立法在不断完善的同时,也呈现出打击范围不断扩大、刑事责任趋于严厉等特点。

《反破坏航空器法》是美国最早针对恐怖主义行为犯罪的立法之一。一直以来,航空器是实施恐怖主义犯罪的主要目标。20世纪80年代美国就遭受过1985年真主党劫持环球航空847航班、1988年利比亚恐怖分子制造洛克比空难两起影响较大的以航空器为目标的恐怖袭击。而早在

① 参见刘士心:《美国刑法各论原理》,人民出版社2015年版,第322页。

② 参见张家铭:《美国恐怖主义犯罪立法发展及借鉴研究》,吉林大学2016年博士学位论文,第27页。

③ 参见张家铭:《美国恐怖主义犯罪立法发展及借鉴研究》,吉林大学2016年博士学位论文,第27页。

1983年,进行反破坏航空器相关立法在美国就已经提上日程。并在1984年通过了《反破坏航空器法》。《反破坏航空器法》全面执行了1972年美国批准的《制止危害民用航空安全的非法行为公约》。这部法律扩大了对飞机和相关设施的保护,通过对某些与飞机有关的犯罪设立刑事管辖权,包括对某些涉及公约缔约国的飞机或航空导航设施的犯罪的域外管辖权(如果犯罪者是在签署国被发现)。[①]《反破坏航空器法》相比于在此之前规制航空器犯罪行为的法律,其管辖权在两个方面进行了突破。首先,《反破坏航空器法》扩大了航空器的管辖范围,在原先法律规定下,美国仅可对破坏注册或者运行于美国航空公司之下的航空器进行管辖,而在《反破坏航空器法》之下,美国特殊航空器管辖内的任何航空器,运行或受雇于州际、海外或外国的航空公司的航空器,只要符合条件,也在保护范围之内;其次,根据这部法律,如果罪犯是在美国被发现的或者在国外的是美国的航空器或犯罪人是美国国籍,美国得到授权可以起诉任何破坏外国民用航空器(在美国境外也可以)的人。[②]

1984年《禁止支持恐怖主义活动法》同样是1983年起为打击恐怖主义犯罪进行的一系列立法之一。这部法律在美国联邦立法中首先明确定义了恐怖主义犯罪的概念和特征,将其与其他犯罪进行区分。同时,这部法律也进一步扩大了美国对支持恐怖主义犯罪的司法管辖权。根据这部法律的规定,任何美国公民、在美国有永久居留权的外国人或者是美国的商业组织在世界任何地方故意实施或企图实施支持恐怖主义活动的行为会受到刑事处罚或罚金,无论行为地是在美国还是其他国家、地区,如果行为人不是美国国籍,但是为在美国指定的国家或组织提供这样的帮助或服务,也会受到美国刑事程序的审判。这些行为包括:为外国政府的情报机构、武装力量、派别或其他恐怖主义组织提供服务或配合的行为;为外国政府的情报机构、武装力量、派别或其他恐怖主义组织提供培训的行为;为外国政府的情报机构、武装力量、派别或其他恐怖主义组织提供后勤保障、机

---

① See 18 U. S. Code §32.

② 参见张家铭:《美国恐怖主义犯罪立法发展及借鉴研究》,吉林大学2016年博士学位论文,第44页。

械、维修的行为;招募或招揽任何人加入以上三种行为。[①]

1984 年,美国还通过了《提供恐怖主义信息奖励法》(Act for Rewards for Information Concerning Terrorist Acts)。《提供恐怖主义信息奖励法》的目的是大幅提高美国政府获取信息的能力,从而对恐怖主义行为的实施者进行抓捕和定罪,并获取信息以挫败计划中的恐怖主义行为。该法案授权向任何提供有关在美国境内发生的恐怖行为或在国外针对美国人员或财产发生的恐怖行为信息的个人支付高达 50 万美元的奖励。[②] 虽然这部法律并未直接对恐怖主义犯罪进行刑法规制,但作为美国打击恐怖主义犯罪立法体系中的一部分,其对有效侦破恐怖主义犯罪案件、追究恐怖主义犯罪者刑事责任依然起到了很大作用。

1986 年,美国又通过了《外交安全和反恐怖主义法》,进一步扩大了美国司法机关对恐怖主义犯罪的管辖范围。该法案的立法目的包括阐明国务卿在美国和外国外交活动安全方面的责任,设立一名助理国务卿主管国务院外交安全局,并就国务院外交安全事务作出某些规定,最大限度地协调国务院与联邦、州、地方机构和外国政府机构的合作,以加强安全计划、促进加强安全措施并规定负有安全相关责任的美国政府人员的责任,授权国务院在安全和反恐领域履行其职责,特别是为获得和改进美国政府驻外使团提供资金,包括不动产、建筑物、设施、通信、信息和安全系统。在扩大恐怖主义犯罪管辖权方面,该法案规定在美国域外发生的犯罪行为符合以下条件即可对行为人进行刑事起诉:(1)这种行为必须在恐怖主义犯罪行为的范围内;(2)行为人必须是个人,如果是一个组织或国家则不符合条件;(3)这种行为必须是针对美国;(4)具体的行为是杀人、企图或共谋杀人等其他严重暴力行为。该法案也赋予了国务卿对帮助打击恐怖主义犯罪者给予奖励等有利于打击国际恐怖主义犯罪的权责,包括授权国务卿偿还国内和外国的个人、机构或者是政府因保护法官或其他在美国管辖权范围外提供与恐怖主义相关信息或帮助的人,授权国务卿加强一些特定提供某些服务条款的控制以对一些可以帮助和支持国际恐怖主义的服务加强

① 参见张家铭:《美国恐怖主义犯罪立法发展及借鉴研究》,吉林大学 2016 年博士学位论文,第 45 页。

② 参见张家铭:《美国恐怖主义犯罪立法发展及借鉴研究》,吉林大学 2016 年博士学位论文,第 46 页。

监管。①

1990 年,美国又通过了《反恐怖主义法》(The Anti-terrorism Act)。该法案规定美国公民受国际恐怖主义伤害得向联邦法院申请民事损害赔偿,由此赋予了美国联邦法院对部分国际恐怖主义案件的管辖权。

1995 年,美国出台了《综合反恐法案》。该法案共有 7 个部分,涉及移民相关法律的完善和控制恐怖主义资金的筹措,包括:(1)在以下几个方面加强刑事实体法律规制,超越国界的恐怖主义行为;阴谋伤害海外人员或财产;澄清和扩展某些海外恐怖主义犯罪的刑事管辖权。(2)改进移民法律。(3)对恐怖主义融资进行控制,禁止恐怖分子集资。(4)实行贯彻《关于在可塑炸药中添加识别剂以便侦测的公约》。(5)关于核物质的条款,主要是扩大违禁核物质的范围。(6)纠正改进司法程序和技术的条款,其中包括对给恐怖主义提供物质支持立法的修正、扩大了规模杀伤性武器法规中杀伤性武器的范围、在诈骗操纵和贿赂组织犯罪中加入恐怖主义犯罪内容、在洗钱罪立法中增加恐怖主义犯罪内容、授权有关部门在处理某些与恐怖主义有关的犯罪中拦截通信、澄清海上暴力管辖权、扩大联邦对爆炸威胁犯罪的管辖权、对密谋爆炸犯罪加大刑罚等。(7)反恐怖主义援助条款。②

1996 年,美国又出台了《反恐怖主义与有效死刑法案》(Anti-terrorism and Effective Death Penalty Act)。其主要内容包括:创设了一个新程序授权法官驱逐外国恐怖主义分子;通过设立一年的诉讼时效修改了原有关于人身保护令的程序限制州法院审查人身保护令的决定权,特别不鼓励再次或连续请愿,抑制恐怖主义犯罪中法定人身保护令的滥用;授权给予美国国务卿可以在符合一定条件下认定外国组织是恐怖主义组织;授权国务卿创建外国恐怖主义组织名单;等等。③

2001 年"9·11"事件后,美国又迅速制定并通过了《通过为拦截和阻

---

① 参见张家铭:《美国恐怖主义犯罪立法发展及借鉴研究》,吉林大学 2016 年博士学位论文,第 47~55 页。

② See *Proposed legislation*, *Omnibus Counterterrorism Act of* 1995, U. S. Congressional Serial Set, 1995, p. 4.

③ 参见张家铭:《美国恐怖主义犯罪立法发展及借鉴研究》,吉林大学 2016 年博士学位论文,第 47~55 页。

止恐怖主义犯罪提供适当手段来团结和加强美利坚合众国法》（Uniting and Strengthening America by Providing Appropriate Tools Required to Intercept and Obstruct Terrorism Act，因其首字母缩写为 USA PATRIOT，即美国爱国者，故又称《美国爱国者法案》）。法律原文共 342 页，有 156 个条款，分为 10 个部分。其主要内容包括：（1）加强国内反恐安全，涉及反恐基金、增加联邦调查局技术支持中心的资金、扩大国家电子犯罪专门工作组的主动权、授予总统在打击恐怖主义犯罪案件中的相关权力等。（2）加强（政府部门）监督程序，具体包括授权政府部门拦截与恐怖主义有关的电报、口头和电子通信；授权政府部门拦截与计算机欺诈犯罪有关的电报、口头和电子通信；授权政府部门分享刑事案件调查信息；澄清情报规则的例外情况，以限制对有线、口头和电子通信的拦截和披露；授权政府部门根据 1978 年的《外国情报监督法》（Foreign Intelligence Surveillance Act，FISA）巡回监督当局；授权政府部门根据《外国情报监督法》监视作为外国势力代理人的非美国人的持续期间；授权政府部门根据授权扣押语音邮件；授权政府部门在紧急情况下披露电子通信以保护生命和人身安全；授权政府部门延迟执行令状通知的权限；授权政府部门根据《外国情报监督法》使用录音笔和追踪设备等进行调查；授权政府部门根据《外国情报监督法》获取记录和其他物品；修改与使用录音笔和追踪设备等有关的权限的规定；授权政府部门拦截计算机入侵通信；针对恐怖主义的单一管辖权搜查令；全国性的电子证据搜查令服务；政府部门对某些未经授权披露信息所承担的民事责任等。（3）防止恐怖主义的反洗钱法案，具体包括针对有关洗钱问题的司法管辖权、金融机构或国际交易的特别措施；对账户和外国银行进行限制；将洗钱的定义扩大到包括在美国进行金融交易，以实施暴力犯罪、贿赂公职人员和欺诈处理公共资金，走私或非法出口管制弹药以及进口或带入未经美国司法部授权的枪支或弹药和走私根据出口管理条例控制的任何物品；规定了一些有关官员腐败犯罪的刑罚以及一些金融犯罪等。（4）对边界的保护，具体包括授权美国国务院和移民局获取签证申请人和美国入境申请人犯罪历史记录中的某些识别信息以保护北部边界；加强有关针对移民的立法，包括对恐怖分子嫌疑人的强制拘留、人身保护令和司法审查、设置外国留学生监管系统等；规定对恐怖主义受害者保留移民的福利。（5）消除调查恐怖主义的障碍，具体包括对提供恐怖主义信息奖励相关立法的完善和改进,如授权司法部部长、国务卿支付反恐奖励的规定;授权对恐怖分子和其他暴力罪犯进行 DNA 鉴定;扩展特勤处管辖权等。(6)为恐怖主义受害者、公共安全官员及其家属提供援助。(7)加强对关键的基础设施保护的信息共享,包括扩大区域信息共享系统,促进联邦州地方执法部门对恐怖袭击的反应。(8)强化对抗恐怖主义的刑法,具体包括立法规制恐怖袭击和其他针对大众运输系统的暴力行为、窝藏恐怖分子、为恐怖主义提供物质支持等犯罪行为;规定和完善对恐怖主义犯罪和密谋进行恐怖活动的刑罚。(9)改善情报工作,具体包括明确中央情报局局长根据《外国情报监督法》收集的外国情报的责任;根据 1947 年《国家安全法》,将国际恐怖主义活动纳入外国情报范围;对于向中央情报局局长披露与刑事调查有关的外国情报信息的规定;培训政府官员识别和使用外国情报的规定等。(10)杂项,涉及司法部审查、“电子监控”的定义、洗钱案件的审理地点等方面。

除了上述立法所提及的各种罪名的设立和各种刑事侦查手段,美国对恐怖主义犯罪严厉的刑罚也是打击恐怖主义犯罪的司法对策之一。根据《美国法典》的规定,对于偷越国边境相关恐怖行为,若有绑架行为处以有期监禁或终身监禁;若有伤害行为则处以 35 年以下的有期监禁;用危险武器袭击或袭击导致重伤的行为,处以 30 年以下的有期监禁;有破坏或毁坏任何建筑物、运输工具或个人不动产的行为,处以 25 年以下的有期监禁;行为人意图犯罪的,处以该罪完成时的最高刑罚;以犯罪为威胁的行为人,处以 10 年以下有期监禁;在公共设施、政府设施、公共运输系统建筑设施设置爆炸物、设置导弹系统破坏航空器、设置放射性设备等罪名都可能面临终身监禁的最高刑以及 2 000 000 美元以下的罚款;核恐怖主义行为也处以 2 000 000 美元以下的罚款或有期监禁或终身监禁;根据《美国爱国者法案》的规定,袭击大众运输系统时,交通工具上没有乘客的,犯罪人将被罚款并处以 20 年以下的刑罚。但如果有乘客或出现导致人死亡的结果,犯罪人将被罚款并处以终身监禁的刑罚。被告人如果不能证明自己出于预防、保护、善意的研究或其他和平的目的,使用生物制剂、毒素、运输系统则面临 10 年的监禁或罚款或并罚。庇护或隐藏恐怖主义分子也是一种犯罪,罚款或最高刑为 10 年或并罚。①

---

① 参见张家铭:《美国恐怖主义犯罪立法发展及借鉴研究》,吉林大学 2016 年博士学位论文,第 126 页。

尽管美国近几十年来针对恐怖主义犯罪出台的立法和司法对策一定程度上起到了控制恐怖主义犯罪规模和数量、有效打击和侦破恐怖主义犯罪案件、保障境内外美国公民的人身和财产安全以及美国的社会公共安全的作用,但这一系列立法和司法对策中不乏对政府部门的行政权力尤其是警察权的扩张、侵犯公民个人隐私、限制犯罪嫌疑人诉讼权利和公民基本权利的内容,也因此一直存在争议。

七、计算机网络犯罪

从20世纪末开始,随着信息技术的不断进步,利用计算机、网络进行犯罪的现象也在美国社会上不断涌现。20世纪80年代,美国就已经开展立法规制计算机网络犯罪行为。美国对计算机网络犯罪的规制主要通过两个路径来实现:一是设立专门规制计算机网络犯罪的罪名和进行专门的立法;二是对传统犯罪的计算机网络化发展倾向进行立法规制。①

(一)专门立法

美国最早关于计算机网络犯罪的刑事立法出现在国会于1984年通过的《全面控制犯罪法》(Comprehensive Crime Control Act)中的一部分,被称为《伪造接入设备与计算机欺诈及滥用法》(Counterfeit Access Device and Computer Fraud and Abuse Act),其中初步规定了有关计算机网络犯罪的罪名和刑罚,并设立了相关侦查部门。

1986年,在《伪造接入设备与计算机欺诈及滥用法》的基础上,国会通过了《计算机欺诈与滥用法》(Computer Fraud and Abuse Act)。这一法案的内容后被纳入《美国法典》第1030条,至今依然是规制计算机网络犯罪的主要立法。《计算机欺诈与滥用法》分别在1994年、1996年、2001年和2008年进行补充修改。1994年的修改主要是明确了《美国法典》第1030条a(5)款中造成损害的严格责任,并规定了刑事诉讼中的民事赔偿程序。1996年的修改扩大了a(2)款中所保护信息的范围和a(4)款、a(5)款中所保护的计算机范围,并在a(7)款中加入了禁止使用计算机进行敲诈勒索的规定。2001年美国出台了《美国爱国者法案》,该法案同样对计算机网

① 参见高仕银:《美国政府规制计算机网络犯罪的立法进程及其特点》,载《美国研究》2017年第1期。

络犯罪进行了新的规制,并对《计算机欺诈与滥用法》的内容进行了补充修订,主要是扩大了“受保护的计算机”的定义,以应对网络恐怖主义。2008年,国会通过的《身份盗窃与赔偿法》(Identity Theft Enforcement and Restitution Act)对《计算机欺诈与滥用法》的内容进行了调整,具体包括:取消了信息必须通过州际或外国通信被窃取的要求,从而扩大了涉及从计算机窃取信息的案件的管辖范围;取消了被告的诉讼必须导致超过5000美元的损失的要求,并在损害影响10台或更多计算机的情况下构成重罪,填补了法律空白;将《美国法典》第1030条a(7)款扩展至刑事犯罪领域,不仅将造成计算机损坏的明确威胁定为刑事犯罪,还将威胁窃取受害者计算机上的数据、公开披露被盗数据、不修复罪犯已经对计算机造成的损坏等行为定为刑事犯罪;规定合谋实施计算机黑客攻击构成刑事犯罪;等等。①

根据《计算机欺诈与滥用法》,以下行为构成犯罪:

(1)在未经授权或超过授权访问的情况下故意访问计算机,并通过这种行为获得美国政府根据行政命令或法令确定的受美国政府保护的国防和外交方面的信息或1954年《原子能法》第11节第Y段所规定的受限制的数据信息。

(2)故意未经授权或超出授权访问权限访问计算机,获取《美国法典》第15篇第1602条n(1)款定义的信用卡发行人的财务记录中的信息,或在消费者报告机构关于消费者的文件中的信息,以及来自美国任何部门或行政机构的信息和任何来自受保护的计算机的信息。

(3)未经授权故意访问美国政府机构或行政机构的非公用计算机、专门供美国政府使用的计算机,或在非专用情况下影响美国政府所使用的计算机或为其服务的计算机的运行。②

(4)未经授权而访问受保护的计算机,或超过授权访问,并通过这种行为进一步实施预期的欺诈并获得任何有价值的东西,除非欺诈的对象和获得的东西仅包括计算机的使用,并且这种使用的价值在任何一年期限内不超过5000美元。

---

① 参见高仕银:《美国政府规制计算机网络犯罪的立法进程及其特点》,载《美国研究》2017年第1期。

② 参见刘晓丽、张丽云:《美国计算机犯罪立法情况概览》,载《网络安全技术与应用》2007年第8期。

(5)未经授权故意将程序、信息、代码或命令传输给受保护的计算机,并因此对受保护的计算机造成损坏;未经授权故意访问受保护的计算机,因过失而造成严重损害;故意未经授权访问受保护的计算机,并造成损坏和损失。

(6)明知并意图通过未经授权的密码访问由美国政府使用的或为美国政府使用的计算机,或进行影响州际和国际贸易的欺诈性交易。

(7)意图向他人索取金钱或其他有价值的东西,在州际或国际贸易中传输任何对受保护计算机造成损害的威胁的通信,或威胁未经授权或超过授权从受保护计算机中获取信息;要求获得与受保护计算机的损坏有关的金钱或其他有价值的东西,且这种损坏是为进行敲诈而造成的。

(二)其他犯罪中有关计算机网络犯罪的规定

对其他犯罪中涉及利用计算机网络进行犯罪的行为,美国也多次立法进行规制。

对通过计算机网络侵犯知识产权构成犯罪的行为的规制,主要集中在1980年《计算机软件版权法》(Computer Software Copyright Act)、1997年《禁止电子盗窃法》(No Electronic Theft Act)、1998年《数字千年版权法》、2003年《遏制盗版和教育法》(Piracy Deterrence and Education Act)、2008年《优化知识产权资源与组织法》(Prioritizing Resources and Organization for Intellectual Property Act)中。[①]

对通过计算机网络传播儿童色情行为的规制,则主要集中在《模范刑法典》第2551条、第2552条和第2556条中。[②]

对通过计算机网络盗取他人身份信息从事犯罪活动行为的规制,主要集中在1998年《防止身份盗窃及冒用法》(Identity Theft and Assumption Deterrence Act)、2000年《互联网虚假身份预防法》(Internet False Identification Prevention Act)、2003年《公平准确信用交易法》(Fair and Accurate Credit Transactions Act)、2004年《身份盗窃加重处罚法》(Identity Theft Penalty

---

① 参见高仕银:《美国政府规制计算机网络犯罪的立法进程及其特点》,载《美国研究》2017年第1期。

② 参见高仕银:《美国政府规制计算机网络犯罪的立法进程及其特点》,载《美国研究》2017年第1期。

Enhancement Act)和 2008 年《身份盗窃与赔偿法》中。①

第三节 美国刑法的理论与判例

一、刑法绪论

(一)美国刑法的理论基础和宪法原则

美国《独立宣言》中阐述的“自然权利”思想和“社会契约”的理论,资产阶级启蒙思想家的刑法思想,如意大利贝卡利亚的刑法观点,成为美国独立后刑法改革的指导思想。同时,近代社会法学派的思想及实用主义观点对美国刑法的发展起着巨大的影响。

此外,1789 年通过的宪法前 10 条修正案(《人权法案》)的规定,如“未经正当的法律程序,不得剥夺任何人的生命、自由或财产”(简称“正当程序”条款),人民享有宗教信仰、言论、出版、和平集会以及向政府请愿的自由,关于司法程序的基本原则和刑事被告的基本权利(如陪审制度,不得强迫被告自证有罪,被告有权委托辩护人,有权得到关于告发事件的性质和理由的通知等),也对美国刑法的确立起了巨大的作用。

(二)美国刑法的渊源、功能和目的

如前所述,美国刑法主要源于三个方面:宪法、普通法、制定法。

其中,制定法包括州关于惩罚犯罪的制定法和联邦关于惩罚犯罪的制定法。另外,还有两个影响立法和解释、适用法律的次要渊源:(1)法院的判决;(2)立法者和法官的社会信念。法院判决的重要性是明显的,尤其是最高法院的判决,因为它有权解释至高无上的宪法。法院在解释法律时,不是通过遵循前例保存它,就是通过新的解释而改变它。立法者和法官的社会信念的影响作用也是重要的,能够影响到刑法的未来趋势。根据职能划分,关于主要渊源的叙述次序是:(1)美国宪法中规定的犯罪;(2)联邦

① 参见高仕银:《美国政府规制计算机网络犯罪的立法进程及其特点》,载《美国研究》2017 年第 1 期。

刑法;(3)普通法罪;(4)制定法罪。①

关于刑法的功能,它在很大程度上决定了刑事司法系统的特点。其特点包括两个方面:首先,刑事司法系统是代表国家权力实行社会控制的工具,程序以及制裁皆为之服务。其次,刑法是公民行动的指南。通过刑法,公民清楚自己合法活动的限度,预测自己的行为后果是否违背刑法,构成犯罪。② 简言之,和其他国家的刑法一样,美国刑法有社会保障功能和指引功能。

关于刑法的目的,英国刑法学者史密斯和豪根合著的刑法教科书指出:"美国法学会的《模范刑法典》中关于规定犯罪所反映的一般目的,可以被认为是在现代法制条件下,对刑法实体法的正当目的的描述。"③

《模范刑法典》第1.02条规定:(1)禁止和预防无正当理由或无免责事由而对个人或公共利益具有实质危害或威胁的行为;(2)对其行为已显示出有犯罪倾向的人置于公共权力控制之下;(3)保障无过失的行为免受有罪的追究;(4)对被认定为犯罪行为性质的,给予适当警告;(5)基于合理的根据区分重罪和轻罪。

二、犯罪论

(一)犯罪概念

犯罪概念通常有两种:自然的犯罪概念和法律的犯罪概念。这是两个联系密切但有区别的概念。所谓自然的犯罪概念,就是大多数人直观地理解的犯罪——一种非常恶劣、引起社会强烈谴责而且被认为应受惩罚的行为。所谓法律的犯罪概念,就是法律上规定的犯罪——形式法规所禁止的行为。由于自然的犯罪概念反映了历史形成的社会道德观念,因此法律的犯罪概念一般以自然的犯罪概念为基础。但是,由于道德规范的相对惰性(稳定性),它常常落后于社会变动,因此两种犯罪概念存在交叉甚至某些冲突情况。自然的犯罪概念一般并不依赖法律的犯罪概念,即使在没有法

---

① 参见储槐植、江溯:《美国刑法》(第4版),北京大学出版社2012年版,第6页。

② See Michael J. Allen, *Textbook on Criminal Law*, 2nd edition, Blackstone Press Limited, 1993, p. 6; John C. Klotter, *Criminal law*, 2nd edition, Anderson Publishing Co., 1986, p. 2-3.

③ 朱华荣主编:《各国刑法比较研究》,武汉出版社1995年版,第230页。

律的情形下也可以有自然的犯罪概念。自然的犯罪概念和法律的犯罪概念二者在本质上的共同点是:犯罪是危害社会的应当受惩罚的行为。二者在形式上的差异是:后者以法律规定为条件,前者则不必以法律规定为条件。①

美国学者认为给犯罪下一个合乎逻辑的、科学的定义,以便划清罪与非罪的界限几乎是不可能的。许多刑法教材都回避这一问题。代替犯罪概念论述的是犯罪分类、犯罪同民事侵权的区别等具体问题。

美国刑法理论中经常引用英国18世纪著名法学权威布莱克斯通在《英国法释义》中对犯罪下的定义:犯罪就是违反刑法,对全社会在公法上侵犯权利及违背义务。这个定义未提到刑罚,美国一些学者认为存在严重缺陷。19世纪,美国刑法学家毕夏普认为,犯罪就是政府认为有害于公众并以政府的名义通过司法程序加以惩罚的任何错误。波金斯认为,犯罪就是由法律规定应受惩罚的任何危害社会的行为。这样定义的缺陷依然存在,即没有将犯罪与违法行为明确地区分开来。

(二)犯罪构成理论

美国刑法中犯罪构成理论可分为两部分:一部分是刑法实体法上的,称为"犯罪的要件",包括犯罪行为、犯罪心理两方面,被认为是刑事责任的基础。另一部分是刑事诉讼法上的,包括犯罪主体问题,即刑事责任年龄和刑事责任能力问题,以及行为本身是否具有社会危害性和违法性的问题,如正当防卫、紧急避险等。美国学者认为,这些都是犯罪成立的前提条件,而非犯罪本身的条件,在诉讼中往往作为辩护理由。因此,实体意义上和诉讼意义上两个层次的结合形成了美国刑法犯罪构成理论的特点。

早期的美国刑法因源于普通法的成分太多,总则性的犯罪构成的立法、理论都跟英国刑法一样;立法鲜有规定,理论少有争论。倒是对分则性的具体犯罪的构成要件较有侧重。自从法典化运动的兴起和深入,尤其是《模范刑法典》的制定,总则性的犯罪构成规定有了长足的发展。例如,关于犯罪行为的规定、关于刑事责任条件的规定等都开始接近于大陆法系。

1. 犯罪行为(*actus reus*)

犯罪行为的拉丁词源"*actus reus*"意思是"罪恶行为"。其通常是指除

---

① 参见储槐植、江溯:《美国刑法》(第4版),北京大学出版社2012年版,第27~28页。

犯罪心理以外的一切客观的犯罪要件,包括有意识的行为(conduct)、犯罪结果(result)、因果关系(causation)、犯罪情节(circumstances)等。而《模范刑法典》对“*actus reus*”的解释是狭义的,仅指“有意识的行为”。“有意识”就是指对自己的行为能够辨认和控制,因而在外来不可抗力推动下或精神病状态下的动作也不是有意识的动作。根据《模范刑法典》的规定,反射的行为或痉挛、睡眠状态中的动作、催眠状态的动作、习惯性的身体动作皆属无意识行为。

犯罪行为是施加刑罚的前提,没有行为,仅有意图,不能作为犯罪加以惩罚。从刑罚以预防犯罪为基本目的来看,惩罚“意图”也是有道理的,而且现代也确实有一些立法体现了这种趋向;但是惩罚“意图”一定会导致滥用刑罚,造成公民的权利和自由被侵犯,因此坚持“刑罚惩罚行为”这一原则就能遏制司法专横。有意识行为才能作为刑罚的对象,惩罚无意识行为是没有意义的,也是不人道的。① 故此,刑法不惩罚人们的意图和情感或者性格,只有当罪恶的意图转化为行动而且这种行为触犯了一项特定的能够查明的刑法条文时,才能追究其刑事责任。

犯罪行为的形式可分为以下三种:

(1)作为(action)。这种行为是指事实上的身体运动或言语动作或者说是积极地实施法律上禁止的行为,如盗窃、强奸、放火等行为。

(2)不作为(omission)。许多州的法律都规定了不作为可以构成犯罪。追究不作为者刑事责任的基础是行为人负有作为的义务,但非常明显的是,证实某个人按一定方式行为或在特定情况下的行为比证实他有义务去作为而不作为要容易得多。如果不对有义务作为而不作为者予以刑事制裁则肯定导致审判不公正。因此,不服兵役或者不作收入税报告、见死不救在许多州的刑法典中都被规定为犯罪。在琼斯案②中,法院确认见死不救者有罪,认为至少在4种情况下不作为者违背了法定的义务:法律规定的照看某人的义务;因存在特定的关系而产生的义务;具有照看某人的约定义务;自愿承担照看某人的义务,而使无助者处于他人无法救援的状态而产生的义务。

---

① 参见储槐植、江溯:《美国刑法》(第4版),北京大学出版社2012年版,第30~31页。

② See Jones v. United States, 308 F. 2d 307 (D. C Cir. 1962).

(3)占有(possession),也即大陆法系中的"持有"。有些犯罪定义既没有要求积极的作为,也没有明确规定消极的不作为,只要求"占有"某种物品就构成犯罪,如占有麻醉品罪、占有赃物罪等。持有是对财务的实际控制。美国《模范刑法典》的行为条款除作为外还规定了不作为和持有,"如果持有人有意识地获得或接受了该持有物,或者在能够终止其持有的充分时间内知道自己控制着该物,则此种持有即为一种行为"。对物品的控制状态,通常起始于作为,如取得、收受等,以不作为维护其存在状态,具有作为与不作为相交融的特点。但持有本身是一种状态,没有积极动作,既区别于作为,也有异于不作为,因刑法上的不作为以不履行法定义务为前提,而持有未必以此为前提。在这种意义上,持有是与作为和不作为并列的一种犯罪行为形式。①

2. 犯罪结果

在美国刑法中,多数犯罪都要求有一定的危害结果发生。例如,偷窃罪中将他人财物转归己有,暴力伤害罪中将他人伤害的结果等,这类犯罪中的犯罪人被称为结果犯。但也有一些犯罪并不要求结果发生,只要有一定危害行为即构成未遂罪。例如诽谤罪、持有毒品罪等,这类犯罪中的犯罪人被称为行为犯。

3. 因果关系

行为犯(conduct crime)不要求结果,结果犯(result crime)要求结果,因此进而要求因果关系。因果关系是刑法理论中争论最大的问题之一。如果要求行为人对某一危害社会的结果负责,首先就要查明这一结果是由他的行为引起的,即要求行为与结果之间存在因果关系。客观现象之间联系的错综复杂性决定了刑法因果关系理论的多样性,包括条件说、原因说以及相当说在内的因果关系理论具备重要的作用地位。②

美国法学会把认定因果关系的规则写进了《模范刑法典》之中,成为刑事立法史上的创举。目前,美国的一些州如宾夕法尼亚州、特拉华州和夏威夷州等都仿照《模范刑法典》,将因果关系的认定规则写进了刑法典。《模范刑法典》中关于因果关系的规定如下:

---

① 参见储槐植、江溯:《美国刑法》(第4版),北京大学出版社2012年版,第31页。

② 参见储槐植、江溯:《美国刑法》(第4版),北京大学出版社2012年版,第36~37页。

第 2.03 条,行为与结果间的因果关系;计划的结果,或预见的结果,或可能的结果同实际的结果之间的不符。

(1)行为是结果的原因,即行为在结果之前,无此行为该结果就不发生,并且,行为与结果之间的关系符合《模范刑法典》或法律上规定的该犯罪所要求的因果关系。

(2)有目的地或明知地引起作为犯罪要件的某一结果,如果实际的结果不是行为人的计划或预见范围内的,不成为犯罪要件,除非(a)实际的结果同计划的或预见的结果只是被危害或影响的人或物不相同,或计划的、预见的结果比实际发生的结果引起的危害更严重或更广泛,或者(b)实际的结果同计划的或预见的危害或损伤,其性质相同,并且发生的结果与行为人承担责任或犯罪的危害性间的关系非常紧密。

(3)轻率地或疏忽地引起作为犯罪要件的某一结果,如果实际的结果不属于行为人对危险有认识,或者在疏忽的情况下,不属于应该认识到的危害范围,就不构成犯罪的要件,除非(a)实际的结果同可能发生的结果只是被危害的人或物不相同,或可能发生的结果比实际的结果引起的危害与损伤更严重或更广泛。(b)实际的结果同可能发生的结果的危害或损伤,其性质相同,并且发生的结果与行为人承担责任或犯罪的危害性间的关系非常紧密。

(4)以引起某种结果作为犯罪的基本要件时,如果法律规定为绝对责任(absolute liability),则实际的结果如果不是属于行为人可能引起的结果,就不成为犯罪的要件。

从以上规定可以看出,这是以行为人的主观认识为标准来筛选事实原因作为法定原因的预见说观点。美国在刑法因果关系中原因的划分上采用双层次的做法,即将原因分为两个层次:第一层次是事实原因,第二层次是法律原因。根据民事侵权理论,事实原因由"but-for"公式表述,即如果没有 A(B、C……)则没有 Z,则 A(B、C……)就是已发生的事实原因。第二层次的法律原因的提出是为了弥补第一层次的缺陷,限定事实原因的范围,从事实原因中筛选出一部分作为刑事责任的客观基础。此外,还有两种观点即近因说和功能说。

在美国,对于近因尚无制定法上的定义。一般认为,近因就是没有被介入因素打破因果链的,当然地或盖然地引起危害结果的事实原因,这是一种比较传统的观点,近因说侧重于以客观情况为基础来筛选事实原因。例如,在美国诉汉密尔顿案(United States v. Hamilton)中,被告打伤了被害人并致其昏迷,被害人在医院接受治疗时,于半昏迷状态拔去输氧管导致死亡,被告的伤害行为就被认为是导致被害人死亡的原因。功能说或刑罚功能说,是以刑罚的功能为着眼点去选择事实原因。持此观点的学者认为,考虑因果关系的出发点应当是体现刑罚目的的刑罚功能。例如,在贝莱特诉联邦案(Bennet v. Commonwealth)中,两兄弟一人从前面向劳逊开一枪并射中,另一人从其后面射中一枪,导致劳逊死亡。乔·贝莱特声称其从后面射中的一枪不能致命,引起劳逊死亡的是他弟弟。法庭经审理最后认为,在很难认定谁射中的一枪是致命的情况下,应该采取如下办法:不管他是引起了致命的伤害,还是在小的方面促进了或帮助了被害人的死亡,他都是有罪的,由于因果关系本身的复杂性和刑事政策的可变性,刑法不可能给法定因果关系下一个简单而准确的定义。总的来说,美国刑法因果关系的双层次原因理论以及法定原因选择标准上的预见说是很有科学性的,对其他国家刑法因果关系的研究不乏启迪意义。

近因说是美国法律理论中的传统观点,侧重于客观情况。预见说比较晚近,侧重于行为人的主观认识。刑罚功能说跻身于美国刑法论坛则是20世纪80年代的事情,它侧重于刑罚目的和刑事政策。近因说、预见说以及刑罚功能说的共同点是:都以“事实原因”为基础,都统称为“法定原因”理论。三者的不同点主要在于确定法定原因的依据标准不同。由于都以事实原因为基础(第一层次),因此无须把预见说和功能说一概视为主观唯心主义。以下分别论述这三种观点。

第一,近因说。近因没有制定法上的定义,只是在判例中存在各种各样的关于近因的定义。综合起来,一般认为,近因就是没有被介入因素打破因果链的,当然地或者盖然地引起危害结果的事实原因。近因有如下特点:①近因首先是产生结果的事实原因,但是事实原因这个概念的外延大于近因概念的外延,因此并非所有事实原因都是近因。②当然地或者盖然地引起结果,就是当然或者很可能引起结果发生,也就是说结果的发生不是偶然巧合。因此,近因说既不是“条件说”,也不同于“必然说”。可见,近因说因果关系的范围小于条件说,但大于必然说。③没有被介入因素打破因果链。介入因素就是介于先在行为和最后结果之间的因素。介入因素在因果链(几个因素相衔接的多层因果关系)中的复杂性在于,它不仅直接产生了结果,而且使得某些本来不会产生这种结果的先在行为同这个结果发生了某种联系。

介入因素的种类主要有三类:①自然事件;②他人行为;③受害人自身行为。在存在介入因素的情况下,近因说认为关键要考察两个问题,相应地有两条规则:①介入因素和先在行为之间的关系的性质是独立的还是从属的?如果介入因素从属于先在行为,即介入因素本身是由先在行为引起的,则先在行为就是结果的近因;如果介入因素独立于先在行为,即介入因素本身不是先在行为引起的,则先在行为就不是结果的近因。②介入因素本身的特点是异常还是非异常?异常或非异常其实就是现象间联系概率高低程度不同的命题。如果是异常的,则先在行为不是结果发生的近因;如果不是异常的,则先在行为是结果发生的近因。

第二,预见说。刑法因果关系预见说就是以行为人的主观认识为标准来筛选事实原因作为法定原因。按照预见说,被告人的行为要成为危害结果的法定原因,须同时具备以下两个方面:①被告人的行为必须是结果发生的实际条件。这是刑法因果关系的客观基础。②这个结果必须是被告人可以预见的,即实际结果应当是足够地近似被告人意图发生的结果,或者近似被告人认识到或应当认识到的结果,以致使被告人对实际结果承担责任被认为是公正合理的。这是刑法因果关系的主观条件,也是充分条件。

第三,刑罚功能说。刑法因果关系理论的意义在于从许许多多因果关系中确定何种因果关系同刑事责任有联系,所以考虑问题的总出发点应当是体现刑罚目的的刑罚功能。刑法因果关系的含义也像其他刑法概念一样取决于刑罚目的。公认的刑罚目的和刑罚功能是报应和威慑。其一,因果关系与报应。刑罚是犯罪的报应,罪行相报是人类本能的复仇感情的要求。罪行相报这种因果关系是确定具体案件中因果关系的本源标准。其二,因果关系与威慑。刑罚的威慑功能是同报应功能联系在一起的,报应功能在于使人们相信实施被法律禁止的行为就会产生刑事制裁的后果,从而使可能犯罪的人不敢去实施法律所禁止的行为。法定原因是一个变量,在不同案件中有不同的范围。一般认为司法实践中法定原因的宽窄范围同犯罪的严重程度有密切关系,大体上可认为是正比关系,犯罪越严重法定原因幅度越宽。这主要是由刑罚威慑功能所致,不以人的意志为转移。功能说的另一个重要论点是,由于因果关系本身的复杂性和刑事政策的可变性,刑法不可能给法定因果关系下一个简单的不变的定义。这一理论虽然没有设计出某些具体规则,并且批评多于建树,但是对开拓研究思路可能有所启发。①

4. 犯罪心理(*mens rea*;criminal state of mind)

mens rea 的意思是犯罪的心理;英文 criminal mind,中文多译为“犯意”。普通法上认为:“没有犯意就不能构成犯罪。”美国刑法承袭了这一原则。普通法上根据犯罪的不同性质,对犯意的程度有不同的要求,在诉讼上对不同程度犯意的证明要求也不相同。据此,将犯意划分为以下几种情况。

(1)一般故意(general intent),又称一般犯意,即行为人有意地去选择实施犯罪行为的心理态度。行为人不必被证实打算去触犯刑法,也不必知晓法律将这种行为规定为犯罪。换句话说,行为人自愿地实施某种行为即可推断他是故意地进行的②。自然犯罪如杀人、抢劫、强奸、盗窃等罪,其主观方面皆为一般故意,公诉人不必特别证明行为人是否具有这种故意。

(2)特殊故意(specific intent),又称特殊犯意,即要求行为人不仅具有实施该行为的故意,还必须具有特定的犯罪目的,并且还必须由公诉人在诉讼中根据犯罪时的情况和事实专门举证证明才能成立。如果法律规定的犯罪以特殊故意为成立要件,那么这种特殊故意就应像其他要件一样得到证实。③ 在这种情况下,证实一般故意的存在是不够的。例如,侵入住宅罪不仅要求行为人具有间接侵入住宅的故意,公诉人还必须举证证明行为人还有实施重罪的目的。如不能证明其具有实施重罪的目的,仅具有间接侵入住宅的故意,则不构成犯罪,属于民事侵权行为。

(3)过失犯意(negligence)。在刑法上,过失是指行为人由于轻率地、未能履行义务而导致危害结果发生的心理态度。它比一般过失(ordinary negligence)程度更高。刑法上过失的成立不仅需要有被告未能予以适当注

① 参见储槐植、江溯:《美国刑法》(第4版),北京大学出版社2012年版,第39~45页。

② See State v. Carlson, 5 wis 2d 595, 93 NW. 2d 354 (1958).

③ See U. S. v. Schnei dermann, 106 F, supp, 906(Ca. 1952).

意的事实,还需有比民事侵权责任中所要求的损害还要大的损害可能性。

在美国各州的刑法制定法的条文中,有关犯意的规定非常复杂。根据彼得·罗等所著的刑法教材中的统计数据,有关犯意的措辞、术语总共有78种之多,增加了解释和适用的困难。美国《模范刑法典》对犯罪心理进行了创造性的概括,根据犯罪心理的不同程度,划分为以下4种:

(1)有目的地(purposely)。行为人意识到其行为的性质或者明知其行为会引起危害社会的结果,而有意实施这种行为或追求其行为将会引起的结果,意识到自己的行为会引起一定的伴随情况,或者认为或相信伴随状况存在而实施这种行为的心理态度。

(2)明知地(knowingly)。行为人明知其行为的性质或伴随情况的存在,明知其行为肯定会引起一定的结果而实施这种行为的心理态度。

(3)轻率地(recklessly)。行为人有意识地不管其行为产生某种结果或某种客观因素存在的危险。这种冒险达到了偏离了处在行为人位置的守法公民能够遵守的标准的程度。

(4)疏忽地(negligently)。行为人严重偏离了作为正常、有理智的人应该注意的标准,对于其行为引起的危险结果或客观因素存在的危险应该预见而没有预见的心理态度。

除了在《模范刑法典》第2.05条的规定(绝对责任或严格责任外),任何人除非有目的地或明知地或轻率地或疏忽地实施了法律上规定的犯罪行为,不构成犯罪。

"明知地"这一犯罪心态主要存在于行为犯和结果犯的未遂形态。"有目的地"相当于有些国家刑法中的希望故意(直接故意)。结果犯的犯罪心态主要有有目的地、轻率地、疏忽地三种。"疏忽地"即无认识过失或称疏忽大意过失。"轻率地"犯罪心态存在于对危害结果有一定预见但又并非明确追求或明确规定此结果的场合,大体涵盖有些国家刑法中的放任故意(间接故意)和轻信过失(过于自信过失)。"轻率地"犯罪心态是英美刑法上的一种实用性很强的罪过形式,其他法系刑法立法目前还没有这种规定。

大陆法系刑法理论的共识是将罪过分为故意(希望故意和放任故意)和过失(轻信过失和疏忽过失)两种(四类),同一法条的同一犯罪要么是故意(两类故意),要么是过失(两类过失),不可能既是故意又是过失。在理论上分别给故意和过失下抽象的定义并不困难,问题是将放任故意与轻信过失联系司法实践进行比较考察,就会发现二者无论在理论上还是实践中予以明确界分往往极其困难。二者共同之处是行为人对其产生危害结果的行为本身具有轻率特性,行为时对后果的预想多半呈模糊状态:既可能含侥幸避免成分(轻信),也不排除漠不关心的成分(放任),究竟以何者为主,因案件不同而相异,有些案件中连行为人自己也不明确,何况司法人员。对此,如果硬要判定是故意或者是过失,往往不可能做到,结果是莫衷一是,久拖不决,公正和效率同时丧失。

出于司法实践需要,美国《模范刑法典》总结实务经验,对结果犯的心态由往昔的两种(四类)改制为三种,即在直接故意(有目的地)和疏忽过失之间设置中间模糊心态"轻率地"(涵盖间接故意和轻信过失)。这是实用性很强的概念,也不违背科学(模糊论可以解释)。①

(三)未完成犯罪(inchoate crime)

未完成犯罪又称不完整犯罪,它除了包括犯罪的未遂、中止,还包括犯罪的教唆和共谋等情况。美国刑法理论认为,这些犯罪行为都未达到刑法上要求的各个犯罪成立的要件。例如犯罪的未遂和中止,都未达到犯罪的完成阶段。犯罪的教唆和共谋,属于共同犯罪的范畴,尽管其未实施刑法上规定的各种犯罪的行为,但也属于不完整的犯罪。

1. 犯罪未遂(attempt)

犯罪未遂的定义在各州刑法上不尽相同。《纽约州刑法典》的定义是:"犯罪未遂就是行为人怀有意图而实施了接近完成该罪的行为。"《伊利诺伊州刑法典》规定:"犯罪未遂就是行为人怀有特定的犯罪意图而实施了组成该罪实质步骤的行为。"所谓"实质步骤",即指该罪规定的犯罪构成要件的行为。在普通法里,"未遂"理论起源于早期的企图伤害罪。普通法的犯罪概念要求同时具备行为和邪恶意图两个因素。无害行为不受罚,单独具有邪恶意图也不足以构成犯罪。二者相结合,就可能构成犯罪。邪恶意图能把无害行为变为有害行为,因而邪恶意图包含了对客观世界的现实威胁。因此,体现在一定行为中的犯罪企图本身就是一种应受惩罚的犯罪。这就是犯罪未遂。

---

① 参见储槐植、江溯:《美国刑法》(第4版),北京大学出版社2012年版,第47~48页。

在美国,目前在司法实践中有扩大惩罚未遂犯罪的趋势,法官们常常将犯罪预备行为当作犯罪未遂来认定,为了达到对某些罪的严厉惩罚,立法规定对以前普通法认为不受惩罚的预备行为按未遂犯罪处以刑罚的情况变得越来越普遍。关于未遂的标准,美国刑法主要有两种理论:

(1)犯意确证说。当某个行为具有明显的犯罪意图,行为人的犯罪心理可以从这一行为得到确证,这个行为除表明犯罪外不能作任何其他解释时,就足以构成犯罪未遂。这种理论旨在从行为人主观意图这一犯罪要件上来确定犯罪未遂行为的界限标准,所以称之为主观说。惩罚犯罪未遂,从本质上讲,与其说惩罚行为,不如说惩罚意图。所以,从这一角度看,犯罪确证说不无道理。由于这个标准在实践中难以掌握,因此这一理论遭到许多人的批评。这种理论在美国市场不大,但是不能说没有任何影响。例如,《威斯康星州刑法典》规定:“犯罪未遂要求行为人具有实施犯罪行为和达到犯罪结果的那种意图,并且要求他确实实施了接近完成犯罪的行为,这种行为明确地表明他形成了那种意图并且将会完成这一犯罪,如果没有他人或者其他外在因素阻挠的话。”该法典起草者说,这一规定的“重点放在行为人由行为表现出来的危险倾向,而不在于他如何接近于完成犯罪。这更符合刑法保护社会和改造犯人的目的”①。

(2)接近完成说。所谓接近完成,就是接近于完成刑法分则条文规定的犯罪要件。关于接近完成的程度仍存在争论,如有完成最近行为说、临近既遂说、实际接近说、超出预备行为说等。临近既遂说和实际接近说为目前刑法理论界大多数人所提倡。上述第一说,离完成犯罪的距离最小,也就是最接近于犯罪完成,犯罪未遂的范围最小。19世纪美国的犯罪未遂理论基本上采取这种观点。超出预备行为说和其他三说相比,离完成犯罪的距离最大,也即最不接近于犯罪完成,犯罪未遂的范围最大。这种观点是20世纪初提出来的。第一说和第四说正好相反,未遂的范围过于狭小。第二说和第三说比较适中,在目前刑法理论界得到较多的支持者。②

《模范刑法典》关于未遂的规定主要有以下几个方面:举止犯也可能有未遂;明确规定“不作为”的情况下有犯罪未遂,但如果“不作为”的情况未

① 储槐植、江溯:《美国刑法》(第4版),北京大学出版社2012年版,第103~104页。

② 参见储槐植、江溯:《美国刑法》(第4版),北京大学出版社2012年版,第104~105页。

被发现就不成立未遂;“明知”故意也可能有犯罪未遂;明确规定:如帮助他人实行犯罪的行为,纵使他未实行犯罪,也应该认为属该罪的未遂。

《模范刑法典》对未遂的界定实际上采用了“犯意确证说”和“接近完成说”的折中观点,从其规定上不难看出,未遂就是足以确证犯罪意图的,接近达到完成犯罪的实质性步骤的作为或不作为。

2. 犯罪中止(renunciation;abandonment)

和犯罪未遂相比,美国刑法关于犯罪中止的理论及立法要落后一些。这主要表现在以下两个方面:(1)关于犯罪中止的术语不统一;(2)立法处置不统一。

根据《模范刑法典》的规定,犯罪中止(犯罪放弃)必须是在彻底地、自动地放弃其犯罪目的的情况下,停止其实施犯罪的活动或用其他方法阻止犯罪的完成。如果犯罪人在实施犯罪时,感到被发觉或逮捕的可能性正在增大或致使犯罪达到目的更加困难,不得成立自动放弃犯罪。

3. 犯罪教唆(abetting;solicitation)

犯罪教唆是指请求、要求、引诱、唆使、暗示、鼓励、煽动、刺激他人实施犯罪的行为。教唆行为的方式有言词、文字、动作、姿态和表情等。在美国存在作为普通法罪的犯罪教唆和作为制定法罪的犯罪教唆,它们分别有以下不同的情况:

(1)作为普通法罪,存在两种情况:①被教唆的须是重罪,或者再包括有限几个特定的轻罪;②教唆罪一概以数罪处罚。

(2)作为制定法罪,存在三种情况:①教唆他人实施任何犯罪都构成教唆罪;②教唆他人实施重罪才构成教唆罪;③教唆他人实施法律明文规定的某些罪才构成教唆罪。

《模范刑法典》关于犯罪教唆的规定,反映了美国加强同教唆犯罪作斗争的趋势。这主要包括:扩大了教唆罪的范围;规定教唆他人实施任何犯罪都可成立教唆罪;对教唆犯的处理加重;被教唆者是否实施犯罪不影响教唆罪的成立;教唆罪中止的非独立性;只有在说服被教唆人放弃犯罪后,教唆者的自动放弃才能成立,才可作为辩护理由。

美国刑法中教唆罪的构成,只要求行为人有教唆他人实施犯罪的行为,而不要求被教唆者实施了教唆的罪。这就是说,有了教唆行为就构成既遂罪。那么,教唆未遂,就是指教唆的信息还没有到达被教唆者。从理论上说,教唆未遂的情况是完全可能存在的。但是多数学者认为,教唆未遂不应当、至少是不必要受罚。因为从整个犯罪的客观过程看,教唆行为相当于犯罪的预备行为,甚至是预备行为以前的行为;教唆未遂实际上也就相当于预备行为的未遂。处罚这种行为并不完全符合刑法的基本目的。①

4. 犯罪共谋(conspiracy)

犯罪共谋是指二人或二人以上协议实施某种犯罪行为或非法行为,或采用犯罪手段去完成某种不是犯罪的行为。犯罪共谋在普通法里是一种比较古老的犯罪,最初见于14世纪初的判例中,主要是叛逆罪。到17世纪,其范围扩大到一些其他的重罪。到20世纪,为了更严厉地惩罚有组织犯罪、法人犯罪、毒品犯罪等,犯罪共谋进一步受到了立法的重视。

犯罪共谋在美国许多州的刑法上既是一种独立的犯罪,又是一种共同犯罪。作为独立犯罪,共谋罪和实施共谋的犯罪就被作为两个罪来实施数罪并罚。作为共同犯罪,共谋者除对自己的行为负责外,还应对促进共谋计划实现而实行的一切行为负责。

为了吸引已经参加犯罪共谋的人放弃犯罪计划,《模范刑法典》规定,参与共谋的行为人在完全并自愿放弃犯罪意图的情况下,主动或协助司法部门挫败了共谋犯罪,则可以作为共谋的中止而被免罪。但联邦法院的判例认为,中止共谋并不免除其全部共谋罪责,而是免除退出共谋活动以后的其他共谋者所实行的犯罪的责任。

犯罪共谋作为一种犯罪,有两个特点:(1)它是一个不完整罪,使一个人在距离完成他所意图的犯罪很远的阶段上所实施的行为成立独立的罪;(2)这个罪的要害在于有组织犯罪对社会和国家管理活动所造成的威胁。

犯罪共谋有以下4个要件:(1)必须有两个或更多人之间的协议(agreement);(2)这个协议的内容是关于实施犯罪,或者实施非法行为,或者用犯罪手段来完成一个本身不是犯罪的行为;(3)共谋者必须有为执行这个计划的特别意图;(4)必须有表明共谋者意图存在的“外部动作”(overact)。

关于犯罪共谋的构成特点和刑事责任等方面,有以下几点需要特别说

---

① 参见储槐植、江溯:《美国刑法》(第4版),北京大学出版社2012年版,第108页。

明:(1)心理要件。为成立犯罪共谋,共谋者应当知道共谋内容,并且有实现共谋内容的目的。(2)实质要件。协议是犯罪共谋的实质核心。(3)共谋者的责任。为了对全部谋划的罪行负责,共谋者不一定要了解共谋的全部细节,也不一定要认识全部共谋者或知道其他共谋者所起的作用。(4)中止共谋。为了吸引已经参加犯罪共谋的人放弃犯罪计划,中止共谋可以作为辩护理由。(5)罪过证明。协议是犯罪共谋的要害问题,因此证明协议存在便成了证明犯罪共谋的关键。(6)并罚问题。美国许多州把共谋罪和完成罪作为两个罪来定罪,一个是作为不完整罪的"犯罪共谋",另一个是作为完整罪的共犯。(7)共谋罪的等级。《纽约州刑法典》按所共谋的罪的等级和共谋者的年龄的差别,把犯罪共谋分为6级。有些州不作类似这样的等级划分。(8)关于"保安处分"。美国刑法上没有"保安处分"这个概念和制度。(9)所谓"不罚预备"。英美刑法的一般原则是不罚预备。实际意思是不泛泛地惩罚犯罪的预备行为,因而并不排除法律专门规定的犯罪预备行为构成犯罪。①

(四)共同犯罪(group criminality)

1. 共同犯罪的含义

关于共同犯罪,美国刑事立法上没有概括性的规定,用来表达共同犯罪的术语经常有犯罪同伙(parties to crime)、同谋犯(accomplices)、共同的犯罪(joint crimes)。《模范刑法典》采用犯罪共谋(complicity)。共犯所要研究的主要问题是:(1)根据什么条件(主观方面的和客观方面的)确定刑事责任范围;(2)按照什么方式(从属地或者是独立地)使没有直接实施刑法分则条款规定的犯罪行为的人对这个犯罪负刑事责任。②

英国普通法传统的共犯模式是将共同犯罪人分为主犯(principals)和从犯(accessories)两类,其中主犯、从犯又被进一步划分。

普通法将主犯分为一级主犯(principals in the first degree)和二级主犯(principals in the second degree)。一级主犯,就是其行为直接产生犯罪结果的共同犯罪人,也就是直接实施刑法规定的犯罪行为的人。但是,应当指出的是,一级主犯不仅包括上述直接实行犯罪行为的人,而且包括利用

---

① 参见储槐植、江溯:《美国刑法》(第4版),北京大学出版社2012年版,第108~111页。

② 参见储槐植、江溯:《美国刑法》(第4版),北京大学出版社2012年版,第113页。

无罪的或者无责的代理(innocent or irresponsible agent)实行犯罪行为的间接主犯。此外,一级主犯还包括共同主犯。例如,在两人共同盗窃一所豪宅的过程中,其中一人窃取了一些名贵珠宝,而另外一人则窃取了现金,虽然两人各自的行为均构成盗窃罪,但由于两人是共犯,因此必须承担共同主犯的责任。二级主犯,就是在犯罪现场对一级主犯进行帮助或支持的共同犯罪人。在犯罪现场构成二级主犯的必要条件,也是二级主犯区别于事前从犯的重要标志。在犯罪现场既包括实际在场(actual presence),也包括拟制在场(constructive presence)。所谓实际在场,是指被告物理上在犯罪现场帮助、劝告、指挥或者鼓励一级主犯实行犯罪行为。所谓拟制在场,是指被告虽然物理上不在犯罪现场帮助、劝告、指挥或者鼓励一级主犯实行犯罪行为,但是在距离物理现场较近的范围内帮助一级主犯实行犯罪行为。①

普通法将从犯分为事前从犯(an accessory before the fact)和事后从犯(an accessory after the fact)。事前从犯,就是不在犯罪现场而在一级主犯实施犯罪之后,帮助其逃脱司法追究的共同犯罪人。所谓事后从犯,是指明知他人实行了犯罪行为,故意帮助他或者她逃避逮捕、审判或定罪的被告。②

美国现代制定法上共同犯罪人分类以《模范刑法典》为先导,采取共同独立原则,认为他们各自对社会的实际危险性并不总是同他们在共同犯罪中的行为类型相一致。原先普通法上的二级主犯和事前从犯在《模范刑法典》里被统称为"同谋犯",而不再用主犯和从犯的概念。普通法上的最后一类事后从犯,其实不是共同犯罪人,按"妨碍审判罪"另作论处。联邦刑法于 1976 年废除了主犯与从犯的区分,规定:"凡实行犯罪或者帮助、唆使、引诱、促使、要求他人犯罪的,都按主犯处罚。"

根据《模范刑法典》的上述规定,共犯大致可以划分为两类:为自身行为承担责任的人与在法律上为他人行为承担责任的人。

为自身行为承担责任的人是指直接实行犯罪定义中的行为的人,这里的"直接实行犯罪定义中的行为"包括单独直接实行犯罪定义中的行为,即

---

① 参见储槐植、江溯:《美国刑法》(第 4 版),北京大学出版社 2012 年版,第 113~114 页。

② 参见储槐植、江溯:《美国刑法》(第 4 版),北京大学出版社 2012 年版,第 114 页。

共同实行犯。因此，这里的“为自身行为承担责任的人”相当于普通法上的一级主犯中的直接主犯与共同主犯，而不包括其中的间接主犯。在此，有必要区分结果犯和行为犯。在结果犯的情况下，在杀人罪的定义中并不要求后被告的行为与前被告的行为有所联系，只要在死亡结果发生之前，后被告在具备特定的犯罪心态的情况下，通过对被害人造成独立的严重伤害而加入前被告的杀人行为中，那么就必须承担杀人罪的共同实行犯的责任；在行为犯的情况下，假设前被告为了实行抢劫而致被害人昏迷，在被害人昏迷之后、前被告正准备取财的时候，后被告碰巧出现在犯罪现场，因而与前被告一道实行了取财行为，那么，即使后被告明知前被告在实行抢劫的取财行为，也不能为前被告的抢劫行为承担责任，至多只能构成盗窃罪。

在法律上为他人行为承担责任的人包括间接实行犯、特别共犯以及共犯(狭义)。

(1)在普通法上，间接实行犯是作为一级主犯来处理的。典型的间接实行犯是导致未满法定年龄的未成年人、精神病人或者缺乏犯罪心态的人实行犯罪的人。在被告胁迫无罪的他人实行犯罪的情况下，也适用间接实行犯的理论。在间接实行犯的情况下，被利用的未成年人、精神病人或者缺乏犯罪心态的人等不过是被告的工具而已。在《模范刑法典》之前，美国各州刑法典均没有关于间接实行犯的规定，在《模范刑法典》的影响之下，美国大多数州的刑法典以及联邦刑法均对间接实行犯作出了明确规定。

(2)特别共犯，即在《模范刑法典》以及各州法律规定某些被告的特定行为构成共犯的情况下，根据这些规定，一个人在法律上应当为他人的行为承担责任。例如，尽管自杀或自杀未遂等行为本身并不构成犯罪，但是，美国所有的州均规定，帮助自杀或自杀未遂等行为(仅限于这些特定的行为)构成实体的犯罪。《模范刑法典》第 210.5 条第 2 款(作为一种独立犯罪的帮助或教唆他人自杀)也规定：“一个蓄意地帮助或教唆他人自杀的人，如果其行为最终导致他人自杀或者自杀未遂，那么他构成一项二级重罪，否则构成一项轻罪。”此外，许多州的刑法规定，将房屋出租给他人用于赌博或者卖淫、允许房屋用于这些目的或者充当这些机构的下手等特定行为构成犯罪，原因在于这些行为促进了犯罪的实行。此外，为了限定共犯(狭义)的责任范围，《模范刑法典》第 2.06 条第 3 款第(a)项规定，共犯(狭义)的成立要求被告必须具备“蓄意”的犯罪心态，但是，《模范刑法典》

第 251.2 条第 2 款规定,在“明知”的犯罪心态之下促进卖淫的行为构成一项轻罪或重罪;第 242.6 条第 2 款规定,在“明知”的情况下导致或促进他人越狱的行为,构成一项三级重罪或轻罪(视情况而定)。《模范刑法典》第 2.06 条第 2 款第(b)项正是针对这些特别共犯所作出的保留规定,虽然这一条款并不具备特别重要的意义,但是它允许立法者在原则之外将某些被告的行为设定为特别的共犯行为。《模范刑法典》第 2.06 条第 2 款第(b)项还包括替代责任的情形。所谓替代责任,是指被告在缺乏犯罪心态的情况下为他人的犯罪行为所承担的责任。最典型的替代责任是雇主对雇员的犯罪行为所承担的刑事责任。

(3)在普通法上,共犯(狭义)本质上具有派生性(从属性),即共犯(狭义)并不构成一个单独的“帮助或教唆”的罪;相反,作为一个共犯(狭义),他的责任派生于(从属于)与之相联系的主犯。简言之,如果主犯没有实行犯罪,那么共犯(狭义)的责任就无从派生。在判例上,共犯(狭义)的派生性(从属性)已经成为共犯信条(the doctrine of complicity)的公理(axiom)。①

2. 共同犯罪的犯罪构成

美国刑法理论认为,共同犯罪的成立必须有两个必要条件:共同的犯罪意图和共同的犯罪行为。前者就是犯罪参与人对由共同计划决定的犯罪行为的基本性质和由该行为基本性质决定的发展趋向方面有大体一致的认识,而不要求对犯罪进行过程中的一切具体情节都有相同的认识。后者主要是指教唆犯、帮助犯同实行犯的行为人之间的联系。因为这些共同犯罪人同犯罪结果之间的因果关系,必须通过实行犯的行为才能体现出来。按照《模范刑法典》的规定,共同犯罪行为主要有以促进或便利该犯罪的为下列行为之一的:教唆他人实施犯罪的、帮助赞成或企图帮助他人计划或实行犯罪的、在法律上有义务防止该犯罪的实行而不作出适当努力的、实行法律上规定为共同犯罪的行为的。

三、刑事责任论

(一)刑事责任原则

杰罗姆·霍尔主张,“有七项原则……构成刑法的基础并渗透在刑法

① 参见储槐植、江溯:《美国刑法》(第 4 版),北京大学出版社 2012 年版,第 115~124 页。

之中：合法性、犯罪行为、犯罪意图、犯意和行为同时发生、危害、因果性质及刑罚”。这一表述揭示了正统刑法理论的基本内容。① 近些年来，许多刑法学者都把举证责任和责任辩护涵括在刑法基本原则之中。这些基本原则也就是追究犯罪人刑事责任的基本原则。

(1)合法性原则，也即“法无明文规定不处罚”。这一原则的采纳，反映了从人治到法治的历史进步。合法性原则又派生了以下几点规则：禁止模糊性即不允许含糊而嬗变的立法，不能援引含糊而嬗变的法律来处罚其行为被认为不合常规的人。禁止制定溯及既往的刑事法律。禁止司法部门不以立法为根据而创立犯罪。

(2)犯罪行为原则。刑事责任要求被告人的举动包含有犯罪行为。每一犯罪必须包含若干有形的、外部的、客观的行为内容或明显表示，才能满足这一基本原则。这一原则排除仅仅根据一个人的思想或精神状态来确定犯罪；根据一个人所处的身份而不是他采取的行为来规定刑事责任；仅在几种严格限定的条件下，一个人可能以不作为方式实施犯罪。

(3)犯罪意图原则。犯罪意图是认定任何一种特定犯罪所必需的内心因素。这一原则在适用时存在以下几种情况：那些被设定严格责任的犯罪，是不要求有犯罪意图的；大多数免除刑事责任的辩护都是以缺少犯意来辩解的；只要被告人的行为是不完全有意识而为之，就认为被告人缺少犯意。

(4)犯罪行为和犯罪意图同时发生原则。刑事责任要求单个犯罪的犯罪行为和犯罪意图同时具备或同时发生。也就是说，被告人的心理状态必须“激发”其身体行为实施特定犯罪。

(5)因果性原则。大多数犯罪并不要求被告人的行为产生一种事件或特定结果。这些犯罪当行为实施之时就已完成，并不需要等到其结果出现才能确定犯了何罪，如果说有何结果，那么在其行为实施之时就已形成。然而，许多犯罪在追究刑事责任之前，必须要有一定结果。在美国，关于因果关系的公认理论是“法定原因”学说。

(6)严格责任原则。严格责任或绝对责任就是法律许可对某些缺乏犯

---

① 参见[美]道格拉斯·N.胡萨克：《刑法哲学》，谢望原等译，中国人民公安大学出版社 1994 年版，第 8 页。

罪心理的行为追究刑事责任。由于严格责任常常和工商业活动连在一起,因此有些刑法著作把它作为法人犯罪的一种情况。最近一个世纪,陆续出现了严格责任的成文法规,考虑到刑事惩罚的严厉性,严格责任的条款一般只限于轻罪范围。

(7)替代责任原则。替代责任又被称为代理责任,是另一种无罪过责任。被追究责任的被告不仅无须被证实有犯罪意图,而且违法行为也是他人实施的,只是因为存在一定的关系而承担刑事责任。这种责任是指负责某种经济活动的人(一般是雇主),由于其他人(一般是雇员)在其代理活动中的违法行为,而应当承担的刑事责任。在替代责任中,雇员的行为被认为是雇主的行为,雇员的罪过被认为就是雇主的罪过。在绝大多数情况下,代理责任只适用于违反经济管理法规的行为,在个别情况下,代理责任也适用于违反社会管理法规的行为。在美国刑事法律中,代理责任主要有两种形式:法律明确规定的代理责任;法律没有明确规定的代理责任。刑事代理责任的创设和运用为商业活动规定了最严格的行为准则,和严格责任一道为社会福利规定了最有效的保护措施,在打击经济犯罪中有重要意义。

(二)刑事责任辩护

英美刑法中所说的“辩护理由”(defenses)的理论地位和功能大体相当于大陆法系刑法中的“阻却违法事由”或我国刑法中的“排除犯罪性事由”,但是其范围比“阻却违法事由”或“排除犯罪性事由”广泛。在英美刑法中,凡是被告人针对有罪指控而提出的证明自己无罪或者不应当被追究刑事责任的事实和理由都属于辩护理由。英美法院承认的辩护理由五花八门,很难进行统一的归纳和分类。人们对每种具体辩护理由的免罪根据的理解往往不尽一致,而且不同辩护理由之间还有交叉和重合,无法截然分开。美国刑法学者 Paul H. Robinson 将刑法所承认的辩护理由大致归纳为 5 种类型,即证据不足辩护(failure of proof defense)、正当化事由(justifications)、可宽恕事由(excuses)、犯罪修正辩护(offense modifications)和非除罪辩护(non-exculpatory defenses)。

证据不足辩护是指被告人在审判中提出证据说明控方尚未排除合理怀疑证明被指控犯罪的某些要素,因而被指控的犯罪不能成立。由于证据不足辩护中,被告人实际上并没有具备构成犯罪的全部要素,因此这种辩护理由与犯罪要素全部被证明条件下的免罪理由(如正当防卫、紧急避险、胁迫等)有明显的不同。基于这一点,美国刑法理论认为证据不足辩护并不是真正的辩护理由。非除罪辩护与“排除犯罪辩护”是对真正辩护的进一步分类。非除罪辩护和排除犯罪辩护都是在控方已经证明了被指控犯罪全部要素的情况下适用的辩护理由,两者的区别在于它们排除刑事责任的形式途径不同。

需要注意的是,非除罪辩护在辩护根据上与下述正当化事由不同。虽然从形式上看非除罪辩护与正当化事由一样,都是国家根据利益平衡作出的选择,都是为了追求更大的利益而免除被告人的刑事责任,但是两者在法律结构上具有本质的区别。在正当化事由中,“较大利益”是行为自身创造的,比如正当防卫行为制止了犯罪、紧急避险避免了更大的损害。而非除罪辩护中,法律追求的公共政策利益并不是犯罪行为自身创造的。“犯罪修正辩护(特别辩护)与一般辩护”是对“排除犯罪辩护”的进一步分类。从辩护途径上看犯罪修正辩护和一般辩护都是通过排除犯罪成立的实质要素而阻却犯罪成立的。其区别在于犯罪修正辩护只能适用于特定的犯罪之中,而一般辩护则可以适用于所有的犯罪。

“正当化事由和可宽恕事由”是对一般辩护理由进行的进一步分类。正当化事由和可宽恕事由都是在被指控犯罪的全部要素已经具备的条件下适用的排除犯罪的辩护理由,而且从理论上讲它们都可以适用于所有的犯罪。正当化事由和可宽恕事由是英美刑法辩护理由的主体,也是辩护理由理论研究的重点。①

美国刑法将刑事责任辩护分为两种:一是正当理由的辩护(defenses of justification)。被告承认自己实施了犯罪但认为在那种情况下他的行为是正确的或是正当的,正当辩护的重点是行为的正当性。二是可宽恕的辩护(defenses of excuse)。被告承认他们做的是错的,但认为在那种情况下,他们不应对自己的行为负责。此种辩护的重点是行为人的无责任。②

---

① 参见刘士心:《美国刑法中的犯罪论原理》,人民出版社 2010 年版,第 129~133 页。

② See Douglas N. Husak, *Justification and Accessorses*, 80 Journal of Criminsl Law and Criminology 496 (1989).

1. 正当理由的辩护

(1)正当防卫

这包括保护人身、家庭、财产和执行公共职责的正当防卫性质的辩护。其中又分为:

①自我防卫(self-defense),排除防卫的挑唆和防卫不适时(preemptive strikes and retaliatory attacks)。在自我防卫中,防卫方对侵害方使用暴力的正当性必须依赖于以下条件:第一,针对未经挑衅的攻击;第二,别无选择(一切均失败后的最后依靠);第三,针对逼近的攻击;第四,使用正好能击退攻击的打击力度;第五,出于防卫的目的而不是阻止将来的侵害或者报复过去受到的人身侵害。自我防卫并不意味着自己本人身体不受侵害。从历史上看,它还包括防卫近亲属不受侵害。有几个州仍然要求防卫者和被侵害者有特殊关系,其他州已经放弃了特殊关系的要求,允许防卫他人,取消了自我防卫和防卫他人的差别和限制,从社会整体利益考虑,这种做法是合理的。

美国刑法在自我防卫中,根据防卫行为强度的不同,将防卫行为划分为致命性力量和非致命性力量两种,并对后者设置了更为严格的使用条件。致命性力量包括两种情况:一是行为人在实施防卫时意图给对方造成死亡或者严重的身体伤害结果。二是防卫行为本身客观上具有造成死亡或者严重身体伤害的实质危险性。在这种情况下,不论行为人主观上是否意图造成死亡或者严重身体伤害,也不论这种后果是否实际发生,都属于致命性力量。非致命性力量是指行为方式在客观上不会造成死亡或者严重的身体伤害,比如一般的殴打行为等。非致命性力量即便偶然地造成了死亡或者严重的身体伤害后果,也仍然属于非致命性力量。此外,根据美国有关判例的意见,如果行为人只是以杀死或者重伤相威胁,而实际上并不打算将威胁的内容付诸实施,则不属于致命性力量,比如只是用枪指向不法侵害者而不扣动扳机,即不属于致命性力量。[①]

②住宅、家庭防卫。美国法律在继承英国普通法时,吸收了使用一定的打击力度甚至致死打击来保护家庭、财产的正当防卫。按照普通法财产防卫的规定,杀死夜间企图闯入自己房屋的人,其行为属于正当杀人。现

① 参见刘士心:《美国刑法中的犯罪论原理》,人民出版社 2010 年版,第 136~137 页。

代法律仍然遵循这一规则。防卫住宅和防卫财产在美国刑法中是加以区别的,因为“防卫庇护生命的住宅同防卫生命一样重要”,防卫住宅时使用暴力的限制应当小于防卫一般财产。住宅具备了超出一般财产价值的特性。然而,有些州如得克萨斯州就认为,为了保护财产不被侵害,如果他们合理地相信:“用其他任何手段”不能保护他们的财产或者“未能使用致死的打击力度会使他们面临死亡或者严重身体伤害的危险”、致死的打击是现时需要的,正当防卫可以成立。

③执法防卫。执法防卫就是法律许可警察或者协助警察的其他人为实施合法逮捕或者制止已被逮捕的人犯逃跑而运用适度的暴力。

(2)紧急避险

紧急避险成为合法辩护的理由就是遵循“两害相权择其轻”的原则,美国《模范刑法典》规定紧急避险的条件,首先就指出行为所要避免的危害必须大于行为所造成的危害。关于危害大小的衡量,一般来说,人的生命大于财产,不能因避免财产损失而去杀人。人的生命是平等的,不能因救一人的生命而杀死另一人。紧急避险的对象是自然力量(包括人的生理需要)。

紧急避险的成立条件有:①避险行为必须在紧急情况下实施;②避险行为必须在不得已的情况下实施;③因自身的行为引起的危难,不能实施紧急避险;④行为人具有避免更大损害的目的。

(3)被害人同意

被害人的同意、宽恕及和解,原则上都不能作为合法辩护的理由。但个别州的法律认为,某些轻微犯罪可以通过对被害人的赔偿而和解。比如轻伤,对被害人道歉和赔偿,通奸罪的受害配偶表示宽恕等,法院可以不必追究刑事责任。关于被害人同意杀死自己即安乐死问题,争议很大。根据“无权让与生命”的原则,法律上尚未承认安乐死可作为合法辩护。在司法实践中已出现不以谋杀罪论处的判例,而以非预谋杀人论处。

(4)执法陷阱(entrapment)

执法人员及其合作人员为了对某人提起刑事诉讼的证据而诱使他实施某种犯罪的行为,被告人则可以以他的犯罪行为是在警察、司法人员或者其合作人员诱使下产生的为理由提出免罪辩护。这就是美国国会议员所讲的执法陷阱和执法陷阱辩护,执法陷阱又叫警察圈套,因此执法陷阱辩护又可称为警察圈套合法辩护。

根据美国最高法院1932年索里尔斯出售烈性酒案和1958年谢尔曼出售麻醉品案以及在1976年汉普顿案中重申前两案的观点和补充,执法陷阱的构成要件是:①诱使者的身份必须是警察、司法人员或者其合作人员。②诱使者的行为要求警察、司法人员不仅提供了犯罪机会,还以积极行为去诱使被告人员实施犯罪。③被告人的心理状态。被告人本来是无辜的,其犯罪意图是因诱使者的引诱而萌发的,并非原先就有的。

美国肯塔基州有关执法陷阱作为合法辩护的规定和以上规定基本相同,《模范刑法典》第2章第13条也有类似的规定。目前的执法陷阱立法意图是抓获惯犯,而不以无辜公民为代价。①

量刑圈套(sentencing entrapment)也称作量刑操纵(sentencing manipulation),是警察圈套的一种特殊表现形式,指被告人原本仅仅具有实施较轻犯罪的意图,司法人员或其代理人为了使被告人受到更重的刑罚处罚而引诱其实施严重的犯罪。量刑圈套主要发生在毒品犯罪等根据犯罪物品的数量或价值多少决定刑罚轻重的案件中。量刑圈套和传统警察圈套的区别在于:(1)后者是操纵无意犯罪的人实施犯罪行为,前者则是操纵已经准备犯轻罪的人实施重罪;(2)后者决定被告人是否构成犯罪,前者影响用于被告人的刑罚的轻重。②

2. 可宽恕的辩护

可宽恕的辩护包括以下几种:

(1)错误(ignorance or mistake)

美国刑法区分两种错误:法律错误(mistake of law)和事实错误(mistake of fact)。前者是指行为人没有认识到违法或误解了法律;后者是指行为人对自己行为的事实情况的错误认识。

"不知法律不免责"(Ignorance of the law is no excuse)是通行于世的法律格言。例如,在街上拾得100美元,出于"谁发现谁所有,谁丢失谁哭泣"(finders keepers,losers weepers)的信仰将之花掉,若被人告发就会被定为盗窃罪。有时,对于需要花费很大努力才能得知的法律,若出现错误时可以

---

① See Paul Marcus, *The Development of Entrapment Law*, 33 Wayne Law Review 5 (1986).

② 参见刘士心:《美国刑法中的犯罪论原理》,人民出版社2010年版,第229页。

作辩护理由。例如,有人认为地方法规规定的“不准钓鱼”违宪,审判法院审理后也认为违宪,钓鱼人相信法官的结论去钓鱼后被起诉,他便可以以先前的审判作为自己的辩护理由,这便是法律错误不免责的例外。法律错误不免责的规则是基于以下几点设立的:①界定犯罪的是法律,而不是公民自己;②此规则的宗旨是鼓励或引导人们去熟悉法律;③因为很少有人具体知道法律禁止什么,如果允许以此作为辩护理由,几乎每个人都可以避免刑事责任的追究了。

事实错误总能作为免责的辩护理由是因为被告行为时没有犯意(mens rea),如在没有意图剥夺他人的财物所有权的情况下误会了别人的财物就可以作为事实错误的辩护理由。

(2)年龄

未成年人生理、心理不成熟,不会有成年人那样的认识能力和控制能力,因而基本不具有构成犯罪的心理要件。只有达到一定年龄的人,才负相应的刑事责任。另外,年老是否可以成为辩护的理由呢?法律并未规定年老可以作为辩护理由,但司法实践中,由于检察官、法官的自由裁量,年老者有时不被起诉或被免责。法官和检察官的个人判断显示了在个案中什么是正义和如何优化刑罚资源的配置以及在法律和社会价值观念上的调和。

(3)被迫(duress)

各州规定的可进行被迫免罪辩护的各种条件有所差别,这些条件涉及:为之辩护的犯罪;被迫的含义;被迫和犯罪完成的联系;被告对受到胁迫的相信程度。在有些州除谋杀罪外,被迫行为都可成为辩护理由,在其他州只有轻微犯罪才可因被迫免责。各个州对被迫的理解不同:有的认为,应以杀害相威胁为成立要件。有的认为,威胁实施严重的身体伤害即可。以一般伤害相威胁或以毁坏名誉或毁坏财产相威胁则不符合被迫条件。大多数州要求被告面对的是即时的伤害威胁。至于紧急的程度各州又不一样:有的州要求具备“立即死亡”的威胁,有的要求非常迫近的威胁。

(4)醉态(intoxication)

醉态是指酒精或药物引起的不清醒状态。刑法上区分自愿醉态和非自愿醉态。自愿醉态下实施犯罪从不免责,尽管醉态下的行为人在一定时间内减弱甚至丧失辨认或控制能力,从社会整体利益出发,醉态后的行为是由“先在过错”引起的,即“原因中的自由行为”,因此自愿醉态不能作为合法辩护的理由。而由于被迫、受骗、遵照医嘱、无辜的错误、病理性原因而引起的“非自愿醉态”(in-voluntary intoxication)则可能作为合法辩护的理由。

(5)精神病(insanity)

精神病辩护为广大公众和学术界所关注,然而,它很少影响刑事审判的执行,被告亦很少有进行精神病辩护,即使少有的作精神病申请的也很难自动免除惩罚。因为还需通过精神病鉴定,鉴定后真是精神病的必须被送往和监狱差不多的精神病医院,按有些州的规定,病人住精神病医院是无期的,精神病是一个法律的而非医学的名词。法律上讲的精神病不仅包括心理疾病,还包括心理缺陷。鉴定精神病的规则也经历了一个发展的过程,主要有以下几种:

①贯彻于“对—错”测试(right-wrong test)的规则被称为麦纳顿规则(M. Naghten rule)。它起源于1843年英国的一个判例,在审理被告麦纳顿的过程中形成了这一鉴别标准,共包括4个因素:在犯罪时;经受心理疾病或心理缺陷;损坏了正确推理的能力;不明白自己行为的性质或不知道行为的对错。

②不可控制规则(irresistible impulse rule)。有一种精神病人虽然有辨认对或错的能力,但没有控制自己行为的能力,麦纳顿规则只涉及前一种心理能力,因此,不可控制规则被补充到麦纳顿规则上以集中于测定精神病人的控制能力。这样一来,精神病免罪辩护的范围就变宽了。

③德赫姆规则(Durham rule),即“如果被告人的非法行为是精神疾病或精神缺陷的产物,被告人不负责任”。按照德赫姆规则,精神病辩护需要具备两个条件:第一,被告人在实施犯罪行为时患有精神疾病或者具有精神缺陷;第二,犯罪行为是精神疾病或精神缺陷的产物,即精神病与犯罪行为之间具有因果关系。德赫姆规则虽然形式上扩大了精神病专家的作证作用,使得陪审团能够获得更多的证据材料,从而较为全面地了解被告人的精神状态,但是这个规则的内容过于抽象。[①] 1972年联邦上诉法院放弃了这一规则,其影响不大。

---

① 参见刘士心:《美国刑法中的犯罪论原理》,人民出版社2010年版,第194~195页。

④实际能力规则(substantial capacity rule)。1960年,美国法学会提出了实际能力测试,对麦纳顿规则和不可控制规则进行了限制。既强调精神病人的认识能力,又强调其意志控制能力,更有意义的是,它侧重于精神病人的实际能力,不要求其全部丧失认识能力或意志控制能力。这一规则的内容是:如果一个人行为时因精神疾病或精神缺陷而缺乏评价其行为是否犯罪或者缺乏使其行为符合法律要求的实际能力,则不负刑事责任。在适用本规则时,精神疾病或者精神缺陷这一概念不包括那种表现为反复进行犯罪或者其他反社会行为的心理变态。在美国,全部联邦上诉法院及许多州的刑法典、地方法院都采用这一规则。

根据精神病与被告人刑事责任关系的不同,在理论上可以将精神病辩护分为以下三种类型:第一,精神病造成认知障碍(defect in perception),使得行为人不能认识自己行为的自然性质和后果。第二,精神病使得行为人没有认识到自己行为的违法性或者犯罪性。其中主要包括三种情形:一是幻觉(hallucination),即幻觉导致行为人误以为自己在实施正当行为;二是对环境的异常错觉(abnormal misinterpretation of circumstances),即精神障碍导致行为人错误理解周围环境而实施犯罪行为;三是认识机能障碍(cognitive dysfunction),即有些精神病会改变人的概念形成而造成思维混乱,从而不能将自己的行为和法律规范联系起来。第三,精神病损伤行为人的控制能力,使得行为人不能够控制自己的行为。如果说刑事责任能力包括行为认识能力和行为控制能力,那么在上述三种类型中,第一和第二种类型属于没有认识能力。其中,第一种是不能认识行为的事实内容,第二种是不能认识行为的法律意义。第三种类型属于没有行为控制能力。因为控制行为以认识行为为前提,不能认识行为也必然不能控制行为。因此,从逻辑上说,前两种类型中行为人既无认识能力也没有控制能力,后一种类型中行为人具有认识能力而没有控制能力。①

(6)能力耗弱(diminished capacity)

能力耗弱是指不是精神病的精神衰弱。在有些司法区,如果精神衰弱导致影响犯意形式,则可作为辩护理由。一般来说,被告在预谋谋杀(premeditate a murder)时表现出能力耗弱可将一级谋杀的控告减到二级谋

① 参见刘士心:《美国刑法中的犯罪论原理》,人民出版社2010年版,第188~190页。

杀,能力耗弱成为减轻罪责的辩护理由。

近来,一系列影响精神状态的综合病症赋予了刑法上辩护理由的新类型。越战给参战士兵造成了很沉重的情感伤害,对犯罪发展具有戏剧性影响的心理健康危机就被称作“精神创伤后紧张综合征”(post-traumatic stress syndrome),律师们已将这一综合征作为辩护理由,称为“越战老兵辩护”(Vietnam War vet defense)①。因精神创伤后紧张综合征又有同义的称呼“post-traumatic stress disorder”,所以此辩护又可缩称为“PTSD 辩护”。

四、刑罚论

(一)刑罚的概念和目的

美国刑法理论普遍认为,刑罚是司法机关按照刑法对犯罪者实行的惩处。其中关于刑罚的目的,在刑法理论中占有重要的地位,被认为是刑法的基础。一切刑法制度的建立和改革都是以刑罚目的为转移的。从根本上说,刑法的目的是使人们去做社会允许的事情,防止他们去做社会不允许的事情。刑法的目的,不是通过奖励对社会有益的行为来实现的,而是通过惩罚对社会有害的行为来实现的。因此,刑法的目的也可以说是刑罚的目的。刑罚的目的对于实现刑法的社会功能是十分重要的。

关于刑罚目的,美国刑法界存在各种不同的见解。其主要有:

(1)特殊预防。持这种观点的学者认为,刑罚的目的就是防止罪犯本人继续犯罪,而不是防止别人去犯罪。

(2)限制自由。这种观点认为,刑罚的目的就是监禁罪犯,使之与社会隔离,从而使社会免受其害。

(3)教化、改造。这种观点主张通过适当的方式“惩罚”罪犯,为的是使其重新获得复归社会的能力,并且不再想危害社会。

(4)威慑,也称一般预防。这种观点认为,对犯罪者施加刑罚使其感受痛苦,就可以威慑其他社会上不稳定分子,使其不致效尤,能起着一般威慑作用,也可使犯罪者本人不敢再犯罪,起到个别威慑的作用。由于犯罪日益增加,虽严刑峻法也无法抑制,即使在行刑场所也有人敢以身试法。因

---

① See John R. Ford, *In Defense of the Defenders*, *The Vietnam vet Syndrome*, 19 Criminal Law Bulletin 434 (1983).

此，只靠威慑来抑制犯罪的观点已受到怀疑。

(5)教育。这种观点认为，刑罚的目的就是通过对罪犯定罪判刑的宣传，使社会知道好与坏的界限，尤其是那些由于时代变迁、道德观点变化，容易引起误解的好与坏的界限。

(6)报应。主要有道德报应说和法律报应说，皆以意志自由论为基础，认为人有选择善恶的自由意志，若择恶而为，违背道德或违背法律，自应受到道德的谴责或法律的制裁。报应论同古代报复刑思想相似，同现代流行的刑罚目的在于矫正犯罪者和保护社会的观点格格不入。

在20世纪60年代以前，教化改造理论占据主导地位，认为刑罚的目的是帮助罪犯改造自己，以便早日复归社会。当罪犯能够作为一名有用而无害的公民返回社会时，就必须将其释放。从20世纪70年代开始，报应观点和威慑观点分别获得了广泛的支持。报应观点认为，“罪有应得”应当成为刑事判决的理论基础。威慑观点认为，控制犯罪应当是刑事判决首先予以考虑的目的。

(二)刑罚种类

在美国，各司法区都有的刑罚有罚金、监禁、缓刑。一些州还有死刑和赔偿。个别州还有鞭笞、枷刑、放逐、没收财产等。美国没有统一的刑罚体系，以下只就罚金、监禁、赔偿、死刑加以说明(缓刑放到后面刑罚制度中论述)。

1. 罚金

它既可以独立适用，也可以附加适用。在美国，罚金通常作为轻罪和违禁罪的惩罚办法，对于比较严重的犯罪，罚金和监禁一起适用。罚金数额依据犯罪的性质和程度而定。《量刑指南》对罚金的等级和适用方法有明确的规定，在罚金表中，犯罪的不同等级和罚金额一一对应。关于罚金的立法模式为“处不超过美金5000元罚金或者不超过10年监禁，或并罚”。

2. 监禁

它分为有期监禁与终身监禁两种。终身监禁仅次于死刑，如果服刑中表现良好，一般执行10年或15年后可获假释。有期监禁分为定期刑的有期监禁和不定期刑的有期监禁两类。其上限分别为25年、30年、50年等。有期监禁刑中的短期监禁在有些州有特殊的执行方式，如间歇性监禁，即被判刑的犯人在一定的时间内在监所服刑,其余时间在社会上工作、学习和生活。其适用对象是罪行较轻的非暴力罪初犯。间歇性监禁是一种定期刑,期限须在判决书上确定。被判间歇性监禁的犯人,在服刑期间重新犯罪,或者违反法院规定要求而犯人所在单位提出书面材料的,原判法院便可改变或撤销间歇性监禁,易判普通监禁刑。①

3. 赔偿

赔偿在美国不同的司法区有两种不同的含义:(1)对社会的赔偿,即“社区服务”,或称“社区劳动”;(2)对被害人的赔偿,简称“赔偿”。社区服务就是判令犯罪人在社区从事一定时间的公益劳动。社区服务已被一部分州规定为对付某些轻罪或者违警罪的一种刑罚方法。赔偿被害人,通常不是独立的刑罚,而是对犯罪人的一种处置,它一方面是对被害人的补偿,平息受害人的愤怒;另一方面也是对犯罪人的教育。赔偿损失常常作为缓刑的一个条件而被适用。在当今司法实践中,社区服务常常作为监禁刑的替代措施。②

一般是判处犯罪人在社区从事一定期限的公益服务和社区服务。服务的内容按照犯罪人的能力、职业和社区的公众需要决定。判处的对象为某些犯罪或违警罪的触犯者。赔偿被害的法律实践已经发展为体现当代刑事政策的一种新趋势——恢复性司法。赔偿被害人通常形成犯罪人与被害人和解的局面。实践中也就逐渐出现了“被害人—犯罪人和解程序”,这就是现代在西方世界普遍兴起的恢复性司法的渊源。③

4. 死刑

在美国,死刑的存废一直是一个争论激烈的问题。反对死刑运动到19世纪40年代达到高潮,后又时起时落,至今仍有近40个州保留了死刑。尽管联邦最高法院解决了死刑是否合法的问题,但是否道德,威慑效果如何,以及是否公正而不带有偏见的问题仍悬而未决。

死刑存废的争论也未能使美国民众对死刑的态度明确化。难以想象的是80%的人拥护死刑,但对执行死刑却踌躇不决。1988年,2124个判决

---

① 参见储槐植、江溯:《美国刑法》(第4版),北京大学出版社2012年版,第262页。

② 参见储槐植、江溯:《美国刑法》(第4版),北京大学出版社2012年版,第259页。

③ 参见储槐植、江溯:《美国刑法》(第4版),北京大学出版社2012年版,第259页。

死刑犯中，只有 11 人被执行死刑（路易斯安那州、得克萨斯州各 3 个，佛罗里达州 2 个，佐治亚州、犹他州、弗吉尼亚州各 1 个）。1967 年至 1977 年，死刑执行率为零；1977 年至 1990 年，共计 121 人被执行死刑，平均每年不到 10 个。如今，死刑待决犯皆是被控告为谋杀的，1989 年 2/3 是犯重罪者，1/11 为杀人犯。其中，40% 是黑人，21% 是印第安人，12% 是亚洲人，23% 是妇女。死刑执行等待时间平均为 7 年，大多数死刑待决犯为文盲和穷困者。①

在美国，死刑的执行方法有好几种：最普遍的是亚拉巴马州、阿肯色州、康涅狄格州等 16 个州施行的是电杀。其次是阿肯色州、伊利诺伊州、蒙大拿州等 15 个州施行的是注射法。毒气杀在加利福尼亚州、科罗拉多州等 8 个州施行。爱达荷州、俄克拉何马州和犹他州仍然执行枪决。也有一些州采取 2 种以上的执行方法。

（三）刑罚制度

在美国，刑罚制度包括量刑制度和行刑制度两个方面。

1. 量刑制度

（1）量刑模式

美国的量刑模式有 4 种，即立法模式、司法模式、行政模式、司法和行政相结合的混合模式。立法模式是指法律上对犯罪行为规定了绝对确定的刑种和刑度，法律没有给法官量刑上的自由裁量权；司法模式是指法律上对犯罪行为规定的是相对确定的幅度刑，法官对具体案件宣告的是确定刑；行政模式是指法官对具体案件宣告的也和法律规定的一样，是相对确定的幅度刑，称为“不定期刑”；司法和行政相结合的混合模式是指对轻罪的量刑采用司法模式，法官宣告定期刑，对重罪的量刑采用行政模式，法官宣告不定期刑。就目前情况而言，主要量刑模式是行政模式——不定期刑。

量刑制度经历了两次大的改革。第一次是 19 世纪 70 年代末至 20 世纪 60 年代末的从定期刑到不定期刑的运动。第二次是从 1975 年开始的从不定期刑到定期刑的改革运动。后者以限制法官的自由裁量和矫正改造机构的自由裁量为目的。量刑委员会的设立和《量刑指南》的制定，尤其是联邦的《量刑指南》的精密、成熟，使判决趋于精确化、严密化及科学化，成

---

① See Joel Samaha, *Criminal Justice*, 2nd edition, West Publishing, 1991, p. 569.

为定期刑运动成果丰硕的佐证。

当前美国确定刑运动的主要内容是:①废除辩诉交易。阿拉斯加州司法部部长命令州检察官不再参加判刑交易,这是美国的第一个州也是目前唯一的一个州废除了辩诉交易诉讼制度。其他州也有不少地方检察官停止(部分或全部)辩诉交易。由于诉讼活动频繁,积案太多,要在美国大范围内废除辩诉交易制度是不可能的。②规定"刚性最低刑",就是明确规定对各种犯罪所应判处的最低监禁刑期,只有在服完这最低刑期以后犯人才有获得假释的可能。③规定"标准推定刑",就是立法上对重罪(全部或者一部分)规定了标准幅度比较狭窄的刑罚量,作为法官判刑的基础,对法官有约束力。在特殊情况下不能按标准推定刑判刑时,法官必须在判决书里说明理由。④假释改革。假释委员会是不定期刑的关键性执行机构。半个世纪以前,假释委员会就存在于各司法区,它拥有什么时候能释放狱中犯人的实际决定权。改革假释制度,其实质就是限制不定期刑。⑤提出"量刑指南"。有三个州(明尼苏达州、宾夕法尼亚州和华盛顿州)和联邦建立了专门机构,称为"量刑委员会",颁布了标准推定量刑准则。《量刑指南》的宗旨是纠正不定期刑制度下刑罚轻重悬殊的弊端,促进刑事司法实现正义的目标。①

(2)数罪并罚

按照美国刑法的规定,一行为触犯两个或两个以上罪名,或相同行为多次触犯相同罪名,都构成数罪。美国刑法同英国刑法一样,无论在理论上还是实践中,都不使用结合犯、牵连犯、想象竞合犯、连续犯等概念。20世纪50年代起,美国有许多州在以前的简单相加的并罚原则基础上采用重刑吸收轻刑的并罚制度,目前差不多半数的州采取了相加和吸收并行的办法。何种情况下采用相加或采用吸收,有的由法官依法审定。例如,《纽约州刑法典》规定:数个不定期刑采取吸收原则,以上限高的为准执行;定期刑采取相加原则,不定期刑与定期刑并罚,则采取吸收原则,重刑吸收轻刑。一行为触犯数罪的,数罪并罚,则采取吸收原则,对二级暴力重罪犯、二级重罪犯采取相加原则;保释期间又犯重罪的,前后刑罚相加执行;数罪均为定期刑而采用相加原则时,决定执行刑期的上限最高不超过30年,下

---

① 参见储槐植、江溯:《美国刑法》(第4版),北京大学出版社2012年版,第269~270页。

限不超过上限的一半，对少年犯不超过 15 年。对少年犯一般采用吸收原则。①

2. 行刑制度

（1）缓刑

以英国教士恩赦、司法暂缓、具结释放为先导，现代意义的缓刑制度开始于马萨诸塞州波士顿市的缓刑之父——鞋匠约翰・奥古斯特的实践。目前，美国有 4 种缓刑类型：一是暂缓监禁，即对认定有罪的被告人判处监禁刑，同时宣告刑罚暂不执行，给以一定考验期；二是缓刑监督，对认定有罪的被告人判处的监禁，只判一个监督考验期；三是附条件释放，是一种罪行较轻，不是由缓刑机构进行监督的缓刑类型；四是综合缓刑。

综合缓刑有三种具体做法：第一，被告人先被判在地方监所监禁一个时期（一般在半年以内），然后再附条件释放或者缓刑监督。这种类型的缓刑称“休克缓刑”，只存在于一部分司法区。第二，附赔偿受害人的缓刑监督。第三，综合缓刑的另一种新形式是缓刑监督内含软禁，即判处被告人先软禁一个时期（一般不超过 2 年），然后再受一个时期的缓刑监督，也可简称为“软禁监督”。②

（2）假释

和缓刑——刑罚执行前的替换措施相比，假释是刑罚执行一段时期后的替换措施。英国亚历山大・马克乐奇被公认为“现代假释之父”，1876 年纽约州制定的《爱尔密拉教养院法》，既是第一个不定期刑的立法，也是第一个假释制度的立法。现代美国的假释制度来源于本国的行刑赦免、善行折减制、徒工协议和英国的释放许可证。

当前，美国的假释制度，根据各司法区法律规定，大体上有两种形式（有的司法区只采取一种形式）：一是假释监督。它是对判处长期监禁刑，执行一段时间（如终身监禁执行 10 年）后，由假释委员会根据犯罪性质，犯人在狱中的表现和过去的情况等一系列因素综合考虑之后作出释放的决定。二是有条件释放，也即假释释放。由被判处长期监禁或短期监禁的犯人提出申请，并以书面形式表示对释放条件的同意，据此，假释委员会斟酌

① 参见朱华荣主编：《各国刑法比较研究》，武汉出版社 1995 年版，第 263~264 页。

② 参见储槐植、江溯：《美国刑法》（第 4 版），北京大学出版社 2012 年版，第 275~276 页。

考虑后作出是否批准的决定。在这两种假释中都存在假释的撤销。被假释者未遵守假释条件,或者受到进一步的限制或者被再次送到监狱,假释就被撤销。如果假释被撤销,假释中的时间加上已被监禁的时间是已经执行的时间,再执行剩下的时间就可以了。

由于受到来自进步和保守两派人士的批评,假释制度也出现了一些变化。例如,一些州废除了假释,一些州努力加强假释监督,一些州采纳依据对各种不确定因素的数据统计制定的指南作出假释决定。美国联邦委员会关于假释的指南试图在两方面改善假释决策:一是使假释决定更合理,以使处于同等条件下的犯人在假释方面有同等的机会;二是提高假释机构对犯人成功地完成假释考验的预测能力。由于预测本身无法避免的问题,后一目标的实现显得困难重重。

(3)减刑

减刑就是服监禁刑的犯人在原判刑期执行完毕之前被合法地提前释放。1817 年美国纽约州制定了较早的减刑法,规定被判 5 年以上监禁刑者可减少 1/4。1821 年康涅狄格州也制定了减刑法。1856 年俄亥俄州制定了最有影响的减刑法。到南北战争以后,减刑在美国各州便普遍流行起来。

减刑的理由有出于对犯人的健康状况、犯人家庭情况、犯人的服刑表现等各种考虑,各州的具体做法各有特点。例如,就自由刑的减刑而言,美国纽约州通过 1817 年的减刑法规定了犯人不需要通过每月服刑且保持没有坏行为而获得该月减刑,有的州减刑时,犯人不需要任何服刑时间和狱内表现即可获得减刑。

(4)赦免

美国的赦免和减刑本质上是相同的,而且特赦的理由和减刑的理由基本相似。二者主要的区别在于作出决定的机构不同:大赦是由立法机关通过法案或者总统发布命令对不特定多数犯人实行的;减刑决定在有些州由原判法院作出,有些州由执行主管当局假释委员会作出。

根据宪法规定,总统和州长有特赦权,对个别犯人(审判前或刑罚执行过程中)可以给予赦免。赦免理由和减刑理由大体相似。叛国罪不得赦免。大赦就是由立法机关通过法案或者总统发布命令对不特定多数犯人所实行的赦免。美国历史上有过多次大赦,如19世纪70年代南北战争结束之后实行的大赦,20世纪70年代越南战争结束之后对战争期间的逃兵和逃避服兵役的犯人实行的大赦。相对来说,美国大赦范围并不宽,有的国家“监狱拥挤”也可能成为大赦理由。①

① 参见储槐植、江溯:《美国刑法》(第4版),北京大学出版社2012年版,第281页。

第八章　司法制度和诉讼法

第一节　美国司法制度概述

根据资产阶级“三权分立”的理论主张，美国实行“司法独立”。在美国，无论是理论还是实践中所谓的“司法制度”都是仅指法院体系，而不包含警察机关和检察机关。本节所涉及的司法制度也仅以法院体系为准，但为便于读者从宏观上把握美国的法律体制，我们也对美国的侦查机构、检察机构和律师等作一些介绍和分析。

一、美国司法制度的历史脉络

15 世纪末，意大利水手哥伦布在西班牙女王的资助下发现了美洲大陆。16 世纪，西班牙、法国以及荷兰殖民者先后登上美洲大陆并建立了殖民地。1607 年，英国在北美建立了詹姆士城。此后一百多年里，英国先后在北美大陆建立了弗吉尼亚、马萨诸塞、纽约等 13 个殖民地，逐渐取得了在北美大陆的霸主地位。

这一状况导致了北美地区法律的相对统一，即以英国法为蓝本。在英国建立的诸多殖民地中，一部分殖民地为自治殖民地（如马萨诸塞），还有一部分殖民地（如弗吉尼亚）受英王直接管辖，另外的一些殖民地（如马里兰）为业主殖民地（proprietary colony）。在这样的体制下，法律的发展无疑是缓慢的。当时的英国法仍然以僵化的普通法为主，衡平法正处于发展的过程之中。中世纪遗留下来的拉丁文与法文术语大量存在于普通法之中，这与当时北美殖民地强调个人主义的趋势是格格不入的。而英王却并不打算建立一套独特的法律体系以适应北美殖民地的要求，这就导致了北美大陆的法律最终与普通法的背离。随着贸易与商业的发展，北美大陆的法律趋向统一，一套独特的法律体系开始形成。

经过几十年的发展，北美各殖民地在独立战争爆发之前已经各自形成了一套相对完整的司法制度，法院的独立性也得到了加强。独立战争时期，北美大陆并行两套司法体制：英国殖民者适用的法律旨在尽可能掠夺财富并严惩所谓的叛国者；于 1777 年第一次召开的大陆会议则起草了一系列法案，以肯定美国独立于英联邦的地位。英国的战败标志着美国司法制度的真正建立，它也给北美大陆的法律体系带来了深刻的变化。美国宪法的颁布标志着孟德斯鸠所倡导的立法、司法与行政三权分立的政治模式得以确立，联邦最高法院享有独立的司法权。

但是，殖民主义者的离开并未完全磨灭他们在法律方面留下的影响。普通法的盛行也带来了一些问题，各州都根据自己的实际需要确定普通法的渊源，联邦缺乏法制上的统一。对于黑人地位这一重大问题，美国宪法并未作出明确规定，这也导致了南部各州奴隶制的继续存在。内战之后，虽然奴隶制在政治意义上已经被废除，但黑人在法律上仍然遭受着种种歧视，南方各州通过种种法律限制黑人的自由和权利。

为了改变这一状况，共和党人占多数的美国国会于 1866 年通过《民权法案》，并于 1868 年通过了宪法第 14 修正案，确立了“平等保护”的原则；1870 年通过了宪法第 15 修正案，赋予黑人平等的选举权。这一系列立法为消除种族歧视提供了良好的基础。19 世纪末 20 世纪初也是美国各部门法领域统一立法取得长足进步的时期。20 世纪 40 年代，随着第二次世界大战的爆发，美国司法制度对公民权的保障又受到了考验。第二次世界大战结束后，美国司法制度中涉及种族歧视、性别歧视的规定都得到了改正。①

① 参见齐树洁主编：《美国司法制度》（第 2 版），厦门大学出版社 2010 年版，第 2~6 页。

二、美国的司法机关

美国的司法机关有一个突出的特点,即截然分为两个平行的体系:联邦法院和州法院。

(一)联邦法院体系

联邦法院体系是依据联邦宪法的规定建立起来的。《美国联邦宪法》第3条第1款规定:“合众国的司法权属于最高法院以及国会随时决定和设立的低级法院。”由此可见,联邦最高法院和低级联邦法院共同构成了联邦法院体系;联邦最高法院是由宪法特别保证而不能由立法废除的唯一的联邦法院,而低级联邦法院是由宪法赋予国会设立的,它们可由立法缩小其管辖权或加以取消。例如,1910年建立的商务法院,作为州际商务委员会的上诉庭于1913年被取消;又如,1942年建立的紧急上诉法院,作为物价和房租管制方面行政诉讼的上诉庭,随着这些管制的解除而停止活动。①至于每一个联邦法院拥有法官的数目,宪法则未予以具体规定,而是由普通立法加以确定的;法官的任命权被赋予了总统,但要经参议院同意。

联邦法院系统管辖的案件主要是涉及联邦问题的案件以及不同州公民之间的案件。例如:涉及联邦宪法、法律或国际条约的案件;一方当事人为联邦政府的案件;在公海上或国境内的通航水域上发生的属于海运司法范围的案件;不同州之间、不同州的公民之间的争议以及政府是原告而另一州的公民是被告的案件。总的来说,它属于一般管辖权的法院,不受民事、刑事、商事或其他侵权等案件性质的限制。一般来讲,对违反州法律的案件联邦法院不予审理,即使联邦法院对此类案件拥有管辖权,也不排斥州法院的司法管辖权。所以,实践中两大法院体系既存在对某些案件分别拥有独立管辖权,又存在对一些案件具有共同管辖权。

对涉及联邦问题的案件,联邦法院将根据联邦法律进行判决,如适用联邦上诉庭的判例法。对于不同州公民案件,除个别例外情形,联邦法院将适用法院所在州的法律。所以,在上述案件中,案件的审理受该州立法和州最高法院判例法的约束。

联邦法院系统具体由以下法院共同构成:

---

① 参见[美]哈伊:《美国法律概论》,沈宗灵译,北京大学出版社1983年版,第60页。

1. 联邦一审法院(United States District Courts)

联邦一审法院,又称联邦地区法院,它分布于全美各个司法区中。所谓“司法区”,是以人口数量、占地面积大小及诉讼多少为依据将 50 个州划分为若干个司法管辖区域。至 20 世纪 80 年代初,全美共划分了 95 个司法区,每个司法区里至少设立一个联邦一审法院,而人口密集、诉讼较多的州则设 2 至 4 个,如纽约州在它的东、西、南、北各部都设有一个联邦一审法院,就全国范围而言,共有 100 多个联邦一审法院。

一审法院的管辖区域除法律另有例外规定之外,只限于本司法区范围之内,就受案性质而言,属一般管辖权之法院,无论民事、刑事、商事案件还是破产、海事案件都可以开庭审理,而且可以复审某些联邦行政机关的决定。

一审法院的法官由总统提名,经参议院通过后总统任命,一般是终身制,非经弹劾或判处有罪,不得免职。首席法官由其中 70 岁以下、资历最深的法官担任。从个人仕途发展前景看,一审法院的法官实际上没有提升的机会,当今美国联邦上诉法院或最高法院的法官很少有人来自联邦一审法院。

一审法院的审理组织因案件性质的不同而有所区别。一般采用独任制;涉及违宪等特殊案件时,由 3 位法官组成合议庭审理,特别重大的案件,则由这个司法区的全体法官审理。

联邦一审法院的裁决属于初审裁决,对裁决不服可以向联邦上诉法院提起上诉。涉及法律违宪的案件,可以向联邦最高法院提起上诉。

2. 联邦上诉法院(United States Courts of Appeal for the Circuit)

联邦上诉法院,又称巡回上诉法院或联邦中级法院,受理来自联邦一审法院的上诉案件,是联邦法院体系中受理上诉案件的第一级法院。

联邦上诉法院创建于 1891 年,分设于各司法巡回区,具有对几个州以及联邦一审法院的管辖权。所谓“司法巡回区”要大于司法区,全美 50 个州现划分 11 个司法巡回区。除首都华盛顿哥伦比亚特区单划 1 个巡回区外,其他 10 个司法巡回区一般每个都横跨 3 至 9 个州和一处属地不等。每个巡回区都设有一个上诉法院,该法院的名称就以它的巡回区号码命名。比如,南部得克萨斯州、佛罗里达州、佐治亚州等为第 5 巡回区,该区的上诉法院就称为“第 5 巡回区法院”。

联邦上诉法院法官的任命与一审法院相同。每个法院依据诉讼量确定法官人数,如第5、9巡回区案件多,法官人数达23至26名,而第11巡回区只有4名。受传统习惯的影响,现在每个上诉法院的行政事务都受最高法院一名法官的领导,而本院日常具体行政事务的实际操作由一名70岁以下资历较深的法官负责。

上诉法院没有初审权,仅受理上诉案件,案件源于不服一审法院和专门法院的判决。上诉法院通常为大多数联邦案件的终审法院。① 另外,上诉法院对某些联邦行政机关(如联邦贸易委员会、国家劳工关系局等)的裁决也有权进行复审。就管辖区域而言,上诉法院仅限于受理本司法巡回区范围内的初审案件,无权受理其他巡回区内一审法院判决的案件。

上诉法院的审理权限通常限于对法律问题的审理,不审理案件事实。审判组织一般实行3人合议制,不设陪审团(因为不涉及事实部分)。在涉及重大或疑难案件时,由全体法官组成合议庭,另外,首席法官还有权指定一名本巡回区的联邦一审法院的法官在特定时期作为上诉法院的成员参加审判活动。

上诉法院的判例对联邦一审法院有约束力。其判决除联邦最高法院要进行复审以外,具有最高确定力,视为终审判决。

3. 联邦最高法院(United States Supreme Court)

联邦最高法院是全国司法体系中最高一级的法院。它依据联邦宪法和国会制定的《司法法》(Judiciary Act)创设,建立于1789年9月,位于首都华盛顿哥伦比亚特区,不设分院。第一届联邦最高法院法官由华盛顿总统提名,共5名成员,其中一名为首席大法官;1790年又任命了一名大法官。之后,国会曾多次通过法令对大法官的人数进行增减。从1869年开始至今人数一直稳定为9人,即由8名助理大法官和被称为美国首席大法官的院长组成。他们作为一个整体开庭。最高法院的法官可以从全国法律院校中挑选两名助理人员,为他们查阅法律资料,准备判决。

联邦最高法院是联邦法院体系中唯一兼有初审权和复审权的法院,按照法律规定,其管辖权包括以下几方面:

---

① 参见[美]法恩兹沃思:《美国法律制度概论》,马清文译,群众出版社1986年版,第53页。

(1)初审权。根据联邦宪法之规定,关于外国派驻美国的公使和领事的案件以及一州为当事人的案件,最高法院拥有初审权。其中,“一州为当事人的案件”是指联邦政府与州政府之间的诉讼、州际之间的诉讼、州政府与他州公民或外国公民的诉讼、外国政府与州政府的诉讼。

(2)复审权。根据联邦宪法之规定,最高法院“有受理关于法律与事实的上诉裁判权,但须依国会所定的例外与规则”。国会对最高法院行使复审权具体规定了两种方式:①上诉。当事人对联邦上诉法院或州终审法院就涉及联邦问题的判决不服,可依据诉讼权利向联邦最高法院提出上诉。所谓“涉及联邦问题”,是指有关州宪法、法律是否符合联邦宪法、法律和合众国缔结的条约,或有关联邦法律和合众国缔结的条约是否有效的问题。另外,对联邦一审法院由 3 名法官审理并作出的裁决或命令不服,当事人也有权向联邦最高法院上诉。只要上诉是合法的,最高法院就必须作出决定,或维持原判,或撤销原判,抑或宣布下级法院判决无效。②申请调卷令(certiorari)。这是 1925 年增加的一项新权力,是指最高法院对当事人的复审申请审查同意后,以颁发调卷令的形式(调取诉讼卷宗的令状)对已由联邦上诉法院、各州最高法院、联邦权利申诉法院或联邦关税和专利上诉法院判决的案件进行复审。是否颁发调卷令,最高法院有自由裁量权。一般事前必须至少有 4 个大法官同意,才可颁发调卷令,以命令有关联邦或州法院调取有关卷宗加以重新审查;若大法官认为没有必要复审,最高法院就会拒发调卷令。调卷令通常仅在案件涉及重要的联邦问题时,才会被许可颁发。

(3)司法审查权(power of judicial review)。如前所述,它是指联邦最高法院通过具体案件宣布国会、行政部门或州政府某项法令违反宪法而使该法令无效的权力。虽然实践中每年受理违宪审查的案件很少,但其行使对美国政界和法律界的影响却是很大的。

联邦最高法院不分庭,全体法官共同出庭审理案件。审理期间先由法官阅读案件文本和诉状摘要,再进行庭审,听取辩论,评议表决。由首席法官指定一名持多数意见的法官制作多数判决书。判决草案经过讨论得不到一致通过时,每个法官都可以表示个人意见并应公开宣布。

联邦最高法院的判决书,除了那些因意见不一致未形成多数判决而维持原判的情况,都成为判例被编入《美国联邦最高法院判决汇编》,对下级法院有约束力。

4. 联邦专门法院(United States Special Courts)

联邦专门法院,是国会根据某些特殊类型案件的需要通过立法而设立的法院。它与三种普通法院共同构成联邦法院体系。专门法院一般以其受理的案件之性质来命名,主要有以下几种:

(1)联邦权利申诉法院(United States Court of Claims),又称索赔法院,是最古老的一个专门法院,1855 年创建于华盛顿,主要负责审理向联邦政府提出赔款申诉和个人向联邦政府要求损害赔偿的案件,如错判叛国罪而入狱的赔偿案件等。对其判决不服时,当事人可以向最高法院请求复审,但最高法院很少批准,致使多数判决成为终审判决。

(2)联邦关税和专利上诉法院(United States Court of Customs and Patent Appeals),1909 年创建于华盛顿,负责审理不服关税法院判决的上诉案件和复审不服联邦专利局裁决的案件。同时,它还有权监督两个行政机关——专利权署和国际贸易委员会的工作。对其判决不服时,当事人可以请求最高法院复审。

(3)联邦税务法院(United States Tax Court),原是一个独立的管理机构,1969 年根据一项法令改为法院,设于华盛顿,在全国各地开庭,负责审理有关联邦税务纠纷的案件(如纳税不足或超额等)。对其判决不服时,当事人可向联邦上诉法院上诉。

(4)联邦关税法院(United States Customs Court),1926 年创建于美国当时最大的港口——纽约,负责受理有关进出口货物征税的案件。对其判决不服时,当事人可向联邦关税和专利权上诉法院上诉。

(5)领地法院(Dominion Courts),是指设在联邦附属领地(如波多黎各、美属维尔京群岛)以及像关岛、巴拿马运河地区等属地,具有特殊的政府和行政形式地区的法院。级别相当于联邦地区法院,对其判决不服时可向联邦上诉法院上诉。

(二)州法院体系

美国的各州都有自己独立的法院体系,50 个州有 50 个法院体系,此外哥伦比亚特区和波多黎各属地等也分别有各自的法院体系。所以,美国州法院体系组织极为复杂,名称各异。从审判级别看,多数州分三级法院,有的州仅分两级。州级法院虽没有像联邦法院那样出名,但实际担负的审判任务和发挥的作用要比联邦法院更为重要。其原因在于:一是受理的案件占全国案件的95%;二是联邦法院审理州际纠纷案件应适用州法;三是凡联邦法院无专属管辖权的涉及联邦法的案件,州法院也有管辖权。州法院不但有权宣告州法律违宪,还有权宣告国会制定的法律违宪。

州级法院的名称比较混乱,不能简单地按法院的名称去判断该法院的级别体制。例如,同为第一审法院就有地区法院、巡回法院、高级法院等多种称谓。又如,宾夕法尼亚州的普通审判法院,纽约州的最高法院,实际上都属于一般管辖法院。此外,个别州(最具代表性的是纽约州)还设有处理专门事项的专门法院或第一审法院的分院,如家庭和家庭关系法院、遗嘱检验法院和遗产事务法院等,其级别低于第一审法院。

由于各州都有权制定自己的司法制度,因此各州的法院体系都存在很大差异,但也有一些共同点:一是州的第一审法院都实行法官独任制。原则上由法官对法律问题作出判决,事实问题由陪审团裁判。二是法官的产生在多数州是以选举方式产生的。实践中,因立法措施或其他因素所致也有一些变通,如法官辞职或死亡后,由州长任命临时法官等。还有一些州采用律师公会推荐制或延长法官的任职期以保证法官的质量。一般来说,除州的最高法院外,州法院的法官质量都不高。三是多数州的法院在组织体系的级别上划分相同,分为三级法院。

以各法院的职能和实际地位为标准,州法院组织体系分为以下几个层次:

1. 州基层法院(Court of Original Jurisdiction)

该法院负责受理其辖区内一般民事、刑事案件的初审。其名称在各州不一,多数州称之为巡回法院(Circuit Court)、高级法院(Superior Court)或地区法院。纽约州称之为最高法院(Supreme Court),俄亥俄州和宾夕法尼亚州称之为普通诉讼法院(Court of Common Pleas)。

基层法院对初审的普通刑事、民事案件都拥有一般管辖权,同时还对不服低级法院判决的案件享有重新审判的复审权。有的州基层法院还享有复审部分行政机关裁决的权力。

多数州规定,基层法院受理的案件由一名法官和陪审团共同审理。诉讼各阶段都须做详细记录,诉讼程序正规。

在州基层法院之下还设有一个低级的司法组织,有学者称之为“低级法院”(Inferior Court),负责受理辖区内十分轻微的刑事案件、微额诉讼标的的民事案件或者某类专门案件。在乡村地区和小城镇,通常称之为治安法院(Justice of Peace Court);在城市,现在这种治安法院已被对刑事、民事有管辖权或对某类特殊案件有专门管辖权的法院所代替,其称谓也呈多样化,如县法院(County Court)、市法院(Municipal Court)、交通法院(Traffic Court)、警察法院(Police Court)、遗嘱检验法院(Probate Court)、家庭法院(Family Court)、青少年法院(Juvenile Court)等。这类法院的法官多为民选产生,或由行政长官任命,任期一般在二年以上,少数可终身任职。低级法院审理案件的主要特点是,诉讼程序简单而不规范,不设陪审团,法官既决定事实问题又决定法律问题,许多限制性证据规则也不适用,整个程序旨在迅速处理较小纠纷。例如,小权利纠纷案的审理一般从写个简单格式的文书开始,然后邮寄给被告,当事人不必有律师代理,只要亲自出庭表明态度即可。低级法院的判决由基层法院审查,这种复审本质上仍属于初审、不带有上诉审的性质。所以,从这个角度看,低级法院并无独立的地位,仅属依附于基层法院的一个司法组织。

2. 州中级上诉法院(Intermediate Appellate Court)

凡实行三级审判制的州都设有中级上诉法院,负责受理不服基层法院的裁决而上诉的案件。它是经济发展和案件数量不断增加的产物,设立的目的就是减轻州终审法院的负担。例如,科罗拉多州原为两级制州法院组织体系,1959 年时州最高法院的 7 名法官一年审理 483 件上诉案件;但到了 1969 年,7 名法官一年要审理 972 件上诉案件,所以增设了中级上诉法院,以减轻终审法院的负担。①

关于中级上诉法院的管辖权,各州的规定不同,但都拥有上诉管辖权,有部分州还允许中级上诉法院对某些特殊案件享有初审权。多数州的法律允许当事人在特殊情况下可以直接上诉于州终审法院。例如,宾夕法尼亚州规定,当事人不服杀人重罪案的初审判决,可以直接向州终审法院上诉。

中级上诉法院的名称在各州称谓不一,如纽约州称之为最高法院(基层法院)的上诉庭(Appellate Division of Supreme Court),宾夕法尼亚州称之

---

① 参见欧阳涛等:《英美刑事诉讼法概论》,中国社会科学出版社 1984 年版,第 195 页。

为高级法院,新泽西州称之为高级法院(初审法院)的上诉庭(Appellate late Division of Superior Court)。还有部分州则称之为地区上诉法院(District Court of Appeals)、特别上诉法院(Court of Special Appeals),但比较普遍的称谓则是上诉法院(Court of Appeals)。

各州在法官及法院设置的数目上也有差异。一般来讲,每州至少有一所中级上诉法院,3 名法官;大的州则可设几所,法官的数量也增多了。

州中级上诉法院的主要作用是减轻州终审法院的负担,所以对一些法定种类或金额较小的案件享有终审权,但其他案件在复审后,当事人仍享有再次向州终审法院上诉的权利。州中级法院的判决书都登载于州出版的刊物中,供有关方面查阅。

3. 州终审法院(Court of Ultimate Review)

每个州都设有在一州辖区内享有最终上诉管辖权的州终审法院。它是州司法体系中最高级别的法院,负责受理对州基层法院或中级上诉法院判决不服的刑事、民事等上诉案件。由于它处于州法院体系的顶点,所以对涉及州宪法、法令等解释方面有争执的案件享有最终裁判权,并有权依法批准极刑判决。在某些州里,终审法院分成若干庭开庭审案,每一个庭均具有一般的审判权,并允许这些庭的判决可以不相一致。

终审法院的名称在各州或特区也是不一的。例如,纽约州、哥伦比亚特区称之为上诉法院,马萨诸塞州称之为最高审判法院(Supreme Judicial Court),西弗吉尼亚州称之为最高上诉法院(Supreme Court of Appeals)。但多数州称之为最高法院。

州终审法院由 5 至 8 名法官组成,最常见的是 7 名,其中一名是首席法官。多数州的法官由选举产生或州长任命;此外,也有由州立法机构任命或选举的。1940 年,密苏里州进行了改革,由不受党派控制的委员会(其成员由律师协会推选的律师与州长任命的人各半组成)提出 3 名候选法官,由州长选任其中 1 人并试用 12 个月以上,再以投票形式确认是否继续任职。这一"密苏里方式"现已被不少州吸纳为挑选和留任法官的方式。①

州最高法院对上诉案件原则上只就法律适用是否正确进行审理,其裁决一般为终审判决;但涉及适用联邦宪法或法律的判决时,当事人可以向

---

① 参见欧阳涛等:《英美刑事诉讼法概论》,中国社会科学出版社 1984 年版,第 194 页。

联邦最高法院上诉或申请调卷令复审。州终审法院的判决对本州的下级法院有约束力,一般判决后也仿效联邦最高法院将判例汇编成册,发至本州的下级法院以便其引用或参考。

(三)州法院与联邦法院的法律适用

1.联邦法院对州法诉讼请求作出裁决时的法律适用

(1)联邦裁判规则条例(The Rules of Decision Act)。自1789年起,国会已在裁判规则条例中规定,联邦法院处理州法诉讼请求时必须依照州法。根据该条例,联邦法院在审理案件过程中对于实体问题应适用州法,对于程序问题可适用联邦程序法。这与传统的冲突法概念相一致,允许审判地法院适用自己的程序规则。在1938年Erie Railroad Co. v. Tompkins中明确了裁判规则条例关于应适用的法律的范围规定,该案所确立的规则一般称为“Erie规则”。

(2)反挑选法院政策(anti-forum-shopping policy)。第一个相关政策是反对“forum-shopping”,即一方为自己利益挑选起诉法院。联邦宪法制定者设想让当事人可以在联邦法院和州法院之间选择起诉,其目的在于为不同州公民之间的纠纷提供一个相对中立的审判地。但他们并没有另行制定不同于州法的实体法来裁决这些纠纷的意图。因此,当事人不应为了得到有利于自己的判决,由于州法院适用州法,联邦法院适用联邦法律,而在州法院和联邦法院之间进行挑选。

与这一政策相一致,根据“结果决定标准”(outcome determinative test),实体—程序问题也可得以明确:关于实体和程序的分类取决于相关的法律原则对案件的结果所施加的影响,如果适用联邦法律规则将影响案件处理结果,使案件得到一个与适用州法律规则完全不同的判决结果,该规则将被视为实体性的,在案件审理上应该遵守州法律,这就是所谓的“结果决定标准”。对于一个应当适用州法的实体诉讼请求如果允许适用联邦法律并将导致不同的结果时,因此所产生的区别将可能影响当事人选择联邦法院而不选择州法院。

在大多数案件中,这一标准都易于适用。应当强调的是,裁判规则条例只与“法院选择”中的一种有关,即当事人基于州法与联邦法的区别作出对自己有利的选择。对于当事人基于不同州法律的区别作出有利于自己的选择,该条例则没有涉及。根据州法律选择规则,当事人为了寻求适用有利于己的法律,可在不同州之间进行选择。

(3)联邦法律的至高权威。尽管制止“挑选法院”很重要,但是这一政策可能与联邦法律的至高权威发生冲突。一些州的法律或司法实践,不管问题所体现出来的是否属于“实体”问题,均按实体问题对待,这样一来就可能破坏已经制定的联邦法院诉讼程序规则。如果这样,联邦权威则要求适用联邦法律。在一些案件中,即使适用联邦法律可能改变案件的结果或导致当事人“挑选法院”,也应强调联邦法律的至高权威,适用联邦法律。

联邦程序利益的最强烈表达是联邦民事诉讼程序规则的制定。在这些案件中,联邦最高法院适用联邦规则,而不管“结果决定标准”的影响。这一政策导致了在州法院和联邦法院得出的结果不相一致,一定程度上鼓励了“挑选法院”。

2. 州法院对联邦诉讼请求作出裁决时的法律适用

当联邦诉讼请求在州法院提起时,同样产生程序与实体两分适用的问题,联邦最高法院确定了一条“反 Erie 规则”:审判地州法院实体上适用联邦法律,在程序上则适用本州的程序规则。而联邦法律的至高权威可能会排斥州程序规则,认为其过度干预了联邦诉讼请求的主张。

例如,在 1949 年的 Brown v. Western Railway of Alabama 中,原告在佐治亚州提起联邦诉讼请求,佐治亚州法院根据本州起诉规则驳回原告的起诉。因为该规则对“起诉”作出严格的解释,认为“必须直接针对抗辩者起诉”。尽管该起诉规则直觉上讲属于“程序”规则,但是联邦最高法院认为佐治亚州的起诉规则不适用于联邦诉讼请求,因为它过度干预了联邦诉讼请求的主张。

3. 联邦法律问题在州法院上诉和州法律问题在联邦法院上诉

一般地,州法院按照程序规定对联邦法律问题作出裁定,联邦法院按照程序规定对州法律问题作出裁定。如果州法院对联邦法律问题的裁定是错误的,联邦最高法院有权对州法院法官对联邦法律问题所作出的裁决进行复审。但是在一个州籍不同的案件中,如果联邦法院对州法律问题所作出的裁决有误,该案并不能上诉到州法院,因为州法院不具有联邦法院已经受理的州法律问题的终审权。

将案件上诉到联邦最高法院实际上并无多大帮助,因为联邦最高法院总是放弃对州法律问题的复审权,不管是来自联邦法院还是州法院。将联邦法院审理的案件上诉到相关州的最高法院也是不可能的,因为不存在这样的机制,并且相对于州而言,联邦法律与制度的至高权威本质上不可能同意州拥有这样的权力。

当联邦法院应当适用州法进行审理时,存在一个问题,即州法并不总是很明确,并且未规定最后的上诉审查。此时,联邦法院可对州法内容作"最佳猜测"。为了在一定程度上减少联邦地区法院对州法律问题作出错误裁决的风险,联邦地区法院法官一般来自联邦地区法院所在州的司法界,之前往往是该州有经验的律师或者是州法院的法官。①

三、美国的警察机关和检察机关

(一)美国的警察机关(police agency)

美国的侦查力量主要是由联邦和各州政府的警察机关构成的。联邦同州的警察机关之间没有行政隶属关系,在全国范围内没有统一的警察制度。就联邦和州的警察机关分工来看:凡违反联邦法律的普通刑事案件、涉及国家安全的刑事案件,由联邦警察机关负责;违反州法律的刑事案件,由州属的地方警察机关侦查,在必要时可以请联邦调查局予以协助;如果某个罪行同时违反了州法律和联邦法律,则由州当局和联邦当局合作管辖。

美国警察机关大致可分为6种类型,即联邦警察机关、州警察机关、县警察机关、镇警察机关、村和自治村的警察机关,以及用以保卫桥梁、隧道、停车场和大学校园等设施的警察机关。不同系统内的警察,甚至不同州的警察,其警徽、着装、警车的标志和式样都各不相同,它们各自独立地行使其职权。

联邦警察机关为联邦调查局,于1908年7月26日建立,初名"美国司法部调查局",1924年改为现名,负责调查违反联邦法律的案件。局长由总统任命,并经参议院批准,任期10年。联邦调查局归属于司法部管辖,具有相对的独立性和广泛的权限,如负责对间谍、抢劫银行、恐怖活动、绑架等案件的调查,协助州属地方警察确认和追踪州际逃犯,保存全国指纹,发

① 参见齐树洁主编:《美国司法制度》(第2版),厦门大学出版社2010年版,第84~88页。

布最严重的通缉犯的信息等。

地方警察只能在当地辖区内行使职权,除追捕逃犯之外,不得超越其辖区。州警察的主要职能是处理违反交通的案件和调查违反州法律的案件。由于各州的法律规定不同,因而各州法律在授予本州警察机构的职能范围上也有差异,应视具体情况而定。

校园警察属于一种民间侦查力量,由设置的学校独立领导。其职能是对发生在本校内的犯罪行为进行侦查,近几年来已逐渐发展成为一支训练有素并能有效地维护校园治安的专业队伍,成为官方侦查机关的一支强有力的辅助力量。①

(二)美国的检察机关(prosecution)

在美国,没有形成由专门检察机构组成的、上下层次分明、结构严密的独立的检察体系,而是实行检察官(长)负责制,其他人员只是他的助手,并不组成一个机构。由检察官(长)领导的办事处隶属于政府的行政机关,联邦称其为司法部,各州名称不一。

在联邦中央设有总检察长,他同时也是联邦司法部部长,由总统任命并经参议院通过产生。协助总检察长工作的有副总检察长、总检察长助理等。与设在各司法区的联邦法院相对应,总检察长领导下的联邦检察官、助理检察官也被派往各司法区履行职责。每个司法区一般由首席和助理检察官两人组成办事处。首席检察官由参议院通过,总统任命,任期4年,期满后由总统免职。助理检察官由总检察长任免。联邦总检察长与联邦检察官之间主要是人事等行政管理关系;在诉讼业务方面,虽然总检察长可以指导、监督联邦检察官,但这种指导、监督权没有多少约束力。

总检察长和副总检察长的职权由成文法确定。总检察长的职责范围包括:行政管理、法律顾问,对有关合众国重大利益的案件进行诉讼,指导、监督下属官员进行诉讼,并直接领导联邦调查局的工作。总检察长的副职分别为司法部副部长和副总检察长,前者主管的工作性质与检察业务关系不大,后者则协助总检察长进行大量的检察业务和行政管理方面的事务。设于各司法区的联邦检察官其主要职权是对违反联邦法律的一般犯罪行

① 关于美国的警察机构的详细内容,参见李彤编译:《美国社会中的警察》,群众出版社1987年版;[美]沃克:《美国警察》,公共安全研究所外警研究室译,群众出版社1989年版。

为行使公诉权并出庭支持诉讼,建议大陪审团对重罪提起公诉,对涉及合众国的民事案件向有管辖权的联邦法院起诉并进行诉讼。由于地理位置和人口数量的关系,某些司法区的联邦检察官比其他地区要拥有更多的权力、享有更显赫的威望。例如,管辖以曼哈顿为中心的纽约南区的联邦检察官,一直被认为是居于美国司法部几位最高官员之后的首席检察官。而像波士顿、迈阿密、芝加哥、洛杉矶和旧金山这些重要城市的联邦检察官都行使着巨大的权力。哥伦比亚特区的联邦检察官,实际上还不同寻常地行使着地方检察官的权力,因为该司法区所有的刑法都属于联邦法。①

美国多数州政府也仿效联邦设有检察长这一职位。除新泽西州、康涅狄格州、罗得岛州和特拉华州等州检察长是任命的以外,其他州的检察长都是经选举产生的。州检察长的地位在各州表现不同,在有的州是州内阁的一名成员,有的则不是。但他们都隶属于行政部门,并且是立法机关的法律顾问。在州检察长之下,一般还配有检察官。他们是州政府的公务员,主要职权是代表所在州并以州的名义提起诉讼、出庭支持诉讼。州检察长的职权是由各州的州宪法、州议会立法和成文法规定,所以各州不同,职权有大有小。

在各州辖区内的区、市、县也设有地方检察官,他们组成检察署或起诉律师事务所,由首席检察官和助理检察官组成。地方检察官的资格由州宪法或法律规定或由州终审法院提出资格要求,多数州以选举方式产生,主要负责对本辖区内的一般犯罪提起诉讼或出庭支持诉讼。

四、律师

美国的律师是一个活动范围十分广泛的职业。根据全美律师协会1983年8月2日通过的《律师职业行为示范规则》的规定,在美国"律师是当事人的代理人,是法律工作者,是对法律的顺利实施和司法的质量负有特殊责任的公民"。美国律师人数无论是绝对数还是在总人口中所占的相对比例数,都远远超过现代其他国家,雄居世界之首。

(一)获得律师资格的条件

在美国,律师资格的获得应具备三个条件:

---

① 参见[美]斯图尔特:《美国要案检控纪实》,刘雁、龙宗智译,中国检察出版社1991年版,第1页。

1. 学历

关于学历的要求有一个发展的过程。早期多数律师是通过学徒方式来完成其学业的。随着法学院的不断增多和法学教育的不断发展，对律师获得从业资格要求有确定的法学教育期限的州不断增多。发展至今，申请人的学历必须达到法学院毕业的程度。

2. 资格考试

考试一直是作为取得从业资格的正式手段。在 1800 年以前，主要是口试，由州的法官或其指定的律师来实施。19 世纪末，开始采用笔试的方式，到 1900 年以后笔试成了考试的主要方式。各州相继成立了固定的律师考试委员会。早期的考试比较简单，通过的人数比例也都十分高。1931 年，为了完善考试及考官的标准，创立了律师协会考官全国大会，以加强州际合作。经过半个多世纪的努力，目前考试制度已更加正规，主要检验考生发现问题、分析问题、解决问题的能力和技能，以及对法律的了解和熟悉程度。考试由各州的最高法院组织，考试的科目也由各州的最高法院决定，因而具体内容各州不尽一致，有的侧重本州的地方性法律，有的侧重综合性考试，题型包括选择性问题和论述题。有的州还进行"实务"考试，检验考生的实际从业能力。由于全美律师协会对考试的内容有一个基本标准，故事实上各州的考试科目大同小异。而美国法学院的课程设置，就是以律师考试的科目为中心展开的。自"水门事件"之后，舆论对律师的职业道德水平提出了更高的要求，现在多数州还对职业责任进行单独考试，主要放在法学院二、三年级时进行。

3. 品行

品行考察是各州均坚持的条件之一，即申请人必须具备"良好的道德品质"。早期考察方式主要是通过熟悉申请人的人提供宣过誓的文书，现在则成立了专门的品行考察组织机构，由法院任命。具体考察的标准各州要求不尽一致，但一般都要调查有否下列内容：(1)不合法行为；(2)学业上不当行为；(3)虚假陈述，包括工作期间的失职行为；(4)不诚实、欺骗或违法代理行为；(5)滥用法律程序行为；(6)违反法庭判决行为；(7)经济责任的过失行为；(8)有证据表明精神上丧失正常能力；(9)有证据表明对药物或酒精有瘾；(10)在其他司法区未通过品行考察；(11)有律师惩戒机构或者其他职业惩戒机构、司法部门给予过惩罚。

在对上列考察结果作出结论时还要结合以下因素:(1)申请人实施上述行为时的年龄;(2)最近的表现;(3)行为的严重性;(4)行为情况的可信性;(5)行为时的事实情况;(6)行为的后果;(7)改正的证据;(8)行为后的积极的社会贡献;(9)申请人在申请过程中的诚实情况;(10)其他过失或违法代理的有关情况、材料。如果考察机构提出了申请者的品行有问题的结论,就要在全州性的委员会里举行听证会;若仍维持,就要由州终审法院进行司法复审;涉及宪法问题的,还可以上诉到联邦最高法院。

(二)律师从业范围

在美国,一旦申请人获得了律师资格,其从业范围十分广泛,具体如下:

1. 私人开业律师

多数律师处于私人开业状态。早期美国律师的原型是个体开业者,主要任务是辩护而不是咨询或起草法律文件。19 世纪晚期在靠近金融中心的大城市,随着商贸发展和大型管理机构的诞生,律师工作开始渗入这些领域和机构,以进行咨询并起草文件来防止并解决各种纠纷。由于所涉领域越来越复杂,个人已无力承担这种挑战,因此,合伙性质的律师事务所应运而生并成为私人开业的主要方式。

2. 家庭或社团法律顾问

他们是受雇于私人企业挣工资的律师,多受聘于工业公司、保险公司和银行。通常是受雇公司的职员,直接服务于企业重要的决策委员会或董事会。同时,他们也是律师,有权出庭。

3. 政府中的律师

他们属于联邦政府、州政府、县政府和市政府的雇员,多被指派在各种联邦和州所属部门和地方实体中的法律部门中服务,如联邦司法部等。一部分人从事检察官工作,还有部分作为政府中的律师直接从事政府工作中法律方面的服务工作,另有一批人则被指派做高级行政工作或被选入政界,如美国参、众两院议员多数都有律师资格。

4. 法官

美国的法官多数是从开业律师中选拔出来的,从政府工作或教学工作中选拔的较少。另外,司法体系中也不存在低级法院的法官向高级法院提升的规则,因为在美国人们普遍认为,法官的经验和独立性比法官的专职性更为重要，而经验和独立性是律师经历带来的，所以在美国联邦最高法院杰出的法官中，很多人以前并没有做法官的经历。

5. 法学教师

他们也多是从开业律师中选拔出来的。

除了具有广泛的职业选择，美国律师还有一大优势就是一旦取得律师资格，他就可以在法律服务范围内自由地从一个职业转移到另一个职业，即使他已成为法官、一位政府的雇员或一位私人企业的雇员或是一位法学教师，他仍然是律师业的一员，可以从上述岗位上回到私人企业方面来。比如，哈兰·菲斯克·斯托恩在他从阿姆赫尔斯特学院和哥伦比亚法学院毕业之后，有一个时期曾同时从事教学和律师业务两项职业；1910 年至 1923 年，他曾任哥伦比亚法学院院长；1924 年，担任司法部部长；1925 年，在最高法院任职；1941 年被任命为最高法院首席法官。① 斯托恩的职业流动很典型地体现了律师业的公共责任感和流动性。

五、相关法律制度

(一) 证据制度

美国证据立法有一个历史发展的过程。1942 年，美国法学会拟定了《模范证据法典》，该法典内容翔实，但只有道义上的约束力而没有法律效力，仅为学术研究的资料而没有被各州采用。1953 年，美国统一州法律委员会和美国律师协会制定了 1953 年《统一证据规则》，该规则被一些州所采用，也对法院产生了一定的影响。1974 年，美国统一州法律委员会通过了 1974 年《统一证据规则》并取代了 1953 年《统一证据规则》，该规则经过 1986 年、1988 年、1997 年三次修改后，在各州的影响逐渐扩大。在上述规则的制定过程中，联邦法院也开始以成文法形式制定证据规则，典型的是 1975 年生效的《联邦证据规则》。该规则是适用于联邦法院非常重要的证据法典。它“不仅是联邦最高法院制定规则程序的产物，也是国会立法程序的产物”。

该规则虽在适用范围上仅限于联邦法院系统，但对各州证据立法产生

---

① 参见[美]法恩兹沃思：《美国法律制度概论》，马清文译，群众出版社 1986 年版，第 47 页。

了不可忽视的影响,各州纷纷以该规则为蓝本,制定了自己的证据规则。1999 年,因 1974 年《统一证据规则》与《联邦证据规则》存在一些冲突,为了协调冲突,美国统一州法律委员会又以《联邦证据规则》为参照,制定了新版本的 1999 年《统一证据规则》以取代 1974 年《统一证据规则》。

在美国证据法中,一般将证据分为言词证据、实物证据和司法认知三类。这些证据的采用以证据规则为指引。这些规则包括:

第一,非法证据排除规则,即政府官员违反禁止不合理的搜查、扣押之联邦宪法第 4 修正案的保障规定而收集的证据,在刑事诉讼中如作为公诉人证明有罪时,应确认其本身不具有可采性的证据规则。

第二,传闻规则,即有关传闻可采性的规则。对此规则,美国的做法是:一方面,制定排除传闻的总规则;另一方面,在能提供真实性保证的条件下规定许多例外。

第三,证人拒证权规则,即享有证人拒证权的人在诉讼程序中有权拒绝作证和制止他人作证。对此规则,《联邦证据规则》采取的方式较为灵活,即笼统规定适用"由联邦法院凭理性和经验加以解释的普通法原则"或州证人拒证权法处理。

第四,最佳证据规则,即只能用最好的、最有说服力的证据来证明某项事实。根据《联邦证据规则》,该规则不仅适用于文书证据,同样适用于录音和照片。值得指出的是,最佳证据规则曾经在美国历史上被严格实行,但目前因证据开示程序以及其他相关程序的广泛采用,该规则的适用空间大大减少。

第五,意见证据规则。根据《联邦证据规则》第 701 条的规定,除专家外,普通证人只能陈述自己所见的事实,一般不得以意见或推理的形式作证;至于结论,只能由事实裁判者根据他所提供的证据作出。①

(二)陪审团制度

严格来说,陪审团制度不仅是司法制度,更是政治制度。美国学者指出,如果"让大家略知美国法律制度的形态、风格和精神,那就必须谈到陪审制度。因为这个制度非但作为美国法庭程序的一部分而有其本身的重要性,而且它也对法庭程序的其他因素产生巨大的影响。美国法律的许多

① 参见齐树洁主编:《美国司法制度》(第 2 版),厦门大学出版社 2010 年版,第 13~15 页。

特色都环绕在陪审制度的四周,就像铁砂环绕着磁石一样”①。

陪审团审理是美国司法制度的基石。现代的陪审制度虽然诞生于英国,但它的充分发展和运作却在美国。这不仅表现在“美国也许比世界上的任何其他国家都更多地使用陪审团”②,还表现在美国陪审团审判的范围大大超过了英国。所以,虽然在英国法律专家眼中,陪审团审判似乎无足轻重,但在美国人看来,陪审团审判却是普通法的精髓。

在美国,陪审团具有以下三种主要功能:判定事实;依据主审法官给予陪审团的指示中所阐释的法律后果对事实进行评价;以裁断的形式提出其评议结论。可见,美国的陪审团只负责事实方面的审理,法官则主要负责法律方面的审理。具体来说,在刑事案件的审判中,有罪无罪由陪审团作出判定,而量刑则由法官作出裁决;在民事案件的审理中,陪审团只是对纠纷的事实加以认定,而法官则在事实认定的基础上就纠纷作出裁决。

陪审团和法官之间的上述职责分工除具有相互制约的意义之外,还具有合理分配资源以最大限度求取正当性的价值——陪审团成员以普通人的知识对事实作出的判断最有可能获得普通公众的认同,而法官作为法律专家对于法律问题的判断显然也具有更高正确率。③

(三)律师制度

美国的法官离不开律师。法官依赖律师提出案件事实,法院判决就建立在这些事实之上;法官依赖律师去发现需要裁决的法律问题;法官依赖律师对诉讼请求和辩护进行筛选。美国律师的数量特别多,调查数据显示:1995 年,美国每 290 人中间就有 1 人是律师。之所以有这么多的律师,与其社会存在大量的诉讼案件的现实有关。

为了规范律师的职业行为,美国于 1983 年制定了《律师职业行为示范规则》(1991 年修订)。该规则对律师职责提出了 12 个方面的要求,并分别从法律顾问、辩护、对当事人之外的人的关系的处理、公共服务、法律服务的信息和维护律师以及廉洁等方面提出了具体要求。

---

① [美]伯曼编:《美国法律讲话》,陈若桓译,生活·读书·新知三联书店 1988 年版,第 35 页。

② [美]迈克尔·D. 贝勒斯:《法律的原则——一个规范的分析》,张文显等译,中国大百科全书出版社 1996 年版,第 69 页。

③ 参见齐树洁主编:《美国司法制度》(第 2 版),厦门大学出版社 2010 年版,第 16 页。

另外,为保卫社会、惩戒其他律师及维护律师协会和律师的公共形象,美国还设立了律师惩戒制度。根据该制度,惩戒律师的方式有许多种,包括取消资格、暂停执业、谴责、不公开谴责和留用察看等。另外,各州还设立有惩戒律师的机构,该机构有的设在法院,有的设在州律师协会。为了保证惩戒的效果,美国还建立了一种“互助惩戒制度”,即对律师在某一个司法区的惩戒在另一个司法区将继续有效。

(四)法律援助制度

美国法律援助制度是落实宪法第6修正案关于“被告有获得律师帮助的权利”的措施。目前主要有三种法律援助机构:一是带有官方性质的机构;二是各类非官方的机构;三是各法学院的法律诊所。其法律援助由两个完全独立的体系构成:一是民事法律援助体系;二是刑事法律援助体系。上述两种法律援助基本运作动力并不完全相同。例如,民事法律援助大多是由从政府获取大部分资金的非政府组织提供;刑事法律援助原则上由政府机构或私人律师提供。

在美国,民事法律援助的总体目标是通过运用和平的争议解决方法,使美国法律体系为穷人服务。其目标之一是使穷人能进入司法体系,另一目标是改变法律和实践以满足穷人基本生存需要。目前,美国民事法律援助的范围不断地扩大,由最初的收养、破产、离婚、民事行为能力听证、未成年诉讼案件等方面扩展到包括移民、住房和无家可归、老年人和消费者权益问题以及环境问题、艺术问题、就业问题等领域。不仅如此,法律援助对象也不断扩展,即不再局限于贫穷者阶层,还包括中产阶级、非营利性组织以及艾滋病患者等特殊群体。①

(五)司法先例制度

“司法先例”是从英文“judicial precedent”翻译而来的。从字面上看,它似乎仅指时间上较早的司法判决,但在普通法系中,它却具有独特的含义。学者这样解释“司法先例”:一个已经判决的案件和法院的判决,被认为是为后来发生的相同或类似的案件或类似的法律问题提供了范例或权威性的法律依据,法院试图按照先前的案例中确定的原则进行审判。这些案件在事实或法律原则方面与之后审理的案件相近似,因此成为先例。可

① 参见范愉主编:《司法制度概论》,中国人民大学出版社2003年版,第411页。

以看出,“司法先例”这个概念等同于我们常常使用的“判例”。而判例法则是指由这些司法判决所确立的原则和规则的总称,它是一种具有自身独特形式的法律渊源,区别于成文法或其他形式的法律。因此,判例法与“遵循先例”(stare decisis)的原则密不可分。

按照先例所体现的法律规则的成文与否,可以将先例分为两大类:一是普通法先例(common law precedent);二是对成文法(包括宪法)进行解释的先例(precedent interpreting enacted law)。两者在效力方面有着很大的区别。在美国,一般认为遵循先例原则的确立是司法政策性考虑的结果,并非宪法的明文要求。这种政策性考虑直接关系着司法过程的正当性(legitimacy)问题。

这个问题可以分成两个角度来看:司法过程的外在正当性和内在正当性。其中,外在正当性是指司法过程可以产生某种可欲的结果;内在正当性则是指司法过程本身应该具备某些可欲的品质。判例的适用是以独特的法律推理为基础的。普通法的适用包含着一系列法律推理方式,如先例推理(reasoning from precedent)、原则推理(reasoning from principle)、类推推理(reasoning by analogy/analogy reasoning)等。先例推理和类推推理都是其中最常用的推理模式。

在某些情况下,由于时代变迁或者其他原因,将先例适用于后案并不合理。这时,必然需要一套能够根据外部条件的变化对不合时宜的先例加以适当的废弃或者修订的法律技术。著名法学家庞德曾经说过,“法律应当稳定,但不应当静止”(Law must be stable,yet it can't stand still)。一个可行的先例原则肯定并不意味着毫不改变地照搬过去,而是一方面允许灵活地受益于过去的智慧和经验,另一方面又能够改变过去的错误。

否决(overturning)先例的法律推理就是因应这样的需要而产生的。否决先例的推理主要包括以下几种:一是推翻(overrule),是指法院以明确宣告的方法废除某项已经被确立的法律规则;二是变形(transformation),是指法院虽在事实上完全否定了一条法律规则,但这种否定不是通过明示的方式进行;三是所谓压制(overriding),是指法院对某一条既成法律规则的范围进行限制,以支持出现于该法律规则之后的其他法律规则;四是所谓推导不合体系的区别(the drawing of inconsistent distinctions),指的是法院通过法律推理得出某一个已经确立的法律规则中存在“不合体系的区别”——存在与前设规则不一致之处,而当时的社会情况支持这样的前设规则。①

(六)ADR制度

ADR(Alternative Dispute Resolution)意为替代性纠纷解决方式。美国第九上诉法院法官弗来彻认为,ADR是不经过正式的审判程序而解决纠纷的方法的总称。在美国,谈判、调解和仲裁是最常使用的ADR方法。1998年颁布的《替代性纠纷解决法》(Alternative Dispute Resolution Act)第651条第1款规定:“ADR程序包括由主持法官进行的裁判之外的任何程序,在这些程序中,一个中立的第三方通过第654条至第658条中规定的早期中立评估、调解、小型审理和仲裁等程序来协助解决争议事项。”

从20世纪60年代末开始,替代性纠纷解决方式就引起了美国社会的重视。为了解决社区纠纷,1964年《民权法案》就规定美国国会有权要求司法部另行设立社区关系解决机构。1976年召开的庞德会议,主要议题就是讨论如何解决司法案件堆积以及诉讼费用高昂和时间拖延问题。

从行政机构角度来看,进入20世纪90年代后,ADR在行政机构中得到广泛应用。1998年,克林顿总统授权司法部成立ADR综合小组,以协调ADR各方面的发展,包括对该程序的内容的改进和对ADR工作人员的培训等。平等就业机会委员会和美国邮政部联合还启动了全国性的调解计划,以便让调解成为解决劳资矛盾的主要方法。2003年联邦机动运输安全行政部建立了具有约束力的仲裁程序,处理商业运输安全侵害的纠纷。

从司法系统角度来看,1990年制定了《民事司法改革法》(Civil Justice Reform Act),出现了法院附设仲裁、法院附设调解、简易陪审团审理和早期中立评估等新型的解决方法。1998年通过《替代性纠纷解决法》,该法授权联邦地区法院在民事诉讼中可以使用ADR方法解决纠纷,规定每个联邦地区法院至少要有一种ADR程序,并根据各个地区的具体情况制定实施细则。该法的出台,迅速使ADR方法得到广泛而有效的推广。

目前,涉及调解的州法规和联邦法规已经超过2000部,这些法律因法域的不同而存在巨大的差异。

---

① 参见齐树洁主编:《美国司法制度》(第2版),厦门大学出版社2010年版,第145~162页。

从非官方机构角度来看,ADR运动的成功得到了美国律师协会、美国仲裁协会和社会专业解决纠纷机构等非营利性机构的强力支持。①

第二节 美国的刑事诉讼

一、法律渊源

美国为联邦国家,并无全国性的统一刑事诉讼法典。联邦政府和各州都拥有独立的权力颁布在其立法权所及的地域范围内适用的刑事程序法。不过,联邦宪法在各司法区占有极为重要的地位。联邦宪法中的权利法案,大部分是专门为保障刑事被告人的权利而设的,其中许多规定经联邦最高法院解释而适用到各州,所以各司法区虽可自由制定各自的刑事诉讼法,但不得违反经联邦最高法院解释适用于州的基本人权规定。

对于联邦系统而言,刑事诉讼的法律渊源包括:(1)联邦宪法;(2)联邦成文法;(3)联邦刑事诉讼规则;(4)地方地区法院规则;(5)以联邦法院普通法上的决定权或其对刑事司法程序运作的监督权为基础的联邦法院的规则(与解释宪法、成文法或者法院规则相对的规则);(6)司法部门和涉及联邦程序运作的其他机关的内部规章。在州的层次上,更多的渊源在发挥作用。适用于州层次的刑事程序法律渊源包括:(1)联邦宪法;(2)联邦成文法;(3)州宪法;(4)州成文法;(5)州的法院规则;(6)地方法院规则;(7)以其普通法上的决定权和对刑事司法程序运作的监督权为基础的州法院规则;(8)涉及程序运作的州和地方机关的内部行政标准;(9)地方命令。②

① 参见齐树洁主编:《美国司法制度》(第2版),厦门大学出版社2010年版,第198~200页。

② 参见齐树洁主编:《美国司法制度》(第2版),厦门大学出版社2010年版,第394~395页。

二、刑事诉讼权利的宪法保障

美国刑事司法制度的最大特点,就是将一些直接涉及公民人权和自由的诉讼行为上升到宪法高度,为公民在刑事诉讼中的权利提供宪法性的保障。该传统源于英格兰国王1215年颁布的《大宪章》,后作为普通法的传统为独立后的美国宪法所继承。

到目前为止,与刑事诉讼程序有关的并适用于各州的人权保障条款有:禁止不合理的搜索扣押(right against unreasonable searches and seizures,宪法第4修正案);不自证己罪(privilege against self-incrimination,宪法第5修正案);不受双重处罚(double jeopardy,宪法第5修正案);受律师帮助权(right to counsel,宪法第6修正案);受迅速及公开审判的权利(right to a speedy and public trial,宪法第6修正案);受公正陪审团审判之权(right to an impartial jury,宪法第6修正案);对质诘问权(right to confront opposing witness,宪法第6修正案);强制取证权(right to compulsory process);等等。联邦宪法人权法案尚未适用到各州的规定有:被告人应受大陪审团起诉的权利(right to a grand jury indictment,宪法第5修正案);被告人交保的金额不得过量(right against excessive bail,宪法第8修正案)。[①]

三、一般原则

在法律传统上,美国没有系统、成文的刑事诉讼法典。1945年,美国制定了《联邦刑事诉讼规则》,后又多次进行了修改。1975年8月15日修改后的规则共60条,此后这一体系一直维持至今。当今美国的刑事诉讼,在承袭英国传统的抗辩式诉讼程序的基础上,有了很大的发展,形成了自己的特点,成为当代具有代表性的两大刑事诉讼模式之一——英美法系当事人主义诉讼的典型。

自20世纪60年代初以来,联邦宪法在美国刑事诉讼程序中开始发挥越来越重要的作用。几乎每一年联邦最高法院的许多判决都导致刑事诉讼程序的基本改变。尤其是首席法官沃伦任职期间进行的改革,更是令人

---

① 参见齐树洁主编:《美国司法制度》(第2版),厦门大学出版社2010年版,第395~396页。

瞩目。

联邦宪法在刑事诉讼程序中产生的最大影响就是将公民的诉讼权利保障,尤其是对刑事被告人的许多重要诉讼权利上升为宪法原则。这些原则集中体现在宪法前10条修正案(《权利法案》)中。最初这一法案仅适用于联邦政府,各州的诉讼受州的宪法和法律调整。1868年内战结束时,以保护黑人新赢得的自由为主要目的的宪法第14修正案以及该修正案“正当程序”(due process)命令被通过,规定“各州不得制定或施行剥夺合众国公民的特权与豁免的法律,也不得未经正当的法律程序即行剥夺任何人的生命、自由或财产。在其辖区内,也不得否认任何人应享有法律上的同等保护”。联邦最高法院也通过判例确认,除“重罪经大陪审团提起公诉”和“禁止科以过多保释金和罚金”的权利以外,宪法同样适用于州司法系统进行的刑事诉讼。

上述诉讼权利虽然对刑事诉讼中的人权保障有不可磨灭的积极作用,但由于它们仅仅是宪法的原则性规定,真正实现要由联邦最高法院在判例中确立具体规则或者提出具体要求。这就使诉讼权利的真正实现经历了一个漫长岁月。如在特定时期,联邦最高法院的判决精神往往与当时的政治背景密切相关,造成贯彻执行宪法权利时而较好,时而较差,甚至反其道而行之。此外,贫富差异也极易造成诉讼权利上的实际不平等。1994年7月22日受理至1995年10月2日审结的轰动世界并被称为“世纪之审”的辛普森案,就因为被告人辛普森是著名橄榄球明星,有能力支付巨款,聘请了一个被称为“结集全美出类拔萃律师”的明星律师团,为他开脱罪责,最后由陪审团裁决辛普森无罪。

(一)令状原则

美国令状原则的基础理论包括警察不能作出正确判断、预防无实质理由的强制处分、避免事后判断的偏颇、警察伪证的防止、书面记录的建立、以声请程序筛减无必要的强制处分以及签发者中立、超然原则。

第一,警察不能作出正确判断。对于何时应发动强制处分权,警察不能作出正确的判断,此为最常被提出的令状理论之一。如搜索票之签发,必须有得搜索之实质原因即“相当理由”,而社会不信任警察(官)就搜索是否具实质原因,能作出“正确”的判断,因此法律之设计,乃将得否搜索之实质理由,委由法官决定,因此仅法官得签发搜索票,警察(官)无权签发搜索票。

第二,预防无实质理由的强制处分。搜索、扣押、拘提系对人民隐私权、财产权、身体自由权的侵犯,而该等权利皆为宪法上的基本人权,必须有“相当理由”之实质原因,始得为之。令状原则之理论,即要求政府在对人民基本权利为侵犯前,必须先由司法机关审核实质理由,以防止无相当理由的强制处分。

第三,避免事后判断的偏颇。令状制度建立事先审查的机能,防止法官事后判断的偏颇。政府对人民为搜索,必须有得搜索之实质原因——“相当理由”,而此“相当理由”的判断,在搜索行为及证据发现前,法官较易作出公正客观的判断;若在搜索成功证据发现后,再溯及既往判断搜索前是否具相当理由,法官比较不能形成公正客观的判断。美国联邦最高法院在判决中,曾指出令状制度系事先的相当理由判断,较为客观,事后的判断易流于“事后诸葛”式的判断,非公正客观。

第四,警察伪证的防止。在刑事诉讼实务中,警察为正当化其行为,有时难免会说谎。警察的伪证(说谎),或会影响判决的结果导致冤狱(如自白),或会侵害人民的基本权利(如非法窃听),因此在刑事诉讼程序中,如何在制度上有效防止警察的伪证(说谎),乃成为重要的课题。事后审查制比较不能有效防止警察的说谎(伪证),甚至会鼓励警察的说谎(伪证)。相反地,令状原则为事先审查制,则比较可能避免警察说谎(伪证)的情形。因此与事后审查制比较,一般警察在事先审查制下,其说谎的动机未达到“势必”的程度。且一般警察不太可能自找麻烦,主动至司法机关说谎捏造某事实的存在,以取得搜索票进行搜索。故事先审查制比较能防止警察说谎捏造相当理由的存在,对人民隐私自由的保护较为周密。

第五,书面记录的建立。借由书面记录的建立,若审判中被告异议令状系无相当理由而签发,审判法官得借事先所建立的书面记录,重新第二次审核在搜索前是否有相当理由的存在,若无相当理由存在,仍得排除证据,如此可达到事后司法审查的目的。若无书面记录的建立,事后的司法审查则成为不可能之事。

第六,以声请程序筛减无必要的强制处分。令状的声请,警察必须以书面说明其得搜索之理由,详述事实及所依证据,并列举所欲搜索及扣押之物。再者,声请程序会逼迫警察作比较精确的相当理由判断。反之,若无书面声请，亦不需要第三者审查，警察即得对人民搜索，警察有时可能会过于冲动、过于草率，依直觉办案，而不能冷静判断是否有相当理由。虽然令状声请程序的繁复，或可能会使警察怯于声请令状，但美国的实证数字显示，令状程序不会导致证据的不能获得。所以，令状声请程序所带来的利益远大于其不利益。

第七，签发者中立、超然原则。虽然宪法无明文规定任何机关有权签发令状，但美国联邦最高法院于 1948 年一判决中依宪法解释，指出只有“中立及超然的司法人员”(neutral and detached judicial officer)有权签发令状。①

(二)不自证己罪原则

英美法的“不自证己罪特权”意为任何人于任何刑事案件中，不得被强迫成为对自己不利的证人。美国学者以及实务界认为不自证己罪原则具备以下功能：保护无辜被告、防止刑求、帮助发现真实、维持政府与人民的权力均衡以及保护隐私及自治之权。在美国，被告于审判中行使不自证己罪特权后，即与整个诉讼程序脱离，有如法庭内的“旁观者”，无人得对其提出任何询问。

被告不自证己罪特权行使之效果，有如将自身置于审判程序之外。若被告欲陈述意见，则需坐于证人席上，与一般证人无异，需宣誓暨接受其律师之直接询问及检察官之交互诘问。倘被告对其律师或检察官为虚伪之答复，则其行为构成伪证，嗣后检察官得起诉伪证之罪。倘被告于接受诘问时，已回答一部分问题，但对部分问题拒不回答，法官或陪审团得因被告拒绝回答，而对被告作不利之推断。②

(三)“毒树之果原则”

美国“毒树之果原则”系 1920 年之 Silver throne Lumber Co. v. U. S. 判决所创设。在此判决中，联邦最高法院未使用“毒树果实”的名称。在 1939 年之 Nardon v. U. S. 中，联邦最高法院正式使用“毒树果实”名称，用以称呼此原则。

其法理基础在于，对于非法取得之证据，如果只禁止直接使用，不禁止

---

① 参见王兆鹏：《美国刑事诉讼法》(第 2 版)，北京大学出版社 2014 年版，第 63～71 页。

② 参见王兆鹏：《美国刑事诉讼法》(第 2 版)，北京大学出版社 2014 年版，第 245～250 页。

间接使用,等于邀诱执法人员以违反法律及侵害人权的方式取得证据。“毒树之果原则”亦有例外规定,以避免过于极端。英美法常被提出的例外有:(1)独立来源(independent source)。若证据源自独立、合法的来源,而非源自非法取得,不适用“毒树之果原则”。(2)必然发现(inevitable discovery)。警察虽然因为不法行为而发现证据,但即令无警察的不法行为,该证据亦必然终将被发现,亦为“毒树之果原则”之例外。(3)稀释原则(purged taint exception)。在第一次违法行为之后、第二次合法取得证据之前,有其他因素的介入,而稀释或消除原来的违法性,亦为“毒树之果原则”的例外。①

(四)一事不再理宪法原则

英美法禁止双重危险,美国联邦宪法规定,“就同一犯罪不得置任何人之生命或身体受双重危险”。如何界定“同一犯罪”,或应如何定义双重危险,学说见解亦非常歧异。以下介绍最常见之不同理论:

1. 要件一致。要件一致说(same statutory offense or identical offense)是指先后二诉皆系基于同一行为,且二诉之罪之法条构成要件完全相同。

2. 相同证据。相同证据说(identical evidence test or same evidence test)是指先后二诉皆系基于同一行为,且检察官在任何一诉中证明犯罪所使用的证据,已包括另一诉所使用的证据,则先后二诉符合相同证据说,禁止后诉;若无此情形,则不禁止后诉。至于先后二诉罪之要件是否一致,则非所论。

3. 要件包含。要件包含说(same element test,直译为相同要件,意译为要件包含),乃检察官先后二诉之起诉法条检验,如任何一诉法条构成要件的全部,为另一诉法条构成要件所包含,则后诉为双重危险所禁止。反之,如一诉法条要求证明某一要件,但另一诉法条未要求证明该要件,二者即互不包含,后诉不受双重危险所禁止。

4. 相同行为。相同行为说(same conduct test)检查先后二诉所要证明的基础行为是否相同,如为证明第二个起诉案件的成立,检察官必须证明前案已判决之行为,则后诉受双重危险所禁止。

5. 相同事件。相同事件说(same transaction test)探究先后二诉之起诉

---

① 参见王兆鹏:《美国刑事诉讼法》(第2版),北京大学出版社2014年版,第276~277页。

事实是否源自同一基础之社会事实，如源自相同之社会事实，则后诉为双重危险所禁。

上述不同理论，各有其优缺点。要件一致说定义最为简单，但最不能保护被告之利益。“相同证据”“要件包含”“相同行为”三个理论极为相似，只是就后诉是否为双重危险所禁止，分别自“证据”“法条要件”“行为”而作不同之判断。如一诉所使用之“证据”包括另一诉之“证据”、一诉之“法条要件”包括另一诉之“法条要件”、一诉所证明之“行为”包括另一诉之“行为”，依各不同理论，后诉受双重危险所禁止，否则不禁止后诉。此三个理论皆较要件一致说为优。“相同证据”“要件包含”“相同行为”三说虽然较要件一致说更能保护被告不受双重之危险，但若被告在同一事件中有复数之犯罪行为，此三说并不能周全保护被告不受双重危险之利益。相同事件说对被告之保护最为周密，但最常被提出的缺点包括两个：(1)过度保护被告；(2)定义与要件不明确。

上述诸说，实务最常引用者为要件包含说与相同事件说。要件包含说、相同事件说各有其优缺点，一说之优点，常即为另一说之缺点，反之亦然。就上述不同学说理论，学者几乎都认为任何单一之理论皆不能真正达到“禁止双重危险”所欲保护的价值，各不同学说对于被告之保护，不是保护不足就是过度保护。也因为如此，美国联邦最高法院虽然采取“要件包含”理论，但同时辅以许多其他例外规定。①

四、陪审制度和保释制度

（一）陪审制度

陪审制度源于英国中世纪，是一种为防止法官专断并反映民意而建立的司法制度。早在殖民地时期，美国就有了陪审制度。独立后，该制度又有了进一步的发展。就目前陪审团的形式而言，美国的陪审团有大陪审团和小陪审团之分。

1. 大陪审团

它是决定就某一刑事犯罪是否应对某人提起公诉的陪审团，由宪法第5修正案确立。现联邦和半数的州都采纳了“对重罪起诉必须经过大陪审

---

① 参见王兆鹏：《美国刑事诉讼法》（第2版），北京大学出版社2014年版，第328~332页。

团起诉”的宪法原则。大陪审团一般由 16 至 23 人组成,任期有 1 个月、6 个月或 1 年不等。具体活动应秘密进行,作出决定要求过半数同意即可。一个大陪审团在任期内可以审查若干起案件。其职能常被美国法学界称为“亦箭亦盾”。这具体表现为:

(1)审查起诉的职能。大陪审团作为审查起诉的机构,对检察官准备提出的指控进行把关,确定是否有正当理由或最大盖然诉因,以防个人免受不当指控。它源于宪法第 5 修正案,属于被控犯重罪者的一项宪法权利,但不是公诉案件的必经程序,被告人可以根据自己的意愿而放弃由大陪审团起诉的权利。这一职能根据修正案条文原意只适用于死罪和其他不名誉罪。但经长期司法实践后现已扩大适用于一切重罪的起诉。

(2)调查职能。与警察的侦查职能相比,大陪审团的调查主要围绕一些特定种类的犯罪进行,如政治舞弊案或腐败案,有组织地利用暴力进行敲诈勒索方面的犯罪等。其调查耗费的时间长、费用高、手续烦琐,但具有警方调查所不享有的“特权”:一是享有强制传唤作证的权利,不受宪法第 4 修正案的限制;二是可以调取商业文件、记录,提取物证。

大陪审团在司法程序中享有独立的诉讼地位:一是独立于检察官之外,不受检察官的制约。当然,由于其成员为非职业司法人员,因此,对于一些法律问题,有时也必须依赖于检察官的职业知识和经验。二是独立于法官之外。但法官对大陪审团的工作享有监督权。

2. 小陪审团

小陪审团是根据法律选出的,在司法审判中对事实问题作出决定的陪审团。它的职能是参与案件的审理,对被告人是否有罪作出裁断。在英语习惯用法中的“陪审团”(jury)是指在司法审判中决定事实问题的小陪审团。《美国联邦宪法》第 3 条及第 6 修正案确立了被告人有权要求经陪审团审判的权利。关于小陪审团的职能,一般表现为以下两个方面:

(1)认定事实,即根据庭审出示的证据对事实作出认定。在认定被告人有罪时,陪审团必须确定案件中的证据“毫无合理疑点”地证明被告人犯有该项行为,并且具有作为被控罪行构成要件的心理状态。否则,陪审团就必须认定被告人无罪。

(2)贯彻社会的价值观念。虽然法官在给陪审团的指示中要求陪审团只能根据法官对适用所作的指示以及审判中以正当方式提出的证据来裁决一个案件,但作为社会某一阶层的代表,陪审团当然会将社会上公认的行为准则和价值观念融入裁决之中。

3. 陪审员的资格

(1)国籍。几乎所有州的州法院以及联邦法院都要求陪审员必须是美国公民。

(2)年龄。各州规定不一,一般最低为18岁,最高为70岁或不作限制。

(3)居所。多数州要求陪审员为本地居民。

(4)交流能力。陪审员必须精通英语,这是保障其顺利执行职务的必要条件。

(5)无重罪前科。根据《联邦陪审团选拔法》第1865条(Z)(5)款之规定,凡是被控犯有重罪的人以及被判犯有重罪的犯人都没有资格作陪审员。但如果一个人的有罪判决已经被撤销,并且他的公民权利已经恢复,他就可以参加陪审团。

此外,在美国的传统习惯上,不担任陪审员或者免除陪审员职务的还有以下一些人员:法官、律师、医生、牙科医生、消防队员、教师和各类政府官员。

4. 陪审员的选拔

美国刑事诉讼中挑选陪审员有一个极其烦琐的程序。陪审团要从社会的一大部分人口中广泛地挑选,不得"局限于一些特殊的群体中,或者把在社会中起重要作用的可识别群体排斥在外"①。同时,公民参加陪审团服务也是一项宪法权利,对此联邦最高法院在保尔斯诉俄亥俄州案判决中指出:"参加陪审团服务是社会中所有成员(包括那些可能没有其他机会对我们的社会生活作出贡献的人)负责地行使他们的公民权。"②州法院系统的候选陪审员名单最常用的是选民登记名单和驾驶执照持有者名单。候选陪审员的范围应当在种族、性别、年龄等方面反映社会中的人口状况,把尽可能多的社会成员包括进来。联邦系统的每个司法区都可以自行设计

① [美]约翰·格拉德沃尔等:《刑事陪审团审判:一项比较法研究》,凌兵、赵宇红译,西北大学出版社1995年版,第48页。

② [美]约翰·格拉德沃尔等:《刑事陪审团审判:一项比较法研究》,凌兵、赵宇红译,西北大学出版社1995年版,第49页。

选拔有代表性的陪审团的办法,然后由上诉法院审查各区所提出的原始名单计划。多数联邦司法区依靠选民登记名单,有些联邦司法区与州法院使用同样的原始名单。

(二)保释制度

保释制度是指在刑事诉讼的一定阶段上,对某些被捕的嫌疑人实行有条件的不剥夺自由的一种制度。

在美国,保释的宗旨普遍被认为是保证嫌疑人在开庭审判时要按时到庭,并保证遵守任何法官所命令的其他要求。它同时也属于嫌疑人所享有的一项诉讼权利。至于一项犯罪是否准予保释,由负责提审的法官或治安法官决定。保释的基本要求是:(1)禁止嫌疑人同本案被害人见面或接触;(2)命令嫌疑人留在法院管辖区域内,直到审判为止;(3)禁止嫌疑人有任何其他违法行为。

美国大部分司法区原则上给予每个嫌疑人以保释权,但对犯有可能判处死罪者除外;此外,有些性犯罪和谋杀罪通常也不属于可保释的犯罪,因为这类被告人一旦获释,将会给社会造成潜在的危险。一般来讲,某种犯罪是否可保释,应当根据提起刑事诉讼的州的法律来确定。对于某些案件,即使所控告的罪状属于可保释的犯罪,法官也可能确定一项数额较高的保释金,以减少被告人获释的可能或保证被告人能出庭。如果被告人被控罪状为涉及联邦的罪,则是否予以保释由联邦刑事诉讼规则规定。对于轻罪,除曾有逃避刑事追诉史者外,都有权获得保释。

在美国,保释的形式可以由法官根据本州的法律来确定。常见的保释形式有:(1)财产担保;(2)现金担保;(3)比例担保,被告人只需缴纳一部分担保金额即可,但如果被告人不遵守担保条件,他就必须向法院缴纳全部担保金额;(4)保人担保;(5)出庭保证书是由被告人签署的担保协议,被告人承诺在不遵守担保条件时缴纳担保金额。

五、侦查

对一般刑事犯罪的侦查,是由被害人或目击者或获悉犯罪情况的警官向主管官员提出控告开始的。在美国,关于具体的侦查程序的规则通常由判例法规定,而大部分判例法是以宪法为基础发展起来的。它始于 20 世纪 60 年代联邦最高法院的司法革命,这场革命将警察的侦查行为纳入了法制的轨道,明确嫌疑人自被讯问起有权获得律师的帮助,禁止以非法手段收集证据,运用司法权力强行贯彻宪法保障被告人诉讼权利的程序。在实践中,侦查通常包括以下几个步骤:

(一)提出控告

控告是说明犯罪事实的书面陈述,可以是指控、报案或检举,通常是由被害人或者获得有关犯罪信息的警方人员向联邦治安法官或法律规定的其他适当官员提出。控告一般构成签发逮捕令状的基础。

(二)讯问

根据控告或者警察在巡逻执勤时发现了犯罪,警察就可以对嫌疑人进行讯问。对此,联邦最高法院在两个著名案例中确定的两个规则对规范这一步骤的合法性起着至关重要的作用。

1. 排除规则

排除规则是指政府违反宪法第 4 修正案,以非法手段收集的证据不得在刑事指控中作为证明有罪的证据采纳。排除规则在司法实践中的适用有一个发展过程。它最初创设于 1914 年,仅适用于限制联邦执法人员非法收集证据。1961 年,联邦最高法院通过对马普诉俄亥俄州案的审理,确认联邦和州法院系统均适用排除规则。而且排除规则不仅适用于非法搜查和扣押取得的实物证据、书面证据,还适用于非法逮捕、违反法律正当程序而取得的认罪供述。

排除规则因对方当事人或其律师主张而采用,由法官裁断、决定是否属实并应予排除或禁止出示。若相对方未提出申请,法官和陪审团没有主动排除的义务。①

2. 米兰达规则

该规则是联邦最高法院审理米兰达诉亚利桑那州案中确立的法律规则。② 在该案判决中,联邦最高法院指出,在审问被羁押的嫌疑犯时所获得的证据不能用作不利于该嫌疑犯的证据,除非有证据表明,该嫌疑犯事先已被告知:(1)他有权保持沉默;(2)他所作的任何陈述,都有可能在法庭

---

① 有关排除规则的案例,参见王以真:《试论美国刑事诉讼中排除规则的修改》,载《国外法学》1985 年第 4 期。

② See Miranda v. Arizona, 384 U. S. 436 (1966).

上用作不利于他的证据;(3)他在受审问时,有权请律师到场;(4)如果他请不起律师,政府会出钱为他请律师。上述内容同时也是嫌疑人的权利,又称为“米兰达权利”。这一规则在实践中通常被称为米兰达警告。至于讯问场所并不限于警察局,只要是一种“羁押中的讯问”,那么在任何情况下,警官都必须在讯问开始之前宣读米兰达规则。

当然,作为被讯问者的嫌疑犯可以放弃他的米兰达权利,但是起诉方要证明嫌疑人是自由和自愿地放弃他的权利的。如果在回答讯问时嫌疑人承认了犯罪或供述了某些事实,要使这一供述内容在将来的法庭审判上作为证据,起诉方还必须证明,在嫌疑人作出这些认罪或承认之前,警方已经给予了米兰达警告。

(三)逮捕

在美国,逮捕是指司法当局以拘留或羁押形式剥夺某人的自由,使其回答法律上的指控或接受讯问。

逮捕应具备主、客观要件。主观要件,即批准逮捕的官员必须具有逮捕的目的,这包括:(1)防止嫌疑人逃跑或躲藏起来,以保证其按时到案答复指控、出庭受审;(2)防止嫌疑人继续犯罪,保护公众利益。客观要件包括:(1)具有实际的捕捉、扣留行为,如果仅被告知“你被捕了”,但并无实际的捕捉行为,则不构成逮捕;(2)应用语言或行动告知正处于失去人身自由的状态。对于精神错乱、犯罪后丧失意识或正在酗酒、吸毒影响下的被捕者除外。以上主、客观要件缺一不可,也是逮捕与其他限制人身自由措施的基本特征。

逮捕还必须合法,否则主管部门或官员要承担法律后果。为此,在美国刑事诉讼中提出了合法逮捕的要求,并确立了刑事证据排除规则以及非法逮捕的补偿措施:

(1)合法逮捕的各项要求包括正当授权、签署许可证以及执行逮捕的程序要求。违反任何一项要求都有可能构成非法逮捕。

(2)遵守刑事证据制度中确立的排除规则。非法逮捕获得的证据,法庭必须予以排除,不得作为有罪的依据。这一规则将逮捕的合法性与证据的价值、案件的命运直接相联系,有效地约束了收集证据的主管部门及其官员施行合法逮捕。

(3)赋予受非法逮捕的公民向主管当局与官员索赔的权利。这既是对受害者的一种事后补救措施,也是对主管当局与官员的一种惩罚措施。

关于美国刑事逮捕的种类,以执行逮捕的依据为标准,可分为有证逮捕和无证逮捕:

(1)有证逮捕,是指依据具有合法授权的官员事先签发的书面逮捕证而进行的逮捕。它是治安法官根据控告或者侦查人员提交的经宣誓的申请书,经审查确认存在合理依据而签发的逮捕令,由警察或其他执法人员执行。合法的有效逮捕应具备逮捕证有效、执行逮捕合法等要件。

(2)无证逮捕,是指由于情况紧急,事先未取得治安法官签发的逮捕令而进行的逮捕。在美国,多数州的司法实践允许警官在现场,对正在作案、企图作案或刚作完案的重罪犯和扰乱治安者或者掌握了足以证明嫌疑人犯有重罪的合理依据时,可以执行无证逮捕。普通公民对于现场作案的重罪犯也可以进行无证逮捕。但它仅限于实际发生了重罪,并且公民有可能成立的理由相信被逮捕人确实犯罪的情况。美国联邦最高法院就“警官在现场的情况下的犯罪”是这样解释的:警官通过自己的感觉器官,包括听觉、嗅觉、视觉、味觉和触觉,觉察到有犯罪活动发生,就是警官在现场的情况下的犯罪。①

(四)搜查与扣押

美国的法律允许警官为了寻找武器、作案工具、赃物、犯罪结果,收集犯罪证据,对嫌疑人的人身、住宅、文件、财产、车辆等进行搜查。搜查必须符合法律规定的程序要求,非法搜查的所得物不得作为法庭判处被告人有罪的证据。

搜查,原则上应当事前批准,即获得搜查证进行有证搜查。获得搜查证的前提是搜查该嫌疑人必须具有可成立的理由,然后提出口头或书面宣誓的申请。有效的搜查证必须有具体的地点、人或物品,对于要搜查的房屋必须排除任何怀疑或不确定性。同时,搜查证必须由中立和公正的司法官签署。搜查证必须在签署后的 10 天内执行。搜查通常在白天进行,而且限定在搜查证确定的范围内。搜查时必须将许可证副本和执条交与被搜查人或留在房内,并且立即列出清单。

如出现以下情形,警官也可以进行“无证搜查”:(1)合法逮捕附带的

---

① See Dilger v. Commonwealth, 11 SW 651, 88 KY 550.

搜查;(2)嫌疑人自愿表示同意搜查;(3)存在特别因素的情形,包括紧急情况、搜查汽车、即时追捕的搜查、搜查运输中的货物等。

联邦最高法院通过特里诉俄亥俄州案①规定:警官有权在公共场所临时扣留他怀疑的行人或车辆,询问该人的身份和当时的行为;在临时扣留过程中,对于他人和本人的安全存在正当恐惧感的情况下,可以对被扣留人进行拍身搜查,检查其有无携带武器。拍身搜查仅限于对被扣留人的外衣进行小心且有限的检查,如从上至下拍拍外衣,不得进行全身搜查。有些州也通过法律对临时扣留与拍身搜查予以认可。

在进行有证搜查时,凡赃物、犯罪工具、其他犯罪证据以及违禁品可以予以扣押,与犯罪无关的其他物品不得扣押。被扣押的物品应当开列成清单,一份交给被搜查人。

有证搜查的宪法依据是美国宪法第 4 修正案。该条规定:“人们保护自己的人身、房屋、文件及财产不受任何无理搜查和扣押的权利不容侵犯;除非是由于某种正当理由,并且要求有宣誓或誓言的支持并明确描述要搜查的地点及要扣押的人和物,否则均不得签发搜查证。”该修正案的目的是确保政府在追求收集和利用信息的合法利益中,禁止通过实施不合理搜查和扣押侵犯个人隐私、自由和财产。

为贯彻宪法第 4 修正案精神,警察在搜查和扣押时,应依据特殊人员颁发的搜查令才能进行,此即有证搜查。

(1)搜查令的发布者。在美国,只有司法官员才有权发布搜查令。大多数司法区将这种权力授予法院的书记员、控诉官、治安官和法官等司法官员。警察必须知道其辖区内哪些司法官有权发布搜查令。如果发布者没有权力发布搜查令,则该搜查令无法律效力,警察据此进行的搜查行为也会失去效力。

作为搜查令发布者,应满足两个条件:其一,他必须中立和公正。该要件要求发布者必须与警察没有任何关联。因此,若州总检察官同时兼任州侦查负责人并又在后来的法庭审理中担任主控诉人员,他将失去中立性和公正性;若法官参与搜查、帮助警察确定扣押哪些东西,该法官也不具备中立性和公正性;若法官从搜查令发布中获得好处,该法官也不具备中立性

① 参见程味秋主编:《外国刑事诉讼法概论》,中国政法大学出版社 1994 年版,第 64 页。

和公正性。其二,他必须具有确定搜查是否存在"合理理由"的能力。该要件要求发布者应具有评价"合理理由"的经验。因此,在发布需对"合理理由"作出较为复杂判断的搜查令时,法院的书记员一般不可以胜任,只有法官才有此资格。

(2)搜查令发布应具备的条件。根据美国宪法第4修正案的规定,搜查令的发布应具备两个条件:一是必须存在宣誓或誓言支持的"合理理由";二是必须明确说明搜查的地点、人和物品。

(3)搜查令的执行。搜查令发布后,其具体执行不应迟延。在美国,有的司法区要求搜查须在搜查令发布之日起10日内进行,有的司法区规定须在搜查令发布后立即执行。为了解决这种分歧,法院要求搜查须在搜查令发布后合理时间进行,只要执行是在法定期间内。因此,即使警察是在法律规定时间内执行搜查,但若存在不必要迟延从而给被告带来法律上的偏袒,搜查仍然可能被认为是不合法的。搜查应尽量在白天进行,法院对夜晚搜查总是持不太支持的态度。因为他们觉得夜晚对私人住宅的侵扰要比白天严重,且夜晚搜查很可能会遭到武装抵抗。

当然,在特殊情况下,法院也允许夜晚搜查。例如,预料犯罪嫌疑人将在夜晚转移违禁品;要扣押的财产很可能被迅速转移;犯罪交易的一部分发生在夜晚。根据宪法修正案的精神,搜查时应履行敲门和通报义务,即警察在执行搜查令前,应敲屋主的门并宣告自己的身份和目的。一般来讲,告诉屋主自己的身份和说明持有搜查证就足够了,在此情况下,屋主不得拒绝。否则,警察可强行进入搜查。当然,上述做法并非僵硬的规则,在存在合理理由的情况下,法律也允许不经敲门和通报就开始进入搜查。①

(五)登记

嫌疑人一旦被逮捕至警察局,就要履行登记手续,内容包括嫌疑人的姓名、住址,逮捕时间和地点,其涉嫌的罪名和是否根据逮捕证进行逮捕的。他身上的财物在进行全身搜查后会被取走,经清点锁入储存的地方;对于危险人物,则还要进行裸身检查。如果属于重罪嫌疑人,则还会被拍照并提取指纹。

---

① 参见齐树洁主编:《美国司法制度》(第2版),厦门大学出版社2010年版,第423~426页。

根据联邦最高法院的判例,嫌疑人到达监狱后,会获准给律师、朋友或亲属通一次电话。由警长告知其有权聘请律师,如果无钱请律师,可以为他提供律师;还应告知他有权保持沉默;然后在记录上证明嫌疑人已被告知了上述权利。同时,还应告知嫌疑人何时提审他以及提审的法院名称和地址。

(六)保释

嫌疑人在登记以后,可以提出保释。美国保释制度最初是继承英国保释法律制度内容,后者的法律基础是1628年《权利请愿书》、1679年《人身保护令》以及1689年《权利法案》等,因此英美保释制度在起源上是侧重对个体自由权利的保障。殖民地时期最早的法律文件——1641年《马萨诸塞自由权利书》规定,保释是所有非死刑犯罪嫌疑人的权利,但是要求嫌疑人有充分担保保证其能按期到庭并表现良好。1682年宾夕法尼亚的立法规定,除了有证据证实有罪或者有罪认定可能性高的死刑犯罪,其他犯罪嫌疑人在有充分担保的情况下,都应当获得保释。1787年《西北地区法令》(Northwest Territory Ordinance)与1789年《司法法》关于保释的规定采取的都是宾夕法尼亚模式,也就是对非死刑案件嫌疑人的保释没有附加条件限制,权利性质明确。最终美国宪法第8修正案专门就保释作出规定:不得科处过多的保释金。

这种极其简短的表述使该条款成为宪法中最"模棱两可"的内容。仅从文字上看,宪法第8修正案并没有明确保释是一种权利。因此,一般认为保释不是个体的宪法权利。美国联邦最高法院也认为,宪法第8修正案并没有禁止国会就哪些案件可以适用保释进行界定。因此,在刑事案件中,当惩罚可能是死刑时保释不是必然的。事实上,宪法第8修正案并没有说所有被逮捕者必须被保释。无论保释是不是宪法权利,当被告人因付不起保释金而被羁押时,宪法第8修正案就受到了挑战。1966年《保释改革法》(Bail Reform Act)试图改变这一状况,该法是1789年《司法法》后首个就保释问题进行专门规范的联邦立法。①

(七)询问证人

美国的大部分州对于询问证人未在立法上予以规定。在侦查阶段,通

---

① 参见夏菲:《美国减少审前羁押最新举措——保释制度改革》,载《犯罪研究》2022年第3期。

常不能强制证人回答问题,但证人如果隐瞒重要情况或者提供虚假的情况,可以被指控为妨碍司法程序。在案件的大陪审团程序和预审程序中,可以传唤未来的证人出庭作证,而且在出庭之后,证人就必须对双方提出的问题作出回答。

(八)诱惑侦查

诱惑侦查往往采取秘密代理人做法,这些秘密代理人有时是警察卧底,有时是普通市民扮演的线人。无论是警察卧底还是线人,他们通常的方法是通过激发他人从事犯罪活动的方式侦破犯罪。所谓"激发",大都是警察卧底或线人从犯罪嫌疑人那里提出虚假购买服务的表示,但有些情况下,他们也可能通过施加压力的方式换取犯罪嫌疑人实施犯罪的同意。

诱惑侦查不同于侦查陷阱。侦查陷阱是指这样一种行为,即"犯罪谋划来自警察代理人,且为了能成功指控某人,他们将实施犯罪的意向植于无辜者的心里,并引诱其实施犯罪行为"。它属于非法侦查方式,其获得的证据不具有可采性。诱惑侦查则不同,它是一种法律认可的侦查行为,通过该方式获得的证据可被法院采纳。因此,尽管诱惑侦查和侦查陷阱都是采取"激发"犯罪的技术方式,但前者还没有达到"侦查陷阱"的程度。

在实践中,法院区别诱惑侦查和侦查陷阱的依据,主要是看犯罪行为人在被警察代理人揭发犯罪前是否已经具有犯罪的意向。值得注意的是,这里所指的犯罪意向不仅要存在,而且本身还必须不属于侦查人员诱发的结果。①

六、起诉程序

(一)检察官的决定

警方侦查终结后,案件移送给检察官。检察官将以警察的报告为依据,对下列问题作出决定:(1)是否要对嫌疑人提出刑事控告?(2)控告什么罪状?(3)如果不提出控告,应当采取什么措施来处理这一案件?如果检察官认为还需要补充其他材料,他可以要求警方进行补充侦查。在有些地方,检察官在案件的早期阶段所要作出的决定还包括是否应要求大陪审

① 参见齐树洁主编:《美国司法制度》(第2版),厦门大学出版社2010年版,第438~439页。

团提出公诉,或者是否应提交控告书,动用预审程序。

检察官决定是否提出刑事控告,主要从几个方面考察,即是否有充分的证据证明被告人有罪、这些证据的数量和性质、犯罪造成的危害、被害人的态度、被告人的犯罪前科以及其他同公正处理案件有关的因素。如果被告人可能犯有一项以上的罪行,检察官则可以提出一项以上的控告。此外,从实体刑法的角度看,如果嫌疑人有严重的犯罪前科,法律可能允许检察官提出累犯的控告。对于累犯,法院可以判处较重的刑罚。根据有关累犯的法律,嫌疑人以前的犯罪不一定要同本案中所指控的罪状相同,但必须属于重罪。对于某些罪行,如果嫌疑人不是初犯,量刑上会加重处罚。如果检察官要根据这种法律规定来提出控告,那么嫌疑人必须在以前就曾因该罪状被定过罪。

美国的检察官在决定是否对犯罪提出指控时拥有几乎不受限制的自由裁量权,即在追究犯罪上不实行严格的法律起诉条件的束缚,检察官可以根据一定时期刑事政策的要求或者与犯罪作斗争的实际需要,决定对犯罪嫌疑人不予起诉或者降低控诉的规格。

自由裁量权最典型的体现是“辩诉交易”(plea bargaining)。辩诉交易又称辩诉谈判(plea negotiation)、辩诉协议(plea agreement)。它是一种庭外活动,由控、辩双方磋商和谈判,其间控方以撤销部分指控、降格控诉或者建议法官从轻判刑等许诺换取被告人作认罪答辩,以节省诉讼时间和开支,特别是避免审判的不确定性。这样,只要法官认为被告人已承认检察官所指控的犯罪,便不再召集陪审团听证审理而直接量刑。

辩诉交易在美国由来已久,早在19世纪80年代初期,康涅狄格州的一些刑事案件中就已经出现了这种交易。20世纪60年代中期联邦最高法院确认其为合法程序后,辩诉交易的数量急剧增多,它在刑事诉讼中所占的比例已大大超过了法庭审理定罪。以纽约为例,据统计,1990年犯重罪而被逮捕的人中54.24%的人在侦查阶段就作了辩诉交易处理;另外45.76%的人在被起诉到法院后,其中的大部分也是以辩诉交易方式解决的。目前,以辩诉交易方式处理的案件高达结案率的90%以上。

在司法实践中,辩诉交易的方式主要有三种:

(1)罪名交易。其又分为两种:一是检察官以允诺比本应指控的涉嫌罪名要轻的另一罪名要求被告人认罪;二是当嫌疑人犯有某类在社会上影响更为恶劣的犯罪(如猥亵儿童罪)并害怕从此声名狼藉,影响其今后的社会生活时,检察官以允诺改控其他罪名(如轻伤害罪)而换取被告人的认罪。

(2)罪数的交易。当嫌疑人犯有数罪时,检察官为争取嫌疑人承认有罪,许诺将本应指控的数个犯罪改为仅指控其中一个主要罪行。

(3)刑罚的交易。检察官允诺将向法官建议对嫌疑人从轻量刑或适用缓刑,以换取嫌疑人承认有罪。因为法官在量刑时,也常常听取检察官的意见。而且众所周知,在不同的法官之间量刑存在一定的差异,检察官也可以安排嫌疑人在一个较为宽仁的法官面前出庭,以保证嫌疑人受到从轻处罚。

当控、辩双方达成辩诉协议后,应当在法庭传讯时告知法官。对此协议法官可以接受,也可以拒绝。如果接受,法官应当通知被告人准备按照协议内容处理案件,具体体现在判决和量刑中;如果拒绝,法官应当通知双方当事人并记录在卷,同时给予被告人撤回答辩的机会,并且告诫被告人如果坚持作认罪答辩,案件的实际处理可能比辩诉协议中所期望的更不利于被告人。

辩诉协议后,通常被告人便不再经过法庭审判而被定罪科刑。为保护被告人的合法权益,对辩诉交易有一些限制或要求:第一,法庭不允许参加这样的讨论;第二,被告人必须充分了解作认罪答辩的后果;第三,被告人必须是自愿;第四,要求辩护律师必须从被告人利益出发,认真分析指控的性质、控方掌握的证据,比较接受协议与接受审判的利弊,从而帮助被告人作出明智的选择。另外,《联邦刑事诉讼规则》和《联邦证据规则》均规定,有关被告人在与检察官进行辩诉交易中的陈述,关于被告人曾打算作认罪答辩,或者被告人曾作出认罪答辩后又撤回的证据,不得作为不利于该被告人的证据采纳。①

辩诉交易的具体运作步骤可以分为:

(1)告知答辩协议。如果双方当事人已达成答辩协议,法庭应要求在公开法庭宣布该答辩协议并记录在案。当然,如果有充足理由,提供答辩

---

① 参见《美国联邦刑事诉讼规则和证据规则》,卞建林译,中国政法大学出版社 1996 年版,第 11 页。

协议时也可不公开进行。

(2)接受答辩协议。如果法庭接受答辩协议,应当通知被告人,答辩协议中商定的有关处置内容将在判决和量刑中体现。

(3)拒绝答辩协议。如果法庭拒绝答辩协议,应当通知被告人不接受协议并记录在案。法庭应在公开法庭亲自忠告被告,但如果有充足理由也可以不公开进行,法庭不受答辩协议约束,然后向被告人提供机会以撤回答辩,并忠告被告人,如果被告人坚持作有罪答辩或者不愿辩护也不承认有罪的答辩,案件的处理对被告人而言可能比答辩协议中所期望的更为不利。

(4)告知答辩协议的期限。除有适当理由外,应在传讯时或在法庭确定的审前其他时间通知法庭存在答辩协议。

(5)答辩、答辩讨论和相关陈述的不可采性。下列答辩、答辩讨论等不得在任何刑事或民事诉讼中用作不利于曾作过答辩或参加过答辩讨论的被告人的证据:此后已被撤回的有罪答辩;不愿辩护也不承认有罪的答辩;根据《联邦刑事诉讼规则》在与上述答辩有关的任何程序中所作的陈述,或在与检察官进行答辩讨论时所作的任何陈述——该答辩讨论未能产生被告人作有罪答辩的结果,或者被告人虽曾作有罪答辩但随后又撤回的。

(6)诉讼记录。被告人作出答辩的程序应当逐字记录。如果作有罪答辩或者不愿辩护也不承认有罪的答辩,记录内容应当不受限制地包括法庭对被告人的忠告,对答辩(包括答辩协议)是否出自自愿的调查和对答辩准确性的调查。①

(二)起诉

对嫌疑人的正式指控始于政府向有管辖权的法院提交起诉状。在美国,刑事诉讼中没有自诉案件,虽然任何公民可以向警察机关或者法院提出控告,但是否提起诉讼,仍要经法定的程序。案件侦查终结后,警察机关向检察机关提交该案的罪行报告。

在美国,提起刑事诉讼的方式有两种:一是大陪审团程序,在这种程序里,大陪审团会审查签署提出指控嫌疑人犯罪的公诉书。二是检察官起诉,即不经大陪审团审查,而由检察官以州或国家的名义对嫌疑人提出刑

① 参见齐树洁主编:《美国司法制度》(第2版),厦门大学出版社2010年版,第460页。

事控告,签署检察官起诉书。为保障嫌疑人权益,防止可能滥用职权,检察官直接起诉一般要经过预审。

在联邦法院审理的重罪案件中,除非嫌疑人放弃此权利,否则应当适用大陪审团程序。在州法院审理的重罪案件中,应当以大陪审团开始还是以预审开始,各州法律的规定有所不同。

1. 大陪审团程序

其与检察官起诉的区别在于嫌疑人可以参与的程度。在大陪审团程序中,嫌疑人无权让他的律师出庭,无权对起诉方的证人进行交叉讯问,也无权提出证据。

在大陪审团程序中,大陪审团决定应当提出什么样的控告,并决定是否有合理的依据让人相信嫌疑人犯有公诉书中所指控的罪行。检察官不再另行提出控告书,但他要把所考虑的问题提交给大陪审团,由大陪审团调查证据。在调查过程中,检察官应当提供证明重罪控诉的证据,以支持其控诉。大陪审团有权传唤证人并询问证人,其中包括嫌疑人。因尚未受到正式指控,此时嫌疑人只是以证人的身份受到询问,不享有被告人辩护、律师出席等权利。

大陪审团还有权调查有关的书证和物证。这种调查是秘密进行的,一般禁止披露。未经许可,不得进入调查庭。调查结束后,进入评议阶段,以投票方式表决,可能出现三种决定:(1)法定数额成员(通常为12名)认为指控该嫌疑人犯罪是有可成立理由的,就在公诉书草案背面签"受理此诉状";(2)认为证据不足以进一步控诉的,作出不公诉决定,并签署"此诉状不予受理",撤销诉讼,释放在押的嫌疑人;(3)认为证据不足以支持重罪控诉,但能够证明嫌疑人犯有轻罪或微罪者,可以指令检察官向主管法院提出相应的起诉。

在大陪审团提出公诉(indictment)后,嫌疑人将因这些控告而受到提审。

2. 检察官起诉和预审程序

在对重罪不实行大陪审团制度的州,一切刑事案件概由检察官以政府名义向主管法院提起诉讼。多数州为避免检察官滥用权力,规定了预审程序。在起诉前应先经司法官预审。预审后,司法官认为该重罪控诉存在可成立理由的,检察官才可以提起重罪控诉。但嫌疑人放弃预审的,检察官可以自行决定并提出重罪起诉。

在实行大陪审团制度的州,轻罪和微罪也由检察官提起诉讼。检察官在提交起诉书后必须告知被告人被指控的罪行和应达到的合理程度,以便被告人准备辩护。

(1)提交刑事控告书。检察官一旦决定对嫌疑人提起刑事控告,就必须向法院提交刑事控告书,其中应载明被告人被控的犯罪、犯罪的日期以及提起诉讼所在的地区。控告书可以由最早的检举人签署,但通常是由检察官签署,在向法院官员宣誓后,正式向法院提交。此后未经法官同意不得作任何更改。

(2)在治安法官前初次聆讯。根据美国的宪法,嫌疑人在被羁押之后必须尽快送交法官或治安法官审理。这一"尽快"的具体含义各州不太一致,但在联邦和大多数州,如果超过6个小时仍未将被捕者解送至法官前接受讯问,是考虑嫌疑人认罪交代是否自愿的一个重要因素。

提审要处理以下事务:一是告知嫌疑人控告书(或公诉书)已经提出,并告知他每一项控告和可能的刑罚。二是告知米兰达警告。三是告知嫌疑人在案件中享有如下权利:第一,有权请律师或得到法律援助;第二,申请保释权;第三,确定预审。

(3)预审。预审的日期通常在提审时确定,一般在提审后的30天以内进行;有些州对重罪案件实行快速程序。在联邦法院,如果嫌疑人在押,预审的日期必须在提审后10天内确定;如果嫌疑人已获释,预审的日期应当在提审后20天内确定。

预审的主要目的:一是确定有无支持指控成立的理由,以确定是否交付审判。二是预审时还有被称作"证据先悉"的程序,各方当事人用以了解对方所掌握的在未来诉讼中必要和有价值的材料。特别是辩护方在实践中通常不出示证据,而只是通过控方的证人了解检察官掌握的证据,为提出申请和辩护做准备。

预审是一种对抗性的程序,双方都有代理人出庭。作为控方其责任是证明:发生了犯罪事实;有合理证据让人相信犯罪是嫌疑人所为。至于实际上嫌疑人是否犯有该罪是审判阶段的任务。根据《联邦刑事诉讼规则》第7条的规定,"合理证据的认定可以完全地或部分地基于传闻证据",多数州也赞同这一观点,即通常的证据规则在预审中不适用。但在司法实践中,法官一般很注意预审中所听取的证据的质量。而辩护方可以对起诉方的证人作交叉询问，并且有权利出示己方的证据并提出各种申请，如起诉的理由不足、已过追诉时效、管辖异议等。这些请求如果为法官所采纳，有的可以改善嫌疑人的地位，有的可以起到驳回控诉的作用。

预审后将有可能出现两种结果：一是法官若认为控方证明了合理根据，嫌疑人就要被送到初审法院；二是法官认为控方未能证明合理根据，则将案件“无害地驳回”，即控方可以在将来重新提起此案，举行一次新的预审，而不适用宪法禁止两度审判的规定，因为预审不是审判。另外，多数州还允许法官经过预审将重罪控诉减为轻罪控诉。

预审对被控以重罪的嫌疑人而言是一项权利，但并非刑事诉讼中的必经程序，嫌疑人可以放弃预审权利而直接进入审判阶段。有时候这种放弃是控、辩双方达成协议的一部分，据此协议，辩方律师可获准查阅警方报告或其他重要证据材料。

(4)提交起诉书。一旦预审法官决定将被告人移送初审法院，检察官必须向初审法院提交一份起诉书或其他控诉文件。《联邦刑事诉讼规则》第 7 条(C)款第 1 项对起诉书或公诉书作了一定规定：公诉书或起诉书应当是对构成被控罪行之“基本事实的清楚、简要和明确的书面陈述，应当由检察官签署。起诉书中不需要有正式的起始、结论和其他不必要的内容。应当就指控的每条罪状说明该行为违反的法律、法规、条例或其他法律规定，援引有关法律条文”①。多数州的司法实践也是这样进行的。起诉书一旦提交了，就不得作任何改动。

七、法院的审理前程序

(一)传讯

当大陪审团起诉书或检察官起诉书提交初审法院后，初审法院将根据迅速及时的原则，对案件安排传讯。传讯应在公开的法庭上进行，被告人必须到庭。

传讯中，法官应进行下列工作：(1)问明被告人个人情况；(2)宣读起诉书并说明指控的性质；(3)告知被告人享有的诉讼权利；(4)要求被告人

① 《美国联邦刑事诉讼规则和证据规则》，卞建林译，中国政法大学出版社 1996 年版，第 39 页。

对控告提出答辩。

对于答辩,被告人有以下三种选择:一是无罪答辩或对此保持沉默。法庭应尽快安排开庭并作好开庭准备。辩方律师为了论证无罪,通常会提出若干申请,如制止控方在法庭上出示非法取得的证据,或以媒介报道对被告人不利而申请改变审讯地等。二是有罪答辩,法官应予审查,以确认答辩是否出于被告人自愿以及是否了解相应的法律后果。有罪答辩的案件一般不再开庭,可以在提审阶段就直接对被告人作出判决,终结诉讼。这就意味着有罪答辩的同时被告人也放弃了由陪审团或法庭审判的权利。法官通常还要求检察官提供其他有罪证据。有些州的法律规定,对严重的犯罪,如对谋杀罪的指控,法院不得接受被告人的认罪答辩。三是不愿争论的答辩。在联邦和半数州的法院允许被告人作不辩护也不认罪的答辩。这种答辩不是指被告人行使沉默权的行为,而是指所进行的既不愿辩护也不承认有罪的答辩行为,其性质后果与认罪答辩相同,区别仅在于不愿争论的答辩不能被用来作为指控被告人确已犯罪的证据,也不能被当作日后提起民事损害赔偿诉讼中的承认看待。对于这种答辩方式的采用法律有限制,不是被告人的绝对权利,必须经检察官同意或法庭的批准,而且一般限于轻罪案件。例如,《联邦刑事诉讼规则》第 11 条规定,被告人只有在法庭允许下才能作不愿辩护也不承认有罪的答辩。法庭只有充分考虑双方当事人的意见和有效司法方面的公共利益后,才能接受此种答辩。①

(二)审前查询

这是美国刑事诉讼特有的一项内容,它是针对控、辩双方因对抗不能看到对方材料而建立的一项互相交流信息的机制。

在美国,通常控、辩双方除了在传讯中应法院的命令而交换信息以及双方以达成协议方式交换信息,就是通过审前查询来再次寻找对方论据中的弱点加强己方的论据。

联邦最高法院在审理布雷迪诉马里兰州案②中指出,控方必须让辩方了解他所掌握的有关证明被告人无罪的材料,否则将被视为剥夺被告人获

① 参见《美国联邦刑事诉讼规则和证据规则》,卞建林译,中国政法大学出版社 1996 年版,第 43 页。

② 参见[美]约翰·格拉德沃尔等:《刑事陪审团审判:一项比较法研究》,凌兵、赵宇红译,西北大学出版社 1995 年版,第 120 页。

得公正的审判权,是对法律正当程序的侵犯。当然,这并不意味着辩方律师可以全面地和不受监督地去了解控方有关案件的材料,而是要求法院在不公开的审理中决定哪些证据应当提供给辩方。在这里,检察官的作用并不仅仅是普通的争论一方代表,而是一个主权国家的代表,在刑事诉讼中,国家的利益并不是要赢得诉讼而是要实现正义。在各州的刑事诉讼规则里也作了这样的规定。

至于控方披露多少信息,各州规定有所不同。联邦法律确立的查询规则要求向辩方提供:(1)被告人所有的陈述;(2)被告人犯罪前科的记录;(3)文件和有形物品;(4)检查、试验报告;(5)其他有关无罪的材料。有关警方和检察官所写的与侦查、起诉有关的报告、备忘录和其他内部文件以及控方证人或未来证人(除了被告人)的陈述和报告,在该证人庭审出庭作证前不得查询和查阅。① 州的规则一般不像联邦法律规定得那么详细,但大多数州法院都要求控方向辩方提供一份未来证人的名单,有些法院甚至还要求提供这些证人将要作的证言摘要。

作为辩护方,当他行使查询权的同时也应负有向控方提供己方的某些证据的义务。② 至于提供多少,法律规则不曾明确规定。但联邦最高法院在威廉斯诉佛罗里达州案③中指出,州法律要求被告人必须事先披露所有他在审判中将要依据使用的不在场的证据,这种规定并不违宪。而辩方是否还应向控方提供其他材料,则各州法律有不同的规定。

(三)审前动议

提交公诉书或起诉书后至开庭审判前,控、辩双方有权为影响诉讼程序及庭审举证提出动议。动议应以书面形式提出,由提议者签名后交给法院,通常由初审法官主持进行。

审前动议通常有两种:一是与指控效力有关的动议,如对案件无管辖权的动议或未能适当指控一项刑事罪状的动议。二是与实体问题有关的动议,它主要是指涉及审判中要提出的证据或审判的程序的动议。最常见

---

① 参见《美国联邦刑事诉讼规则和证据规则》,卞建林译,中国政法大学出版社 1996 年版,第 54 页。

② 透露范围包括:(1)文件和有形物品;(2)检查、试验报告。

③ 参见[美]约翰·格拉德沃尔等:《刑事陪审团审判:一项比较法研究》,凌兵、赵宇红译,西北大学出版社 1995 年版,第 121 页。

的这类动议是压制动议和最初动议。前者是指阻止在审判中引入某些证据的动议,如辩方律师提出禁止控方提出非法取得的证据的动议;后者是指要求限制审判中将提出的证据范围的动议。

(四)审前会议

为了在审判前解决尽可能多的问题,节省审判时间,以便减少庭审迟延或干扰,初审法官通常会主持控、辩双方在庭前澄清双方对案件已有的共识和尚有的分歧,使庭审能突出双方争执的要点,减少审判中发生意外或混乱的可能。从某种角度看,审前会议也是审前查询的一部分。

审前会议通常进行以下工作:一是控、辩双方可能就有关采纳双方无争议的证据问题达成一致意见,如专家证人证言等,从而不必在庭审中质证。二是通知双方应当携带到会的物品(如照片或庭审中将使用的物证等)的清单,并要求双方提出任何他们预料会在审判中出现的法律问题。控、辩双方可以就庭审中将使用的物证进行讨论,法官可以要求控方向辩方律师提供物证,供其查看和进行特殊检验。三是法官可以要求双方提出任何他们预料会在审判中可能出现的法律问题,从而尽可能在庭前作出裁定或为在庭审中处理这些问题作好充分准备,提高庭审效率。

八、附带民事诉讼

在美国,法律设有关于附带民事诉讼的规定,不过当被告人被判刑后,法庭作为刑事案件的缓刑令或判刑的一部分,可以命令被告人向被害人支付赔偿,或通过审前转移协议,被害人获得赔偿。美国的司法实践中,大多数是通过下列方式解决有关赔偿问题的:被害人在刑事案件判决后,提起民事诉讼以获得赔偿。

九、刑事初审程序

根据美国宪法的规定,如果被告人被控犯有重罪,他有权要求由陪审团或直接由法官进行审理,但这必须经法院批准和检察官同意。所以,美国现行的刑事初审程序有陪审团审裁程序和法官审判程序两种形式。

(一)陪审团审裁程序

所谓陪审团审裁程序,是指在法官主持和指挥下,陪审团独立参与案件审理,根据控、辩双方(或仅控方)在法庭上提供的证据,运用法官当庭指导的法律原则和规则对被告人是否有罪作出裁断,然后再由法官就定罪、量刑问题独立进行判决的审理方式和步骤。

这一程序主要适用于重罪案件及可能判处6个月以上监禁的轻罪案件。它的主要特点就是审判权由陪审团和法官分别行使,并且是陪审团行使了裁断权后,法官才能行使判决权。因此,这一程序充分利用了民众力量的制约,分割了法官的审判权。

在这一程序里,陪审团的职责就是参加案件审理,对案件事实作出裁断。而法官的职责表现为以下几个方面:(1)主持庭审的进程并维持法庭秩序;(2)听取、判断控、辩双方提出的证据(但不可将本人的判断意见透露给陪审团),并结合本案的有关法律问题对陪审团进行指导,以使其正确理解和适用法律;(3)维护被告人行使诉讼权利;(4)只能根据陪审团的裁断作出判决。

陪审团审裁程序由以下步骤组成:

1. 选拔陪审员

特定案件的陪审团是在审判当天组成的。先由陪审团委员长或法院的书记员以随机挑选法从一批报到履行陪审员义务的人中选出,形成某一特定审判案件的候选陪审员,其人数多于实际担任案件陪审员的人数,通过预先审核进一步选出组成正式陪审团的成员。

通过预先审核讯问,如发现某个陪审员有严重偏见或对一方当事人有明显倾向而不能公正审裁时,控、辩任何一方都可以此要求该陪审员回避。在美国,回避分为以下两种形式:

一是无因回避,指控、辩双方律师不必说明理由、不必提问,直接拒绝某人担任陪审员,这种拒绝不受法院的控制。它是美国陪审制度的重要组成部分,也是刑事被告人所享有的重要权利之一。由于在无因回避的实践中,有一些人利用这一制度把某些群体的人(如黑人、妇女)排斥出陪审团,因此,自20世纪80年代以来联邦最高法院通过一系列判例对行使无因回避作了限制。

二是有因回避,指提出回避申请必须说明理由,并由法官进行审理,由法官决定是否适用回避。有因回避既可以基于控、辩双方的申请,也可以由法官主动行使。适用有因回避的条件是:无能力(如生理上、法律上的能力)担任;对案件怀有实际的偏见或倾向。

法庭在确定陪审团正式成员时,通常还会挑选部分候补陪审员,以便在正式成员因生病、丧失能力或其他原因而不能完成整个案件陪审工作时代替这些陪审员。作为候补成员他们要同正式陪审员一样听取整个审判的全过程,在取得正式资格前不得参与陪审团的评议。

2. 庭审

美国的庭审程序充分体现了控、辩对抗的当事人主义色彩,整个庭审以举证、质证为基础。在正式开庭审理、出示证据以前,法官还应对程序问题和审判期间陪审团可以从事的活动作出某些决定,具体包括:

第一,审判期间陪审团是否应同外界隔离。在审判或评议期间,多数州不禁止陪审员晚上回家,但法官会告诫他们不要阅读、收看或收听新闻媒体有关审判的报道,也不要参观与案件发生有关的地方,不要与人讨论案件情况。有些州的法律则规定,陪审团必须隔离。而《美国律师协会陪审团选拔标准》建议:当新闻媒体对案件作了大量报道,以至于陪审员不免要听到或看到有关案件的议论时或可能有人要试图影响或恐吓陪审员时,则应隔离陪审员。①

第二,陪审员是否能做庭审笔录。现在,有的法院允许陪审员做笔记,但每次开庭结束时应集中起来,不可以带回家。此外,审判终结后笔记也要留在法院。

第三,庭审中,陪审员是否能询问证人。这是司法实践中争论较大的一个问题。就控、辩双方律师而言,他们都不愿意陪审员介入他们的举证活动中。目前在司法实践中,即使有些法院对这一问题采取肯定的态度,但它在具体操作上也有所控制,即通常是让陪审员把问题向法官提出,由法官依法律规则决定是否有必要提出,若认为有必要提出,则由法官向证人提出,若认为无必要提出,则由法官向陪审员说明不提出的理由。

庭审的正式程序包括以下几个阶段:

(1)开庭陈述

在法官对陪审团做完指示后,诉讼双方分别向法庭作第一次陈述。首先由控方向陪审团扼要说明指控的罪行,并简单描述将要提出的支持指控

---

① 参见[美]约翰·格拉德沃尔等:《刑事陪审团审判:一项比较法研究》,凌兵、赵宇红译,西北大学出版社 1995 年版,第 139~140 页。

的证据。这次陈述的目的仅是使陪审团了解将要提出的证据,对未来庭审有个大致了解,而不是辩论,不得发表意见、结论,不涉及被告人的性格、特征及不准备提供证据加以证明的事项,否则辩方可提出异议。至于辩护方在何时作开庭陈述,法律规定有所不同。联邦和部分州法院规定在控方的开庭陈述之后发言,有些州则规定在控方提出证据和辩方提出证据之前发表开庭陈述。辩方陈述的内容也仅限于简略概括案件问题和将要提出的证据,限制要求同控方陈述一样。

(2)控方举证

开庭陈述之后,控方首先向法庭出示证据以支持控诉。在对抗制的审判中,作为起诉方有责任"毫无合理疑点"地证明所指控罪名的每一项要件。这就使控方必须将全案证据组织成一幅完整的画面,一步步地展示给陪审团。同时,控方在首次举证时,还必须有足够的证据,使其指控罪名得以成立,否则辩方可以提出动议申请驳回起诉,法庭也会予以核准。

出示证据的方式,包括传唤证人出庭作证和出示物证,一般以传唤己方证人出庭作证为主。询问证人之前先进行证人宣誓;询问证人时,一般先问一些基本问题,如证人的姓名、住址、职业,并表明证人对案件的了解情况或同案件的关系。然后,以提问形式通过证人的回答表明证人对案件事实的了解或专业知识的意见。完成举证方对己方证人询问后,进入交叉询问,由对方对己方证人发问,在此表现为辩方律师向控方证人发问。最后再询问证人,这是第二轮询问,就交叉询问中出现的各种新问题进行提问。在美国,多数法院要求再询问仅限于交叉询问中所涉及的问题。

(3)辩护方提供证据

根据美国宪法的规定,刑事诉讼被告人不得被迫自证其罪或证明本身无罪,除本人自愿外,不必作为证人在法庭上提供证据。

辩方律师可以决定不提供任何证据,也可以提供某种证据。如果被告人提供证据,就按照上面所述的起诉人提供证据的方式进行。证人出庭作证须经过直接询问、交叉询问和再询问。若被告人自愿出庭作证,也要经过直接询问和交叉询问,其陈述事实才可作为证据使用,对被告人保持沉默的事实,不能用作不利于他的证据。

(4)终结辩论

如果辩方不提出陪审团裁断无罪、法官直接裁断无罪等申请,或者申请被驳回的,询问证人结束后就进行辩论。多数司法区实行的辩论顺序是:控方先发言,然后辩方律师反驳,最后控方作最后陈述。

(5)法官对陪审团下指令

在辩论终结之前,法官要对双方律师说明他将向陪审团作总结提示,双方律师可以就此进行评论。

对陪审团下指令是法官的一项职责。由于陪审员多数是非法律专家,法官应就下列问题对他们作总结提示:陪审团的职责和义务及他们是有关案件事实的唯一裁判者;本案的争论点;本案可以适用的法律以及有关术语和词句的确切含义;在离开审判庭去作裁决时,应选出一名首席陪审员(有些州规定第一名被选定的陪审员是当然的首席陪审员);陪审团的决议应在每名陪审员个人判断的基础上作出。

(6)陪审裁决

在法官下达指令之后,陪审团在法警的带领下进入陪审团评议室进行评议。评议内容应保密。评议时由法警守卫在评议室门口,不准任何人进入或离开评议室。

对于陪审决议,联邦法院要求必须全体陪审员一致通过才有效力,否则这个陪审团就为悬案陪审团,由法官宣布解散,同时宣布这是一次无效的审判,然后另组陪审团重新审理这一案件。也有个别州不要求陪审员必须一致同意。

在评议过程中,如果需要,陪审团可以返回审判庭,公开就有关指令中的问题向法官提问,法官也应公开回答。他可以把下达的指令全部或部分重新宣读一次,也可以进行补充和说明。在有些州,陪审团可以把法官的指令和在法庭审理中提出的物证带到陪审团评议室。

陪审团作出裁断后,即返回法庭,由首席陪审员或法院书记员宣读裁决。对于陪审团的裁决,法官一般接受。但是,如果法官认为陪审团错误理解并适用法律的,可以在再次指导后指令陪审团回评议室进一步评议。对于陪审团的正确裁决,法官必须接受;对于陪审团裁决无罪的被告人,必须立即释放;对于裁决有罪的被告人,则应当作出判决。

(7)判决

在陪审团作出有罪裁决并在法庭上宣告以后,法官应确定判处刑罚的日期(一般为10日至3周),并命令被告人入狱或继续保释。

在联邦和多数州的法院,判刑的职责完全由法官行使,少数州要求陪审团确定刑罚或者对某些犯罪确定刑罚,或者向法官提出关于处刑的建议。判决书是法官在陪审裁决书裁决范围之内,根据法律规定作出的最终命令。

法官宣告判决时,被告人应到庭。宣告判决后,法官应告知被告人有权提出上诉及上诉的期限。至此,法庭审理即告终结。

(二)法官审判程序

法官审判程序是指由法官负责审讯和判决的全过程,陪审团不参与审理与裁决,即审判权由法官专属,不可分割。

就审判形式而言,这一程序可分为独任审判和合议审判。在联邦系统中,地区法院在审判判处 6 个月以下监禁的轻罪案件或被告人自愿放弃陪审团审裁并经检察官同意的犯罪案件时,可以实行独任制;联邦专门法院和最高法院审判的初审案件都实行合议制。各州基层法院对轻罪、微罪案件,一般实行独任制。

法官审判的程序与陪审团审裁的程序基本相同。

十、上诉程序

在美国,联邦和各州的法律都规定被告人享有上诉权利。在多数州,重罪案件的被告人享有要求法院将案件自动提交上诉法院审查的权利,约 27 个州允许重罪案件直接向州最高法院提出上诉,约 23 个州要求先向州中级上诉法院提出上诉。若涉及联邦宪法规定的权利,则允许被告人向联邦法院提出上诉。根据州的法律规定,控方一般没有上诉权或对判定被告人有罪的判决有极为有限的上诉权。

上诉人提出上诉应在法定上诉期限内。根据《联邦上诉程序规则》第 4 条的规定,上诉人应在判决作出后 10 日内向上诉法院提出。

被上诉人有权在上诉人提交上诉状后 30 日内提交答辩状,对此上诉人可以在此后 14 日内提出反答辩的诉状。

上诉法院受理上诉后,可以安排听取口头辩论,但通常不必经过辩论。在审理中,不再传唤证人或审查证据,也不再召集陪审团,一般只就初审法院适用法律(包括实体法或程序法)方面是否有错进行审查。案件由一名上诉法官主办,全体法官评议,由主办法官写出意见。法官评议后,若确认原判正确,则维持原判,该案即告终结;若否定原判,则可以直接改判或发回重审或命令原审法院按照上诉审法院的意见修改原判。

由于美国法院实行双轨制,上诉渠道也按双轨进行。州上诉程序专门由州宪法或制定法制定。只有 15 个州具有承认上诉权利的宪法性条款,大多数州由制定法规定;弗吉尼亚和西弗吉尼亚两个州没有规定上诉的权利,这两个州的所有上诉均由上诉法院自由裁量。

联邦法律规定联邦被告人的上诉诉讼程序,并允许如果州被告人主张其宪法权利被否定,可以向美国最高法院上诉。然而,这种最终诉诸最高法院的上诉获胜的概率极其渺茫,成功率大概只有 1%。

所有来自美国地区法院和大部分来自具有一般司法管辖权的州法院的上诉都由中级上诉法院审理。在那些没有中级上诉法院的州,初次上诉则向州最高法院提出。在最初的复查机构作出决定后,上诉权利就被用尽。任何进一步的复查都任凭更高一级的法院处置。被告人可以向州最高法院或者美国最高法院要求进一步的复查,但是只有少数要求能得到准许。大部分上诉在最初的复查机构作出决定之后就结束了。

上诉一般遵循以下几个步骤:(1)在特定的期限内提交上诉的书面通知;(2)准备初审法院诉讼记录副本并向上诉法院提交;(3)双方当事人提交辩护状;(4)如果需要进行口头辩论,确定审理时间并届时听取辩论;(5)法庭评议并作出书面裁决,说明作出裁决的理由。上诉法院的审理与初审法院有显著的不同,如不召集陪审团、不传唤证人出庭。上诉程序随着上诉人提交上诉通知而启动。①

第三节　美国的民事诉讼

一、概述

美国民事诉讼制度的发展具有自己的特点。在美国独立后的一段日子里,除路易斯安那州外其他各州仍沿袭英国的审判法规。1848 年,纽约

① 参见齐树洁主编:《美国司法制度》(第 2 版),厦门大学出版社 2010 年版,第 541 页。

州通过了美国历史上第一部民事诉讼法典——《菲尔德法典》,它后来成为美国其他州的立法模式。1876 年,纽约州通过了新的审判程序法,1877 年又对其作了修改,定名为《民事诉讼法典》。1962 年,纽约州的立法会议批准了《纽约州民事诉讼法律和规则》。纽约州的上述立法活动,对美国其他各州以及联邦的立法都有重大的影响。

就联邦系统而言,为了使美国的民事诉讼制度系统化,美国联邦立法也作了积极努力,1911 年通过了《美国审判法典》。1938 年,联邦最高法院在"顾问委员会"的协助下制定了《联邦民事诉讼规则》。它虽然只适用于联邦第一审法院,但多数州在以后的立法中沿用了该规则,因而这一规则的颁布意义十分重大。现在,除加利福尼亚州、伊利诺伊州和纽约州之外,美国多数州的一审法院的程序法均与联邦法大体相同。

二、民事诉讼管辖

美国的民事诉讼管辖是一个相当复杂的问题,包括以下内容:

(一)对事管辖权

对事管辖权是指按诉讼标的确定的管辖权。它解决的是对案件涉及的某一类型的争讼究竟由哪一个法院来管辖的问题。

州法院的对事管辖权,由设立该法院的组织法规定,大都受到诉讼金额和地区的限制:一是治安法院和市级法院只对一定金额以内的案件有管辖权;二是具有管辖权的低级法院往往限定仅对引发诉讼的诉讼事由在本辖区内的案件进行审理。

联邦法院的刑事管辖权较之州法院有所不同,属于一般管辖权。根据国会的规定,只有联邦法院才对海事、破产、专利、版权和商标等案件具有专属管辖权,并规定联邦地区法院和州法院对于有关联邦问题的案件和当事人为不同州公民的案件有共同管辖权。联邦法院有下述管辖权:

1. 有关联邦问题案件的管辖

当争讼案件以联邦法律、联邦条约或联邦宪法为基础时,联邦法院都有第一审管辖权。联邦问题管辖权以联邦法院应当有权解释和适用联邦法律这一原则为依据。只有联邦法院才能理解联邦法律、适用联邦法律以解决纠纷,并通过司法的立法功能填补联邦立法留下的缝隙。同时,联邦法院在实施联邦法律方面也处于最佳位置,当某一联邦法律在审判所在州不受欢迎之时尤其如此。

对于主张一般联邦问题管辖权的当事人而言,有两点非常必要:案件依据宪法或其他联邦法律而产生,并且起诉理由要充分(well-pleaded complaint)。起诉理由充分规则有用而且必要。由于联邦诉讼的管辖权受限,联邦管辖是否存在应当在诉讼开始时就确定,而不能悬而不决、留待诉讼其他阶段解决。起诉理由充分规则要求联邦问题应当在诉状中提出,从而实现了这一目标。

2. 对不同州籍当事人案件的管辖权

当双方当事人州籍不同或有一方为外国公民抑或外国政府时,联邦法院拥有管辖权。但外国人相互间的诉讼或一方虽为美国人但无州籍的不在此列。确立这项管辖权的用意在于为离家在外的旅行者提供一个公正的管辖法院。

为了保护被告权益,避免因管辖权而发生不公正的现象,国会规定任何可由联邦法院初审的案件,都可以依据被告的申请将该案由州法院移送联邦法院审理。这一申请移送权仅限于被告享有并行使。

异籍管辖立法概括地将"不同州籍的公民之间"所有民事诉讼的管辖权授予联邦法院,条件是要符合管辖金额的要求。但是,法院对此所作出的一些至关重要的解释把一些涉及不同州的公民之间的诉讼置于联邦法院之外,从而调整和缩小了异籍管辖的范围。这些解释中最为重要的是完全异籍规则,这一规则最早被首席大法官马歇尔通过 Strawbrideg v. Curtiss 阐明。

决定当事人是否应当被重新定位所适用的是"最后利益"原则,目的在于"不受当事人诉讼的局限、根据其在纠纷中的地位重新给他们定位"。在当事人利益多元、复杂和部分交错时,重新定位就很困难。

由于州籍是决定异籍管辖是否成立的关键,因此理解立法对自然人与公司州籍的规定至关重要。对合众国公民而言,因异籍管辖而在联邦法院起诉或被起诉,必须满足联邦法院所要求的两个基本条件:第一,该当事人必须在一州定居。自然人的州籍被视为个人的住所地之所在。第二,必须是美国公民。两者必须同时满足。如果一个人定居在一个州却不是美国公民,就不能主张异籍管辖;一个美国公民没有在任何一州定居,也不能满足制定法所规定的异籍条件。另外,还有针对不同分类的个人适用的特殊规则,每一规则都体现了从法律和事实两方面来确定住所地的基本原则之间的折中。①

3. 引申管辖权

引申管辖权是指只要联邦地区法院对当事人提出的一个诉由取得了原始管辖权,那么也就对所有与其相关的出自相同事实或争议的其他诉由具备了管辖权。

引申管辖权在与联邦问题管辖权搭配使用的时候适用范围最为宽广,甚至超过了原先的待决管辖权。引申管辖权在联邦异籍管辖权案件中进行适用的 4 种例外情形分别是原告与第三方被告之间不存在异籍关系、强行被加入方的起诉与被诉与原本的法律关系当事人之间不存在异籍关系、允许被加入方的起诉与被诉与原本的法律当事人之间不存在异籍关系以及根据有利原则加入的原告与被告不存在异籍关系。

除上述 4 种情形之外,联邦法院可以凭借引申管辖权原则在异籍管辖权案件中建立起适当的联邦管辖权。联邦法院可以拒绝行使原始管辖权的情形分别为:(1)有诉由涉及了新颖或复杂的州法争议;(2)有诉由压倒性地超过或优于联邦法院拥有原始管辖权的那个或那些诉由;(3)联邦法院已经驳回了所有可能产生原始联邦管辖权的诉由;(4)联邦法院认为适当的其他情形。②

(二)对人管辖权

在确定特定法院对事的管辖权后,还需进一步确定其对该案的诉讼当事人是否拥有管辖权。原告基于自愿求助于法院,说明他愿意接受该法院的管辖,而被告则不同。所以,有关对人的管辖权问题主要是解决法院对被告是否拥有管辖权。

在州法院系统,对人的管辖权主要包括以下内容:

对人的管辖权以被告本人在审判地州“出现”为基础,即法院传票和起诉书必须在本法院辖区内送交被告本人。20 世纪 40 年代以前,各州法院在行使对人管辖权时,奉行联邦宪法规定的“各州主权原则”。一般来说,

---

① 参见[美]杰克·H. 弗兰德泰尔、[美]玛丽·凯·凯恩、[美]阿瑟·R. 米勒:《民事诉讼法》(第 3 版),夏登峻等译,中国政法大学出版社 2003 年版,第 25~28 页。

② 参见李响:《美国民事诉讼法的制度、案例与材料》,中国政法大学出版社 2006 年版,第 59~63 页。

只有在被告同意、被告在本州“出现”、被告在本州有居所这三种情况下,法院才能行使对人管辖权。一个州对另一州法院作出的判决,则通过宪法“充分信任和尊重”原则予以执行。

20世纪40年代开始,由于洲际和国际商业活动日益频繁、人口流动增加、跨州和跨国的合同与侵权行为引起的纠纷不断增加,为保护本州公民和法人的利益,各州法院都在不同程度上突破了传统管辖权理论的束缚,开始受理一些本来不属于本州法院管辖的案件。1945年联邦最高法院对国际鞋业公司诉华盛顿州政府案①的判决,标志着传统的“领土主权管辖”理论开始走向没落和新的“长臂管辖”理论的开端。在这一判决里,联邦最高法院指出,尽管本案被告没有在审判地法院的管辖范围内出现,但它确实与此有一些“最小接触”。此后,伊利诺伊州于1955年修改了民事诉讼法,首先确立了州法院的“长臂管辖”制度,以后威斯康星州、纽约州也相继效仿。至1963年,几乎所有的州法院都确立了“长臂管辖”原则。② 从各州制定的有关“长臂管辖”法令来看,其适用对象主要是商业活动和侵权行为引起的纠纷。

联邦法院系统对人的管辖权,基本与州法院规定相同。按照联邦法院制度,整个美国是被分成若干个联邦司法区的。任何一个联邦法院发出的传票都可以送达在联邦法院管辖区内的被告。此外,联邦法规也允许联邦法院利用当地州法院的诉讼程序实施“长臂管辖”。国会还规定在某些特殊情况下,联邦法院发出的传票也可以送达在美国任何地方的诉讼关系人。

(三)管辖异议

因为对人管辖权与正当程序赋予被告的权利密切相关,被告有权放弃反对法院对其行使的权力。因此,有必要确定被告参与诉讼至何种程度时

---

① 参见[美]格林:《美国民事诉讼程序概论》,上海大学文学院法律系译,法律出版社1988年版,第26~27页。

② “长臂管辖”建立在“管辖权的基础是实际控制”这一传统的英美普通法理论之上。按照这一理论的要求,只要一个州法院的传票能送达到位于本州的被告本人,法院就有管辖权,而不要求被告在当地必须有住所或居所,即使在法院送达传票时,被告只是因在机场乘飞机而在该州作极其短暂的停留,该州的法院仍然有权对其行使司法管辖权。对于法人的诉讼,一般也可在任何一个州的法院提出,即使有关案件与该州毫无关系,只要该法人在这个州有营业活动,法院即有权管辖。

就可以认为其默示同意了放弃提出管辖异议、接受管辖。最普遍使用的方法就是就被告如何提出管辖异议制定一些规则,并认定未能遵守这些特别规则就构成同意。虽然提出管辖异议的具体方法因各州而不同,但以下两种方法却被共同采用:专门到庭提出管辖异议和使用审前动议要求驳回管辖。

对州法院的对人管辖权提出管辖异议的一般方法是“专门到庭”。想要反对法院对人管辖的被告必须为此专门到庭,通常不得在此前或同时提出其他答辩。否则,会被视为“一般意义上的到庭”应诉,放弃了对管辖的异议。由此,当被告不是对管辖提出异议,而是对原告的诉状予以答辩,或者要求原告对其请求予以更为明确的说明,或者要求延期审理,或者对原告起诉资格提出异议,就被认为是一般意义上的到庭应诉。专门到庭限制被告只能就对人管辖权提出异议的唯一例外是被告同时也可对法院诉讼标的管辖权提出异议。被告可以在反对法院对人管辖权的同时,对法院的诉讼标的管辖权提出异议。此外,被告专门到庭提出对人管辖权的异议的同时请求将案件从州法院移送至联邦法院,并不构成一般到庭。

在联邦法院和采用了联邦民事诉讼规则的州法院,一般到庭与专门到庭之间的区别已被取消,不再要求被告专门为提出管辖异议而到庭,而是允许被告在答辩状中或在审前动议中提出反对。被告的选择主要受时间限制。因此,被告可以将其管辖异议与对实体问题的抗辩合并于答辩之中,而不需要在答辩之前提出动议。如果管辖异议及时提出,会被记录在案,并且被告可以在得到不利判决之后在上诉状中提出。只有被告在审前提出其他抗辩事由、要求驳回时没有提出管辖异议,或者既没有提出任何庭前动议,也没有在答辩时提出管辖异议,才会导致对管辖异议的完全放弃。①

三、民事诉讼参加人

(一)当事人

在美国,规范性文件中并没有给当事人下明确的定义。有关法学著作

---

① 参见[美]杰克·H. 弗兰德泰尔、[美]玛丽·凯·凯恩、[美]阿瑟·R. 米勒:《民事诉讼法》(第3版),夏登峻等译,中国政法大学出版社2003年版,第168~171页。

对其定义也都很简短。人们更多关注的是“真正利害关系人”(real party in interest)这一概念。理论界通常将“利害关系”解释为实体法规范规定的诉诸法院保护一定主观权利的可能性。同时,某些其他非利害关系主体也可以成为民事当事人。根据《联邦民事诉讼程序法》第17条的规定,原告可以是遗嘱执行人、遗产管理人、财产的法定持有人、提出委托的所有人、为他人的利益订立合同的合同当事人,以及法律授权进行这类诉讼活动的人。后来法院对这一条又作了扩大解释,指出在有些案件中他们也可以充当被告。在美国,诉讼开始后,允许变更当事人。

所有民事诉讼的一个起始问题在于诉讼当事人是否达到必要的标准并以此为其启动诉讼程序提供充足依据。此问题涉及数个不同的考虑因素。特别是有必要确定该当事人是否是“有利益关系的真实当事人”,这些当事人是否具有起诉或者被诉的法律“能力”,以及被告是否具有“诉讼资格”。

在联邦法院中,有利益关系的真实当事人要求可在《联邦民事诉讼规则》第17条(a)款中找到,该条款规定“每项诉讼应以有利益关系的真实当事人的名义进行”。大多数其他程序体系均具有相同的一般指示。几乎所有规定也会提供更多关于特定法律关系的详细指引。例如,《联邦民事诉讼规则》第17条(a)款规定,遗嘱执行人、遗产管理人、监护人、寄托受托人、信托受托人和为他人利益订立合同的当事人可按照其自己的名义起诉而无须将从诉讼进行中受益的当事人并入该诉讼。

起诉能力或被诉能力是指个人可在诉讼中代表其权益而无须他人协助的能力。在某种意义上,这种要求反映了关于被认为缺乏必要诉讼个人资格的人和主体类别的一系列“明线”规则。能力的判定与诉讼性质无关——这一特点使其不同于有利益关系的真实当事人要求,后者可能会因争议中的实体权利而有所变化。因此,一个原告可能依据实体法享有合法权利,但是因为年龄表明其缺乏能力而不能提起诉讼;另一个原告可能对争议结果具有直接利益,但并不能依照其住所地法提起诉讼,因为他是由监护人所代表的。

通常,能力欠缺可以依照两条基本思路来构成:(1)基于生理心理状况的能力欠缺;(2)处于组织地位或者法律关系的能力欠缺。法院对丧失行为能力之人的处理会根据其所属类型而有所区别。一般而言,因为其生理或者心理状况而能力欠缺之人，被认为是法院的受监护人，法院将为其指定一位当事人来代表他们。由于其作为组织或代表的法律地位而被剥夺能力之人，不会受到此类特殊对待，不会指定代理人；他们必须在不同的管辖地起诉或者被诉，或者有资格依据其他理由进行诉讼。

除有利益关系的真实当事人以及能力等起始要求外，当事人必须拥有起诉的"诉讼资格"——当原告试图对一项制定法或者一项由政府机构作出的行政或者管理决定提出异议时，这是一个典型的存在争议的原理。尽管被主要认为是一种联邦层面的原理，诉讼资格概念也为各州法院所采纳，而其最为广泛地适用于纳税人案件之中。同时，有一项与联邦法院有关的原则，即所有的诉讼资格问题均根植于法院只能对"案件或者争议"作出判决的这一宪法限制中。除宪法限制外，诉讼资格也涉及一些政策考虑。①

（二）共同诉讼人

共同诉讼，是涉及诉的主体的合并。在美国，多数法典都规定，有共同利害关系的当事人，应联合作为原告或被告而成为共同诉讼人。

联邦最高法院 1845 年对希尔兹诉伯罗案的判决最具代表性。在判决中法院明确了三类当事人：（1）形式的（formal）当事人。如果无法通知或找到他们，他们可以不出庭。（2）必要的（necessary）当事人。他们对争议的解决有利害关系，应当出庭。（3）必需的（indispensible）当事人。他们的权利和义务同将要审理的案件有着不可分割的密切联系，在诉讼中最为重要，必须共同出庭。

《纽约州民事诉讼规则》第 1001 条和第 1003 条也对共同诉讼问题作了规定，除吸收了上述判例的几条规范外，还补充了一些重要原则。例如，一个可以作为原告出庭的人，不愿做这样的原告，则可将其作为被告参加诉讼等。

（三）集团诉讼（class actions）

集团诉讼，又称代表人诉讼（representative），是英国衡平法院的发明。它是指允许一人或几人代表他们自己和那些声称受到同样侵害或者是以

---

① 参见［美］杰克·H. 弗兰德泰尔、［美］玛丽·凯·凯恩、［美］阿瑟·R. 米勒：《民事诉讼法》（第 3 版），夏登峻等译，中国政法大学出版社 2003 年版，第 307~315 页。

同样的方式被侵害的其他人,起诉或被起诉的制度。

当今美国的集团诉讼制定法大致包含以下5种,它们相互之间存在一定的联系:(1)根据衡平法上的救济制定的集团诉讼规则。(2)《菲尔德法典》作为民事诉讼的规则。(3)以1938年颁布的《联邦民事诉讼规则》第23条为集团诉讼规则。(4)1966年的《联邦民事诉讼规则》第23条。该条前两款列举规定了集团诉讼的条件,后三款规定了指导法院处理集团诉讼的方式。(5)《纽约州民事诉讼规则》所采用的1976年提出来的《统一集团诉讼规则》,由联邦统一州法律委员会起草。

在联邦法院进行任何一种类型的集团诉讼之前,对下面所有的问题都必须作出肯定的回答:(1)是否存在一个可以辨识的集团?(2)声称代表该集团的人是否是集团成员?(3)该集团是否有足够大的规模致使合并不具有可操作性?(4)所有的集团成员是否存在共同的法律或事实问题?(5)该集团的代表所进行的主张和防御是否同样属于其他集团成员?(6)该代表人是否能充分代表和保护没有参加诉讼的集团成员的利益?在一般情况下,这些条件是否达到由法官裁量决定。只要以上任何一个条件没有达到——并且要求按照集团诉讼对待的当事人负有证明这些条件全都具备的责任——案件就不能在集团的基础上进行。

尽管州和州之间在提起集团诉讼的确切性条件上面互有差异,现有的制定法类型仍可大致分为4类。其中最普遍的两种形式由联邦实践形成。一些法院将1983年修订后的《联邦民事诉讼规则》第23条吸收进来作为其集团诉讼规则,并根据集团主张的利益类型将集团诉讼划分为“真正的”、“混合的”以及“虚假的”三种类型。

州集团诉讼制度的第三种类型在《加利福尼亚州民事程序法典》第382条中得到了例证,它作出了一条简单规定:“当该问题是许多人的共同的或者一般利益问题,或者当事人人数众多,因而全部到庭诉讼实际上不可能时,其中的一人或者多数人可以代表全体的利益进行起诉或者辩护。”加利福尼亚州的规定与那些追随联邦法律的州的规定之间最显著的区别在于,加利福尼亚州的法院不需要确定某个特定的诉讼是否归属于某一指明的集团诉讼种类。应予确认的集团诉讼制度的最后一种类型在那些依据联邦做法新近对法律进行了修改的州得到了确立。

与《联邦民事诉讼规则》第23条相似,这些法律通常是采取一种务实的手段。它们不仅规定了条件，而且规定了有关诉讼通知、诉讼费用、救济的类型以及其他的管理方面的事项。为了使集团认证简单化，这些规定通常除去了对集团诉讼必须符合某一特定类型的要求，而这在《联邦民事诉讼规则》第 23 条(b)款中是必不可少的。①

(四)第三人

在美国，民事诉讼中的第三人是指在已经开始的民事诉讼中可以出现对诉讼结果有法律上利害关系，而同原始当事人在利益上并不一致的公民和团体。

美国民事诉讼中的第三人有两种：

(1)自愿介入诉讼的人，即得知诉讼之后在“合理的短暂期限内”提出相应的申请的利害关系人。《联邦民事诉讼规则》第 24 条又将其分为有权介入和许可介入。

(2)被吸收加入诉讼的人，即不论他们是否愿意都被吸收为参加诉讼的第三人。这类第三人介入诉讼的实体法依据是，当事人有可能全部或部分地利用他人的金钱来补偿败诉时应付给对方的款项(返还代偿的请求)。

第三人在诉讼中处于参与之诉的被告地位，他应当就案件的实体进行陈述，同时享有普通当事人的全部权利。

另外，美国有一种诉讼机制叫相互诉讼(inter-pleader)，说的是当有数位当事人对同一份财产或债务提出了相互冲突的诉请时，该财产或债务的持有人便可以要求法院把这些利益相对的当事人都合并到一次诉讼中进行审理，以便统筹决定该财产或债务的归属。关于相互诉讼最典型的例子莫过于遗产分配案件，假设某人去世以后留下了一笔不太大的遗产，于是他的子女亲属、债务人及其他利益相关人等都纷至沓来要求瓜分这笔遗产，这时遗产管理人便可以到法院去提起相互诉讼。

当事人可以通过两种途径依法提起相互诉讼，依据分别是《联邦民事诉讼规则》第 22 条与《美国法典》第 28 篇的第 1335 条。两者的精神主旨并没有太大的区别，但在某些细节规定上则体现出一些细微的差异，如建立管辖权所需的争议数额、所有当事人是否必须完全异籍以及如何确定适

---

① 参见[美]杰克·H. 弗兰德泰尔、[美]玛丽·凯·凯恩、[美]阿瑟·R. 米勒：《民事诉讼法》(第 3 版)，夏登峻等译，中国政法大学出版社 2003 年版，第 722~736 页。

格的审判地等。

从本质上讲,相互诉讼是一种平衡性质的诉讼机制。因为利害关系持有人所能获得衡平救济的唯一基础仅在于可能要承担多重法律责任或应付繁杂诉讼的危险,所以,利害关系所有人必须对未来可能出现的要承担多重法律责任或应付繁杂诉讼的局面具有真实合理的恐惧。①

(五)民事诉讼中的检察机关

美国的检察机关除刑事司、侦查司外,还设有主管民事案件、税收案件、反托拉斯案件、保护自然资源和环境案件的分支机构,以保护国家利益为目的而参与解决民事争议。其具体职能为:

(1)在涉及保护国家利益的案件时,检察官有义务承担出庭任务,或以政府名义提起诉讼或充当(国家的)被告。在纳税人通过法庭追还超额征款时,出庭替税款和规费征收人辩护。

(2)总检察长及副总检察长可以政府名义提出上诉,在联邦最高法院审理上诉的时候出席法庭,出席索赔法院维护国家利益。

(3)若诉讼一方当事人是国家机关、公职人员甚至普通职员,而且涉及要求他们赔偿的诉讼,则检察官有权利(但不是必须)参加诉讼。

四、民事审前程序

(一)审前查询(pretrial discovery)

审前查询是指双方当事人在审判之前可以就有关讼案的所有事实向对方提出查询。它的目的是确保在审判时揭露全部事实,从而做到:(1)审前发现案件的全部争辩事实,消除不存在争辩的事项以缩短审判的过程;(2)讼案事实真相大白,以促成讼案和解,不再进行审判。自1938年以来,审前案情调查的法规已在美国联邦法院全面实施,并且多数州法院也全部或部分地采用了这类法规。对其实施中的不足部分,有的通过特别修正法加以纠正,有的根据1970年的修正案予以改正。

1.审前案情调查的范围

法律对此规定得极其广泛,涉及有关未决诉讼案件标的的任何问题,

① 参见李响:《美国民事诉讼法的制度、案例与材料》,中国政法大学出版社2006年版,第372~385页。

而不限于审判时可以被接受的证据。准许调查的权限也扩大到一切查询手段。① 但对此也有一定的限制，如调查的问题应排除特许保密事项等。

2. 审前案情调查的方式

对此，联邦法规提出以下几种调查方式：当事人要求证人在法庭外提供证词；当事人一方向对方提出书面询问；当事人一方要求对方提供文件和实物；当事人一方要求对方为他作身心检查；当事人一方要求对方承认有关事项。上述几种调查方式分别适用于各种不同的目的，对此当事人应按照具体情况而选择相应的一种或几种调查方法。

3. 审前调查的制裁措施

《联邦民事诉讼规则》第37条规定，当对方拒绝调查时，申请人有权请求法院强制其遵照执行。法院在作强制命令时，应保护当事人特许保密材料，避免其陷入困境。若当事人或有关证人不执行法院强制调查的命令，法院可采取以下措施：控其以蔑视法庭罪；下令确认调查事实在审判时视为成立；下令禁止其支持或反对原告或被告的主张，并禁止其提出特定事项作为证据；取消该当事人的全部或部分诉状；对其作驳回诉状的判决或缺席判决；命令其偿付各种费用。

4. 上诉审的复查

对于法院调查命令或有关制裁措施的命令，当事人一般可以申请复查，但若审前调查命令中的被调查者存有异议时，可以申请上诉法院复查、纠正，以保护自己合法权益。而制裁措施命令中有关驳回诉讼、缺席判决，因构成终局判决，可以上诉，另外对被控蔑视法庭罪的，因为此种制裁偏严，也可以上诉。

(二) 审前会议(pretrial conference)

根据《联邦民事诉讼规则》第16条的规定，不论什么案件，法院都有权命令双方律师到法庭参加审前会议，与法官作非正式交谈，以对争执点达成协议。审前会议的目的不是取代审判，而是促使提高审判效率，同时它也可以成为解除讼案的工具。

审前会议主要商讨落实以下问题：简化争论点；修正原告与被告的诉

---

① 参见[美]格林：《美国民事诉讼程序概论》，上海大学文学院法律系译，法律出版社1988年版，第105页。

状及答辩状;承认事实或文件,以免除不必要的举证;限制专家证人的人数;某些争论点提交助理法官处理;提供有助于处理案件的办法。

联邦法与州法都规定法官有召集审前会议的自由裁量权,有些州甚至规定必须召开。审前会议结束时,法官应作出"审理前裁定",主要包括以下事项:(1)应采取的措施;(2)达成的协议;(3)争论点的范围;(4)对诉状的修正。裁定一经发布,即对以后的诉讼有约束力,除为防止显失公平后果而在审判时准予修改外,不得变动。当事人若不执行,就会导致上诉不能获胜的风险。

法院并未限制一次审前会议,如果案件的性质有必要亦可召开几次审前会议。在高度复杂的诉讼中,几次审前会议或许是合适的。在筹划一系列会议日程安排时,首先提醒在调查取证之前注意预备性事项,安排调查取证和诉讼的审前阶段日程表。这种调查取证前会议可帮助设定争点和约束调查取证费用,但是,在许多案件中,审前会议在调查取证完成之后并在审前的很短时间才举行。这是符合逻辑的,因为在此时各方应完全了解各自案件的强弱,并知道其所希望去辩论的焦点和事实,以及想在什么问题上作出让步。

大多管辖区在审前会议可处理一些广泛范围的问题。同时,可借此机会明确仍在争议的事实和争点、剔除无关的争点并作出有关可以裁定的救济的规定。至于诉答文书的修订,如果有必要,可以发出命令。①

五、民事初审程序

在美国,民事初审程序分为陪审团审裁程序和法官(或经法官认可的低级司法人员)审裁程序两种形式。它们适用同样的开庭规则,一般经过以下步骤:

(一)开庭陈述

开庭陈述,即在开庭后所作的第一次公开声明,在声明中双方应分别表明自己对案件的看法。其目的是概要地陈述案情,以使审理者弄清事实和接受举证。在法官审裁程序中,开庭陈述的作用不是很大。但对于陪审

---

① 参见[美]杰克·H. 弗兰德泰尔、[美]玛丽·凯·凯恩、[美]阿瑟·R. 米勒:《民事诉讼法》(第3版),夏登峻等译,中国政法大学出版社2003年版,第424页。

团审裁程序而言,其作用就十分重要了。因为陪审员刚刚接触案件,一个条理清晰而又有说服力的开庭陈述不仅会使陪审员对己方观念有一个深入的印象,而且有利于陪审员抓住情节的疑点,以更好地了解证据。

在开庭陈述中,诉讼代理人不宜挑起争辩或引用不能接受的或有偏见的证据,否则法官可以驳斥,甚至作"审理无效"的判决,同时它还可能成为上诉时撤销原判的依据。

陈述顺序一般为:先是原告诉讼代理人发言,然后是被告诉讼代理人。在某些审判中,经法庭准许,被告一方有时可以到他开始提出证据证明案情时才进行发言。

(二)举证

在开庭陈述之后,由原告举证证明案情。原则上,原告应用口述证据而不是书面证据。对原告的举证,被告可以通过交叉询问等方式质疑。原告有责任对所有争端提出证据,以使陪审团作出有利于他的裁决。如果原告无法承担证明责任,被告可以提出因原告证据不足而申请驳回起诉,如果这一申请被接受,法庭会作出驳回起诉的裁决而终止审理;若申请被拒绝,则被告以同样方式提出他的证据。对此,原告方具有对证据质疑的权利。在被告提出证据后,允许原告提出反驳证据,这一阶段以原告行使最后发言权而结束。

(三)终结辩论

双方证据提交完毕后,不得再提出证据,庭审进入最后辩论阶段。这一阶段的目的在于,通过对已提出来的证据进行分析,说服陪审团作出利己的裁决。通常原告方享有优先发言权,并可在被告辩护后作反驳的答复。双方可适当地进行辩论,辩论以案情范围为限,任何一方都不得就庭审中未提出过的证据事实做任何辩论,也不得以辩论为借口而作证或提出新的证据,否则违规方将受到制裁。

(四)法官对陪审团指示

陪审团在民事案件审理中主要有以下职责:(1)解决事实争论点,即从互相矛盾的证据中确定到底发生了什么;(2)将法律运用于事实,以决定哪方胜诉;(3)以书面形式将结论写在陪审团的认定中。

在庭审开始时,法官应就陪审员的任务作出指示。法官指示包含程序问题和实质问题。其中程序问题通常是:(1)谁应对主张负举证责任?

(2)何谓根据充分证据定案?(3)对证据可靠性提出异议有什么影响?(4)如何衡量陪审团认为作过假证的证人证言的可靠性?实质问题主要是指原告起诉事由和被告答辩的法律要素。

在联邦法院里,为帮助陪审团工作,允许法庭分析证据并对之进行讨论,但必须说明对此陪审团可不受其意见约束。而多数州法院则反对这种做法,认为它构成了对陪审团职权的侵犯。无论联邦法院还是州法院,在下述问题上观点是统一的:(1)法官在指示中推定争议事实存在是错误的;(2)对争议点不作指示也是错误的。对于指示中的空白点或模棱两可之处,应以另作指示予以补充。对错误的指示,不能以另一个互相矛盾的指示来补救。

如果审判由法官审理,没有陪审团,则不需要指示。但法官可以说明他认为需要适用的法律规则。

(五)陪审团的裁决

在民事程序中,传统的做法是,12 个陪审员的裁决必须一致通过。但在当今的司法实践中,这一规则常为宪法或法律所改变。某些审判虽未获一致通过,但只要双方当事人同意裁决也可成立。

不属于陪审团审理的案件,由法官作出事实裁决和法律结论。

(六)重新审判

一个案件裁决后,败诉一方可以申请重新审判。这种审理不是上诉,由原审法官核准是否准予重新审判。

申请重新审判必须在适当的时候提出,具体时限通常由成文法规或法院规则确定。另外,申请应具备法律或判例确定的理由,通常包括:(1)法官在裁定证据时或在指示陪审团时,犯了偏见性的错误;(2)裁定不符合证据的分量;(3)发现新的证据;(4)诉讼代理人的不当行为;等等。

六、民事执行程序

有关判决的执行程序由各州法律予以规定。由于多数判决涉及的内容是金钱赔偿,因此,强制执行一般表现为扣押并变卖被告的财产。

以债务诉讼案的执行程序为例,其步骤通常为:当被告不自觉履行生效判决所确定的义务,并拒绝原告提出执行的请求时,原告可以向法院书记官申请执行令。法院将执行令送达行政官署,并提供执行标的物的具体情况及所在地。行政官署按照法院指令扣押被告财产。若被告仍拒不执行,行政官署可以公开出售,将卖得金额给付原告;若有余额,则交法院转还被告。原告收到应得钱款后,签署债务履行书交法院书记官存案。

州法通常规定对债务人的某些财产可以免除执行,具体内容州际有所差异。以伊利诺伊州法律为例,通常将宅地和以下动产项目免予执行:必要的衣服、圣经、家庭图像、年金和退休金以及服役一年的退伍费;现金或将由债务人挑选资财中的300美元(户长为700美元)。[①] 这类法律通常还规定,当判决经过登记以及判决书经过摘录或归档后,法院对归被告所有的全部财产均可行使留置权。有时,原告发现被告确无财产执行但具有支付能力时,可以向法院提出证据证明,若查证属实,法官可命令被告出庭进行补充诉讼。如有必要,法官还可以命令被告对被判决的偿付金额按周或按月支付。若被告仍拒不执行,法官可以藐视法庭罪传讯或监禁其。一旦被告服从法院命令,则随时可获开释。对确无支付能力或一旦支付就不能养家糊口的被告,则执行命令有可能不发生效力。若原告发现被告在另一州拥有财产时,可向财产所在地州法院起诉,由该州法院重新确认其财产权,因为根据有关法律规定州的行政官署无权跨州执行判决。

判决效力一般仅限于本州,有关判决的州际效力联邦法院系统和州法院系统采取不同的态度。就联邦系统而言,1948年之前与各州一样,判决仅在本司法区有执行效力。1948年以后,国会简化了这一诉讼程序,规定在任何联邦法院作出的判决,胜诉方只要将该判决在另一司法区的联邦法院中登记,判决就在该法院的辖区内生效。至于州法院系统,则要求判决必须得到相对州的承认才具跨州执行力。这种承认可以联邦宪法的"充分信任和尊重条款"为基础,也可以许多州实施的简易诉讼程序为基础而获得。

被告对其败诉的判决可提出上诉,其间原判不因上诉而暂停执行。被告若欲原判暂停执行,其必须向法院提供停止执行的保证金,具体数额由法官核准。据此,一旦上诉法院维持初审判决,则被告及其保证人应负履行给付原判金额的责任。

---

① 参见[美]哈伊:《美国法律概论》,沈宗灵译,北京大学出版社1983年版,第69页。

七、民事上诉程序

初审以后,任何一方均可以提出上诉。上诉必须通过正确、合法的手续。有关上诉手续的内容因地区不同而有所差异。但共同点是:每个司法区的上诉手续都由当地的成文法规或法院条例明确规定,操作方便;同时都将及时上诉作为上诉的最为重要的条件,即超过上诉期限的上诉无效。应当注意,提交上诉书的期限从法院宣告判决或下达命令之日起算。

按照有关法规规定,法院的书记员负有把法院宣告判决或下达命令的日期立即通知当事人的责任。因书记员通知延误而导致上诉人未能及时上诉的,联邦最高法院曾颁布了一项修正案,规定"应不受规定期限的限制,也不得因未能及时提出上诉而对当事人实施补救,或授权法院补救"①。

在规定上诉期限内提出上诉申请后,上诉人在初审法院应办理如下手续:(1)提交上诉状;(2)提供诉讼费的保证;(3)若要求延期执行判决,则要提供延期执行判决应付对方的赔偿保证,由地方法院审批;(4)命令提供上诉记录,包括原始案卷和审理记录。至于应提出多少证据,则按照上诉所提出的那些问题来确定。手续办妥后,由初审法院的书记员负责将记录案卷送达上诉法院书记员。到了上诉法院,上诉人还要办理下列手续:(1)在法定期限内向上诉法院书记员交纳律师费,并查明上诉案件是否已列入审判案件登记表;(2)准备并提出他的案情简要陈述,其格式、内容和提出时间由法规规定;(3)对被上诉人的案情简要陈述可以提出答复;(4)在其简要陈述中纳入各有关部分的记录摘要作附件。此外,法院可以召开辩护人的审前会议来简化争论点,并寻求当事人的承认或者双方达成协议。

上诉审法院是复查判决的法院,它不进行新的初审,只对原初审法院的审判记录进行审查,以确定有无误判或是否应当撤销原判。在上诉法院,既无陪审团也无证人,上诉法院一般不得自行收取证词来补充审判记录。上诉法院对案件的认识来自下级法院对这一诉讼的速记副本,这一记录反映了初审法官的错误所在。原、被告为己方辩护而准备的诉讼要点摘

---

① [美]格林:《美国民事诉讼程序概论》,上海大学文学院法律系译,法律出版社 1988 年版,第 218 页。

要对上诉法院审理也有帮助。

在上诉审程序中,双方当事人可以在法庭上进行口头辩论,这是上诉审程序中最引人注意的场面。口头辩论限于"法律"问题,双方将催促法庭援引他们认为有利的那些先例和其他权威。辩论结束后,由法院对案件进行裁判。上诉法院通常仅限于法律问题的审查,因为"事实上的"争端被认为是陪审团的职责。

上诉法院的判决通常附有一个书面意见书,这种判决可能数周甚至数月还不宣布。在此期间,法院研究那些诉讼要点摘录,并进行互相协商。如果法庭发现并没有错误,或虽有错误但错误是"无害的",不至于影响审判结果,则维持原判;若发现这种错误是有害的,则撤销原判,发回原审法院或者作出有利于上诉人的判决,或者重新审判。败诉一方若有根据确认上诉审法庭有忽视或误解法律论点或事实的情节,则可以申请重审。

第四节　美国的行政诉讼

一、概述

美国法律文件和法学文献中的行政诉讼不同于我国的行政诉讼,它是指行政机构进行的裁判活动,即行政机构就涉及相对人权益的有关问题,依行政程序法或其他有关法律规定的程序作出裁决的活动,甚至包括行政机构在制定规章中就有关争议事宜作出裁决的活动。

在美国法律术语中与我国行政诉讼含义相近的是"司法审查"(judicial review),它最早始于1803年联邦最高法院对马伯里诉麦迪逊案的判决。然而,真正从制定法上确立司法审查制度是从1946年颁布美国《联邦行政程序法》开始的,并通过系列判例在20世纪60年代基本上确立了现代司法审查制度。

二、司法审查的范围

司法审查的范围是指可受审查的行政行为的范围,即法院对行政案件的主管范围。

美国《联邦行政程序法》第551条第13款规定,“行政行为包括行政机关的规章、裁定、许可证、制裁、救济的全部或一部分;或者和上述各项相当或否定的行为或不行为”;第704条又进一步规定,“法律规定可以审查的行政行为以及没有其他适当的法院救济的最后确定的行政行为应受司法审查”。由此可见,可以受到司法审查的行政行为不仅包含立法明确规定的抽象行政行为和具体行政行为,还包括由法院自由裁量的行政行为。①

三、司法审查的当事人

司法审查的当事人即指司法审查中的原告、被告。《联邦行政程序法》第702条规定:“行政机关行为致使其法定权利受到侵害的人,或受到在有关法律规定内的机关行为的不利影响或损害的人,均有权诉诸司法复审。”由此可见,原告即行政行为的受害者,而被告是实施致害行政行为的行政机关。

四、司法审查的原则

(一)穷尽行政救济原则

穷尽行政救济原则是指行政行为相对人对其所受的损害,在可能通过任何行政程序途径取得行政救济以前,不能取得司法救济。

根据这一原则的要求,当事人在寻求救济时,首先必须利用行政内部存在的最近的和最简便的救济手段,然后才能请求法院救济。

“穷尽”原则是一个指导性原则,法律没有强制适用规定时,法院在是否适用这一原则上具有很大的自由裁量权。一般来讲,以下情形不适用“穷尽”原则:(1)问题纯属法律争议;(2)行政行为所依据的法律违宪或行政行为本身违宪;(3)行政决定对当事人产生不可弥补的损害;(4)刑事案件;(5)行政机关无管辖权;(6)行政机关无诚意或不能提供适当的行政救济。

(二)成熟原则

成熟原则,又称司法审查时机成熟原则,是指被指控的行政行为必须

---

① 参见王名扬主编:《外国行政诉讼制度》,人民法院出版社1991年版,第183页。

在对相对人发生了实际的不利影响并已经达到成熟的程序时才能接受司法审查。

成熟原则与穷尽原则互相补充,目的都在于避免司法程序不必要和不合时宜地干预行政程序。成熟原则着眼于争议案件是否适于法院审查和相对人是否受到了实际不利影响;穷尽原则强调的是相对人在有可能取得行政救济以前不能取得司法救济。

关于成熟原则的标准,法院的判例比较混乱,不完全一致。1967 年,联邦最高法院通过对艾博特制药厂案(Abbott Laboratories v. Gardner)的判决,放宽了成熟原则的标准,确立了当代关于成熟原则的标准,即只要出现了法律争议,或行政机关走完了行政程序的全过程并作出了最后决定,或推迟审查对当事人造成困难,就可以适用成熟原则。

(三)首先管辖权原则(primary jurisdiction)

首先管辖权原则是指对某一争议的行政行为法院和行政机关都有原始管辖权时,应先由行政机关对该问题作出裁决,再进行司法审查。

五、司法审查的具体标准

(一)美国司法实践中司法审查的标准

该标准有以下六个方面:(1)是否违法。(2)是否侵犯宪法权利。(3)行政机关的行为是否越权。(4)行政机关是否滥用自由裁量权。(5)是否没有事实根据。(6)是否没有"可定案证据"。

(二)美国司法审查的受案标准

(1)诉讼当事人之间存在实际争议。在法律诉讼中,当事人之间的争议必须是真实的并具有对抗性,而非假想的不存在的,这种要求意味着法院将不会审理所谓的友好竞争诉讼。

(2)诉讼当事人必须具有诉讼资格。为了满足案件或争议的需要,当事人诉诸法院则必须具有诉讼资格。其中,有关诉讼资格的法律是法官造法与国会立法的产物。

(3)法院不审查因情势变更而导致诉讼案由灭失的案件。即使诉讼当事人在案件开始具有诉讼资格,但其诉讼所依据的事实或法律等事由在司法审查判决之前发生了变更而导致其诉讼案由灭失,案件或争议不复存在,换句话说,这类案件的案件事实已经发生或存在,只是情势变更才致使案由灭失,因此法院不再对此类案件进行司法审查。

(4)诉讼案件必须具有成熟性。一个司法审查案件提起既不能过早而未成为有争议性案件,当然也不能过晚而导致情势变更事实的发生,从而使案件成为 moot 案件。过早的案件可能不存在争议,过晚的案件一旦演变为 moot 案件也失去了案件的争议性。因提起司法审查案件过早,损害事实未出现而使案件不具有成熟性,或由于当事人没有穷尽行政的和州的救济手段而导致案件未成熟,换言之,原告在向最高法院提起上诉案之前必须穷尽所有的救济途径。

(5)政治问题不予审查。法院在历史上放弃或者回避的一种非常特殊的形式就是"政治问题"学说(political questions doctrine),这是一个十分模糊且充满诡谲的概念。按照这一学说,法院将不会审理在法官看来按照宪法的规定应属于立法机关或行政机关的问题或者由这些政府机关处理更合适的问题。①

六、行政侵权赔偿责任

所谓侵权赔偿责任,是指受害人提起损害赔偿之诉时,除主张官员的行为违法以外,还必须指出官员的行为已侵犯了其合法的权利而要求应负赔偿的责任。

(一)行政赔偿责任的构成

根据《联邦侵权行为赔偿法》之规定和有关判例,美国侵权赔偿责任的构成大致包括以下要件:(1)违法行为;(2)主观过错(故意和过失);(3)损害事实。

(二)行政赔偿的法律依据

1.《联邦侵权行为赔偿法》

它制定于 1946 年,适用于联邦系统。它第一次规定相对人可以直接以美国政府为被告,直接要求政府进行行政侵权赔偿,打破了长期沿袭的主权豁免原则。

2. 行政侵权赔偿特别法

它适用于联邦系统,由 50 多个特别法律法规组成,规定了特定行政管

---

① 参见范进学:《美国司法审查制度》,中国政法大学出版社 2011 年版,第 220~229 页。

理领域的行政侵权赔偿责任。特别法适用的范围很窄,只适用于该法所涉及的特定领域的行政赔偿责任,对于这部分赔偿责任相对人也只能根据这个法提起诉讼,而不能以规范一般行政行为的《联邦侵权行为赔偿法》作为请求赔偿的依据。

3.“比温斯”判例①

它适用于联邦系统,是 1971 年由联邦最高法院作出的判例。它开创了相对人可以起诉联邦政府官员侵犯宪法权利和请求相应侵权赔偿的先例。开始时这一判例所规定的宪法权利仅限于第 4 修正案确立的公民宪法权利,后来的司法实践又将之扩大适用到其他各条宪法修正案所确立的公民宪法权利。

4. 民权法

它适用于州和地方政府,于 1871 年通过。它是南北战争结束后,为了保护刚被解放的黑奴的权利不被州和地方政府剥夺而制定的,原来主要适用于种族歧视方面,后来扩张适用于一切歧视待遇。

5. 民事侵权赔偿法

它适用于联邦、州和地方系统,是指对于公务员实施的某种行政侵权行为,如果是私人能同样实施并且没有专门的行政赔偿法律依据,相对人可以根据相应的民事侵权赔偿法,提起私法诉讼,要求政府官员承担如同私人一样的私法赔偿责任。

6. 州法

它是由各州立法和判例组成的,适用于州和地方政府的法律。在行政侵权赔偿方面较联邦保守,赔偿的范围也比联邦要窄,标准比联邦要低。

(三)行政赔偿的范围

根据美国《联邦侵权行为赔偿法》的规定,凡联邦政府公务员在他职务范围内因过失、不法行为或不作为而致使相对人财产遭受损害或损失或遭受人身之伤害或死亡,均可以以美国政府为被告,请求行政侵权赔偿。

---

① See Bivens v. Six Unknoun Named Agents of Federal Bureeau of Narcotics, 403 U. S. 388 (1971). 联邦最高法院创造的一种新型的侵权行为,即侵犯宪法保护的权利,不需要其他法律规定,本身就构成一种新型的侵权行为。对此受害人可以根据宪法直接起诉。这一诉讼方式又称“比温斯型诉讼”(Bivens-typeactions)。在这种诉讼中,被告只有有限制的豁免,不享有绝对豁免。

但该法同时又规定了 14 种例外情形,排除了政府绝大部分的行政侵权赔偿责任。以后,国会在公众舆论下不得不多次通过立法对例外加以减少和限制。同时,最高法院在司法实践中也通过判例对“例外情形”加以限制性解释,从而扩大了行政赔偿的范围。

当初立法所列举的 14 种例外情形,只是排除了政府承担侵权赔偿责任,对于公务员个人依民事侵权赔偿法承担的侵权赔偿责任则要求公务员个人赔偿。这一规定在实际执行中因公务员财力有限,加之这一措施影响了公务员执行公务的积极性,致使其过于谨小慎微从而不利于保护公共利益,所以,国会于 1988 年又通过一项立法,规定不论公务员个人有无过错甚至严重过错,对其执行职务的行为都由政府负赔偿责任。①

(四)行政赔偿的责任归属

美国的成文法和判例将行政赔偿的责任分别归属国家、行政机关和公务员个人承担。具体确定取决于相对人起诉所依据的法律根据:

1. 以《联邦侵权行为赔偿法》为请求赔偿依据的,赔偿额在 2500 美元以下,由相应的行政机关支付;超过 2500 美元,则由国家专项基金开支。

2. 以行政赔偿特别法为请求赔偿根据的,一律由国家专项预算基金支付。

3. 以民权法或“比温斯”判例为依据请求行政赔偿的,赔偿费完全由公务员个人支付。但若公务员是行使立法、司法职能或准立法、司法职能的官员,为保障其公正地、无顾忌地行使职权,赋予他们一定的或完全的公务豁免权。②

(五)行政赔偿先行处理程序

作为赔偿纠纷之解决手段的先行处理在本质上属于民事交易行为,因

---

① 该法即 1988 年的《联邦职员赔偿责任改革和侵权赔偿法》(Federal Employees Liability Reform and Tort compensation Act),由国会制定,1988 年 10 月 12 日参议院通过,10 月 20 日由众议院通过,同年 11 月 18 日由总统签字生效。该法的制定基于两个宗旨:一是保护联邦职员享有绝对特权,对职务范围内的一般法律上的侵权行为,不负赔偿责任;二是给予受害人一个适当的补救,即向美国提出金钱赔偿请求,而不是向产生损害的职员或其财产提出任何其他民事赔偿。该法仅适用于立法、司法、行政三个政府部门的职员,并且免责的范围仅限于该职员职务范围内的一般法律上的侵权行为,不包括侵犯宪法权利的行为。

② 本节内容具体可参见王名扬主编:《外国行政诉讼制度》,人民法院出版社 1991 年版;王名扬:《美国行政法》(下册),中国法制出版社 1995 年版。

此先行赔偿程序的本质就是民事交易程序，美国的先行赔偿程序即鲜明地体现了这一点。

依据美国法，赔偿请求人须书面提出赔偿请求，而行政机关则以通知书回应。通知书分为两部分：一部分为批准付款的通知；另一部分为要求当事人签字寄回的收据。收据上载明当事人收到该款后，对国家和有关人员的一切请求不再存在。基于这种双方意志的平等性，先行处理必然是一个双方协商的行为。

在美国，赔偿事务双方就赔偿取得一致后，为避免当事人反悔，行政机关必须取得当事人的同意的明确表示，或签订书面协议；或者由当事人寄回表示其接受行政机关赔偿金额的回执。没有请求人的明确同意，行政机关的单方决定就不是先行处理的有效结果，它仅具有程序法意义，即表明先行赔偿程序的终结，相对人可以启动司法救济程序了。

欲促使请求人和赔偿义务机关充分利用先行赔偿程序，就必须要求赔偿请求人与先行处理机关在某些方面采取规范的程序与形式来解决赔偿争议。此即先行赔偿程序的规范性。

1. 形式方面的规范性。请求人必须在法定时效内根据政府所规定的损害赔偿请求的标准格式，书面提出赔偿请求，而行政机关若作出回应，也必须以书面的形式明确答复，并以挂号邮件的方式送达。如此可以实现申请、处理与回应的明确化、高效化。

2. 内容方面的规范性。请求人在提出书面请求时必须提出确定的赔偿金额，作为相应的制约，请求人在后续的赔偿诉讼中，除非有新证据的支持，不得提出超出先行赔偿程序中请求的数额；请求人必须提供支持请求的证据，否则，赔偿请求视为不成立，行政机关可以拒绝受理，法院也不会受理赔偿诉讼请求；行政机关对申请的处理都不构成关于赔偿责任或赔偿数额的充分证据，请求人不得以此作为其诉讼主张的理由。

立法者设计先行处理制度，既是为了给行政机关提供优先解决赔偿争议的程序上的特权，也是为了减轻法院的诉讼负担。①

---

① 参见陈国栋：《行政赔偿先行处理程序研究——以美国先行处理程序为借镜》，载《行政法学研究》2008 年第 3 期。

第九章 移民法

第一节 美国移民法的历史

一、美国移民法的起源

美国是世界上最大的移民国家,也是运用移民政策取得显著效果的国家。如果认可《布莱克法律辞典》关于移民的定义,即一个人离开某个国家(或地区)永久地居住在另一个国家(或地区),那么美国的移民史可追溯到美利坚合众国的形成时期,甚至也无法回避其所在地域的英国殖民历史。美洲成为英国殖民地初期或更早的时候,移民受到的制约多半由于难以筹集旅行盘缠和疾病,有时也有土著人强烈抵触的因素;一般来说,前往该片土地的移民普遍受到英国殖民者或比英国殖民者更早到的欧洲人的欢迎,且来去自由。因此在 1640 年,居住在这块还是英国殖民地上的人口已达 25 000 人。① 大多数移民是出于想淘金发财或躲避政治、宗教迫害自愿移民来美洲的,但也有不少被英国法官判了重刑发配到美洲的,有一些则是被绑架或贩卖来的奴隶。随着人口的膨胀,加上殖民地也出现了宗教、民族等问题,旧移民和新移民发生了冲突。英国殖民者最早于 1639 年开始立

---

① See David S. Weissbrodt, *Immigration Law and Procedure in a Nutshell*, West Publishing, 1998, p. 3-32.

法排斥穷人、恶疾患者和罪犯。尽管如此，由于“新世界”需要大量的劳动力，因此，美洲仍是个对外界有强大吸引力的地方。到1776年，殖民地人口总数高达250万人，是1640年的100倍。

英国殖民地对移民的态度没有因为美国革命的成功而改变，但很长一段时间内新政权没有关于移民的系统立法。这主要源于两个方面：其一，近100年联邦政府无法明确宪法是否赋予其移民问题的管辖权；其二，美国在立国之初对移民问题持不加限制的态度。地方立法也表现了少有的迟钝。根据1781年《邦联条例》的规定，各州显然拥有各自的移民管辖权，但1787年美国宪法授予国会广泛的对外事务管辖权，只是没有明确是否包括移民问题的管辖权限。①

在管辖权不明确期间，国会没有放弃自己的权力而是分散地制定了大量关于国籍等的非限制性条款。比如，1790年国会赋予移民公民资格，1798年使总统驱逐“危险分子”合法化②，1795年通过关于居住期5年的取得公民资格的法案，1802年又重申该居住期，1819年、1847年、1848年和1855年的一些“船客案件”（passengeracts）规定了入境的海外船只体积和装备的最低标准。另外，国会于1808年专门制定并实施了禁止贩运奴隶的法律。这一时期零碎的移民立法可总结为非限制性移民政策，所以1790年至1820年有大约25万新的移民，1820年至1880年的移民则有1000万人。当然，这个结果和新政权继续需要大量劳力有直接的关系。

人口膨胀带来的各种问题终于使开放性的移民政策受到了越来越多的挑战，但限制性移民政策起初只在一些州获得广泛的支持；联邦官员为了在新移民中争取选票，仍维持原来的姿态。直到美国内战结束，联邦政府才开始对日益高涨的限制移民的情绪和舆论作出反应，制定了一系列限制移民潮的法律和法规。

1875年，美国联邦政府制定了移民“素质管理”计划，以存在素质瑕疵为由禁止罪犯等入境。1875年，以增加社会负担为由禁止精神痴呆者入境，并且规定每个移民须缴纳人头税2美元，这在当时是一笔不小的数目，

---

① 联邦和州关于移民管辖权在立法上的模糊，直到1875年美国最高法院在汉得森诉纽约市案（Henderson v. New York City）中才明确，州政府限制移民是违宪行为。

② 该规定两年后失效。

从客观上限制了不少移民。1891年,恶疾患者、按救济法需要救济的人、一夫多妻者被增为限制入境对象;1903年,癫痫患者、精神病患者、乞讨者和无政府主义者被增为限制入境对象;至1907年,继续以因自身能力缺陷影响自力更生为由禁止智力障碍者、结核病患者移民美国。

“素质管理”计划的要求的确限制了许多希望移民美国的申请者,但并没有达到预期的效果,大大超出联邦政府希望值的人口仍持续从世界各国涌进美国。20世纪初已有880万移民进入美国境内,并且东、南欧的移民额日益增多,西、北欧移民量却逐渐降低。美国政府开始另谋解决移民问题的出路。

二、移民限额政策及其法律规定

1911年,由国会和总统联合成立的咨询委员会在其咨询报告中预测,20世纪的美国移民将来自“劣等的”和“没有希望”的阶层①,所以美国将不再得益于自由移民政策。该委员会建议采用文化测试等更有效的移民限制措施。1917年,国会通过了旨在以不能阅读为理由的主要限制东欧和南欧移民的法案,该法案同时还把移民人头税增加到每人8美元,以限制移民。1917年法案也针对无政府主义者以及亚洲人。

第一次世界大战时,移民热潮一定程度缓解;而战争结束后,美国又成了移民的热土。1921年《移民限额法案》(The Quota Law)出台,更新了控制移民的规定,即以1910年入境美国的各国移民数额为基数,以后各国的移民总量是该基数的3%,总的移民数是357 000人。由于1910年东、南欧的移民基数大大少于北、西欧,因此实际上前者名额供不应求,后者则有相当空缺。1921年法案也规定了例外情况,即只要在西半球的国家居住过一年以上,就可不受移民名额的限制。

1924年,国会把各国的移民比率从1910年的基数的3%改为1890年各国移民基数的2%,这样东、南欧的移民额更少了。于是,与已入境美国的移民及西半球国家的人虚假结婚的人数和非法越界入境人数急剧增长。移民局因而成立了由45人组成的边防巡逻队,日夜巡逻,守卫边境和海岸

---

① See David S. Weissbrodt, *Immigration Law and Procedure in a Nutshell*, West Publishing, 1998, p. 1-3.

线,以防止非法越境者入境。

20 世纪 20 年代初,美国进入大萧条时期,移民趋势落入最低潮,10 年总共才移民 50 万人;1932 年甚至出现了移民逆差,只有 35 576 人移民美国,但有 100 000 人从美国移民去其他国家。但是,随着大规模地修建高速公路和国际机场,1938 年全国有 186 个口岸可以入境美国,所以美国潜在的移民能力极大增强了。

应该承认,1921 年开始的移民限额政策对预期控制移民潮是有效的,但美国在第二次世界大战中对这一政策的固守使其在历史上留下了不光彩的一页。1939 年,国会以超出可拨给德国的移民额为由拒绝接纳逃出纳粹德国的 20 000 名儿童①,1940 年虽然同意德国以外的驻美国使馆可以将所在国未满的移民额拨给德国难民,但这点帮助是远远不够的。直到 1945 年意识到纳粹德国难民的悲惨状况,杜鲁门总统才签发命令无条件接纳 40 000 名战争难民。之后,1945 年《战争新娘法案》(War Brides Act)和 1946 年《未婚配偶法案》(Fiancees Act)又接纳了 123 000 名军人的配偶、子女和未婚妻入境美国。1948 年《无居所难民法案》(The Displaced Persons Act)接纳了 400 000 名澳大利亚、德国和意大利的战争难民,但占各自国家的名额。

第二次世界大战结束,由于美国经济复苏,劳动力严重缺乏,于是美国又采取措施引进移民。这主要表现在制订了暂时从墨西哥引进劳动力计划,取消了禁止中国人移民的规定,也允许法院给予中国人移民资格。虽然美国在某一方面放宽了移民政策,但它对共产主义者及有潜在颠覆国家行为的人加以严格控制,将其排除在移民对象外。与此同时,国会通过一系列法律继续帮助一些政治难民从匈牙利苏维埃国家移民美国。

三、1952 年移民法及其修正案

1952 年,美国国会总结了以前有关移民的各种政策和法规,制定了《移民和国籍法》(The Immigration and Nationality Act, INA)。可以说,现在的美国移民法就是在这部法律基础上发展起来的。1952 年《移民和国籍

---

① See David S. Weissbrodt, *Immigration Law and Procedure in a Nutshell*, West Publishing, 1998, p. 13.

法》保留了移民限额制度,但计算方法有所改变,即限额基数是 1920 年的各国已入境的移民数。根据该法案,东半球的移民总数为 150 000 人次,同时由于以往亚太地区移民数不多,该地区获得了 2000 个名额。1952 年《移民和国籍法》也保留了"素质管理"制度,并规定 4 类素质优先移民,他们分别是美国经济建设需要的有技术、有经验的人士,以及美国公民和美国永久居住者的家属。

由于《移民和国籍法》的基数计算方式,客观上仍存在对有色人种明显的种族歧视,因此其遭到了有关方面的严厉谴责。直到约翰逊总统时期的 1965 年移民法修正案,才取消了按国家基数分配移民名额的方法,规定自 1968 年起东半球的移民总数为 170 000 人次,属于该半球的每个国家与西半球的国家一样均等地拥有 20 000 个移民额,西半球的移民总数则为 120 000 人次。事实上,根据该修正案,一些拉丁美洲国家如墨西哥,它们的移民申请者与同等条件的欧洲申请者相比,必须多等好几年。[①]

新法案的人种偏见并没有被杜绝。该修正案把 1952 年《移民和国籍法》规定的 4 种优先移民改成 7 种,依次是:美国公民的未婚子女;美国永久居民的配偶和未婚子女;有非凡才能和有专业才能的外国人士;美国公民的其他亲属;永久居民的其他亲属;美国经济发展需要的劳工;难民。但是这种优先制度不适用于东半球的移民申请者。一直到 1976 年,国会才通过新的法律,使得上述 7 种优先移民同样适用于东半球的申请者。1980 年,100 000 多名古巴难民涌进美国,国会对难民问题专门制定了《难民法案》(Refugee Act),规定自 1982 年起每年的难民移民数是 50 000 人次。1981 年,国会通过一系列的修正案取消了被驱逐者永远不能入境美国的规定,允许其 5 年后申请入境,同时规定轻微吸大麻者仍有入境资格。另外一些修正案对外国医学院毕业生、互访学者、贸易投资者的移民问题作了规定。

1952 年《移民和国籍法》的一项较为重要的修正案是 1986 年的《移民假结婚的修正案》(The Immigration Marriage Fraud Amendments)。该修正案规定因与美国公民结婚而获准移民的外国人及其子女,必须与该美国公民

---

① See David S. Weissbrodt, *Immigration Law and Procedure in a Nutshell*, West Publishing, 1998, p. 19.

经过两年“名副其实的婚姻生活”（qualifying marriage）的考验期，然后夫妻双方必须提出申请，接受有关部门的面试，面试合格后才能获得永久居留权。该修正案对以假结婚骗取永久居留权的行为规定了5年以下有期徒刑或不高于250 000美元罚金的刑事处罚，同时借此申请移民的外国人士永远不能再申请移民。如果因其他原因被禁止入境或被驱逐出境，必须在美国境外住满两年后，才有资格以与美国公民或美国永久居民结婚为由申请再次入境美国。

四、1986年《移民改革和控制法案》

1980年，美国人口统计局公布在美国境内的持不合法证件的外国人已高达5 965 000人次，因此移民局受到工作不力的谴责。针对这一现象，国会于1986年出台了《移民改革和控制法案》（Immigration Reform and Control Act，IRCA）。

《移民改革和控制法案》的主要条款涉及三部分内容：（1）对非法雇主的处罚；（2）反对劳工歧视；（3）恢复持非法证件的外国人合法身份的计划。为了改变境内大量外国人士身份不合法的局面，国会综合了美国内部的各种观点并作出妥协，使《移民改革和控制法案》的矛头指向雇用非法劳工的雇主。根据《移民改革和控制法案》，如知情人雇用非法劳工，不依据有关雇佣法律的规定，并且雇用外国劳工时身份合法而后成为非法的等情况，雇主都将按不同的情节受到3000美元的罚款或入狱不长于半年的民事或刑事处罚。被查到非法身份的外国人则最多受到民事处罚，初犯被科以200至2000美元的罚款，重犯则相应增加罚款额。《移民改革和控制法案》的这些措施确实直接和间接地惩治了大量助长非法移民逗留美国境内的行为和现象，抑制了非法人口增加的趋势。

上述《移民改革和控制法案》对雇主的相关规定，引起了劳工市场对外国劳工的歧视，尽管其中不少外国人已持有合法身份。尽管《移民改革和控制法案》明文规定禁止任何形式的劳工歧视，但雇主们对该法案的畏惧，使得他们仍是尽可能地拒绝雇用外表类似外国人的劳工，并且对亚洲和西班牙籍的劳工歧视尤为严重。所以，从某种角度讲，《移民改革和控制法案》有关反劳工歧视条款的实施并不是很成功。

《移民改革和控制法案》较为有效的措施是，规定赦免已在美国境内多年的持非法证件的外国人,给予他们暂时的合法身份,并允许他们在18个月后通过申请成为美国永久居民。美国移民局原本预计有2 000 000~4 000 000名外国人会申请移民,但由于畏惧移民局、申请费用过高、申请手续繁杂及家庭团聚等,至1988年1月底只有1 200 000名外国人提出申请。为了在申请截止期(1988年5月4日)前达到预计目的,移民局在某些州向外国人发出大量信件,以鼓励他们自己、他们的亲戚和朋友申请移民,但是收效不大,截至1988年5月4日,提出申请的人数总计不足1 400 000人。①

《移民改革和控制法案》的主要目标有两个:一是采取加强边境巡逻等手段制止外国人非法越境;二是加大移民局对移民的检查力度,提高其审查和办理移民手续的服务质量和工作效率。

《移民改革和控制法案》还涉及许多其他内容,比较有特点的是NP-5和OP-1计划。NP-5计划针对1965年移民法限定的移民总额,对诸如以色列、意大利等国家的移民有过大限制的情况,制定了全球性的允许申请人通过邮政手段登记的"先登记先办理"的特别移民程序。根据这个计划,在1987至1988财政年度,有30 000名最早登记的外国人及其家属获得了签证。OP-1计划纯粹是彩票式的签证项目,不像NP-5那样按先后登记次序办理,而是任意从各个国家抽取一定比例的移民申请表,审查通过后即发给签证。

五、"1990年移民法案"

1990年,国会通过了一系列重要的关于《移民和国籍法》的修正案,这些修正案被统称为"1990年移民法案"(The Immigration Act of 1990,以下简称1990法案)。

1990法案增加了移民总数,新法实施后前三年的移民总数增至700 000人次,其中465 000个名额授予亲属类移民,140 000个名额授予劳工类移民。三年以后移民总数为675 000人次,劳工类名额相应减少。另外125 000个名额专拨给难民。这样,美国计划每年接纳的移民数约为800 000人次。

---

① See David S. Weissbrodt, *Immigration Law and Procedure in a Nutshell*, West Publishing, 1998, p. 31-32.

自美国有意识地管理移民问题起,外国人至少基于亲属和劳工这两种关系中的一种,才能申请移民美国,亲属关系的移民申请更方便。但若某一外国人士移民到美国的亲戚是两代以上的,因为这样的家庭关系不符合美国移民法的亲属定义,所以该外国人士就不能以亲属关系申请移民。为了兼顾这一情况,1990 法案制定了彩票式的 AA-1 计划,拨了 40 000 个"异类签证"(diversity visa)给这些人。于是,对签证的种类有所改变,取消非优先移民签证种类。

这样,美国移民史上开了既无亲属关系又无劳工关系而被批准移民美国的先河。难民在新法案中也获得了实惠,他们成为永久居民的机会增多,而且那些因战争、疾病或居住环境不安定等因素无法回国的难民可获得"临时性保护身份"(temporary protected status),也被允许在美国境内工作。

根据 1990 法案,非移民签证的种类从 13 种变成 18 种,依次冠以 A—R 字母,其中新增加的分别是 O 类、P 类、Q 类和 R 类非移民签证。

1990 年以前,外国人士的入籍问题一般先由移民局推荐,然后提交联邦地区法院,由其决定是否给予被推荐者美国公民资格。新移民法将入籍审批权改由移民局负责,地区长官负责入籍者的宣誓程序。但 1991 年的移民技术修正案把负责入籍宣誓的职权交还给联邦地区法院。

新法案取消了以往的移民法关于禁止申请移民美国 34 种原因的规定,规定不允许入境的外国人主要有:患有影响公众健康的传染性疾病;刑事犯罪,但 18 岁以下的轻罪犯不在此列;影响国家安全的间谍,蓄意破坏、怠工者,暴力颠覆美国政府的恐怖分子;共产主义者和其他党派成员;虚假结婚骗取移民签证者。

新法案规定被驱逐出境基于虚假婚姻和国家安全两种原因。1990 年实施新移民法之后,美国国会又通过一系列与移民问题有关的法案,其中"1994 年移民技术改进法案"(Immigration and National Technical Corrections Acts)修改了 1990 法案的一些条款。该修正案第一次规定了不同类移民名额的调拨制度,即前一类签证未用完的名额可以留给下一类签证,依次类推。另外,申请"异类签证"的程序、难民身份的确定、可以帮助外国人士申请移民的亲属身份、入籍宣誓仪式等问题都有所改进。该修正案确实提高了移民问题中的技术水平。

第二节 美国政府的移民管理

一、美国联邦政府移民管辖权的依据及其范围

研究美国的历史,不难发现美国最高法院一直支持联邦政府对移民问题行使管辖权,不排斥各州有任何直接的权力。最高法院持这一果断态度的充分的依据是美国宪法关于入籍事宜的规定。《美国联邦宪法》第 1 章第 8 节第 4 条授权美国国会制定《统一的归化条例》(Uniform Rule of Naturalization),并排除了各州授予外国人“市民”(citizenship)资格的可能。但宪法对禁止入境、驱逐出境等方面未作明确的规定,所以在早期移民案件中,一涉及这些问题,法院的处理就显得力不从心。这些不甚清晰、不易澄清的问题使我们对移民管辖权的讨论成为必要。

(一)联邦政府享有移民管辖权的依据

除了毫无争议的入籍管辖权,法院需在其他和移民有关的领域寻找支持联邦政府行使移民管辖权的依据;当然只可能是间接的依据,但需要合理。联邦政府对国际贸易的管辖权最早为法院的观点提供证据。美国各州曾在早些时候企图向停靠各州口岸的外国商人收取费用,但最高法院 1849 年的“旅客案”(Passenger Case)①禁止了州政府的这种行为,并推理对外事务和对外贸易的管理权专属于联邦政府。1884 年的“人头税案”(Head Money Case)明确了联邦政府有权对外国移民征税,并直接引用了联邦政府的对外贸易的专属权。

可以说上述案例为联邦政府享有移民管辖权作了一个模糊的铺垫,寻找更有说服力的依据是必须的。结果高级法院在国家主权方面有所收获。1889 年的“禁止中国人入境案”(Chinese Exclusion Case)认为禁止外国人入境存在于国家主权中,同时法院认为任何一个国家政权的内在权力中包含了保护国家公众利益的权力,这种相对于地方利益的国家利益的保护职

① See Smith v. Turner, Norris v. Boston, 48 U. S. 7 How. 283 (1849).

责自然由与负责地方利益的州政府相对应的联邦政府承担。这样,法院又推理出联邦政府对入境等移民问题的管辖权存在于其维护国家主权的职权中。在以后的案例中,驱逐外国人的权力也基于同样的理由归联邦政府行使。虽然各项有关的判例逐渐确立了联邦政府的移民管辖权,但为判例提供依据的主要还是美国宪法,这一点在以后的判例中表现得更明显。被涉及移民问题的案例频繁引用的宪法条款主要有:(1)前文已论及的第1章第8节第3条的联邦议会制定国际、州际贸易的权力和第1章第8节第4条的联邦议会制定统一的归化权力;(2)第1章第8节第11条的联邦议会对外宣战的权力,这一权力主要内容是联邦政府有权对外宣战,同时也意味着它被授予禁止敌国公民入境和驱逐敌国公民出境的权力。宪法的许多其他条款虽然没有暗示联邦政府享有移民管辖权,但表明了联邦政府是包括国际事务权在内的国家主权的当然维护者和行使者。

(二)联邦政府移民管辖权的性质和范围

由于宪法的直接和间接的条文规定,任何对联邦政府关于禁止外国人入境、驱逐外国人出境方面的立法权的质疑都没有成功,所以联邦政府似乎可以行使完整的移民管辖权。美国的各州政府争取与联邦政府共享移民管辖权的努力也受挫于联邦政府优先立法原则。根据该优先原则,州政府只能在联邦政府暂时没有立法的领域立法,后者一旦立法,与之有冲突的州的立法就自动失效。比如,在1941年黑斯诉大卫多威茨案(Hines v. Davidowitz)中,宾夕法尼亚州的关于外国人登记的法律就因为联邦政府出台了《外国人登记法案》(Alien Registration Act)而归于无效。

除了与联邦政府立法有冲突的州立法,异于联邦政府的政策的立法也会被法院宣布为无效。1915年的高等法院的特鲁克斯诉瑞奇案(Truax v. Raich)宣布各州制定的歧视外国劳工的法律有违联邦政府的平等原则,为无效法律,基于同一原因亚利桑那州的限制外国劳工雇佣的规定也被视作违法而不能实施。还有个例子是1977年最高法院的尼奎斯特诉马克莱特案(Nyquist v. Mauclet),该案宣布纽约州关于申请入籍程序的启动是申请高等教育资助的先决条件的规定因违背了联邦政府的有关精神而失效。

联邦政府行使完整的移民管辖权不等于移民管辖权是联邦政府的专属管辖权。这就是说,并不是所有涉及外国人的事务州政府都不能问津。一般而言,州政府可以在那些联邦政府的立法和行政管理都没有触及的领域见缝插针。比较著名的案例是1976年最高法院的德·卡纳斯诉贝卡案(De Canas v. Bica),最高法院在该案的审理中支持了加利福尼亚州关于处罚知情雇主雇用非法身份的外国劳工的立法。

总体来说,联邦政府行使的移民管辖权是绝对的权力。不少学者对这一局面表示了担心,认为国会拥有如此绝对的权力就有滥用权力的可能,尤其存在侵犯移民人权的潜在危险。

二、移民法的实施机构

在审批移民签证的程序中,主要有5个执行机构,它们分别是美国国务院、美国司法部、美国劳工部、公众健康与社会福利部(The Department of Health and Human Service)和美国信息咨询部(The United States Information Agency)。

(一)美国国务院——大使馆和领事馆

美国国务院对移民事务有较大的管辖权,其下属机构派驻其他国家和地区的美国大使馆和领事馆承担了较为具体的工作,因为世界各国凡是希望到美国的人都得向美国大使馆或领事馆申请签证,获得相应的签证后才可合法进入美国。

使馆官员对申请人的各种材料的可信度、是否向申请人签发签证等问题有较大的自主权,一般他们的拒签决定不受复查。但这并不绝对化,国务院可以进行非正式的复查,即让另一官员重新审阅申请材料。如果两个官员的看法不一致,第二个官员有权给予签证。国务院还设有签证办公室,对使馆内部确实存在意见分歧或法律依据不明确的申请案提供咨询性意见;这种意见往往会被采纳。尽管如此,除个别案子外,还未入境的外国人一旦被拒绝签证后,从行政管理制度上或从法律渠道上获得重审的可能性都不大。①

(二)美国司法部

美国司法部对移民事务的管辖权主要体现在它的两个下属机构的职权上,它们分别是美国移民局和移民复审执行办公室(The Executive Office of Immigration Review)。这两个机构直接向美国联邦总检察长即司法部部

---

① 参见周继洲:《入境美国:最新美国移民法指南》,法律出版社1995年版,第3页。

长负责。

一般而言，移民局主要处理入境后的外国人的移民法律问题，大致是签证申请、非移民身份转换为移民身份的要求、入籍及驱逐出境等问题。

移民局的办公总部是位于华盛顿的移民局中央办公厅，负责制定移民政策和相关的财政预算，一般不参与日常事务的处理。中央办公厅下属有4个地区办公室，分布在4个不同的州，处理未履行结婚手续伴侣签证、短期工作签证、公司间雇员调整签证，以及这些签证的延期、转换等工作。地区办公室下属机构是地方办公室，每个州都设有一个。地区办公室内部根据职能又分成法律执行和裁决审批等部门。执行部门除了负责移民法在美国国内的贯彻实施，诸如追查非法入境移民、调查涉及移民法的欺诈、防止走私偷渡等，还负责边防检查工作，如制止非法入境行为、逮捕已经入境的非法移民等。裁决部门负责处理签证的延期以及本国公民或永久居民为国外亲属申请签证等事务。地方办公室主任有权进行调查侦缉、签发逮捕证和驱逐出境令，有权决定在驱逐出境的过程中是否给予保释。

移民复审执行办公室由已独立于移民局①之外的移民法庭（The Immigration Courts）和移民上诉委员会（The Board of Immigration Appeals）组成。移民法庭是美国司法制度的一个例外，即移民法官同时也是移民法的执行人员。移民法庭主要审理牵涉到驱逐出境的案子，包括听证和开庭审判，偶尔法庭也参与其他案件的听证。例如，移民局已同意某外国人士转换签证，但因某种原因又决定撤销，或者决定撤销某学校接收外国学生的权利，等等。除非向移民上诉委员会提出上诉，不然移民法官独任审判的判决是最终判决。移民上诉委员会共有5名委员，均由总检察长任命，委员会的工作也由其直接管辖。该委员会庭审的案件大多是对移民法官的裁决不服而提出的上诉案，主要是驱逐出境的案件，也有涉及保释金、假释、拘留、罚款或撤销给予转换身份的决定。移民局地方办公室主任的决定有时也受到移民上诉委员会的复查，尤其是有关亲属签证的申请。总检察长有权对移民上诉委员会的决定进行复查，这类复查案件包括总检察长本人要求复查的、移民局局长要求复查的或主席或多数委员认为必须由总

---

① 1983年，美国司法部才把移民法庭从移民局里分离出来，成为新创建的移民复审执行办公室的一部分，由副总检察长直接管辖。

检察长进行复查的等。

(三)美国劳工部

劳工移民的签证手续不仅要通过移民局,还要通过联邦政府的劳工部。从某种意义上讲,劳工类移民的申请是否能成功,通过劳工部的审查或从劳工部取得必需的证明材料起着决定作用。如果外国人士想通过劳工关系入境美国或者美国方面的雇主希望长期雇用某一外国雇员,第一个程序就是雇主代替雇员向劳工部申请劳工证明。劳工证明也称外国人劳工证明书,由美国劳工部部长审批签发,是劳工移民签证手续上不可缺少的材料。美国劳工部的中央办公厅在华盛顿,主要任务是制定与劳工有关的政策或实施规则。劳工部内部专设一个劳工证明部来处理劳工证明书的审批事宜,但是主要的劳工证明申请是由劳工部地区办公室审批。

除了劳工部,州政府劳工服务办公室也起着重要作用。雇主应先向外国雇员将去工作的那个地区的州政府的劳工服务办公室递交聘用报告,由该办公室落实了当地同工种通常的薪金及当地或邻近地区确实没有合格的候选人后,劳工证明的申请报告才由该办公室转送到联邦政府劳工部地区办公室,再由劳工部地区办公室根据有关条例、规定进行最终审核,同意后签发劳工证明书。劳工部还设有外国人劳工证明二审委员会,负责审理有关劳工证明的上诉案件。

(四)公众健康与社会福利部

公众健康与社会福利部对于移民法的实施也起着相当重要的作用。例如,该部负责审核某些外国医科毕业生入境前的医学知识测验,以决定其是否符合美国医科毕业水平;审理学校是否有资格接受外国学生的案件时,该部有责任向总检察长提供各方面有关的信息;就社会安全档案记录的问题,该部的社会安全管理局也负有向移民局报告的责任。

(五)美国信息咨询部

美国信息咨询部的前身是美国国际交流部(The International Communications Agency),它的职责是负责美国与其他国家和地区的文化和教育交流项目,即关于派出美国公民到其他国家和地区及鼓励其他国家和地区的相应的人士到美国来,从事文化和教育事业的交流活动。如果某一外国人士本人希望申请J类"互访签证",那就意味着他将参加美国信息咨询部主持的交流项目。

三、移民程序中美国国会的作用

美国国会在构造美国行之有效的移民制度中起了很大的作用。这些作用首先体现在国会通过立法解决了外国移民是否能成为美国永久居民等棘手的问题。其次，众、参两院对移民局等实施移民政策和法律的部门的监督无疑对提高这些部门的工作质量和工作效率有所帮助，众、参两院的议员们也随时为一些移民案件中的“疑难杂症”贡献智慧。另外，国会一直在有关部门处理难民问题时给予指导，提供咨询意见。

国会具体介入移民问题应从1882年的移民立法算起；在以后的一百多年里，国会在1952年、1965年、1980年、1986年以及1990年通过的几部重要立法及一系列修正案中，逐步奠定和形成了美国的移民制度。其中，国会在1986年《移民改革和控制法案》中制定的恢复持不合法证件的外国人之合法身份的大赦项目和1990法案在保护本国劳工利益的基础上引进劳动竞争等有关规定，是美国移民制度极其重要和富有特色的内容。

国会制定的一系列移民法的补充法案，一定程度平衡了移民法适用上对移民申请者申请结果的公正性。例如，1952年《移民和国籍法》制定前，美国公民的亚洲籍配偶申请移民须受名额的限制，由于美国派往远东服役的人数可观，服役者与亚洲妇女结婚很普遍，这样客观上不少美国公民不能家庭团聚。国会针对这一显失公平的不合理现象，制定了一系列私法法案，使那些亚洲“妻子”的移民申请免受名额限制。随着这类私法法案的增多，终于1952年《移民和国籍法》规定所有美国公民的外籍配偶申请移民均不受名额限制。

国会议员在办理移民问题过程中往往起到意外却富有成效的作用。由于议员们经常会接到选民的请愿书，或是指责移民局等执法部门的官僚作风，或是投诉自己或申请移民的外国亲戚或雇员的正当利益被忽视，所以几乎每个议员都设有专门的助手处理移民问题。议员几乎成了执法机构与选民之间的“中间商”①，但他们更像选民的代理人，因为议员往往站在选民的立场上说话。而一旦某个议员将选民认为在亲属或雇员的移民

---

① See David S. Weissbrodt, *Immigration Law and Procedure in a Nutshell*, West Publishing, 1998, p. 95.

申请中被“怠慢”的诉状转给有关部门,该移民申请一般会很快得到解决。

国会对国家机构的监督职能是国会参与移民工作的依据。监督职能的履行者是分别下属于参、众两院的司法委员会的移民和难民政策小组委员会(The Senate Subcommittee on Immigration and Refugee Policy)及移民、难民和国际法小组委员会(House Subcommittee on Immigration, Refugees, and International Law)。

国会的监督有三方面的内容:第一,调查移民法的实施情况和有关执法部门的工作效率是否可行;第二,听证,这是监督的主要内容,即决定移民局的年度预算或在制定新的移民法时,必须举行一系列听证会,慎重行之;第三,听取汇报,即要求总统、司法部部长等汇报移民法或移民计划的执行情况。国会在移民程序中除了在上述方面起到举足轻重的作用,在审批难民移民、中止驱逐出境的程序中也有一定的发言权。尤其是近年,中止驱逐外国人士出境的程序的权力都由国会行使。

第三节　美国的签证制度

一国的签证制度是该国移民法的核心内容,美国的制度及具体规定集中于美国的1952年《移民和国籍法》以及以后的一系列修正案中。根据该法案,所有合法进入美国的外国人被分为两类:一类是为某一目的将在美国境内居住一定期限的非移民入境者(nonimmigrant);另一类是欲成为美国永久居民的移民入境者(immigrant)。合法入境者必须获得上述签证中任何一种,即移民签证或非移民签证。

一、移民签证

美国移民法规定了外国人获得移民签证的各种条件,常见的是因美国公民或美国永久居民的亲属关系或劳工关系成为移民。但并不是符合移民条件的外国人就能即时获得签证,而是有一定的名额分配。

(一)亲属移民

根据美国移民法,可以据以申请移民美国的因血缘或婚姻而形成的亲属关系可分成两类:一类是移民申请获得绝对优惠的美国公民的近亲属;另一类是可申请优先移民签证的亲属关系。

美国公民的近亲属指美国公民的孩子、配偶或父母。

"孩子"①指美国公民未满 21 周岁的未婚子女,其中包括:(1)合法子女(legitimate child),指父母亲合法结婚以后生育的婚生子女和通过法律认领为合法子女的非婚生子女和继子女。只要父亲或母亲的再婚及产生继养关系的时间在子女 18 周岁之前,那么子女就可作为父亲或母亲再婚配偶的继子女。(2)非婚生子女,指出生时父母之间不存在合法的婚姻关系,出生后也没有通过任何法律手续将孩子认领为合法的子女。(3)收养子女,也叫养子女(adopted children),孩子必须在 16 周岁之前得到收养,收养手续完成之前或之后,养父母必须有孩子的法定监护权并且和孩子连续居住两年以上。

"配偶",即丈夫、妻子之间的相互关系,互为配偶。欲以配偶身份取得移民签证的外国人必须和美国公民有"有效的实质婚姻"(valid and subsisting marriage)。婚姻是否有效一般取决于结婚所在地的法律,但美国移民法也有一些硬性规定,如不承认"代理婚姻",即结婚仪式上新婚配偶双方必须同时在场,不能用第三者代理新婚夫妇或新婚夫妇的任何一方来完成结婚仪式。另外,移民局也不承认为了移民而结婚的假婚姻(sham marriage)。为了防止以假结婚达到移民的目的,与美国公民或永久居民结婚的外国配偶,只能先得到一个为期两年的条件式永久居民权(conditional resident status),两年后双方配偶再共同申请撤销条件式永久居民权,使外国配偶一方成为永久居民。根据移民法,一旦发现以假结婚申请移民,不管其签证申请处于哪个审批阶段,移民局都将拒绝给予签证。

"父亲、母亲或双亲"与子女的合法关系是根据移民法关于孩子的定义来证明的。比如,继、养父母与继、养子女的关系要根据继、养子女的定义来证明,一旦父母与孩子的关系通过法律手段中止了,父母就不能再以父母关系为由申请亲属移民。1990 法案规定美国公民近亲属移民签证名额是 239 000 人次,但由于相当年内实际的申请此类签证的受益人不会突破

---

① "孩子"、"配偶"及"父亲、母亲或双亲"的概念解释,参见周继洲:《入境美国:最新美国移民法指南》,法律出版社 1995 年版,第 9~12 页。

这个年度额,故一般认为因美国公民近亲属关系而获得移民签证是不受名额限制的。

美国公民的其他亲属及永久居民(绿卡持有者)所有亲属申请的签证被称作亲属类优先移民签证。根据签给这一类亲属的优先签证的分类,这类亲属也可分为4类:第一类是美国公民的未婚子女,主要强调受益人在开始申请至首次入境都必须未婚。如在此期间结婚,就转为第三类优先移民,即美国公民的已婚子女;未婚也包括离婚独身者,但如果离了婚的移民受益人[①]未满21周岁,则可转为美国公民的近亲属。第二类是永久居民的配偶和未婚子女。永久居民不能申请未婚配偶的签证,即使配偶的签证也受到签证配额的限制,等待签证的时间通常很长。未婚子女包括已离婚的子女,不受年龄的限制。第三类是美国公民的已婚子女。此类签证受益人不受年龄或婚姻状况的限制,只需申请人在申请期间必须始终是美国公民。第四类是美国公民的兄弟姐妹。此类移民申请人必须是21周岁以上的美国公民,但此类移民申请在世界各国都远远超过配额,签证等待期一般需要近10年。

亲属类优先移民签证中,还常常会涉及"派生签证"[②],即上述4类优先移民的随同家属还可同时获得与签证受益人同行的随行签证。比如,第一类签证受益人的孩子、第二类签证受益人前婚姻留下的孩子、第三类受益人的配偶和孩子都可申请派生签证。派生签证减少了许多手续上的麻烦,缩短了办理时间,实际上是签证受益人的一种优惠。但是,这种优惠只赋予了亲属类优先移民的签证,美国公民配偶的近亲属就不享有这种方便。

(二)劳工移民

因劳工关系的签证被称作劳工类优先移民。优先移民是受到名额限制的,每个财政年度里各个类别的优先签证的名额也有具体的分配。

1990法案将劳工移民重新分类,从原来的6类归为5类,但从世界范

---

① 在亲属类移民中,提出移民申请的人通常是在美国的"亲属",将移民去美国的外国人士则是"移民受益人",所以申请者和受益人是两个概念。劳工移民中大部分申请者是外国人士本人,故申请人与受益人往往是同一人;只有其雇主为其提出申请时,该外国人士才是受益人。

② 参见周继洲:《入境美国:最新美国移民法指南》,法律出版社1995年版,第12页。

围内吸收和引进各种杰出人才的方针未有变化。劳工关系的移民也是优先移民,具体分类如下:

第一类,优先劳工。这又分为 3 类:(1)在科学、艺术、教育、商业及体育等专业中具有“不同凡响的能力”(extraordinary ability)的人才。“不同凡响的能力”一般指其所掌握的技能已得到国际性的赞许,该技能的继续发展会很大程度地有益于美国,美国当局将此类人士解释为某专业里一小部分最为拔尖的人才。(2)杰出的教授和研究人员,即在某一学术领域受到国际上公认的杰出的、具有 3 年以上本专业的教学或研究经验的外国人士。(3)某跨国公司的高级管理人员或行政人员。该类人士须在申请人即其雇主提出移民申请之前的 3 年里,具有 1 年以上为美国公司、法人团体或其他法律实体以及其分公司或子公司服务的工作经验,移民美国是为了继续为同一雇主或其分公司、子公司提供服务。移民的才能及身份都需全面、有说服力的书面材料证明。

第二类,在科学、艺术及商业领域具有高等学历或特殊才能(exceptional ability)的外国人士。高等学历是指具有美国学院颁发的学士以上的学位证书,或在取得学士学位后另有 5 年以上本专业的实际工作经验。如果移民谋求的职位一贯要求博士学位文凭,或是凡在本专业里同等职位工作的人员都具有博士学位,那么,接收该职位的人士也必须持有博士学位。此类移民的申请人可以是外国人士本人,也可以是代理该外国人士的其他人员。

第三类,专业人员、技术性和非技术性工人。专业人员泛指有学士学位的人士,移民局解释为从事理论与实践相结合的如专业舞蹈、职业篮球运动等职业的人士,或者是有专业特长的 4 年本科毕业生,也包括持有专业执照者和有实践经验的、具有同等专业能力的工作人员。技术性工人是指从事需要两年以上培训的技术工种的人士。技术性工人和非技术性工人能够申请移民的前提是在美国同行业里没有合格的该类工人,并在核定的有限的移民名额里,大致只限于每年 1 万名以下。

第四类,宗教领袖和其他宗教人士。1990 年前的移民法只接受宗教领袖为移民,并视其为特殊移民。但 1990 年的新移民法规定凡具有两年以上从事宗教职业或与宗教有关的工作经验,受美国宗教组织的邀请,到美国为该宗教组织或属于同一宗教的其他组织进行职业性宗教活动或有关宗教工作,并在1994年10月前提出移民申请的宗教领袖或其他宗教人士均有资格移民美国。宗教领袖指全日制职业性的宗教组织负责人。职业性宗教人士指持有宗教学院颁发的学士以上学位的人士。宗教组织或与宗教有关的组织必须是符合美国税务法所规定的"非营利性"组织。与宗教有关的职务一般包括教士、宗教心理顾问、教会医院或保健中心、宗教译员或宗教广播员等。

第五类,投资移民。申请该类移民的外国人士必须是已在美国投资,或正在计划到美国投资,或已投资于外国但计划到美国投资的外国人士,总投资额至少为100万美元①,并能够提供10个就业机会,投资地点在非都市区,或在美国失业率高的地区。10个就业机会不包括投资者本人、家属在投资企业里的就业机会。

除上述前4类以雇佣关系为基础的劳工移民类别外,还有一些临时性的劳工移民项目。例如,美国的护士专业人员多年来比较短缺,因此,应医院、卫生保健以及各种护理服务业的要求,1990法案简化了外国注册护士的移民手续。外国护士一旦符合美国护士协会的护士考试要求,获得护士执照后即可申请移民,且办理移民的过程中不必申请外国劳工认可证。

二、非移民签证

非移民是指不以永久居住美国境内为目的而是因特定目的欲短期来美国从事活动的外国人士。一般非移民签证是没有名额限制的,但对其在美国境内可逗留的时间及在逗留期间进行的活动有较多的规定和限制。

凡申请短期赴美的外国人士,都必须证明没有移民的意图,否则,签证申请将被拒绝。申请不同非移民签证的外国人士适用不同的申请程序。申请非移民签证的程序大致分为3类:第一类,不借助于美国境内的个人或机构的签证申请,比如申请A、B、C、D、E、G和O类签证;第二类,必须被美国境内的合法机构或项目接受,比如申请J、M、Q及特殊教育培训类签证;第三类,必须以经移民局批准的有效申请为基础的签证申请,比如申请H、K、L、P和R类签证。

因为美国领事馆在审理移民和非移民签证案件时,负有了解证实申请

① 总检察长有权更改投资金额,以决定其是否符合投资移民条件。

人的工作单位、职业以及家庭关系等情况的责任，所以一般来说，申请非移民签证的外国人士要向驻本国的美国领事馆提出申请。如果申请人离开居住国到另一个国家或地区去申请，驻当地的美国领事馆对提出的申请、提供的各种证明材料就没有了衡量标准，因此所提出的申请容易被退回。这也是许多已经入境美国的外国人士申请所持有的非移民签证转成另一种非移民签证或转成移民签证时被要求回本国办理的原因。

向美国领事馆提出签证申请时，要持有申请人本国政府签发的有效护照，填写非移民签证申请表，并附上所要求的各种背景材料和证明材料。此外，与非移民劳工有关的前述第三类签证一般要先得到移民局批准再向领事馆提出申请。

美国非移民签证的种类繁多，每年签证的数量占所有签证的绝大部分，其中主要签予来美国的旅游者和商业访问者。非移民签证大致可分为 19 种，前 18 种以西文字母相区分。

1. A 类签证——外交签证

A 类签证是外交使者签证，签发给美国政府承认的国家派驻美国进行外交活动的国家使节。如果是未被美国承认的国家的代表，无论是途经美国还是到美国参加国际事务或国际组织活动，只能被给予类似公务或过境等签证。A 类签证分为 3 种：A-1 签证签予大使、政府要员、职业外交官、领事官员及其直系家属成员。A-2 签证签予外交使节的随员或助手，及其家属成员。A-3 签证是前两种签证申请人的随行侍从、保姆或私人雇员。A-1 签证和 A-2 签证的期限一般不限制；但 A-3 签证期限一般是 1 年，最长不超过 3 年，但凭其雇主的书面证明可申请延期。

2. B 类签证——短期事务或旅游签证

B 类签证在非移民签证中十分常见，有 B-1 签证和 B-2 签证之分。

B-1 签证为短期事务签证，此类签证的持有人是：来美国进行谈判、咨询、诉讼、参加会议或考察等非经济收入活动的外国人士；不接受经济报酬，提供非娱乐性服务的外国人士；不接受经济报酬的培训人员；不接受报酬来美国进行短期传教、布道的宗教领袖；不接受美国教友捐款的传教士；常住外国的美国公民短期回国探亲时的随行家庭保姆；参加非营利性比赛的职业运动员；外国航空公司雇员；外国医科院校毕业生到美国医学院附属医院做没有报酬的实习生；到美国参加股东会议或参与和董事会有关的活动的美国公司董事会的外国股东;根据合同到美国为美国买方提供设备培训人员,等等。此类签证的申请不需要通过移民局,申请时间较短,所以对只要能够完成到美国的事务的人较为实际方便。

B-2 签证为短期旅游、观光签证,签发给欲来美进行合法的娱乐休闲、探亲、访友、疗养、治病及其他类似性质的社会活动的外国人士。B-2 签证不是学生签证,但能签发给来美进行考察以决定是否到美国学习的"未来学生"(prosepective student),如在签证时注明"未来学生"字样,进入美国后一旦决定留下学习,则比较容易转换身份。① B-2 签证还允许签发给美国公民或永久居民的未婚配偶来美结婚、订婚、与对方家人见面或安排结婚事宜,但外国配偶须保证在事情结束后回国。此外,B-1 签证持有人的家属也可申请有效期从属于 B-1 签证的 B-2 签证。

B 类签证有效期不超过 1 年,一般入境时准予 6 个月,到期可再延期 6 个月。

3. C 类签证——过境签证

C 类签证分为 3 种:C-1 签证只签发给途经美国的外国人士,所以申请人必须出示旅程安排、能够保证到达旅程目的国的交通安排和足够的旅行财力,以及其他国家的入境签证。C-1 签证持有者时效规定严格,最长不得超过 29 天,不允许转换其他非移民身份,也不可以因观光或探亲访友而延长停留美国的时间。C-2 签证适用于某些往返于联合国的外国人士,其持有人入境后必须直接去联合国区,即纽约市哥伦比亚联合国区方圆 25 英里的地带,并只能停留该区,离开该区就必须马上离境。C-3 签证只适用于过境美国的外国政府的公务人员。

4. D 类签证——国际民航、海运人员签证

D 类签证签发给国际民航、国际海运的工作人员,一般指随机、随船入境、离境的所有机组和船务人员。签证可以签发给个人,也可给整个机组、船务人员。持有 D 类签证的外国人士可以入境休假,但休假期不得超过 29 天。一旦发现该类签证持有人并非真正的机组、船务人员,或发现其有不打算离境的计划,移民局有权逮捕并驱逐出境。

---

① 参见周继洲:《入境美国:最新美国移民法指南》,法律出版社 1995 年版,第 29~30 页。

5. E 类签证——贸易、投资签证

E 类签证也分为两种签证 E-1 和 E-2，前者是贸易签证，后者是投资签证。申请这类签证的先决条件是申请人的国家已和美国签订贸易投资互惠条约。该签证目前还不适用于中国内地的投资者。①

6. F 类签证——全日制院校学生签证

F 类签证适用于到美国的学院、大学、全日制中小学、学术机构以及由总检察长批准的设立在大学院校内的语言培训学校，进行有最终截止期的全日制学习的外国人士。申请人本人可获 F-1 签证，其包括孩子在内的家属可获 F-2 签证。

申请全日制学生签证，最基本的条件是该申请人已经被美国某经过移民局批准有权接受全日制外国学生的院校录取为全日制学生。申请人还必须呈交经济担保书，证明其在美国期间有足够的经济来源，不会成为社会的负担。所谓经济来源，不是要求外国学生拥有整个学业期间所需的现金，而是足够保证第一学年所有开支的经济来源，同时也有适当的经济来源提供第一学年以后每个学年所需的开支。

F-1 签证的有效期没有一段固定的时间，只要签证持有人仍然是全日制学校的学生，或从事与学业有关的培训，其签证就继续有效。学业结束后，在 60 天内必须离境。外国学生在美国学习期间，无须特别申请手续，即可在校内工作，但每周不得超过 20 个小时，假期每周可为 40 个小时。如果要进行校外工作，那必须向移民局申请工作许可证，该证有效期为 1 年，并可根据学生的学业情况逐年延长。持 F-1 签证的外国学生如果没有从事全日制学习，或一旦签证失效，则属于被驱逐出境的范围。

持有 F-2 签证的外国学生之家属在美国一律不允许工作，一旦被移民局发现违法接受雇用即会遭到驱逐。

7. G 类签证——国际组织代表签证

G 类签证共分为 5 种：G-1 签证，适用于国际组织成员国的主要常驻代表及其家属；G-2 签证，适用于国际组织成员国的其他代表及其家属；G-3 签证，适用于未被美国政府承认的或非国际组织成员国的外国政府代

① 与美国签有贸易投资互惠协议的亚洲国家和地区有日本、韩国、菲律宾、泰国、中国香港特别行政区等。

表;G-4 签证,适用于国际组织的官员、工作人员及其家属;G-5 签证,适用于上述代表、官员和工作人员的私人雇员、保姆、侍从等。一般 G 类签证的有效期是不定的,只要美国国务卿认可签证持有人的合法身份,签证就持续有效。但 G-5 签证的持有人在首次入境时期限为 3 年,到期后每次可延长 2 年。除非进入美国的目的是伤害公众利益、破坏国家安全,否则 G 类签证的持有人不得被列入驱逐出境的范围。

8. H 类签证——非移民工作签证

根据 1990 法案,H 类签证较以前有了较大变化,对适合申请的对象作了调整,主要有 H-1、H-2 和 H-3 3 种签证,其中还作了小分类。

H-1 签证主要有 H-1A 护士签证和 H-1B 专业性职业人员签证。护士签证签发给短期到美国从事护理工作的注册护士。注册护士指已经得到或将要得到美国州护士委员会的批准,有权在该州的医院或其他医疗保健机构从事护士工作的人士。这种签证最长有效期为 5 年,特殊情况可延续至 6 年。外国护士入境美国后必须能够马上工作。申请专业性职业人员签证需要已有美国公司的合法雇佣合同、申请人专业的证明等材料,以及劳工部签发的劳工申请。此类签证最长的有效期是 6 年,期满后 10 天内离境。

H-2 签证一般称为非移民季节性外国劳工签证。其主要有三个特点:(1)短期工作,要求不仅外国劳工入境时间必须是短期,而且工作本身也必须有明确的截止期,一般不超过 1 年;(2)缺乏合格的美国工人来应聘;(3)持有 H-2 签证的外国劳工很难根据同一个工作申请永久居民权。其中,H-2A 签证专门签发给季节性农业工人。

H-3 签证是培训签证,持有该类签证到美国进行培训的外国人士也属于非移民劳工的范畴。H-3 签证的申请人可以是提供农业、贸易、金融、交通等方面培训项目的工厂企业、个人、组织或其他法律实体。为防止外国劳工以培训为名进入美国劳动力市场,该签证在申请手续上有许多细节规定;培训人员进入美国后不得取代美国工人的工作,不得接受雇用。

9. I 类签证——新闻代表签证

I 类签证适用于到美国进行新闻媒介工作的外国新闻界代表。这种签证办理手续简单,但派出新闻代表的国家必须和美国已签有新闻往来、相互接纳新闻界代表的互惠条约。

10. J 类签证——互访学者签证

J-1 签证签发给到美国进行访问、考察、咨询、研究、培训的培训人员、研究人员、教师、教授、国际访问学者等。互访学者首先要联系美国联邦信息委员会批准的联邦、州或市政府或常驻美国的国际组织的项目,项目被接纳后方可申请签证。J-1 签证的有效期因项目和人员而异。持有 J-1 签证的学生,其签证有效期可根据项目的长短或攻读学位的时间而定,完成项目或取得学位后,一般可申请 1.5 年的实习;讲师、教授以及研究人员的 J-1 签证有效期为 3 年;国际访问学者的为 1 年;职业培训为 2 年。相当部分的 J-1 签证持有者,期满后必须回国工作两年,然后才可以再进入美国长期任职或申请成为永久居民。J-1 签证持有者的家属可申请 J-2 签证,且申请到工作许可证后可在美国接受雇用。

11. K 类签证——美国公民未婚配偶签证

K-1 签证签发给到美国与美国公民结婚的外国未婚配偶。签证申请人必须是美国公民,申请批准后有效期为 4 个月。外国配偶入境后 90 天内必须结婚,随即可申请成为永久居民。K 类签证的持有人入境美国后可申请工作。但是如果没有在入境后 90 天内结婚,签证期满后不得转换为其他非移民签证。外国未婚配偶的随行孩子可申请 K-2 签证。

12. L 类签证——公司内部调整人员签证

申请 L-1 签证必须具备以下条件:在提出申请之前的 3 年里,签证受益人必须已经为申请公司设在外国的公司、分公司或子公司服务至少 1 年的时间;受益人到美国是短期受雇于同一雇主或同一公司;受雇职务为管理人员或行政人员以上职务。该签证必须由在美国的公司提出申请,签证有效期一般不超过 1 年。L-1 签证持有人的家属可申请 L-2 签证,但在美国不可以工作。

13. M 类签证——非学术性学生签证

非学术性学生指到美国职业大学或社区学院进行全日制学习的外国学生,但不包括 F-1 签证里所提到的全日制语言学校的学生。M 类学生在美国期间除实习以外不得工作,也不得转换为 F-1 签证或 H-1 签证,签证的有效期一般为完成学业所需的时间,另加 30 天准备离境的时间。

14. N 类签证——某些特殊移民随同家属签证

某些国际组织的工作人员在美国任职期间可以携带家属,这些家属就可申请N类签证。N类签证的有效期为3年,期满后可再延期3年。

15. O类签证——具有杰出才能的外国人士的签证

O-1签证签发给在科学、教育或贸易上受到国内或国际承认的、具有杰出才能的外国人士,其中包括受到国内和国际上承认的具有杰出才能的体育和文艺人士。O-1签证持有人的随员可申请O-2签证。O类签证持有人到美国的目的必须是参加一个特定的活动,如学术年会、讲座、科研项目、展览、巡回表演等。

16. P类签证——杰出的娱乐业人才和体育人才签证

P类签证只签发给来自与美国有关组织或部门签有民间来往互惠协议的外国组织派出的演员和运动员。签证持有人可以是个人也可以是团体,但必须是知名娱乐人士或比赛运动员及其随行人员。

17. Q类签证——文化交流签证

Q类签证也是1990法案增设的新种类,专门签发给短期到美国参加文化交流的外国人士。文化交流的活动项目必须是经过总检察长批准的项目,交流活动必须是对美国人民有益,并在学校、博物馆、公园或其他商业性或娱乐性公共场所进行的活动。此类签证必须由美国雇主或活动主持人提出,签证受益人即参加活动的代表必须是18周岁以上、有资格参加文化交流、具有语言能力向美国人民介绍所代表国家文化且没有移民意图的外国人士。签证的有效期为15个月,曾经到美国参加过文化交流的外国人士必须回国居住1年之后,才可再申请Q类签证。

18. R类签证——宗教工作人员签证

此类签证签发给短期到美国进行职业性宗教工作的外国人士。签证有效期为5年。

19. 国防科研项目工作人员签证和残疾人教育工作签证

这两类签证不以西文字母分类,前者只签发给与美国政府签有国家防疫平等互惠条约的国家所派出的有关工作人员,后者签发给到美国参加残疾人短期培训或教育等项目的人士,每年签证名额为50名,签证有效期为1.5年。

第四节 21 世纪美国移民法的变迁

21 世纪伊始,"9·11"恐怖袭击促使美国联邦政府重新审视国家安全与移民问题,布什政府开启了 21 世纪美国移民制度改革的大门。同时,随着经济全球化和人口流动的加速,移民对于美国社会的影响也在世纪之交发生了转型:一方面,移民为美国提供了大量劳动力以及技术人才;另一方面,大量移民尤其是非法移民的涌入,给美国社会带来了巨大的财政负担以及可能造成混乱的不稳定因素。根据 2006 年美国国土安全部公布的数据,2000 年美国非法移民数量至少为 8 640 000 人,这还不包括提出合法居留权申请的移民。① 目前,美国在 21 世纪已历经五届政府,以下将择取小布什政府、奥巴马政府和特朗普政府为代表,分别述之。

一、小布什政府的移民制度改革

2001 年 9 月 11 日,震惊世界的恐怖袭击使美国政府不得不关注重塑国家安全防线,其中人口流动带来的恐怖活动风险也受到了关注,移民政策的紧缩可谓势在必行。

(一)"9·11"事件与移民政策变更

在"9·11"事件之前,美国移民政策总体上是开放和宽松的。2001 年 6 月 22 日,美国联邦参议院司法委员会通过了《未成年外国人发展、救助和教育法案》(Development, Relief and Education for Alien Minors Act,以下简称《梦想法案》)协助非法移民子女有机会完成高等教育并获得临时居留身份。② 小布什与墨西哥总统亦在世纪之交达成了分阶段给予墨西哥非法

① See Michael Hoefer, Nancy Rytina & Christopher Campell, *Estimates of the Unauthorized Immigrant Population Residing in the United States: January* 2005, DHS Office of Immigration Statistics (Aug. 31, 2006), https://www.dhs.gov/xlibrary/assets/statistics/publications/ILL_PE_2005.

② See Jennifer Galassi, *Dare to Dream-A Review of the Development, Relief, and Education for Alien Minors (Dream) Act*, 24 Chicano-Latino Law Review 79 (2003).

移民永久居留权并归化的共识。不过上述法律的通过、政策的法律化及推行受到了“9·11”事件的冲击。

小布什在第一任期内主导了旨在紧缩移民政策的“紧急”立法与机构改组。2001年10月11日由参、众两院共同提出并很快通过了《美国爱国者法案》;该法案授权联邦政府官员追踪、监听电话,收集恐怖活动消息,加强了美国边境检查,防止恐怖分子偷渡入境。无论监听通信还是严查边境,移民团体首当其冲。2002年5月14日,小布什总统签署了《强化边境安全和签证入境改革法》(The Enhanced Border Security and Visa Entry Reform Act)。该法案的目的在于在联邦政府多部门间实现情报和移民法实施的信息分享,通过部门合作限制外国人非法入境,并限制部分支持恐怖主义分子国家公民移民签证申请。此法案同时加强了联邦政府对于入境留学生、访问学者的行踪监控。

与立法配套的是移民管理机构的改革。美国移民事务虽属联邦管辖,但在“9·11”事件之前,边界安全处理与外来移民事务由20余个联邦机构分头管理;其中移民局主要负责移民事务,但因管理不善、效率低下而广受诟病。面对“9·11”事件表征的国土安全隐患,2002年,小布什政府颁布《国土安全法》(Homeland Security Act)组建国土安全部并将原移民局并入其中。由此,美国移民事务形成了如下管理机构模式:国土安全部下辖的“公民及移民服务局”主要负责更好地改善移民服务,以确保国家安全;“移民和海关执法局”则是国土安全部的主要调查机构。此外,国务院与劳工部分别设立“人口、难民及移民局”和“国际劳工事务局”来处理相关业务。

(二)“反恐”特征的移民法案陆续出台

在紧急措施之后,小布什政府渐进推行了移民制度改革,主要着力点在于非法移民合法化与边境管控两大方面。2004年1月7日,小布什提出“临时工人计划”,为了促进美国经济发展而有秩序地给予非法移民以临时合法身份。但非法移民合法化的行动受到了国内保守势力的阻碍,乃至激起了民众广泛的反移民浪潮,党争也在一定程度上影响了移民立法。譬如,2005年众议院议员森布雷纳提出《边境保护、反恐与非法移民控制法案》(Border Protection, Antiterrorism, and Illegal Immigration Control Act)。该法案在众议院获得通过，被认为是“布什移民政策的挫折”，[①]但该严厉法案并未能最终施行。

次年，参议院通过《全面移民改革法案》（Comprehensive Immigration Reform Act），建议有条件取得有期限签证，续签后可领取绿卡。偏向于宽松的该法案也未能得到最终落实，反映了移民问题在美国国内的观念分歧。真正获得通过的联邦立法是 2005 年的《真实身份法案》（Real ID Act）。该法利用驾照作为个人身份证明，限制非法移民、不能提供自己合法身份的外国人、没有社会保险卡的合法移民获得驾照，起到了限制非法移民的作用。

除并不成功的宽松化移民制度改革外，2006 年颁布的《安全篱笆法案》（Security Fence Act）吸收了两党议员在上述两个未施行法案中关于加强边境安全的共识，成功获得通过。该法案使美国政府将耗资 12 亿美元在美墨边境建筑隔离墙。简言之，小布什政府的移民制度改革在任期伊始受“9・11”事件影响而进展迅速；但随着改革深入，党争、府会之争以及背后的利益集团交织[②]，改革举步维艰。任期结束之前，小布什提出了 2007 年《全面移民改革法案》，但依然不得不面对该法案在参议院“搁浅”的局面。

二、奥巴马政府的移民制度改革

2008 年的美国大选一如往常，移民制度改革方案是各位候选人争取选票的重要手段。奥巴马曾在竞选期间接受采访时表示，当选之后将推行移民改革，维护拉美裔移民权益。该誓言为其赢得了大量拉美裔选票，帮助其成功当选。但其上任后的改革举措却颇显保守，乃至被讥讽为“食言”。[③]

---

① See Jonathan Weisman, *House Votes to Toughen Laws on Immigration One Setback for Bush: No Guest - Worker Plan*, The Washington Post (Dec. 7, 2005), https://www.questia.com/newspaper/1P2-33002593/senate-votes-to-tighten-borders-immigration-measure.

② 例如，在小布什政府移民制度改革期间，诸多有影响力的社团组织如“全国餐馆联合会”“美国商会”“亚美正义中心”等联合成立了“2007 年移民改革联盟”，通过参与立法听证、向民众宣传等方式影响立法草案的“最终命运”；可以说，被诸多势力“环抱”的移民制度改革，自始便缺乏统一的政治共识，由此导致法案命途多舛。

③ See Jorge Ramos, *A Country for All: An Immigrant Manifesto*, 27 American Journal of Business 91 (2012).

(一)奥巴马政府移民改革举措

奥巴马政府上台后开展了其竞选时承诺的移民改革运动,具体举措主要包括三部分:

其一,因袭小布什政府举措,收紧边界控制。奥巴马政府继续耗资实践《安全篱笆法案》,并于2010年8月13日颁布法案为国土安全部等负责边境安全、移民管理的部门追加6亿美元投资,以增加边境安保力度。①

其二,推动移民权利保障立法。《梦想法案》早在世纪之交就被提及,关系到青年移民的教育问题;该议案在2003年和2005年多次被国会讨论,但一直处于被搁置的状态,未能进入表决阶段。直到2007年,《梦想法案》才进入最终立法程序。2010年该法案通过众议院表决,但在参议院表决中,遭到共和党议员反对而未能通过。可以说,小布什政府时期的党争与利益集团冲突影响国会立法自主权的现象已经延及奥巴马政府,使得奥巴马当选之初关于移民制度的"一揽子"式的改革和单项改革屡屡受挫。不过,在获得连任后,奥巴马突破重重阻力宣布施行"童年入境暂缓遣返计划"(Deferred Action for Childhood Arrivals,DACA)。该计划使得在美国居住5年以上且在16周岁前首次进入美国的31周岁以下的无犯罪记录的非法移民有机会申请暂时免予立即遣返。该计划的运行以总统行政权力为基础,在出台伊始即遭遇了反移民者的抨击,反对者批判总统滥用权力并担忧该法案将进一步开启非法移民合法化的通道。②

其三,加大对当下非法移民行为的打击。奥巴马政府虽然对已经长期居留的非法移民"网开一面",但严厉打击当时的非法移民行为。他采取了对非法移民的"零容忍"政策(zero-tolerance program),规定偷渡行为构成"非法入境罪",将面临6个月监禁。同时,奥巴马大量运用驱逐出境来制裁非法移民行为。美国拉美裔权益保护团体——拉美裔全国委员会主席

① 参见姬虹:《奥巴马政府移民改革探析》,载《世界民族》2016年第5期。

② 不过,奥巴马结束总统任期后,特朗普总统于2017年9月5日宣布废除该项目,并要求国会寻求取代该项目的法案。See Mike Warley, *Deferred Action for Childhood Arrivals: A Case of Prosecutorial Discretion or Inappropriate Agency Rulemaking*, 26 Georgetown Immigration Law Journal 683 (2012).

莫盖娅讥讽奥巴马为“首席驱逐官”。[①] 在驱逐出境被广泛运用背后，关于其性质的正义与否以及驱逐出境决定的可审查性引发了争议。

美国最高法院曾在1893年通过判例确定了驱逐出境并非刑罚，而是一种控制边境的民事措施。[②] 不过随着驱逐出境的发展，政府不仅对不应进入国境之人适用之，而且对入境后为不当行为者适用之；这表明驱逐出境不再是一种补救措施，而是一项惩罚性措施（乃至一种刑罚）。那么，随着惩罚性驱逐的日益增多，需要建立制度机制来确保这些驱逐决定不是武断的。[③] 因此，奥巴马政府适用驱逐出境的决定的合法性遭到反对者的质疑。

（二）继续加强针对“非法移民”的立法

奥巴马政府执政期间，曾发生了重要的联邦、地方关于移民问题管辖权的纠纷。依据美国宪法的规定，美国联邦政府具有专属的移民问题的管辖权，不过具体实践中其与边境诸州的利益密切相关，且需要各州政府的配合。为了维护自身利益，美国州政府立法项目开始涉及移民问题，如1994年加利福尼亚州通过“拯救加州提案”（Save Our State，SOS，又称187号提案）[④]，该提案旨在将非法移民排除在社会福利、非紧急医疗救助与功利教育之外。

2010年4月23日，亚利桑那州共和党州长布莱维尔正式签署了被称为“最严苛的打击非法移民法案”——“参议院1070法案”（Senate Bill 1070）。该法案赋予州政府官员更广泛的移民问题执法权（如基于合理怀疑而拘捕），并扩大自由裁量范围。与此同时，该法案严格惩处为非法移民提供交通运输或者对其提供庇护、实施诱导等行为，禁止雇主雇用非法移民乃至禁止非法移民在州内寻找工作。反移民浪潮的支持者成为该法案的拥趸，而民权团体、移民利益团体则针锋相对，一时间社会各界莫衷一

---

① See Rebecca Kaplan, *Obama is "Deporter-in-Chief", Says Prominent Latino Group*, CBS NEWS (Mar. 4, 2014), https://www.cbsnews.com/news/obama-is-deporter-in-chief-says-prominent-latino-group/.

② See Fong Yue Ting v. United States, 149 U. S. 698 (1893).

③ See Angela M. Banks, *Proportional Deportation*, 55 Wayne Law Review 1651 (2009).

④ 该法案最终被判定违宪；负责案件审理的地方法院法官指出，“管理移民的权力属于联邦政府独有”。参见陈积敏：《美国亚利桑那州移民法案评析》，载《国际论坛》2010年第6期。

是。奥巴马总统认为该法案属于“误导性举措”,并指示政府部门审查该法案是否侵犯公民权利。

该法案签署后若未有异议,则在 90 天后生效。戏剧性的是,在生效前一日,美国联邦地区法院法官裁定新移民法中 4 项条款不生效,如在无法庭拘捕令时,授权警察基于怀疑而盘查、拘捕当事人的条款。最后,该法案进入联邦最高法院审理,终审判决否决了亚利桑那州严厉打击非法移民的条款。[①] 联邦最高法院长期坚持“全部权力原则”(plenary power doctrine),即联邦政府享有全部的移民立法权,并基于该宪法原则对州议会的移民立法予以司法审查,确保联邦立法的权威。[②] 由于最高法院的坚持,在奥巴马时期的亚利桑那州移民法案事件未能根本冲击联邦政府对于移民问题的专属权力。

三、特朗普政府的移民制度改革

奥巴马政府时期,虽然美国政府对移民问题的态度分歧巨大,但因为该届政府在因袭中谋求改革,维护了联邦政府的专有权力,保证了大部分长期居留美国的非法移民的利益,所以改革举措并未激起美国社会的强烈震荡。不过,2017 年特朗普就职总统后,他秉承“美国优先”原则并对移民制度进行了重大改革,其激进乃至全盘否定前任政府的改革举措一时间引发国内外争议。特朗普政府对移民制度的改革方向可以从其当选以来的首份美国国家安全战略报告中窥见一斑。他在报告中提出“加强边界管制和移民政策”“在研究、技术、发明和创新方面领先”“吸引和留住发明家和创新者”“收紧签证程序”等一系列具体政策导向与措施,标志着美国移民制度的收紧化趋势加剧乃至走向国家层面的反移民化。

(一)特朗普政府移民改革举措

当选伊始,特朗普在 2017 年大刀阔斧地推行移民制度改革。当年 1 月 27 日,特朗普签署有关极端分子审查措施的行政禁令,暂停来自 7 个伊

---

① 最高法院在判决中表示:“由于移民管理权(the immigration power)完全属于联邦政府,该权力具有一种固有的主权属性,各州不能依靠它们的一般警察权力来强行实施移民法律。”Arizona v. United States,641 F. 3d 339 (2011).

② 参见唐慧云:《美国最高法院与非法移民问题——以司法审查功能为视角》,载《美国问题研究》2015 年第 2 期。

斯兰国家的移民及签证发放,即“禁穆令”;4 月 18 日,特朗普签署行政令,收紧国内企业雇用外国劳工的 H-1B 签证计划;8 月 2 日,特朗普表示支持以提升移民门槛、提升移民素质为核心的“壮大就业改革美国移民法案”(Reforming American Immigration for Strong Employment Act,RAISE),优先吸收会讲英文的移民,限制对难民的绿卡发放数量至 5 万个。该法案实行初年,绿卡数量减少 41%。2017 年 9 月 5 日,特朗普宣布废除奥巴马政府推行的“童年入境暂缓遣返计划”。

与此同时,其因袭了 21 世纪前任政府的边境控制政策,直接向国会要求拨款 250 亿美元以在美墨边境建筑隔离墙。特朗普致力于削减乃至取消对于 F-1 学生签证的优惠政策,严格留学申请程序,加强材料审核,提高申请费用,但对于科学、科技、工程和数学专业的留学生予以优惠政策,以吸引高技术人才。特朗普关于科教类签证的改革导致自 2016 年来美国高校的国际新生人数不断减少。

(二)特朗普政府移民制度改革的影响

首先,特朗普政府的移民制度改革影响了美国与移民来源国的国际关系。墨西哥为美国传统移民来源国,特朗普政府不仅构筑隔离墙阻隔拉美裔移民涌入,而且在 2018 年中南美洲难民危机爆发之际批评墨西哥政府的不作为,导致两国关系达到冰点。调查表明,特朗普上台后,墨西哥民众对美国的好感降到 2002 年以来的最低点,从 2002 年的 64%下降到 2017 年的 30%,95%的墨西哥民众反对修建边境隔离墙。[①] 并且,“禁穆令”直接影响了美国同伊朗、伊拉克等伊斯兰国家的外交关系。

其次,特朗普政府的一系列措施影响了国际的经济、科教交流。目前,美国的经济、科教地位尚无他国可以撼动,签证制度改革直接影响外国人进入美国从事贸易活动。例如,H-1B 签证削减直接影响了印度公民进入美国从事贸易活动与技术交流,并引发了印度政府的抗议。而作为最大的技术输出国,美国限制留学生申请及采用严格化签证的做法表明其并未承担起大国责任,阻断了科教交流。

---

① See Margaret Vice & Hanyu Chwe, *Mexican Views of the U. S. Turn Sharply Negative*, Pew Research Center (Dec. 14, 2017), https://www.pewresearch.org/global/2017/09/14/mexican-views-of-the-u-s-turn-sharply-negative/.

最后,特朗普政府的移民制度改革主要采用了限制移民举措,片面支持了反移民声浪,而罔顾移民利益群体及民权组织的诉求。同时,改革措施密集且迅速,背离了21世纪以来历届政府长期坚持的稳健改革政策,长远效果尚未可知。

应该说,21世纪初的美国移民制度改革是在"9·11"事件的阴霾下推行的。恐怖袭击作为诱因开启了美国移民制度的新世纪改革,小布什政府应急性出台法案限制移民、控制边境。随后,小布什、奥巴马两任政府复归较为温和的移民政策,企图通过逐步进行长期居留非法移民合法化与严厉打击当时非法移民行为相结合的方式,进行渐进式、全方位的改革,但是利益交错、党争频繁为关涉美国社会稳定的改革蒙上了政治阴影。特朗普上台后,进行了以限制为核心的移民制度改革,引发国内外争议。美国的移民制度与政治氛围、社会意识形态息息相关。在全球化不断加剧的当下,选择怎样的移民制度?颁布怎样的移民法案?如何在移民自由与严格限制之间寻求平衡?上述问题仍待历史解答。

第十章　国际贸易法

第一节　概　　述

美国是一个资源丰富、工业发达的大国，且拥有巨大的国内消费市场，再加上其受两大洋阻隔，远离“大陆”，因此在传统上其对外贸易量在国内生产总值中不占主要地位。南北战争后，美国的商法和区际冲突法把解决州际之间的贸易纠纷和冲突摆到了第一位，很少涉及国际贸易。直到 1942 年，美国统一州法律委员会和美国法学会起草的《美国统一商法典》仍把州际贸易作为其主要的立法对象。

但是，随着科技的发展、社会结构和国际分工的变化，国际贸易在国民经济的发展中显得越来越重要。美国历史上是一个移民国家，因此其从来没有中断过与外界的联系。两次世界大战使美国的实力大增，特别是第二次世界大战后，美国成了世界上最强大的国家；时任美国总统罗斯福的“世界蓝图”就是在确保美国在世界上的政治、军事优势的同时，加强对世界各国经济上的渗透和控制。建立国际货币基金组织、世界银行组织和国际贸易组织的构想的提出，就是美国企图在经济和贸易上控制世界各国的表现。

事实上，第二次世界大战后，美国对外贸易在国民经济中的地位不断得到提高，其增长速度远超过了国内生产总值的增长。1960 年，美国的出口额占国内生产总值的比重只有4.5%,进口额仅为4.9%。20世纪70年代初,出口额和进口额占国内生产总值的比重分别为5.6%和6.8%,80年代初发展到8.8%和7.8%,到1991年二者的比重已增长到11.1%和11.5%。据统计,1991年美国的出口额占世界出口总额的12%,进口额占世界进口总额的14%。[①]在2022年,美国进口额占国内生产总值的比重为27.04%。[②] 目前,美国是仅次于中国的世界第二大贸易国,2022年货物和服务出口总额超过7万亿美元。[③] 尽管如此,其对外贸易在世界贸易中的优势地位正在逐步减弱。美国贸易的重点地区是北美自由贸易区(NAFTA)内部、欧盟和日本,现在其眼光也逐渐地转到了拉美和亚洲广大的新兴发展中国家和地区。近年来,美国在商品货物贸易方面正越来越受到世界各国的威胁;尽管美国在服务贸易和农产品贸易上仍保有优势,但连年的巨额贸易赤字已使美国多次调整其外贸政策。尽管如此,美国的几次贸易法规的修订和颁布,无不显示了贸易保护主义的力量。

美国的对外贸易法包括大量的法令、规则、行政命令和为了实现各种经济、政治、社会甚至道德目标而作的裁决和判例。其内容包括:如何提高美国产品在外国市场的竞争力;在公平和非歧视的基础上拓展世界贸易;在不公平贸易实践和迅速增长的进口中保护美国工业;在非歧视的基础上打开美国的商品和服务贸易的市场;通过给予不发达国家优惠进入美国市场的政策鼓励其经济的发展;控制敏感产品出口到那些可能用该产品制造化学、原子或其他毁灭性武器的国家。美国对外贸易法还涉及海关法的领域。

美国国会在最近几十年来至少每五年就通过一项主要的贸易立法,并对贸易法作了大量的修改。以1988年最终形成的《综合贸易及竞争法案》(Omnibus Trade and Competition Act)为标志,确立了美国贸易政策在新的历史条件下的基本格调和基本战略。这主要体现在两个方面:一是从全球多边主义转向了双边互惠主义,加强有针对性的双边贸易谈判,以解决贸易争端和冲突;同时寻求建立区域性贸易集团,来获取更大的贸易与经济

---

① 上述数据参见1992年联合国《统计月报》和1992年经济合作与发展组织《主要经济指标》。

② 上述数据参见世界银行和Macro Trends的统计:U. S. Trade to GDP Ratio 1970—2022。

③ 上述数据参见美国贸易代表办公室(USTR)的统计。

利益。二是从倡导“自由贸易”转向“公平贸易”，强调对等互惠条件，强化其贸易法的自我保护性和主动性，依据1988年法案对不符合美国要求的国家和地区实施单方面的贸易制裁。但是，1994年结束的导致世界贸易组织产生的乌拉圭回合谈判又使其修改成了必要。事实上，大量的美国贸易立法包括1988年《综合贸易及竞争法案》和下述所有主要贸易救济方法、普惠制和出口限制，都已经进行了扩大和实质性的修改，并在1995年乌拉圭回合达成的协议的最后生效之时实施。

美国虽然一贯强调其自由贸易的指导思想，但在实际做法上则采取了对国内部分产业给予保护的措施，这在1974年《贸易法》(Trade Act)和1979年《贸易协定法》(Trade Agreement Act)中得到了充分的证实。20世纪80年代的巨额贸易赤字，使美国不断强化贸易保护主义态度，并终于在“自由与公平”的基础上完成了1988年《综合贸易及竞争法案》。这些年来，美国频频运用这些法律中的“301”条款(Section 301)①以及“反倾销”“反补贴”等手段，来迫使有关贸易国与之举行双边贸易谈判，并从中获取经济利益。因此，当有拘束力的国际条约(乌拉圭回合达成的协议)扩大到包括贸易的国际规则时，从制造业到服务业、知识产权和农产品均影响到美国在国际贸易体系秩序方面的长远目标；而且，这些条约限制了美国通过单方面行为来保护本国经济利益的能力。这样，美国就不得不和它的贸易伙伴一样，来适应一个对单国行动有重大限制的国际贸易体系。

美国现行的对外贸易政策是经过若干年的努力，以适应全球经济格局的变化而逐步调整并最终形成的，是具有全局性、主动性和实效性的贸易政策。其目的是建立一个国内和海外的美国公司都能参与的公平竞争的领域。因此，美国就不时地指控其贸易伙伴实施了贸易保护主义，在搞不公平贸易，同时又强调各国适用其贸易法应与国际贸易规则相一致，从而达到推行其贸易政策的目的。

与其他国家一样，美国的大量贸易立法并不是凭空出世的，它是美国总统和国会，各种利益集团之间，美国的道德观和公平竞争观念在政治上

---

① “301”条款原指美国1974年《贸易法》的第301~310节，后在1988年《综合贸易及竞争法案》中得到了强化，主要是针对外国市场的不公平贸易做法；它是美国产品进入外国市场的一个有力武器，详细内容见下文。

长期冲突的反映。劳工组织,农业,主要工业如纺织、汽车、钢铁、半导体和计算机软件,环境和消费者团体等均能对美国的贸易立法和政策的规划、实现产生深刻的影响。下面就简单介绍一下美国对外贸易立法的主要演变。

1. 1934 年《贸易协定法》

由于美国是一个新兴的资本主义国家,因此为了保护本国的工业发展,美国一直采取贸易保护主义政策。1789 年美国联邦政府成立不久就颁布了"关税条例",其直接目的就是通过征收高额关税保护国内工商业和促进农产品的出口。这一贸易政策一直被延续到 20 世纪 30 年代而达到顶点,其标志就是有名的 1930 年《关税法》(Tariff Act)的出台。该法提高了 75 种农产品和 925 种工业品的关税率,使 1932 年美国对应税进口商品征收的平均税率达到 59%的空前水平。

1930 年《关税法》的目的是缓和从 1929 年 10 月开始的资本主义经济大危机,但它不仅未能挽救在大危机袭击下美国对外贸易的窘境,反而招致了别国的报复和对抗。加之当时美国的金融危机限制了美国向外贷款的能力,因而减少了其他国家用以购买美国商品的美元来源,这些都大大恶化了美国的对外贸易;因此 1934 年 6 月,美国国会又通过了 1934 年《贸易协定法》。该法在名义上并不是新的贸易立法而只是对 1930 年《关税法》第 350 节的修订。但它具有现代美国贸易法的雏形,因而成了美国对外贸易政策的转折点:首先,该法授予总统进行贸易谈判和执行贸易协定的权力。按照美国宪法,只有国会有立法权;总统虽有权对外进行谈判,但总统签订的协定、条约,只有得到国会的批准才能生效、付诸执行。例如,当年美国总统威尔逊在巴黎和会上签订的《巴黎和约》就因为没有得到国会的批准而白忙一阵。而 1934 年《贸易协定法》虽没有改变这种权力的分配,但对行使权力的次序作了改变,把过去那种"谈判在前,批准在后"的次序改变为"授权在前,谈判在后",只要是在国会授权的范围之内,总统谈判签订的贸易协定无须经国会批准即有效,即可付诸执行。这一改变大大扩大了美国总统在与贸易对象谈判时的权力和活动余地。正是在这一点上,该法在美国贸易政策发展史上具有划时代的意义。其次,该法采用了"无差别原则",即按照该法的规定,两国间的协定应该包括最惠国条款,明确规定当美国从贸易协定缔约国享受到对本国出口商品的最惠国待遇时,美国也必须给予对方同样的待遇。

以 1934 年《贸易协定法》为标志，美国的对外贸易政策由过去长期推行的高额关税政策向贸易自由化方向作了重大转折。从此，美国的关税税率呈现出持续下降的趋势。

2. 1962 年《扩大贸易法》(Trade Expansion Act)

第二次世界大战使美国大发横财，并一跃成为世界上最强大的国家。因此，占整个资本主义世界近 1/4 出口额的美国比任何时候都更主张实行贸易自由化，并努力推动成立一个旨在促进全球贸易自由化的国际贸易组织；后虽未成功，但《关税及贸易总协定》的签订，无不显示了美国推行贸易自由化的决心。为了进一步抑制 20 世纪 50 年代出现的世界各国的贸易保护主义倾向，进一步推进“贸易自由化”，美国国会终于通过了美国贸易政策发展史上最具自由化色彩的贸易法——1962 年《扩大贸易法》。该法的主要内容有：

第一，该法授予总统有权把关税从 1962 年的水平降低 50%，并有将 5%以下的商品关税税率降至零的权限。

第二，大幅度缓和所谓“危险点条款”，使之有名无实，把关税委员会的作用降低到仅仅是对关税变更所带来的经济效果作出判断的程度。而原来的“危险点条款”是指关税委员会有义务在总统举行关税减让谈判时，向总统报告不致使国内产品因关税降低、进口增加而蒙受损害的最低关税率。

第三，对原来的“免责条款”规定了较为严格的适用条件。所谓“免责条款”，是指在关税减让引起进口显著增加、对国内有关产业造成重大损害时，总统有权撤回这种减让而采用进口限制措施的条款。这一条款实际上是使这些商品的进口不受关税减让的约束。而按照 1962 年《扩大贸易法》的规定，只有当关税减让成为导致国内有关产业蒙受损害的“主要原因”时才能适用“免责条款”。这样，根据这一条款而采取保护主义措施就变得十分困难了。

3. 1974 年《贸易法》

从 20 世纪 50 年代到 60 年代末，整个资本主义世界处于经济的“高涨”时期，主要的西方国家都已纷纷走出了战争的阴影，欧洲经济共同体和日本的重新崛起，给美国的霸主地位带来了严重的挑战。1971 年，美国的贸易收支在维持了近百年顺差之后首次出现了逆差,1972 年贸易逆差进一步扩大;在这种情形下,美国国内的贸易保护主义势力又有所抬头,经过主张实行贸易保护和支持贸易自由化的两种势力的长期争吵和折中,1974 年美国国会终于通过了《贸易法》。该法一方面还在降低关税,削减和撤销某些非关税壁垒以进一步推动"贸易自由化",另一方面又在加强贸易保护主义。这是第二次世界大战后美国第一个既有贸易自由化又有贸易保护主义原则的贸易法。该法的主要内容有:

第一,该法授予总统把关税从 1974 年的水平降低 60%的权力,并授予总统削减、撤销某些非关税壁垒的权限。

第二,将"免责条款"中的产业遭受重大损害的"主要原因"改为"实质原因",并设立国际贸易委员会负责就受理的产业受害诉讼的有关事实进行调查,在受理后 6 个月内向总统提出救济措施建议,总统须在接到建议后 60 天内作出答复和决定。

第三,该法修改了反倾销和反补贴法,在授予总统斟酌执行这两个法律的权力的同时,设立了处理案件的时间限制,以提高处理案件的速度;这一修改明显带有加强贸易保护的效果。

4. 1984 年《贸易和关税法》

20 世纪 70 年代末 80 年代初席卷资本主义世界的又一次经济危机,使世界贸易出现了第二次世界大战后从未有过的负增长,各国以非关税壁垒为主要手段的贸易保护主义重新抬头,使战后确立起来的自由贸易体系面临严重的威胁。美国为了摆脱对外贸易的困境,在保护本国市场的同时拓展国际市场,美国国会又制定并通过了 1984 年《贸易和关税法》;这也是一部既有贸易自由化又有贸易保护主义双重色彩的贸易法,但更偏重保护主义。该法的主要内容有:

第一,授予总统参加关贸总协定新一轮多边贸易谈判的权力,并规定了总统参加国际贸易谈判的方向,力图在劳务、投资、技术等领域实施自由化。

第二,扩大了总统进行贸易报复的权力。该法沿袭了 1974 年《贸易法》第 301 节的规定,授权总统对那些对美国商业采取"不公平、不合理或歧视性"做法的国家实行贸易报复,并且规定报复的手段并不限于商品贸易,可以在劳务、投资等其他领域采取措施。

5. 1988 年《综合贸易及竞争法案》

由于区域经济一体化的高度发展,而新的乌拉圭回合谈判又前景渺茫,各国的贸易保护主义始终非常猖獗,美国的产品在进入各国市场时又多方受阻,导致了连年的巨额贸易赤字,使美国不得不重新审视其贸易政策。同时,美国急需在服务贸易、知识产权等领域打开各国市场。因此,1988 年美国国会通过了《综合贸易及竞争法案》,确立了美国在新的历史时期下的基本格调和基本战略,完成了战后美国贸易政策的重大转变,即从全球多边主义转向双边互惠主义,从其倡导的"自由贸易"转向所谓的"公平贸易",强调对等互惠条件,强化其贸易法的自我保护性和主动性。该法的主要内容有:

第一,授予总统就多边降低关税及其他贸易壁垒方面进行谈判的权力。特别是扩大了总统在没有国际法规控制的方面的权力,如劳务贸易、服务贸易、国际投资以及知识产权等方面的处理权。

第二,该法授权批准了一个实施和谐体系的新关税表,以利于国际贸易。

第三,该法修改了 1974 年《贸易法》第 301 节,以加强美国在谈判方面的力量,扫除外国对美国出口的各种现存的壁垒,并加强美国因某些外国壁垒不能消除而采取的相应报复措施。

第四,该法修改了 1984 年《贸易和关税法》第 201 节,以提供除进口补救之外的其他救济手段,使救济能够更迅速且更容易获得。同时,该法对 1930 年《关税法》第 337 节也作了重大修改,排除了因进口侵害知识产权、受害人为获得补救必须证明受到的损害的要求。此外,该法对反倾销、反补贴、国家安全、市场秩序等方面的法律也作了一些修改,这些修改都使美国公司更易于获得进口补助。

第二节 美国进口贸易法律制度

美国制定有各种关于外国货物进口的管制法律,这些法律是由美国政府许多机关来执行的,如财政部、商务部、农业部、国防部、能源部、劳工部等。在这些机关中,美国财政部所属的美国海关对进口管制负有最重要的责任。

美国海关的主要职责是,监督外国各种运输工具在美国的卸货、货物的入关、货物的分类与估价,执行限额法律、禁止某些货物的进口和禁止违禁品的走私,限制进口货物对美国人民的健康与安全方面的影响等。但是,由于受新的国际条约和国内法的影响,美国海关法显得复杂而又多变。例如,1993 年通过的《海关现代化和告知规范法》(The Custom Modernization and Informed Compliance Act)和海关内部的巨大改组,导致了美国海关程序的巨大变化。这些变化中最重要的就是海关文件向电子档案的转变和"告知规范"的转变,即对产品的精确分类和估价决定责任的巨大变化。现在的美国海关法在进口贸易方面除了上述协调关税系统的商品分类、商品的估价等,还涉及动物的皮毛、原产地规则、出口退税、对外自由贸易区、行政管理和处罚程序等。

2003 年,美国海关总署解散,新成立的海关和边境保护局(Bureau of Customs and Border Protection)承担了海关总署的大部分职能。美国海关和边境保护局统一管理进入美国口岸的人员与货物。该机构的主要职责为防范恐怖分子和恐怖武器进入美国,缉捕非法入境者和查禁毒品及其他违禁品,保护农业及经济利益免遭有害动植物和疾病侵害,保护美国商业免遭知识产权侵权损害,规范与便利国际贸易,征收进口关税,执行美国贸易法律。

一、进口关税

1989 年 1 月美国采用了协调制关税,将关税和进口数据统一以"协调制"命名。美国的协调制关税表中将不同的税率分为两列。第一列包括最惠国待遇税率(也称"一般"税率)和优惠税率(也称"特殊"税率)。第二列称最高税率,实际上是一种歧视性税率待遇。

(一)最惠国待遇进入美国市场

根据《关税及贸易总协定》第 1 条第 1 款的规定,最惠国待遇是指"一国对来自或运往其他国家的产品所给予的利益、优待、特权或豁免,应当立即无条件地给予来自或运往任何第三国的相同产品"。这种待遇是国际贸易中最常见的一种互惠待遇,在多边和双边的贸易协定中随处可见,它是克服国际贸易中的歧视待遇的最有效做法。由于美国的进口关税较低,因此在对美贸易中,能否取得美国的最惠国待遇显得非常重要。如果未得到美国的最惠国待遇,那么,它们向美国出口商品所缴的关税要比得到最惠国待遇的国家高出许多,有些商品的税率甚至高出好几倍。

由于美国是世界上经济实力最强大的国家,它的国内市场也是最开放、最富有活力和吸引力的市场,因此世界各国都希望能把本国的商品打入美国市场。于是,美国就充分地利用了这一点,在对是否给予出口国商品最惠国待遇上大做文章。

美国的最惠国待遇始于20世纪20年代,当时在互惠的基础上对所有的国家一视同仁。但是,从20世纪50年代开始,东西方的关系状况成了影响美国最惠国待遇立法的重要因素。在决定是否给予某国最惠国待遇时,首先要看对方是否是“共产党国家”(或称“非市场经济国家”):如果是“非共产党国家”,根据《关税及贸易总协定》或双边贸易协定,一般都给予最惠国待遇;如果是“共产党国家”就要看其“表现”,如当时的南斯拉夫和波兰由于与苏联拉开了一定的距离,就得到了美国的最惠国待遇。

20世纪70年代初,苏联规定,凡本国公民移居到非共产党国家,除要交1000卢布的出境费外,如果服务年限不够,还必须偿还在苏联所受免费教育的经费。美国国会认为苏联的做法是对本国公民自由移民权利的侵犯。对此,以杰克逊和瓦尼克为代表的国会议员先后提起一项修正案,要求禁止向不准本国公民自由移民的“非市场经济国家”授予最惠国待遇,该项修正案就是赫赫有名的“杰克逊—瓦尼克修正案”(Jackson - Varnic Amendment Bill)。它后来被1974年《贸易法》吸收,成了正式的法律。其具体内容是美国可以授予“非市场经济国家”最惠国待遇,但这类国家必须满足三个条件:(1)不剥夺本国公民移居外国的权利;(2)不对移居外国者征收过高的税;(3)不对有移居外国愿望的公民征收过高的税。该修正案同时规定,总统可以放弃这些条件,如果他向国会报告:他认为放弃这些条件有利于促进对象国放松移民限制和他已得到对象国将放松移民限制的保证。但是,总统放弃上述条件的决定必须得到国会的批准。而且,以这种形式授予的最惠国待遇期限为1年,因此每年都需要延长。至于是否延长则首先由总统作出决定:如果总统决定不予延长,则最惠国待遇自动中止;如果总统决定延长,他还必须向国会报告他认为延长可以促使对象国放松移民限制以及他之所以这样看待的理由。

1989 年由于东欧剧变,美国认为冷战的结束是西方的巨大胜利,因此要继续强化推进"和平演变",对世界上仅存的几个社会主义国家进一步施加压力,于是就提出了"人权"与最惠国待遇挂钩的政策。美国国会中一些议员进一步要求总统对有关国家就"人权状况"的改善每年向国会提出报告,其矛头主要是指向中国。由于我国政府的坚定立场和世界上众多国家的反对,美国总统克林顿不得不于 1994 年宣布"人权"与最惠国待遇脱钩。

美国的最惠国待遇从 1983 年 6 月开始按正常的法律程序来实施,具体分为 4 个阶段:总统在最惠国待遇到期的 30 天之前,作出是否继续给予最惠国待遇的初步决定,并向国会报告;国会在最惠国待遇到期后 60 天或 105 天内审议总统的决定;如果总统同意延长,国会两院却通过决议反对,总统可以否决国会的决议;如果总统行使否决权,国会只有以两院 2/3 以上的多数才能推翻总统的否决。

美国的最惠国待遇条款随着 1995 年美国国会批准乌拉圭回合达成的协议而逐渐失去效用,但对当时的非世界贸易组织的成员方(如中国)仍具有一定的影响。1999 年 11 月 15 日,中美两国就中国加入世界贸易组织达成双边协议。2000 年 5 月和 9 月,美国众议院和参议院分别通过了 H. R. 4444 号法案,该法案终止了原"杰克逊—瓦尼克修正案"对中国的适用,有效确立了两国的永久性正常贸易关系。2000 年 10 月,H. R. 4444 号法案经时任美国总统克林顿签署生效成为法律,为中美两国之间适用世界贸易组织协议扫清了法律障碍。

(二)优惠待遇进入美国市场

美国除了根据《关税及贸易总协定》的最惠国待遇原则、国民待遇原则和非歧视原则给予各国基本待遇,还给许多指定国家提供了优惠进入美国市场的政策。这些政策可分为 3 类:(1)对发展中国家的单边的非互惠的优惠政策,即根据普惠制给予优惠关税。(2)根据同一些国家制定的关税互惠条约给予优惠。例如,美以自由贸易协定、《美加自由贸易协定》和《北美自由贸易协定》;2018 年 9 月 30 日,美国、墨西哥和加拿大就《北美自由贸易协定》的重新谈判达成一致,并将新的协定命名为《美国—墨西哥—加拿大协定》(United States-Mexico-Canada Agreement, USMCA,又称《美墨加协定》),2020 年 7 月 1 日,《美墨加协定》正式生效,取代《北美自由贸易协定》。(3)根据同一些国家制定的地区性非互惠关税优惠条约给予优惠,如《加勒比经济复兴法》(Caribbean Basin Economic Recovery Act,CBERA)、《美国—加勒比盆地贸易伙伴法》(United States-Caribbean Basin Trade Partnership Act,USCBTPA)、《非洲增长与机遇法》(African Growth and Opportunity Act,AGOA)等。

20多年来,美国已经为许多指定国家的制成品在非互惠的基础上进入美国市场提供了大量的优惠条件。在普惠制方面,美国目前仍适用1984年《贸易和关税法》的有关规定,享受普惠制待遇的商品全部免税,但美国每年要对免税商品的范围和享受该待遇的国家作一些调整。根据1974年《贸易法》和1984年《贸易和关税法》,美国评判受惠国的标准所考虑的因素有:受惠国产品的竞争力、经济发展水平、市场准入情况、知识产权的保护、贸易扭曲情形、服务贸易壁垒以及是否给予工人以"国际上公认的权利"等。根据美国的法律,美国任何有关方面都可以就普惠制产品的种类和某一受惠国向美国贸易代表质疑。美国贸易代表随后对提交的质疑举行公开的听证会,再由美国国际贸易委员会(ITC)写出书面报告提出意见,接着再进行一系列评审,最后由美国总统在次年4月1日宣布评审结果,如有新的决定将在6月1日起执行。

目前,美国给予世界上约120个国家和地区以普惠制待遇,为来自受益国的3500多种产品(基于8位美国海关编码税目)提供免税入境。但下列商品不在受惠之列:纺织品与服装、某些手表、精密电子器件、玻璃制品和钢材等。有时总统经国会授权,在与国际贸易委员会协商后,可以指定符合该计划资格的新产品。2015年,美国总统宣布某些行李和旅行用品有资格享受普惠制,这是美国国会此前在2015年《贸易优惠延期法》(P. L. 114-27)第204条中批准的。美国的普惠制还有一项"毕业"制度,如有关国家和地区已经走向发达国家和地区的行列或人均国民生产总值超过8000美元,美国就有权宣布该国和地区"毕业",从此不再享受普惠制待遇。[最新标准:总统可根据资格标准随时终止、暂停或限制普惠制地位,但须在行动前60天通知国会。如果总统将发展中国家确定为世界银行官方统计数据所定义的"高收入国家"(2021年至2022年人均国民总收入超过12 695美元),那么这些国家也必须从普惠制中"毕业"。总统也可以根据BDC的经济发展水平(人均收入、居民生活水平或总统认为适当的其他经济因素)对其进行"毕业"]1989年,美国取消了韩国、中国香港特别行政区、新加坡的普惠制待遇,从而使美国按普惠制进口的商品从1988年的183亿美元减少到1990年的110亿美元。1995年8月,美国又宣布从1997年1月1日起终止给予马来西亚普惠制待遇,理由是该国经济的发展已达到1989年亚洲"四小龙"从美国普惠制待遇中"毕业"的水平。这一"毕业"决定意味着马来西亚将有50亿美元的商品出口不再享受美国免税或低关税进口特惠,这个数字相当于马来西亚1994年对美出口额的39%。2019年5月17日,美国取消了土耳其的普惠制待遇,认为其经济发展充分,不应再从美国市场的优惠市场准入中受益;6月5日,印度的普惠制优惠被取消,原因是印度未能向美国保证将在许多部门提供公平合理的市场准入。

美国既是《北美自由贸易协定》的成员国,也是美国和以色列自由贸易协定所提供的双边互惠的自由贸易受惠者。(自21世纪以来,美国和智利、新加坡、约旦、澳大利亚、摩洛哥、巴林、阿曼、韩国等多个国家签订了自由贸易协定)作为《北美自由贸易协定》的前任条约——1989年《美加自由贸易协定》,基本上但并非全部被《北美自由贸易协定》所取代。根据这些协定,美国为这些成员国提供免税进入其市场的同时,也得到了相似的互惠进入这些国家市场的机会。例如,《北美自由贸易协定》的主要条款要求在15年内取消内部市场的所有关税,同时确认成员国国内商品的国民待遇;通过原产地规则确认这些可以享受优惠税收待遇的产品是否真正在北美生产;减少贸易中的技术壁垒;建立统一的海关程序;提供更开放的外国政府采购条件;保护和方便外国投资和边境服务(包括金融服务);对知识产权提供保护;为贸易、投资和其他争议的解决提供机制。

2020年7月1日正式生效的《美墨加协定》共有34章,对货物国民待遇与市场准入、农业、原产地规则与程序、纺织品和服装、海关管理与贸易便利化、卫生检疫措施、贸易救济、政府采购、投资、跨境贸易服务、数字贸易、知识产权、竞争政策、国有企业和中小企业、劳工保护、环境标准、监管实践、争端解决、宏观政策与汇率等多个领域进行了规定。相比于其前身《北美自由贸易协定》,《美墨加协定》的主要变化包括:规定了更加严格的汽车业和纺织业原产地规则(在NAFTA条款中,62.5%以上的零部件是在美国、墨西哥、加拿大三国生产的汽车可以享受免税政策,而USMCA将这个比例提高到 75%；汽车生产所用的钢铁、铝和玻璃中 70%须原产于成员国；核心、主要和补充零部件的原产地价值含量分别达到 75%、65%和 60%；40%的汽车和 45%的轻型卡车须由时薪至少 16 美元的工人生产）、适度放宽乳制品和农产品市场准入（美国在乳制品、家禽、禽蛋等加拿大高度保护的领域获得更多市场准入，其中美国将获得加拿大乳制品市场 3.5%的开放份额，同时加拿大也被允许向美国出口更多乳制品、花生和糖类）、加强知识产权保护（将知识产权保护年限延长至创作者死后 70 年，生物制药的数据保护期从 8 年延长到 10 年）、增加数字贸易条款、限缩投资者—国家争端解决机制，以及新增日落条款（协议将在生效后 16 年终止，但可以通过每 6 年一次的三方联合审查以 16 年为单位加以续展）等。《美墨加协定》充分体现了特朗普政府"美国优先"的立场和单边主义倾向。[①]

对于地区性的非互惠关税优惠，美国的目的是通过贸易的增长来刺激这些国家经济的发展。例如，1983 年的《加勒比经济复兴法》从开始实施至今，美国单方面地免除了中美洲和加勒比地区（不包括古巴）24 个国家进口产品的关税（截至 2024 年是 17 个国家）；但某些产品，如纺织品、服装、石油、金枪鱼罐头、鞋类、某些皮革制品以及某些钟表等，不在免税的范围之内。2000 年的《美国—加勒比盆地贸易伙伴法》扩大了根据《加勒比经济复兴法》提供给加勒比和中美洲国家的贸易优惠，允许特定的纺织品和服装产品、鞋类、金枪鱼、皮革制品、旅行商品以及手表和手表零部件在符合某些条件的情况下免税或不受数量限制地进入美国。又如，1991 年的《安第斯贸易优惠法》（Andean Trade Preference Act）为哥伦比亚、厄瓜多尔、秘鲁和玻利维亚提供了类似《加勒比经济复兴法》的优惠措施。根据这项法律，四国共有 6100 条关税项目可享受特别优惠待遇，其目的是促进这些国家的经济发展来代替毒品生产；而且在这项法律下，上述受惠国并没有被要求对美国的直接贸易提供对等的回报。再如，2000 年的《非洲增长与机遇法》（AGOA）为符合条件的撒哈拉以南非洲国家提供了 1800 多种免税产品进入美国市场的机会，其中受益最显著的是纺织品和服装产品，此外还有 5000 多种根据普惠制计划有资格免税进入的产品。2015 年美国国

---

① 参见廖凡：《从〈美墨加协定〉看美式单边主义及其应对》，载《拉丁美洲研究》2019 年第 1 期。

会通过法案,将 AGOA 期限延长至 2025 年。2024 年,共有 32 个国家有资格获得 AGOA 贸易优惠利益。

除贸易优惠外,几乎所有的社会主义国家都享受过美国的这一最高税率待遇,1979 年中美建交前的中国一直享受这一待遇。目前最高税率仅针对古巴和朝鲜。①

(三)美国商品的再进口(返销)

这是一种特殊的进口,就是我们经常说的"出口转内销"。对于这种商品的关税,有两种征收方法:如果返销的商品在海外被修理、翻新或改变,那么关税仅根据其增值部分征收。如果返销的商品没有"价值的提升"(advanced in value),也就是说商品仅仅被重新分类、分散或再包装,那么可以在免税条件下返销本土。但是,为了取得免税的资格,进口商人必须证明该产品是美国出口的零部件,并且在经过外国装配后,它们并没有丧失其物理本性,而且它们也没有在海外取得重大的增值,最多只不过是装配过程中的附带增值。

(四)其他相关法律法规更新

2016 年 2 月 24 日,时任美国总统奥巴马签署实施了《2015 年贸易便利化和贸易执行法》,其中对"321"条款[1930 年《关税法》第 321(a)(2)(C)条]作出修订,将每人/每家公司每天可免关税进口货品的最高价值从原来的 200 美元提高至 800 美元,该数额被称为"最低限度豁免价值"。该低价值豁免不仅适用于最惠国关税基础,还适用于"301"条款关税。由此可见,虽然美国对华维持加征关税的商品从最初的高端制造扩展到日用消费领域,但同时美国消费者对中国日用品、电子产品等商品的需求依然强劲。②

自特朗普任美国总统以来,贸易摩擦此起彼伏。2018 年 4 月 4 日,美国政府宣布将对来自中国的 500 亿美元出口产品加征 25%的关税,并且在同年 7 月 6 日正式加征第一轮关税,随后中国政府采取对等反制措施,中美新一轮贸易摩擦就此开启。直到 2020 年 1 月 15 日中美第一阶段经贸协

---

① 参见宗慧民、刘洋编著:《进出口税则调整机制的国际比较研究》,中国海关出版社有限公司 2021 年版,第 37 页。

② 参见汤婧:《美国对华关税策略解析与应对建议》,载《经济纵横》2023 年第 5 期。

议签署,美国已陆续分三轮、四批次发布对华征收高额关税清单的制裁措施,所涉中国贸易产品规模约为 5500 亿美元,其中 3700 亿美元已执行,剩余 1800 亿美元未执行。尽管中美第一阶段经贸协议的签署暂时缓解了贸易争端,但是美国并没有取消加征的关税。协议签订之后,虽然美国对中国产品的进口关税从 21%降低到 19.3%,但是仍然远高于贸易摩擦之前 3.0%的平均税率,并且仍然有 64.5%的中国对美出口产品受到额外关税的影响。[①] 拜登上台后大体保留了特朗普政府对中国商品加征的关税。由于新冠肺炎疫情暴发,美国贸易代表办公室在 2020 年 12 月宣布对来自中国的口罩、手套等医疗产品给予关税豁免;在 2022 年 3 月宣布恢复共 352 项中国进口产品的"301"关税豁免[②];之后美国政府又数度延长此类商品的豁免期限[③],但并未取消全部对华加征的关税[④]。

2018 年 9 月 13 日,时任美国总统特朗普签署通过《综合关税法案》(H. R. 4318-Miscellaneous Tariff Bill Act),废除了已到期的特定化学品和其他物项的税率减免并规定在 2020 年 12 月 31 日之前暂停和削减特定化学品和其他物项的关税。在该法案列出的 1600 多种产品中,化学品占 50%以上,如果包括成品塑料制品在内,这一比例约为 60%。然而 2018 年《综合关税法案》只会降低或取消所有这些进口产品的基本或"正常"关税;任何特殊或"额外"关税,如美国在第一轮对 340 亿美元中国进口商品征收的 25%关税,以及在第二轮对 160 亿美元中国进口商品征收的 25%关税,仍将继续适用。该法案旨在给那些美国需要进口且本土生产不足的产

---

① See Chad P. Bown, *Phase One China Deal: Steep Tariffs Are the New Normal*, Peterson Institute for International Economics (Dec. 19, 2019), https://www.piie.com/blogs/trade-and-investment-policy-watch/phase-one-china-deal-steep-tariffs-are-new-normal.

② See *USTR Issues Determination of Reinstatement of Certain Exclusions from China Section 301 Tariffs*, Office of the United States Trade Representative (Mar. 23, 2022), https://ustr.gov/about-us/policy-offices/press-office/press-releases/2022/march/ustr-issues-determination-reinstatement-certain-exclusions-china-section-301-tariffs.

③ See *USTR Extends Reinstated and COVID-Related Exclusions from China Section 301 Tariffs*, Office of the United States Trade Representative (Sept. 6, 2023), https://ustr.gov/about-us/policy-offices/press-office/press-releases/2023/september/ustr-extends-reinstated-and-covid-related-exclusions-china-section-301-tariffs.

④ 参见李长英、刘璇、李志远:《美国加征关税如何影响了中国产品出口》,载《国际贸易问题》2022 年第 7 期。

品或零部件减免关税,以降低企业的生产成本和消费者的购买成本。①

二、进口限制和配额

美国对许多进口商品不仅要征税而且有进口限制和配额,如纺织品、金枪鱼、牛奶等;也有许多商品被禁止进入美国,如毒品、淫秽物品、不道德的或煽动叛乱的物品、强制劳动产品,以及其他危害消费者健康的商品。

根据美国海关法规进口的商品基本上不需要许可证,而且海关仅对某些特定商品或来自特定国家的产品执行许可证。需要进口许可证的特定商品主要有农产品、动物、棉花、牛奶制品、药品、武器、铅和锌、酒类、肉制品、石油产品、植物及植物制品、放射性物质及核设备和糖。特定国家(如古巴、伊朗、伊拉克、朝鲜和利比亚)的产品是指根据美国财政部的《外国资产管制条例》(Foreign Assets Control Regulations)确定的国家产品。

进口配额是指对进口到美国的特定产品在特定时期内进行的一种数量限制。配额属于法律范畴,大部分配额由美国海关总署管理;海关总署控制着配额商品的进口,但是它无权更改或变动任何配额。凡属有配额限制的商品,无论数量多少、金额大小,外国出口商在装运前都必须办妥出口许可证;否则,货抵美国港后就会卡关。美国的进口配额可以分成两类:绝对配额和税率配额。

绝对配额是指在一特定时期内可以进入美国的产品的最大数量。进口超过这一数量必须出口或者扣留至以后的日期。进口商品中受到绝对配额限制的有乳酪、巧克力、棉花、奶制品、冰激凌、花生、糖和糖浆、纺织品和服装、小麦等。

税率配额是指在一定时期内对指定数量的配额产品实行降低关税进口。税率配额包括在配额期内没有数量限制的商品,但是由于数量超过了指定日期中的配额,因此征收较高的关税税率。受税率配额控制的产品有缇鱼、金雀花、部分橄榄、乳脂、全脂牛奶、金枪鱼等。

美国出于其公共健康和安全的考虑,还强调一系列其他的进口限制,

① See Joseph Chang, *US Miscellaneous Tariff Bill Act of* 2018 *Does Not Roll Back US-China Tariffs*, ICIS, https://www.icis.com/explore/resources/news/2018/09/14/10259736/us-miscellaneous-tariff-bill-act-of-2018-does-not-roll-back-us-china-tariffs/.

包括所有进口的食品、饮料、药品、化妆品、医疗器械等必须与美国的标准相同或相似。根据《联邦食品、药品和化妆品法》的规定，所有的这些进口商品必须在进口时受到食品和药物管理部门（FDA）的检验。另外，酒精饮料的进口也要符合 FDA 的特定要求。例如，一种特定的健康警告必须出现在酒精饮料的容器标签上。美国联邦通信委员会（FCC）则管理进口和使用无线电遥控玩具、电话、个人计算机以及其他可能危害人身安全的产品。这些产品如想出口美国，必须通过由美国政府授权的实验室根据联邦通信委员会技术标准进行检测和批准。此外，进口产品还要经消费者产品安全委员会（Consumer Product Safety Committee，CPSC）收集产品的安全数据，只有获得安全标志的产品才准许进入市场。①

许多自然产品都要根据检疫条例由美国公共卫生部进行检疫。这些产品包括牲畜、肉类和禽类、植物和植物制品、动物身上的产品（鬃毛、羽毛或皮），以及特定的其他食物制品，如黄瓜、茄子、葡萄柚、番茄、胡椒和土豆必须达到法律规定的成熟、质量、等级和大小等标准。

反补贴和反倾销是指美国利用对进口产品发起反补贴调查并征收反补贴税的方法来避免不公平竞争对其国内市场所造成的损害。迄今为止，美国共对中国发起了几十起反倾销调查；中国除少数胜诉外，多数产品均被征高额反倾销税，致使这些产品不得不退出美国市场。2023 年 5 月 9 日，美国商务部公布了《通过反倾销和反补贴法的管理来完善和加强贸易救济的执行》（以下简称《强化贸易救济草案》）文件。该文件揭示出关于现行反倾销和反补贴法律的重大政策变化和重要改进，体现了美国拟建立补贴规制配套体系，以加强贸易防卫手段的新态度。自 2020 年以来，美国与欧盟和日本不断加强合作，通过部长级会议多次发表联合声明，要求在产业补贴与国有企业等问题上推行竞争中立，并制定新规则。2022 年 2 月，美国众议院通过《美国竞争法案》，旨在规制包括跨域补贴在内的 5 类贸易救济措施规避行为。2022 年 8 月，时任美国总统拜登签署《芯片和科学法案》，旨在对美国本土芯片产业提供补贴，并对接受该补贴的公司进行限制，美国商务部于 2023 年 9 月补充发布了实施该法案国家安全保护措施的最终规则。同年，美国发布了《通胀削减法案》细则，旨在促进对国内

---

① See Code of Federal Regulations，19 C. F. R. § 191. 3.

制造能力的投资,鼓励在国内或从自由贸易伙伴处采购关键物资,并启动碳捕获和碳储存以及清洁氢等前沿技术的研发和商业化。①

根据美国 1974 年《贸易法》第 201 节 b 款,参照《关税及贸易总协定》的"免除条款"和世界贸易组织协定中的保障条款,当一国进口的产品达到足够数量——通常是迅速增长,并成为美国国内工业或直接竞争的产品受到"严重损害"的"实质原因"时,总统可以采用高关税或数量限制这一临时性救济措施,有时两者兼用,或者可以提供一定的援助给任何受该进口影响的企业或产品。在"免除条款"下,无须事先证明存在不公正贸易,总统对这些救济有很大的自由裁量权。单行的、很少使用的其他法规也规定了相似的救济方法,在被证明来自社会主义国家的商品导致了"市场混乱"(1974 年《贸易法》第 406 条)的时候适用。

三、退税

退税是指对在美国使用进口产品制造或生产的产品再出口时退还原已缴纳的关税。一般而言,如果进口已完税商品或与进口商品同属 8 位 HTS 子目号的商品在自进口之日起不超过 5 年的期限内用于制造或生产物品,则在出口或在海关监管下销毁任何此类物品时应获准退税。适用退税的有普通关税、反倾销税、反补贴税和标志税,退税还适用于国内税法对进口规定的税种,以及某些种类的石油及其制品进口许可证费等。港口维护税、商品加工费及对 1988 年 8 月 23 日或之后进入或撤出仓库消费的商品征收的反倾销税和反补贴税一般不适用退税制度。②

为再出口而临时进口又未在美国经过任何处理的产品,即使海关法中各种条款可以允许不付关税而进口,但也必须照章缴纳关税。如果此类付税物品仍然处于海关监管之下或留在海关保税仓库,只要这类物品在进口之日起 3 年内再出口,就可获得退税。

在一定条件下,法律严禁进口的物品也允许退税。但此类物品必须是经常进口的,而且进口商不知该商品的性质且真诚地进口。例如,某些进

① 参见李季:《美国补贴规制的新态势、影响与中国应对》,载《国际贸易》2023 年第 11 期。

② See Code of Federal Regulations, 19 C. F. R. § 191.0.

口打火机被发现存在漏油这一缺陷，可能会引起健康或安全问题，根据消费者保护法的规定，此类危害性商品严禁进口，且不得在美国销售。海关可以允许进口商将此类物品再出口，或者在海关的监督下销毁，而进口商则由此而取得已偿付的关税税款。

美国退税制度中一个最重要的特点就是以“替代原则”给予退税，即本国公司从国外进口或购买商品，制成或组装成新的或不同的产品后再出口成品的，公司可以要求退还进口时已缴纳的税款，即使完全由国内材料制成的出口产品也具备退税的条件，但限制在已对国内生产或制造出口产品中使用的零部件或材料种类与质量相同的料件进口所缴纳的税款范围之内。比如，一家制造商进口了 1 万只应税电子管，并又购买了国产电子管 1 万只。每一只电子管是制造商在美国生产电器的一个组成部分。假设该制造商生产了 2 万件电器，其中 1 万件出口，另 1 万件在国内出售。根据这一替代原则，1 万件出口电器中每一件都被认为含有外国电子管，由此而获得相应退税。

美国的产品再出口退税制度的目的在于使美国产品在国际市场上更具有竞争性；它还可使国内制造商或生产商选择最有利的原材料和零件货源，而不必考虑进口关税问题，以此减少其生产成本；此外，退税对国内生产起着鼓励作用，从而推动对国内劳工与资本的利用，发展经济，提高就业机会。

四、对外贸易区

美国的关税领域由 50 个州、哥伦比亚特区和波多黎各组成。对外贸易区是指在美国主权内但在关税领域外合法存在的区域。它们通常坐落在关税港附近或在工业园区或在保税仓库。这些区域被指定吸引或促进国际贸易和商业。外国出口商计划在美国扩大或打开新的通商渠道可以把他们的商品先发送到这些区域持续无限的时间直至等到了允许商品免税或优惠进入美国或附近国家的市场。

美国早在 1934 年就制定了《外贸加工区法》（Foreign Trade Processing Zone Act），其目的是在美国建立 300 个类似自由贸易区的对外贸易区。到了 1972 年，仅有 10 个对外贸易区初具规模；为了改变这种与法定目标相去甚远的局面，美国于 1980 年通过一项法律，删除了对在美国对外贸易区加工后的进口产品所征收的增值税,并对生产商、银行和保险公司也给予减税。至20世纪90年代初,美国的对外贸易区发展到了161个。20世纪90年代,美国对外贸易区委员会进一步优化政策,对外贸易区迎来大发展时期,获批数量呈现逐年递增态势,1999年达到232个。截至2024年1月,美国获批设立的对外贸易区共有295个,遍布美国50个州和波多黎各地区。其中,较为活跃的对外贸易区有195个。

对外贸易区如果能得以充分利用,外国出口商可以从中获得大量的好处,具体有以下几个方面:(1)由于海关要求必要的安全设施因而可减少被盗货物的发生;(2)降低保险费用;(3)不必支付存货税;(4)在对外贸易区贮存期间,不必支付货物税;(5)对要输入美国关境内的货物可延付税款;(6)可避免因不合适标签而应受到的罚款;(7)当使用退税时,对要再出口的货物不必纳税;(8)不必选择暂时进口担保和保税仓库;(9)节省退税费用和麻烦;(10)节省暂时进口担保费用;(11)对废品不必支付关税;(12)对制造过程中的副产品减税;(13)能够选择可能最低的税率。

对外贸易区还可使有关公司大大减少关税和运费的支出:第一,对关税和当地税以及存货税费可延付。第二,公司可以散装运进,节省仓位,从而减少运费,然后,可根据市场需要再将其加工成所需之物。第三,一些对外贸易区可提供特别减税,对进口某些技术和原料予以减免关税。第四,材料可加工到一种程度或制成产品,以便适应最低税率的归类。既然某些成品比零部件要征收的税款低,那么在当地对外贸易区进行组装就可节省税负。例如,一个意大利公司在宾夕法尼亚州获得了建立特别加工区的权利,它通过使用进口的零部件组装成打字机,当该公司的成品被运出对外贸易区而进入美国时,它只支付了22%的关税,从而节省了对进口零部件所应征收的高达88%的正常关税。对进口汽车也是如此,成品的进口比零部件的进口所征收的关税要低,这也是外国公司在美国对外贸易区开展汽车装配的原因。

美国法律禁止进口的商品不可以带入对外贸易区。但是,因为对外贸易区被视为在美国的关税领域之外,所以得不到配额的商品可以存放在该区内。如果该商品的配额限制得到了改变或者商品在区内已转换成了一种不需要配额的商品,那么该商品就可以进入美国关境内。

第三节 美国出口贸易法律制度

美国政府对出口实行多方面的管理:一是出口管制,即基于种种原因,出口商必须事先申请,经政府审查批准,才可以出口某些商品和技术或者向特定国家出口某些商品和技术;二是出口鼓励,即政府通过建立特殊的出口信贷和其他措施,增强本国商品的竞争能力,扶植出口。除此之外,美国政府还对出口实行一些其他的管理措施,如实施《禁止对外贿赂法》(Foreign Corrupt Practice Act),以维护公平的商业竞争等,以及重视环境与劳工标准,促进就业等。①

一、出口管制

美国政府对出口的特定技术和相关服务、特定的商品均加以限制,并对这种出口要求有适当的许可证,其他方面的出口管制主要存在于外贸政策、国家安全,由短缺物资或作为防止外国需求引发的通货膨胀等方面。军火的出口通常有非常明确的规定,由美国国务院授予许可证。对人类健康或环境会带来危害的特定商品或物资也被限制或禁止出口。

美国出口管制法是美国政府为了维护本国安全、外交和经济利益,以直接或间接的方式防止本国限定商品或技术、服务通过各种途径流转或扩散至目标国家,从而运用经济、法律和行政手段建立的一系列审查、管理和控制的法律规范,包括军品管制和军民两用物项管制两个部分。② 美国最早的出口管制的法律是 1949 年《出口管理法》(Export Administration Act,先后于 1969 年、1979 年和 1988 年被多次修改、增补),它确立了美国出口管制的基本法律框架。同时,美国的出口管制法还包括一系列单项法令,如《对敌交易法》(Enemy Transaction Act)、《武器出口控制法》(Arms Export

---

① 参见王丽娜:《美国奥巴马政府对外贸易政策的特点及我国对策研究》,载《黑龙江对外经贸》2010 年第 3 期。

② 参见郑玲丽:《国家安全视域下美国出口管制法嬗变及中国应对——以 WTO 中美出口管制案为例》,载《武大国际法评论》2023 年第 6 期。

Controls Act)、《原子能法》(Atomic Energy Act)等。

美国执行出口管制职能的机构主要是商务部和国务院,此外,国防部、财政部、能源部、农业部和内政部等一些部门也在各自管辖的事务范围内参加出口管制。商务部的主要职责包括实现进出口贸易的快速发展、强化进出口市场监督、加大进出口贸易监管力度等。① 商务部设有出口管理署,主要管制军民两用物项的出口。该署负责出口管制工作的办公室主要有4个:出口许可证办公室、技术和政策分析办公室、外国效用办公室和出口执行办公室。国务院设国防贸易管制办公室管理武器出口。商务部和国务院在审查发放许可证的过程中还需要经常与其他有关部门协商。如果不同的部门之间无法取得一致意见,则逐级向上进行部际协调,直到最后提交总统决定。

美国的日用品出口管制法规主要由美国政府制定,包括美国国务院、商务部和国防部等机构,现行主要法规为2018年颁布的《出口管制改革法》(Export Control Reform Act,ECRA)及2023年修订的《出口管制条例》(Export Administration Regulations,EAR)。② 美国出口管制法规体系演变的政策诉求一直为维护国家安全,形成单一的管制清单、信息技术系统、许可机构并提升执法协调能力,将不太敏感的军事物品从国务院的管辖范围转移到更灵活的商务部法规中,并建立新的标准来确定哪些物品需要管控。③ 同时,美国工业与安全局(Bureau of Industry and Security,BIS)针对上述受管控物项制定实体清单(Entity List,EL),被纳入实体清单即意味着失去了涉美关键货物贸易的机会,无异于遭到技术封锁、失去全球供应链保障。可以说随着《出口管理条例》的诞生,美国出口管制体系基本完成,实现了对出口管制领域的全方位管控。近年来,巩固美国的全球领导地位也成为其国家安全利益范围,同时将出口管制的物项范围扩大至新兴和基础技

① 参见《中国外贸体制改革的进程、效果与国际比较》课题组:《中国外贸体制改革的进程、效果与国际比较》,对外经济贸易大学出版社2007年版,第208~227页。

② 参见韩文艳、房俊民:《科技安全背景下美欧出口管制政策机制的演变与启示》,载《情报杂志》2024年第5期。

③ See National Academies of Sciences,Engineering,and Medicine,*Finding Common Ground:U. S. Export Controls in A Changed Global Environment*,(Feb. 18,2023),https://nap.nationalacademies.org/read/1617/chapter/8.

术,并加大对违反出口管制行为的处罚。①

1979 年国会扩大了《出口管理法》的适用范围。该法授权总统不仅可以禁止或限制任何受美国管辖的货物、技术或其他信息(other information)的出口,也可以禁止或限制任何受美国管辖的人所从事的出口。该法将“美国人”定义为:(1)国内居民或本国公民;(2)在本国注册的公司;(3)实际上由国内企业控制的任何外国子公司或附属机构。这意味着国会认可“任何受美国管辖的人”这一表述,并希望总统有权控制美国领土边界以外的美国利益。

美国的出口管制主要包括对出口国别的管制和对出口商品的管制两个方面。

在出口国别的管制方面,美国把全世界划分为 7 个国家集团,对不同集团的国家分别采取宽严程度不同的出口管制政策。这 7 类分别为:Q 类,仅包括罗马尼亚;W 类,包括匈牙利和波兰;Y 类,包括阿尔巴尼亚和华沙条约组织国家;S 类,仅包括利比亚;Z 类,包括古巴、柬埔寨、朝鲜、越南;T 类,包括南美洲和拉丁美洲国家;V 类,包括除加拿大和上述国家以外的其他所有国家(中国也在其中)。

应当注意的是,上述类别经常在变。这种变化的原因有可能是所列国家本身情况发生变化(如苏联和东欧国家);也有可能是美国对外政策或与特定国家的关系的改变(如越南)。在通常情况下,当某种变化成为需要时,美国有关政府部门往往是不先改变某一国家的类别,而是以颁布特定“备注”形式取消或增加某特定国家所在类别的一些限制条件或优惠条件。

从总体上相比,V 类国家所受到的出口控制最小。但即使在同一类别中,不同国家所受的限制程度相差也很大,如中国与欧盟同属 V 类,但两者所受的限制完全不可同日而语。加拿大由于其与美国的特殊关系,在出口上没有受到任何表面形式的管制。实际上,随着冷战的结束和“巴统”

---

① See Congressional Research Service, *The Export Administration Act: Evolution, Provisions, and Debate*, (Feb. 18, 2023), https://sgp.fas.org/crs/secrecy/RL31832.pdf.

(COCOM)①的解散,美国对出口的管制也越来越宽松。现在美国仍对其实施严厉的出口管制的国家主要是:柬埔寨、古巴、伊朗、伊拉克、利比亚、朝鲜和塞尔维亚。

为了避免商业管制清单的滞后以及疏漏,BIS 又制定了最终用户黑名单,包括未经证实名单、实体清单以及被拒绝人名单,其中适用最广、影响最大的是"实体清单"。BIS 会不断将行为可能危害美国国家安全或外交利益的实体列入"实体清单",并公布在《出口管制条例》第 744 部分附件 1 中。出口商要想将商品出口给被列入实体清单的实体,除了要取得商业管制清单里相应物品的出口许可证,还要取得 BIS 针对该清单实体的许可证。而 BIS 在审查被列入实体清单实体的出口许可证申请时,采取的是"推定拒绝"的许可审查政策:如果不能证明出口行为对美国国家安全或者外交政策利益不会产生不利影响,BIS 就拒绝签发许可证。这几乎切断了美国供应商与实体清单上实体的一切贸易往来。实体清单可以说是美国目前实施的出口管制措施中最严格的一种。实体清单的删除、增加和修改皆由最终用户审查委员会决定;被列入实体清单的实体只能向最终用户审查委员会申请移除,经审核后从清单中移除,并提交联邦公报进行公告,详细陈述移除理由。

在出口商品的管制方面,美国商务部把所有受控制商品分类编成目录,称作"出口商品管制清单"(Commodity Control List,CCL)。CCL 目录把受控商品按其属性分成 10 个类别,商品本身的性质和类别属性即可大致决定其受管制的程度。零类别:金属制造的操作机械;第一类别:化工和石油设备;第二类别:发电设备;第三类别:通用工业用品;第四类别:交通运输器械;第五类别:电器产品和精密仪器;第六类别:金属材料;第七类别:化工产品;第八类别:橡胶和橡胶产品;第九类别:综合类。此外,管制物项种类扩大。如 2018 年之前,美国对华管制主要集中在航空航天领域;2018 年后扩大到人工智能及其学习微处理器、先进计算、量子信息和传感、机器

---

① 其全称为巴黎统筹委员会(Coordinating Committee for Export Control),又称东西方贸易统筹委员会,这是 1949 年在巴黎成立的北大西洋公约组织控制技术输出的机构,旨在对社会主义国家以及与其在政治、军事上对立的国家实行技术出口限制。随着冷战的结束,"巴统"已于 1993 年年底正式宣布解散。参见余先予主编:《国际法律大辞典》,湖南出版社 1995 年版,第 489 页。

人、增材制造、先进材料等新兴产业和基础设施领域。①

在上述类别名目下,CCL 目录详细列举了各种商品。CCL 目录给每种控制商品一一编号,在此编号下,人们通常可以发现对此种商品控制的原因、出口目的地国家类别、许可证类别和一系列备注。如果在 CCL 目录上不能找到拟将出口的商品分类,出口商就必须向商务部提出归类要求或出口申请。现在,美国正在逐渐放宽 CCL 目录上的商品管制,除全面禁运之外,大多数非战略性的物资和技术都不受管制。但是,所有武器的出口都仍受管制,并且出口商还必须事先登记。

美国对于出口管制的主要措施是实行许可证制度。根据《出口管理法》的规定,凡由美国出口的一切商品,均应取得出口许可证,否则不准出口,唯一例外是加拿大。美国的出口许可证可以分为两类:第一类是一般许可证,又称法规性许可。这种许可证下的出口,出口商不必个别提出申请,它并不是由政府主管部门核发许可证文件,而是依照有关法令在规定范围内允许无证出口。一般许可证主要适用于对所谓友好国家和中立国家的出口,出口的商品也大都属于普通商品和技术资料,不包括先进技术和战略物资。第二类是特种许可证,又称书面许可。它是指由出口商向商务部提出申请,由商务部出口管理署审批后发给的允许向某个特定国家出口某种商品的许可。尖端技术和战略物资的出口必须事先取得这一书面许可。

值得特别指出的是,根据美国《出口管理法》,美国对第三国再出口原产于美国的商品和来源于美国的技术资料,包括用美国产的零部件在外国制造的成品,也加以管制,除非事先获得了美国政府主管部门的批准或许可,否则不得将其再出口。这实际上也是美国出口管制政策的重要一环;因为如果对再出口不加以管制,美国的战略物资及军事技术就有可能通过第三国的转口渠道流入本应受管制的国家,这样一来,美国的出口管制制度就会失去其应有的作用。

美国的《出口管理法》还规定了对违反这一出口管制的行为的惩罚性措施。如果存在下述行为之一,将被视为违背了《出口管理法》:

---

① See Bureau of Industry and Security, *Review of Controls for Certain Emerging Technologies*, (May 1,2023), http://www.federalregister.

(1)直接从事与法令、法规和条例等所规定的原则要求相违背的行为或不行为。例如,从事法律所禁止的出口行为,或在履行某些必要的申请手续时有意规避法律要求的某种行为。

(2)协助他人从事违反出口控制法律的行为,如替非法出口充当中间媒介的行为。

(3)引诱他人从事违反出口控制法律的行为,如以佣金、回扣等方式劝说他人从事某项违法出口。

(4)以从事违法出口为目的,而占有某类禁止出口或受出口控制的商品。

(5)明知某项出口违法而继续参与此出口活动的行为,如运输公司明知某项商品出口为非法,但仍承担运输委托。

(6)在少数情况下,法律甚至惩戒违反出口控制规范的某些未遂行为。

从事上述违反出口管制的行为,将会导致行政的、民事的甚至刑事的法律后果。行政法律后果主要是美国《美国法典》第 15 篇第 788 条规定的,根据此条款,违反出口管制的直接行政法律后果是使出口商失去出口权。这一法律制裁是通过所谓的"拒绝命令"来实现的。拒绝命令是由美国商务部签发的,其效力是剥夺某出口商的出口特权。拒绝命令根据程度的不同可分为剥夺出口交易权、中止出口交易权和撤销当事人出口许可证等。美国厂商、企业一旦被商务部送达此拒绝命令,则会在一定期限内被禁止从事出口相关的活动。BIS 在对外国企业进行行政处罚时,通常会考虑当事人的主观心理以及违规次数和涉案金额。当事企业因为过失违反了 EAR 的出口规定时,需要承担的行政处罚通常是行政罚款,违法企业根据 BIS 的处罚决定在规定时间内缴纳规定的金额即可,这是美国针对违反 EAR 的行为人通常采取的处罚措施;当事企业若恶意违反 EAR 的规定,BIS 则有权根据具体情况采取扣留、吊销出口许可证,不准予出口许可等处罚措施。违法企业如果主动认罪、自觉积极完善自身合规管理体系、主动配合美国政府部门的调查、涉案数额较小,BIS 会对其减轻处罚;如果漠视美国出口管制法律规定、恶意隐瞒违法行为或出口金额较大,BIS 则会对其加重处罚。

民事法律后果实际上是由违法当事人承担相应的财产责任。它在法律上主要体现为两种,即由当事人承担一定数量的罚款和没收与当事人出口相关的商品。至于在何种程度上承担民事责任则取决于当事人违反出口管理法的情节轻重。被列入实体清单的企业存在不合法获取美国管制物项的行为时,可能需要承担高额的民事罚金,每个违规行为引发的民事责任罚款金额可达30万美元或违法交易额的两倍,采两者金额较高者作为最终的罚金金额。

美国《出口管理法》和《联邦条例汇编》均规定了违法当事人承担刑事制裁的多种情形。《联邦条例汇编》第15卷第787节规定,当事人明知其行为违反出口管制法规或有关当局命令而仍从事违法行为的可以处5万美元罚金,或处5年以下有期徒刑,或两者并罚;同时还规定,如当事人原先出口的某项商品已被进口国进口商移作他用,或转出口第三国,并因此而违反了出口管制的有关法律,则原先出口此商品的当事人有义务向美国商务部报告,隐瞒此类事项而知情不报者,同样有可能受到刑事制裁。美国《出口管理法》规定,当事人在从事出口活动过程中隐瞒真实情况,或提供不真实情况,则可根据一般刑事法令规定,以通常刑事罪名(如欺诈、伪证等)来施行刑事制裁,最高制裁可达1万美元的罚金和5年有期徒刑。如果当事人故意违反这一法律和美国的对外政策,并使受出口管制国家受益,那么最高刑罚可达20年有期徒刑,并处以相当于货价5倍或100万美元的罚金。①

二、出口鼓励

美国政府采取一系列措施,增强本国出口公司的国际竞争力,扶植出口。从20世纪初,政府就鼓励出口公司成立行业协会,而不受反托拉斯法的一般性规定的约束。后来又建立了进出口银行,从财政上资助公司的出口。其中,农业出口信贷更是直截了当地扶助出口。

(一)进出口银行信贷

进出口银行的业务主要分为两大类:第一类是买方信贷,以固定利率向外国官方和民间企业提供长期直接贷款,就大型设备贸易和大型投资项目向民间机构提供信贷保险。该项目贷款和保险主要资助“交钥匙工程”,

① 参见欧福永、罗依凯:《美国〈2018年出口管制法〉评析与启示》,载《河北法学》2022年第2期。

如电厂、矿山、大型建筑、大型制造厂,以及耗资巨大的机器设备,如飞机、火车等。这类信贷的出贷比例最高可达 90%。第二类是卖方信贷,即向美国的出口公司和银行提供贷款和保险。这类贷款和保险基本属于短期(6 个月以内)和中期(6 个月到 5 年)贷款和保险。

根据美国法律的规定,进出口银行的目的在于资助和促进出口,资助和促进美国与其他国家之间的商品和服务交流。虽然法律明文规定对进口和出口一视同仁,但在实际上往往偏重于扶助美国的出口业务,维护美国本国的利益。

1986 年的进出口银行补充条例明确规定,如果外国公司生产的商品可能与美国同类商品竞争,严重地损害美国同类商品的生产商,进出口银行就不得对该公司提供贷款或保险。进出口银行在其业务活动中必须充分考虑美国工业的竞争力与美国的劳动就业。

1978 年进出口银行补充法还规定,如果外国政府资助其本国出口商,可能造成美国出口商失掉客户的话,进出口银行将对有关美国出口商提供资助。

并且美国进出口银行推出了针对与中国竞争的美国出口商的中国和转型出口计划(China and Transformational Export Program,CTEP),旨在保持美国在关键技术领域的领导地位。CTEP 提供财务援助,支持包含至少 51%美国内容的出口交易,以及面向人工智能、生物技术等 10 个转型出口领域的项目。EXIM 还明确了其对 5G 交易的支持政策,加强了对 5G 技术出口的财务援助,以促进美国出口和国家安全。

(二)农业出口信贷

美国政府对农业出口大力扶植,农业部全面负责农产品出口鼓励项目。在众多的鼓励项目中有两点比较突出:一是“特许销售”。出口商可以从政府得到 10~30 年的长期低息贷款,可以当地货币或长期信贷向外国销售农产品。二是由国家公司——商品信贷公司(Commodity Credit Corporation,CCC)主持的农业出口信贷保险和鼓励项目。2014 年美国新农业法案规定继续在 2014 年至 2018 年实施出口信贷担保项目。在该类项目下,商品信贷公司通过提供信用担保的方式鼓励美国私营金融机构按市场利率向进口国提供贷款,包括出口信贷保证计划(Export Credit Guarantee Program)、供应商信贷担保计划(Supplier Credit Guarantee Program,SCGP)和设施担保计划(Facility Guarantee Program,FGP)。该公司提供的信贷保险主要有两种:外国银行不能支付的风险;因战争、征收、外汇管制等产生的政治风险。美国农产品出口商还可以从该公司获得出口补贴,以抵消其他国家政府对其本国出口商的相同或类似的补助。[①] 2023 年美国农业部的出口信贷担保计划(GSM-102)提供信贷担保,以鼓励美国农产品的商业出口融资。通过降低贷款人的财务风险,信用担保鼓励向有足够资金实力的国家(主要是发展中国家)的进口商出口。

三、《反海外贿赂法》

美国的《反海外腐败法》(Foreign Corrupt Practice Act,FCPA,又译为《反海外贿赂法》)包含了反贿赂条款和会计条款,禁止任何美国企业(包括企业官员、经理、雇员、代理人或股东)为了取得或保持交易,而向任何外国官员、政党或政党官员、政治候选人为包括任何支付、促成支付、承诺支付、授权支付金钱或者有价物品的行为。并且 1988 年修正案表明,即使没有涉及特定交易,仅仅为了获得更好的交易环境也违反了该条款的规定,比如企图通过行贿的方式获得更优惠的税收待遇等。

这个立法适用于所有的美国公民、公司或其他商业组织(其主要营业地位于美国或者根据美国的州法设立的组织)。1998 年,美国政府再次对 FCPA 进行修订,此次修订使该法的适用范围进一步扩大,如将在美国境内实施有助于海外贿赂行为的外国主体纳入 FCPA 的适用范围,将国际公共组织官员也纳入"外国官员"的定义范畴内。[②] 随着美国在国际社会中大力推动跨国商业贿赂的国际立法,以及"长臂管辖"理论的适用,FCPA 的管辖范围不断扩张,越来越多的外国企业及个人受到了 FCPA 的执法约束。[③] FCPA 不仅对那些特殊的商业交易产生了直接的影响,而且对其他立法或法规产生了间接的影响。任何企业违反了该法,都可能被处以直至

---

① 参见霍晓英:《美国农产品出口信贷担保及对我国的启示》,载《山西财税》2008 年第 10 期。

② See *Redline Comparison of FCPA to the Final Version of S.* 2375, United States Department of Justice (April 7, 2024), https://www.justice.gov/criminal/criminal-fraud/legislative-history.

③ 参见赵骏、吕成龙:《〈反海外腐败法〉管辖权扩张的启示——兼论渐进主义视域下的中国路径》,载《浙江大学学报(人文社会科学版)》2013 年第 2 期。

200 万美元的罚款;违反该法的个人可能被罚款至 10 万美元,并且(或者)被判处 20 年以下有期徒刑。只要企业的负责人"知道"或者"应当知道"企业的雇员或代理人支付了非法的款项,就足以证明有罪。证券交易委员会作为对有关贿赂问题的主要调查机构,可以将有关贿赂的任何证据移交司法部,司法部部长也可以提起民事诉讼来禁止任何这样的违法行为。

由于美国认为竞争原则是美国公平竞争制度的特征,而贿赂这种做生意的方式与这一原则极不协调,因此在国际贸易中,严禁通过对外贿赂以达到商业目的。

四、《反抵制法》

出口商必须考虑美国有关限制性贸易或抵制方面的政策。《出口管理法》要求美国出口商定期汇报一个外国政府在贸易限制和抵制上对美国友好的强制性做法。《反抵制法》(Anti-Boycott Act,它是《出口管理法》的一部分)针对美国公司(即使是全外资的公司)根据外国抵制法作出的抵制行为,规定了制裁方法。2018 年颁布施行的《出口管制改革法》(ECRA)第二部分对美国反抵制规定进行了相应更新,并被冠以 2018 年《反抵制法》之名。这些条文禁止任何"美国人"参与或促使外国抵制法,这里的"美国人"包括美国政府机构、公司等实体及其实际控制的境外子公司、合伙企业、附属公司等境外机构,以及外国利益体(foreign concern)在美国境内(包括波多黎各和其他美国海外领地)所设立的机构。例如,一个被美国公司控制的加拿大子公司必须遵守《反抵制法》,同样也包括被墨西哥人控制的美国公司。美国实际控制的典型的例子包括:美国利益体直接或间接持有超过 50%股权的境外机构;美国利益体直接或间接拥有或控制超过 25%表决权,且其他任意一方的表决权均小于等于其持有比例的境外机构;境外子公司或分公司的股东会成员多数为美国利益体所委派;美国利益体有权委任首席运营官的境外机构;从事上述抵制行为的"美国人"都必须向美国政府汇报与美国有关的抵制程度要求。[①] 在 2024 年由众议院通过,并已提交给参议院审议的《国际政府组织反抵制法案》中将反抵制法规定扩展到国际政府组织,这意味着除禁止参与针对美国盟友的外国抵

① See Export Administration Regulations, 15 C. F. R. § 760. 1(2008).

制活动外,美国公司也被禁止参与由国际政府组织发起或强加的抵制行动。①

根据2018年《反抵制法》的修订,违反《反抵制法》的处罚包括高额罚金、有期徒刑、剥夺进出口经营权以及列入拒绝交易实体清单。美国人必须按季度向反抵制合规办公室(Office of Anti-Boycott Complianee,OAC)汇报所收到的抵制请求,无论这些请求是否属于禁止性抵制行为。未如实上报可能受到行政处罚。

第四节 美国反不公平贸易法律制度

第二次世界大战后,美国一直是自由贸易的鼓吹者。但20世纪70年代后,由于贸易逆差的不断扩大,美国国内贸易保护主义的势力日益增强。从1974年《贸易法》到1988年《综合贸易及竞争法案》,充分显示了自由贸易和保护主义的此消彼长,虽然不能完全说从1988年开始美国就走向了贸易保护主义,但从此美国从自由贸易走向了"公平贸易"却是一个不争的事实。正如时任美国总统克林顿所说,"美国现行的贸易政策既不是要筑起高墙保护美国的保护主义,也不是在外国竞争面前政府无动于衷的自由主义,而是走一条既支持开放的国际贸易体系又注重政府在贸易中积极作用的中间道路",这种政府的"积极干预"作用就体现在变"自由贸易"政策为"公平贸易"政策。这种"公平贸易"政策表现为两个方面:一方面,强调美国欢迎外国产品与服务业进入美国市场,欢迎外国投资;另一方面,坚持美国的产品和服务业也能平等地进入外国市场,坚持美国投资者应在各国受到平等的欢迎,否则美国政府将采取相应的干预措施。

目前,美国的反不公平贸易立法主要体现在以下几个方面:

---

① See *IGO Anti-Boycott Act*, Congress of US (April 10, 2024), https://www.congress.gov/bill/118th-congress/house-bill/3016/text? s=1&r=71.

一、反倾销法

倾销是指有关产品的进口和在美国的销售低于“公平价格”——也就是说,经过比较发现其在美国销售的价格比在其国内或出口到第三国的价格要低,而这种销售被认为导致了美国工业的实质性损害或阻碍了美国这一工业的建立。因此,倾销是一种实质上的价格歧视和低于成本或以掠夺性价格进行的销售。在这种情况下,根据《关税及贸易总协定》第 6 条和世界贸易组织反倾销协议,美国有关当局有权对该产品征收反倾销税。在反倾销案子中,美国的这一行为仅直接对外国私人生产者而不是外国政府。美国的反倾销法既详尽又专业化,它并非一部单一的法典,而是由一系列国会通过的贸易法中的有关反倾销条款组成。

(一)美国反倾销法的历史

美国是世界上最早制定反倾销法的国家之一,早在 1916 年,国会就颁布了美国第一部反倾销法。由于该法采取刑事和民事制裁措施来对付外国出口商破坏或伤害美国工业的意图,在实践中难以确认这种意图,对外国出口商的刑事管辖权亦无法实际行使,故该法极少被援用。1921 年,美国以加拿大 1904 年《反倾销法》为蓝本,制定了 1921 年《反倾销法》。该法规定了确认倾销存在和损害成立的标准,并指定了该法的执法部门。1921 年《反倾销法》虽经多次修订,但基本原则始终未变,并成为《关税及贸易总协定》第 6 条的蓝本。

1930 年《关税法》规定了确认公平价格的三种方法。1974 年《贸易法》对非市场经济国家的产品出口的公平价格作了补充规定。1979 年《贸易协定法》在实体和程序方面采用了《1979 年关于实施关税及贸易总协定第六条的协定》的做法,以“重大损害”标准取代以前的“损害”标准,由商务部取代财政部执行确定倾销是否存在的职能。1984 年《贸易和关税法》对累积倾销问题作了规定。1988 年《综合贸易及竞争法案》主要是增加了第三国的规定。现在美国的反倾销法主要由《关税及贸易总协定》和世界贸易组织对第 6 条的解释——《反倾销协议》组成,并且自 1995 年 1 月 1 日起实施经重大修改后的反倾销法。

(二)美国反倾销法的执行部门

美国反倾销法的执行部门有两个:一是美国商务部下属的国际贸易管

理署(International Trade Administration,ITA),负责调查外国商品是否以低于“公平价值”(fair value)向美国出口;二是美国国际贸易委员会,负责调查美国工业是否因外国商品的倾销而受到“实质性损害”。国际贸易委员会由6名总统任命的委员组成,在工作时以投票方式进行裁决。若票数相等,表示美国工业已受到损害;反之,要得到否定的裁决,即认为美国工业未受到损害,则必须获得多数票。

(三)倾销的确定

根据美国反倾销法的规定,凡进口商品在美国市场上低于“公平价值”销售,就构成倾销。此处的“公平价值”与《关税及贸易总协定》的“正常价值”(normal value)是同一概念。为了确定是否存在倾销以及倾销幅度的大小,就必须比较在相关时间内同类商品的外国市场价格与美国价格,若美国价格低于外国市场价格,即可认定存在倾销。在外国市场价格的确认方面,美国把有关国家划分为市场经济国家和非市场经济国家,并采取不同的标准。

1. 市场经济国家外国市场价格的确定

根据1930年《关税法》的规定,对市场经济国家的市场价格确定有三种方法:出口国国内销售价格(home market sales)、向第三国出口价格(third-country sales)、结构价格(constructed value)。

出口国国内销售价格是确定外国市场价格最基本的方法,它是指被控的倾销产品在调查期间,在出口国国内市场上实际被支付的或被约定支付的价格。采用出口国国内销售价格方法,其关键在于价格应是在正常交易情况下形成的,即在价格的形成过程中不能有人为的因素。因此,总公司与分公司、母公司与子公司的价格,往往被人为抬高或压低,不能视为正常交易条件下形成的。

向第三国出口价格是指当被控的倾销产品或近似产品在出口国内无销售或销售数量极小以致不能以出口国国内销售价格进行比较时,进口国采用出口国向第三国出口同类产品的价格作为外国市场价格。采用此方法时,该第三国的选择也应符合一定的标准,如产品的出口量至少须达到5%以上的水平。

结构价格是指对被指控倾销的产品的生产成本的估算并加上一定幅度利润所得的价格。当前述两种方法不符合要求而不能采用时,美国商务部就使用此方法来计算外国市场价格。根据原美国反倾销法的规定,在采用结构价格方法时,至少要在生产成本基础上加10%的管理费和8%的利润。1994年的世界贸易组织《反倾销协议》要求,美国政府根据真实的生产商的资料计算其总的利润和销售额,并且取消利润和管理费的法定最小规定。

2. 非市场经济国家外国市场价格的确定

美国认为,非市场经济国家是指任何一个外国,该国并非基于市场的成本原则或定价结构运作,因此在该国的商品销售并不能反映商品的公平价值。这样,对非市场经济国家产品的外国市场价格的确定,就不能采用通常适用于市场经济国家的方法。在调查从非市场经济国家进口的商品的外国市场价格时,主管当局一般采用"生产要素"(factors of procluction)方法或"替代国"(surrogation country)方法确定这一价格。

所谓"生产要素",是指被指控倾销的非市场经济国家生产厂商为制造有关产品所需的劳动时间、原材料数量、能源、有代表性的资本成本等的价格,再加上一定幅度的管理费和利润。在估价生产要素时,商务部应以合适的市场经济国家所能获得的关于这类要素价格的最佳资料为基础,然后确定有关产品的外国市场价格。

所谓"替代国"方法,是美国商务部在对非市场经济国家进行反倾销调查时,选择一个或几个与其经济发展水平相当的国家作为"替代国",用确定市场经济国家产品的外国市场价格的方法,来确定该同类产品在"替代国"的外国市场价格。如果得出的"替代国"的外国市场价格高于非市场经济国家出口产品的美国价格,即被视为有关产品以低于公平价值向美国倾销。美国商务部选择"替代国"时,主要考虑人均国民生产水平、基础设施发展情况、生产同类产品工业的情况等因素。

依据美国反倾销法的规定,即使一个国家被认定为非市场经济国家,该国的某一工业部门仍有可能被视为市场经济,只要这个工业是在市场机制下运营。

3. 倾销幅度(margin of dumping)的确定

倾销幅度又称倾销差额,是通过比较美国价格与外国市场价格而得到的。如果美国价格低于外国市场价格,就意味着被调查的外国产品低于公平价值向美国销售,构成倾销;反之,倾销就不成立。

一旦确认存在倾销,倾销幅度以百分比表示,其计算公式为:倾销幅度=(外国市场价值-美国价格)÷美国价格。从理论上说,只要倾销幅度大于零,即可认定倾销成立,但是根据美国以前的反倾销法,任何公司其倾销幅度低于0.5%的就被排除在调查和反倾销命令之外。这种法律可以忽略不计的倾销幅度(de minimis margin),目前在世界贸易组织的《反倾销协议》下,已经增加到了2%。倾销幅度是海关征收反倾销税的上限。

(四)损害的确定

美国工业的“实质损害”(material injury)是征收反倾销税的另一法定条件。损害的确定包括两个方面内容:一是美国是否遭受实质损害;二是倾销与损害之间是否有因果关系。损害的确定由美国国际贸易委员会负责。

1. 实质损害的事实

国际贸易委员会在考虑损害的事实时,必须先按照法律对“同类产品”、“美国工业”和“实质损害”进行限定。

根据《关税及贸易总协定》中的《反倾销协议》第2条第8款的规定,“同类产品”指与被指控倾销的产品“相同的产品,或在无相同产品的情况下,指在性质及用途上与被指控倾销的进口产品最为类似的产品”。在反倾销调查过程中,同类产品所限定的范围越窄,进口产品被认定对美国工业造成损害的可能就越大;反之,则可能越小。

“美国工业”通常指“作为一个整体的生产同类产品的国内生产者,或其集体产量在国内同类产品总量中占最主要比例的国内生产者”。在实践中,对美国工业进行限定时,如果将美国国内所有同类产品生产者视为美国工业,进口产品被认为对美国工业造成的损害可能性就越小;反之,就越大。

“实质损害”,根据美国反倾销法的规定,是指“并非无关紧要、微不足道的或不重要的”损害。因概念抽象,国际贸易委员会在处理具体案件时就拥有很大的自由裁量权。它通常要对三个方面进行考虑:第一,进口数量增加的相对量和绝对量;第二,对美国同类产品价格的影响,包括进口产品是否迫使国内产品价格被压低或使之无法合理提高;第三,对同类产品生产量的影响,包括国内厂商的订单情况、生产设备的利用率、工业就业情况、市场占有率变化,以及现金流量、工资增长率、借款能力是否受到不利影响等。

2. 倾销与损害的因果关系

根据美国法,在决定对倾销的进口产品征收反倾销税时,必须充分证明进口产品与美国工业的损害之间存在因果关系,即证明损害是因倾销的进口产品所致,否则无权征税。造成美国工业损害的外来因素往往不止进口产品的倾销这一项,诸如新技术的出现、消费格局变化、产品质量差异、汇率变动、推销手段落后等,都可能使美国工业遭受损失。但是,按照美国法律和国际贸易委员会的解释,认定倾销与损害的因果关系时,并不要求进口产品必须是造成美国工业损害的主要的或大部分的或重大的原因;相反,只要倾销产品是损害的原因之一,即可确认存在因果关系。

(五)反倾销调查的程序

美国反倾销法对调查规定了严格的程序,通常要经过申诉(立案)、初裁、终裁等几个阶段,每一阶段均有严格的时间限制。

1. 申诉

反倾销调查既可以由商务部发起,也可以由利害关系方提出申诉而开始,实践中商务部极少主动发起反倾销调查。作为利害关系方,一般是美国同类产品的制造者、生产者或批发商,受到影响的工会,贸易或商业协会等。根据世界贸易组织的《反倾销协议》,一项申请的提出必须能代表国内工业。因此,现行反倾销法规定,该申请必须得到占国内产品的25%的企业或工人的支持,或至少50%以上的工业产品份额出现在申请中。申诉应同时向商务部和国际贸易委员会提起,商务部必须在收到反倾销申诉后20天内决定是否立案调查。若决定立案,则应在美国《联邦纪事》登载立案通知,与此同时,反倾销调查开始。

2. 初裁

申诉后45天内,国际贸易委员会应对美国工业是否受到实质损害作出初裁。如果该初裁是否定的,调查就终止;如果该初裁是肯定的,调查就继续进行。

在立案后160天(可延长到210天)内,商务部必须就外国产品是否低于公平价值向美国销售(是否倾销)作出初裁。如果商务部的初裁是肯定的,该裁决的效果有两个方面:一是商务部应命令受调查的外国产品停止通关,同时命令海关向进口商征收一笔保证金作为临时反倾销税;二是国际贸易委员会将根据商务部所提供的所有资料开始进行实质损害终裁的调查。

3. 终裁

初裁后75天内(立案后235天或285天内),商务部必须就进口产品是否低于公平价值作出终裁，如果情况需要，可延长 60 天作出终裁。若终裁是肯定的，则应包括对倾销幅度的确定；反之，则调查终止。

在商务部作出肯定终裁后 45 天内，国际贸易委员会应就实质损害是否存在作出终裁。如果商务部初裁与终裁不一致，则国际贸易委员会应在 75 天内作出终裁。

4. 反倾销命令

如果商务部和国际贸易委员会均作出了肯定的终裁，在终裁后的 7 天内，商务部应在《联邦纪事》上发布征收反倾销税的命令；同时命令海关估算相等于倾销幅度的反倾销税，确定适用反倾销税的进口商品。原来美国法规定，反倾销命令根据一个地区工业损害的肯定损害调查作出，但在全国征税，并不仅仅限于受害地区；现在根据《反倾销协议》，当国际贸易委员会作出某一地区损害的肯定结论时，反倾销税仅仅针对该地区征收。

美国征收反倾销税的税率与倾销幅度完全相等，海关以从价税方式征收，征税基数是进口货物的 FOB 价（离岸价格）加上关税。根据美国以前的反倾销法，征收反倾销税的命令可以无限期保留实施，仅仅在商务部认为符合下列情况时才可以撤销：没有存在继续进口低于公平价值的可能性；低于公平价值销售的可能性已被终止；其他情况要求撤销反倾销命令。而现在根据世界贸易组织的《反倾销协议》的“日落条款”①，规定商务部和国际贸易委员会发布的反倾销命令不超过 5 年。至于对决定撤销这一命令是否会导致继续或重新的倾销和损害，它要求商务部在相关命令 5 周年到期前 30 天内自动发起“日落审议”，如果没有国内利害关系方对该审议作出反应，商务部就应撤销该项命令。

二、反补贴法

补贴是指一国政府以各种形式的价格支持和收入支持，以直接或间接增加从其领土输出某种产品或者减少向其领土内输入某种产品的政府性措施。补贴与倾销一样，都是国际贸易中的不公平贸易行为，其不同之处

---

① 参见《关税及贸易总协定》中的《反倾销协议》第 11 条第 3 款。该款规定征收反倾销税的期限不得超过 5 年，5 年以后就像太阳下山一样自动消失，除非有关当局在审查的基础上认为仍存在继续征收反倾销税的必要。这种到期的审查，也称“日落审议”。

在于:反倾销法是针对生产者出口产品的低价倾销行为;反补贴法是针对政府对某一行业或地区提供补贴的行为。

根据乌拉圭回合达成的反补贴协议,美国反补贴法规定,当一个外国政府、个人或组织通过提供一项补贴来给予出口到美国的某一类商品一定的经济利益时,对该进口可以适用一项专门的反补贴税。这种补贴可以包括视出口情况而定的直接政府支付、货币保留计划、优惠的运输和运费支付、免除税收、有关出口或出口履行的税收减让、不足弥补成本的出口信用担保等。一项反补贴税的目的就是恢复有同等优势的国家之间的一个自由市场,纠正它们之间的同等的贸易地位被出口国的补贴所扭曲的状况。

反补贴法直接指向提供补贴行为的外国政府和由此受益的公司,正如反倾销法一样,美国的反补贴税也有严格的法定时间限制和有关当局自由裁量的限制。

征收反补贴税的行为可以由美国国内利害关系方或美国政府提起。在任何一个案件中,一项申请必须同时向商务部和国际贸易委员会提起,商务部决定补贴的存在,国际贸易委员会决定损害的范围。如果两个机构都作出肯定的决定,就要对被补贴的商品征收反补贴税。

以前,被补贴的进口自动地受反补贴税控制,可是,在 1979 年《贸易协定法》通过后,如果有关国家已签署了关贸总协定的反补贴法典或相类似的规则的话,就有权要求对补贴的进口进行损害检测。1995 年 1 月 1 日后,根据世界贸易组织协议中的反倾销和反补贴措施,由世界贸易组织的成员在美国提供损害检测。少数没有被列入这一类的国家仍受反补贴税控制而无须进行损害检测。根据损害检测,它必须证明该项补贴进口已导致实质性损害,或构成了实质性威胁,或阻碍了某一工业的建立。2012 年 3 月,美国修改 1930 年《关税法》,授权商务部向非市场经济体采取反补贴措施。以 2022 年《美国竞争法案》为标志,美国反补贴措施的适用对象不再局限于一国政府或公共机构对其领土内企业或产业的补贴行为。继 2022 年《美国竞争法案》和 2022 年《芯片和科学法案》之后,美国商务部于 2023 年 5 月发布《强化贸易救济草案》,该草案提议增加对跨国补贴行为的规定,即约束补贴国向位于其领土之外的利益接受者提供财政资助的活动,旨在取消原有补贴规则只适用于受援国领土内的规定,为规制“跨境补贴”排除干扰。美国补贴规制的新发展确实反映了其在贸易政策方面的三个显著新态势：(1)以应对非市场经济问题和回应世界贸易组织改革主张为规制动因；(2)以限制政府干预为导向[①]；(3)以对外约束跨境投资补贴[②]，对内提供新型绿色补贴为规制形式，推动经济的绿色转型。在2015年至2023年美国贸易代表办公室和美国商务部联合公布的《向国会提交补贴执行情况年度报告》中，虽表述方式有所不同，但是"中国政府的补贴做法"一直是该报告中的重要内容。美国众议院通过2022年《美国竞争法案》，在细化"国际财团"与"跨国公司"作为补贴获益方的认定标准的同时，将"跨境补贴"的概念引入其反补贴规则。美国商务部于2023年9月补充发布了实施2022年《芯片和科学法案》国家安全保护措施的最终规则，其目标是减少美国对海外芯片供应链的依赖，并增加授权，以促进美国的科学和技术基础发展。[③] 经2022年《美国竞争法案》修改的1930年《关税法》将会构建较为全面的跨境补贴反补贴制度体系，适用于涉及跨国补贴的大多数情形。[④]

从国内层面看，美国国会研究服务局于2021年8月发表的研究报告《贸易救济：反补贴税》中将非市场经济体的反补贴措施，包括国有企业是否认定为"公共机构"，作为美国国会需要应对的重要问题。[⑤] 根据2022年《美国竞争法案》第102101(a)节，如果从事目标商品生产的跨国公司获得了可抵消补贴以便协助、允许或以其他方式使它们能够在为了进口至美国而在领土内生产、出口或销售(或者可能销售)目标商品的国家(出口国)从事生产或制造业务，那么行政当局在对此类商品确定任何反补贴税时应当累计所有此类可抵消补贴。[⑥]

反补贴协议和新的美国立法都规定了一个可以忽略不计的补贴范围，

---

① See Georgetown Steel Corp. v. United States, 801 F. 2d 1308 (Fed. Cir. 1986).

② See GPX International Tire Corp. v. United States, 587 F. Supp. 2d 1278 (Ct. Int'l Trade 2008).

③ 参见李季：《美国补贴规制的新态势、影响与中国应对》，载《国际贸易》2023年第11期。

④ 参见胡建国、陈禹锦：《美国跨境补贴反补贴制度：历史演进、WTO合规性与中国因应》，载《国际法研究》2023年第1期。

⑤ 参见李万强、张嘉兴：《美欧芯片补贴立法的最新动向及对我国的启示》，载《国际贸易》2023年第4期。

⑥ See America Competes Act of 2022, H. R. 4521 § 102101(a) (2022).

如果该补贴没有超过这项限度,该补贴就被视作零而不征收反补贴税。国际的和美国的规则都是1%,如果一项补贴是1%或不到1%,可以视作零。但是,作为对发展中国家同意加速取消出口补贴和地方优惠补贴的一项刺激,反补贴协议生效后8年内,这些国家可受3%的最小补贴限制。对其他非世界贸易组织成员的发展中国家,可以忽略不计的补贴是2%。1%的比率适用于所有的国家,但仅用于发起调查,而不是年度审议。如果一国的反补贴案在审议时被认为仍处于补贴水平,那么原反补贴法中关于补贴幅度不得高于0.5%的规定仍然可以适用,而不适用新法。

上述的反补贴税行动对非市场经济国家并不适用。因为美国认为在一个自由市场里被政府补贴行为扭曲了的市场秩序在经济上毫无意义,而在非市场经济国家中,经济行为包括产品和成品的成本和价格都被中央计划者控制着。

三、《关税法》第337节

美国1930年《关税法》第337节规定,凡是通过不公平的做法将产品进口到美国进行竞争,而进口的产品对美国的同类工业带来了实质性损害,或者妨碍了将要建立的同类工业,都要给予惩罚。1988年《综合贸易及竞争法案》第1342条以“进口贸易中的不公平做法”为题规定:货物所有人、进口人、收货人或其代理人将货物进口到美国或在美国销售时使用不公平竞争方法和不公平竞争行为,其威胁或效果足以摧毁或实质损害美国国内工业,或阻碍此类工业的建立,或限制、垄断了美国的贸易和商业,或者将货物进口至美国,或为进口美国而销售,或进口美国后销售,而该种货物侵犯了美国有效且可执行的专利权、商标权、版权或软件作品的权利,则这些不公平竞争方法和不公平竞争行为将被视为非法,美国得采取适当的措施予以处理。

这是美国关于进口贸易中不公平做法的法律规定,由于在实践中,对于1930年《关税法》第337节都倾向于作宽泛的理解,而1988年《综合贸易及竞争法案》尽管对此节作了重大的修改,但由于其基本精神奠定于此节,1988年《综合贸易及竞争法案》只是加强了在专利权、商标权、著作权和软件作品权利方面的保护程度,使对一切不公平做法进行处理的法律程序更为紧凑、有效而已,因此在习惯上,人们把1988年《综合贸易及竞争法案》第 1342 条的内容也视为“关税法 337 节”的内容。

目前，在美国的司法实践中，大量提起“337 节”诉讼的是对知识产权的侵犯。这一方面的不公平做法主要有：侵犯专利权、商标权、版权；盗用商业秘密；虚假原产地或来源地；平行进口行为；中伤企业商誉；契约关系的侵权干扰或商业侵权行为等。

在投诉上述不公平做法时，原告必须有足够的证据表明进口到美国的侵权商品已经或将会损害到美国的同类工业。在评估进口的商品是否对美国同类工业造成损害时，国际贸易委员会将考虑以下因素：(1)美国国内同类工业产品的利润状况；(2)进口的趋势如何；(3)国内价格与进口价格的差别。

“337 节”在程序方面也作了较为严格的规定：首先由原告对被告从事违反“337 节”的不公平做法向国际贸易委员会提起诉讼，国际贸易委员会应在 30 天内决定是否调查，并在《联邦纪事》上刊登开始调查的启事。调查的时限一般为 12 个月，比较复杂的案件可延长至 18 个月。对于被认定为复杂的案件，国际贸易委员会应在《联邦纪事》上说明理由，整个调查程序依美国行政程序法进行。调查开始后，如果被告是美国厂商，则应在 20 天内进行答辩，若被告是外国厂商，则在 30 天内进行答辩。接着在国际贸易委员会指派的行政法官主持下举行听证会。对于被告既不答辩又不参加听证会的情况，国际贸易委员会将认为原告指控属实，并判决缺席被告败诉。① 行政法官应在调查开始后 9 个月内作出初步决定呈报国际贸易委员会，国际贸易委员会在 3 个月内作出裁定，转交总统核定。总统核定期

---

① 在反倾销应诉方面，我国企业一向害怕打官司，由于不敢应诉被裁决败诉的案子有很多，相反采取应诉的企业都能争回应得的权利。例如，1992 年美国 ITV 公司向美国商务部和国际贸易委员会指控中国对美倾销弹簧垫圈，当时的中国对外经济贸易部和中国商会向国内 11 家弹簧垫圈出口单位征询意见，问其是否应诉。其中 10 家企业放弃了应诉的权利，只有浙江萧山一家乡镇企业杭州弹簧垫圈厂参加了应诉，经过 13 个月的调查和审理，美国商务部和国际贸易委员会作出了终裁，裁定倾销成立，对 10 家未应诉的企业征收 128. 63%的反倾销税，但对杭州弹簧垫圈厂只征收 69. 88%的反倾销税。又如，1994 年美国加利福尼亚州蒜农为保护他们自己的利益，向美国商务部对中国出口美国的大蒜提出了反倾销指控，由于我国 42 家出口商没有一家应诉，最后美方的终裁是征收 376. 8%的反倾销税，使我国从此完全失去了美国的大蒜市场。为此，1994 年 4 月 12 日，我国对外贸易经济合作部(已变更为商务部)发布了《关于中国出口产品在国外发生的反倾销案件的应诉规定》(已失效)，规定被控企业必须提供资料组织应诉，否则将被取消申请出口配额与许可证直至取消其外贸经营权，并处罚款。

为60天。如果总统发出否决的通知,则利害关系方不得向联邦巡回法院上诉。如果总统没有否决或表示赞同,则利害关系方可以上诉,由法院作出司法判决,直到用尽美国司法救济为止。

国际贸易委员会经过调查后,如认为有关进口的产品损害到美国的同类工业,侵犯了美国的专利、商标或版权等,将有权采取如下措施:(1)完全禁止进口;(2)部分禁止进口;(3)暂时停止进口。如有关当事人在上述裁决作出后,仍继续违反"337节",以不公平贸易方式进口,则国际贸易委员会可以下令对其处以罚款或扣押、没收进口货物。

这类案件除国际贸易委员会依法调查并作出裁决外,"337节"还允许案发后由当事人之间协商解决。这个私了的过程通常由律师代理协商。私了可以在正式裁决前任何时候进行,习惯上是在申诉书送达后至正式立案之前30天内进行。私了分两种:一是由原告与被告协商签订知识产权转让协议书;二是双方签订认可协议(consentorders)。前者完全是原告与被告之间的事,不属于国际贸易委员会处理事项。因此,以此方式达成的协议,总统也无权干涉。后者由国际贸易委员会的进口调查办公室作为协议第三方参与协商。其结果有二:一是调查办公室对如此达成的协议有一定的要求,如在协议中应阐明双方对行政法官调查过程中所发现的事实无异议;双方同意放弃向法院上诉的权利;国际贸易委员会有权修改、撤销该协议等。二是国际贸易委员会有强制执行权,即如果双方不遵守协议,国际贸易委员会可将此协议作为它的裁决,利用它自己的权力强制执行或向法院申请强制执行,而且总统对该协议有权予以否决。不过至今,总统尚未否决过任何认可协议。2022年《美国竞争法案》第102101节对1930年《关税法》作出多项重要修改,拟构建涵盖三大领域的跨境补贴反补贴制度:国际财团与跨国公司、狭义跨国补贴(transnational subsidies)和跨国上游补贴。该法新增跨国公司和狭义跨国补贴反补贴制度,并显著扩展上游补贴反补贴制度的范围,使之能够涵盖更多类型的跨国上游补贴。①

---

① 参见胡建国、陈禹锦:《美国跨境补贴反补贴制度:历史演进、WTO合规性与中国因应》,载《国际法研究》2023年第1期。

四、在外国市场的反不公平贸易实践(1974年《贸易法》第301节)

美国在外国市场的反不公平贸易实践主要体现在对"301"条款的适用上。所谓"301"条款原本指美国1974年《贸易法》第301节,标题为"不公平贸易行为的救济",主要是指由于外国政府实施高关税或进口限制,或对美国产品实施歧视政策,从而损害了美国的商业利益,美国政府有权采取报复性措施。

"301"条款的前身可追溯至1962年由美国总统约翰·肯尼迪签署的1962年《扩大贸易法》[①],时任总统肯尼迪希望借助此法案建立无关税壁垒的大西洋自由贸易区,打开欧洲经济共同体的市场。1962年《扩大贸易法》强调自由贸易,确定了关税谈判"一揽子"交易的原则,赋予总统通过贸易谈判来削减关税的权力。此外,该法在第1章第102小节明确提出反共产主义经济。[②] 事实上,在冷战初期美国支持欧洲复兴计划,并为帮助日本经济复苏而主动削减关税,根本原因在于美国相信欧洲和日本的壮大能使其抵御亚洲共产主义经济的"入侵",从而保证自由贸易在西方世界顺利推广。只有维持着经济霸主的地位,才能使美国有足够力量同苏联抗衡。

20世纪60年代末至70年代初是美国经济和国际贸易格局发生重要变化的时期。西欧和日本的经济实力逐渐增强,对美国经济地位构成了日益严重的威胁。美欧日之间贸易摩擦不断,美国开始积极要求西欧和日本进一步开放市场,与此同时,美国国内贸易保护主义情绪也开始回潮。旨在"纠正"欧共体和日本的贸易歧视政策,并致力于降低和消除贸易壁垒,美国国会于1974年出台了《贸易法》,这一法律被视为美国贸易政策的重要里程碑,它标志着美国开始实施自由贸易旗帜下的新贸易保护主义政策。1974年《贸易法》在1962年《扩大贸易法》第252条基础上设立了"301"条款。依据此条款规定,美国总统被授权可针对其他国家实施的"针对美国的不公平贸易行为"采取"报复行为"[③];然而鉴于美国在判断何种

---

① See 19 U. S. C. § 1801 (1962).

② See Pub. L. 87-794, title I, § 102, Oct. 11, 1962, 76 Stat. 872.

③ See United States Congress, *United States Statutes at Large* (Volume 76), U. S. Government Printing Office, 1962.

行为属于“不公平贸易行为”时通常采取“单方面立场”,故这一条款呈现出显著的贸易保护主义特性。[①]

“301”条款主要指美国国会1974年《贸易法》第3章第301~310节[②],标题为“不公平贸易行为的救济”,通常统称为“第301条款”。该条款为美国对违反美国贸易协定或进行“不合理、不公正”的行为并对美国商业构成负担的外国国家实施贸易制裁提供了法定手段。在1995年之前,美国广泛使用“第301条款”来向其他国家施压,以消除贸易壁垒并使目标国家向美国出口开放市场。在美国政府的大力支持下,世界贸易组织建立了一个可执行的争端解决机制,大大减少了美国对“第301条款”的使用。虽然美国保留在世界贸易组织或根据“301”条款寻求外国不公平贸易行为追索权的灵活性,但绕过世界贸易组织争端解决机制体系并采用“301”调查采取报复措施的决定可能会在世界贸易组织受到质疑。

20世纪80年代,美国贸易政策法律继续反映美国利益保护的诉求。1984年《贸易和关税法》[③]除修正以往法律外,还引入了“服务贸易”和“与贸易有关的投资措施”两个新概念。1988年《综合贸易及竞争法案》对1974年《贸易法》第301~310节进行了全面的修订,1988年《综合贸易及竞争法案》的立法目的正如其序言所指出的,“本法案旨在提升美国产业的竞争力及实现其他目标”[④],其内容也围绕保护美国单方利益而制定。该法案第一部分“美国的贸易协定”,包括“谈判与执行贸易协定”等内容;第二部分“落实关税减让表”,包括国会批准的程序等内容;第三部分“对于不公平国际贸易行为的反击”,包括“维护美国在贸易协定下的权益和对外国贸易行为的反击”“反倾销法律和反补贴法律的完善”[⑤]“知识产权保护”等内容;第四部分“进口竞争的调整”,包括“受进口损害企业的正面调整”“市场扰乱”“贸易调整协助”等内容;第五部分“国家安全”,基本和1962年《扩大贸易法》相同;第六部分“关税、贸易与其他条款”,要求时任总统

---

① 参见倪峰、侯海丽:《美国高关税及贸易保护主义的历史基因》,载《世界社会主义研究》2019年第1期。

② See 19 U. S. C. § § 2411-2420 (1962).

③ See Public Law 98-573,98 Stat. 2948 (1984).

④ Public Law 100-418,102 Stat. 1107 (1988).

⑤ 该法案第1317节特别规定了“第三国倾销”的内容。

指示美国财政部部长遵照执行1930年《关税法》的规定。1988年《综合贸易及竞争法案》的一个重要变化是将知识产权保护与贸易结合起来。

"301"条款是美国政府为其产品开拓海外市场的一根法律"大棒",如果有关国家限制美国产品输入其市场,美国政府就可以根据"301"条款要求与对方政府展开谈判,达成市场准入协议,否则美国政府就可以采取征收高关税等报复措施,限制该国的产品输入美国。

经过了一系列的修订与调整之后,最新的修订版本是时任美国总统奥巴马在2015年通过的《贸易促进授权法》(Trade Preferences Extension Act),该法在参议院的批准标志着美国在自由贸易进步的道路上迈出了重要一步。目前修改的"301"条款的主要内容包括6个方面:"一般301";"超级301";"特殊301";日本对美服务贸易的壁垒;通信贸易;政府采购。

(一)"一般301"

"一般301"规定了美国贸易代表办公室采取强制措施的条件以及美国政府可以采取的报复措施。

美国贸易代表办公室如裁定其贸易伙伴国属于下列情况,则必须采取强制性措施:

(1)否定美国根据国际协定所应享有的权利。

(2)该贸易伙伴国的法令、政策或做法违反了贸易协定或剥夺了美国根据贸易协定所应获得的利益;或是"不正当的",并对美国商业造成负担或限制。

美国贸易代表办公室除了在上述条件下必须采取强制措施,尚可在下列情况下决定是否采取相应的报复性行动:

(1)如果美国贸易代表办公室认定某国的法令、政策或做法是"不合理的"或"歧视性的",并对美国的商业构成负担或限制;

(2)如果美国贸易代表办公室裁定美国采取的行动是适当的。

"一般301"同时还规定,在下列情况下美国贸易代表办公室不能对有关国家采取强制性措施:

(1)根据《关税及贸易总协定》,美国在贸易协定项下的权力并未被否定;有关的法律、政策或做法并非与美国的权力相悖或美国在贸易协定项下的权力并未因此而受到否定或限制;

(2)如果美国贸易代表办公室裁定外国政府正在采取合理的措施以保

证美国的权力,或者该外国政府已作出令美国贸易代表办公室满意的决定以及同意对美国的贸易损失给予赔偿;

(3)如果美国贸易代表办公室认为采取强制措施对美国的利益是得不偿失的或者报复性的行动可能严重危及美国的国家安全。

从上述可以看出,美国贸易代表办公室在裁定是否存在不公平贸易做法和决定是否采取报复方面拥有很大的自由裁量权,而这种自由裁量权恰恰符合了美国进一步增强其对外贸易谈判地位,扩大其国际市场的需要。

在美国政府的报复性措施方面,“一般 301”体现在 1974 年《贸易法》第 2411 节 C 项规定的“授权范围”上,该项规定可以采取下列报复措施:

(1)终止、撤回或阻止适用与有关国家订立的贸易协定。

(2)对来自有关国家的进口货物提高关税或采取其他进口限制。

(3)对有关国家的服务征税或进行限制。

(4)与被报复的国家政府商签具有约束力的协议以使该国取消或逐步取消那些美国政府依前述规定可以采取报复措施的法律、政策或做法;取消这类法律、政策或做法对美国商业造成的负担与限制;向美国的有关工业提供补偿性的贸易利益,并使美国贸易代表办公室满意。

(5)限制或拒绝给予可能存在的“服务市场准入”的授权。

根据“一般 301”的规定,美国贸易代表办公室可以在非歧视的基础上仅针对某一被控国家采取报复行动。在报复时,美国贸易代表办公室可以根据情况对没有被卷入指控的产品进行制裁,也就是说,如果一个国家不正当地限制进口美国的大米,美国可以对来自该国的非大米产品进行制裁。“一般 301”同时规定,美国贸易代表办公室在选择报复措施时应优先考虑使用提高关税的方法。

为避免贸易纠纷案件久拖不决,进一步增强美国在有关贸易谈判中的地位以及对被控国施加更大的压力,经过 1988 年的修改,“一般 301”在程序方面作了严格的规定:

(1)调查的提起。任何“利益相关的人”均可以向 USTR 提出申请,要求就某种外国贸易做法进行调查。在接到申请的 45 天内美国贸易代表办公室必须决定是否接受该申请并开始调查。美国贸易代表办公室也可以不经有关部门的申请而自行决定对某国的贸易法律、政策或做法进行调查。

(2)谈判。美国贸易代表办公室必须在决定立案之日起,与有关政府进行磋商。如果需要对申请调查的内容进一步核查和改进，则美国贸易代表办公室可以推迟90天磋商。但如果案件涉及贸易协定，而双方的磋商又没有结果，则案件必须在磋商开始后150天内转入纠纷的解决程序。

(3)调查与裁决。在调查结束后，美国贸易代表办公室必须裁定：美国贸易协定项下的权力是否被剥夺，或者被控国家是否存在不公平的贸易做法，美国贸易代表办公室应采取何种行动以消除不公平贸易做法。在调查的期限上，"一般301"规定涉及贸易协定的案件，在该协定的纠纷解决程序结束后30天内或在发起调查后18个月内结束，以先到期为准；其他所有案件的期限均为12个月。如果美国贸易代表办公室认为案情复杂，或有关国家正在起草法律以图改进，那么可延长9个月。

(4)措施的执行。报复性行动必须在美国贸易代表办公室作出采取行动的决定之日起30天内开始执行，如在下列情况下可以推迟180天执行：调查由申请人提出，而申请人要求推迟执行；在美国贸易代表办公室自行开始调查的情况下，美国有关工业的多数代表要求推迟执行；美国贸易代表办公室认为有关国家在消除不公平贸易做法方面正在取得实质性进展。

"一般301"还规定如果申请人或美国工业的受益人不要求继续实施行动，则依"301"条款采取的报复性措施为4年期限；如有申请要求继续采取行动，美国贸易代表办公室有权根据情况继续执行该措施或采取其他适宜的措施。

(二)"超级301"

"超级301"是指经1988年《综合贸易及竞争法案》修改补充后，对"301"条款新增加的第1302节，该节的题目为"贸易自由化重点的确定"。由于该节的规定比"一般301"更强硬、适用范围更广泛、更具有浓厚的政治色彩，故俗称"超级301"。

"超级301"的有效期只有两年，即美国贸易代表办公室必须在1989年和1990年两年内确定"贸易开放重点国家名单"，该决定必须在1989年5月底和1990年5月底以前向国会报告，决定分为两部分：

(1)确定不公平贸易做法。这包括主要的贸易障碍和损害正常贸易的做法，并且应说明取消这些障碍与做法将大大促进美国的出口。

(2)确定重点国家。这些国家主要是指具有上述不公平贸易做法的国家。在确定这些国家时，美国贸易代表办公室要考虑该国不公平贸易做法的严重程度以及对美国出口贸易的影响。

美国贸易代表办公室在向国会提出上述报告后的21天内对重点国家进行"超级301"调查,其程序与"一般301"相同。但美国贸易代表办公室在决定是否进行"超级301"调查时却享有很大的自由裁量权,如果美国贸易代表办公室认为进行"超级301"的调查可能会影响到美国的经济利益或者采取报复行动并不能有效地消除那些不公平贸易做法,则美国贸易代表办公室可以拒绝进行"超级301"调查。

"超级301"通过确定不公平贸易做法和重点国家,加强了美国在与这些国家进行贸易磋商时的谈判力量,而且"超级301"规定国会可以介入其调查和处理,因此大大增加了该条款适用的可能性。

"超级301"本该"寿终正寝",但面对巨额的贸易赤字和国会的巨大压力,1994年克林顿政府针对日本再次动用了"超级301"这一"大棒",因此其仍是美国打入别国市场的有力武器。

(三)"特殊301"

"特殊301"是指经1988年《综合贸易及竞争法案》修改补充后,在原"301"条款基础上新增加的第1303节,其题目为"确定拒绝为知识产权提供充分、有效保护的国家"。该条款系统地将知识产权保护问题纳入"301"条款体系之中。由于其内容上的原因,该条款通常被称为"特殊301"。

根据"特殊301"的规定,美国贸易代表办公室应确定哪些国家拒绝对美国的知识产权给予"充分""有效"的保护,或者剥夺依赖知识产权保护的美国公民"公平与衡平地进入其市场"的机会,并将其列入重点国家名单。美国贸易代表办公室根据下列标准确定"重点国家":

(1)该国采取最烦琐复杂、最恶劣的法律、政策与做法,拒绝对美国的知识产权给予"充分""有效"的保护,拒绝对依赖于知识产权保护的美国商号或个人给予"公平与衡平的市场准入";

(2)该国的上述法律、政策与做法对美国有关的产品造成了最不利的现实或潜在的影响;

(3)该国尚未就上述问题与美国进行诚实信用的谈判,或者在双边、多边谈判中未取得重大进展。

另外,美国贸易代表办公室依据"特殊301"的规定,还自己创造了对美国知识产权不给予充分、有效保护的"观察名单"和"重点观察名单"。

“重点国家”为最严重者。

根据“特殊301”的规定,美国贸易代表办公室每年在作出《国家贸易评估报告》后的30天内确定哪些国家拒绝对美国的知识产权给予充分、有效的保护,或者哪些国家剥夺了依赖知识产权保护的美国公民公平与衡平地进入其市场的机会,同时要把这些国家列入“重点国家”名单之中。同时,美国贸易代表办公室还可以在任何时候将对美国知识产权不给予充分、有效保护的国家列入“重点国家”名单之中。只有当对外国的调查或贸易制裁会影响美国利益时,美国贸易代表办公室才可能不提起调查或不予制裁。

在标明“重点国家”名单时,美国贸易代表办公室要征求美国版权、专利、商标局的委员以及其他政府官员的意见。

自列入名单之日起,美国贸易代表办公室在30天内要发起为期6个月的“特殊301”调查,在特殊情况下,调查期可另外延长3个月。调查结束后,美国贸易代表办公室必须决定是否采取报复性措施。报复的决定一经作出,30天内必须执行。美国贸易代表办公室在是否采取报复性措施以及采取何种报复行动方面享有较高的决定权,而无须征得总统的同意。但根据“特殊301”,美国政府采取的报复性措施在范围程度上应与受到损害的美国公民利益相匹配,而且,被报复的产品可以是与“特殊301”调查毫不相关的产品。①

(四)“301”条款的其他内容

根据1988年《综合贸易及竞争法案》,“301”条款的内容还包括三部分内容:日本对美服务贸易的壁垒;通信贸易;政府采购。

限于篇幅和主题,本书对“日本对美服务贸易的壁垒”不作探讨。至于通信贸易,是针对外国政府在通信行业中的贸易壁垒和不公平贸易做法的。美国政府认为美国通信业市场对外国通信产品、通信服务及投资是开

---

① 进入20世纪90年代以来,我国几乎每年都受到“301”调查,不是市场准入就是知识产权。例如,1994年12月31日,美国声称中国不愿采取必要措施保护美国的知识产权和拒绝对美国电影、录像及音像产品开放市场,因此单方面公布对我国出口的电子、玩具、鞋、箱包、发电机、自行车、手表等价值28亿美元的商品征收100%报复性关税,尽管这些商品与知识产权毫无关系。后由于我国公布了巨额的反报复清单,并进行了坚决的抵制,双方才签署了协议,避免了一场贸易战的爆发。

放的,而外国市场则充满了限制进口的做法及歧视性的采购做法,致使美国技术较为先进的、具有竞争性的通信设备无法进入外国市场。因此,美国把这一单一的行业纳入贸易法,并试图运用“301 大棒”打开各国的大门。

在政府采购方面,根据修改后的《购买美国产品法》的规定,运用“301”条款的目的是防止外国政府在进行政府采购时,对美国公司提供的货物与服务实施歧视性的做法,若出现这种情形,总统有权阻止美国政府采购该国的货物与服务。

(五)在外国市场的反不公平贸易实践

自 1974 年《贸易法》颁布以来,美国共发起 122 次“301”调查。此后基本上未适用该条款。在世界贸易组织成立之后,美国很少使用“301”调查。这主要是因为作为一个“以规则为导向”的国际组织,世界贸易组织的成员在总体上都比较遵守其规则。在此之前,美国对乌克兰发起的唯一一次“301”调查,也因为该国的内部局势动荡而最终放弃了制裁。但是 2016 年 12 月,针对欧盟牛肉事件美国再次启动“301”条款的调查。2017 年,美国针对中国技术转移等也启动了“301”条款的调查。从“301”条款调查的对象看,对欧盟的调查有 38 次,其中“超级 301”条款调查 1989 年 6 次,1996 年 4 次,1997 年 1 次。① 美国贸易代表办公室有权绕过世界贸易组织争端解决机制或依据“301”条款的调查结果采用报复性措施。这种单方面措施不仅引起不少贸易伙伴的反弹,也受到世界贸易组织的挑战。②

下面以美国运用“301”条款控诉中国、欧盟、日本以及巴西的实际情况为研究案例,以展示美国基于“301”调查采取措施的实际样态。

1. 美国对日本实施“301”条款

在美国对日本实施的“301”条款调查中,数量之多和打击范围之广可谓独一无二,因此有日本学者认为部分“301”条款似乎专为日本制定。多年调查形成的固定模式加深了美国对日本的压制态势。据 USTR 发布的 1975 年至 1997 年“301”条款调查案例,其向日本发起多达 16 次调查。然

① 参见刘卫锋:《美国贸易法 301 条款的修订及其启示》,载《中国流通经济》2020 年第 4 期。

② 参见朱青:《美国“301 条款”与数字服务税》,载《国际税收》2021 年第 1 期。

而,其中 1976 年日本与欧盟的钢铁协议对美国钢铁业的影响调查案例由于缺乏充分证据而被撤销,1995 年的对日本摄影胶卷和纸张的调查案例提交至世界贸易组织的争端解决机构,因此本书仅将针对剩下成功案例进行详细分析。①

日美之间的贸易摩擦历史悠久,主要体现在两大方面:一是产品贸易上的摩擦,涵盖了“301”条款调查的丝绸、皮革、香烟、鞋类、林木产品、农产品以及半导体、人造卫星、超级计算机、汽车零部件等多个产业,归根结底,美国针对自身利益,希望日本执行自愿出口限制措施或开放国内市场;二是制度摩擦,它从更宏观的角度将焦点转向了日本的经济体制,美国认为体制导致了贸易不均衡,批评“非常态”的结构性障碍造成了日本的“特殊性”,要求日本按照美国标准改革国内经济结构。

面对这些问题,日美之间出台了一系列相关举措,如 1989 年的日美结构协议、1993 年的日美经济对话、1997 年的日美规制缓和对话和 2001 年的日美规制改革及竞争政策倡议等。虽然这些举措并非“301”条款调查的直接产物,但可以视为为规避调查所作的尝试。特别是日美结构协议与“301”条款相当相关,其后诸多对话机制实际上都是该协议的进一步发展,并多在“301”条款调查的压力之下形成,有时甚至演变为实质性的冲击。

在具体操作流程中,如美国产业界认为遭受了日本出口增加或贸易壁垒的负面影响,可向美国贸易代表办公室提出申请。在听取了商务部、国务院及经济学家的意见后,美国贸易代表办公室决定是否向日本发起“301”条款调查。若决定发起,美国贸易代表办公室将通知日本政府。日本政府可能选择认可并与美国达成协议,但多数时候会选择否定。接下来,美国贸易代表办公室开启调查,美国政府在压力下同时与日本举行谈判,双方或达成协议终止调查,或美国贸易代表办公室发布调查结果及惩罚性关税制裁措施引发新的谈判。若日本违反协议,美国会执行制裁或实施惩罚性关税,于是双方再次开始谈判。总结而言,美国在与日本的产品贸易摩擦上通常持主动性,而日本通常被动地作出让步或妥协,直至 20 世纪 90 年代中期,日本对美经济政策才有所改变。

---

① 参见裴桂芬、李珊珊:《美国“301 条款”在日本的运用、影响及启示》,载《日本学刊》2018 年第 4 期。

2. 美国对巴西实施“301”条款

1987年6月,美国制药行业协会向美国贸易代表办公室提起申诉,认为巴西对药品制造方法和专利保护的处理方式不足,导致美国医药公司利润受损。在短短一个月后,美国贸易代表办公室对巴西启动了调查,并试图进行协商,但在最初的协商中双方并未达成共识。1988年,当时的美国总统里根对巴西的贸易政策提出批评,认为其对美国企业构成限制和损害,因此在1988年10月决定启动特别的“301”条款,并以对巴西的纸制品、非苯类药品和日用电子产品加征高达100%的关税作为报复方式。面临美国的压力,巴西总统宣布将立法为药品和相关产品提供专利保护,并承诺在1991年完成整个立法过程。在确认其国家利益得到保护后,美国在1991年取消了对巴西的关税制裁。

3. 美国对欧盟实施“301”条款

20世纪90年代,美国对欧洲共同体(欧盟的前身)实施的“301”条款也被称为“香蕉战争”。20世纪50年代欧洲共同体与其前殖民地国家建立了优惠贸易关系,这些国家的香蕉在与欧洲共同体的贸易中享受免税待遇。然而,1992年,香蕉主产地的拉美国家,如哥斯达黎加、哥伦比亚、尼加拉瓜、危地马拉和委内瑞拉等,对欧洲共同体提出了针对这种进口优惠制度的诉讼,但由于欧洲共同体的坚决反对,这项诉讼未能获得成功。

1991年年末,欧洲共同体领导人会议通过《欧洲联盟条约》。两年之后的1993年11月,条约生效并正式宣布欧洲联盟成立。随后的1996年,以美国为首的美洲国家与欧盟在香蕉进口和零售问题上再次未能达成一致。这导致了1998年美国宣布对欧盟运用“301”条款实施报复的决定,此举让全球两大经济力量的争端升级,迫使世界贸易组织总干事出面调停,促使双方调整立场,共同协调。

到了2001年,欧盟与美国就香蕉贸易问题达成了解决协议,欧盟承诺将在2006年前推出新的只包含关税调节的香蕉贸易政策,而美国也表示一旦欧盟完成承诺,美国将撤销对欧盟的惩罚性回应。

值得注意的是,面对美国的“301”条款威胁,欧盟并非坐以待毙,而是积极应对。就在1998年美国决定使用“301”条款对欧盟进行报复之后,欧盟在同年11月向美国提出需求,根据世界贸易组织的前身——关税及贸易总协定的规定,希望对美国1974年《贸易法》中的“301”条款进行商讨,并表示其违反了世界贸易组织的相关规定。然而，在首次会谈失败后，欧盟于1999年请求世界贸易组织成立专家组审查此案。经过9个月的审查，专家组判定"301"条款存在初步违规。但在世界贸易组织的讨论框架内，专家组谨慎地指出，也需要考虑美国的特定政治和行政环境，也就是说，如果"301"条款能确保其他国家的利益，那么"301"条款的存在可以被接受。这次在世界贸易组织框架下的仲裁以此告终。

4. 美国对中国实施"301"条款

（1）美国第一次启动的"301"调查，于1991年4月正式开始。在此之前，美国已经将中国由"观察国家"调整为"重点观察国家"（1989年），并进一步提升到"重点国家"（1991年）。这一系列行动表明了美国对中国的日渐严重关注——将其视为潜在威胁。该调查的起因是美国质疑中国专利法的缺陷，以及其无法充分保护美国的著作权、商业秘密和商标权。

经过近半年的深入调查，美国贸易代表办公室最终得出结论："中国的知识产权执行行为不合理，并对美国商业造成了无法承受的负担和限制"。随后发布了价值28亿美元的报复性关税清单，建议对中国出口至美国的产品，如服装、运动鞋、玩具以及电子产品，施加高达100%的惩罚性关税。对于当时的中国来说，这个调查非常具有压力。尤其是其市场经济刚刚起步、国际交流正逐步增多，内部对改革开放持续存在分歧，且还未加入世界贸易组织，无法获得美国最惠国待遇。中美关系刚刚解冻，这次严重打击无疑"颇具压力"。

经过长期艰难的谈判，中美并未发生全面性的贸易摩擦，谈判的最终结果相对和平，但中国作出了让步——与美国签订了知识产权保护协议，并承诺改进其知识产权法律。最终的协议在1992年1月达成，已经是启动调查两年后的事情了，这足以显示出中美双方经历了一段相当漫长的"角力"过程。

（2）1991年，在"301"调查的第二轮中，焦点转向了中国市场准入，主要关注了中国对美国产品进入其市场所设立的不公平障碍。

美国对于其商品被中国所限制表现出不满。针对此类不公平障碍，美国进行了长达1年的深入调查。在1992年8月，美国贸易代表办公室发布了针对中国的罚款清单，总价值达到39亿美元，并发出了一个警告——如果在10月10日前不达成协定，将会发起惩罚性关税。然而，在10月6日至10日的最后一轮商谈中,中美之间实现了和解,中国承诺在接下来的5年内解除对众多美国商品的进口障碍,因此美国并未实施贸易报复。

可见,在1991年的两轮调查中,中国作出了让步。既然双方能够进行谈判和协商,即表明双方存在共享的利益。于是,1992年2月21日,美国正式取消了自1989年下半年开始实施的三项对华制裁。这些制裁包括暂停向中国出口卫星及其部件、限制向中国出口高速计算机,以及禁止向中国部分公司出口与导弹有关的产品。

(3)第三轮"301"调查回归了初次的主题——知识产权,这发生于1994年6月,当时美国要求中国增强知识产权保护,并向美国知识产权产品开放市场。值得一提的是,中国在1992年进行了对《专利法》的首次修订,该法规定的标准已基本符合世界贸易组织的知识产权规则《与贸易有关的知识产权协定》。同时,《著作权法》《商标法》以及反不正当竞争的立法方面也取得了显著的进步。尽管如此,美国仍以中国在知识产权保护执行上不力为由,于1994年6月将中国列为"特殊301"条款的"重点国家",中美之间在贸易问题上的拉锯战继续激烈对抗。在长时间的激烈争论后,最终达成了中美双方的第二个知识产权协议。

该协议并非没有收获,实际上双方在谈判过程中的互动使得该贸易协议达到预期效果。一方面,中方同意允许外国企业在中国设立涉及音像制品复制的合资企业;另一方面,美国也承诺在知识产权保护方面为中国提供相应的技术援助。

(4)1996年4月,中国再次被评为"重点关察国家"。第四轮调查仍旧着重于知识产权,与第三轮调查的理由极其相似:中国在知识产权保护方面执行不力。由于美国这次毫不犹豫地启动了制裁程序,因此,中美进入了第三次关于知识产权的谈判,并最终达成了第三个知识产权协议。这一系列的"301"调查,中美双方最终都通过签订市场准入或知识产权备忘录和协议来达成共识。在1992年、1995年以及1996年,中美双方签订了有关知识产权方面的谅解备忘录,中国承诺加强知识产权的保护,并修订了《专利法》《商标法》,以及颁布了《反不正当竞争法》等。

故事并未就此结束,反而迈入了一个新的阶段。2001年,中国正式成为世界贸易组织的一部分,然而,关于中美贸易的争议并未因此解决。在最惠国待遇的影响下,中国低成本的劳动密集型产品大量涌入美国市场,中美之间的经贸关系以飞跃的速度发展，然而，贸易逆差也随之增大。2007年，美国意识到此情况，于是向世界贸易组织负责贸易争端解决的争端解决机构（Dispute Settlement Body，DSB）正式发起磋商，这便是著名的DS362案和DS363案。

美方提出的主要问题集中在三个方面：一是中国对于打击盗版和假冒注册商标商品的刑罚门槛问题；二是中国海关处理侵犯知识产权货物规则的问题；三是中国关于版权保护和文化产品市场准入的问题。经过两年的审理，世界贸易组织专家组由于缺乏充分的证据，驳回了美国针对中国处罚侵犯知识产权犯罪的刑事门槛过低的指控，并裁定中国的2001年《著作权法》第4条第1款以及2003年《知识产权海关保护条例》第27条第3款违反了《与贸易有关的知识产权协定》项下义务。

（5）第五轮的"301"调查源于一场自下而上的申诉。美国钢铁工人联合会请求奥巴马对中国的清洁能源政策和措施进行调查。时任总统奥巴马接纳了这一提议，并决定在不超过90天的期限内向中国提出关于这一问题的磋商请求。值得注意的是，奥巴马对中国进行的这次"301"调查覆盖了中国的风能、太阳能、高效电池以及新能源车行业的154家企业，目的是调查美国相关企业的利益是否遭受了损失。

这是自中国加入世界贸易组织以来，美国首次适用"301"条款对其他经济体的贸易行为展开调查。作为回应，中国选择了在世界贸易组织争端解决机制下与美国进行磋商，并同意修订《风力发电设备产业化专项资金管理暂行办法》（已失效）中有关禁止性补贴的内容。

（6）2017年8月，美国当时的总统特朗普发出指令要求美国贸易代表办公室对中国进行"301"调查。该调查结果在2018年3月由美国贸易代表办公室公布，并被命名为《关于中国技术转移、知识产权和创新相关法律、政策和实践的基于1974年贸易法第301条款的调查结果》（以下简称《301报告》）。根据这份报告，特朗普对中国启动了贸易战。

在美国的《301报告》中，共6章的内容对中国的行为提出了5项指控，为贸易冲突的发起提供了理据。第一，报告称中国政府通过各种规制措施，如对合资企业的要求及对外国投资者股权的比例限制，强制要求美国企业向中方企业转移技术。第二，报告提到中国政府在行政审批过程中，将技术转让作为市场准入的前提条件。关于技术许可，报告批评《技术进出口管理条例》及《合同法》(已失效)中的相关规定,认为这些规定倾向于国内企业,对外资企业构成不公平的制约。第三,针对海外投资,报告指出中国政府采用国家战略和产业政策,提供资金支持,引导中国企业在海外并购活动中不当地获取美国企业的尖端技术。第四,报告指控中国未经许可侵入美国的商业计算机网络,窃取商业机密。第五,报告提及其他与技术转让和知识产权保护相关的中国法律、政策和做法,但美国方面同时承认,这些内容是否属于《301 报告》的调查范围尚存在不确定性。

美国启动"301"条款调查作为开端,触发了与中国的经贸摩擦。经过十余轮的高层磋商,双方最终于 2019 年 12 月 13 日就第一阶段的经贸协议文本达成共识。该协议已于 2020 年 1 月 15 日在华盛顿签署,标志着中美两国在化解经贸紧张关系方面迈出重要一步。

马尔科姆·N. 肖认为法律构建了社会发展的原则性框架,它不仅联结社会成员,还促使他们遵循公认的价值观和标准以实现共同的目标。然而,美国通过"301"条款展现了一种以自身利益为中心来重塑国际法的做法,试图将世界贸易组织体制拉回到一个以美国利益至上的旧时代。这样的"改革",牺牲了绝大多数国家的贸易利益,明显背离了国际社会追求正义的共同目标,体现了一种明显的单边主义行为。